Entscheidungen des
Bundesarbeitsgerichts

Herausgegeben
von den Mitgliedern des Gerichtshofes

Berlin 1955

Walter de Gruyter & Co.
vormals G. J. Göschen'sche Verlagshandlung / J. Guttentag, Verlagsbuchhandlung / Georg Reimer / Karl J. Trübner / Veit & Comp.

Entscheidungen des
Bundesarbeitsgerichts

1. Band

Berlin 1955

Walter de Gruyter & Co.
vormals G. J. Göschen'sche Verlagshandlung / J. Guttentag, Verlags-
buchhandlung / Georg Reimer / Karl J. Trübner / Veit & Comp.

ZITIERWEISE

Für die Zitierung dieser Sammlung wird die Abkürzung BAG empfohlen, z. B. BAG 1,70 (= Band 1 Seite 70).

Archiv-Nr. 28 19 55

Satz und Druck: Berliner Buchdruckerei Union GmbH., Berlin SW 29

Inhalt

Abkürzungsverzeichnis

aaO.	=	am angegebenen Ort
ADO.	=	Allgemeine Dienstordnung
AG.	=	Aktiengesellschaft
AOG.	=	Gesetz zur Ordnung der nationalen Arbeit
AOGOe.	=	Gesetz zur Ordnung der nationalen Arbeit in öffentlichen Verwaltungen und Betrieben
AP.	=	Arbeitsrechtliche Praxis
ArbGG.	=	Arbeitsgerichtsgesetz
ArbGG. 26	=	Arbeitsgerichtsgesetz von 1926
ArbR.	=	Arbeitsrecht
ArbR.-Blattei	=	Arbeitsrecht-Blattei
ArbuR.	=	Arbeit und Recht
ArchivÖffR.	=	Archiv des öffentlichen Rechts
ARS.	=	Arbeitsrecht-Sammlung
AS.	=	Amtliche Sammlung
ATO.	=	Allgemeine Tarifordnung
AVAVG.	=	Gesetz über Arbeitsvermittlung u. Arbeitslosenversicherung
AZO.	=	Arbeitszeitordnung
BABl.	=	Bundesarbeitsblatt
BAG.	=	Bundesarbeitsgericht
BayGVBl.	=	Bayerisches Gesetz- und Verordnungsblatt
BB.	=	Der Betriebsberater
BBG.	=	Bundesbeamtengesetz
Berl. KSchG.	=	Berliner Kündigungsschutzgesetz
BetrR.	=	Betriebsrat
Betr.RG.	=	Betriebsrätegesetz
BetrVG.	=	Betriebsverfassungsgesetz
BG.	=	Beamtengesetz
BGB.	=	Bürgerliches Gesetzbuch
BGBl.	=	Bundesgesetzblatt
BGH.	=	Bundesgerichtshof
BGHSt.	=	Entscheidungen des Bundesgerichtshofes in Strafsachen
BGHZ.	=	Entscheidungen des Bundesgerichtshofes in Zivilsachen
BiSchG.	=	Gesetz betr. die privatrechtlichen Verhältnisse der Binnenschiffahrt
BlfSt.	=	Blätter für Steuerrecht, Sozialversicherung und Arbeitsrecht
BRG.	=	Betriebsrätegesetz
BT Drucks.	=	Bundestags-Drucksache
BVerfG.	=	Bundesverfassungsgericht
BVerfGE.	=	Entscheidungen des Bundesverfassungsgerichts
BVerfGG.	=	Bundesverfassungsgerichtsgesetz
BVerwGG.	=	Bundesverwaltungsgerichtsgesetz
BVG.	=	Betriebsverfassungsgesetz

DBG.	= Deutsches Beamtengesetz
DGB.	= Deutscher Gewerkschaftsbund
DV.	= Deutsche Verwaltung
DVBl.	= Deutsches Verwaltungsblatt
DVO.	= Durchführungsverordnung
EGBGB.	= Einführungsgesetz zum Bürgerlichen Gesetzbuch
FGG.	= Gesetz über die Angelegenheiten der freiwilligen Gerichtsbarkeit
GDO.	= Gemeinsame Dienstordnung
Ges.	= Gesetz
Gew. Monatshefte	= Gewerkschaftliche Monatshefte
Gew.O.	= Gewerbeordnung
GG.	= Grundgesetz
GmbH.	= Gesellschaft mit beschränkter Haftung
GRUR.	= Gewerblicher Rechtsschutz und Urheberrecht
GrZS.	= Großer Zivilsenat
GVBl.	= Gesetz- und Verordnungsblatt
GVG.	= Gerichtsverfassungsgesetz
HA.	= Hauptausschuß
Hdb. d. ArbR.	= Handbuch des Arbeitsrechts
HessFreistG.	= Gesetz über die Freistellung von Betriebsratsmitgliedern für Betriebsratslehrgänge. Vom 10. November 1950
HGB.	= Handelsgesetzbuch
i. V. m.	= in Verbindung mit
JR.	= Juristische Rundschau
JZ.	= Juristenzeitung
KG.	= 1. Kaufmanngericht 2. Kammergericht
KO.	= Konkursordnung
KRG.	= Kontrollrats-Gesetz
KSchG.	= Kündigungsschutzgesetz
KT.	= Tarifordnung für das Krankenpflegepersonal der Krankenanstalten
LAG.	= Landesarbeitsgericht
LG.	= Landgericht
L-M.	= Nachschlagewerk des Bundesgerichtshofes, hrsg. von Fritz Lindenmaier und Philipp Möhring
LVA.	= Landesversicherungsanstalt
MSchG.	= Mutterschutzgesetz
NZfA.	= Neue Zeitschrift für Arbeitsrecht
NJW.	= Neue juristische Wochenschrift
NotVo.	= Notverordnung
ÖTV.	= Gewerkschaft Öffentliche Dienste, Transport und Verkehr
OHG.	= Offene Handelsgesellschaft
OLG.	= Oberlandesgericht
OVG.	= Entscheidungen des Oberverwaltungsgerichts
RABl.	= Reichsarbeitsblatt
RAG.	= Reichsarbeitsgericht

RAGARS.	=	Entscheidungen des Reichsarbeitsgerichts. In: Arbeitsrecht-Sammlung
RdA.	=	Recht der Arbeit
Reg.Ges.	=	Regelungsgesetz zu Art. 131 GG.
RG.	=	Reichsgericht
RGBl.	=	Reichsgesetzblatt
RGRäteKomm.	=	Reichsgerichtsräte-Kommentar
RGZ.	=	Entscheidungen des Reichsarbeitsgerichts in Zivilsachen
Rspr. d. RG. z. ArbR.	=	Rechtsprechung des Reichsgerichts zum Arbeitsrecht
RTV.	=	Reichstarifvertrag
RVO.	=	Reichsversicherungsordnung
SchliW.	=	Das Schlichtungswesen
SchwBG.	=	Schwerbeschädigtengesetz
SGG.	=	Sozialgerichtsgesetz
TO.A.	=	Tarifordnung A
TVG.	=	Tarifvertragsgesetz
Verw.Arch.	=	Verwaltungsarchiv
VerwGH.	=	Verwaltungsgerichtshof
VerwRspr.	=	Verwaltungsrechtsprechung
VOBl.	=	Verordnungsblatt
Vorl. LAO.	=	Vorläufige Landarbeitsordnung
WahlO.	=	Wahlordnung
WEVO.	=	Währungsergänzungsverordnung
WO.	=	Wahlordnung
Wü-Bad.	=	Württemberg-Baden
Z. f. d. ges. Staats-Wiss.	=	Zeitschrift für die gesamte Staatswissenschaft
ZPO.	=	Zivilprozeßordnung
ZStW.	=	Zeitschrift für die gesamte Strafrechtswissenschaft

1

1. Gegen Urteile des Landesarbeitsgerichts in Berlin ist die Revision erst zulässig, wenn sie nach dem 21. 10. 1953 verkündet worden sind.

2. Die Zulässigkeit einer Revision fällt nicht unter die „Maßnahmen“ zur Durchführung des Arbeitsgerichtsgesetzes. Hierbei handelt es sich um organisatorische Anordnungen, wie die Bestellung von Vorsitzenden, Bundesrichtern, die Berufung von Beisitzern usw.

ArbGG. § 72 Abs. 1, §§ 122, 123, 70 Ges. d. Landes Berlin v. 16. 10. 53 (GVOBl. Berlin S. 1231).

II. Senat. Beschl. v. 28. April 1954 i. S. P. (Bekl.) w. B. (Kl.) 2 AZR 187/54.

I. Arbeitsgericht Berlin. — II. Landesarbeitsgericht Berlin.

Durch Urteil des Landesarbeitsgerichts in Berlin vom 27. August 1953 ist der Beklagte verurteilt worden, an die Klägerin 4494,43 DM-West zu zahlen. In den Urteilsgründen ist ausgeführt, daß einem hilfsweise gestellten Antrag auf Zulassung der Revision nicht entsprochen werden konnte, weil die Zulassung der Revision bei Verkündung des Urteils noch nicht gesetzlich geregelt gewesen sei.

Ferner ist durch Beschluß des Landesarbeitsgerichts in Berlin vom 17. November 1953 der Antrag des Beklagten, das Urteil vom 27. August 1953 gem. § 321 ZPO. dahin zu ergänzen, daß die Revision gegen das Urteil zugelassen wird, zurückgewiesen worden.

I. Die Revision des Beklagten gegen das Urteil des Landesarbeitsgerichts vom 27. August 1953 ist nicht statthaft.

Die Zulässigkeit einer Revision gegen Urteile der Landesarbeitsgerichte ist erst seit dem Inkrafttreten des Arbeitsgerichtsgesetzes vom 3. 9. 1953 gegeben. § 122 dieses Gesetzes bestimmt, daß das Gesetz nach Maßgabe des § 13 Abs. 1 des Dritten Überleitungsgesetzes vom 4. 1. 1952 (BGBl. I S. 1), also auf Grund eines Gesetzes des Landes Berlin, auch dort gilt. Durch Art. I des Landesgesetzes Berlin vom 16. 10. 1953 (GVOBl. für Berlin S. 1231) ist die Anwendung des Arbeitsgerichtsgesetzes in Berlin angeordnet und nach Art. III bestimmt, daß das Gesetz, soweit es sich um Maßnahmen zur Durchführung des

Gesetzes handelt, mit dem 4. 9. 1953 und im übrigen mit dem Tage nach der Verkündung des Gesetzes (die am 20. 10. 1953 erfolgt ist) in Kraft tritt. Hieraus folgt, daß gegen Urteile des Landesarbeitsgerichts in Berlin die Revision erst zulässig ist, wenn sie nach dem 21. 10. 1953 verkündet worden sind. Die Zulässigkeit einer Revision fällt nicht unter „die Maßnahmen" zur Durchführung des Arbeitsgerichtsgesetzes. Hierbei handelt es sich um organisatorische Anordnungen, wie die Bestellung von Vorsitzenden, Bundesrichtern, die Berufung von Beisitzern usw. (vgl. Arbeitsgerichtsgesetz von Fitting und Kraegeloh § 123 Anm. 1 und 3).

Die Revision des Beklagten gegen das bereits am 27. August 1953 verkündete Urteil des Landesarbeitsgerichts in Berlin mußte danach als unzulässig verworfen werden.

II. Der hilfsweise geltend gemachten Anregung des Beklagten, die Revision zuzulassen, konnte das Landesarbeitsgericht in dem vor dem Inkrafttreten des Arbeitsgerichtsgesetzes vom 3. 9. 1953 erlassenen Urteil vom 27. August 1953 noch nicht stattgeben, wie es in den Gründen des Urteils auch zutreffend ausgeführt hat. Es kann dahingestellt bleiben, ob der gem. § 321 ZPO. gestellte Antrag des Beklagten auf Ergänzung des Urteils vom 27. August 1953 überhaupt zulässig war (vgl. hierzu Anm. 4 § 546 ZPO. von Baumbach-Lauterbach, 22 Auflage). Der Beschluß des Landesarbeitsgerichts vom 17. November 1953, durch den der Antrag auf Ergänzung des Urteils zurückgewiesen worden ist, ist nämlich nach § 70 ArbGG. mit der Beschwerde nicht angreifbar. Diese mußte daher als unzulässig verworfen werden. Auch wenn man der Ansicht folgen würde, daß über den Antrag auf Ergänzung des Urteils nur durch ein Urteil und nicht wie geschehen durch einen Beschluß hätte entschieden werden müssen und daß deshalb der Beschluß wie ein Urteil zu behandeln wäre, ist die Rechtslage nicht zugunsten des Beklagten zu beurteilen. In diesem Falle wäre, selbst wenn die Beschwerde als Revision behandelt würde, diese unstatthaft, weil es an einer ausdrücklichen Zulassung der Revision fehlt und andere Umstände, die eine Zulassung der Revision rechtfertigen könnten (§ 72 Abs. 1 ArbGG.), nicht vorliegen.

2

1. Urteile, die im Zeitpunkt ihrer Verkündung, bei einer Entscheidung ohne mündliche Verhandlung im Zeitpunkt der Zustellung der Urteilsformel rechtskräftig waren, bleiben unanfechtbar und erlangen nicht etwa nachträglich mit dem Inkrafttreten des Arbeitsgerichtsgesetzes die Anfechtbarkeit.

2. Gegen ein vor dem 1. 10. 1953 verkündetes Urteil eines Landesarbeitsgerichts findet, von den Besonderheiten für das Land Rheinland-Pfalz und für das frühere Land Württemberg-Hohenzollern abgesehen, die Revision nicht statt.

ArbGG. § 72 Abs. 1, § 123.

II. Senat. Beschluß vom 30. April 1954 i. S. D. (Kl.) w. N. (Bekl.) 2 AZR 41/53.

I. Arbeitsgericht Braunschweig. — II. Landesarbeitsgericht Hannover.

Durch das in der Formel bezeichnete Urteil ist die Berufung des Klägers gegen das Urteil des Arbeitsgerichts zurückgewiesen und auf die Anschlußberufung der Beklagten das Urteil des Arbeitsgerichts abgeändert und die Klage in vollem Umfange abgewiesen worden. Gegen dieses Urteil hat der Kläger Revision eingelegt, die er selbst eigenhändig unterzeichnet hat.

Gegen ein vor dem 1. Oktober 1953 verkündetes Urteil eines Landesarbeitsgerichts findet die Revision — von den Besonderheiten für das Land Rheinland-Pfalz und das frühere Land Württemberg-Hohenzollern abgesehen — nicht statt. Denn das Arbeitsgerichtsgesetz vom 3. September 1953 (BGBl. I S. 1267) ist nach seinem § 123 erst am 1. Oktober 1953 in seinem vollen Umfange in Kraft getreten; nur hinsichtlich der Maßnahmen zu seiner Durchführung, also für die organisatorischen Maßnahmen (vgl. Fitting-Kraegeloh, ArbGG., § 123 Anm. 1) ist es bereits seit dem 4. Setpember 1953 in Kraft; um eine solche Maßnahme handelt es sich bei der Einlegung der Revision jedoch nicht.

Daraus folgt, daß auch § 72 Abs. 1 ArbGG, der bestimmt, unter welchen Voraussetzungen die Revision stattfindet, erst seit dem 1. Oktober 1953 gilt. Die im § 72 Abs. 1 ArbGG. bestimmte Statthaftigkeit der Revision kann daher nur diejenigen Urteile erfassen, die seit dem 1. Oktober 1953 auf Grund einer mündlichen Verhandlung verkündet oder bei einer Entscheidung ohne mündliche Verhandlung (§ 128 Abs. 2 ZPO.) durch Zustellung der Urteilsformel den Parteien mitgeteilt sind. Für Urteile, die früher verkündet oder bei Entscheidung ohne mündliche Verhandlung durch Zustellung der Urteilsformel früher den Parteien mitgeteilt worden sind, ist das zur Zeit der Verkündung oder Mitteilung in dem einzelnen Lande geltende Recht maßgebend. Sie bleiben unanfechtbar, wenn sie zu diesem Zeitpunkt unanfechtbar waren, und erlangen nicht etwa nachträglich mit dem Inkrafttreten des Arbeitsgerichtsgesetzes die Anfechtbarkeit. Eine ausdrückliche Übergangsbestimmung, daß die Zulässigkeit eines Rechtsmittels gegen die vor dem Inkrafttreten des Gesetzes verkündeten oder von Amts wegen zugestellten Entscheidungen sich nach den bisher geltenden Vorschriften richte, wie es Art. 8 Ziffer 107 des Vereinheitlichungsgesetzes vom 12. September 1950 (BGBl. S. 455) vorsieht, bedurfte es nicht; denn diese Rechtsfolge ist selbstverständlich (im Ergebnis übereinstimmend: Fitting-Kraegeloh, ArbGG., § 123 Anm. 3; Köst, BB. 1953 S. 832; Schreiben des Bundesarbeitsministers vom 10. 10. 1953 — III a 2144/53 —, abgedr. BB. 1953 S. 860; allgemein für den Zivilprozeß: Stein-Jonas ZPO. 18. Auflage, Vorbemerkung IV 3 vor § 545).

Außerdem ist die Revision auch nicht durch einen Rechtsanwalt eingelegt, entbehrt also der durch § 11 Abs. 2 ArbGG. vorgeschriebenen Form.

3

1. Ein Beschluß, welcher gemäß dem Betriebsverfassungsgesetz vor Inkrafttreten des Arbeitsgerichtsgesetzes gefaßt, aber erst danach zugestellt ist, unterliegt auch dann nicht der Rechtsbeschwerde, wenn das Landesarbeitsgericht von der Möglichkeit einer Zulassung des Rechtsmittels nach dem neuen Arbeitsgerichtsgesetz vermutlich würde Gebrauch gemacht haben. Eine nachträgliche Zulassung der Rechtsbeschwerde durch das Rechtsmittelgericht ist unzulässig, weil sie in dem neuen Arbeitsgerichtsgesetz auch für Übergangsfälle an keiner Stelle vorgesehen ist.

2. Zur Begründung der Statthaftigkeit einer Rechtsbeschwerde wegen Abweichung von einer anderen Entscheidung (§ 92 Abs. 1 S. 2 ArbGG) genügt es nicht, daß die angefochtene Entscheidung von der eines anderen Landesarbeitsgerichts abweicht. Erforderlich ist die Abweichung von einer Entscheidung des Bundesarbeitsgerichts.

ArbGG. § 92 Abs. 1

I. Senat. Beschl. v. 2. Juni 1954 i. S. D. u. A. (Antragsst.) w. Betriebsrat (Antragsg.) 1 ABR 1/53.

I. Arbeitsgericht Bochum. — II. Landesarbeitsgericht Hamm.

Nach dem Arbeitsgerichtsgesetz von 1926 (in Verbindung mit dem Kontrollratsgesetz Nr. 21), unter dessen Geltung der Beschluß des Landesarbeitsgerichts Hamm am 1. September 1953 gefaßt ist, fand eine Rechtsbeschwerde gegen Beschlüsse des Landesarbeitsgerichts nicht statt. Erst § 92 des am 1. Oktober 1953 in Kraft getretenen neuen Arbeitsgerichtsgesetzes der Bundesrepublik sieht gegen die im Beschlußverfahren ergangenen Entscheidungen der Landesarbeitsgerichte eine Rechtsbeschwerde an das Bundesarbeitsgericht zunächst dann vor, wenn das Landesarbeitsgericht die Rechtsbeschwerde wegen der Bedeutung der Rechtssache zugelassen hat. Hieran fehlt es im vorliegenden Falle. Wenn auch in dem am 1. September gefaßten, am 12. Oktober 1953 zugestellten, und damit unter der Geltung des neuen ArbGG. wirksam gewordenen Beschluß des Landesarbeitsgerichts eine Zulassung nicht erfolgen konnte, weil sie erst durch § 92 des neuen ArbGG. vorgesehen und daher erst nach dem 1. 10. 1053 möglich wurde, so kann doch weder eine ausdrückliche noch eine stillschweigende Zulassung der Rechtsbeschwerde durch das Bundesarbeitsgericht etwa mit der Begründung vorgenommen werden, daß das Landesarbeitsgericht die Rechtsbeschwerde zugelassen haben würde, wenn der Beschluß nach dem 1. Oktober 1953 gefaßt wäre. Denn eine Zulassung der Rechtsbeschwerde durch das Rechtsmittelgericht ist in dem neuen Arbeitsgerichtsgesetz auch für Übergangsfälle an keiner Stelle vorgesehen.

Ohne Zulassung kann die Rechtsbeschwerde nach § 92 Satz 1 nur eingelegt werden, wenn die Entscheidung des Landesarbeitsgerichts von einer Entscheidung des Bundesarbeitsgerichts abweicht und auf dieser Entscheidung beruht. Daran fehlt es ebenfalls, denn das Bundesarbeitsgericht hat zu der Rechtsfrage, die der vorliegenden Rechtsbeschwerde zugrunde liegt, noch nicht Stellung genommen. Die Abweichung von der Entscheidung eines anderen Landesarbeitsgerichts genügt aber nicht. Zwar kann nach § 72 Abs. 1 Satz 3 aaO. eine Revision auch dann eingelegt werden, wenn die angefochtene Entscheidung von der Entscheidung eines anderen Landesarbeitsgerichts abweicht. Das gilt aber auch dem ausdrücklichen Wortlaut des § 92 Satz 2 für Rechtsbeschwerden nicht. Einer analogen Anwendung aller für die Revision geltenden Vorschriften auf Rechtsbeschwerden steht hier der klare Wortlaut des Gesetzes und die Erwägung entgegen, daß sich in Fragen der Zulässigkeit und Statthaftigkeit eines Rechtsmittels eine analoge Anwendung grundsätzlich verbietet. Demgemäß war die Rechtsbeschwerde mit der gesetzlichen Kostenfolge aus § 97 ZPO. als unstatthaft zu verwerfen.

4

1. Der § 72 Abs. 1 ArbGG. regelt die Zulässigkeit der Revision erschöpfend. Neben dieser Regelung ist für die Anwendung des § 547 ZPO. kein Raum.

2. Nach § 72 Abs. 1 Satz 3 ArbGG. ist die Revision nur statthaft, wenn das angefochtene Urteil von dem Urteil eines anderen Landesarbeitsgerichts abweicht. Es genügt nicht, daß das angefochtene Urteil von einem Urteil des gleichen Landesarbeitsgerichts, wenn auch vielleicht von dem einer anderen Kammer, abweicht.

ArbGG. § 72 Abs. 1 und 3; ZPO. § 547.

II. Senat. Beschl. v. 2. Juni 1954 i. S. K. (Kl.) w. Bundesrepublik (Bekl.) 2 AZR 170/54.

I. Arbeitsgericht Hamburg. — II. Landesarbeitsgericht Hamburg.

Der Kläger, der bei der Beklagten vom 15. November 1952 bis zum 27. Oktober 1953 als Schiffsarzt auf einem Fischereischutzboot tätig war, verlangt für die bezeichnete Zeit tarifliches Mehrgehalt nach der Gruppe II der ToA. in Höhe von 3087,50 DM nebst 4 % Zinsen. Das Arbeitsgericht hat unter Festsetzung des Streitwertes auf 3087,50 DM die Klage abgewiesen. Das Landesarbeitsgericht hat die Berufung des Klägers zurückgewiesen und die Revision nicht zugelassen. Beide Vorinstanzen wenden auf das Arbeitsverhältnis des Klägers den Tarifvertrag für die deutsche Seeschiffahrt an, der ein Schiedsgericht vorsieht, und halten deshalb die Einrede des Schiedsvertrags für begründet.

Gegen das Urteil des Landesarbeitsgerichts hat der Kläger Revision eingelegt; das Rechtsmittel ist aber unstatthaft.

1. Zu Unrecht stützt der Kläger die Statthaftigkeit der Revision auf § 72 Abs. 3 ArbGG. in Verbindung mit § 547 Abs. 1 Nr. 1 ZPO. indem er ausführt, daß die Unzulässigkeit des Rechtswegs in Frage stehe. § 72 Abs. 3 ArbGG. übernimmt die Vorschriften der ZPO. über die Revision, abgesehen von der ausdrücklichen Ausnahme des § 566a ZPO., nicht uneingeschränkt, sondern nur, „soweit dieses Gesetz nichts anders bestimmt“.. Eine solche abändernde Bestimmung wird hier bedeutsam. Denn die in § 72 Abs. 1 ArbGG. enthaltene Regelung der Statthaftigkeit der Revision weicht in wesentlichen Punkten von der für die ordentliche Gerichtsbarkeit gegebenen ab; sie will ihrer Fassung und systematischen Stellung nach für das arbeitsgerichtliche Verfahren die Statthaftigkeit der Revision selbständig und erschöpfend regeln. Für die Anwendung des § 547 Abs. 1 ZPO., der unter den dort bezeichneten

Voraussetzungen, also auch dann, wenn es sich um die Unzulässigkeit des Rechtswegs handelt, die Revision ohne Zulassung und ohne Rücksicht auf den Wert des Beschwerdegegenstandes zuläßt, ist somit im Verfahren vor dem Bundesarbeitsgericht kein Raum (so schon für das Arbeitsgerichtsgesetz 1926 RAG. 1, 1).

Zudem handelt es sich bei der Einrede des Schiedsvertrags auch nicht um die Unzulässigkeit des Rechtswegs (RGZ. 42, 305—[307]).

2. Auch die Ausführung des Klägers, daß das angefochtene Urteil von dem Urteil des Landesarbeitsgerichts in Hamburg vom 28. November 1952 (BB. 52, S. 290) und von dem Urteil des Landesarbeitsgerichts in Stuttgart vom 19. Oktober 1951 (BB. 51, S. 894) abweiche und auf dieser Abweichung beruhe, vermag die Statthaftigkeit der Revision nach § 72 Abs. 1 Satz 3 ArbGG. nicht zu begründen.

a) Eine angebliche Abweichung des angefochtenen Urteils von dem Urteil des Landesarbeitsgerichtes Hamburg vom 28. November 1952 wäre ohne Bedeutung. Nach § 72 Abs. 1 Satz 3 ArbGG. findet, solange eine Entscheidung des Bundesarbeitsgerichts in der Rechtsfrage nicht ergangen ist, die Revision statt, wenn die Entscheidung des Landesarbeitsgerichts von der Entscheidung eines anderen Landesarbeitsgerichts oder eines obersten Arbeitsgerichts eines Landes abweicht und auf dieser Abweichung beruht. Nach diesem klaren Wortlaut genügt also nicht eine Abweichung von einer Entscheidung des gleichen Landesarbeitsgerichts, auch nicht von einer Entscheidung einer anderen Kammer des gleichen Landesarbeitsgerichts (so für den ähnlich gelagerten Fall des § 28 FGG.: KG. v. 23. Dezember 1926 in JW. 1927, S. 1161). Eine ausdehnende Auslegung über diesen Wortlaut hinaus ist auch nicht durch den Zweck der Vorschrift geboten, die Rechtseinheit sicherzustellen. Wie nach dem Wortlaut des § 72 Abs. 1 Satz 3 ArbGG. angenommen werden muß, sieht der Gesetzgeber eine Gefährdung der Rechtseinheit gerade dann als gegeben an, wenn eine bezirksweise Aufsplitterung droht. Weicht die angefochtene Entscheidung von einer früheren Entscheidung der gleichen Kammer ab, so hat die Kammer ihren früheren Rechtsstandpunkt überhaupt aufgegeben; die Rechtseinheit ist also nicht gefährdet. Weicht aber die angefochtene Entscheidung von einer Entscheidung einer anderen Kammer des gleichen Landesarbeitsgerichts ab, so ist der Rechtszersplitterung schon mit der Vorschrift des § 69 Abs. 3 Satz 1 ArbGG. hinreichend vorgebeugt. Das Landesarbeitsgericht kann stets wegen der grundsätzlichen Bedeutung der Rechtssache die Revision zulassen, und es muß sie nach § 69 Abs. 3 Satz 2 ArbGG. zulassen, wenn es von einer ihm bekannten Entscheidung des Bundesarbeitsgerichts, oder, solange eine Entscheidung des Bundesarbeitsgerichts in der Rechtsfrage nicht ergangen ist, von einer ihm bekannten Entscheidung eines Landesarbeitsgerichts abweichen will. In den letzteren Fällen handelt es sich allerdings immer um eine Statthaftigkeit der Revision kraft Zulassung durch das Landesarbeitsgericht. Es ist daher, liegt eine solche Zulassung vor, nicht zu prüfen, ob unter die Abweichung von der Entscheidung eines Landesarbeitsgerichts im Sinne des § 69 Abs. 3 Satz 2 ArbGG. auch die Abweichung von der Entscheidung einer anderen Kammer des gleichen Gerichts fällt.

b) Daß das angefochtene Urteil von dem Urteil des Landesarbeitsgerichts in Stuttgart vom 19. Oktober 1951 abweicht, ist nicht ersichtlich...

5

1. Bei der Prüfung der Statthaftigkeit der Revision nach § 72 Abs. 1 Satz 4 und 5 ArbGG. ist das Bundesarbeitsgericht an die vom Arbeitsgericht oder vom Landesarbeitsgericht getroffene Festsetzung des Wertes des Streitgegenstandes gebunden; es kann diese Wertfestsetzung nicht nachprüfen und, falls es sie für unzutreffend hält, abändern.

2. Will der Revisionsklärger die Statthaftigkeit der Revision auf § 72 Abs. 1 Satz 3 ArbGG. stützen, so hat er die abweichende Entscheidung des anderen Landesarbeitsgerichts oder eines oberen Arbeitsgerichts eines Landes in der Revisionsbegründung zu bezeichnen; eine Nachholung nach Ablauf der Revisionsbegründungsfrist ist nicht möglich.

ArbGG. § 61 Abs. 2, § 69 Abs. 2, § 72 Abs. 1 S. 3, 4 u. 5.

II. Senat. Beschl. v. 2. Juni 1954 i. S. M. (Kl.) w. S. (Bekl.) 2 AZR 136/54.

I. Arbeitsgericht Iserlohn. — II. Landesarbeitsgericht Hamm.

Das Arbeitsgericht hat die auf Feststellung der Unwirksamkeit von Kündigung und der Zahlung eines Geldbetrages gerichtete Klage abgewiesen und den Streitwert auf 4400,— DM festgesetzt. Das Landesarbeitsgericht hat durch das in der Formel bezeichnete Urteil die Berufung des Klägers zurückgewiesen, die Revision nicht zugelassen und auch die Streitwertfestsetzung des Arbeitsgerichts nicht geändert. Gegen dieses Urteil hat der Kläger rechtzeitig Revision eingelegt und diese mit seinem Schriftsatz vom 30. April 1954 rechtzeitig begründet. Er hält die Revision für statthaft, weil der Streitwert, wie er im Einzelnen ausführt, offensichtlich 6000,— DM übersteige. In seiner Nachschrift vom 26. Mai 1954, die nach Ablauf der Revisionsbegründungsfrist eingegangen ist, hat der Kläger ausgeführt, daß das Bundesarbeitsgericht den Streitwert für die Statthaftigkeit der Revision neu festsetzen könne und des weiteren, daß das angefochtene Urteil von zwei näher bezeichneten Urteilen eines anderen Landesarbeitsgerichts abweiche.

Die Revision ist unstatthaft und damit unzulässig.

Nach § 72 Abs. 1 Satz 4 ArbGG. ist die Revision, soweit der Streitwert in Betracht kommt, nur zulässig, wenn „der vom Arbeitsgericht oder Landesarbeitsgericht festgesetzte Wert des Streitgegenstandes die in der ordentlichen bürgerlichen Gerichtsbarkeit geltende Revisionsgrenze erreicht". Bei Streitigkeiten über Zahlungsansprüche muß nach § 72 Abs. 1 Satz 5 ArbGG. darüber hinaus sogar der Beschwerdegegenstand die Revisionsgrenze erreichen. Im arbeitsgerichtlichen Verfahren kommt dieser Streitwertfestsetzung durch die unteren Gerichte eine besondere Bedeutung zu. Während im Verfahren vor den ordentlichen Gerichten das Rechtsmittelgericht ohne Bindung an den vom unteren Gericht festgesetzten Streitwert die Höhe des Beschwerdegegenstandes selbständig festsetzt und damit, soweit die Anfechtbarkeit von der Höhe des Beschwerdegegensandes abhängt, über die Voraussetzung der Statthaftigkeit des Rechtsmittels selbst befindet, ist im arbeitsgerichtlichen Verfahren das höhere Gericht an den vom Arbeitsgericht als erstinstanzlichem Gericht nach § 61 Abs. 2 ArbGG. im Urteil festgesetzten Wert des Streitgegenstandes gebunden. Von diesem Grundsatz erlaubt § 69 Abs. 3 ArbGG. dann eine Ausnahme, wenn sich der Wert des Streitgegenstandes nach der Verkündung des Urteils des Arbeitsgerichts geändert hat; in diesem Falle darf das Landesarbeitsgericht die im Urteil des Arbeitsgerichts enthaltene Streitwertfestsetzung ändern. Dem Bundesarbeitsgericht ist eine Befugnis zur Abänderung nicht zugesprochen. Das Gesetz spricht von dem „vom Arbeitsgericht oder Landesarbeitsgericht" festgesetzten Wert des Streitgegenstandes. Der auf diese Weisee festgesetzte Streitwert ist dem Zusammenhang nach auch für die Bestimmung der Revsionsgrenze zur Bestimmung des Beschwerdegegenstandes bei Verfahren über Zahlungsansprüche maßgebend.

Die Befugnis der unteren Gerichte, bindend den Streitwert festzusetzen, kann allerdings dazu führen, daß eine zu geringe Streitwertfestsetzung der unterlegenen Partei ein Rechtsmittel abschneidet, das sie bei richtiger Streitwertfestsetzung gehabt hätte, und daß eine zu hohe Streitwertfestsetzung ein Rechtsmittel gewährt, das richtiger Weise nicht gegeben wäre. Diese Gefahr hat das Gesetz aber in Kauf genommen, um das von ihm erstrebte Ziel zu erreichen, von vornherein Gewißheit oder im Falle des § 72 Abs. 1 Satz 5 ArbGG. doch eine möglichst große Gewißheit über die Anfechtbarkeit des erlassenen Urteils zu erhalten.

Bei der Prüfung der Statthaftigkeit der Revision nach § 72 Abs. 1 Satz 4 und 5 ArbGG. ist das Bundesarbeitsgericht daher an die vom Arbeitsgericht oder vom Landesarbeitsgericht getroffene Festsetzung des Wertes des Streitgegenstandes gebunden; es kann sie nicht nachprüfen und, falls es sie für nicht zutreffend erachtet, abändern. Diese Rechtsansicht stimmt mit der Rechtsprechung des Reichsarbeitsgerichts überein (RAGARS. 2, 167; 5, 350). Die vom Kläger gewünschte Änderung der vom Arbeitsgericht getroffenen Streitwertfestsetzung auf über 6000,—DM ist somit unzulässig. Der vom Arbeitsgericht auf insgesamt 4400,—DM festgesetzte Wert des Streitgegenstandes selbst erreicht die Revisionsgrenze von 6000,— DM nicht.

Auch wegen Divergenz ist die Revision nicht statthaft. Will der Revisionskläger die Statthaftigkeit der Revision auf § 72 Abs. 1 Satz 3 ArbGG. stützen, so hat er die abweichenden Entscheidungen der anderen Landesarbeitsgerichte oder eines oberen Arbeitsgerichts eines Landes in der Revisionsbegründung zu bezeichnen; eine Nachholung nach Ablauf der Revisionsbegründungsfrist ist nicht möglich. Die Revisionsbegründung muß stets fristgerecht eingereicht werden. Unmittelbar sieht das Arbeitsgerichtsgesetz die Angabe der abweichenden Entscheidung mit § 72 Abs. 1 Satz 2 ArbGG. allerdings nur für die Angabe der abweichenden Entscheidung des Bundesarbeitsgerichts vor; nach § 72 Abs. 1 Satz 3 ArbGG. gilt „das gleiche" aber auch für das Abweichen von einer Entscheidung eines anderen Landesarbeitsgerichts; daraus ergibt sich mittelbar, daß auch die abweichende Entscheidung des anderen Landesarbeitsgerichts in der Revisionsbegründung oder wenigstens während der Revisionsbegründungsfrist bezeichnet werden muß. Die beiden angeblich abweichenden Entscheidungen des andern Landesarbeitsgerichts hat der Kläger jedoch erst nach Ablauf der Revisionsbegründungsfrist bezeichnet. Auf die Frage, ob die vom Kläger angegebenen Entscheidungen überhaupt von der angefochtenen Entscheidung abweichen und die Entscheidungen auf dieser Abweichung beruhen, war daher nicht einzugehen.

6

1. Für die Bezeichnung der abweichenden Entscheidung in der Revisionsbegründungsschrift nach § 72 Abs. 1 Satz 3 ArbGG. genügt nicht die allgemeine Angabe, daß das angefochtene Urteil von Entscheidungen anderer Landesarbeitsgerichte abweiche. Die abweichenden Ent-

scheidungen sind vielmehr hinsichtlich des Gerichts, des Datums und der Fundstelle, erforderlichenfalls hinsichtlich der Parteien und des Aktenzeichens, eindeutig zu bezeichnen. Ferner muß die Revisionsbegründung die Abweichung schlüssig behaupten, also jedenfalls mindestens noch die von der angefochtenen und von der angezogenen Entscheidung verschieden beantwortete Rechtsfrage bezeichnen und auseinandersetzen, inwiefern die angefochtene und die angezogene Entscheidung diese Rechtsfrage abweichend beantworten und wieso das angefochtene Urteil auf dieser Abweichung beruht.

2. Die für die Prüfung der Statthaftigkeit der Revision in § 74 Abs. 3 Satz 4 ArbGG. bestimmte Zweimonatsfrist läuft nicht, wenn der Revisionskläger die Abweichung nicht schlüssig behauptet hat.

ArbGG. § 72 Abs. 1 S. 3; § 74 Abs. 3 S. 4.

II. Senat. Beschl. v. 2. Juni 1954 i. S. W. (Bekl.) w. R. (Kl.) 2 AZR 17/54.

I. Arbeitsgericht Frankfurt am Main. — II. Landesarbeitsgericht Frankfurt am Main.

Das Landesarbeitsgericht hat die Berufung der Beklagten gegen das der Klage stattgebende Urteil des Arbeitsgerichts zurückgewiesen, den Streitwert für das Berufungsverfahren auf 500,— DM festgesetzt und die Revision nicht zugelassen. Das Urteil des Landesarbeitsgerichts ist der Beklagten am 9. Dezember 1953 zugestellt worden, die Beklagte hat am 14. Januar 1954 Revision eingelegt, sie am 8. Februar begründet und am 24. Mai 1954 Wiedereinsetzung in den vorigen Stand wegen der Versäumung der Revisionsfrist beantragt.

Da die Revision nicht zugelassen und auch wertmäßig die Revisionsgrenze nicht erreicht ist, stützt die Beklagte in der Revisionsbegründung die Statthaftigkeit ihrer Revision nur auf § 72 Abs. 1 S. 3 ArbGG. (Divergenz), indem sie vorträgt:

> „Die Entscheidung weicht auch von einer höchstrichterlichen Entscheidung und offenbar auch von der Rechtsprechung anderer Landesarbeitsgerichte ab. Auch dürfte das Bundesarbeitsgericht über die vorliegend gestellten Fragen noch nicht entschieden haben."

Diese Ausführungen genügen nicht den Anforderungen, die das Arbeitsgerichtsgesetz an die Begründung der Statthaftigkeit der Revision wegen Divergenz stellt.

Daß der Revisionskläger, der die Statthaftigkeit der Revision auf § 72 Abs. 1 Satz 3 ArbGG. stützt, die abweichende Entscheidung des anderen Landesarbeitsgerichts oder des oberen Arbeitsgerichts eines Landes schon in der Revisionsbegründung bezeichnen muß, hat das

Bundesarbeitsgericht in seiner Entscheidung vom 2. Juni 1954 (2 AZR 136/54) bereits ausgesprochen. Für diese Bezeichnung genügt bei der unübersehbaren Zahl der Entscheidungen der Landesarbeitsgerichte aber nicht die allgemeine Angabe, daß das angefochtene Urteil von Entscheidungen anderer Landesarbeitsgerichte abweiche. Die abweichenden Entscheidungen sind vielmehr hinsichtlich des Landesarbeitsgerichts, des Datums und der Fundstelle, erforderlichenfalls hinsichtlich der Parteien und des Aktenzeichens so eindeutig anzugeben, daß ihre Identität nicht zweifelhaft sein kann und dem Bundesarbeitsgericht ihre Auffindung unschwer, jedenfalls rechtzeitig binnen der in §§ 74 Abs. 3 Satz 4 ArbGG. bestimmten Zweimonatsfrist möglich ist. Nur so wird der Zweck erfüllt, der mit der Bezeichnung der abweichenden Entscheidung erreicht werden soll. Ferner muß die Revisionsbegründung die Abweichung auch schlüssig behaupten, also jedenfalls mindestens noch die von der angefochtenen und angezogenen Entscheidung verschieden beantwortete Rechtsfrage genau bezeichnen und auseinandersetzen, inwiefern das angefochtene Urteil und die angezogene Entscheidung diese Rechtsfrage abweichend beantworten und wieso das angefochtene Urteil auf dieser Abweichung beruht. Nur ein derartiger Vortrag des Revisionsklägers gibt dem Bundesarbeitsgericht die notwendigen Anhaltspunkte für seine Nachprüfung zum Vorliegen einer Divergenz. Das Revisionsvorbringen bliebe zu diesem Punkte sonst nichtssagend. Da die Revisonsbegründung allen jenen Anforderungen in keiner Weise genügt, ist die auf Divergenz gestützte Revision nicht statthaft.

Einer Verwerfung des Rechtsmittels durch Beschluß steht die Vorschrift des § 74 Abs. 3 Satz 4 ArbGG. nicht entgegen, wonach die Revision, deren Statthaftigkeit auf Divergenz gestützt ist, nur innerhalb einer Frist von zwei Monaten nach ihrer Einlegung als unzulässig verworfen werden kann. Diese Bestimmung setzt voraus, daß der Revisionskläger das Bundesarbeitsgericht überhaupt in die Lage versetzt hat zu prüfen, ob das angefochtene Urteil von dem in der Revisionsbegründung bezeichneten Urteil des Bundesarbeitsgerichts, eines anderen Landesarbeitsgerichts oder eines oberen Arbeitsgerichts eines Landes abweicht und auf dieser Abweichung beruht. Die für die Prüfung der Statthaftigkeit der Revision in § 74 Abs. 3 Satz 4 ArbGG. vorgesehene Zweimonastfrist läuft daher nicht, wenn der Revisionskläger wie im vorliegenden Falle die Abweichung überhaupt nicht schlüssig behauptet hat.

Hiernach ist es geboten, nach § 74 Abs. 3 Satz 1 ArbGG. die Revision mit der Kostenfolge aus § 97 ZPO. als unzulässig zu verwerfen. Auf die Wiedereinsetzung in den vorigen Stand gegen die Versäumung der Revisionsfrist kann somit nicht eingegangen werden.

7

Die nicht auf Grund einer mündlichen Verhandlung ergehenden Beschlüsse erläßt im Urteilsverfahren nicht der Senatsvorsitzende allein, sondern — über die in den § 74 Abs. 2 S. 3, § 74 Abs. 3 S. 2 und § 77 S. 2 ArbGG. bezeichneten Fälle hinaus — der Senat, allerdings ohne Hinzuziehung der Bundesarbeitsrichter (Kleiner Senat).

ArbGG. § 16 Abs. 2, § 53 Abs. 1 S. 1, § 72 Abs. 3; ZPO. §§ 566, 515 Abs. 3 S. 3.

II. Senat. Beschl. v. 2. Juni 1954 i. S. P. (Kl.) w. O. (Bekl.) 2 AZR 63/53.

I. Arbeitsgericht Elmshorn. — II. Landesarbeitsgericht Kiel.

Aus den Gründen:

Nach § 72 Abs. 3 ArbGG. in Verbindung mit §§ 566, 515 Abs. 3 Satz 3 ZPO. bedarf der Beschluß, der die bezeichneten Folgen der Zurücknahme der Revision ausspricht, keiner mündlichen Verhandlung. Dieser ohne mündliche Verhandlung ergehende Beschluß selbst wird weder von dem Senat in voller Besetzung noch von seinem Vorsitzenden allein, sondern von dem Senat ohne Hinzuziehung der Bundesarbeitsrichter (Kleiner Senat) erlassen. Allerdings ist dies im Arbeitsgerichtsgesetz nirgends ausdrücklich bestimmt; Beschlüsse des „Kleinen Senats“ erwähnt das Arbeitsgerichtsgesetz ausdrücklich nur für den Fall, daß der Senat durch Beschluß die Revision als unzulässig verwirft (§ 74 Abs. 2 Satz 3 ArbGG. und § 74 Abs. 3 Satz 2 ArbGG.) und bei der Entscheidung über die Revisionsbeschwerde (§ 77 Satz 2 ArbGG.). Indes folgt aus § 72 Abs. 4 ArbGG. in Verb. mit § 53 ArbGG., daß auch in diesem Falle der Kleine Senat entscheidet.

Nach § 53 Abs. 1 Satz 1 ArbGG. erläßt die nicht auf Grund einer mündlichen Verhandlung ergehenden Beschlüsse und Verfügungen, soweit nichts anderes bestimmt ist, bei dem Arbeitsgericht der Vorsitzende des Arbeitsgerichts allein. § 53 Abs. 1 ArbGG. schränkt also den in § 16 Abs. 2 ArbGG. aufgestellten Grundsatz ein, daß jede Kammer des Arbeitsgerichts in der Besetzung mit einem Vorsitzenden und zwei, in gewissen Fällen vier Arbeitsrichtern tätig wird; die Vorschrift grenzt offenbar die Mitwirkung der Arbeitsrichter im Urteilsverfahren bei dem Arbeitsgericht gegenüber der Tätigkeit des einzigen Berufsrichters, nämlich des Vorsitzenden, ab. Eine solche Abgrenzung ist durch die Stellung geboten, die die Arbeitsrichter im Aufbau der Gerichte für Arbeitssachen haben. Denn ähnlich wie das Amt des Schöffen (§ 31 GVG.) und das des Geschworenen (§ 84 GVG.) ist nach § 25 Abs. 1 ArbGG. auch das Amt des Arbeitsrichters ein Ehrenamt. Ebensowenig wie die Schöffen und Geschworenen sind die Arbeitsrichter ständige Mitglieder des Gerichts; sie werden vielmehr nur in einer bestimmten Reihenfolge gemäß § 31 ArbGG. zu den Sitzungen herangezogen. Wie die Schöffen bei den Schöffengerichten nach § 28 und § 30 Abs. 2 GVG. und bei den Strafkammern nach § 76 GVG. sowie die Geschworenen bei den Schwurgerichten nach § 79 GVG. nur für die Hauptverhandlung und die auf Grund der Hauptverhandlung ergehenden Entscheidungen, also für die endgültige Aburteilung, nicht aber für die Entscheidung außerhalb der Hauptverhandlung herangezogen werden, so liegt auch kein Bedürfnis dafür vor, die Arbeitsrichter im Urteilsverfahren vor dem Arbeitsgericht mit allen Vorentscheidungen und Nebenentscheidungen des Rechtsstreits, die außerhalb der mündlichen Verhandlung ergehen, zu befassen. Ihrer Aufgabe genügen sie, wenn sie bei der abschließenden vorgesehenen Entscheidung des Rechtsstreits mitwirken. Dies gilt wegen der vom Gesetz entsprechenden Anwendung des § 53 ArbGG. auch für die Landesarbeitsrichter und die Bundesarbeitsrichter.

Allerdings ist in § 53 Abs. 1 ArbGG. nicht nur von Beschlüssen, sondern auch von Verfügungen die Rede. Dabei kann es sich aber nur um die üblichen prozeßleitenden Verfügungen handeln, die schon im allgemeinen Zivilprozeß vor den ordentlichen Gerichten allein von dem Vorsitzenden und nicht von der Kammer oder dem Senat erlassen werden. Die Anordnung, die entsprechenden Vorschriften der ZPO. entsprechend anzuwenden, hätte an sich wohl genügt. Es sollte aber in § 53 ArbGG. eben offensichtlich ein für allemal abschließend die Mitwirkung der Arbeitsrichter abgegrenzt werden.

Hat hiernach § 53 Abs. 1 ArbGG lediglich die Bedeutung, daß in Abweichung von der in § 16 Abs. 2 ArbGG. bestimmten Zusammensetzung der entscheidenden Kammer des Arbeitsgerichts für die nicht auf Grund einer mündlichen Verhandlung ergehenden Beschlüsse die Mitwirkung der Arbeitsrichter ausgenommen wird, so kann eine entsprechende Anwendung auf das Verfahren vor dem Bundesarbeitsgericht nicht dazu führen, hier den Vorsitzenden des Senats allein entscheiden zu lassen (a. A. für das ArbGG. 1926 Dersch-Volkmar, ArbGG. 5. Auflage 1934, § 72 Anm. 3; Schmincke-Sell ArbGG., 2. Auflage 1927, § 72 Anm. 7c; Regierungsentwurf zum ArbGG. 1953 in der Begründung zu § 74). Nach § 41 Abs. 2 ArbGG. wird grundsätzlich jeder Senat des Bundesarbeitsgerichts in der Besetzung mit einem Vorsitzenden, zwei Bundesrichtern und zwei Bundesarbeitsrichtern tätig. Beim Bundesarbeitsgericht sind aber nicht nur der Vorsitzende des Senats, sondern auch die beiden Bundesrichter Berufsrichter und ständige Mitglieder des Gerichts. Dem Vorsitzenden beim Arbeitsgericht und beim Landesarbeitsgericht entspricht beim Bundesarbeitsgericht, soweit es auf die Abgrenzung der Tätigkeit zwischen Berufsrichtern und Bundesarbeitsrichtern ankommt, eben nicht der Vorsitzende des Senats, sondern die Bundesrichter im Sinne des § 42 Abs. 1 ArbGG., also der Vorsitzende zusammen mit den berufsrichterlichen Beisitzern (Kleiner Senat).

Wenn das Arbeitsgerichtsgesetz den „Kleinen Senat" nur in den Fällen des § 74 Abs. 2 S. 3, § 74 Abs. 3 S. 2 und des § 77 S. 2 ArbGG. erwähnt, so will es damit nur zum Ausdruck bringen, daß in diesen Fällen, in denen über den Rechtsstreit abschließend entschieden wird, in Abweichung von § 41 Abs. 2 ArbGG. die Mitwirkung der Bundesarbeitsrichter entbehrt werden kann. Es kann aber nicht gesagt werden, daß die Tätigkeit des Kleinen Senats für andere Entscheidungen ausgeschlossen sein soll.

Die entsprechende Anwendung des § 53 Abs. 1 ArbGG. auf das Urteilsverfahren vor dem Bundesarbeitsgericht kann somit nur zu dem Ergebnis führen, daß die nicht auf Grund einer mündlichen Verhandlung ergehenden Beschlüsse — über die in § 74 Abs. 2 S. 3, § 74 Abs. 3 S. 2 und § 77 S. 2 ArbGG. bezeichneten Fälle hinaus — der Senat ohne Hinzuziehung der Bundesarbeitsrichter (Kleiner Senat) erläßt, nicht aber der Senatsvorsitzende allein.

Dieses Ergebnis entspricht auch den allgemeinen Grundsätzen des Verfahrensrechtes. Wenn das Gesetz die Entscheidung dem Senat überträgt, so steht die Entscheidung eben dem Kollegium, nicht dem Vorsitzenden allein zu. Nur dort, wo unzweideutig dem Vorsitzenden die alleinige Entscheidungsbefugnis übertragen ist, z. B. bei der Verlängerung der Revisionsbegründungsfrist (§ 554 Abs. 2 Satz 2 ZPO.), ist das Kollegium ausgeschaltet. In allen anderen Fällen ergeht die Entscheidung des Senats nur in der Form der Kollegialentscheidung, wenn auch bei den Beschlüssen ohne mündliche Verhandlung ausnahmsweise ohne Hinzuziehung der Bundesarbeitsrichter.

8

1. Die Rechtsbeschwerde gegen das Verfahren beendende Beschlüsse der Landesarbeitsgerichte ist ohne Zulassung nur dann statthaft, wenn die Entscheidung des Landesarbeitsgerichts von einer Entscheidung des Bundesarbeitsgerichts abweicht und auf dieser Abweichung beruht.

2. Läßt das Landesarbeitsgericht die Rechtsbeschwerde nicht zu, obwohl es von einer ihm bekannten Entscheidung eines Landesarbeitsgerichts abweichen will und eine Entscheidung des Bundesarbeitsgerichts in der Rechtsfrage noch nicht ergangen ist, so gibt es gegen die Nichtzulassung keinen Rechtsbehelf.

3. Die Rechtsbeschwerdeschrift muß schlüssig dartun, daß die Entscheidung des Landesarbeitsgerichts von einer Entscheidung des Bundesarbeitsgerichts abweicht und auf dieser Abweichung beruht. Nur wenn diese Bedingung erfüllt ist, wird die Zweimonatsfrist zur Prüfung, ob die schlüssigen Divergenzbehauptungen auch sachlich zutreffend sind, in Lauf gesetzt.

ArbGG. §§ 92 Abs. 1; 91 Abs. 3 S. 2; 69 Abs. 3 S. 2; 94 Abs. 2 S. 2; 73 Abs. 3.

I. Senat. Beschl. v. 3. Juni 1954 i. S. H. (Antragsg.) w. Betriebsrat (Antragst.) 1 ABR 5/54.

I. Arbeitsgericht Düsseldorf. — II. Landesarbeitsgericht Düsseldorf.

Durch Beschluß des Arbeitsgerichts Düsseldorf vom 15. 4. 1953 war für Recht erkannt worden:

Es wird festgestellt, daß die in den Orten O., S., L. und E. zusammengefaßten Außenbetriebe der Antragsgegnerin selbständige Betriebn im Sinne des § 1 BVG. sind.

Mit der gegen diesen Beschluß statthaften und form- und fristgerecht eingelegten Beschwerde verfolgte die Rechtsbeschwerdeführerin das Ziel einer Abänderung des Beschlusses dahin, daß festgestellt werde, die Betriebsstellen der Antragsgegnerin seien keine selbständigen Betriebe im Sinne des BVG.

Durch Beschluß des Landesarbeitsgerichts Düsseldorf vom 10. 12. 1953 wurde „unter Abänderung des Beschlusses des Arbeitsgerichts" festgestellt, daß die Betriebsstellen O., S., L. und E. der Antragsgegnerin selbständige Betriebe im Sinne des § 3 BVG. seien.

Am Ende der Gründe des Beschlusses des Landesarbeitsgerichts wird ausgeführt, das Gericht sei der Anregung der Rechtsbeschwerdeführerin, die Rechtsbeschwerde gegen diesen Beschluß zuzulassen, nicht gefolgt, weil die Entscheidung auf der Feststellung und Würdigung tatsächlicher Verhältnisse beruhe und ihr eine über den Einzelfall hinausgehende grundsätzliche Bedeutung nicht zukomme.

Der Beschluß wurde der Rechtsbeschwerdeführerin am 17. 1. 1954 zugestellt. Sie legte hiergegen beim Landesarbeitsgericht Düsseldorf am 1. 2. 1954 mit Gründen versehene Rechtsbeschwerde ein. Sie beantragt,

Zulassung dieser Rechtsbeschwerde

und in Abänderung des angefochtenen Beschlusses festzustellen,

daß die schon genannten Betriebsstellen keine Betriebe im Sinne des § 3 BVG. seien.

Die Rechtsbeschwerdeführerin rügt die Nichtzulassung der Rechtsbeschwerde, obwohl das Landesarbeitsgericht Düsseldorf von einer ihm bekannten Entscheidung des Landesarbeitsgerichts Hamm (Westf.) vom 27. 10. 1953 (2 BV. Ta. 64/53) abgewichen sei. Die Abweichung sei auch ursächlich für den von der Rechtsbeschwerdeführerin angegriffenen Beschluß. Es sei daher ein absoluter Revisionsgrund gegeben; die Nichtzulassung der Rechtsbeschwerde sei unbeachtlich.

Der Rechtsbeschwerdegegner bittet um

Abweisung der Rechtsbeschwerde.

Die Rechtsbeschwerde ist unzulässig, weil sie unstatthaft ist. Gemäß § 92 Abs. 1 ArbGG. gibt es nur zwei Möglichkeiten der Rechtsbeschwerde: Einmal, wenn sie wegen der Bedeutung der Rechtssache vom Landesarbeitsgericht zugelassen worden ist, zum anderen, wenn ohne Zulassung die Entscheidung des Landesarbeitsgerichts von einer Entscheidung des Bundesarbeitsgerichts abweicht und auf dieser Abweichung beruht. Es genügt hier, anders als bei Revisionen (§ 72 Abs. 1 S. 3 ArbGG.), nicht die Abweichung von einer Entscheidung eines anderen Landesarbeitsgerichts. Zwar hätte das Landesarbeitsgericht gemäß § 91 Abs. 3 S. 2, § 69 Abs. 3 S. 2 ArbGG. die Rechtsbeschwerde zulassen müssen, wenn es von einer ihm bekannten Entscheidung eines Landesarbeitsgerichts abweichen wollte. Ob dies wirklich der Fall war, wie die Rechtsbeschwerdeführerin angibt, mag auf sich beruhen. Denn selbst wenn das Landesarbeitsgericht hier seiner Zulassungspflicht nicht nachgekommen sein sollte, hat das Bundesarbeitsgericht keine Möglichkeit, von sich aus entgegen der Vorschrift des § 92 Abs. 1 ArbGG. die Rechtsbeschwerde zuzulassen. Der Fall liegt hier ähnlich dem der Nichtzulassung der Revision durch ein Oberlandesgericht entgegen der Vorschrift des § 546 Abs. 2 S. 2 ZPO. Auch dort gibt es keinen

Rechtsbehelf gegen die Versagung der Zulassung, obwohl das Oberlandesgericht gegebenenfalls die Revision zuzulassen hatte (Baumbach-Lauterbach ZPO., 22. Aufl. § 546 Anm. 4; BGHZ. Bd. 2 S. 16).

Die Rechtsbeschwerde kann als unzulässig ohne mündliche Verhandlung verworfen werden, obwohl sie schon am 1. 2. 1954 eingelegt worden ist. Denn die Zweimonatsfrist ist gar nicht in Lauf gesetzt worden. Bei Nichtzulassung sind für die Statthaftigkeit der Rechtsbeschwerde nämlich zwei Voraussetzungen zu prüfen:

Erstens, ob in der Begründung der Rechtsbeschwerde schlüssig die Abweichung der angefochtenen Entscheidung des Landesarbeitsgerichts von einer Entscheidung des Bundesarbeitsgerichts behauptet ist und weiter Tatsachen schlüssig vorgebracht worden sind, wonach die angegriffene Entscheidung auch auf dieser Abweichung beruht.

Zweitens, ob in der Tat diese schlüssigen Behauptungen auch sachlich zutreffend sind.

Nur von dieser zweiten Voraussetzung sprechen die § 94 Abs. 2 S. 2, § 74 Abs. 3 ArbGG., d. h. die in der Rechtsbeschwerdebegründung schlüssig behauptete Divergenz ist binnen 2 Monaten nach Einlegung der Rechtsbeschwerde daraufhin zu prüfen, ob sie tatsächlich besteht oder nicht. Nach Ablauf der zwei Monate ist eine Verwerfung der Rechtsbeschwerde wegen sachlicher Unrichtigkeit der Divergenzbehauptungen ohne mündliche Verhandlung nicht mehr möglich. Hingegen ist der Fall, daß überhaupt keine schlüssigen Divergenzbehauptungen aufgestellt worden sind, durch die Vorschriften der § 94 Abs. 2 S. 2, § 74 Abs. 3 ArbGG. gar nicht erfaßt. Gerade dieser Fall liegt aber hier vor. Denn es fehlt in den Gründen der Rechtsbeschwerdeschrift an der schlüssigen Darstellung einer Divergenz zwischen der angefochtenen Entscheidung des Landesarbeitsgerichts und einer Entscheidung des Bundesarbeitsgerichts, die es in Wirklichkeit auch noch gar nicht gibt. Die Zweimonatsfrist spielt mithin hier keine Rolle.

9

1. Für die Frage, wann eine Abweichung der angefochtenen von der angezogenen Entscheidung im Sinne des § 72 Abs. 1 Satz 2 und 3 ArbGG. vorliegt, kommt es nicht darauf an, ob und welche Rechtsausführungen b e i G e l e g e n h e i t der Entscheidungen in ihnen gemacht sind. Es kommt vielmehr darauf an, daß der tragende Komplex rechtlicher Erwägungen bei der angefochtenen und angezogenen Entscheidung

der gleiche ist, jedoch in den verschiedenen Entscheidungen eine verschiedene rechtliche Beurteilung gefunden hat.

2. Die Frist des § 74 Abs. 3 S. 4 ArbGG. beginnt mit dem Eingang der Revisionsbegründung.

ArbGG. § 72 Abs. 1 S. 2 u. 3, § 74 Abs. 3 S. 4.

II. Senat. Beschl. v. 3. Juni 1954 i. S. Fa. D. (Bekl.) w. K. (Kl.)
2 AZR 121/54.

I. Arbeitsgericht Aachen. — II. Landesarbeitsgericht Düsseldorf, 2. Kammer in Köln.

Der Kläger, der im Januar 1934 in die Dienste der Beklagten als Schlosser eintrat, später zur Wehrmacht eingezogen wurde und im August 1945 in die Dienste der Beklagten zurückkehrte, wurde am 4. April 1949 wegen Lungentuberkulose arbeitsunfähig krank. Das Leiden wurde als Kriegsschädenfolge anerkannt, die Erwerbsminderung auf 100 % festgesetzt und dem Kläger eine Invalidenrente bewilligt. Nach Besserung der Krankheit wurde dem Kläger die Invalidenrente entzogen, seine Erwerbsminderung auf 25 % herabgesetzt und die Versorgungsrente auf 30 % gekürzt. Der Kläger meldete sich im August 1953 bei der Beklagten zur Fortsetzung des Arbeitsverhältnisses. Die Beklagte lehnte jedoch eine weitere Beschäftigung und Entlohnung ab.

Der Kläger verlangte Zahlung seines Lohnes vom 1. August 1953 ab für zwei Monate mit zunächst 1069,— DM brutto, hat diesen Antrag jedoch im zweiten Rechtszuge auf 534,60 DM ermäßigt. Er vertritt die Auffassung, daß das Arbeitsverhältnis weder durch Kündigung, noch durch Übereinkommen, noch auf andere Weise erloschen sei und stützt seinen Anspruch auf den Gesichtspunkt des Annahmeverzuges. Die Beklagte bittet um Abweisung der Klage und trägt vor, das Dienstverhältnis sei schlüssig durch Übereinkommen beendet; der Kläger sei aber auch dauernd arbeitsunfähig gewesen, so daß nach den bestehenden tariflichen Bestimmungen das Dienstverhältnis jedenfalls ab 1. Januar 1950 sein Ende gefunden habe. Seitdem nämlich habe der Kläger Versorgung erhalten.

Im ersten Rechtszuge ist die Klage abgewiesen worden, in der Berufung wurde ihr aber mit der Begründung stattgegeben, daß die Umstände des Falles eine schlüssige Auflösung des Dienstverhältnisses nicht erkennen ließen. Eine dauernde Dienstunfähigkeit des Klägers liege nicht vor, so daß eine ohne weiteres eintretende Auflösung des Dienstverhältnisses nicht vorliege. Die Revision gegen dieses Urteil wurde nicht zugelassen. Der Streitwert beträgt für die erste Instanz 1070,— DM und für die Berufungsinstanz 534,60 DM.

Gegen dieses Urteil wendet sich die Revision der Beklagten mit dem Antrage, die angefochtene Entscheidung aufzuheben und den Kläger mit seiner Klage abzuweisen, hilfsweise unter Aufhebung des angefochtenen Urteils die Sache an das Landesarbeitsgericht zurückzuverweisen. Die Revision führt aus, daß die angegriffene Entscheidung mit dem Urteil des Landesarbeitsgerichts Frankfurt vom 3. Oktober 1951 — II LA 69/51 — und mit dem Urteil des Landesarbeitsgerichts München vom 23. Februar 1951 — I 135/50 — in Widerspruch stehe und auf diesen Abweichungen beruhe. Gerügt wird der Sache nach vor allem, daß die angefochtene Entscheidung zu Unrecht eine dauernde Dienstunfähigkeit des Klägers verneine.

— — —

I. Eine Revision, welche weder vom Landesarbeitsgericht in seinem Urteil ausdrücklich zugelassen, noch nach dem bei Zahlungsanprüchen dieserhalb maßgebenden Beschwerdewert von mindestens 6000,— DM zulässig ist, findet nicht schon dann statt, wenn eine Gesetzesverletzung gerügt werden kann und gerügt wird. Sie ist nur dann statthaft, wenn das Urteil des Landesarbeitsgerichts von einer Entscheidung des Bundesarbeitsgerichts oder, solange eine Entscheidung des Bundesarbeitsgerichtes in der Rechtsfrage noch nicht ergangen ist, von der Entscheidung eines anderen Landesarbeitsgerichts abweicht und auf dieser Abweichung beruht. Für die Frage, wann hiernach im einzelnen eine Abweichung vorliegt, kommt es nicht darauf an, ob und welche Rechtsausführungen in der angezogenen oder angefochtenen Entscheidung einführend, erläuternd, ergänzend oder sonst am Rande gemacht werden. Entscheidend ist vielmehr, daß der tragende Komplex rechtlicher Erwägungen bei der angefochtenen und der angezogenen Entscheidung der gleiche ist, in den verschiedenen Entscheidungen aber eine andere rechtliche Beurteilung gefunden hat. An einer derartigen Divergenz fehlt es hier aber.

Die angezogene Entscheidung des Landesarbeitsgerichts München geht in ihren tatsächlichen Feststellungen davon aus, daß der dortige Kläger dauernd dienstunfähig war. Zu dem Begriff der dauernden Dienstunfähigkeit nimmt sie keine Stellung; sie prüft nur und verneint diese Frage, ob die Erklärung, das Dienstverhältnis sei erloschen, einer Kündigung gleichkomme, so daß die Zustimmung der Hauptfürsorgestelle hätte herbeigeführt werden müssen. Die angefochtene Entscheidung dagegen stellt eine dauernde Dienstunfähigkeit des Klägers nicht fest. Soweit sie hierbei den Rechtsbegriff der dauernden Dienstunfähigkeit auslegt, kann sie nicht in Widerspruch zu der Entscheidung des Landesarbeitsgerichts München treten. Dort wird eben der Begriff der dauernden Dienstunfähigkeit nicht näher erläutert, sondern ist als gegeben vorausgesetzt. Die Frage, ob eine Zustimmung der Hauptfürsorgestelle notwendig gewesen wäre, wirft die angefochtene Entscheidung in ihren Gründen überhaupt nicht auf.

Auch zu der angezogenen Entscheidung des Landesarbeitsgerichts Frankfurt/Main steht die angefochtene Entscheidung nicht im Widerspruch. Dieses Gericht nimmt zu dem Rechtsbegriff einer dauernden Dienstunfähigkeit nicht Stellung, sondern erörtert, übrigens auch nur einleitend, den Begriff der anhaltenden Krankheit. Im Anschluß hieran prüft es, ob es auf den objektiven, also dem nach allgemeinem ärztlichem Urteil vorliegenden Befund zur Zeit der Kündigung oder aber darauf ankomme, wie sich die Krankheit des Arbeitnehmers dem Arbeitgeber zur Zeit der Kündigung auf Grund eines später als unrichtig erwiesenen ärztlichen Urteils darstellte. In dieser letzten Frage gelangt das Landesarbeitsgericht Frankfurt zu dem Ergebnis, daß der objektive, endgültig als richtig erwiesene Befund maßgebend sei. Insoweit steht die angefochtene Entscheidung aber nicht im Widerspruch, sondern sogar in Übereinstimmung mit der angezogenen Entscheidung. Unter Anwendung dieses objektiven Maßstabes ist der Berufungsrichter zu dem Ergebnis gekommen, daß eine dauernde Dienstunfähigkeit bei dem Kläger nicht vorlag.

II. Die hiernach unstatthafte Revision war gemäß § 74 Abs. 3 durch Beschluß als unzulässig zu verwerfen; denn die Frist von zwei Monaten für eine Entscheidung durch Beschluß des Senats beginnt erst mit der Einreichung der Revisionsbegründungsschrift. Wenn auch außerhalb des § 74 Abs. 3 ArbGG. unter „Einlegung" der Revision schon die Einreichung des Revisionsschriftsatzes zu verstehen ist, so kann darunter im Sinne des § 74 Abs. 3 Satz 4 ArbGG. doch nur der durch die Begründung abschließende und abgeschlossene Vorgang der Einlegung des Rechtsmittels verstanden werden. Erst dann wird das Revisionsgericht in die Lage versetzt, nachzuprüfen, ob eine Divergenz der angefochtenen und angezogenen Entscheidungen vorliegt oder nicht, ob also eine echte Abweichung in dem oben erläuterten Sinne zwischen angefochtener und angezogener Entscheidung besteht.

10

1. Ist das Verfahren kraft Gesetzes unterbrochen, ergeht aber gleichwohl eine gerichtliche Entscheidung, so handelt es sich nicht um eine sogenannte Scheinentscheidung.

2. Eine solche Entscheidung ist mit den gegebenen Rechtsbehelfen, die auch während der Unterbrechung geltend gemacht werden können, um dieser Geltung zu verschaffen, anfechtbar.

3. Hat das Landesarbeitsgericht nach Konkurseröffnung die Berufung des Gemeinschuldners gegen das Urteil des Arbeitsgerichts als unzulässig verworfen, so kann der Konkursverwalter während der Unterbrechung des Verfahrens hiergegen Revisionsbeschwerde einlegen.

4. Die Revisionsbeschwerde ist aber nur statthaft, wenn das Landesarbeitsgericht sie zugelassen hat.

ArbGG. § 77; ZPO. §§ 240, 249; KO. § 6

I. Senat. Beschl. v. 3. Juni 1954 i. S. Dr. H. (als Konkursverwalter) (Bekl.) w. C. (Kl.) 1 AZB 6/54

I. Arbeitsgericht Duisburg. — II. Landesarbeitsgericht Düsseldorf.

Durch vorgenannten Beschluß wurde die Berufung des beklagten Gemeinschuldners, Fuhrunternehmers H. H. aus B., gegen das am 11. 11. 1953 verkündete Urteil des Arbeitsgerichts Duisburg auf seine Kosten als unzulässig verworfen. Auf den Inhalt des angefochtenen Beschlusses wird verwiesen.

Der Beschluß wurde dem beklagten Gemeinschuldner am 21. 1. 1954 zugestellt. Am 22. 2. 1954 legte der Beschwerdeführer gegen den Beschluß sofortige Beschwerde ein und beantragte,

> unter Aufhebung des Beschlusses die Unterbrechung des Verfahrens anzuordnen sowie ihm wegen Versäumung der Beschwerdefrist Wiedereinsetzung in den vorigen Stand zu gewähren.

Der Beschwerdeführer führt aus: Über das Vermögen des Beklagten sei beim Amtsgericht Rheinberg am 4. 12. 1953 das Konkursverfahren eröffnet worden; seit diesem Zeitpunkt sei das Verfahren unterbrochen. Der trotz Unterbrechung des Verfahrens wegen Unkenntnis über die Konkurseröffnung ergangene angefochtene Beschluß sei unwirksam; er sei aufzuheben, die Unterbrechung sei jetzt von seiten des Gerichts anzuordnen.

Die sofortige Beschwerde, die vom Beschwerdeführer in seiner Eigenschaft als Konkursverwalter über das zur Konkursmasse gehörige Vermögen des Gemeinschuldners (§ 6 KO.) als Partei kraft Amtes eingelegt werden konnte, ist unzulässig. Sie ist nämlich unstatthaft, weil das Landesarbeitsgericht sie nicht zugelassen hat (§ 77 ArbGG.). Das angerufene Gericht hat keine gesetzliche Möglichkeit, gleichwohl die sofortige Beschwerde zuzulassen.

Es ist richtig, daß der Beschluß des Landesarbeitsgerichts während der durch die Konkurseröffnung kraft Gesetzes eingetretenen Unterbrechung des Verfahrens (§ 240 ZPO.) nicht hätte ergehen dürfen, wenn das Landesarbeitsgericht hiervon Kenntnis gehabt hätte (Baumbach-Lauterbach ZPO., 22. Aufl. § 249, Anm. 3 C; Stein-Jonas ZPO., 18. Aufl. § 249, Anm. IV, 1 u. 2). Der gleichwohl erlassene Beschluß ist aber keine sogenannte Nicht- oder Scheinentscheidung, die auf sich beruhen könnte und keiner weiteren Beachtung bedürfe (vgl. Baumbach-Lauterbach aaO. u. Üb. § 300, Anm. 3). Er ist vielmehr mit den gegebenen Rechtsbehelfen, die auch während der Unterbrechung geltend gemacht werden können, um dieser Geltung zu verschaffen, anfechtbar (RGZ. Bd. 151 S. 307/308). Aber der Rechtsbehelf muß zulässig sein, was bei dem Rechtsmittel der eingelegten sofortigen Beschwerde hier mangels Statthaftigkeit nicht der Fall ist, so daß der Beschwerdeführer auf diesem Wege die Beseitigung des Beschlusses des Landesarbeitsgerichts nicht erreichen kann.

11

1. Eine auf die Behauptung, es liege Divergenz vor (§ 72 Abs. 1 Satz 3 ArbGG.), gestützte Revision ist nicht statthaft, sofern die angefochtene und die angezogene Entscheidung, wenn auch vielleicht mit verschiedener rechtlicher Begründung, schließlich doch zu dem gleichen rechtlichen Ergebnis gelangen.

2. Die Zweimonatsfrist des § 74 Abs. 3 Satz 4 ArbGG. kann jedenfalls z. Zt. erst zu laufen beginnen, wenn das Bundesarbeitsgericht tatsächlich in der Lage ist, die Frage der Divergenz zu prüfen.

ArbGG. § 72 Abs. 1 S. 3, § 74 Abs. 3 S. 4

II. Senat. Beschl. v. 18. Juni 1954 i. S. H. (Bekl.) w. Fa. G. (Kl.)
2 AZR 53/54.

I. Arbeitsgericht Passau. — II. Landesarbeitsgericht Bayern.

Der Beklagten, die seit Januar 1951 in einer Zweigniederlassung der Klägerin, einem Lebensmittel-Einzelhandels-Geschäft, als alleinige Verkäuferin auf Grund eines mündlichen Vertrages gegen ein monatliches Bruttogehalt von 180,— DM und eine Provision von 1 % des

Umsatzes beschäftigt war, kündigte die Klägerin am 16. Januar 1952 fristlos. Die Klägerin hatte einen Fehlbetrag der Zweigniederlassung von 4168,— DM errechnet. Das Arbeitsgericht hat die Klage, mit der die Klägerin zunächst 3600,65 DM forderte, abgewiesen. Auf die Berufung der Klägerin, die den Anspruch in der Berufung um 1000,— DM möglichen Schwunds und Verderbverlustes auf 2600,— DM ermäßigt hat, hat das Landesarbeitsgericht die Beklagte zur Zahlung von 2000,— DM verurteilt, den Streitwert abweichend vom Arbeitsgericht auf 2600,— DM festgesetzt und die Revision nicht zugelassen. Das Landesarbeitsgericht stellt einen Fehlbetrag von 2600,— DM fest. Es begründet die Haftung der Beklagten für diesen Fehlbetrag auf § 276 BGB., hält die Beklagte für behauptungs- und beweispflichtig dafür, daß eine ernstliche Möglichkeit für den Eingriff Dritter vorgelegen habe, und vermißt die Erfüllung dieser Behauptungs- und Beweislast. Wegen eines mitwirkenden Verschuldens der Klägerin, die eine in dem Lebensmitteleinzelhandelsfach unerfahrene Frau als Filialleiterin angestellt habe, verteilt es den Schaden nach § 254 BGB. in der nach seinem Erkenntnis ersichtlichen Höhe.

Die Beklagte gründet die Statthaftigkeit ihrer Revision darauf, daß die angefochtene Entscheidung von dem Urteil des Landesarbeitsgerichts Bremen vom 22. Juni 1949 — Sa 23/49 — (Arbeitsrecht-Blattei, Forkel-Verlag, Artikel „Haftung des Arbeitnehmers", Entscheidungen 2) — abweiche und auf dieser Abweichung beruhe. Diese Begründung geht fehl.

Zunächst fehlt die Angabe der Rechtsfrage, die von der angefochtenen und der angezogenen Entscheidung nach Meinung der Revisionsklägerin verschieden beantwortet sei; nach der Rechtsprechung des Senats (Beschluß vom 2. Juni 1954 in 2 AZR 17/54) muß sie in der Revisionsbegründung stets enthalten sein. Diese Rechtsfrage ist auch nicht etwa unmittelbar ersichtlich, so daß ihre ausdrückliche Angabe entbehrt werden kann. Sie kann in dem zur Entscheidung stehenden Fall, in der Beweislast für die Entstehung des Schadens, in der Frage der Haftpflicht des Arbeitnehmers für einen Schaden, der bei einer Tätigkeit verursacht wurde, die ihrer Natur nach mit einer besonderen Gefahrenmöglichkeit verbunden ist, und schließlich in der Frage der Beweislast für ein etwaiges einfaches oder grobes Verschulden des Arbeitnehmers bestehen.

Abgesehen davon, daß die Angabe der verschieden beantworteten Rechtsfragen in der Revisionsbegründung fehlt, ist aber auch ein Abweichen der beiden Entscheidungen voneinander nicht ersichtlich. Das angefochtene Urteil betrifft die Haftung einer Filialleiterin für einen

Fehlbetrag ohne eine ausdrückliche Haftungsvereinbarung, das angezogene Urteil dagegen die Haftung eines LKW-Fahrers für den durch einen Zusammenstoß entstandenen Schaden bei einer ausdrücklichen Haftungsvereinbarung. Zudem unterscheidet das angezogene Urteil grundsätzlich eine Haftung des Arbeitnehmers bei grober und bei einfacher Fahrlässigkeit, führt diese Unterscheidung jedoch nicht widerspruchslos zu Ende, sondern bejaht die Haftpflicht des Arbeitnehmers schließlich auch bei einfachem Verschulden. Das angefochtene Urteil dagegen spricht ohne Unterscheidung lediglich von einem Verschulden der Beklagten, das sie haftpflichtig mache. Beide Entscheidungen stimmen aber schließlich darin überein, daß sie bei einer grundsätzlichen Bejahung der Haftung des Arbeitnehmers ein mitwirkendes Verschulden des Arbeitgebers prüfen und berücksichtigen. Hiernach ist ein Abweichen beider Entscheidungen im Sinne des Gesetzes nicht ersichtlich. Wenn zwei Entscheidungen, wenn auch vielleicht mit verschiedener rechtlicher Begründung, schließlich doch zu dem gleichen rechtlichen Ergebnis gelangen, so liegt kein Bedürfnis zu einer Vereinheitlichung der Rechtsprechung durch das Bundesarbeitsgericht vor. Nur wenn auch das Ergebnis der beiden Entscheidungen verschieden ist, ist die Gefahr der Zersplitterung verwirklicht.

Hiernach ist die Revision mangels Divergenz (§ 72 Abs. 1 Satz 3 ArbGG.) nicht statthaft und daher als unzulässig mit der Kostenfolge aus § 97 ZPO. zu verwerfen.

Die Zweimonatsfrist des § 74 Abs. 3 Satz 4 ArbGG. muß, obgleich die Revision bereits am 14. April 1954 begründet worden ist, jedenfalls zur Zeit noch als gewahrt gelten. Diese Frist kann erst zu laufen beginnen, wenn das Bundesarbeitsgericht tatsächlich in der Lage ist, die Frage des Abweichens der angefochtenen von der angezogenen Entscheidung zu prüfen. Das Bundesarbeitsgericht ist allerdings als Institution rechtlich mit dem Inkrafttreten des Arbeitsgerichtsgesetzes, also nach § 123 ArbGG. am 1. Okober 1953, ins Leben getreten. Tatsächlich ist es aber erst im April 1954 mit einigen Richtern besetzt worden. Bei der Fülle der zu dieser Zeit in den mehr als 6 Monaten seit seinem rechtlichen Bestehen aufgelaufenen Revisionen ist es tatsächlich nicht in der Lage, die Frage des Abweichens binnen der bezeichneten Zweimonatsfrist zu prüfen. Diesen Fall hatte der Gesetzgeber, der mit einer rechtzeitigen Besetzung des Bundesarbeitsgerichts mit Richtern gerechnet hat, nicht bedacht, als er die Zweimonatsfrist des § 74 Abs. 3 Satz 4 ArbGG. bestimmte.

12

Die Zulassung der Rechtsbeschwerde gegen Beschlüsse des LAG., welche die Beschwerde als unzulässig verwerfen, ist auch dann unwirksam, wenn der Beschluß des LAG. auf Grund mündlicher Verhandlung ergeht.

ArbGG. § 92 Abs. 1 S. 1; § 89 Abs. 3 S. 2.

I. Senat. Beschl. v. 23. Juni 1954 i. S. Betriebsrat (Antragsst.) w. W. V. G. m. b. H. (Antragsg.) 1 ABR 8/54.

I. Arbeitsgericht Dortmund. — II. Landesarbeitsgericht Hamm.

Die Firma W., Verlag in D., die einer politischen Partei nahesteht, gibt das „W. T." heraus. Im September 1953 kündigte der der Verlag drei Setzern, ohne den Betriebsrat zu hören. Der Betriebsrat, welcher unter Hinweis auf § 66 BVG. der Auffassung ist, daß er in solchen Fällen vorher gehört werden müsse, hat beantragt festzustellen, daß der Verlag verpflichtet sei, ihm vor jeder Kündigung eines technischen oder kaufmännischen Arbeitnehmers davon Mitteilung zu machen, und weiter festzustellen, daß der Betriebsrat in diesen Fällen das volle personelle Mitbestimmungsrecht nach dem BVG. habe. Der Verlag als Antragsgegner bittet um Zurückweisung und macht geltend, daß er ein Tendenzbetrieb sei, die Bestimmung des § 66 aaO. daher nur insoweit Anwendung finde, als nicht die Eigenart des Betriebes entgegenstehe. Ein Zeitungsverlag, insbesondere wenn er einer politischen Partei nahestehe, sei nicht nur im Hinblick auf das leitende Personal und die Redaktion, sondern auch hinsichtlich der kaufmännischen und technischen Arbeitnehmer von der Verpflichtung des § 66 Abs. 1 BVG. befreit.

Durch Beschluß des Arbeitsgerichts Dortmund vom 3. November 1953 ist der Antrag des Betriebsrates zurückgewiesen. Hiergegen hat der Leiter der Rechtsabteilung des Ortsausschusses Dortmund des Deutschen Gewerkschaftsbundes für den Betriebsrat Beschwerde eingelegt, die vom Landearbeitsgericht Hamm nach mündlicher Verhandlung als unzulässig mit der Begründung verworfen ist, daß nach § 11 ArbGG. Angestellte von Gewerkschaften nur befugt seien als Prozeßbevollmächtigte von Mitgliedern der Gewerkschaft, aber nicht des Betriebsrates aufzutreten. Denn der Betriebsrat als solcher sei kein Mitglied der Gewerkschaft. Es genüge nicht, daß, wie hier, nur ein Betriebsratsangehöriger, dazu noch nicht einmal der Betriebsratsvorsitzende, Mitglied der Gewerkschaft sei. Gegen diesen Beschluß hat das Landesarbeitsgericht Hamm die Rechtsbeschwerde zugelassen. Sie ist frist- und formgerecht von dem antragstellenden Betriebsrat eingelegt.

Die Rechtsbeschwerde muß jedoch als unzulässig verworfen werden. Zwar hat das Landesarbeitsgericht das Rechtsmittel zugelassen. Das hat aber nicht zur Folge, daß es dadurch auch dann zulässig geworden ist, wenn das Gesetz entgegensteht. Denn eine Zulassung kann den Rechtsmittelweg nur in Übereinstimmung, aber nicht im Widerspruch zum Gesetz eröffnen, weil das Gericht durch die Zulassung nur eine ihm gesetzlich gegebene Ermächtigung ausübt und ausüben kann. In § 89 Abs. 3 ArbGG. heißt es, daß der Beschwerdebeschluß des Landesarbeitsgerichts endgültig ist. Soweit daher diese Bestimmung entgegensteht, kann ein danach gesetzlich unzulässiges Rechtsmittel nicht dadurch zulässig werden, daß es in einem Beschluß des Landesarbeitsgerichts zugelassen wird.

Die angezogene Bestimmung des § 89 Abs. 3 ArbGG. schließt die weitere Anfechtung eines Beschlusses, welcher die Beschwerde als unzulässig verwirft, auch dann aus, wenn vor dem Beschwerdegericht mündlich verhandelt ist. Eine analoge Heranziehung von Vorschriften der Revision — wobei der auf mündliche Verhandlung ergehende Beschwerdebeschluß als einem Berufungsurteil entsprechend angesehen werden müßte — ist schon deswegen nicht möglich, weil im Verfahren der Revision gegebenenfalls eine Zurückverweisung zur weiteren Sachverhandlung vorgesehen ist, während die Zurückverweisung im Verfahren der Rechtsbeschwerde durch § 91 Abs. 1 Satz 2 ArbGG. ganz ausgeschlossen bleibt. Die Zulassung der Rechtsbeschwerde in Analogie zur Revision würde daher entweder ergeben, daß das Rechtsbeschwerdegericht zwar den Beschluß des Beschwerdegerichts aufheben, dessen Entscheidung aber nicht ersetzen könnte, oder aber, wenn man eine ersetzende Entscheidung in weiterer Analogie zum Revisionsverfahren zulassen wollte, dazu führen, daß das Rechtsbeschwerdegericht über die Sachentscheidung des Arbeitsgerichts zu befinden haben und damit eine Art Sprung-Rechtsbeschwerde, ähnlich der Sprung-Revision sich ergeben würde. Das erscheint schon um deswillen ausgeschlossen, weil jede Sprung-Revision an ganz besondere Voraussetzungen gebunden ist. Aus den gleichen Erwägungen versagt auch eine entsprechende Heranziehung von Vorschriften der Revisionsbeschwerde. Demgemäß war trotz der Zulassung der Rechtsbeschwerde durch das Landesarbeitsgericht, dieses Rechtsmittel als unzulässig zurückzuweisen.

13

Eine etwaige Abweichung von Entscheidungen des früheren Reichsgerichts einschließlich des Reichsarbeitsgerichts ist für die Frage der Zulässigkeit der Revision unerheblich.

ArbGG. § 62 Abs. 1, § 74 Abs. 3 S. 4.

II. Senat. Beschl. v. 28. Juni 1954 i. S. B. (Kl.) w. L. (Bekl.) 2 AZR 62/53.

I. Arbeitsgericht Bad Kreuznach. — II. Landesarbeitsgericht Mainz.

Gegen das vorbezeichnete Urteil wäre die Revision, da sie von dem Landesarbeitsgericht nicht ausdrücklich zugelassen wurde und der für das Revisionsverfahren bedeutsame Wert, hier der Wert des Beschwerdegegenstandes, auch die Grenze von 6000,— DM nicht erreicht, gemäß § 72 Abs. 1 S. 3 ArbGG. nur statthaft, wenn die angefochtene Entscheidung von der Entscheidung eines anderen Landesarbeitsgerichts oder eines obersten Arbeitsgerichts eines Landes abweicht und auf dieser Abweichung beruht. Eine abweichende Entscheidung des Bundesarbeitsgerichts liegt nicht vor.

Der Kläger behauptet nun selbst keine Divergenz im vorstehenden Sinne und führt auch keine abweichenden Entscheidungen anderer Landesarbeitsgerichte oder eines obersten Arbeitsgerichts eines Landes an. Eine etwaige Abweichung von Entscheidungen des früheren Reichsgerichts einschließlich des früheren Reichsarbeitsgerichts ist für die Zulässigkeit der Revision unerheblich. Die Bestimmung des § 72 Abs. 1 ArbGG. regelt die Revisionsmöglichkeiten für das Urteilsverfahren in Arbeitsrechtsstreitigkeiten erschöpfend, so daß nur in den dort bezeichneten Fällen die Revisionsmöglichkeit gegeben ist.

Mit dem Hinweis auf den Beschluß des Reichsgerichts vom 22. Juni 1933 (RGZ. 141, 306) ist die Zulassung der Revision ebenfalls nicht zu rechtfertigen. Das Reichsgericht ließ in jener Entscheidung eine an sich unzulässige sofortige Beschwerde zu, weil der angefochtene Beschluß gar nicht hätte erlassen werden dürfen und damit seine sachliche Nachprüfung nicht in Betracht kam. Es kann dahingestellt bleiben, ob diese Rechtsansicht auch für die Zulässigkeit einer Revision nach § 72 Abs. 1 ArbGG. von Bedeutung sein kann. Bei dem angefochtenen Urteil kann nämlich nicht davon die Rede sein, daß es überhaupt nicht hätte erlassen werden dürfen. Selbst wenn das Landesarbeitsgericht, wie der Kläger meint, seiner Entscheidung einen Sachverhalt zugrunde gelegt hätte, der von den Parteien nicht vorgetragen wurde, oder wenn es in grober Weise die Rechtslage verkannt hätte, so würde zwar ein unrichtiges, aber immerhin doch zulässiges Urteil vorliegen.

Die Revision des Klägers mußte daher nach § 74 Abs. 3 ArbGG. als unzulässig verworfen werden.

14

1. Im Rechtsbeschwerdeverfahren ist auch ohne Rüge von Amts wegen zu prüfen, ob die eingelegte Beschwerde zulässig ist.

2. Vor Inkrafttreten des Arbeitsgerichtsgesetzes vom 3. September 1953 galten für das Beschwerdeverfahren in Betriebsverfassungsstreitigkeiten die Bestimmungen der §§ 85 bis 89 des Arbeitsgerichtsgesetzes von 1926 i. d. F. des § 83 Abs. 2 BVG.

3. Für die Vertretung der Beteiligten vor dem Landesarbeitsgericht galt § 11 Abs. 2 ArbGG. 26. Eine Beschwerde konnte daher nur von einer nach dieser Vorschrift vor den Landesarbeitsgerichten zugelassenen Person eingelegt werden.

4. Über die zulässige Rechtsbeschwerde kann ohne mündliche Verhandlung unter Zuziehung der Bundesarbeitsrichter entschieden werden.

ArbGG. § 94 Abs. 2 S. 2, § 95, § 96; BVG. § 83.

I. Senat. Beschl. v. 7. Juli 1954 i. S. Fa. W. (Antragsg.) w. Betriebsrat (Antragsst.) 1 ABR 3/54.

I. Arbeitsgericht Verden. — II. Landesarbeitsgericht Hannover.

Durch Beschluß des Arbeitsgerichts Verden vom 30. Juli 1953 wurde der Antrag des Betriebsrats der Antragsgegnerin auf Feststellung, daß der bei der Antragsgegnerin beschäftigte G. P. nicht leitender Angestellter im Sinne des § 4 Abs. 2 c BVG. sei, zurückgewiesen. Der Beschluß wurde dem Betriebsrat zu Händen des Betriebsratsvorsitzenden S. am 8. August 1953 zugestellt. Am 3. September 1953 legte der Betriebsrat durch seinen Betriebsratsvorsitzenden beim Landesarbeitsgericht mit Gründen versehene Beschwerde ein. Die Beschwerdeschrift ist von dem Betriebsratsvorsitzenden S. selbst unterzeichnet. Am 27. Oktober 1953 bestellte sich zum Vertreter des Betriebsrats im Beschwerdeverfahren der Gewerkschaftssekretär H. Am 10. November 1953 beantragte H. vorsorglich Wiedereinsetzung in den vorigen Stand wegen Versäumung der Beschwerdefrist unter Wiederholung der Beschwerde.

Das Landesarbeitsgericht Hannover gab der Beschwerde durch Beschluß vom 13. November 1953 statt und stellte fest, daß P. nicht leitender Angestellter im Sinne des § 4 Abs. 2 c BVG. sei. Die Rechtsbeschwerde wurde zugelassen.

Der Beschluß wurde der Rechtsbeschwerdeführerin am 19. Dezember 1953 zugestellt. Sie legte gegen ihn am 31. Dezember 1953 mit Gründen versehene Rechtsbeschwerde ein mit dem Antrag, den Beschluß des Landesarbeitsgerichts Hannover vom 13. November 1953 aufzuheben und die Beschwerde des Rechtsbeschwerdegegners gegen den Beschluß des Arbeitsgerichts Verden vom 30. Juli 1953 als unbegründet zurückzuweisen.

Der Rechtsbeschwerdegegner bittet, die Rechtsbeschwerde zurückzuweisen.

Die Rechtsbeschwerde ist zulässig, weil sie kraft Zulassung durch das Landesarbeitsgericht an sich statthaft, im übrigen auch form- und fristgerecht eingelegt und begründet worden ist (§§ 92 Abs. 1 S. 1, 94 Abs. 1, Abs. 2 ArbGG.). Sie führte zur Aufhebung des angegriffenen Beschlusses und zur Verwerfung der gegen den arbeitsgerichtlichen Beschluß am 3. September 1953 eingelegten Beschwerde des Rechtsbeschwerdegegners.

Die beim Landesarbeitsgericht für den Rechtsbeschwerdegegner durch dessen Betriebsratsvorsitzenden S. persönlich am 3. September 1953 eingelegte Beschwerde gegen den Beschluß des Arbeitsgerichts Verden vom 30. Juli 1953 ist nämlich unzulässig, weil die Beschwerde nicht formgerecht eingelegt worden ist. Sie konnte beim Landesarbeitsgericht nur durch einen bei einem deutschen Gericht zugelassenen Rechtsanwalt oder zur Prozeßvertretung zugelassenen Vertreter einer Gewerkschaft eingelegt werden (Dietz, BVG. 1953, § 83 Anm. 16; Meissinger, BVG. 1952, § 83 Anm. 2). Zur Zeit der Einlegung der Beschwerde am 3. September 1953 war nämlich für den Bereich des Landesarbeitsgerichts Hannover das Arbeitsgerichtsgesetz vom 23. Dezember 1926 (RBGl. I, S. 507) gemäß Art. X des Kontrollratsgesetzes Nr. 21 vom 30. März 1946 (Amtsblatt S. 124) im allgemeinen und gemäß § 83 BVG für das Beschlußverfahren in der dort vorgesehenen Form im besonderen anzuwenden. Hiernach mußte die Beschwerde gemäß § 87 ArbGG./26 in der Fassung des § 83 Abs. 2 BVG. durch Einreichung einer Beschwerdeschrift beim Beschwerdegericht oder durch Erklärung zur Niederschrift der Geschäftsstelle des Arbeitsgerichts, das den angefochtenen Beschluß erlassen hat, eingelegt werden. Wurde, wie hier, die Beschwerde durch Einreichung einer Beschwerdeschrift beim Beschwerdegericht eingelegt, so mußte der Beschwerdeführer beachten, daß gemäß § 11 Abs. 2 ArbGG./26 der dort vorgeschriebene Vertretungszwang bestand. § 11 Abs. 2 ArbGG./26 gehört nämlich zum ersten Teil „Allgemeine Bestimmungen" des Arbeitsgerichtsgesetzes v. 1926 und war daher sowohl auf das Urteils- als auch auf das Beschlußverfahren anzuwenden (vgl. Flatow-Joachim, Arbeitsgerichtsgesetz, 1928, § 11 Anm. 1, Abs. 2). Nur dann, wenn die Beschwerde durch Erklärung zur Niederschrift der Geschäftsstelle des Arbeitsgerichts eingelegt worden wäre, würden die Vorschriften des § 11 Abs. 2 ArbGG./26 über den Vertretungszwang nicht anzuwenden gewesen sein (vgl. Flatow-Joachim aaO. § 87 Anm. 2; Dersch-Volkmar, ArbGG. 1931, § 87 Anm. 2). Es gilt hier insoweit das gleiche, was für die frühere Rechtsbeschwerde maßgebend war, denn was die Form der Einlegung der in §§ 83 BVG., 87 Abs. 1 S. 1 ArbGG./26 genannten Beschwerde anbetrifft, hat sich gegenüber der Regelung über die Form der Einlegung der Rechtsbeschwerde im Beschlußverfahren nach dem Arbeitsgerichtsgesetz von 1926 ausweislich des Gesetzestextes nichts geändert.

Daraus, daß in § 83 Abs. 1 BVG. der § 11 ArbGG. nicht genannt worden ist, kann nicht etwa gefolgert werden, daß auch die Einlegung der Beschwerde unmittelbar beim Beschwerdegericht keinem Vertretungszwang unterworfen gewesen wäre. Diese Nichterwähnung des § 11 in § 83 Abs. 1 BVG. ist vielmehr belanglos. Auch im früheren Arbeitsgerichtsgesetz von 1926 war über die Vertretung im Beschlußverfahren nicht Besonderes bestimmt worden, weil eben § 11 in den für Beschluß- und Urteilsverfahren geltenden allgemeinen Bestimmungen stand. Es mag dahingestellt bleiben, ob die Erwähnung der §§ 8 Abs. 5 u. 10 ArbGG./26 in § 83 Abs. 1 BVG. erforderlich war. Die Zweckmäßigkeit dieses Hinweises ergibt sich daraus, daß § 8 Abs. 5 ArbGG./26 sich nur mit dem Beschlußverfahren befaßt und § 10 u. a. die erforderliche Parteifähigkeit der Arbeitnehmerschaft eines Betriebes für Streitigkeiten aus dem Betriebsverfassungsgesetz normiert. Obwohl diese Vorschriften zu den allgemeinen Bestimmungen des ArbGG./26 gehörten, trugen sie immerhin für die Ingangsetzung des Beschlußverfahrens gemäß § 83 BVG. mehr speziellen Charakter, während die Vorschriften nicht nur des § 11 ArbGG., sondern z. B. auch die der §§ 5, 9, 13 ArbGG./26 sowohl für das Urteils- als auch Beschlußverfahren von gleichgewichtiger Bedeutung waren.

Die Formungültigkeit der am 3. September 1953 eingelegten Beschwerde mußte im Rechtsbeschwerdeverfahren durch das Revisionsgericht auch ohne Rüge seitens des Rechtsbeschwerdeführers von Amts wegen berücksichtigt werden. Denn es handelt sich hier um einen Mangel, der dem angegriffenen Beschluß des Landesarbeitsgerichts die Fähigkeit nimmt, Grundlage des weiteren Verfahrens, insbesondere eines auf die Sache eingehenden Rechtsbeschwerdebeschlusses zu sein. Es gilt hier nichts anderes wie ansonsten im Revisionsverfahren auch (Baumbach-Lauterbach, ZPO., 22. Auflage, § 559 Anm. 2 C; Rosenberg, Lehrbuch des Deutschen Zivilprozeßrechts, 1953, § 143 II 2). Denn die Bestimmungen über die Revision und die gefestigte Rechtsprechung hierzu sind auch im Rechtsbeschwerdeverfahren anzuwenden. Das ergibt sich daraus, daß, soweit nicht die Natur des Beschlußverfahrens oder ausdrückliche Bestimmungen entgegenstehen, die Rechtsbeschwerde im Beschlußverfahren ihrem Wesen nach nichts anderes ist als die Revision im Urteilsverfahren, nämlich reines Rechtsmittel.

Hiernach mußte der angegriffene Beschluß, der lediglich über die am 3. September 1953 eingelegte Beschwerde entschieden hat, aufgehoben und die am 3. September 1953 eingelegte Beschwerde, und zwar nur diese, wegen Formmangels als unzulässig verworfen werden (Baumbach-Lauterbach ZPO., 22. Auflage, § 519 b Anm. 2 A).

Der Beschluß konnte ohne mündliche Verhandlung erlassen werden (Fitting-Kraegeloh, Arbeitsgerichtsgesetz, 1953, § 95 Anm. 1).

Dies ergibt sich aus den §§ 95, 96 ArbGG. über den Gang des Rechtsbeschwerdeverfahrens und die Entscheidung § 95. ArbGG., der sich im wesentlichen mit der Vorschrift des § 88 Abs. 1 ArbGG./26 deckt, sieht im Gegensatz zum Beschwerdeverfahren vor den Landesarbeitsgerichten (§§ 90 Abs. 2, 83 ArbGG.) als Regel lediglich Äußerung der Beteiligten durch Einreichung eines Schriftsatzes beim Bundesarbeitsgericht oder durch Erklärung zur Niederschrift der Geschäftsstelle des Landesarbeitsgerichts, das den angefochtenen Beschluß erlassen hat, vor. Es handelt sich mithin um ein schriftliches Verfahren, das lediglich der Klärung der Rechtsauffassungen der Beteiligten zur Rechtsbeschwerde dient. § 96 Abs. 2 ArbGG., der der Vorschrift des § 89 Abs. 2 S. 1 ArbbGG./26 entspricht, sieht anders wie im Beschwerdeverfahren des zweiten Rechtszuges (§§ 91 Abs. 1 S. 3; 84 S. 2 ArbGG.) folgerichtig keine Verkündung des Beschlusses vor, sondern Bekanntgabe des Beschlusses durch Zustellung an die Beteiligten. Von einem Zwang zur mündlichen Verhandlung kann demnach keine Rede sein.

Dem widerspricht auch nicht die Vorschrift des § 94 Abs. 2 S. 2 ArbGG., der die entsprechende Anwendung des § 74 Abs. 2, Abs. 3 ArbGG. anordnet. Vorab muß festgehalten werden, daß diese Vorschrift im Zusammenhang mit den übrigen Vorschriften über die Einlegung der

Rechtsbeschwerde steht und verstanden werden muß, während über den Gang des Verfahrens und über die Entscheidung allein die §§ 95, 96 ArbGG. bestimmen. Sodann erhellt der Sinn des § 94 Abs. 2 S. 2 ArbGG. bei freigestellter mündlicher Verhandlung, wenn man festhält, daß nur von einer entsprechenden Anwendung des § 74 Abs. 2, Abs. 3 ArbGG. die Rede ist. Das bedeutet z. B., daß, falls mündliche Verhandlung für zweckmäßig erachtet wird, diese unverzüglich anberaumt werden muß; ist die Rechtsbeschwerde nicht form- und fristgerecht eingelegt worden, dann kann sie durch Beschluß des Senats ohne Zuziehung der Bundesarbeitsrichter als unzulässig verworfen werden; die Verwerfung der Rechtsbeschwerde als unzulässig wegen mangelnder Divergenz (§ 92 Abs. 1 S. 2 ArbGG.) durch den Senat ohne Zuziehung der Bundesarbeitsrichter muß innerhalb einer Frist von 2 Monaten nach Einlegung der Rechtsbeschwerde erfolgen. Über einen Zwang zur mündlichen Verhandlung besagt hingegen § 94 Abs. 2 S. 2 ArbGG. nichts.

Die Entscheidung ergeht gerichtsgebühren- und auslagenfrei (§ 12 Abs. 4 ArbGG.).

15

1. Die Rechtsbeschwerde ist vom Landesarbeitsgericht im Beschluß zuzulassen. Die Zulassung braucht zwar nicht in der Beschlußformel zu stehen, muß sich aber dann aus den Gründen eindeutig ergeben.

2. Aus einer einem Beschluß beigefügten Rechtsmittelbelehrung, die selbst nicht Teil des Beschlusses ist, kann nicht auf eine Zulassung der Rechtsbeschwerde geschlossen werden.

3. Läßt das Landesarbeitsgericht die Rechtsbeschwerde nicht zu, dann gibt es gegen die Versagung der Zulassung keinen Rechtsbehelf.

4. Die Divergenz eines landesarbeitsgerichtlichen Beschlusses von dem Beschluß eines anderen Landesarbeitsgerichtes eröffnet nicht den Rechtsbeschwerdeweg.

ArbGG. § 92 Abs. 1, § 91 Abs. 3, § 69 Abs. 3 S. 2; ZPO. § 546.

I. Senat. Beschl. v. 1. Juli 1954 i. S. Betriebsrat (Antragsg.) w. 1. D. A. 2. G. (Antragsst.) 1 ABR 16/54.

I. Arbeitsgericht Lingen. — II. Landesarbeitsgericht Hannover.

Durch Beschluß des Landesarbeitsgerichts Hannover vom 6. Mai 1954 wurde auf die Beschwerde der Rechtsbeschwerdegegner der Beschluß des Arbeitsgerichts Lingen vom 27. Juni 1953 aufgehoben und festgestellt, daß die Wahl des Betriebsratsmitglieds in der Firma AG.

Werk zum stellvertretenden Betriebsratsvorsitzenden unzulässig war und ungültig ist; ferner, daß der Betriebsrat verpflichtet ist, einen Vertreter der Angestelltengruppe im Betriebsrat zum stellvertretenden Betriebsratsvorsitzenden zu wählen.

Der Beschluß wurde dem Rechtsbeschwerdeführer am 8. Mai 1954 zugestellt. Er legte hiergegen am 21. Mai 1954 mit Gründen versehene Rechtsbeschwerde ein.

Die Rechtsbeschwerde ist unzulässig, weil sie unstatthaft ist. Gegen die das Verfahren beendende Beschlüsse der Landesarbeitsgerichte findet nämlich die Rechtsbeschwerde an das Bundesarbeitsgericht nur statt, wenn das Landesarbeitsgericht die Rechtsbeschwerde wegen der Bedeutung der Rechtssache zugelassen hat, oder ohne Zulassung, wenn die Entscheidung des Landesarbeitsgerichts von einer Entscheidung des Bundesarbeitsgerichts abweicht und auf dieser Abweichung beruht (§ 92 Abs. 1 ArbGG.). Keine dieser Voraussetzungen ist hier gegeben.

Die Rechtsbeschwerde ist vom Landesarbeitsgericht im Beschluß (vgl. § 91 Abs. 3 ArbGG.) nicht zugelassen worden. Die Zulassung braucht zwar nicht in der Beschlußformel zu stehen, muß sich aber aus dem Beschluß eindeutig ergeben. Es gilt hier das gleiche wie bei der Zulassung der Revision durch das Oberlandesgericht gem. § 546 Abs. 2 ZPO. Auch hier muß sich die Zulassung entweder aus der Formel oder doch aus den Gründen des Urteils eindeutig ergeben. Die Zulassung muß Bestandteil des Urteils selbst sein (Baumbach-Lauterbach ZPO., 22. Aufl., § 546 Anm. 4). Der Beschluß selbst enthält nicht die geringsten Hinweise dafür, daß das Landesarbeitsgericht die Rechtsbeschwerde habe zulassen wollen. Auch fehlt jeglicher Hinweis darauf, daß ein Antrag auf Zulassung der Rechtsbeschwerde gestellt worden wäre. Von den unter Umständen gegebenen Möglichkeiten der §§ 319, 321 ZPO. hat der Rechtsbeschwerdeführer im übrigen keinen Gebrauch gemacht.

Irrig ist der Hinweis des Rechtsbeschwerdeführers, aus der auf Seite 6 des angegriffenen Beschlusses vermerkten Rechtsmittelbelehrung ergebe sich, daß das Landesarbeitsgericht die Rechtsbeschwerde habe zulassen wollen. Die Rechtsmittelbelehrung ist nämlich nicht Teil des Beschlusses geworden, sondern lediglich, wie auch der Rechtsbeschwerdeführer selbst richtig bemerkt, dem Beschluß beigeheftet worden. Der Beschluß selbst endet mit den Unterschriften der Richter, die bei dem Erlaß des Beschlusses mitgewirkt haben. Erst auf der nächsten Seite folgt die Rechtsmittelbelehrung, die gem. § 9 Abs. 4 ArbGG. aber hier irrtümlich erfolgt ist. Es kann daher aus der Rechtsmittelbelehrung, die selbst nicht Teil des Beschlusses ist, keine wirksame Zulassung der Rechtsbeschwerde herausgelesen werden.

Die angegriffene Entscheidung des Landesarbeitsgerichts weicht auch nicht von einer Entscheidung des Bundesarbeitsgerichts ab. Es genügt hier, anders als bei Revisionen (§ 72 Abs. 1 S. 3 ArbGG.), nicht die Abweichung von einer Entscheidung eines anderen Landesarbeitsgerichts. Selbst wenn das Landesarbeitsgericht gemäß §§ 91 Abs. 3 S. 2, 69 Abs. 3 S. 2 ArbGG. die Rechtsbeschwerde hätte zulassen müssen, wenn es von einer ihm bekannten Entscheidung eines Landesarbeitsgerichts abweichen wollte, gleichwohl aber die Zulassung unterblieb, besteht für das Bundesarbeitsgericht keine Möglichkeit, von sich aus entgegen der Vorschrift des § 92 Abs. 1 ArbGG. die Beschwerde dennoch zuzulassen. Der Fall liegt hier ähnlich dem der Nichtzulassung der Revision durch ein Oberlandesgericht entgegen der Vorschrift des § 546 Abs. 2 S. 2 ZPO. Auch dort gibt es keinen Rechtsbehelf gegen die Versagung der Zulassung, obwohl das Oberlandesgericht gegebenenfalls die Revision zuzulassen hatte (BGHZ. Bd. 2 S. 16; Baumbach-Lauterbach aaO., § 546 Anm. 4). Es kann daher dahingestellt bleiben, ob in der Tat die angegriffene Entscheidung des Landesarbeitsgerichts Hannover von den Entscheidungen anderer Landesarbeitsgerichte abweicht und auf dieser Abweichung beruht.

Nach allem mußte die Rechtsbeschwerde mangels Statthaftigkeit als unzulässig verworfen werden.

Die Entscheidung ergeht gerichtsgebühren- und auslagenfrei (§ 12 Abs. 4 ArbGG.).

16

Eine abweichende Entscheidung des Bundesgerichtshofs von dem mit der Revision angegriffenen Urteil eines Landesarbeitsgerichtes vermag die Statthaftigkeit der Revision nach § 72 Abs. 1 Satz 2 ArbGG. nicht zu begründen.

ArbGG. § 72 Abs. 1 Satz 2.

II. Senat. Beschluß v. 14. Juli 1954 i. S. K. (Kl.) w. H. (Bekl.) 2 AZR 141/54.

I. Arbeitsgericht Hamburg. — II. Landesarbeitsgericht Hamburg.

Da der Wert des Streitgegenstandes auf 1000,— DM festgesetzt und die Revision nicht zugelassen ist, kann die Statthaftigkeit der von der Klägerin eingelegten Revision nur darauf gestützt werden, daß das angefochtene Urteil von einer Entscheidung eines anderen Landesarbeitsgerichts oder eines obersten Arbeitsgerichts eines Landes abweiche und auf dieser Abweichung beruhe (§ 72 Abs. 1 Satz 3 ArbGG.). Eine Entscheidung des Bundesarbeitsgerichtes ist zu den Fragen des Rechtsstreites noch nicht ergangen.

Die angebliche Abweichung der angefochtenen Entscheidung von den Entscheidungen des Bundesgerichtshofes, die die Klägerin in ihrer weiteren Revisionsbegründung vom 12. April 1954 anführt und die in den in ihrem Armenrechtsgesuch vom 24. März 1954 aufgeführten Aufsätzen angegeben sind, vermag die Statthaftigkeit der Revision nicht zu begründen. Nach dem klaren Wortlaut des § 72 Abs. 1 Satz 2 und 3 ArbGG. wird die Abweichung von einer Entscheidung des Bundesarbeitsgerichts oder eines Landesarbeitsgerichts oder eines obersten Arbeitsgerichts eines Landes gefordert. Diese Vorschrift ausdehnend dahin auszulegen, daß auch die Abweichung von Entscheidungen anderer oberer Bundesgerichte genüge, geht nicht an. Denn durch die bezeichnete Vorschrift soll die Rechtseinheit lediglich für die Arbeitsgerichtsbarkeit, nicht für das gesamte Recht gewährleistet werden. Die Wahrung der Einheit des gesamten Bundesrechts liegt nach Art. 95 des Grundgesetzes dem allerdings noch nicht errichteten Obersten Bundesgericht ob. Über die Voraussetzungen seiner Tätigkeit ist eine gesetzliche Regelung noch nicht ergangen.

Inwiefern die Entscheidungen von Landesarbeitsgerichten, die in den im Armenrechtsgesuch der Klägerin aufgeführten Aufsätzen angegeben sind, von der angefochtenen Entscheidung abweichen, führt die Klägerin nicht näher aus. Nach der Rechtsprechung des Senats (Beschluß vom 2. Juni 1954 — 2 AZR 17/54) hätte sie aber die verschieden beantwortete Rechtsfrage bezeichnen und darlegen müssen, inwiefern die angefochtene und die angezogene Entscheidung diese Rechtsfrage abweichend beantworten und wieso das angefochtene Urteil auf dieser Abweichung beruht. Die Fragen der Funktionsnachfolge und der Beweislast, für deren Lösung die Klägerin sich auf die Aufsätze bezieht, werden im übrigen von der angefochtenen Entscheidung überhaupt nicht als wesentlich aufgeworfen und erörtert.

17

1. Es genügt, wenn die Revisionsbegründung bei dem Fehlen eines ausdrücklichen Revisionsantrages sonstwie unzweideutig erkennen läßt, in welchem Umfange das Urteil angefochten wird. Ebenso genügt es

für Bezeichnung der verletzten Rechtsnorm, wenn sie durch einen eindeutigen Hinweis, wie etwa das Wort „Verwirkung", angegeben wird.

2. Die Weihnachtsgratifikation stellt sich zunächst als ein zusätzliches Entgelt und eine Anerkennung für geleistete Dienste dar, aber auch zugleich als eine Gabe aus Anlaß des Festes und als eine Beihilfe für vermehrte Ausgaben im Zusammenhang mit dem Fest. Sie trägt Entgeltscharakter.

3. Der Arbeitgeber kann im Rahmen der allgemeinen Rechtsgrundsätze und unter Beachtung des Grundsatzes der gleichmäßigen Behandlung seiner Arbeitnehmer bei einer freiwilligen Leistung deren jeweiligen Zweck im einzelnen näher und in der Weise bestimmen, daß er Inhalt des Rechtsgeschäftes wird.

4. Ist der Zweck dahin bestimmt, daß die Gratifikation bei ihrer Verteilung noch geeignet sein müsse, einen Anreiz zum Verbleiben im Betrieb für den einzelnen bedachten Arbeitnehmer zu geben, so können doch nur eindeutig und objektiv ins Rechtsleben eingetretene Umstände den Maßstab dafür bilden, ob die Gratifikation noch einen solchen Anreiz geben kann.

5. Mit einer Gratifikation kann nicht das Ziel rechtlich verbunden werden, daß der Arbeitnehmer im Endergebnis bei dem Arbeitgeber verbleibt.

ZPO. § 554 Abs. 2; BGB §§ 119, 123, 611, 242, 271.

II. Senat. Urteil vom 29. Juni 1954 i. S. E. (Bekl.) w. R. (Kl.)
2 AZR 13/53.

I. Arbeitsgericht Mannheim — II. Landesarbeitsgericht Baden in Mannheim.

Die Klägerin war vom 1. April 1948 bis zum 17. Dezember 1952 bei der Beklagten als Stenotypistin beschäftigt. An diesem Tage bat sie um ihre Entlassung zum Jahresende, schied jedoch auf Angebot der Beklagten im beiderseitigen Einvernehmen schon sofort aus und trat noch am gleichen Tage bei einer von einem früheren Angestellten der Beklagten geleiteten Konkurrenzfirma ein. Mit ihr hatte sie bereits vor dem 10. Dezember 1952 in Verhandlung wegen eines Übertritts gestanden.

Die Beklagte gewährt seit Jahren ihren Bediensteten unter dem schriftlichen Vorbehalt der Freiwilligkeit eine Weihnachtsgratifikation in gestaffelter Höhe. Das Weihnachtsgeld wurde stets und so auch im Jahre 1952 in der ersten Dezemberhälfte ohne vorherige Ankündigung verteilt. Arbeitnehmer, die im gekündigten Arbeitsverhältnis stehen, erhalten keine Zuwendung. Bei der Verteilung der Weihnachtsgratifikation am 10. Dezember 1952 erhielt die Klägerin 350,— DM, obwohl die Beklagte den Verdacht hegte, daß die Klägerin der Konkurrenzfirma Geschäftsgeheimnisse preisgegeben habe.

Die Klägerin, der das Gehalt für die Zeit vom 1. bis 17. Dezember 1952 nicht bezahlt, sondern auf die nach Meinung der Beklagten unberechtigt erhaltene Gratifikation vom 10. Dezember 1952 angerechnet wurde, verlangte im ersten Rechtszuge Verurteilung der Beklagten zur Zahlung von 210,80 DM. Die Beklagte erhob Widerklage auf Zahlung des 161,40 DM betragenden Differenzbetrages zwischen Gratifikation und Restgehalt. Das Arbeitsgericht gab dem Klageantrag statt und wies die Widerklage ab. Mit der Berufung verlangte die Beklagte, die nur die Entscheidung hinsichtlich der Widerklage angriff, unter entsprechender Erhöhung ihres Antrages die Verurteilung der Klägerin zur Zahlung von 350,— DM zuzüglich 4 % Zinsen seit dem 17. Dezember 1952. Das Landesarbeitsgericht wies die Berufung zurück. Hiergegen wendet sich die Revision der Beklagten mit dem Antrage, die Klägerin auf die Widerklage unter Aufhebung der angefochtenen und einer insoweit erfolgenden Abänderung der arbeitsgerichtlichen Entscheidung zu verurteilen, an die Beklagte 350,— DM zuzüglich Zinsen zu zahlen. Die Klägerin hat um Zurückweisung dieses Revisionsantrages gebeten.

Gründe:

I. Die Zulässigkeit der Revision hängt davon ab, ob der noch innerhalb der Begründungsfrist eingegangene Schriftsatz der Beklagten vom 16. Dezember 1953 den Vorschriften des § 554 Abs. 3 ZPO. genügt, obwohl darin ein ausdrücklicher Revisionsantrag sowie eine ausdrückliche Bezeichnung der verletzten Rechtsnorm nicht enthalten sind. Was den Revisionsantrag angeht, so genügt es nach der zu billigenden Rechtsprechung des Reichsarbeitsgerichts (AS. 1, 145) und der ihm folgenden Rechtsprechung des Reichsgerichts (RGZ. 158, 347), daß die Revisionsbegründung unzweideutig erkennen läßt, in welchem Umfange das Urteil angefochten wird. Diesem Erfordernis trägt der genannte Schriftsatz Rechnung. Aus ihm ergibt sich unzweifelhaft, daß das Urteil in seinem ganzen Umfange angefochten werden soll. Hinsichtlich der Bezeichnung der verletzten Rechtsnorm ist es nicht nötig, daß sie etwa bei angeblicher Verletzung einer positiv normierten Vorschrift unter Anführung des Gesetzesparagraphen angeführt wird. Es genügt auch hier, wenn hinreichend deutlich wird, welche Rechtsnorm nach der in der Revisionsbegründung ernstlich vertretenen Ansicht des Revisionsklägers verletzt sein soll. In dem erwähnten Schriftsatz hat der Revisionsführer von „Verwirkung" des Gratifikationsanspruchs gesprochen und damit § 242 BGB. hinreichend deutlich als eine nach seiner Auffassung verletzte Rechtsnorm bezeichnet. Der Formvorschrift des § 554 Abs. 3 ZPO. ist also Genüge getan. Die hiernach zulässige Revision ist nicht nur auf die Nachprüfung der als verletzt bezeichneten Rechtsnorm beschränkt, sie erstreckt sich vielmehr gemäß § 559 (letzter Satz) ZPO. schlechthin auf die Nachprüfung einer Verletzung des materiellen Rechts.

II. Ein Anspruch auf Gratifikation, die bisher freiwillig gewährt wurde und auch weiterhin freiwillig gewährt werden soll, kann zwar nicht aus der allgemeinen Fürsorgepflicht des Arbeitgebers hergeleitet werden, er entsteht aber, wenn der Arbeitgeber seinen Entschluß bekanntgibt, den Arbeitnehmern eine Gratifikation gewähren zu wollen (Hueck RdA. 50, 470). Die Bekanntgabe muß nicht ausdrücklich, sie kann auch schlüssig und zwar mit der Verteilung selbst erfolgen. Ob der Rechtsgrund, welcher nach ständiger und zu billigender Rechtsprechung (RGZ. 94, 322) und Rechtslehre (Gros, Forkelblattei, Lohn VIII, Gratifikation) regelmäßig keine Schenkung ist, sondern den Charakter eines Entgeltes für Gegenleistungen des Arbeitnehmers hinsichtlich des Arbeitsverhältnisses trägt, allein aus der Bekanntgabe des Entschlusses oder vielleicht erst in Verbindung mit dem Grundsatz der gleichmäßigen Behandlung der Arbeitnehmer entsteht, kann hier dahingestellt bleiben. Die Beklagte hatte jenen Grundsatz bei ihrer Gratifikationsgewährung nicht verletzt. Eine Rückforderung des Gratifikationsbetrages von der Klägerin würde die Beseitigung des Rechtsgrundes kraft Gesetzes oder durch einen rechtswirksamen Widerruf, einen Rücktritt oder eine berechtigte Anfechtung voraussetzen.

Die Weihnachtsgratifikation stellt sich zunächst, wie auch die Revision wohl nicht verkennt, als ein zusätzliches Entgelt und eine Anerkennung für geleistete Dienste dar, aber auch zugleich als eine Gabe aus Anlaß des Festes und als eine Beihilfe wegen vermehrter Ausgaben im Zusammenhang mit dem Fest (RAG. in ARS. 35, 145). Die von der Revision darüber hinaus hervorgehobene, nach ihrer Meinung Zweck und Inhalt der Gratifikation entscheidend mitbestimmende Erwartung des Arbeitgebers, einen Ansporn zu künftiger und bleibender Treue der bedachten Arbeitnehmer zu geben, kann einmal kein Rückforderungsrecht aus dem Gesichtspunkt der ungerechtfertigten Bereicherung begründen. Sie kann auch kein Widerrufs- oder Rücktrittsrecht des Arbeitgebers etwa wegen mangelnder Geschäftsgrundlage für den Fall geben, daß der Arbeitnehmer alsbald nach Ausschüttung der Gratifikation ausscheidet. Allerdings kann der Arbeitgeber im Rahmen der allgemeinen Rechtsgrundsätze und unter Beachtung des Grundsatzes der gleichmäßigen Behandlung seiner Arbeitnehmer bei einer freiwilligen Leistung deren jeweiligen Zweck im einzelnen näher und in der Weise bestimmen, daß er Inhalt des Rechtsgeschäftes wird; der Rechtsgrund der Leistungen würde wieder entfallen, wenn der Zweck nicht erreicht werden kann. Die nähere Bestimmung des Zweckes bei einer Gratifikation und somit der Kreis der Empfänger muß nicht ausdrücklich erfolgen, sondern kann durch schlüssiges Verhalten geschehen. Der Berufungsrichter hat festgestellt, daß bei der Beklagten die Weihnachtsgratifikation an solche Arbeitnehmer nicht gezahlt wird, die in einem gekündigten Arbeitsverhältnis stehen. Es kann jedoch im Zusammenhang der vorliegenden Entscheidung dahingestellt bleiben, ob dadurch der Gratifikation eine nähere rechtsgeschäftliche Bestimmung in der Richtung gegeben ist, daß sie auch als Ansporn für weiteres Verbleiben im Dienst und für künftige Treue gelten solle. Selbst wenn man der Revision insoweit folgen und aus dem Ausschluß von Arbeitnehmern in gekündigter Stellung allgemein entnehmen wollte, daß die Gratifikation bei ihrer Verteilung noch geeignet sein müsse, einen Anreiz für den einzelnen bedachten Arbeitnehmer zum Verbleiben im Betriebe zu geben, so können doch nur eindeutig und objektiv ins Rechtsleben eingetretene Umstände den Maßstab dafür bilden, ob die einem Arbeitnehmer gewährte Gratifikation einen solchen Anreiz noch geben kann. Anderenfalls tritt eine völlige, nicht behebbare Unsicherheit ein. Da bei den gekündigten Arbeitnehmern die Rechtstatsache der Kündigung mit dem Ende der Kündigungsfrist die Beendigung des Arbeitsverhältnisses herbeiführt, mag aus diesem objektiven Grund die Gratifikation nicht mehr geeignet erscheinen, noch einen ins Gewicht fallenden Anreiz zur Fortsetzung des Dienstverhältnisses zu geben. Die Beklagte hätte daher zunächst einmal in den Vorinstanzen vortragen und gegebenenfalls beweisen müssen, daß aus einem Entschluß der Klägerin, nicht mehr bei der Beklagten zu bleiben, eine Rechtstatsache geworden war. Sie hätte vortragen und beweisen müssen, daß es bei der Klägerin bereits zu einem verbindlichen Arbeitsvertrag mit der Konkurrenzfirma gekommen und sie daher in einem Entschluß, bei der Beklagten zu bleiben oder nicht zu bleiben, bereits in letzterem Sinne rechtlich gebunden war. Unverbindliche Verhandlungen der Klägerin mit der Konkurrenzfirma genügen nicht. Solange übrigens die Freiheit des Entschlusses bei der Klägerin bestand, war gerade eine Weihnachtsgratifikation durchaus geeignet, noch auf den Entschluß der Klägerin einzuwirken, bei der

Beklagten auch weiterhin Dienst zu leisten. Mehr aber, als einen Anreiz zu weiterer Dienstleistung zu geben, konnte mit einer in die Zukunft weisenden Zweckbestimmung der Gratifikation in keinem Falle verbunden werden. Insbesondere konnte nicht das Ziel mit ihr verbunden werden, daß die Klägerin im Endergebnis bei der Beklagten verblieb. Wollte man einen solchen Erfolg als rechtsgeschäftlich mögliche Zweckbestimmung einer Weihnachtsgratifikation anerkennen, so würde mit der Gratifikation ein ihrem Wesen als einer Gabe und eines Entgeltes für in der Vergangenheit liegende Dienste widersprechender, unter Umständen langdauernder Vorbehalt verbunden. Die Ungewißheit, ob die Zuwendung, nicht zuletzt, wenn sie im Hinblick auf das Weihnachtsfest erfolgt, dem Arbeitnehmer verbleibt oder ob er sie nicht wegen eines erst später eintretenden Umstandes zurückgewähren muß, ist nicht tragbar.

Nun führt die Revision allerdings weiter aus, der für eine solche Beurteilung maßgebende Zeitpunkt sei nicht schon mit der Verteilung der Gratifikation in der ersten Dezemberhälfte, sondern erst am letzten Werktage vor Weihnachten eingetreten. Zu diesem Zeitpunkt sei der Entschluß der Klägerin, nicht mehr bei der Beklagten zu bleiben, durch die zwischenzeitliche Auflösung des Dienstvertrages rechtserheblich in die Erscheinung getreten. Daß der Arbeitnehmer am Weihnachtsfeste selbst noch dem Betriebe des Arbeitgebers angehöre, sei auflösende Bedingung der Auszahlung. Dieser Revisionsangriff hält jedoch einer Nachprüfung nicht stand. Es ist verfehlt, eine Gratifikation, die ohne vorherige Ankündigung in der ersten Dezemberhälfte verteilt wird, als eine Vorleistung des Arbeitgebers aufzufassen, Man darf nämlich nicht auf den Weihnachtstag als einen Termin, sondern muß auf Weihnachten als einen Anlaß abstellen. Die gegenteilige Auffassung der Beklagen wird den Anschauungen des Arbeitslebens nicht gerecht. Der allgemeine Zweck der Weihnachtsgratifikation besteht u. a. eben nicht darin, daß der Arbeitnehmer am Weihnachtstag einen zusätzlichen Geldbetrag in der Hand hat, sondern darin, daß er von der Gratifikation noch Anschaffungen zum Weihnachtsfeste ermöglichen und Angehörige durch Geschenke erfreuen kann. Der Annahme einer Leistung vor Fälligkeit stehen darüber hinaus die ausdrücklichen Feststellungen des Berufungsrichters entgegen. Danach wurde in den Vorjahren die Weihnachtsgratifikation von der Beklagten regelmäßig in der ersten Dezemberhälfte verteilt. Hieraus kann mit dem Berufungsrichter nur der Schluß gezogen werden, daß mit der Ausschüttung der Gratifikation nicht nur die Verpflichtung dazu begründet wurde, sondern auch ihre

Fälligkeit eingetreten sein sollte. Insbesondere von einer auflösenden Bedingung kann nicht die Rede sein.

Zu Unrecht beanstandet im übrigen die Revision die Ausführung des Berufungsrichters, wonach der Klägerin eine arglistige Täuschung nicht vorgeworfen werden könne und eine Anfechtung unbegründet sei. Wenn nach den Vorerwägungen nur objektiv ins Rechtsleben eingetretene Tatsachen, etwa einer anderweitigen vertraglichen Bindung des Arbeitnehmers, den nach Meinung der Revision überwiegenden Zweck eines Anreizes zum Verbleiben im Betriebe des bisherigen Arbeitgebers aufheben können, so kann auch eine Offenbarungspflicht nur insoweit anerkannt werden, als die Klägerin bei Empfangnahme der Gratifikation schon vertraglich endgültig bei der Konkurrenzfirma gebunden war. Eine solche Feststellung hat der Vorderrichter aber nicht getroffen, vielmehr lagen danach nur Verhandlungen der Klägerin vor. Soweit es sich um unverbindliche Entschlüsse des Arbeitnehmers handelt, besteht eine Offenbarungspflicht nicht. In dieser Richtung hat der Vorderrichter zutreffend ausgeführt, daß der Arbeitgeber durch die Kündigungsfristen, welche auch zu Lasten des Arbeitnehmers gelten, ausreichend geschützt ist. Es geht nicht an, Umstände, die wegen ihrer Unverbindlichkeit noch nicht rechtserheblich sind, auf dem Umwege über eine behauptete Offenbarungspflicht rechtserheblich machen zu wollen. Ob anders zu entscheiden wäre, wenn die Klägerin auf ausdrückliches Befragen ihre Verhandlungen mit der Konkurrenzfirma verschwiegen hätte, war hier nicht zu entscheiden. Bestand hiernach eine Offenbarungspflicht nicht, so sind nicht nur die Ausführungen des Revisionsführers über eine arglistige Täuschung, sondern auch über vertragliches oder außervertragliches Verschulden verfehlt. Dies würde, ebenso wie die Täuschung, eine Offenbarungspflicht der Klägerin über ihre Verhandlungen mit der Konkurrenzfirma voraussetzen. Von einem zur Anfechtung berechtigenden Irrtum im Sinne des § 119 BGB. kann überhaupt nicht die Rede sein.

Soweit die Revision ausführt, daß die Klägerin im Verdacht stehe, sich eines Verrates von Betriebsvorgängen an die Konkurrenzfirma schuldig gemacht und dadurch einen Anspruch auf die Gratifikation verwirkt zu haben, ein Verdacht, der durch den sofortigen Übertritt der Klägerin zur Konkurrenzfirma bestätigt werde, können ihre hieran anknüpfenden Rechtsausführungen auf sich beruhen bleiben. Der Vorderrichter hat in tatsächlicher Hinsicht festgestellt, daß es sich überhaupt nicht um einen objektiv begründeten Verdacht handelt. Die dagegen gerichteten Angriffe der Revision gehören in das dem Revisionsgericht entzogene Gebiet der Tatsachenfeststellungen und — Würdigung. Ein von der Revision daraus hergeleiteter angeblicher Verstoß gegen die guten Sitten, daß eine zweitägige Erkrankung der Klägerin nach Empfangnahme der Gratifikation in auffälliger Weise mit ihrem anschließenden Wunsche auszuscheiden und dem sofortigen Übertritt zur Konkurrenzfirma zusammentreffe, entbehrt jeder konkreten Bestimmtheit.

18

1. Der Antrag auf Feststellung, daß ein Betriebsratsmitglied nicht wählbar war, richtet sich nicht gegen den Wahlvorstand. Dieser ist im Beschlußverfahren über den Antrag nicht Beteiligter.

2. Ein in der Vergangenheit liegender Umstand, der die Wahl eines Betriebsratsmitgliedes mit dem Mangel der Nichtwählbarkeit behaftet erscheinen läßt, kann zwar noch nach Ablauf der Wahlanfechtungsfrist zu einer das Betriebsratsamt beendenden Feststellung der Nichtwählbarkeit führen. Dies kann aber nur gelten, wenn dieser Mangel fortwirkt, auch zur Zeit der Feststellung noch gegeben ist.

BVG. §§ 18 und 24.

I. Senat. Beschluß vom 7. Juli 1954 i. S. Fa. B. (Antragst.) w. B. (Antragsgeg.) 1 ABR 6/54.

I. Arbeitsgericht Wuppertal. — II. Landesarbeitsgericht Düsseldorf.

Im Betrieb der Rechtsbeschwerdeführerin fand am 7. April 1953 eine Betriebsratswahl statt. Der Angestellte B., der dem Betrieb der Rechtsbeschwerdeführerin seit dem 16. August 1952, also zur Zeit der Wahl noch kein Jahr, angehörte, wurde als Betriebsobmann (Ein-Mann-Betriebsrat) gewählt. Das Wahlergebnis wurde am 8. April 1953 bekanntgemacht. Einen Tag später stellte sich B. bei der Rechtsbeschwerdeführerin als Betriebsobmann vor.

Nachdem die Rechtsbeschwerdeführerin zunächst die Wahl beim Arbeitsgericht angefochten, die Anfechtung später aber, weil verspätet vorgenommen, zurückgenommen hatte, begehrte sie am 29. Juni 1953

festzustellen, daß die am 7. April 1953 erfolgte Wahl ihres Angestellten B. zum Betriebsobmann ungültig sei.

Durch Beschluß des Arbeitsgerichts W. vom 30. Juni 1953 wurde dem Antrag der Rechtsbeschwerdeführerin stattgegeben.

Der Beschluß wurde dem Rechtsbeschwerdegegner am 8. Juli 1953 zugestellt. Dieser legte gegen ihn am 3. August 1953 beim Landesarbeitsgericht Beschwerde ein mit dem Antrag, den arbeitsgerichtlichen Beschluß aufzuheben und den Antrag der Rechtsbeschwerdeführerin zurückzuweisen.

Diese bat um

Zurückweisung der Beschwerde mit der Maßgabe, festzustellen, daß der Betriebsobmann Berger nicht wählbar war.

Das Landesarbeitsgericht D. hob durch Beschluß vom 24. November 1953 den Beschluß des Arbeitsgerichts W. auf und wies den Antrag der Rechtsbeschwerdeführerin zurück. Die Rechtsbeschwerde hatte keinen Erfolg.

Vorab ist festzustellen, daß sich der Antrag der Rechtsbeschwerdeführerin beim Arbeitsgericht gegen den Wahlvorstand richtet, und daß auch im ersten und im zweiten Rechtszuge der Wahlvorstand als Beteiligter in der Rolle des Antragsgegners bzw. Beschwerdeführers angesehen worden ist. Das ist jedoch zu Unrecht geschehen. Denn mit der Wahl des Angesellten B. zum Betriebsobmann waren die Funktionen des Wahlvorstandes grundsätzlich erloschen. Wenn der Wahlvorstand auch vor der Wahl in erster Linie über die Wählbarkeit des Angestellten B. zu entscheiden hatte (Dietz, BVG., 1953, § 7, Anm. 23), so herrschte nach vollzogener Wahl über die Wählbarkeit des B. kein Streit zwischen der Rechtsbeschwerdeführerin und dem in Wahrheit bezüglich der Wahl des B. funktionslos gewordenen Wahlvorstand, sondern zwischen der Rechtsbeschwerdeführerin und dem zum Betriebsobmann gewählten B. Das Rubrum konnte jedoch ohne weiteres berichtigt werden. Denn der Antrag der Rechtsbeschwerdeführerin richtete sich gegen den Wahlvorstand u. a. vertreten durch den Betriebsobmann B., gleichwie auch dieser als Mitvertreter des Wahlvorstandes beim Landesarbeitsgericht Beschwerde eingelegt hatte. B. ist daher während des ganzen Verfahrens in Wahrheit Beteiligter gewesen, wenngleich die Funktion, aus der heraus seine Eigenschaft als Beteiligter des Beschlußverfahrens erwuchs, bisher verkannt worden war. Im Rechtsbeschwerdeverfahren hat sich dann B. richtig in seiner Eigenschaft als Betriebsobmann gemäß § 95 ArbGG. auf die Rechtsbeschwerdeschrift hin geäußert.

Zu Unrecht rügt die Rechtsbeschwerdeführerin unrichtige Anwendung des § 24 BVG. durch das Landesarbeitsgericht. Nach dieser Vorschrift erlischt die Mitgliedschaft im Betriebsrat u. a. auch dann, wenn nach Ablauf der im § 18 BVG. bezeichneten Frist festgestellt wird, daß das Mitglied nicht wählbar war, weil es, wie der Rechtsbeschwerdegegner, zur Zeit der Wahl noch kein Jahr dem Betriebe angehörte. Diese im Beschlußverfahren erfolgende Feststellung (vgl. Dietz aaO., § 24

Anm. 23) führt mithin zur Beendigung des Amtes des Betriebsratsmitglieds, woraus folgt, daß bis zu dieser Feststellung das Betriebsratsamt bestand. Entscheidend ist nun hier, ob nach Ablauf der im § 18 BVG. vorgesehenen Anfechtungsfrist unbeschränkt die Nichtwählbarkeit mit der Wirkung des Erlöschens der Betriebsratsmitgliedschaft festgestellt werden kann.

Der Rechtsbeschwerdeführerin ist allerdings zuzugeben, daß der bloße Wortlaut des § 24 BVG. in der Tat eine Auffassung, es könne unbeschränkt die Nichtwählbarkeit eines Betriebsratsmitglieds festgestellt werden, zu rechtfertigen scheint. Es ist auch richtig, daß in den zuständigen parlamentarischen Gremien ein Antrag, „und die Wählbarkeit inzwischen auch nicht erlangt hat", dem § 24 BVG. letzte Alternative zuzusetzen, nicht angenommen und damit nicht Gesetz geworden ist (Meissinger, BVG., 1952, § 24 Anm. 9). Gleichwohl muß berücksichtigt werden, in welchem Zusammenhang denn der Erlöschensgrund der Feststellung der Nichtwählbarkeit eines Betriebsratsmitglieds steht. Bei den übrigen Gründen für die Beendigung des Amts eines Betriebsratsmitglieds nach § 24 BVG. handelt es sich um solche, die im Laufe der Mitgliedschaft im Betriebsrat vom Zeitpunkt der Wahl an gerechnet erst entstanden sind. Die Feststellung gemäß § 24 BVG. letzte Alternative über die Nichtwählbarkeit erfolgt ebenfalls erst im Laufe der Zugehörigkeit des betroffenen Mitglieds zum Betriebrat, wenn auch diese Feststellung auf einem Umstand beruht, der schon im Zeitpunkt der Wahl vorgelegen haben muß. Ein solcher in der Vergangenheit liegender Umstand, der die Wahl mit einem Mangel behaftet erscheinen läßt, kann zwar auch noch nach Ablauf der im § 18 BVG. bezeichneten Frist zu einer das Betriebsratsamt beendenden Feststellung der Nichtwählbarkeit führen. Dies kann aber sinnvollerweise doch nur gelten, wenn dieser Mangel der Nichtwählbarkeit fortwirkt und zur Zeit der Feststellung, die ja das Erlöschen der Betriebsratsmitgliedschaft herbeiführt, noch gegeben ist. Es ist kein Grund einzusehen, warum hier durch Richterspruch ein Betriebsratsamt beendet werden sollte, nur weil das betreffende Betriebsratsmitglied zwar vor Monaten oder gar mehr als einem Jahr, wie hier der Rechtsbeschwerdegegner, nicht wählbar war, inzwischen aber wählbar geworden ist.

Die Tatsache, daß der beantragte Zusatz „und die Wählbarkeit inzwischen auch nicht erlangt hat" nicht Gesetz geworden ist, berechtigt keineswegs zu dem Umkehrschluß, es müsse ohne Einschränkung die Nichtwählbarkeit im Rahmen des § 24 BVG. festgestellt werden, auch wenn inzwischen das betroffene Betriebsratsmitglied wählbar geworden ist. Daß solches außergewöhnliche Ergebnis vom Gesetzgeber hier ausdrücklich gewollt sei, ist in keiner Weise ersichtlich. Es kann nicht Sinn und auch nicht Absicht des BVG. sein, unnützerweise Betriebsfrieden und gedeihliche Betriebsratsarbeit noch nach Jahr und Tag zu stören, wenn nur ein inzwischen behobener Mangel hinsichtlich der Wählbarkeit zur Zeit der Wahl in Frage steht. Soweit also Nichtwählbarkeit durch Zeitablauf heilbar erscheint, trifft sie gar nicht den Fall des § 24 BVG. letzte Alternative, es sei denn, die Nichtwählbarkeit sei auch zur Zeit der rechtskräftigen richterlichen Feststellung noch vorhanden. Der Mangel einjähriger Dauer der Betriebszugehörigkeit als Voraussetzung der Wählbarkeit ist aber durch Ablauf der Zeit heilbar. Gehört, wie hier der Rechtsbeschwerdegegner B. zur Zeit der Verkündung des landesarbeitsgerichtlichen Beschlusses, das Betriebsratsmitglied inzwischen ein Jahr dem Betrieb an, so ist der die Nichtwählbarkeit begründende Mangel geheilt. In diesem einengenden Sinne ist § 24 BVG. letzte Alternative zu verstehen (Dietz aaO., § 24 Anm. 23, Abs. 2; Galperin BVG. 1953, § 7 Anm. 33, § 24 Anm. 22).

19

1. Für die Gültigkeit einer Abstimmung nach § 13 Abs. 2 BetrVG. ist außer der Mehrheit der abgegebenen Stimmen erforderlich, daß die Mehrheit der wahlberechtigten Angehörigen jeder Gruppe sich an der Abstimmung beteiligt.

2. Für eine Kostenentscheidung ist im gesamten Beschlußverfahren kein Raum.

BetrVG. § 13 Abs. 2.

I. Senat. Beschluß v. 7. Juli 1954 i. S. 1. Ge. Be., 2. Fa. R. (Beschwerdef.) w. B. d. R. (Beschwerdeg.) 1 ABR 2/54.

I. Arbeitsgericht Gelsenkirchen. — II. Landesarbeitsgericht Gelsenkirchen.

Bei der Verwaltung der R. AG. fand im Frühjahr 1952 eine Abstimmung über eine gemeinsame Wahl (§ 13 Abs. 2 BetrVG.) statt. Dabei wurden von der Minderheitsgruppe, die aus 107 Wahlberechtigten bestand, 31 Stimmen für die Gemeinschaftswahl und 3 Stimmen gegen diese Art der Wahl abgegeben. In der Mehrheitsgruppe, die aus 485 Wahlberechtigten bestand, stimmten 182 für die Gemeinschaftswahl und 107 dagegen. Auf Grund dieses Ergebnisses führte der Wahlvorstand eine Gemeinschaftswahl durch, die von der Gewerkschaft der technischen und kaufmännischen Bergbauangestellten mit der Begründung angefochten wird, daß in jeder der Gruppen mindestens die Hälfte aller Stimmberechtigten sich hätte für die Gemeinschaftswahl entscheiden müssen. Das Arbeitsgericht wies den Antrag, die Wahl für ungültig zu erklären, als unbegründet ab. Die Beschwerde der Gewerkschaft der technischen und kaufmännischen Bergbauangestellten wurde durch Beschluß des Landesarbeitsgerichts ebenfalls zurückgewiesen. Hiergegen wendet sich die zugelassene Rechtsbeschwerde mit dem Antrage, unter Aufhebung des angefochtenen Beschlusses die am 25. März 1953 bei der Verwaltung der R. AG. durchgeführte Betriebsratswahl für ungültig zu erklären und dem Rechtsbeschwerdegegner die Kosten aufzuerlegen. Der Rechsbeschwerdegegner beantragt, die Rechtsbeschwerde zurückzuweisen und den Rechtsbeschwerdeführern die Kosten aufzuerlegen. Die Entscheidung über die Rechtsbeschwerde hängt davon ab, ob bei der Abstimmung über eine gemeinsame Wahl nach § 13 Abs. 2 BetrVG. die Mehrheit der abgegebenen Stimmen beider Gruppen genügt oder ob die Mehrheit der Stimmberechtigten jeder Gruppe oder ein anderes bestimmtes Stimmergebnis erforderlich ist. In der Rechtsprechung und im Schrifttum ist bisher im wesentlichen nur die Frage erörtert, ob die Mehrheit der Abstimmenden genüge oder die Mehrheit der wahlberechtigten Gruppenangehörigen erforderlich sei. Der Meinungsstand und die Gründe, die jede dieser beiden Ansichten für sich anführt, sind in RdA. 1954 S. 26 übersichtlich zusammengestellt (vgl. dazu neuerdings Monjau „Der Betrieb" 1954 S. 557). Auch die Rechtsbeschwerde und die Beantwortung der Rechtsbeschwerde beschränken sich darauf, diese Gründe für ihre Rechtsauffassung anzuführen.

Dem Wortlaut des § 13 Abs. 2 allein kann die Entscheidung nicht entnommen werden, er ist mehrdeutig. Legt man den Ton auf die Worte „wahlberechtigten Angehörigen beider Gruppen", so scheint diese Ausdrucksweise für die Mehrheit der Gruppenangehörigen zu sprechen. Wird dagegen der Nachdruck darauf gelegt, daß die Angehörigen beider Gruppen „in getrennten, geheimen Abstimmungen die gemeinsame Wahl beschließen", so kann nach dem Wortlaut die Mehrheit der abgegebenen Stimmen als genügend angesehen werden.

Diese in dem Wortlaut des Betriebsverfassungsgesetzes liegende Mehrdeutigkeit läßt sich auch nicht durch eine Heranziehung des § 19 des früheren Betriebsrätegesetzes von 1920 beseitigen. Zwar war die Streitfrage, wie die Mehrheit berechnet werden soll, auch dem alten Betriebsrätegesetz bekannt. Doch stimmt bereits der Wortlaut des § 13 BetrVG. mit dem des § 19 BRG. 1920 nicht voll überein. Vor allem wurde früher im Gegensatz zu der heutigen Regelung eine $^{2}/_{3}$-Mehrheit für die gemeinsame Wahl vom Gesetz verlangt. Es kommt hinzu, daß das frühere Betriebsräterecht vom Gruppenrat und nicht vom einheitlichen Betriebsrat ausging. Es ist daher nicht möglich, die damals herrschende Auffassung zu § 19 BRG. 1920, nach der die Mehrheit der Stimmberechtigten in jeder Gruppe erforderlich sei, ohne weiteres für das geltende Recht heranzuziehen. Das gilt um so mehr, als der Gesetzgeber in Kenntnis der für das frühere Betriebsräterecht bestehenden Streitfrage und in Kenntnis der damals bestehenden herrschenden Meinung eine andere Fassung gewählt hat und damit offenbar die Klärung der Wissenschaft und der Rechtsprechung überlassen wollte.

§ 13 Abs. 2 BetrVG. (ebenso wie übrigens § 12 Abs. 1 BetrVG.) enthält somit insoweit eine echte Gesetzeslücke, als eine nähere Angabe fehlt, wie die Mehrheit für die gemeinsame Wahl zu berechnen ist. Diese Lücke ist um so empfindlicher, als an anderer Stelle des BetrVG. und auf vielen anderen Rechtsgebieten, etwa des öffentlichen Rechts, insbesondere des Verfassungsrechts, aber auch des privaten Vereins- und Gesellschaftsrechts im allgemeinen eindeutig festgelegt ist, welche Mehrheit entscheiden soll.

Der Richter hat die Aufgabe, solche Lücken auszufüllen (vgl. Enneccerus-Nipperdey, Allg. Teil § 58). Die Ausfüllung hat in erster Linie im Wege der Analogie zu geschehen, d.h. unter Heranziehung der Regelung in anderen der Interessenlage nach ähnlich gelagerten Fällen, im übrigen aus dem Sinn und Zweck der Regelung.

In Literatur und Rechtsprechung hat man sich bemüht, teils Bestimmungen des Verfassungsrechts, teils Normen des Vereins- und Gesellschaftsrechts ergänzend heranzuziehen. Dabei wird allerdings meist verkannt, daß in den geregelten Fällen die Art der Mehrheit eindeutig bestimmt ist und daß sich nicht überzeugend nachweisen läßt, warum gerade diese oder jene Regelung zur Ergänzung des § 13 Abs. 2 herangezogen werden müsse.

Eine Rechtsanalogie kann vielmehr zunächst nur zu folgendem Ergebnis führen:

Es ist ein Grundsatz des deutschen Abstimmungsrechts, daß bei Abstimmungen und Beschlüssen im allgemeinen die absolute Mehrheit der Abstimmenden entscheidet. Dieser Grundsatz gilt jedoch nicht, sobald Beschlüsse von besonders weittragender Bedeutung in Frage stehen, insbesondere dann, wenn eine bestimmte bestehende Regelung geändert werden soll. In solchen Fällen werden höhere Anforderungen an die erforderliche Mehrheit gestellt. Dabei sind die Anforderungen aber im einzelnen verschieden (z. B. 2/3 oder 3/4 Mehrheit der Anwesenden oder Abstimmenden, Mehrheit aller Mitglieder usw.).

Prüft man unter diesen Gesichtspunkten die vorliegende Rechtsfrage, so muß den Rechtsbeschwerdeführern darin gefolgt werden, daß die Gemeinschaftswahl nicht gleichberechtigt neben der Gruppenwahl steht. Die Gemeinschaftswahl ist vielmehr die Ausnahme von der gesetzlichen Regel in dem Sinne, daß es eines besonderen gestaltenden Abstimmungsaktes in jeder Gruppe bedarf, wenn eine rechtswirksame Gemeinschaftswahl alsdann stattfinden soll. Daraus folgt, daß der Beschluß nach § 13 Abs. 2 nicht zu den einfachen und normalen Beschlüssen gehören kann, bei denen lediglich die Mehrheit der Abstimmenden entscheidet. Denn es handelt sich immerhin um eine Umgestaltung der betriebsverfassungsrechtlichen Regelung für den Einzelfall, die nicht der Zufallsmehrheit einiger weniger gerade abstimmender Arbeitnehmer überlassen werden kann.

Die Rechtsbeschwerdeführer beachten aber nicht, daß der Beschluß der Gemeinschaftswahl die Verfassung des Betriebes nur für eine einzelne Betriebsratswahl durchbricht, nicht aber fortwirkend auf die Dauer ändert. Denn es bedarf für die nächste Betriebsratswahl nicht etwa eines Beschlusses, der die Zulässigkeit der Gemeinschaftswahl wieder rückgängig macht. Vielmehr tritt für die nächste Wahl die Gruppenwahl als Regelfall ohne weiteres wieder in ihr Recht ein. Es geht daher zu weit, wenn die Rechtsbeschwerdeführer in Anlehnung an das Verfassungsrecht von einer Betriebsverfassungsänderung sprechen und im Hinblick auf die Bedeutung eines solchen Beschlusses die Mehrheit aller wahlberechtigten Gruppenangehörigen für die Gemeinschaftswahl verlangen.

Ergänzt man die Gesetzeslücke im Rahmen der gekennzeichneten Rechtsanalogie, vor allem aber aus dem Sinn und Zweck des § 13 Abs. 2 selbst, so ergibt sich folgendes:

In Abweichung von der Regel des § 13 Abs. 2 kann die Gemeinschaftswahl nur zugelassen werden, wenn jede der beiden Gruppen in einer repräsentativen Weise tätig wird und die Abstimmung nicht das Werk einiger weniger ist. Die Mehrheit der abgegebenen Stimmen kann nicht genügen, weil sie allein nicht die Sicherheit gibt, daß die Gruppe tätig wird. Ein solcher repräsentativer Beschluß jeder Gruppe, der das Zufallswerk einzelner ausschließt, wird dadurch gewährleistet, daß ein „Quorum", eine Mindestzahl der an der Abstimmung Teilnehmenden gefordert wird. Es kann hier auf eine Parallele im Verfassungsrecht verwiesen werden. Nach Art. 42 GG. entscheidet im

Bundestag die Mehrheit der abgegebenen Stimmen. Dieser Verfassungssatz hat aber nur in Verbindung mit der Geschäftsordnung des Bundestages seinen richtigen Sinn. Danach ist der Bundestag nur beschlußfähig, wenn mehr als die Hälfte der Mitglieder anwesend sind. Das Erfordernis des Quorum führt auch im Bereich des § 13 Abs. 2 BetrVG. zu einer vernünftigen und sachgerechten Lösung. Ein repräsentativer Beschluß jeder Gruppe liegt nur dann vor, wenn sich die Mehrheit der beiden Gruppen an der Abstimmung beteiligt. Dabei kommt es nur darauf an, daß an der Abstimmung teilgenommen wird. Auch ungültige Stimmzettel sind im Sinne einer Beteiligung an der Abstimmung zu bewerten.

Ist hiernach die Beteiligung so, daß die Mehrheit der wahlberechtigten Angehörigen jeder Gruppe an der Abstimmung teilnimmt, so genügt im übrigen die Mehrheit der Abstimmenden. Die Gemeinschaftswahl nach § 13 Abs. 2 BetrVG. ist somit dann beschlossen, wenn einmal mindestens die Mehrheit der wahlberechtigten Angehörigen jeder Gruppe sich an der Abstimmung durch Abgabe eines Stimmzettels beteiligt und zum anderen, wenn die Mehrheit der Abstimmenden für sie stimmt.

Wendet man diesen Grundsatz auf den vorliegenden Fall an, so hat sich in der Minderheitengruppe nicht eine Mehrheit der wahlberechtigten Gruppenangehörigen an der Abstimmung beteiligt, denn von 107 wahlberechtigten Gruppenangehörigen haben nur 34 überhaupt abgestimmt. Die Abstimmung in dieser Gruppe kann aus den vorerwogenen Gründen nicht als rechtswirksam angesehen werden, so daß der angefochtene Beschluß aufzuheben war und die Betriebsratswahl für rechtsungültig erklärt werden mußte.

Für die beantragte Kostenentscheidung ist im Beschlußverfahren (einschließlich der Beschwerde und der Rechtsbeschwerde) kein Raum, denn es handelt sich um ein gebühren- und auslagenfreies Verfahren besonderer Art, in dem nicht unter Parteien, sondern unter Beteiligten und nicht über Ansprüche, sondern über Gegebenheiten der Betriebsverfassung entschieden wird, so daß sich auch eine entsprechende Anwendung der Kostenvorschriften der §§ 91 ff. ZPO. verbietet und der (nicht näher begründeten) Ansicht des Reichsarbeitsgerichts (RAG., ArbRSamm. 1, 73; 4, 64) nicht gefolgt werden kann, (vgl. Tschischgale, Kostenrecht in Arbeitssachen 1954 S. 26.)

20

1. Das Hausarbeitstagsgesetz des Landes Nordrhein-Westfalen verstößt nicht gegen Art. 3 GG. und ist daher rechtswirksam. Dies gilt auch, soweit es ledigen Arbeitnehmerinnen mit eigenem und eigengeführten Hausstand den bezahlten Hausarbeitstag gewährt.

2. Art. 3 Abs. 2 und 3 GG. sind dahin auszulegen, daß die Frauen den Männern gleichberechtigt sind. Es ist nicht der Sinn des Gleichberechtigunsgrundsatzes, die Frau rechtlich ungünstiger zu stellen als sie bisher gestellt waren. Gesetzliche Begünstigungen der Frauen können nur dann als verfassungswidrig bezeichnet werden, wenn sie offensichtlich sachfremd und willkürlich erlassen wären und daher gegen den Gleichheitsgrundsatz des Art. 3 Abs. 1 GG. verstoßen.

3. Bestimmungen zum Schutz der berufstätigen Frau verstoßen nicht gegen Art. 3 GG.

4. Aus den Art. 20 und 28 GG. ergibt sich der Rechtssatz der Sozialstaatlichkeit, der koordiniert neben dem Gleichberechtigungsgrundsatz steht. Das Hausarbeitstagsgesetz steht mit den Art. 20 und 28 GG. in Einklang und könnte selbst dann nicht beanstandet werden, wenn es bei einer Wortinterpretation gegen den Gleichberechtigungsgrundsatz verstoßen sollte.

5. Ein eigener und eigengeführter Hausstand liegt im allgemeinen vor, wenn die folgenden 2 Voraussetzungen gegeben sind.

a) Die berufstätige Frau muß eine eigene Wohnung zum Mittelpunkt der Beziehungen ihres Lebens machen und zwar in der Weise, daß sie die Wohnung nicht nur als Schlafstelle benutzt, sondern sie auch wirklich bewohnt, in ihr wirtschaftet und ihren Haushalt führt.

b) Die berufstätige Frau muß als Inhaberin der eigenen Wohnung ohne ausreichende Hilfe die anfallenden mit einem Haushalt üblicherweise verbundenen Arbeiten im wesentlichen selbst verrichten.

6. Auch das wohnen in einem möblierten Zimmer kann einen eigenen Hausstand begründen.

GG. Art. 3, 20, 28, 79 Abs. 3 § 1 des Ges. des Landes Nordrhein-Westfalen über die Freizeitgewährung für Frauen vom 27. 7. 48 (BVBl. 1949 S. 6); BGB. § 133.

I. Senat. Urteil vom 14. Juli 1954 i. S. Sch. u. K. (Kl.) w. Fa. St. B. (Bekl.) 1 AZR 105/54.

I. Arbeitsgericht Bielefeld. — II. Landesarbeitsgericht Hamm/Westf.

Die Klägerin ist bei der Beklagten als Repassiererin in der Strumpfwirkerei beschäftigt. Sie ist ledig und wohnt in einem möblierten Zimmer. Die wöchentliche Arbeitszeit betrug bis Anfang Oktober 1953 52 3/4 Stunden. Sie war auf fünf Arbeitstage zu je 9 1/2 Stunden und einen Arbeitstag zu 5 1/4 Stunden verteilt.

Die Klägerin erhielt im Monat Juni 1953 keinen bezahlten Hausarbeitstag.

Die Klägerin hat behauptet, sie bereite sich täglich mindestens eine Mahlzeit auf ihrem Zimmer selbst zu. Ihre Wäsche reinige und bügle sie selbst. Auch an der Sauberhaltung des Treppenhauses sei sie beteiligt.

Die Klägerin hat von der Beklagten die Zahlung von 9,43 DM für den im Monat Juni 1953 nicht erhaltenen Hausarbeitstag verlangt.

Das Arbeitsgericht Bielefeld hat die Beklagte antragsgemäß verurteilt.

Das Landesarbeitsgericht hat die Klage abgewiesen, weil die Klägerin keinen eigenen Hausstand im Sinne des Nordrhein-Westfälischen Gesetzes über die Freizeitgewährung für Frauen mit eigenem Hausstand habe. Außerdem verstoße die Gewährung eines bezahlten Hausarbeitstages an eine alleinstehende Arbeitnehmerin gegen die Gleichberechtigung von Mann und Frau (Art. 3 Abs. 2 GG.) sowie gegen das Bevorzugungs- und Benachteiligungsverbot des Art. 3 Abs. 3 GG.

Die Revision der Klägerin führte zur Aufhebung und Zurückweisung.

Gründe:

Die Revision rügt mit Recht, daß das Berufungsurteil auf der Verletzung des Art. 3 Abs. 2, Abs. 3 GG. und auf der Verkennung des Begriffs des eigenen Hausstandes nach § 1 des Gesetzes über die Freizeitgewährung für Frauen mit eigenem Hausstand in Nordrhein-Westfalen vom 27. Juli 1948 (GVBl. 1949 S. 6) beruht (§ 73 Abs. 1 ArbGG.).

Um zu entscheiden, ob die Gewährung eines bezahlten Hausarbeitstages dem Gleichberechtigungsgrundsatz des Art. 3 Abs. 2, Abs. 3 GG. widerspricht, bedarf es einer Feststellung des Zweck- und Sinngehalts dieser Verfassungssätze und des Hausarbeitstagsgesetzes von Nordrhein-Westfalen. Dabei kommt es nicht darauf an, ob das Hausarbeitstagsgesetz zweckmäßig oder notwendig erscheint. Zu prüfen ist allein, ob dieses Gesetz dem Grundgesetz widerspricht oder mit ihm vereinbar ist.

Auch für die Auslegung der Rechtssätze der Verfassung gilt der Grundsatz des § 133 BGB. Danach ist nicht am Wortlaut zu haften, sondern es ist der wirkliche Wille des Gesetzgebers, also der Sinn und Zweck des Gesetzes zu ermitteln (vgl. Enneccerus-Nipperdey, Lehrbuch des Bürgerlichen Rechts, Allgemeiner Teil, § 51 II, 2 mit Angaben in Anm. 5). Deshalb ist der Gleichberechtigungsgrundsatz (Art. 3 Abs. 2 GG.) und das Bevorzugungs- und Benachteiligungsverbot (Art. 3 Abs. 3 GG.) im Zusammenhang mit der Bedeutung des allgemeinen Gleichheitssatzes (Art. 3 Abs. 1 GG.) und auf dem geschichtlichen Hintergrund seiner Entstehung zu sehen.

Dem Satz: „Männer und Frauen sind gleichberechtigt", liegt die Forderung der Frauen nach der Gleichberechtigung der Geschlechter zu Grunde. Im Zuge der Frauenemanzipation gegen die rechtliche Besserstellung der Männer hat der Verfassungsgesetzgeber dieser Forderung im Art. 3 GG. entsprechen wollen und entsprochen. Daher ist es der Sinn des Gleichberechtigungsgrundsatzes, die Frauen, die bisher rechtlich benachteiligt waren, auf den Status der Männer anzuheben. Der Gedanke, sie in irgendeiner Richtung schlechter zu stellen, als sie bisher gestellt waren, war dem Gesetzgeber fremd. Art. 3 Abs. 2 GG., der den Schlußstein einer langen geschichtlichen Entwicklung setzt, ist dahin zu verstehen, daß die Frauen den Männern gleichberechtigt sind (vgl. Dürig, Ehe u. Familie 1954, S. 3). Art. 3 Abs. 2, Abs. 3 GG. zwingen daher keineswegs dazu, im Zeichen der Gleichberechtigung zu einem Abbau von Rechten zu gelangen, die Gesetze den Frauen, aber nicht den Männern gewähren. Gesetzliche Begünstigungen der Frauen könnten vielmehr nur dann als verfassungswidrig bezeichnet werden, wenn sie offensichtlich sachfremd und willkürlich erlassen wären und daher gegen den Gleichheitssatz des Art. 3 Abs. 1 GG. verstoßen würden. Von einem solchen Verstoß kann aber ernsthaft keine Rede sein. Somit ergibt bereits die richtige Auslegung des Art. 3 Abs. 2, Abs. 3 GG., daß das Hausarbeitstagsgesetz in Nordrhein-Westfalen nicht verfassungswidrig ist.

Das Ergebnis kann aber auch kein anderes sein, wenn man entgegen der vorstehenden Auffassung den Art. 3 GG. streng nach seinem Wortlaut anwendet. Der Gleichberechtigungsgrundsatz (Art. 3 Abs. 2 GG.) als Konkretisierung des Art. 3 Abs. 1 GG. schränkt die Ermessensfreiheit des Gesetzgebers für Differenzierungen in der Behandlung von Mann und Frau ein. Der Geschlechtsunterschied soll grundsätzlich für die rechtliche Behandlung von Mann und Frau keine Rolle mehr spielen, es sei denn die Nichtbeachtung des Geschlechtsunterschieds würde Willkür bedeuten. Denn der allgemeine Gleichheitssatz des Abs. 1 bleibt auch für Abs. 2 von Bedeutung. Immer gilt der große allgemeine

Grundsatz, daß Gleiches gleich, Ungleiches, soweit es für wesentlich erachtet werden muß, verschieden, aber in verhältnismäßiger Gleichheit zu behandeln ist.

Es kann und muß also jedenfalls der Geschlechtsunterschied dann zu einer differenzierten Behandlung von Mann und Frau auf dem Gebiete des Rechts führen, soweit Tatbestände vorliegen, die nur in einem Geschlechte verwirklicht werden können (vgl. Hildegard Krüger, Hausarbeitstag trotz Gleichberechtigung? 1954, B II, 1). Dabei darf man aber nicht stehen bleiben. Nicht nur bestimmte biologische Unterschiede der Geschlechter gestatten eine verschiedene Regelung ihrer Rechtslage. Vielmehr bleiben auch Differenzierungen, die auf anderen Unterschiedlichkeiten der Personen oder auf Unterschiedlichkeiten der Lebensumstände beruhen, von dem Differenzierungsverbot unberührt (BVerfGE. Bd. 3, S. 241). Es können auch soziologische und funktionale, insbesondere allgemein anerkannte Unterschiede in der Arbeitsteilung der Geschlechter nach der Natur des jeweiligen Lebensverhältnisses eine besondere rechtliche Regelung erlauben oder sogar notwendig machen (BVerfGE. aaO. S. 242). Wenn das Bundesverfassungsgericht mit Recht die Bestimmungen zum Schutze der Frau als Mutter nicht dem grundsätzlichen Differenzierungsverbot des Art. 3 Abs. 2 und 3 GG. unterwirft, so ist dem hinzuzufügen, daß darüber hinaus alle Bestimmungen zum Schutze der berufstätigen Frau als solcher hierhin gehören, mögen sie sich aus biologischen oder funktionalen, arbeitsteiligen Unterschieden ergeben. Das ist sicherlich der Fall, soweit es sich um eine verheiratete berufstätige Frau handelt. Denn es liegt hier eine Unterschiedlichkeit der Lebensumstände vor, da innerhalb der Ehe die funktionale Beziehung der Frau zur Führung des gemeinschaftlichen Haushalts nach wie vor eine andere ist als die des Mannes, dem diese Aufgabe regelmäßig nicht obliegt. Sie wird auch nach dem sittlichen Wesen der ehelichen Gemeinschaft allgemein als eine andere empfunden (vgl. Bulla, Mutterschutzgesetz und Frauenarbeitsrecht, 1954, Einl. HAT. Anm. 35).

Aber auch die Gewährung eines Hausarbeitstages an die alleinstehende berufstätige Frau mit eigenem und von ihr selbst geführten Hausstand ist durch eine Unterschiedlichkeit der Lebensumstände von beachtlicher Dauer und Festigkeit gerechtfertigt. Zu den Unterschiedlichkeiten der Lebensumstände gehört nicht nur eine arbeitsteilige funktionale Sonderstellung der Frau, insoweit Dritte, d. h. von ihr in ihrem Haushalt Betreute unmittelbar im Spiele sind, sondern die „Rolle" schlechthin, die der Frau mit Haushalt typischerweise zufällt.

Hier gilt immer noch für die Angehörigen des weiblichen Geschlechts, und zwar nicht nur nach einer nur traditionellen Vorstellung, sondern durchaus handfest und gegenwartsnah, daß es für sie typisch ist, bei eigenem Hausstand in ihm selbst tätig zu sein. Dagegen ist für Männer grundsätzlich und typisch das Gegenteil der Fall, mag es auch hier und dort mehr oder minder selten vorkommen, daß alleinstehende Männer ihren Haushalt selbst führen. Dieser Sachverhalt als solcher ist entscheidend und wesentlich, so daß es darauf, ob die Frau eine größere Neigung zu Hausarbeiten kraft ihrer Veranlagung hat, gar nicht ankommt. Deshalb ist auch der Hinweis, daß Männer Hausarbeiten ebensogut oder besser als Frauen verrichten können, ebenfalls belanglos. Es kann nicht eingewendet werden, daß die alleinstehende berufstätige Frau sich wie der berufstätige Junggeselle einer bezahlten oder nicht bezahlten Hilfskraft bedienen müsse. Denn damit würde man von der Frau etwas völlig Untypisches, Unübliches und mit den geltenden Grundsätzen der Arbeitsteilung der Geschlechter in der Gesellschaft nicht in Einklang stehendes und daher nicht zumutbares Verhalten fordern. Nach alledem ist im typischen Fall die b e r u f s t ä t i g e Frau, auch die allleinstehende, durch B e r u f u n d H a u s h a l t d o p p e l t b e l a s t e t, nicht aber der berufstätige Mann. Es liegt somit eine wesentliche Unterschiedlichkeit der Lebensumstände vor, die eine differenzierende rechtliche Behandlung der berufstätigen Frau gegenüber dem berufstätigen Mann erlaubt. Daher wird dem berufstätigen Mann durch die Gewährung des Hausarbeitstages nur an die berufstätige Frau nicht etwas vorenthalten, das ihm bei typischer Beurteilung auch zukommen müßte. Es kann dem Gesetzgeber nicht verwehrt sein, die hiernach typische Unterschiedlichkeit der Lebensumstände der berufstätigen Frau und des berufstätigen Mannes als Anknüpfungspunkt für eine verständige und gerechte gesetzliche Regelung zu benutzen, die nur den berufstätigen Frauen den Hausarbeitstag gewährt. Ein Verstoß gegen den Gleichberechtigungsgrundsatz ist danach auch bei strenger Anwendung des Art. 3 GG. nach dem Wortlaut nicht anzunehmen.

In der Gewährung eines Hausarbeitstages an die berufstätige Frau liegt nach dem Gesagten auch kein Verstoß gegen das Bevorzugungs- und Benachteiligungsverbot des Art. 3 Abs. 3 GG. In Wahrheit hat nämlich der arbeitende Mann eine Vorgabe, da er im typischen Fall keine Hausarbeit zu leisten hat. Die berufstätige Frau hingegen, die einen eigenen Haushalt führt, ist von vornherein doppelt belastet. Sie ist insofern gegenüber dem berufstätigen Mann in einem bestimmten Nachteil. Die Gewährung eines Hausarbeitstages durch den Gesetzgeber bevorzugt also gar nicht die Frau und benachteiligt nicht den Mann. Vielmehr wird hier versucht, die Doppelbelastung der Frau ein wenig auszugleichen, und die Vorgabe des mit einem eigengeführten Haushalt nicht belasteten Mannes ein wenig zu reduzieren. Die Lage der Frau soll in etwa der Lage des Mannes angeglichen werden, was gerade im Sinne des Gleichberechtigungsgrundsatzes liegt.

Art. 3 Abs. 2, Abs. 3 GG. enthalten Generalklauseln, die, wie alle solche weitgefaßten Normen, nicht „überfordert" werden dürfen. Das gilt namentlich dort, wo Raum für ein gewisses Ermessen des Gesetzgebers bleiben und das Abstellen auf typische Tatbestände erfolgen muß. Nur dann, wenn ein Verstoß gegen das Grundgesetz klar, unzweifelhaft und handgreiflich vorliegen würde, könnte von einer Verfassungswidrigkeit des Hausarbeitstagsgesetzes von Nordrhein-Westfalen gesprochen werden. Das würde aber nur bei einer äußerlichen, ungeschichtlichen und die soziologischen Gegebenheiten nicht berücksichtigenden Auslegung der Absätze 2 und 3 des Art. 3 GG. der Fall sein. Bei Auslegung dieser Bestimmungen nach Sinn und Zweck und nach der geschichtlichen Entwicklung des Gleichberechtigungsgrundsatzes, sowie mit der erforderlichen Zurückhaltung in der Annahme einer Verfassungswidrigkeit gegenüber den im freiheitlichen, demokratischen und sozialen Rechtsstaat zustande gekommenen Gesetzen liegt dagegen ein Verstoß des Hausarbeitstagsgesetzes gegen das Grundgesetz nicht vor. (Vgl. dazu auch BVerfGE. 2, 266; BVerf.G. NJW. 1954 S. 27 Leits. 4 für den Gleichheitssatz, S. 65 Leitsatz 2. Es handelt sich um die mit Recht geforderte „broad interpretation" der Verfassung. Vgl. dazu weiter N a w i a s k y , Die Grundgedanken des GG., 1950 S. 22 ff.; H. P e t e r s , Auslegung der Grundrechte aus der Geschichte im Historischen Jahrbuch Bd. 72 (1953) S. 457; L e i b h o l z , DVBl. 1951 S. 200 mit Angaben; Apelt, DV. 1947/48 S. 358 und öfters; R a d b r u c h , Rechtsphilosophie, 4. Aufl. 1950 S. 353. Über die entsprechende Rechtslage in den Vereinigten Staaten vgl. v. M a n g o l d t , Geschriebene Verfassung und Rechtssicherheit in den Vereinigten Staaten 1934 S. 108 ff.; vgl. weiter den Bd. „Constitutional Law" der „American Jurisprudence" 1937/38 §§ 76, 81).

Schließlich dürfen die Bestimmungen des Art. 3 Abs. 2, Abs. 3 GG. nicht isoliert betrachtet werden. So tritt neben den Gleichberechtigungsgrundsatz als positive Verfassungsnorm das unabänderliche Prinzip der Sozialstaatlichkeit (Art. 20, 79 Abs. 3, 28 GG.). Die Bundesrepublik Deutschland ist ein sozialer Bundesstaat und Rechtsstaat. Das ist ein normatives Bekenntnis zum Sozialstaat, das bei der Auslegung des Grundgesetzes und damit auch des Gleichberechtigungsgrundsatzes in Art. 3 Abs. 2 und 3 GG. sowie anderer Gesetze von entscheidender Bedeutung ist (vgl. auch BVerfGE., Bd. 1, S. 105; Klein, Z. f. d. ges. Staats Wiss. 1950 S. 390 ff., 400; Dürig, JZ. 1953 S. 198; Ule, DtVerwBl. 1953 S. 751 mit den Leitsätzen von Forsthoff und Bachof auf der Tagung der Vereinigung der deutschen Staatsrechtslehrer 1953). Der Gleichberechtigungsgrundsatz und der Grundsatz der Sozialstaatlichkeit sind bei der Prüfung der Verfassungswidrigkeit oder Verfassungsgemäßheit des Hausarbeitstagsgesetzes zusammen anzuwenden. Sie stehen koordiniert nebeneinander, vielleicht hat der Sozialgedanke sogar den Vorrang. Gesetze, die aus ernsthaften, wohlerwogenen sozialen Gründen der Frau soziale Rechte geben, die für den Mann nicht adäquat sind, sind durch Art. 20, 28 GG. gedeckt. Das Hausarbeitstagsgesetz ist aber aus solchen sozialen Gründen erlassen worden, um die Doppelbelastung der Frau durch Beruf und Haushaltsführung in etwa auszugleichen. Eine solche Begünstigung der berufstätigen Frau kann selbst dann nicht beanstandet werden, wenn sie an sich, abstrakt gesehen, bei einer Wortinterpretation gegen den Gleichberechtigungsgrundsatz der Geschlechter verstoßen sollte. Da es Aufgabe des Gesetzgebers ist, das Wesentliche zur Verwirklichung des Sozialstaates zu tun, muß ihm auch ein gewisses Ermessen eingeräumt werden. Nur dann, wenn soziale Begünstigungen der arbeitenden Frau offenbar willkürlich sein würden, wären sie im Hinblick auf Art. 3 Abs. 1 GG. verfassungswidrig. Bei dem Hausarbeitsgesetz ist das nicht der Fall.

Wenn das Hausarbeitstagsgesetz der berufstätigen Frau einen Hausarbeitstag unter Fortzahlung des Arbeitsentgelts gewährt, so verstößt auch das nicht gegen die Gleichberechtigung. Für die Gewährung des Hausarbeitstages im allgemeinen und des bezahlten im besonderen ist der Gedanke des Sozialprinzips maßgebend. Es handelt sich nicht etwa um eine Differenzierung im Entgelt, die gegen das Prinzip der Lohngleichheit verstoßen könnte. Vielmehr soll die berufstätige Frau, die mit einem Haushalt belastet ist, einmal im Monat an einem Tage ihrer Hausarbeit nachgehen können, ohne eine Lohneinbuße befürchten zu müssen. Maßgebend ist somit der Gedanke, Freizeit zum Zwecke der Erledigung von Hausarbeiten zu gewähren, wobei die Fortzahlung des Arbeitsentgelts keine zusätzliche Entlohnung bedeutet, vielmehr der Freizeit zweckzugeordnet ist (vgl. Bulla aaO., Einl. HAT., Anm. 39 u. 40). Verstößt die Gewährung des Hausarbeitstages als solche nicht gegen das Grundgesetz, so ist auch die sozial gerechtfertigte Weiterzahlung der Vergütung für diese Zeit nicht verfassungswidrig.

Mit Recht rügt die Revision auch die Verkennung des Begriffs „eigener Hausstand" im Sinne des Nordrhein-Westfälischen Gesetzes über die Freizeitgewährung für Frauen mit eigenem Hausstand. Das Landesarbeitsgericht meint in seinem Urteil hinsichtlich des Erfordernisses des eigenen Hausstandes: Wer, wie die Klägerin, lediglich ein möbliertes Zimmer bewohne, besitzt und führe keinen eigenen Hausstand; er wohne lediglich zur Untermiete und füge sich damit in einen anderen Hausstand ein. Damit hat das Berufungsgericht den Begriff des eigenen Hausstandes im Sinne des Gesetzes zu eng aufgefaßt.

Es ist Sinn und Zweck des Hausarbeitstagsgesetzes, der berufstätigen Frau beim Vorliegen der sonstigen gesetzlichen Tatbestandsmerkmale (§ 1 des Gesetzes) dann einen Hausarbeitstag zu gewähren, wenn sie durch ihre Berufsarbeit und durch einen eigenen Hausstand belastet ist. Es muß also eine Doppelbelastung (Beruf + Haushalt) vorliegen. Hiernach ist zu bestimmen, was im Sinne des Gesetzes als „eigener Hausstand" aufzufassen ist. Von einem solchen kann man unter Berücksichtigung des Gesetzeszweckes und der allgemeinen Lebensanschauung unter zwei Voraussetzungen sprechen:

1. Die berufstätige Frau muß eine eigene Wohnung zum Mittelpunkt der Beziehungen ihres Lebens machen, und zwar in der Weise, daß sie die Wohnung nicht nur als Schlafstätte benutzt, sondern sie auch wirklich bewohnt, in ihr wirtschaftet und ihren Haushalt führt.
2. Die berufstätige Frau muß als Inhaberin der eigenen Wohnung ohne ausreichende Hilfe die anfallenden, mit einem Haushalt üblicherweise verbundenen Arbeiten im wesentlichen selbst verrichten.

Es darf jedoch nicht nur dann von einer eigenen Wohnung gesprochen werden, wenn ein Wohnhaus, eine Etage oder mehrere Zimmer als Wohnung besessen werden. Vielmehr ist eine eigene Wohnung im Sinne des Gesetzes unter Berücksichtigung der gegebenen Wohnverhältnisse auch dann schon gegeben, wenn jemand auch nur einen einzigen Raum bewohnt. Dabei ist es gleichgültig, ob unmittelbare Miete oder Untermiete vorliegt, ob die Wohnung unmöbliert oder ganz oder teilweise möbliert vermietet ist. Es muß jedoch die Geräte- und Mobiliarausstattung in einem Ausmaß vorhanden sein, die wenigstens den Grundbedürfnissen des Wohnens, Schlafens und Essens genügt, ohne daß übermäßige Anforderungen zu stellen wären. Vielmehr sind die persönlichen, örtlichen und zeitgemäßen Verhältnisse gebührend zu berücksichtigen.

Weiter ist zu verlangen, daß die Wohnungsinhaberin persönlich mit den Arbeiten, die eine eigene Wohnung mit sich bringt, belastet ist (vgl. Dietz, BB. 1952, S. 34 ff.). Die berufstätige Frau muß also in der Regel die Wohnung selbst sauber halten, sich auch selbst die Wäsche, wenigstens zum Teil, herrichten, ferner auch regelmäßig sich wenigstens eine Hauptmahlzeit selbst in ihrer Wohnung bereiten. Es ist Aufgabe der Gerichte, im einzelnen Fall an Hand dieser für den Begriff „eigener Hausstand" aufgestellten Merkmale zu prüfen, ob aus ihm für die berufstätige Frau eine zusätzliche Belastung neben ihrer Berufsarbeit erwächst. Praktisch werden sich immer wieder Unterschiede in der Intensität der Belastung, die mit einem eigenen und eigengeführten Hausstand gegeben sind, herausstellen. Die konkrete Situation ist so lange als hausarbeitstagswürdig anzuerkennen, als es sich wirklich um die vom Hausarbeitstagsgesetz vorausgesetzte, ausgleichsbedürftige Belastung neben der Berufsarbeit handelt. Aus dem angefochtenen Urteil ist nicht zu ersehen, ob diese Merkmale des eigengeführten Hausstandes bei der Klägerin vorliegen.

Die Klägerin hat im Juni 1953 ihren Hausarbeitstag nicht erhalten. Es ist nun zwar festzustellen, daß der Anspruch auf den Hausarbeitstag grundsätzlich nicht durch entsprechende Geldzahlung abgegolten werden kann. Denn es ist nicht Sinn des Hausarbeitstagsgesetzes von Nordrhein-Westfalen, das über diese Frage nichts bestimmt, es zu ermöglichen, durch Verzicht auf die Freistellung von der Arbeit zur Erledigung der Hausarbeit einen Doppellohn zu erzielen, solange die Freizeitgewährung möglich ist. Dies Letztere ist aber gerade hier nicht mehr möglich. Denn der Anspruch auf Freistellung von der Arbeit unter Fortzahlung des Entgelts für den Monat Juni 1953 konnte im September 1953 von der Beklagten nicht mehr erfüllt werden. Eine Übertragung des Anspruchs auf den Hausarbeitstag vom Monat Juni 1953 auf den September 1953 oder eine spätere Zeit würde dem Gesetzeszweck widersprechen. Denn das Gesetz gewährt einen Hausarbeitstag im Monat, nicht etwa mehrere, zu beliebigen Zeitpunkten zu gewährende Hausarbeitstage in einem Jahr. Die anspruchsberechtigte Arbeitnehmerin kann nicht mehrere Hausarbeitstage aufsparen und auf einmal nehmen. Das würde zu einer Sinnverfälschung des Hausarbeitstages und praktisch zu einer Art zusätzlichen Urlaubs führen können. In den Fällen hingegen, in denen der Hausarbeitstagsanspruch entstanden und fällig geworden war, aber nicht genommen oder gewährt worden ist, auch dem Zweck des Hausarbeitstags entsprechend nicht mehr gewährt werden kann, muß eine nachträgliche Abgeltung möglich sein. Sonst könnte der Arbeitgeber sich unter Umständen seiner Pflicht zur Gewährung des Hausarbeitstages gänzlich entschlagen. Es ist allerdings auch von der anspruchsberechtigten Arbeitnehmerin zu verlangen, daß sie rechtzeitig die Gewährung des Hausarbeitstages in irgendeiner geeigneten Art und Weise gewünscht hat. Ein solches Ersuchen würde sich nur dann erübrigen, wenn der Arbeitgeber der betreffenden Arbeitnehmerin oder anderen in gleicher Lage befindlichen Arbeitnehmerinnen gegenüber von vornherein zu verstehen gegeben hätte, daß er die Gewährung des Hausarbeitstages überhaupt grundsätzlich ablehne.

Nach allem ist die Revision begründet, so daß das angefochtene Urteil aufzuheben war (§ 564 Abs. 1 ZPO.). Die Sache mußte zur anderweitigen Verhandlung und Entscheidung an das Berufungsgericht zurückverwiesen werden (§ 565 Abs. 1 ZPO.), weil das Landesarbeitsgericht den Begriff des eigenen Hausstandes verkannt und demzufolge davon abgesehen hat, festzustellen, ob bei der Klägerin ein eigengeführter, sie belastender Hausstand vorhanden ist. Die Klägerin hat in dieser Hinsicht bestimmte Behauptungen aufgestellt. Das Berufungsgericht wird festzustellen haben, ob diese Behauptungen der Klägerin zutreffend sind. Desgleichen fehlt es noch an den erforderlichen Feststellungen darüber, ob die Klägerin ihren Hausarbeitstagsanspruch geltend gemacht hat oder mit Rücksicht auf das Verhalten der Beklagten davon absehen konnte. Es wird Aufgabe des Berufungsgerichts sein, gegebenenfalls im Wege des § 139 ZPO. darauf hinzuwirken, daß die Klägerin sich über alle hiernach erheblichen Tatsachen vollständig erklärt und die Beweismittel bezeichnet.

21

1. Zur Zulässigkeit der Feststellungsklage.

2. Das Hausarbeitstagsgesetz des Landes Nordrhein-Westfalen gilt als partielles Bundesrecht in diesem Lande fort.

3. Das Hausarbeitstagsgesetz des Landes Nordrhein-Westfalen verstößt nicht gegen das Grundgesetz und ist in vollem Umfange rechtswirksam.

ZPO. § 254, ArbGG. § 46, GG. Art. 3, 20, 28, 79 Abs. 3, 125 Ziff. 2; § 1 d. Ges. d. Landes Nordrhein-Westfalen über die Freizeitgewährung f. Frauen ... v. 27. 7. 1948 (GVBl. 1949 S. 6), BGB. § 133.

I. Senat. Urteil vom 14. Juli 1954 i. S. L. (Kl.) w. B. D. (Bekl.)
1 AZR 89/54.

I. Arbeitsgericht Düsseldorf. — II. Landesarbeitsgericht Düsseldorf.

Die Klägerin ist Bundesangestellte. Sie wird von der Beklagten seit dem 1. Januar 1951 beschäftigt. Sie ist verheiratet und führt einen eigenen Hausstand. Seit Beginn ihrer Tätigkeit erhielt sie allmonatlich einen arbeitsfreien Wochentag unter Fortzahlung des Gehalts. Seit Mai 1953 weigert sich die Beklagte, der Klägerin weiterhin einen Hausarbeitstag zu gewähren.

Unter den Parteien ist unstreitig, daß die anspruchsbegründenden Tatbestandsmerkmale für einen Anspruch der Klägerin auf einen Hausarbeitstag nach dem Gesetz des Landes Nordrhein-Westfalen über die Freizeitgewährung für Frauen mit eigenem Hausstand vom 27. 7. 1948 (GVBl. 1949, S. 6) vorliegen.

Die Klägerin hat noch vorgetragen, ihr Ehemann sei berufsunfähig, auf die Rente aus der Angestelltenversicherung angewiesen und fast ständig bettlägerig krank.

Die Klägerin hat beantragt,

festzustellen, daß die Beklagte verpflichtet sei, ihr auch weiterhin monatlich einen arbeitsfreien Wochentag (Hausarbeitstag) unter Fortzahlung des Gehalts zu gewähren.

Arbeitsgericht und Landesarbeitsgericht wiesen die Klage ab mit der Begründung, das Hausarbeitstagsgesetz des Landes Nordrhein-Westfalen verstoße gegen den Gleichberechtigungsgrundsatz (Art. 3 Abs. 2 GG.) und gegen das Verbot der Bevorzugung und Benachteiligung lediglich wegen des Geschlechts (Art. 3 Abs. 2, Abs. 3 GG.), weil das Gesetz den Hausarbeitstag nur Frauen, nicht aber Männern gewähre.

Die Revision der Klägerin führte zur Aufhebung und antragsgemäßen Verurteilung.

Aus den Gründen:

Der Feststellungsantrag der Klägerin ist zulässig (§§ 46 ArbGG., 256 ZPO.). Die Klägerin hat ein rechtliches Interesse an alsbaldiger Feststellung, ob sie einen Anspruch auf den Hausarbeitstag hat. Ihr Begehren richtet sich darauf, daß durch einen der Rechtskraft fähigen richterlichen Spruch festgestellt werde, ob sie nicht nur einen oder einige fällig gewordene Hausarbeitstagsansprüche habe, sondern ob ihr generell in ihrem jetzigen Arbeitsverhältnis beim Vorliegen der Voraussetzungen des Hausarbeitstagsgesetzes des Landes Nordrhein-Westfalen ein Hausarbeitstagsanspruch zustehe. Auch der Beklagten geht es mit ihrem Abweisungsantrag darum, daß vom Gericht eine der Rechtskraft fähige Feststellung getroffen werde, daß der von der Klägerin behauptete Anspruch generell nicht besteht. Ein solches Begehren würde aber bei einer einzelnen Leistungsklage auf Gewährung eines bestimmten Hausarbeitstags oder auch bei gehäuften Leistungsklagen — z. B. Geltendmachung der bisher fällig gewordenen Hausarbeitstage — nicht erreicht werden können. Denn über den Anspruch auf einen Hausarbeitstag als solchen würde bei einer Entscheidung über eine Leistungsklage nichts in Rechtskraft erwachsen. Schließlich ist für die Zulässigkeit des Feststellungsantrags auch zu berücksichtigen, daß die Beklagte als öffentlich-rechtliche Körperschaft, als Staat, sich auch an Sinn und Gehalt eines feststellenden Richterspruchs, der keiner unmittelbaren Vollstreckung fähig ist, gebunden erachten wird (vgl. RAG Arb. Slg. Bd. 29 S. 273).

Die Tatsache, daß die Klägerin Bundesangestellte ist, steht einer Anwendung des Hausarbeitstagsgesetzes des Landes Nordrhein-Westfalen auf das Arbeitsverhältnis der Parteien nicht entgegen. Die Normen dieses Gesetzes sind sogenanntes partielles Bundesrecht geworden. Das Gesetz betrifft einmal Gegenstände der konkurrierenden Gesetzgebung des Bundes (Art. 74 Ziff. 12 GG.), zum anderen hat es nach dem 8. Mai 1945 früheres Reichsrecht, nämlich die Anordnung des Reichsarbeitsministers über Arbeitszeitverkürzung für Frauen, Schwerbeschädigte und minderleistungsfähige Personen (Freizeitanordnung) vom 22. Oktober 1943 (RABl. 1943 III, S. 325) abgeändert (Art. 125 Ziff. 2). Das Hausarbeitstagsgesetz hat die Voraussetzungen für die Gewährung eines Hausarbeitstages gegenüber der Freizeitanordnung teilweise anders bestimmt und insbesondere die bisher nicht vorgesehene Fortzahlung des Arbeitsentgelts am Hausarbeitstag angeordnet (B u l l a , Mutterschutzgesetz und Frauenarbeitsrecht 1954 HAT., Einl. Anm. 4 bis 7). Dieses partielle in seiner Geltung auf das Land Nordrhein-Westfalen beschränkte Bundesrecht, also das Hausarbeitstagsgesetz Nordrhein-Westfalen, ist für alle in seinem Bereich tätigen Arbeitnehmerinnen und für alle in seinem Beireich befindlichen Betriebe und Behörden anzuwenden.

Die gewährung eines Hausarbeitstages an die Klägerin verstößt nicht gegen Art. 3 Abs. 2, Abs. 3 GG.

Dies wird ausgeführt, wie in dem Urteil vom gleichen Tage in 2 AZR 105/54 oben Seite ...

22

1. Das Hausarbeitstagsgesetz des Landes Niedersachsen vom 9. Mai 1949 ist in vollem Umfang rechtswirksam.

2. Das Hausarbeitstagsgesetz Niedersachsen gilt auch für die weiblichen Bediensteten des Bundes und der bundesunmittelbaren Körperschaften, soweit die Behörden und Dienststellen im territorialen Herrschaftsbereich des Landes Niedersachsen liegen. Dies ergibt sich daraus, daß das Gesetz als partielles Bundesrecht fortgilt, würde aber auch dann gelten, wenn das Gesetz Landesrecht geblieben wäre.

3. Gesetzliche Normen im materiellen Sinne, gleichgültig, ob allgemeines oder partielles Bundesrecht oder Landesrecht, gehen tarifvertraglichen Normen, sofern sie nicht für die Arbeitnehmer günstiger sind, als den schwächeren vor.

ZPO. § 256; § 46 ArbGG., GG. Art. 3, 20, 28 Art. 74 Z. 12, Art. 79 Abs. 3, 125, 126. BVerf. GG. § 86 Abs. 2; Niedersächsisches Hausarbeitstagsges. v. 9. 5. 1949; BGB. § 133.

I. Senat. Urteil vom 14. Juli 1954 i. S. B. (Bekl.) w. Sch. (Kl.)
1 AZR 138/54.

I. Arbeitsgericht Lüneburg. — II. Landesarbeitsgericht Hannover.

Die Klägerin ist seit 1951 bei dem Arbeitsamt in Lüneburg als Reinemachefrau beschäftigt. Sie arbeitet wöchentlich 48 Stunden. Die Klägerin hat einen eigenen Haushalt. Außer ihr befinden sich in diesem der zu 85 % erwerbsgeminderte Ehemann und ein 14jähriger schulpflichtiger Junge.

Bis zum 31. August 1953 erhielt die Klägerin einen bezahlten Hausarbeitstag im Monat gemäß den Vorschriften des Niedersächsischen Hausarbeitstagsgesetzes vom 9. Mai 1949 (GVBl. 1949 Nr. 24 S. 104).

Unter den Parteien ist unstreitig, daß die tatsächlichen Voraussetzungen für einen Hausarbeitstagsanspruch nach dem vorgenannten Gesetz für die Klägerin gegeben sind.

Die Klägerin hat beantragt,

festzustellen, daß die Beklagte verpflichtet sei, ihr einen bezahlten Hausarbeitstag zu gewähren.

Arbeitsgericht und Landesarbeitsgericht gaben der Klage statt.

Das Berufungsurteil führt aus, Art. 3 Abs. 2, Abs. 3 GG. stehe angesichts der Stellung der Klägerin als Mutter einer Gewährung des Hausarbeitstages an die Klägerin nicht entgegen. Es bestehe eine geschlechtsbedingte, biologische Ungleichheit zwischen Vater und

Mutter, Ehemann und Ehefrau mit Kindern. Diese Unterschiedlichkeit sei grundlegend auch für das Verhältnis Vater/Kind einerseits, Mutter/Kind andererseits. Sie bedinge insofern eine Ungleichheit von Mann und Frau, der das Niedersächsische Hausarbeitstagsgesetz im Rahmen der Gleichberechtigung begründeterweise Rechnung trage.

Die Revision hatte keinen Erfolg aus folgenden

Gründen:

Der Senat hatte zunächst die Frage zu prüfen, ob die Sache dem Bundesverfassungsgericht vorzulegen war. Das wäre nur dann zu bejahen gewesen, wenn die Frage, ob das Niedersächsische Hausarbeitstagsgesetz als Bundesrecht fortgilt, in diesem gerichtlichen Verfahren streitig und für die Entscheidung erheblich sein würde (§ 86 Abs. 2 BVerfGG.). Zwar ist die Frage, ob das Hausarbeitstagsgesetz des Landes Niedersachsen als Bundesrecht fortgilt, zwischen den Parteien des Rechtsstreits als streitig anzusehen. Denn die Beklagte wehrt sich gegen eine Anwendung dieses Gesetzes auf das Dienstverhältnis der Parteien, weil es Landesrecht enthalte, während die Klägerin die Ansicht verficht, es sei sogenanntes partielles Bundesrecht und daher für das Rechtsverhältnis maßgebend. Die Frage ist aber für die Entscheidung des Rechtsstreits nicht erheblich. Denn das Hausarbeitstagsgesetz würde für das Dienstverhältnis der Parteien auch dann gelten, wenn es nicht Bundesrecht geworden wäre. Es würde sich dann um allgemeines Landesrecht, insbesondere um allgemeines Landesarbeitsrecht handeln, das innerhalb seines Herrschaftsbereichs grundsätzlich für alle in seinem Bereich tätigen Arbeitnehmerinnen und für alle in seinem Bereich befindlichen Betriebe und Behörden Gültigkeit hat. Daraus folgt, daß auch die weiblichen Bediensteten des Bundes und der bundesunmittelbaren Körperschaften, soweit ihre Behörden im Herrschaftsbereich dieses Rechts liegen, unter das Niedersächsische Hausarbeitstagsgesetz fallen, selbst wenn es Landesrecht geblieben wäre (vgl. Nipperdey RdA. 1950, S. 461, mit Angaben über die Rechtsprechung; Hessel ebendort S. 407; Krüger RdA. 1954, S. 184).

In Wahrheit ist aber das Hausarbeitstagsgesetz partielles Bundesrecht für das Land Niedersachsen geworden (Art. 125 Ziff. 2 GG.). Denn es handelt sich um Recht, das Gegenstände der konkurrierenden Gesetzgebung des Bundes betrifft (Art. 74 Ziff. 12 GG.) und die Anordnung des Reichsarbeitsministers über Arbeitszeitverkürzung für Frauen, Schwerbeschädigte und minderleistungsfähige Personen (Freizeitanordnung) vom 22. Oktober 1943 (RABl. 1943 III S. 325), also Reichsrecht, nach dem 8. Mai 1945 abgeändert hat, insbesondere dadurch, daß es die Vergütung des Hausarbeitstages anordnete. Es findet somit auf die Arbeitnehmerinnen des Bundes und der bundesunmittelbaren Körperschaften, damit auch der Beklagten, Bundesrecht und nicht Landesrecht Anwendung. Daran ändert sich auch nichts dadurch, daß dieses Bundesrecht als sogenanntes partielles Bundesrecht innerhalb des Landes Niedersachsen gilt. Denn eine etwaige Ansicht, Bundesbehörden, wie z. B. die Bundespost, seien nur dem in der gesamten Bundesrepublik einheitlich geltenden Bundesrecht unterworfen, findet im Grundgesetz und im Staatsrecht keine Stütze. Vielmehr hat partielles Bundesrecht in seinem territorialen Geltungsbereich, hier also das Niedersächische Hausarbeitstagsgesetz in Niedersachsen, die gleiche personelle Wirkungskraft wie das in der gesamten Republik geltende Bundesrecht. Nur ein später für dieses Land oder das ganze Bundesgebiet ergehendes Bundesgesetz kann das Hausarbeitstagsgesetz aufheben oder abändern. Dies ist der Sinn der Sperrwirkung des Art. 125 Ziff. 2 GG., der der Wiederherstellung der Rechtseinheit dienen will.

Nun hat zwar der Bund gemäß Art. 73 Ziff. 8 GG. das ausschließliche Gesetzgebungsrecht hinsichtlich der Rechtsverhältnisse der im Dienst des Bundes und der bundesunmittelbaren Körperschaften des öffentlichen Rechts stehenden Personen. Er hat aber von dieser Befugnis im Hinblick auf seine Arbeiter und Angestellten bisher keinen Gebrauch gemacht. Zwar bestimmt § 191 des Bundesbeamtengesetzes vom 14. Juli 1953 (BGBl. I S. 551), daß die Arbeitsverhältnisse der Angestellten und Arbeiter durch Tarifvertrag geregelt werden. Darin liegt aber keine gesetzliche Regelung der Arbeitsverhältnisse, vielmehr eher ein Verzicht auf eine solche Regelung, weil auch ohne die Bestimmung des § 191 des Bundesbeamtengesetzes die Arbeitsverhältnisse der Arbeiter und Angestellten des Bundes und der bundesunmittelbaren Körperschaften jederzeit wie bisher tariflich geregelt werden konnten und können. Somit hat sich an der gesetzlichen Regelung des Hausarbeitstages im Lande Niedersachsen nichts geändert, und zwar gleichgültig, ob das Hausarbeitstagsgesetz Landesrecht geblieben oder partielles Bundesrecht geworden ist. Auch Tarifverträge sind gebunden. Denn es kann kein Zweifel bestehen, daß tarifvertragliche Normen Rechte der Arbeitnehmerinnen aus Hausarbeitstagsgesetzen nicht zu deren Ungunsten beseitigen oder abändern können. Gesetzliche Normen im materiellen Sinne, gleichgültig ob allgemeines oder partielles Bundesrecht oder Landesrecht, gehen tarifvertraglichen Normen als den schwächeren vor.

Schließlich ist noch zu bemerken, daß ein Widerspruch zwischen dem Hausarbeitstagsgesetz Niedersachsen, selbst wenn man es weiterhin für Landesrecht halten würde, mit dem Bundesbeamtengesetz nicht ersichtlich ist, so daß für den Senat kein Anlaß vorliegt, die Entscheidung des Bundesverfassungsgerichts gem. Art. 100 Abs. 1, S. 2 GG. in Verbindung mit § 80 BVerfGG. einzuholen. Daß die Beklagte nicht im Wege des Verwaltungserlasses die gesetzlichen Ansprüche ihrer weiblichen Bediensteten auf Hausarbeitstage beseitigen kann, ist selbstverständlich.

Der Feststellungsantrag der Klägerin ist zulässig (§§ 46 ArbGG., 256 ZPO.). Die Klägerin hat ein rechtliches Interesse an alsbaldiger Feststellung, ob sie einen Anspruch auf den Hausarbeitstag hat. Ihr Begehren richtet sich darauf, daß durch einen der Rechtskraft fähigen richterlichen Spruch festgestellt werde, ob sie nicht nur einen oder einige fällig gewordene Hausarbeitstagsansprüche habe, sondern ob ihr generell in ihrem jetzigen Arbeitsverhältnis beim Vorliegen der Voraussetzungen des Hausarbeitstagsgesetzes des Landes Niedersachsen ein Hausarbeitstagsanspruch zustehe. Auch der Beklagten geht es mit ihrem Abweisungsantrag darum, daß vom Gericht eine der Rechtskraft fähige Feststellung getroffen werde, daß der von der Klägerin behauptete Anspruch generell nicht besteht. Ein solches Begehren würde aber bei einer einzelnen Leistungsklage auf Gewährung eines bestimmten Hausarbeitstages oder auch bei gehäuften Leistungsklagen — z. B. Geltendmachung der bisher fällig gewordenen Hausarbeitstage — nicht erreicht werden können. Denn über den Anspruch auf einen Hausarbeitstag als solchen würde bei einer Entscheidung über eine Leistungsklage nichts in Rechtskraft erwachsen. Schließlich ist für die Zulässigkeit des Feststellungsantrags auch zu berücksichtigen, daß die Beklagte als öffentlich-rechtliche Körperschaft, als Staat, sich auch an Sinn und Gehalt eines feststellenden Richterspruchs, der keiner unmittelbaren Vollstreckung fähig ist, gebunden erachten wird (vgl. RAG. Arb. Slg. Bd. 29 S. 273).

Die Gewährung eines Hausarbeitstages an die Klägerin verstößt nicht gegen Art. 3 Abs. 2, Abs. 3 GG.

Dies wird ausgeführt, wie in dem Urteil vom gleichen Tage in 1 AZR. 105/54 oben Seite 51.

23

Eine nachträgliche Zulassung der Revision durch das Bundesarbeitsgericht ist nicht möglich. § 72 ArbGG. zählt die Fälle der Zulassung erschöpfend auf; § 74 Abs. 4 Satz 1 ArbGG. bezieht sich nur auf die Verwerfung der Revision für den Fall des § 72 Abs. 1 Satz 3 (Abweichung).

ArbGG. § 72 Abs. 1 u. § 74 Abs. 3 S. 1.

II. Senat. Beschluß v. 24. Juli 1954 i. S. K. (Kl.) w. P. (Bekl.) 2 AZR 1/54.

I. Arbeitsgericht Berlin. — II. Landesarbeitsgericht Berlin.

Nach dem eigenen Vortrage des Klägers ist weder die Revisionssumme erreicht noch die Revision vom Landesarbeitsgericht zugelassen noch liegen die Voraussetzungen des § 72 Abs. 1 Satz 3 ArbGG. vor, da er eine abweichende Entscheidung eines anderen Landesarbeitsgerichts nicht angeben kann. Die von ihm beantragte nachträgliche Zulassung der Revision durch das Bundesarbeitsgericht kennt das Arbeitsgerichtsgesetz nicht.

§ 72 ArbGG. zählt nach der Systematik des Gesetzes erschöpfend die Fälle der Zulässigkeit der Revision auf. Aus dem Wortlaut des § 74 Abs. 3 Satz 1 ArbGG. kann nicht gefolgert werden, daß dieserhalb noch eine weitere Möglichkeit bestehe. Denn jene Vorschrift bezieht sich nur auf die Verwerfung der Revision für den Fall, daß an sich die Revision wegen Abweichung des angefochtenen Urteils von einer Entscheidung des Bundesarbeitsgerichts oder eines anderen Landesarbeitsgerichts zulässig ist.

24

Das Bremische Betriebsrätegesetz gilt nur für Betriebe und Behörden des Landes Bremen und der Gemeinden Bremen und Bremerhaven, nicht aber für Behörden oder Betriebe des Bundes.

BVerfGG. §§ 80, 86 Abs. 2; Kontrollratsgesetz Nr. 22; Landesverfassung der Freien Hansestadt Bremen Art. 47; Bremisches Betriebsrätegesetz § 1.

I. Senat. Beschluß vom 31. August 1954 i. S. K. (Kl.) w. B. (Bekl.) 1 ARV 3/54.

I. Arbeitsgericht Bremen. — II. Landesarbeitsgericht Bremen.

Bei der Abteilung Zölle und Verbrauchssteuer des Oberfinanzpräsidenten in Bremen wurde ein Betriebsrat gewählt. Der Kläger beanstandet die Verletzung von Vorschriften der Bremischen Wahlordnung. Der beklagte Oberfinanzpräsident macht geltend, daß die Wahl sich nach dem Kontrollratsgesetz Nr. 22 richte und die dort (Art. III Abs. 2) vorgeschriebenen demokratischen Grundsätze bei der Wahl angewendet seien. Das Arbeitsgericht hat die Klage abgewiesen, das Landesarbeitsgericht die Sache dem Bundesverfassungsgericht nach Art. 126 GG vorgelegt zur Beantwortung der Frage, ob das Bremische Betriebsrätegesetz und die dazu erlassene Wahlordnung Bundesrecht geworden sei. Das Bundesarbeitsgericht hält die Vorlage für unzulässig aus folgenden

Gründen:

In dem zugrunde liegenden Verfahren ist die Frage, ob das Bremische Betriebsrätegesetz (Ausführungsgesetz zu Artikel 47 der Landesverfassung der freien Hansestadt Bremen) vom 10. Januar 1949, sowie die gemäß § 9 dieses Gesetzes erlassene Wahlordnung vom 21. Januar 1950 Bundesrecht geworden ist, zwar streitig, aber nach Auffassung des Bundesarbeitsgerichts im Gegensatz zu der Ansicht des Landesarbeitsgerichts Bremen für die Entscheidung des Rechtsstreits nicht erheblich (§ 86 Abs. 2 BVerfGG.).

Auf Seite 10 des Vorlagebeschlusses führt das Landesarbeitsgericht aus, daß die Entscheidung des Rechtsstreites in erster Linie davon abhängt, ob für die Betriebsverfassung der Bundesverwaltung beim Oberfinanzpräsidenten Bremen ausschließlich die Bestimmungen des Kontrollratsgesetzes Nr. 22 Anwendung zu finden haben, oder ob auch das zur Ausführung dieses Gesetzes ergangene Bremische Betriebsrätegesetz und die dazu gehörige Wahlordnung gelten. Finden die Bestimmungen des Bremischen Betriebsverfassungsrechts schon deshalb keine Anwendung, weil das Bremische Betriebsrätegesetz die Bundesverwaltung beim Oberfinanzpräsidenten Bremen nach seinem Geltungsbereich gar nicht erfassen will, so ist es für die Entscheidung nicht erheblich, ob das Bremische Betriebsrätegesetz Landesrecht geblieben oder in bestimmtem Umfang Bundesrecht geworden ist. Es würde dann ohnehin der Entscheidung des Arbeitsgerichts vom 9. Juli 1953 auf Abweisung der Klage beizutreten sein, weil sich als dann der Kläger nicht auf das Bremische Betriebsrätegesetz, sondern nur auf das Kontrollratsgesetz berufen kann.

Das Bremische Betriebsrätegesetz gilt nach dem klaren Wortlaut des § 1 nur für die Betriebe der privaten Wirtschaft und die Betriebe und Behörden d e s Landes Bremen und der Stadtgemeinden Bremen und Bremerhaven. Dabei mag man öffentlich-rechtliche Körperschaften nach Landesrecht einbeziehen. Die Auffassung des Landesarbeitsgerichts aber, daß sich der Geltungsbereich des Gesetzes auch auf Bundesbehörden im Lande Bremen beziehe, widerspricht dem Wortlaut des Gesetzes. Wenn das Landesarbeitsgericht seine andere Auslegung damit rechtfertigt, daß man die verfassungs- und staatsrechtliche Situation berücksichtigen müsse, die bei Erlaß des Betriebsrätegesetzes am 10. Januar 1949 bestanden habe, so kann dieser Gesichtspunkt jedenfalls seit der Gründung der Bundesrepublik Deutschland und dem Inkrafttreten des Bonner Grundgesetzes keine Rolle mehr spielen. Aus diesem Grunde scheitert auch mindestens seit den genannten Zeipunkten die Anwendbarkeit des Artikels 47 der Landesverfassung von Bremen vom 21. Oktober 1947 auf Bundesbehörden. Das Landesarbeitsgericht beachtet auch nicht hinreichend die Bestimung des Artikels 47 Abs. 3 der Landesverfassung von Bremen. Hier ist festgelegt, daß das für die Betriebsvertretungen geltende Recht durch ein Gesetz über die Betriebsvertretungen geschaffen werden soll, unter Beachtung des Grundsatzes, daß zentrales Recht Landesrecht bricht. Zieht man diesen Grundsatz zur Auslegung des Bremischen Betriebsrätegesetzes mit heran, so kann kein Zweifel bestehen, daß an dem Wortlaut des § 1 des Betriebsrätegesetzes, der den Geltungsbereich bestimmt, festgehalten werden muß. Das Bremische Betriebsrätegesetz kann sich somit nur auf Betriebe und Behörden des Landes Bremen und der Gemeinden Bremen und Bremerhaven einschl. der öffentlichen Körperschaften nach Landesrecht beziehen, weil nur so der mögliche Konflikt mit zentralem, insbesondere die Bundesbehörden ergreifenden Recht vermieden wird. Im Gegensatz zu der Auffassung des Landesarbeitsgerichts Bremen ist daher der Ansicht des Arbeitsgerichts Bremen beizutreten.

Da es somit an der „Erheblichkeit" im Sinne des § 86 Abs. 2 BVerfGG. fehlt, ist die Vorlage unzulässig.

25

1. Die vorherige Anhörung des Betriebsrats ist keine Voraussetzung der zivilrechtlichen Wirksamkeit der Kündigung. Die Kündigung ohne die vorherige Anhörung des Betriebsrats ist nicht nichtig.

2. Hat der Arbeitgeber rechtswidrig, vorsätzlich und schuldhaft die Anhörung des Betriebsrats vor der Kündigung unterlassen, so hat er das Recht verwirkt, sich darauf zu berufen, daß die Kündigung nach

§ 1 KSchG. sozial gerechtfertigt sei. Die Kündigung ist vielmehr sozial ungerechtfertigt nach Maßgabe der Vorschriften des KSchG's.

BGB. § 242; BetrVG. § 66 Abs. 1; KSchK §§ 1 ff.

I. Senat. Urteil v. 15. September 1954 i. S. S. (Kl.) w. Fa. B. u. L. GmbH. (Bekl.) 1 AZR 258/54

I. Arbeitsgericht Ludwigshafen. — II. Landesarbeitsgericht Rheinland-Pfalz.

Der Kläger war bei der Beklagten als Schlosser beschäftigt und wurde von ihr am 3. 10. zum 10. 10. 1953 wegen angeblichen Arbeitsmangels entlassen. Die Beklagte hatte vor der Kündigung dem Betriebsrat keine Kenntnis von ihrer Absicht gegeben.

Der Kläger, der die Kündigung wegen fehlender Anhörung des Betriebsrats für nichtig und außerdem den Kündigungsgrund für nicht stichhaltig hielt, erhob Klage mit dem Antrage festzustellen, daß die Kündigung nichtig sei, hilfsweise, daß das Arbeitsverhältnis durch die Kündigung nicht aufgelöst worden sei. Die Beklagte bat um Abweisung der Klage und begründete ihren Antrag im Prozeß damit, daß der Kläger fortgesetzt trotz Ermahnung schlechte Arbeit geleistet und sich widersetzlich gezeigt habe. Die Kündigung sei anfangs nur in seinem eigenen Ineresse mit Arbeitsmangel begründet worden.

Das Arbeitsgericht wies die Klage ab und führte aus, daß die vorherige Anhörung des Betriebsrates nach § 66 Abs. 1 BetrVG. keine Voraussetzung für die Wirksamkeit der Kündigung sei. Die Sozialwidrigkeit der Kündigung verneinte es, weil es die von der Beklagten behaupteten fortgesetzten Zuwiderhandlungen des Klägers gegen ausdrückliche Weisung seiner Vorgesetzten als durch die Beweisaufnahme erwiesen ansah.

Das Landesarbeitsgericht wies die Berufung unter Zulassung der Revision zurück, indem es sich der Rechtsauffassung des Vorderrichters anschloß, daß die Anhörung des Betriebsrates keine gesetzliche Voraussetzung für die Wirksamkeit der Kündigung sei.

Die Revision des Klägers führte zur Zurückweisung der Sache an das Berufungsgericht aus folgenden

Gründen

I.

Die Entscheidung des Rechtsstreits über die Wirksamkeit der Kündigung, die dem Kläger gegenüber erfolgt ist, hängt von der rechtlichen Bedeutung des § 66 Abs. 1 BetrVG. ab. In Betrieben mit in der Regel mehr als 20 wahlberechtigten Arbeitnehmern (§ 60 Abs. 1 BetrVG.), zu denen die Beklagte gehört, ist nach § 66 Abs. 1 BetrVG. der Betriebsrat vor jeder Kündigung zu hören. Über die rechtliche Bedeutung dieser Bestimmung besteht im Schrifttum und in der Rechtsprechung Streit. Nach einer weit verbreiteten Meinung ist § 66 Abs. 1 eine rein betriebsverfassungsrechtliche, also nur die Rechtsbeziehungen zwischen Arbeitgeber und Betriebsrat (Belegschaft), die Mitwirkungsbefugnisse des Betriebsrates in personellen Angelegenheiten (§ 60) regelnde Bestimmung. Die Nichtanhörung des Betriebsrates habe daher nicht die Folge der privatrechtlichen Unwirksamkeit (Nichtigkeit) der Kündigung.

So Dietz, BetrVG. § 66 Bem. 11; Bobrowski, Das Arbeitsrecht, 2. Aufl. 1954 S. 280; Erdmann, BetrVG. § 66 Bem. zu Abs. 1; Galperin, BetrVG. 2. Aufl. § 66 Bem. 13; Huber, Wirtschaftsverwaltungsrecht, 2. Aufl. Bd. 2 (1954) S. 544; Hueck, RdA. 1953 S. 127; derselbe, KSchG. 3. Aufl. 1954 Einl. III 3; Kunkel, Betrieb 1953 S. 355; Meissinger, Betriebsverfassungsgesetz, § 66 Bem. 2; Molitor, ArbR.-Blattei: Kündigungsschutz I Allgemeines unter B III; Monjau, BlfSt. 1953 S. 203; Nikisch, Betrieb 1952 S. 847; Neumann-Duesberg, Anm. zu AP. 54 Nr. 150; Osswald, Der Arbeitgeber 1953 S. 389; Schnorr v. Carolsfeld, Arbeitsrecht, 2. Aufl. 1954 S. 361; Siebert, BB. 1952 S. 835; Sommer, BB. 1952 S. 980; LAG. Düsseldorf, RdA. 1953 S. 278; Betrieb 1953 S. 576; 1954 S. 391; LAG. Hamm, Betrieb 1953 S. 535; LAG. Hamburg, Betrieb 1953 S. 769; LAG. Kiel, Betrieb 1953 S. 696; LAG. Stuttgart, BB. 1953 S. 236.

Demgegenüber steht die Gegenansicht auf dem Standpunkt, die Kündigung ohne die vorherige Anhörung des Betriebsrates sei privatrechtlich rechtsunwirksam (nichtig) und könne gemäß § 11 Abs. 4 KSchG. unabhängig von den Vorschriften des KSchG's unbeschränkt geltend gemacht werden.

So Bührig, BetrVG. § 66 Bem. 4; Fitting-Kraegeloh, BetrVG., 3. Aufl. § 66 Bem. 4; Fitting, ArbRBlattei, Betriebsverfassung XIV C unter IV; Franke, BABl. 1954 S. 197; Gross, ArbuR. 1953 S. 115; Haberkorn, NJW. 1952 S. 1234; Maus, Handbuch des Arbeisrechts, VIII A § 66 Bem. 5 ff.; Küchenhoff, BetrVG. § 66 Bem. 1 a; Reuss, RdA. 1954 S. 56; Sahmer, BetrVG. § 66 Bem. 3 a; Savaete, ArbuR. 1953 S. 203; Uerpmann, Betrieb, 1953 S. 106; LAG. Freiburg, NJW. 1953 S. 999; LAG. Frankfurt, AP. 54 Nr. 150; LAG. Berlin, BB. 1954 S. 562.

Der Sinn und Zweck des Mitwirkungsrechts des Betriebsrats, von dem die Anhörungspflicht des Arbeitgebers nach § 66 Abs. 1 BetrVG. ein Teil ist, besteht darin, daß die Leitungsbefugnisse des Arbeitgebers durch die Mitwirkung des Repräsentanten der Belegschaft in bestimmtem Umfang eingeschränkt sind. Betrachtet man die Vorschrift des § 66 Abs. 1 BetrVG. unter diesem Gesichtspunkt, so ergibt sich, daß eine ohne Anhörung des Betriebsrats vom Arbeitgeber ausgesprochene Kündigung kein Rechtsgeschäft ist, das gegen ein gesetzliches Verbot verstößt und deshalb nach § 134 BGB. nichtig ist. Dem Sinn des in § 66 Abs. 1 BetrVG. enthaltenen Gebots der Anhörung des Betriebsrats würde es nicht entsprechen, dieses Gebot in ein Verbot der Nichtanhörung im Sinne des § 134 BGB. umzudeuten.

Ebensowenig ist eine ohne die vorherige Anhörung des Betriebsrats vom Arbeitgeber ausgesprochene Kündigung etwa sittenwidrig und daher nach § 138 BGB. nichtig. Denn die Nichtbeachtung einer Rechtsnorm enthält noch keinen Verstoß gegen die guten Sitten.

Als Formvorschrift im Sinne des § 125 BGB. kann § 66 Abs. 1 BetrVG. nicht angesehen werden, da diese Vorschrift nichts über die Form der Willenserklärung der Kündigung bestimmt.

Es handelt sich vielmehr darum, ob die Willenserklärung der Kündigung allein die Rechtswirkung der Beendigung des Arbeitsverhältnisses herbeiführt oder nur in Verbindung mit einem weiteren rechtlichen Tatbestand (eben der Anhörung) wirkt. Von den nichtigen Geschäften zu scheiden sind die Fälle, in denen die Willenserklärung und sonstige Geschäftsbestandteile, aus denen sich das Rechtsgeschäft zusammensetzt, oder die erforderliche Voraussetzung oder Rechtsbedingung nicht oder nicht vollständig vorliegen (vgl. Enneccerus-Nipperdey, Allg. Teil, 14. Aufl. § 145 I, II B, § 202 I).

Allerdings gehört die Bestimmung des § 66 Abs. 1 BetrVG., wie ihr Wortlaut: „Der Betriebsrat i s t ... zu hören" klar ergibt, zu den Mußvorschriften, zu den zwingenden Normen (vgl. Enneccerus-Nipperdey, Allg. Teil, 14. Aufl. § 48 IV). Aber das bedeutet zunächst nur, daß der Rechtssatz einer vertraglichen Abdingung oder Abschwächung unzugänglich ist. Dagegen ist der Schluß nicht zwingend, daß die Mußvorschrift Wirksamkeitsvoraussetzung der Kündigung mit der Folge der zivilrechtlichen Unwirksamkeit bei Zuwiderhandlung ist. Auch sonst enthält die Rechtsordnung zwingende Normen, ohne an ihre Verletzung gerade die Folge der zivilrechtlichen Rechtsunwirksamkeit des Rechtsgeschäftes zu knüpfen. Der Revisionskläger macht selbst geltend, daß der Verstoß gegen § 66 Abs. 1 BetrVG. die Verletzung eines Schutzgesetzes im Sinne des § 823 Abs. 2 BGB. enthalte. Die Anwendung des § 823 Abs. 2 BGB., die allerdings schon daran scheitert, daß sich die Entstehung eines Schadens deshalb nicht erweisen läßt, weil nicht feststeht, ja nicht einmal behauptet ist, der Arbeitgeber würde nach Anhören des Betriebsrats von der Kündigung Abstand genommen haben, würde gerade nicht zur Nichtigkeit der Kündigung führen (§§ 249ff. BGB.).

Weiter ist darauf hinzuweisen, daß § 1 KSchG. eine Mußvorschrift, und zwar das Verbot der sozial ungerechtfertigten Kündigung, enthält, ohne daß die Zuwiderhandlung die Folge der zivilrechtlichen Nichtigkeit hat. Vielmehr ist die Rechtsfolge eine besondere Art der Rechtsunwirksamkeit, wie sich aus den §§ 3, 6, 7 KSchG. ergibt. Selbst wenn Zustimmung des Betriebsrats zur Kündigung vorgeschrieben ist, braucht diese Zustimmung nicht Wirksamkeitsvoraussetzung der Kündigung zu sein, wie z. B. die inzwischen aufgehobenen §§ 42 ff. des Hessischen Betriebsrätegesetzes vom 31. Mai 1948 (GVBl. S. 117) beweisen. Sogar bei Verbotsvorschriften unter Hinzufügung einer Strafbestimmung ist nicht immer im Falle der Zuwiderhandlung zivilrechtliche Nichtigkeit anzunehmen. Für sie ist die Kategorie der lex minus quam perfecta gebildet. Hätte der Gesetzgeber die privatrechtliche Wirksamkeit der Kündigung zweifelsfrei an die vorherige Anhörung des Betriebsrates binden wollen, so hätte er sich der strengeren, einen Zweifel ausschließenden Terminologie etwa des § 9 Mutterschutzgesetz, des § 14 Schwerbeschädigtengesetz oder des § 8 Heimkehrergesetz bedienen müssen. Er hätte etwa gesagt, „ist nur nach Anhörung des Betriebsrates zulässig" oder „darf nicht ohne Anhörung des Betriebsrates ausgesprochen werden" (vgl. dazu Sommer, BB. 1952 S. 980). Auch in dem in AP. 54 Nr. 150 behandelten Fall enthält der dortige Tarifvertrag eine solche strenge Fassung, die über die des § 66 Abs. 1 BetrVG. hinausgeht.

Die Entstehungsgeschichte des Betriebsverfassungsgesetzes ergibt nichts Entscheidendes für die zivilrechtliche Unwirksamkeit der Kündigung ohne Anhörung des Betriebsrats.

Gegen die Bewertung der Anhörung des Betriebsrats als einer Wirksamkeitsvoraussetzung der Kündigung spricht außer den bereits dargelegten Gründen vor allem, daß die arbeitsrechtliche Gesetzgebung der Bundesrepublik den allgemeinen Kündigungsschutz durch das Kündigungsschutzgesetz vom 10. August 1951 erschöpfend i. S. einer Kodifikation geregelt hat. Das ist nicht nur in der Entstehungsgeschichte des Betriebsverfassungsgesetzes (Bericht des Ausschusses für Arbeit BTDrucks. Nr. 3585 = RdA. 1952 S. 291), sondern auch im § 66 Abs. 4 BetrVG. selbst klar zum Ausdruck gebracht. „Die Bestimmungen des Kündigungsschutzgesetzes vom 10. August 1951 BGBl. I S. 499 bleiben unberührt." Dieser allgemeine Kündigungsschutz ist in der Weise geordnet, daß im Geltungsbereich des Gesetzes die sozial ungerechtfertigte Kündigung rechtsunwirksam ist, wenn die Rechtsunwirksamkeit binnen bestimmter Frist (§§ 3, 4, 5) vom Arbeitnehmer gerichtlich geltend gemacht wird. Es steht mit dem kodifikatorischen Grundgedanken des KSchG's. in Widerspruch, für die zivilrechtliche Rechtsgültigkeit der Kündigung im Interesse des Kündigungsschutzes eine weitere Voraussetzung aufzustellen, die unabhängig von diesem Gesetz (§§ 6 — Bedingungssatz —, § 11 Abs. 4 KSchG.) einen neuen zivilrechtlichen Nichtigkeitsgrund schaffen würde. Die Folge wäre gemäß § 11 Abs. 4 KSchG. die Unanwendbarkeit des ersten Abschnittes des Kündigungsschutzgesetzes auf eine derartige „nichtige Kündigung". Die Nichtigkeit wäre von Amts wegen zu berücksichtigen, sie würde bestehen ohne ein die Rechtsunwirksamkeit oder das Fortbestehen des Arbeitsverhältnisses aussprechendes Urteil. Sie könnte, da die Fristbestimmungen des KSchG.s nicht gelten, ohne zeitliche Begrenzung von dem Arbeitnehmer geltend gemacht werden, so daß die Gültigkeit der Kündigung lange Zeit zweifelhaft bleiben könnte. Der Zweck des Kündigungsschutzgesetzes, in bestimmter kurzer Frist, in der namentlich die allgemeinen Erinnerungen an die Vorgänge noch frisch und sicher sind, eine Klärung der Rechtslage hinsichtlich der Kündigung herbeizuführen, würde vereitelt werden. Das alles würde eintreten, obwohl Gegenstand der Anhörung doch nur derselbe soziale Komplex dieser Kündigung im Sinne einer Betriebsbedingtheit oder Begründung aus der Person oder dem Verhalten des Arbeitnehmers usw. sein kann, wie er im KSchG. behandelt wird. Es würde auch dem Wesen der Kündigung als der Ausübung eines Gestaltungsrechts widersprechen, ihre zivilrechtliche Wirksamkeit von einer für den Kündigungsempfänger häufig nicht übersehbaren Voraussetzung abhängig zu machen. Es kommt hinzu, daß bei fristloser Entlassung eine vorherige Anhörung des Betriebsrates im allgemeinen im Hinblick auf die Notwendigkeit einer sofortigen Entscheidung des Arbeitgebers nicht möglich oder nicht zumutbar ist.

Sprechen somit die erschöpfende Kodifikation des allgemeinen Kündigungsschutzes im Kündigungsschutzgesetz und die Erfordernisse der Rechtssicherheit gegen die zivilrechtliche Nichtigkeit der ohne Anhörung des Betriebsrates erfolgten Kündigung, so kann auch dem Argument, es handle sich um einen Nichtigkeitsgrund außerhalb der Sozialwidrigkeit und damit des Kündigungsschutzgesetzes (vgl. Reuss, RdA. 1954 S. 56), nicht gefolgt werden. Sicherlich gibt es Rechtsunwirksamkeitsgründe der Kündigung außerhalb des Kündigungsschutzgesetzes, wie u. a. das Mutterschutzgesetz, das Schwerbeschädigtengesetz, das Heimkehrergesetz usw. und die allgemeinen zivilrechtlichen Nichtigkeitsgründe beweisen. Von diesen Fällen spricht § 6 KSchG. — Bedingungssatz — und § 11 Abs. 4 KSchG. Von den allgemeinen zivilrechtlichen Nichtigkeitsgründen des BGB. (Geschäftsunfähigkeit, Anfechtung usw., vgl. Hueck, KSchG. § 11 Bem. 22) kann hier abgesehen werden, da sie nicht vorliegen und in diesem Zusammenhang nicht zur Erörterung stehen. In Frage kommen nur Bestimmungen, die unmittelbar die Funktion des Kündigungsschutzes haben. Hier verkennt aber Reuss aaO., daß die Fälle der zivilrechtlich nichtigen Kündigung (Mutterschutz, Schwerbeschädigtenschutz, Heimkehrerschutz, Kündigungsschutz politisch Verfolgter) dem besonderen Kündigungsschutz zugehören, der nach ausdrücklicher Bestimmung außerhalb des Kündigungsschutzgesetzes geblieben ist. Dagegen würde die Auslegung des § 66 Abs. 1 BetrVG. i. S. der Wirksamkeitsvoraussetzung formell und materiell dazu führen, einen Tatbestand des allgemeinen Kündigungschutzes weitgehend abweichend von der Kodifikation des Kündigungsschutzgesetzes zu behandeln. Formell, weil die weit überwiegende Zahl aller unter das Kündigungsschutzgesetz fallenden Arbeitnehmer einen weiteren anders gearteten Kündigungsschutz nach § 66 Abs. 1 BetrVG. haben würde. Vor allem aber auch materiell, weil die Benachrichtigung des Betriebsrates von der bevorstehenden Kündigung und die Mitteilung der Gründe, sowie die Anhörung des Betriebsrates (§ 66 Abs. 1) sich naturnotwendig um die Gesichtspunkte drehen, die auch in dem Kündigungsschutzverfahren des Kündigungsschutzgesetzes die entscheidende Rolle spielen, nämlich darum, ob dringende betriebliche Erfordernisse oder Gründe in der Person oder in dem Verhalten des Arbeitnehmers (§ 1 Abs. 2 KSchG.) oder die Tatsachen und Erwägungen des § 1 Abs. 3 KSchG. einer Weiterbeschäftigung entgegenstehen oder nicht. Es handelt sich somit kurz gesagt, wie bereits angedeutet, sowohl im Falle des § 66 Abs. 1 BetrVG. wie im Bereich des KSchG.s um die gleiche Erörterung der sozialen Berechtigung oder Nichtberechtigung der Kündigung. Dann ist es aber auch aus diesem Grunde nicht haltbar, die Nichtanhörung des Betriebsrates als einen selbständigen zivilrechtlichen Nichtigkeitsgrund außerhalb des KSchG.s anzusehen. Daher kommt es auch auf die Auslegung des früheren § 42 des Hessischen Betriebsrätegesetzes und die Rechtsprechung zu dieser Bestimmung nicht an, da es damals ein allgemeines Bundeskündigungsschutzrecht noch nicht gab.

II.

Ist hiernach für die zivilrechtliche Wirksamkeit der Kündigung die vorherige Anhörung des Betriebsrats nicht erforderlich, so geht es doch nicht an, die Zuwiderhandlung gegen die Bestimmung des § 66 Abs. 1 BetrVG. ohne jede echte Sanktion bei Zuwiderhandlungen zu lassen und ihr daher lediglich papiernes Dasein als lex imperfecta zuzuschreiben. Dabei ist in diesem Rechsstreit nicht zu erörtern, ob und wann die Nichtanhörung des Betriebsrates, die im übrigen nicht unter § 78 Abs. 1 Ziff. d BetrVG. fällt, nach § 78 Abs. 1 Ziff. b strafbar sein würde. Es muß aber der wichtigen Bestimmung im Arbeitsleben wirkende Kraft gegeben werden.

Es nicht richtig, den § 66 Abs. 1 nur als eine betriebsverfassungsrechtliche Vorschrift zugunsten des Betriebsrates, der bei der personellen Zusammensetzung der Belegschaft mitwirken soll, aufzufassen und ihren auch kündigungsschutzrechtlichen und damit auch individualrechtlichen Charakter zu leugnen. Die Anhörung des Betriebsrates v o r der Kündigung des Arbeitgebers ist für den Arbeitnehmer außerordentlich wichtig. Der Arbeitgeber muß die Kündigungsabsicht mitteilen und seine Gründe für die Kündigung bekanntgeben. Der Betriebsrat kann Stellung nehmen. Er kann Gegenerwägungen übermitteln, die gerade in dem Zeitpunkt, in dem noch keine vollzogene Tatsache geschaffen ist, dem Arbeitnehmer eine größere Chance geben, als beim Vorgehen des Arbeitnehmers nach § 2 KSchG., daß der Arbeitgeber die Kündigung unterläßt, daß er die Kündigung vielleicht hinausschiebt, daß er den Arbeitnehmer anderweit unterbringt, daß er gemäß § 1 Abs. 3 KSchG. einen anderen Arbeitnehmer kündigt, daß der Arbeitnehmer sich von einem Vorwurf des Arbeitgebers reinigen kann usw. Auch kann dem Arbeitnehmer Klage und Prozeß erspart werden, sei es, daß nicht gekündigt wird, sei es, daß er sich vom Betriebsrat überzeugen lassen muß, daß die Kündigung sozial gerechtfertigt ist. Hat aber § 66 Abs. 1 BetrVG. somit auch eine Kündigunsschutzfunktion, dann kann der Arbeitnehmer darauf vertrauen, daß auch in seinem individuellen Interesse Arbeitgeber und Betriebsrat gemäß § 49 vertrauensvoll zum Wohl des Betriebes und seiner Arbeitnehmer zusammenarbeiten und alles unterlassen, was geeignet ist, die Arbeit und den Frieden des Betriebes zu gefährden, daß somit auch § 66 Abs. 1 BetrVG. beachtet wird.

So ergibt sich eine klare Lösung der hier zur Erörterung stehenden Rechtsfrage. § 66 Abs. 1 BetrVG. muß sinnvoll in die kodifikatorische Gesamtkonzeption des allgemeinen Kündigungsschutzes einbezogen und in ihr zu lebendiger Wirkung gebracht werden.

Dabei wird man die Fälle, in denen die Anhörung des Betriebsrates nur versehentlich unterblieben ist, so wenn etwa ein entsprechendes Schreiben des Arbeitgebers an den Betriebsrat nicht abgeliefert ist, weiter, wenn der Arbeitgeber gutgläubig annehmen konnte, er habe durch bestimmte Maßnahmen seiner Anhörungspflicht entsprochen, auszuschalten haben. Das gleiche gilt für die Fälle der berechtigten fristlosen Entlassung, in denen in der Regel eine Anhörung des Betriebsrats nicht möglich oder nicht zumutbar ist.

Hat der Arbeitgeber aber rechtswidrig, vorsätzlich und schuldhaft die Anhörung unterlassen, hat er sich über das Gebot der vertrauensvollen Zusammenarbeit mit dem Betriebsrat zum Wohle des Betriebes und seiner Arbeitnehmer durch bewußtes Beiseiteschieben des Betriebsrates hinweggesetzt, so hat er sozial ungerechtfertigt gehandelt. Seine Kündigung muß deshalb nach § 1 KSchG. als sozial ungerechtfertigt und somit rechtsunwirksam angesehen werden, weil es ihm dann nach § 242 BGB. versagt ist, sich auf die dringenden betrieblichen Erfordernisse oder Gründe in der Person oder in dem Verhalten des Arbeitnehmers nach § 1 Abs. 2 KSchG. oder auf betriebstechnische, wirtschaftliche oder sonstige berechtigte betriebliche Bedürfnisse im Falle des § 1 Abs. 3 KSchG. gegen die Weiterbeschäftigung zu berufen, über die er den Betriebsrat zu hören hatte. Im Falle der Kündigung eines Betriebsratsmitgliedes kann sich der Arbeitgeber solchen Falles nicht auf die Stillegung des Betriebes, nicht auf zwingende betriebliche Erfordernisse und nicht auf betriebliche Gründe berufen (§ 13 Abs. 2 und 3 KSchG.). Es handelt sich um die Anwendung des anerkannten Rechtssatzes der Verwirkung oder genauer der Unzulässigkeit der Rechtsausübung, der auch im Bereich des Kündigungsschutzes anzuwenden ist. Schon bisher ist die Ansicht vertreten worden, daß ein Arbeitgeber, der den Betriebsrat vor der Kündigung nicht anhört, nicht alles getan hat, um die soziale Berechtigung der Kündigung nachzuprüfen und soziale Härten zu vermeiden, was eine tatsächliche Vermutung für die Sozialwidrigkeit der Kündigung begründe (vgl. Hueck, RdA. 1953 S. 129, derselbe KSchG. § 2 Anm. 7; Sommer, BB. 1952 S. 980; LAG. Düsseldorf, AP. 51 Nr. 87). Man darf aber dabei nicht stehen bleiben (vgl. auch Meissinger, BetrVG. § 66 Bem. 2), wenn der Arbeitgeber rechtswidrig, vorsätzlich und schuldhaft gehandelt hat. Der Arbeitgeber hat in solchem Falle durch die Unterlassung der vom Gesetz geforderten Anhörung des Betriebsrates eine erschöpfende Nachprüfung der Möglichkeiten, die Kündigung zu vermeiden oder hinauszuschieben, den Arbeitnehmer an einem anderen Platz zu beschäftigen oder eine sozial bessere Auswahl bei der Entlassung zu treffen, bewußt verhindert. Er hat den ihm gesetzlich obliegenden Pflichten des § 66 Abs. 1 und des § 49 Abs. 1 und 2 BetrVG. und damit hier auch seiner arbeitsvertraglichen Fürsorgepflicht gegenüber dem gekündigten Arbeitnehmer bewußt zuwidergehandelt. Dem Arbeitnehmer ist es nach Treu und Glauben nicht zuzumuten, das nachträgliche Vorbringen von Gründen, die rechtswidrig, vorsätzlich und schuldhaft mit dem Betriebsrat nicht vor der Kündigung erörtert worden sind, gelten zu lassen. Der Arbeitgeber ist durch diese Verwirkung, die er sich selbst zuzuschreiben hat, nicht übermäßig beschwert, er mag, wenn wirklich seine Gründe die Kündigung sozial rechtfertigen, nach Anhörung des Betriebsrates nochmals kündigen. Der Einwand, das gesetzwidrige Verhalten gegenüber dem Betriebsrat sei nicht ein solches gegenüber dem betroffenen Arbeiternehmer und könne daher Rechte diesem gegenüber nach dem KSchG nicht ausschließen, verkennt die bereits dargelegte kündigungsschutzrechtliche Funktion des § 66 Abs. 1 und das Wesen der Fürsorgepflicht.

Das rechtliche Ergebnis, zu dem der Senat gelangt, unterscheidet sich klar von der Annahme der zivilrechtlichen Nichtigkeit der Kündigung, aber auch von der Ansicht, daß die Nichtanhörung des Betriebsrates keine Rechtswirkungen auf kündigungsrechtlichem Gebiet habe. Die Entscheidung richtet sich nach dem Kündigungsschutzgesetz in Verbindung mit dem Rechtssatz von der Unzulässigkeit der Rechtsausübung bei Versoß gegen § 242 BGB. Die Vorschriften des Kündigungsschutzgesetzes sind anzuwenden. Nach Maßgabe der Vorschriften dieses Gesetzes und in der dort vorgesehenen Frist (§§ 3—5 KSchG.) muß der Arbeitnehmer gegen die Kündigung vorgehen (§ 3 KSchG.). Nur durch Urteil auf die Feststellungsklage, daß das Arbeitsverhältnis durch die Kündigung nicht aufgelöst sei, wird die Rechtsunwirksamkeit der Kündigung ausgesprochen. Im Verfahren nach § 7 KSchG. kann, wenn die dort genannten Voraussetzungen vorliegen, das Gericht die Auflösung des Arbeitsverhältnisses aussprechen und den Arbeitgeber zur Zahlung einer Abfindung verurteilen. Die Nachteile der Annahme einer zivilrechtlich unwirksamen Kündigung außerhalb des KSchG's werden vermieden, die Einheit des allgemeinen Kündigungsschutzrechts wird gewahrt, dem Gesetz (§ 66 Abs. 1) wird Achtung verschafft.

Im einzelnen gilt folgendes:

Die Anhörung nach § 66 Abs. 1 BetrVG. setzt voraus, daß der Arbeitgeber dem Betriebsrat schriftlich oder mündlich zu Händen des Vorsitzenden die beabsichtigte Kündigung und seine Kündigungsgründe mitteilt und ihn zur Äußerung auffordert. Dem Betriebsrat muß eine angemessene Frist zur Stellungnahme gelassen werden. Er kann sich schriftlich oder mündlich äußern. Eine Äußerung des Vorsitzenden allein genügt nicht. Der Arbeitgeber muß sich bei Zweifeln in dieser Richtung mindestens durch Befragung des Vorsitzenden vergewissern, ob es sich um die Stellungnahme des Betriebsrates als solchen handelt. Hat sich der Betriebsrat in angemessener Frist nicht geäußert, so hat der Arbeitgeber seiner Pflicht genügt und kann seinen Entschluß verwirklichen. Vgl. zum Begriff der Anhörung auch LAG. Frankfurt a. M. AP. 54 Nr. 148 und Herschel ebenda S. 507.

Rechtswidrigkeit ist bei einem Verstoß gegen § 66 Abs. 1 immer gegeben, es sei denn, daß ein besonderer Rechtfertigungsgrund (Ausschlußgrund der Rechtswidrigkeit) vorliegt. Auch im Zivilrecht ist entsprechend der neueren strafrechtlichen Lehre und Rechtsprechung Vorsatz und Schuld zu unterscheiden; vgl. dazu Enneccerus-Nipperdey Allg. Teil, 14. Aufl. 1954 §§ 211 ff. Vorsatz ist das Wollen einer bestimmten Tat in Kenntnis aller Tatumstände. Er wäre hier dann gegeben, wenn der Arbeitgeber willentlich, nicht nur versehentlich (fahrlässig) die Anhörung des Betriebsrats unterlassen hat. Irrtum in tatsächlicher Beziehung schließt den Vorsatz aus. Verschulden ist die Vorwerfbarkeit. Sie setzt Zurechnungsfähigkeit und Bewußtsein der Rechtswidrigkeit voraus und kann durch besondere Schuldausschließungsgründe ausgeschlossen sein. Bei fristloser Entlassung ist ein schneller Entschluß gerechtfertigt und daher dem Arbeitgeber die Anhörung regelmäßig nicht zuzumuten. Aber auch in anderen Fällen kann die Anhörung nicht möglich oder aus triftigen sachlichen Gründen nicht zuzumuten sein, so daß Verschulden nicht vorliegt. Grundsätzlich ist davon auszugehen, daß die Handlung nur dann schuldhaft ist, wenn dem Handelnden das Bestehen der Rechtsnorm bekannt ist. Jedoch schließt nicht jeder Verbotsirrtum die Schuld aus. Wer am Rechtsverkehr teilnimmt, hat nicht nur die Pflicht, das zu unterlassen, was ihm als Unrecht klar vor Augen steht, er hat sich vielmehr bei allen seinen Handlungen stets bewußt zu machen, ob sein Tun mit den Regeln des redlichen Geschäftsverkehrs und im Arbeitsrecht mit seinen besonderen arbeitsrechtlichen Verpflichtungen sowie mit den Grundsätzen von Treu und Glauben vereinbar ist. Jeden Zweifel hat er durch Nachdenken oder Einziehen von Erkundigungen zu beseitigen. Erst wenn er trotz der ihm hiernach zuzumutenden Anspannung aller Kräfte die Einsicht in das Unrechtmäßige seines Verhaltens nicht zu gewinnen vermochte, war der Irrtum unvermeidbar und kann ein Schuldvorwurf gegen ihn nicht begründet werden. Hätte er dagegen bei gehöriger

Anspannung seines Gewissens die Rechtswidrigkeit seines Tuns erkennen können, so schließt der Verbotsirrtum seine Schuld nicht aus. (Vgl. hierzu die ständige — allerdings noch von der Vorsatztheorie ausgehende — Rechtsprechung des Reichsgerichts und Reichsarbeitsgerichts RGZ. 73, 337; 84, 194; 110, 17; 119, 268 (mit zahlreichen Angaben); 130, 28; RAG. ArbRSamml. 5, 224; 6, 269; 7, 533; 8, 231; 10, 252; 11, 391; vor allem aber jetzt Großer Senat BGHSt. 2, 201). Der willentlich handelnde, aber im fahrlässigen Rechtsirrtum befindliche Täter handelt vorsätzlich und nicht nur fahrlässig; er handelt aber auch schuldhaft.

III.

Der vorliegende Rechtstreit ist noch nicht zur Entscheidung reif. Es bedarf noch der Aufklärung in tatsächlicher Hinsicht, aus welchen Gründen die Beklagte es unterlassen hat, vor der Kündigung des Klägers den Betriebsrat anzuhören. Das Berufungsgericht wird festzustellen haben, ob die Beklagte die Anhörung rechtswidrig, vorsätzlich und schuldhaft nicht vorgenommen hat. Es wird den Fall nach den Vorschriften des Kündigungsschutzgesetzes und nach den in diesem Urteil gegebenen Rechtsgrundsätzen zu entscheiden haben. Dabei ist davon auszugehen, daß sich der Kläger auch auf die Unwirksamkeit der Kündigung nach § 1 KSchG. berufen hat. Die Prüfung der Rechtslage nach dem KSchG. wird durch die im Tatbestand des Berufungsurteils Bl. 3 wiedergegebene Erklärung des Klägers nicht ausgeschlossen. Stellt das Berufungsgericht fest, daß die Anhörung des Betriebsrats rechtswidrig, vorsätzlich und schuldhaft unterblieben ist, so scheidet die vom ersten Richter bejahte Rechtfertigung der Kündigung aus dem Verhalten des Klägers aus.

26

Der Arbeitgeber, der seiner Pflicht, den Betriebsrat vor der Kündigung anzuhören (§ 66 Abs. 1 BetrVG.), rechtswidrig, vorsätzlich und schuldhaft zuwiderhandelt, verwirkt die Berufung auf Gründe, die die Kündigung eines Betriebsratsmitglieds nach § 13 Abs. 2 oder 3 KSchG. rechtfertigen.

BGB. § 242; BetrVG. § 66 Abs. 1; KSchG. § 13.

I. Senat. Urteil vom 15. September 1954 i. S. Fa. . . . GmbH. (Bekl.) w. S. (Kl.) 1 AZR 154/54.

I. Arbeitsgericht Berlin. — II. Landesarbeitsgericht Berlin.

Der Kläger war bei der Beklagten, die etwa 160 Arbeitnehmer beschäftigt, seit dem 10. Januar 1952 als Betriebstischler beschäftigt. Er war zuletzt Mitglied des Betriebsrats. Am 30. Juli 1953 kündigte die Beklagte ihm zum 15. August 1953. Um diese Zeit herum löste sie die Betriebstischlerei auf.

Der Kläger hält die Kündigung für unzulässig, weil die Beklagte entgegen § 66 Abs. 1 BetrVG. den Betriebsrat nicht zuvor gehört habe und entgegen § 13 Abs. 3 Satz 1 KSchG. ihn nicht in eine andere Betriebsabteilung übernommen habe. Er verlangt die Feststellung der Unwirksamkeit der Kündigung und des Fortbestehens des Arbeitsverhältnisses.

Die Beklagte behauptet, ihre Kündigungsabsicht dem Betriebsratsvorsitzenden Steinmüller mitgeteilt zu haben; die Übernahme des Klägers in eine andere Betriebsabteilung sei nicht möglich.

Das Arbeitsgericht hat der Klage stattgegeben, das Landesarbeitsgericht die Berufung der Beklagten zurückgewiesen und die Revision zugelassen. Beide Vorinstanzen verneinen, daß die Beklagte den Betriebsrat angehört habe, und halten die Kündigung schon wegen Verstoßes gegen § 66 Abs. 1 BetrVG. für unwirksam. Sie gehen daher auf die weitere Frage, ob der Kläger nach § 13 Abs. 3 KSchG. hätte weiter beschäftigt werden können, nicht ein.

Die Revision des Klägers führte zur Zurückverweisung an das Berufungsgericht aus folgenden

Gründen:

Zu I. und II. wird dasselbe ausgeführt wie in dem Urteil vom gleichen Tage 1 AZR. 258/54 oben S. 70—80.

III.

Nach dem zu I. Ausgeführten beruht die Ansicht des Berufungsgerichts, daß die dem Kläger am 30. Juli 1953 erklärte Kündigung wegen der Nichtanhörung des Betriebsrats nach §§ 66 Abs. 1 BetrVG. zivilrechtlich nichtig sei, auf einem Rechtsirrtum. Es bleibt aber zu prüfen, ob dem Kläger als Betriebsratsmitglied der im § 13 BetrVG. gewährte Kündigungsschutz zusteht. Zur Nachholung dieser Prüfung muß die Sache zur anderweiten Verhandlung und Entscheidung, auch über die Kosten der Revision, an das Berufungsgericht zurückverwiesen werden.

Im Rahmen dieser Prüfung wird das Landesarbeitsgericht den unter II. erörterten Grundsatz anzuwenden haben, daß der Arbeitgeber, der seiner Pflicht aus § 66 Abs. 1 BetrVG. rechtswidrig, vorsätzlich und schuldhaft zuwiderhandelt, die Berufung auf Gründe, die die Kündigung eines Betriebsratsmitglieds nach § 13 Abs. 2 und 3 rechtfertigen, verwirkt.

Dabei wird das Landesarbeitsgericht hinsichtlich der Frage, ob die Beklagte überhaupt den Betriebsrat angehört hat, nicht bei seinen bisherigen Feststellungen stehen bleiben dürfen. Mit Recht greift die Revision insoweit diese Ausführungen des Landesarbeitsgerichts mit einer formellen und materiellen Rüge an. Zwar stützt sie ihre formelle Rüge fehlerhafterweise auf § 551 Nr. 7 ZPO. und nicht richtigerweise auf § 286 ZPO.; dies ist aber unschädlich (RAG. ArbRSamml. 39, 294—297). Die Beklagte hatte schon in der Berufungsbegründung behauptet, daß der Betriebsratsvorsitzende Steinmüller auf Grund seiner Unterredung mit dem Betriebsleiter der Beklagten die beabsichtigte Kündigung mit dem Betriebsrat beraten und daß der Betriebsrat den der Kündigung zustimmenden Erklärungen des Steinmüller beigetreten sei, und sich für diese Behauptungen auf das Zeugnis des Steinmüller bezogen. Diese Behauptungen und diesen Beweisantritt hat das Landesarbeitsgericht nicht beachtet. Zudem hat es dabei aber auch offenbar den zuvor unter II. erörterten materiellen Begriff der Anhörung verkannt; es bleibt unklar, was das Berufungsgericht unter einer „formellen" Anhörung versteht.

27

Ist die zunächst eingelegte Berufung mangels rechtzeitiger Berufungsbegründung unzulässig, so kann die innerhalb der Berufungsfrist eingegangene Berufungsbegründungsschrift eine erneute Berufungseinlegung enthalten, falls sie die zwingenden Erfordernisse einer Berufungseinlegung erfüllt.

Eine solche erneute Berufungseinlegung enthält keine unzulässige bedingte Berufung.

ZPO. §§ 518, 519; ArbGG. § 64 Abs. 2, § 66.

I. Senat. Beschluß vom 21. September 1954 i. S. W. H. AG. (Bekl.) w. G. (Kl.) 1 AZB 22/54.

I. Arbeitsgericht Gelsenkirchen. — II. Landesarbeitsgericht Hamm/Westfalen.

Die Beklagte wurde durch Urteil des Arbeitsgerichts vom 5. Mai 1954 teilweise dem Klagebegehren entsprechend verurteilt. Das Urteil wurde ihr am 15. Mai 1954 zugestellt. Schon am 13. Mai 1954 hatte sie gegen das Urteil Berufung eingelegt, die am 29. Mai 1954 begründet wurde. Wegen der Nichteinhaltung der Begründungsfrist wurde die Berufung durch Beschluß des Landesarbeitsgerichts Hamm vom 3. Juni 1954 als unzulässig verworfen.

Die sofortige Beschwerde der Beklagten hatte Erfolg aus folgenden

Gründen:

Zwar ist dem Landesarbeitsgericht insoweit beizupflichten, als es die am 13. Mai 1954 gegen das Urteil des Arbeitsgerichts durch die Beklagte eingelegte Berufung für unzulässig erachtet. Denn die Beklagte mußte diese Berufung binnen 2 Wochen nach Einlegung (§§ 64, 66 ArbGG., 519 ZPO.) begründen. Die Begründung der Berufung erfolgte aber erst am 29. Mai 1954, mithin zwei Tage zu spät. Hätte sich die Verwerfung auf diese am 13. Mai 1954 eingelegte Berufung beschränkt, was an sich möglich gewesen wäre (Baumbach-Lauterbach, ZPO., 1954, § 519 b. Anm. 2 A), so wäre der Beschluß zu Recht ergangen. Das Landesarbeitsgericht hat jedoch die Berufung schlechthin als unzulässig verworfen, nachdem es die Möglichkeit einer „Umdeutung" der innerhalb der Berufungsfrist eingegangenen Berufungsbegründung in eine erneute Berufungseinlegung verneint hatte. Zwar ist die Berufungsbegründung nicht in eine Berufung umzudeuten; die Begründungsschrift enthält hier aber eine wiederholte Einlegung der Berufung, was der angefochtene Beschluß verkennt.

Zunächst ist mit der herrschenden Meinung in Rechtsprechung und Lehre (RGZ. Bd. 158 S. 53; Rosenberg, Lehrbuch d. Dt. Zivilprozeßrechts, 6. Aufl. § 135 III 1 S. 632) daran festzuhalten, daß gegen ein Urteil mehrfache Einlegung der Berufung als zulässig anzusehen ist, wenn innerhalb der Berufungsfrist die früher eingelegte Berufung zurückgenommen (vgl. § 515 Abs. 3 ZPO.: „... Verlust des eingelegten Rechtsmittels...") oder verworfen worden ist. Nicht erforderlich ist, daß die spätere Berufungseinlegung erst nach Zurücknahme oder Verwerfung der früheren erfolgt. Allerdings wird die spätere Berufungseinlegung erst wirksam, wenn die frühere zurückgenommen oder verworfen ist. Da die Berufungsbegründung hier rechtzeitig, d. h. innerhalb der von der Zustellung des arbeitsgerichtlichen Urteils an laufenden Berufungsfrist beim Landesarbeitsgericht eingegangen und die zunächst eingelegte Berufung als unzulässig verworfen worden ist, so kann es sich nur noch darum handeln, ob und unter welchen Voraussetzungen die Berufungsbegründungsschrift eine neuerliche Berufungseinlegung enthalten kann.

Die Berufungsbegründungsschrift kann dann eine Berufungseinlegung enthalten, wenn sie gleichzeitig die Erfordernisse für eine

Berufungseinlegung erfüllt (§ 518 ZPO.). Sie muß mithin die Bezeichnung des Urteils, gegen das die Berufung gerichtet wird, sowie die Erklärung, daß gegen dieses Urteil Berufung eingelegt werde, enthalten. Beide Voraussetzungen liegen bei der Berufungsbegründungsschrift der Beklagten vor. Das Urteil ist mit Angabe des erkennenden Arbeitsgerichts, Verkündungsdatum und Aktenzeichen in einer jeden Zweifel ausschließenden Genauigkeit bezeichnet worden. Die Begründungsschrift enthält nun allerdings nicht die Worte, daß gegen dieses Urteil Berufung eingelegt werde. Es spricht lediglich von einer Begründung der „eingelegten Berufung". Das Landesarbeitsgericht möchte hieraus herleiten, daß die Begründungsschrift keine Berufungseinlegung enthalten, sondern eben nur eine Begründung einer schon eingelegten Berufung darstellen könne. Diese Auffassung überspitzt jedoch die Anforderungen, die an das Vorliegen der zwingenden Vorschriften einer Berufungseinlegung zu stellen sind. Der Schriftsatz, mit dem Berufung eingelegt werden soll, braucht nicht die Worte „Berufung einlegen" oder ähnliche Wendungen zu enthalten. Es kommt lediglich darauf an, daß der Wille, Berufung gegen das bezeichnete Urteil einzulegen, klar und eindeutig feststeht. Das geht aber aus der Berufungsbegründungsschrift der Beklagten unmißverständlich hervor. Sie begehrt nämlich Aufhebung des arbeitsgerichtlichen Urteils und Zurückverweisung der Sache zur erneuten Verhandlung an das Arbeitsgericht Gelsenkirchen, hilfsweise Abänderung des arbeitsgerichtlichen Urteils und Abweisung der Klage. Ein solches Begehren kann aber nur im Wege der Berufung verfolgt werden, so daß auf den Willen der Beklagten zu schließen ist, sie wolle das arbeitsgerichtliche Urteil im Wege der Berufung anfechten. Daraus folgt weiter, daß sich der Wille der Beklagten in ihrer Begründungsschrift eben keineswegs, wie es das Landesarbeitsgericht anzunehmen scheint, auf die Begründung einer eingelegten Berufung beschränkt. Vielmehr wird in aller Regel jede Berufungsbegründung, weil sie den Umfang der Anfechtung des Urteils erkennen lassen muß (§ 519 Abs. 3 Z. 1 ZPO.), auch den Willen zur Anfechtung überhaupt erkennen lassen müssen. Insofern wird eine formgültige Berufungsbegründungsschrift zugleich immer dem zwingenden Erfordernis der Berufungseinlegung nach § 518 Abs. 2 Z. 2 ZPO. Genüge tun.

Enthält hiernach die Berufungsbegründungsschrift der Beklagten eine fristgerechte wiederholte Berufungseinlegung, so könnte sich noch das Bedenken erheben, ob es sich hier etwa um eine bedingte Berufungseinlegung handeln könnte, die als unzulässig angesehen werden müßte. Das ist aber zu verneinen. Parteihandlungen, zu denen die Einlegung einer Berufung zählt, können zwar in der Regel nicht unter einer Bedingung vorgenommen werden, weil ihre Folgen, wie z. B. die Eröffnung der Berufungsinstanz mit den Wirkungen für Gerichte und Gegner, nicht ins Ungewisse gestellt werden dürfen. Jedoch sind die Fälle anders zu beurteilen, wo die Parteihandlung innerhalb des Verfahrens eines Rechtszuges von der erfolgreichen oder erfolglosen Vornahme einer bereits unbedingt vollzogenen Parteihandlung abhängig gemacht wird. In einem solchen Fall wird keine untragbare Unsicherheit in den Prozeß gebracht, weil eine unbedingte Parteihandlung in jedem Fall Gegenstand gerichtlicher Entscheidung sein kann (Rosenberg aaO. § 61 IV 1, 2 u. 3 S. 269—271). Es kann also gleichzeitig oder später neben einer unbedingt eingelegten Berufung eine weitere Berufung eingelegt werden für den Fall, daß die zunächst eingelegte Berufung unzulässig ist. Ist dies aber möglich, so ist nicht einzusehen, warum eine Berufungsbegründungsschrift, die die Erfordernisse einer Berufungseinlegung in jeder Hinsicht erfüllt, nicht auch als erneute Berufungseinlegung angesehen werden kann für den Fall der Unzulässigkeit der zunächst unbedingt eingelegten Berufung. Es kann also von einer unzulässigen bedingten Berufungseinlegung hier nicht gesprochen werden. Die Beklagte will das arbeitsgerichtliche Urteil, wie sich aus ihrem gesamten Verhalten, insbesondere aber aus der Begründungsschrift ergibt, unbedingt anfechten.

28

1. Die Einstufung eines im öffentlichen Dienst stehenden Angestellten kann von den Gerichten nachgeprüft werden, und zwar auch für die zurückliegende Zeit.

2. Bei der Einstufung neuer Werk- oder Maschinenmeister in die Tarifgruppe VI b kommt es auf die besondere Bedeutung der Dienststelle und seine Funktionen innerhalb dieser Dienststelle an, nicht dagegen auf die Merkmale „gründliche Fachkenntnisse" oder „gründliche vielseitige Fachkenntnisse" und „selbständige Leistungen".

ZPO. § 256; BGB. § 242; TO.A § 3 und Anl. 1

II. Senat. Urteil vom 23. September 1954 i. S. Stadt K. (Bekl.) w. B. (Kl.)
2 AZR 31/53

I. Arbeitsgericht Kiel. — II. Landesarbeitsgericht Kiel.

Der Kläger ist in dem Gaswerk der Beklagten seit dem 1. Juni 1950 als Schichtmeister beschäftigt. Er erhielt ab diesem Zeitpunkt ein Gehalt nach der Vergütungsgruppe VII der Tarifordnung für Angestellte im öffentlichen Dienst (TO.A).

. . .

Er begehrt die Feststellung, daß ihm für die Zeit ab 1. Oktober 1952 bei seinen Tätigkeitsmerkmalen die Vergütungsgruppe TO.A VI b zustehe.

Das Arbeitsgericht hat die Klage abgewiesen. Das Landesarbeitsgericht hat ihr unter entsprechender Abänderung des erstinstanzlichen Urteils stattgegeben.

Die Revision der Beklagten blieb erfolglos.

Aus den Gründen:

I. Die Rüge der Revision, das Berufungsgericht habe die Eingruppierung des Klägers nach der materiellrechtlichen Vorschrift des § 3 Abs. 2 TO.A überhaupt nicht nachprüfen dürfen, geht fehl.

Der Rechtsweg für die vermögensrechtlichen Ansprüche von Angestellten aus ihrem Dienstverhältnis ist gewährleistet. Das muß auch gelten, wenn staatliche oder Angestellte sonstiger öffentlich-rechtlicher Körperschaften in Rede stehen. Ihre Dienstverhältnisse sind, wie anerkannt ist, selbst dann bürgerlichrechtlicher Art, wenn sie öffentlichrechtliche Funktionen auszuüben haben oder ihre Rechtsbeziehungen inhaltlich dem Beamtenrecht mehr oder weniger angeglichen sind; es handelt sich dem Wesen nach um Arbeitsverhältnisse (vgl. Reichsgerichtsrätekommentar zum BGB., 10. Aufl. § 611, Vorbemerkung V 1). Der Streit über die Bezüge, die den Bediensteten des öffentlichen Dienstes zustehen, ist daher eine bürgerliche Rechtsstreitigkeit, für deren Entscheidung die Gerichte für Arbeitssachen zuständig sind (§ 2 Abs. 1 Nr. 2 ArbGG.).

Nach § 3 Abs. 1 TO.A werden die Vergütungen der Angestellten im öffentlichen Dienst außer nach dem dienstlichen Wohnsitz, dem Lebensalter und dem Familienstand nach dem Werte ihrer Leistung bemessen. Die Entlohnung errechnet sich nach § 3 Abs. 2 Satz 1 TO.A nach der Einreihung in eine der nach der Anlage 1 zur TO.A nach Tätigkeitsmerkmalen bestimmten Vergütungsgruppen. Jeder Angestellte ist von dem Fachminister oder der von ihm hierzu ermächtigten Stelle nach seiner überwiegenden Tätigkeit entsprechend den für ihn zutreffenden Tätigkeitsmerkmalen einzugruppieren.

Das Reichsarbeitsgericht hat in ständiger Rechtsprechund grundsätzlich verneint, daß die Eingruppierung eines Angestellten im öffentlichen Dienst durch die Gerichte nachprüfbar sei (RAG. ARS. 39, 419,

425, 429). Es vertrat die Ansicht, die Bestimmung des § 3 Abs. 2 Satz 2 TO.A, nach der die Einreihung bei Arbeitsstreitigkeiten bis zur Beendigung des Dienstverhältnisses maßgebend sei, wenn nicht eine Vertragsänderung vorgenommen wird, schließe eine Nachprüfung der vom öffentlichen Arbeitgeber vorgenommenen Eingruppierung durch die Arbeitsgerichte aus. Damit sei aber der Rechtsweg nicht unzulässig ausgeschlossen worden. Die Vorschrift ordne lediglich an, daß die Arbeitsgerichte bei der Entscheidung über Gehaltsansprüche in der Vorfrage der Gruppenzugehörigkeit an die vorgenommene Einreihung gebunden blieben. Die „neuere" Rechtsentwicklung habe, wie das Reichsarbeitsgericht im Jahre 1940 meinte, zu einer stärkeren Berücksichtigung der öffentlichen Belange geführt. Der Ausschluß der Nachprüfung entspreche auch einem praktischen Bedürfnis, denn die Eingruppierung sei bei großen öffentlichen Verwaltungen durch die Vielgestaltigkeit der dort ausgeübten Tätigkeiten sehr erschwert. Sie erfordere eine eingehende Kenntnis des Aufbaues und der Gliederungen der Verwaltung und eine Vertrautheit mit den dem einzelnen Angestellten in dem gesamten Verwaltungsbetrieb obliegenden Aufgaben und Verpflichtungen, die ein Außenstehender wie der Richter sich nur mit größter Mühe und dann auch kaum stets mit unbedingter Zuverlässigkeit verschaffen könne. Außerdem gewährleisteten die die Eingruppierung vornehmenden Vertreter der Behörden kraft ihrer Beamtenstellung die erforderliche Unparteilichkeit. Es handele sich bei einer derartigen Auslegung der Tarifordnung nicht um eine Beseitigung des in ihr vorgesehenen Leistungsgrundsatzes, sondern vielmehr um die Art seiner Durchführung, die durch die Besonderheiten des öffentlichen Dienstes veranlaßt werde. Nur dann, wenn der öffentliche Arbeitgeber bei der Eingruppierung, sei es unter dem Gesichtspunkt der schuldhaften Verletzung der Fürsorgepflicht, sei es unter dem der unerlaubten Handlung, eine offensichtlich unrichtige Einreihung in eine Vergütungsgruppe vorgenommen habe, könne dem Angestellten ein Schadensersatzanspruch zustehen.

Mit Recht wird gegenüber dieser Rechtsprechung des Reichsarbeitsgerichts geltend gemacht, daß eine Bindung der Gerichte an die vom öffentlichen Dienstherrn vorgenommene Eingruppierung den in § 3 Abs. 1 TO.A bestimmten Grundsatz ausschließt, nach dem der Lohn nach der Leistung zu bemessen ist. Dieser Grundsatz des § 3 Abs. 1 TO.A muß seinem innersten Gehalte nach als der für die Vergütung vor allem bedeutsame Gesichtspunkt angesprochen werden. Bei zu niedriger Einstufung würde aber kein Leistungslohn, sondern zwingend auch für die Zukunft nur der niedrigere Einstufungslohn gezahlt (vgl. Neumann-Duesberg, Anm. zu AP. 50 Nr. 253).

Eine Nachprüfung der Eingruppierung durch die Gerichte dürfte allerdings zum mindesten nicht ohne weiteres mit den Tarifrechtsgrundsätzen der Unabdingbarkeit und der Unverzichtbarkeit der tariflichen Rechte eines Arbeitnehmers begründet werden können. Er erscheint nicht von vornherein ausgeschlossen, daß auf jeden Fall in einem gewissen Umfange auch nach Tarifrecht Leistungen gemäß dem Ermessen einer der tarifunterworfenen Parteien bestimmt werden können.

Diese Frage kann aber ebenso wie die Frage, ob die Grundsätze der Unabdingbarkeit und Unverzichtbarkeit im Falle einer Tarifordnung bedeutsam werden, für den vorliegenden Fall dahingestellt bleiben. Bereits aus anderen Erwägungen müssen die Eingruppierungen im Bereich der TO.A nachgeprüft werden können.

Die Gruppenzugehörigkeit ist die maßgebende Grundlage für die dem Arbeitnehmer des öffentlichen Dienstes zustehende Gegenleistung des Dienstherrn, die ihrerseits eben auf die Leistung des Arbeitnehmers für den Dienstherrn abstellt. Die Tätigkeitsmerkmale sind Begriffe, die an die Verrichtung des Bediensteten, wie sie ihm aufgegeben sind, angelegt werden, um auf diese Weise eine bestimmte Wertung seiner Tätigkeit selbst zu erhalten. Die einzelnen Vergütungsgruppen sind jeweils voneinander abgegrenzt. Sie sind daher nach dem mit dieser Differenzierung gegebenen System als solche geeignet, der vorgesehenen Einreihung zu dienen; anderenfalls wäre die Unterscheidung der einzelnen Gruppen nicht verständlich. Damit sind die von der TO.A mit den Tätigkeitsmerkmalen näher umschriebenen Leistungen des Bediensteten in die unmittelbare Beziehung zur Gegenleistung des öffentlichen Dienstherrn gebracht, die ihrerseits ebenfalls auf dem Wege über die Tätigkeitsmerkmale angegeben ist. Der Leistung des Arbeitnehmers steht eine deren näheren Inhalt genau entsprechende Gegenleistung des Arbeitgebers gegenüber, und die TO.A selbst ist es, die diese Verbindung herstellt. Jede andere Auffassung würde dem Sinn nicht gerecht, der mit der eingehenden Gliederung der Vergütungsgruppen gegeben ist.

Der Eingruppierung des Angestellten in eine der verschiedenen Vergütungsgruppen der TO.A kommt daher keine konstitutive Bedeutung zu, sondern es handelt sich bei ihr um die deklaratorische Feststellung seiner Zugehörigkeit zu einer derartigen Gruppe und insbesondere der Höhe seines Entgelts, wobei die Rechtsnatur des Eingruppierungsaktes hier nicht weiter zu untersuchen ist. Daß nach § 3

Abs. 2 Satz 1 erster Halbsatz TO.A die Einreihung vorgenommen werden muß, spricht gegenüber den vorstehenden Erwägungen noch nicht für eine konstitutive Natur dieses Aktes. Die äußere Klarheit über die Rechtsposition des Bediensteten, die mit ihm erreicht werden soll, verlangt nicht notwendig eine derartige Bewertung. Es handelt sich daher bei der Einreihung in eine Gruppe grundsätzlich auch nicht um die Bestimmung einer Gegenleistung gegenüber der Leistung des Bediensteten, die durch den öffentlichen Dienstherrn nach billigem Ermessen zu treffen wäre. Vielmehr ist davon auszugehen, daß die Einreihung in die Vergütungsgruppen wegen des gegliederten Aufbaus der Tätigkeitsmerkmale der TO.A, wie auch sonst bei den Vergütungsgruppen der tariflichen Regelungen in der freien Wirtschaft, in aller Regel bereits eindeutig bestimmt ist, so daß insoweit für eine Anwendung der Bestimmungen des § 315 Abs. 1 BGB. kein Raum bleibt. Erst recht ist die Ansicht abzulehnen, der öffentliche Arbeitgeber könne die Eingruppierung seiner im Arbeitsverhältnis stehenden Bediensteten nach freiem Ermessen vornehmen (so Volkmar, Anm. ARS. 39, 438).

Die Tätigkeitsmerkmale nach der TO.A sind in weitem Umfange zweifellos sehr allgemein gehalten (z. B. Angestellte mit einfacheren Arbeiten, mit schwieriger Tätigkeit, mit gründlichen Fachkenntnissen, mit selbständiger Tätigkeit in Stellen von besonderer Bedeutung). Allgemeine (unbestimmte) Rechtsbegriffe verlieren mit dieser Eigenschaft aber nicht die Fähigkeit, daß ein Sachverhalt nach ihnen beurteilt werden kann. Eine genügende Bestimmtheit bleibt nach wie vor bestehen. Ein allgemeiner (unbestimmter) Rechtsbegriff, der sich dem Zusammenhang nach von einem anderen ebenfalls allgemeinen Rechtsbegriff unterscheidet, bleibt auch dann in seiner Besonderheit feststellbar, wenn beide Begriffe eine sehr große Anzahl gleichartiger Elemente aufweisen. Im Einzelfalle mag die Unterordnung einer Tätigkeit nach den Tätigkeitsmerkmalen der TO.A häufig nicht leicht sein. Das kann den Richter aber nicht davon entbinden, den Sachverhalt festzustellen und auf ihn die tariflichen Bestimmungen anzuwenden. Nur insoweit, als die Tätigkeitsmerkmale selbst Ermessenvorstellungen enthalten, ist eine andere Betrachtung am Platze (z. B. hochwertige Leistungen, langjährige Tätigkeit, ferner wohl auch Angestellte, die sich durch ihre Leistungen aus der vorhergehenden Gruppe herausheben). Innerhalb des gegebenen Ermessensspielraums ist dann, unter Beachtung seiner Begrenzung, nach billigem Ermessen zu entscheiden (§ 315 Abs. 1 BGB.).

Der grundsätzliche Ausschluß der Nachprüfbarkeit der Eingruppierung und damit der Ausschluß der Nachprüfbarkeit einer leistungsgerechten Vergütung der im Arbeitsverhältnis stehenden Angehörigen des öffentlichen Dienstes würde einen unzulässigen Ausschluß des Rechtsweges bedeuten. Ist bei der näheren Regelung eines vertragsverhältnisses, hier also nach den Rechtsvorschriften der TO.A, für eine näher umschriebene Leistung eine bestimmte Gegenleistung zu gewähren und könnte bei der Behauptung, die Gegenleistung sei gegenüber den vorgesehenen Bestimmungen zu niedrig, eine Nachprüfung der Voraussetzungen für die Gegenleistung nicht erfolgen, so läge ein Verstoß gegen den Gedanken der Rechtsstaatlichkeit vor. Was nach der Rechtsordnung dem Rechtsgenossen zustehen soll und worauf er materiell einen Anspruch hat, würde sich der Beurteilung in einem gerichtlichen Verfahren entziehen. Man kann nicht sagen, der Rechtsweg für die Geltendmachung der Lohnforderung stehe doch immer noch offen, wenn auch das Gericht in der Vorfrage der Gruppenzugehörigkeit des Bediensteten an die von einer anderen Stelle vorgenommene Einreihung gebunden sei. Eine derartige Ansicht verkennt, daß die Tätigkeitsmerkmale der Vergütungsgruppe auch die Leistung des Dienstherrn an den Arbeitnehmer normieren. Die Rechtsordnung verlangt von dem öffentlichen Arbeitgeber, seinerseits entsprechend den Tätigkeitsmerkmalen zu leisten. Wenn der Arbeitnehmer gemäß § 3 Abs. 2 Satz 1, erster Halbsatz der TO.A nach den von der TO.A festgelegten Tätigkeitsmerkmalen in die entsprechende Vergütungsgruppe einzureihen ist, haben sie den Zweck, das gegenseitige Verhältnis zu ordnen. Die Gruppenzugehörigkeit ist daher in diesem Sinne keine Vorfrage für die Ansprüche des Bediensteten, sondern mit ihr bestimmen sich die Ansprüche selbst. Das Gesetz sieht doch auch ausdrücklich die Möglichkeit einer gerichtlichen Nachprüfung vor, wenn es sich um eine von einer Vertragspartei nach billigem Ermessen zu bestimmende Leistung handelt, wie auch bei der Bestimmung der Leistung nach billigem Ermessen durch einen Dritten eine Nachprüfung im Hinblick auf eine offenbare Unbilligkeit erfolgt. Wenn demjenigen, der durch die öffentliche Gewalt in seinen Rechten verletzt ist, nach § 19 Abs. 4 GG. der Rechtsweg offen steht, so muß der Rechtsweg erst recht gegeben sein, wenn es sich um eine Verletzung von Rechten durch Maßnahmen handelt, die nicht im Vollzug öffentlicher Gewalt erfolgen. Der Grundsatz der Rechtsstaatlichkeit ist ein tragender Grundsatz unseres Staatslebens (Art. 20 Abs. 2, 3, Art. 28 Abs. 1 Satz 1 GG.).

Haushaltsmäßige Bedenken können der Nachprüfung einer Eingruppierung nicht entgegenstehen. Es ist zwar richtig, daß der öffentliche Arbeitgeber sich bei der Beschäftigung der Bediensteten nach einem Etat zu richten hat. Der Stellenplan ist aber eine interne Verwaltungsangelegenheit und ohne Einfluß auf die unabdingbaren gesetzlichen Bestimmungen zum Dienstverhältnis. Der öffentliche Dienstherr muß die ihm zur Verfügung stehenden Haushaltsmittel derartig ansetzen und verwalten, daß bei der Besoldung der Arbeitnehmer die gesetzlichen und tariflichen Bestimmungen nicht verletzt werden. Der Stellenplan ist daher so einzurichten, daß er mit den Tätigkeitsmerkmalen der Beschäftigten in Einklang steht. Geschieht dies nicht, so kann dadurch eine geringere, mit den Tätigkeitsmerkmalen nach der überwiegenden Beschäftigung nicht zu vereinbarende Eingruppierung keineswegs gerechtfertigt werden.

Die Bestimmung des § 3 Abs. 2 Satz 2 TO.A. ist dahin auszulegen, daß die Vergütung der Arbeitnehmer im öffentlichen Dienst nach ihren Leistungen bemessen werden muß. Wenn nach der hier in Rede stehenden Vorschrift die Einreihung in eine Vergütungsgruppe bei Arbeitsstreitigkeiten, wird nicht eine Vertragsänderung vorgenommen, bis zur Beendigung des Dienstverhältnisses maßgebend sein soll, so kann dies nur dahin gedeutet werden, daß damit eine richtige und zutreffend vorgenommene Eingruppierung gemeint ist. Die Richtigkeit der Eingruppierung dagegen, die sich nach den Tätigkeitsmerkmalen der TO.A zu richten hat, ist gerichtlich nachprüfbar.

Gegen die Rückwirkung der Feststellung zur Eingruppierung des Klägers bestehen, wie sich aus der Natur des Anspruchs auf die zutreffende Eingruppierung ergibt, keine rechtlichen Bedenken.

II. Gegen die Entscheidung des Berufungsgerichts, daß der Kläger unter die Vergütungsgruppe VI b TO.A fällt, bestehen keine Rechtsbedenken.

In die Vergütungsgruppe VII TO.A gehören u. a. „Maschinenmeister in Stellen von besonderer Bedeutung" sowie „Werkmeister", während demgegenüber in die Gruppe VI b TO.A einzureihen sind „Werk- und Maschinenmeister an besonders wichtigen Dienststätten (Werkstättenvorsteher, Oberwerkmeister, Maschinenbetriebsleiter, Obermaschinenmeister)".

In dem angefochtenen Urteil ist zutreffend angenommen worden, daß es in dem gegebenen Rechtsstreit auf das Vorliegen des Begriffs „gründliche Fachkenntnisse" oder der Begriffe „gründliche vielseitige Fachkenntnisse" und „selbständige Leistungen" nicht ankommt.

Während das erstere Merkmal bei den der Vergütungsgruppe VII TO.A unterfallenden Angestellten in Büro- und ähnlichen Verwaltungsdiensten bedeutsam ist, spielen die letzteren eine Rolle bei Angestellten dieser Gattung, die nach der Vergütungsgruppe VI b TO.A bezahlt werden sollen. Der Aufbau der Tätigkeitsmerkmale bei den verschiedenen Arten von Bediensteten, die ihrerseits sämtlich unter eine einzige Vergütungsgruppe fallen, erfolgt nun in der Weise, daß die einzelnen Klassen jeweils für sich und besonders erfaßt werden.

Auch auf die Aufzählung bestimmter Bediensteter bei der Klasse der Werk- und Maschinenmeister nach der Vergütungsgruppe VI b TO.A hat das Berufungsgericht zu Recht keinen entscheidenden Wert gelegt. Diese Aufzählung ist nur beispielhaft. Ausschlaggebend erscheint die Bestimmung, daß es sich um einen Werk- oder Maschinenmeister „an besonders wichtigen Dienststätten" handeln muß. Sie ist schlechthin allgemein gehalten, so daß es unverständlich wäre, wenn nur die ausdrücklich genannten Bediensteten von ihr erfaßt würden. Zum mindesten wäre eine entsprechende Anwendung der allgemeinen Angabe angebracht. Da die Einreihung in die Vergütungsgruppe VI b TO.A auf besonders wichtige Dienststätten abhebt, darüber hinaus ferner aber in sonstiger Anwendung des Leistungsgrundsatzes die Eingruppierung im Hinblick auf die Bedeutung der Aufgabe erfolgen soll, die der Bedienstete wahrnimmt, kommt es bei einer Einreihung des Klägers in die Vergütungsgruppe VI b TO.A sowohl auf die besondere Bedeutung der Dienststätte wie auch auf die Funktionen innerhalb dieser Dienststätte an. Wenn das Berufungsgericht die festgestellte Tätigkeit des Klägers, mag er sie auch mit anderen Schichtmeistern im Schichtwechsel teilen, als besonders wichtig beurteilt und danach seine Zugehörigkeit zur Vergütungsgruppe VI b TO.A angenommen hat, so ist bei der Bedeutung des Gaserzeugungsbetriebes einer Stadt von 200 000 bis 300 000 Einwohnern hierin im Ergebnis eine fehlerhafte Rechtsanwendung nicht zu finden.

29

1. Die Arbeit eines kaufmännischen Angestellten unterscheidet sich von der eines gewerblichen Arbeiters dadurch, daß die gedankliche, geistige Arbeit die mechanische mit der Hand geleistete überwiegt; dabei ist der Verkehrsauffassung ein entscheidendes Gewicht beizumessen.

2. Das Wesen einer aus der Tätigkeit eines Handlungsgehilfen und eines gewerblichen Arbeiters zusammengesetzten Tätigkeit wird durch diejenige Tätigkeitsart bestimmt, die der Gesamttätigkeit nach ihrer für den Zweck des Betriebes wesentlichen Erscheinungsform das Gepräge gibt. Auch dabei ist die Verkehrsauffassung zu berücksichtigen.

HGB. § 59.

II. Senat. Urteil vom 30. September 1954 i. S. Krankenversicherungsanstalt B. (Kl.) w. Fa. S. GmbH. (Bekl.) 2 AZR 65/53.

I. Arbeitsgericht Berlin. — II. Landesarbeitsgericht Berlin.

Die Beklagte stellt verschiedene Brotsorten und sonstige Backwaren wie Zwieback und Pumpernickel her und liefert diese sowie einige zugekaufte Artikel mit Kraftwagen an Geschäfte des Lebensmitteleinzelhandels in Berlin. Der bei der Klägerin versicherte Arbeitnehmer St. war bei der Beklagten als sog. Verkaufsfahrer gegen einen festen Wochenlohn und eine Umsatzpovision beschäftigt. Als solcher hatte er auf einer genau bestimmten Strecke täglich etwa 40 Geschäfte zu beliefern. Morgens half er das Brot — etwa 1000 bis 1400 Brote — im Gesamtgewicht von 1500 bis 2000 kg aufladen; dies dauerte etwa $1^1/_2$ bis 2 Stunden. Die Inhaber der Einzelhandelsgeschäfte, die er aufsuchte, fragte er nach ihrem Bedarf und brachte ihnen allein oder, sofern ein Mitfahrer mitfuhr, zusammen mit diesem das Gewünschte ins Geschäft. Über die gelieferte Menge stellte er auf einem Vordruck die Rechnung mit Durchschlag aus und kassierte den Rechnungsbetrag. Nach seiner Rückkehr rechnete er mit der Beklagten täglich ab.

Vom 22. Mai bis 3. Juni 1951 und vom 5. November bis 13. Dezember 1951 war St. wegen Krankheit an der Arbeit verhindert; die Beklagte hat ihm das auf diese Zeit entfallende Arbeitsentgelt nicht gezahlt. Den angeblichen Anspruch auf dieses Arbeitsentgelt hat St. an die Klägerin abgetreten.

Die Klägerin hält den Verkaufsfahrer St. für einen Handlungsgehilfen und verlangt daher nach § 63 Abs. 1 HGB. von der Beklagten die Zahlung des Arbeitsentgelts von 260,— DM für die bezeichnete Zeit der Arbeitsunfähigkeit.

Die Beklagte lehnt die Zahlung ab, da St. Arbeiter gewesen sei.

Das Arbeitsgericht hat der Klage stattgegeben; das Landesarbeitsgericht hat sie abgewiesen und die Revision zugelassen.

Die Revision der Klägerin führte zur Zurückverweisung an das Berufungsgericht aus folgenden

Gründen:

Ein Anspruch des Verkaufsfahrers St. auf Vergütung für die Zeit seiner durch Krankheit verursachten Arbeitsunfähigkeit, den die Klägerin auf Grund der Abtretung des St. geltend macht, ist im Hinblick auf § 63 HGB. nur begründet, wenn St. als Handlungsgehilfe (§ 59 HGB.) bei der Beklagten tätig war.

1. Daß der Betrieb der Beklagten auf den Umsatz von Waren, im wesentlichen nach einer Verarbeitung, gerichtet ist und deshalb nach § 1 Abs. 2 Nr. 1 HGB. als Handelsgewerbe gilt, steht fest. Es kommt somit nur noch auf die Frage an, ob die Dienste, die St. der Beklagten geleistet hat, solche kaufmännischer Art waren.

2. Das Landesarbeitsgericht hält dieserhalb die Art der Entgeltzahlung und das Maß der Verantwortung des Arbeitnehmers nicht für ausschlaggebend; es geht vielmehr davon aus, daß die Art der Arbeit, nämlich die Frage, ob überwiegend körperlich-mechanische oder geistige Arbeit geleistet wird, und daneben die Verkehrsanschauung entscheiden. Bei einer Verbindung von kaufmännischer und körperlich-mechanischer Arbeit sei diejenige Arbeit maßgebend, die der Tätigkeit insgesamt das Gepräge gebe. Dabei könnten allerdings die Parteien des Arbeitsvertrags oder auch die etwaigen Tarifvertragsparteien bestimmen, welche Rechtsstellung der Arbeitnehmer haben solle; eine solche Regelung sei hier aber nicht getroffen. Eine Verkehrsanschauung, die die Tätigkeit des Verkaufsfahrers als kaufmännische Dienstleistung ansieht, verneint das Landesarbeitsgericht unter Hinweis auf die Rechtsprechung von Oberversicherungsämtern.

Zu der Art der Arbeit führt das Landesarbeitsgericht aus, das Einladen der Ware, das Fahren des Kraftwagens und das Hineintragen der gekauften Ware in den Laden des Einzelhändlers seien gewerbliche Arbeiten, während die Entgegennahme der Bestellung, eine etwaige Werbung, das Ausschreiben der Rechnungen, das Kassieren des Rechnungsbetrages und die Abrechnung kaufmännische Tätigkeiten darstellten. Es stellt fest, daß der Zeitdauer nach die gewerblichen Arbeiten überwiegen. Für jedes zu besuchende Geschäft hätten dem Verkaufsfahrer im Durchschnitt nur $12^1/_2$ bis 14 Minuten zur Verfügung gestanden; hiervon habe er die Hälfte für die kaufmännische und die andere Hälfte für die gewerbliche Tätigkeit aufwenden müssen. Die Entgegennahme der Bestellung auf dem Rechnungsformular, die Berechnung des Kaufpreises und das Kassieren seien nämlich einfache Tätigkeiten und beanspruchten nur einige Minuten. Zu den gewerblichen Arbeiten komme aber noch die Zeit für das Beladen des Wagens.

Daß St. für den Verkauf geworben habe, unterstellt das Landesarbeitsgericht, hält eine etwaige Werbung aber nicht für ausschlaggebend, da sie schon wegen der Kürze der zur Verfügung stehenden Zeit nicht intensiv gewesen sein könne. An einem Lehrgang zur Ausbildung der Fahrer in der Werbung habe St. nicht teilgenommen. Einige Male habe er zwar Prämien bei der Einführung neuer Sortimente erhalten und auch einige neue Kunden geworben. Dies gebe aber nicht den Ausschlag, da jeder Fahrer ein Interesse daran habe, den Umsatz zu steigern.

Schließlich hat das Landesarbeitsgericht auch verneint, daß die kaufmännische Tätigkeit ihrer Bedeutung nach überwiege. Die Tätigkeit des St. habe ihr Gepräge durch die Belieferung der Einzelhandelsgeschäfte mit Brot erhalten; demgegenüber trete die kaufmännische Tätigkeit wegen ihrer Einfachheit zurück.

3. Die Merkmale, in denen das Landesarbeitsgericht den Unterschied zwischen der Tätigkeit eines Angestellten und der eines gewerblichen Arbeiters sieht, entsprechen der ständigen Rechtsprechung des Reichsarbeitsgerichtes. Es hat in einem Arbeitnehmer, bei dessen Tätigkeit die gedankliche, geistige Arbeit die mechanische, mit der Hand geleistete überwiegt, einen Angestellten gesehen (z. B. RAG. 16, 243; 23, 340—341; 24, 175) und dabei der Verkehrsauffassung ein entscheidendes Gewicht beigemessen (RAG. ARS. 32, 232). An dieser Rechtsprechung hält das Bundesarbeitsgericht fest.

4. Richtig erkennt das Landesarbeitsgericht von dieser Sicht aus auch, daß die Tätigkeit des Verkaufsfahrers St. eine sogenannte gemischte (komplexe) Arbeit war. Soweit er die Ware einlud, den Kraftwagen fuhr und die gekaufte Ware aus dem Kraftwagen in den Laden des kaufenden Einzelhändlers brachte, leistete er, wie die Klägerin selbst nicht in Frage stellt, ausschließlich eine gewerbliche Arbeit. Dagegen überwog bei der Entgegennahme der Bestellungen, einer Werbung, dem Ausschreiben der Rechnungen, dem Kassieren der Rechnungsbeträge und der endgültigen Abrechnung im Betriebe der Beklagten trotz der Einfachheit eines Teiles dieser Verrichtungen die Denkarbeit. St. leistete, wie das Landesarbeitsgericht mit Recht annimmt, insoweit die Arbeit eines Angestellten und zwar eines Handlungsgehilfen. Daß diese Tätigkeit kaufmännischer Art war, ist offensichtlich und wird auch von der Beklagten nicht ernstlich in Zweifel gezogen.

5. Schließlich ist auch nicht zu beanstanden, daß das Landesarbeitsgericht bei einer gemischten Tätigkeit darauf abstellt, welche der beiden

Tätigkeitsarten der Gesamttätigkeit das Gepräge gibt. Wie auch das Reichsarbeitsgericht (RAG. 7, 109) ausgesprochen hat, bestimmt von zwei verschieden gearteten Tätigkeitsgruppen, aus denen sich die Gesamttätigkeit eines Arbeitnehmers zusammensetzt, diejenige das Wesen des gesamten Arbeitsverhältnisses, von der das Arbeitsverhältnis in seiner Gesamtheit nach seiner für den Zweck des Betriebes wesentlichen Erscheinungsform das besondere Gepräge erhält. Bei dieser Prüfung wird der Verkehrsauffassung, nicht zuletzt wie sie bei den beteiligten Kreisen lebendig ist, wiederum eine besondere Bedeutung zukommen.

Der Ansicht des Landesarbeitsgerichts, daß die Parteien des Arbeitsvertrages oder des Tarifvertrags bei einer gemischten Tätigkeit frei bestimmen könnten, ob der Arbeitnehmer Handlungsgehilfe oder gewerblicher Arbeiter sei, kann allerdings nicht zugestimmt werden. Sie sind nicht in der Lage, eine Tätigkeit, die überwiegend kaufmännischer Art ist, von der gesetzlichen Vorschrift des § 59 HGB. auszuschließen. Einer dahingehenden Bestimmung des Einzelarbeitsvertrags oder des Tarifvertrags kann jedoch als Ausdruck einer Verkehrsanschauung Bedeutung zukommen.

7. Daß sich eine feste Verkehrsanschauung bei der Bewertung der Tätigkeit des Verkaufsfahrers einer Brotfabrik gebildet hat und eine solche Verkehrsanschauung insbesondere aus Tarifverträgen ersehen werden könne, hat das Landesarbeitsgericht nicht festgestellt.

Indes hat das Landesarbeitsgericht dabei der tariflichen Regelung, in der die Verkehrsauffassung deutlich in Erscheinung treten kann, nicht die nötige Beachtung geschenkt — wird näher ausgeführt —. Freilich hat diese tarifliche Regelung keine größere Bedeutung als die eines Beweisanzeichens für den Inhalt einer Verkehrsauffassung, dessen Gewicht im übrigen so lange zweifelhaft bleiben kann, als nicht tatsächlich geklärt ist, ob die Parteien des Tarifvertrags überhaupt den wesentlichen Teil der in der Brotfabrikation tätigen Arbeitgeber und Arbeitnehmer umfassen und daher überhaupt die Gesamtansichten der betreffenden Kreise zum Ausdruck bringen.

8. Läßt hiernach die tarifliche Regelung, jedenfalls soweit sie von dem Revisionsgericht ohne weitere tatsächliche Aufklärung beurteilt werden kann, keinen sicheren Schluß auf eine bestimmte Verkehrsanschauung über das Wesen der Tätigkeit eines Verkaufsfahrers in der Brotfabrikation zu, bleibt lediglich zu prüfen, ob die gewerbliche oder die kaufmännische Tätigkeit des Klägers seiner aus diesen beiden Tätigkeiten zusammengesetzten Gesamttätigkeit das eigentümliche Gepräge

gibt, und zwar im Hinblick auf den Betriebszweck der Beklagten. Diese Bestimmung der Gesamttätigkeit des St. nach der Bedeutung ihrer Einzelelemente bleibt zum mindesten so lange grundsätzlich bedeutsam, als nicht eine bestimmte Verkehrsauffassung eindeutig feststeht.

Zu Unrecht stellt es das Landesarbeitsgericht in diesem Zusammenhang — neben der Frage, ob die kaufmännische Arbeit der Bedeutung nach überwiegt — noch besonders auf die Frage ab, ob die für die körperlich-mechanische Arbeit täglich aufzuwendende Zeit die für die kaufmännische Arbeit benötigte überschritten hat. Der Aufwand von Zeit, die der Arbeitnehmer innerhalb seiner Arbeitsperiode für die eine oder die andere Tätigkeitsart aufwendet, ist nicht schlechthin entscheidend (RAG. 7, 109). Die Zeitdauer, die der Arbeitnehmer bei einer gemischten Tätigkeit für die eine oder andere Tätigkeitsart aufwendet, steht nicht, wie das Landesarbeitsgericht meint, als eigener Gesichtspunkt neben der Bedeutung der einen oder der anderen Tätigkeitsart. Sie kann nur als eines von verschiedenen Merkmalen dafür herangezogen werden, welche der beiden Tätigkeitsarten die Hauptbedeutung hat und somit der gesamten Tätigkeit das Gepräge gibt.

9. Bei der Abwägung der Bedeutung der von St. geleisteten gewerblichen und der kaufmännischen Tätigkeit kann, wie das Landesarbeitsgericht sieht, nicht daran vorbeigegangen werden, daß das Brot, also ein Massenartikel von nicht unbedeutendem Gewicht, von dem Fabrikationsbetrieb zu dem Einzelhändler täglich mit dem Kraftwagen und dann vom Kraftwagen in die Geschäftsräume des Einzelhändlers befördert werden muß. Diese Beförderung war — von den Betriebszwecken der Beklagten aus gesehen — nicht nur etwa ein bloßes Mittel für den eigentlichen Betriebszweck, sondern bereits ein wesentlicher Selbstzweck. Weiter war die von St. ausgeübte kaufmännische Tätigkeit, wie das Landesarbeitsgericht richtig ausführt, in ihren einzelnen Teilen und insgesamt durchaus einfachster Art, soweit es sich darum handelte, daß er den einzelnen Kunden täglich nach seinem Bedarf an den im wesentlichen gleichbleibenden, nicht gerade vielseitigen Warenarten fragte, den üblichen Kaufvertrag mit ihm über die gewünschte Menge abschloß, auf Grund der für die einzelnen Waren feststehenden Preise den Gesamtrechnungsbetrag auf einem Formular errechnete, den Kaufpreis in Empfang nahm und schließlich abends abrechnete. Eine besondere kaufmännische Vorbildung war hierzu, worauf hingewiesen sei, nicht gerade erforderlich.

10. Mit dieser einfachen Tätigkeit waren jedoch die kaufmännischen Aufgaben des Verkaufsfahrers St. nicht erschöpft. Unstreitig

hatte er darüber hinaus noch eine werbende, also ihrer Art nach eine besonders schwierige und besonders wichtige Tätigkeit, zu entfalten.

Die Ausführungen, die das Landesarbeitsgericht hierzu macht, sind ungenügend. Das Landesarbeitsgericht kommt auf Grund der Berechnung der dem St. für jeden einzelnen Kunden zur Verfügung stehenden Zeit zu dem Ergebnis, er habe für eine intensive Werbung keine Zeit gehabt, stellt andererseits aber fest, daß St. während der Dauer der Beschäftigung „einige neue Kunden" geworben und bei der Einführung neuer Sortimente Prämien erhalten habe. Darüber, wie die Vertragsbeziehungen zwischen der Beklagten und ihren Kunden gestaltet waren, ob die Kunden einen Dauerliefervertrag mit der Beklagten abgeschlossen hatten oder ob sie jederzeit von den weiteren Geschäftsbeziehungen mit der Beklagten Abstand nehmen und ihr Brot von einem anderen Lieferanten beziehen konnten, und welche Aufgaben im letzteren Falle etwa dem Verkaufsfahrer gestellt waren, lassen die Entscheidungsgründe jede Ausführung vermissen.

St. war Verkaufsfahrer in einer Millionenstadt. Daher muß davon ausgegangen werden, daß in den von St. belieferten Einzelhandelsgeschäften auch andere Brotfabriken für ihre Waren ständig und nachhaltig warben, wie ja auch die Beklagte Vertreter zum Werben neuer Kunden beschäftigt. Einen bindenden Dauerliefervertrag hatten die Kunden mit der Beklagten möglicherweise nicht. Dann mußte St. bei dem Verkehr mit den Kunden ständig auf die Werbetätigkeit der Konkurrenten achten, weil sonst die Beklagte von der Konkurrenz verdrängt wurde. Wieweit die Mitarbeit der Vertreter ihm diese Aufgabe erleichterte oder ganz abnahm, läßt das angefochtene Urteil nicht erkennen. Die Tatsache, daß St. eine nicht ganz unerhebliche, vom Landesarbeitsgericht der genauen Höhe nach nicht festgestellte und daher noch festzustellende Provision vom Umsatz bezogen hat, läßt möglicherweise darauf schließen, daß die Beklagte dem Verkaufsfahrer einen besonderen Anreiz hat geben wollen, durch eigene werbende Tätigkeit den vorhandenen Kundenbestand für die Beklagte zu erhalten und neue Kunden ihr zuzuführen. Dabei könnte immerhin auch die möglicherweise noch aufzuklärende Tatsache von Bedeutung sein, daß die Beklagte sich insoweit die etwaigen besonderen kaufmännischen Fähigkeiten des St., der nach seiner im Sitzungsprotokoll vom 30. Juli 1953 festgehaltenen Zeugenaussage jetzt Bilanzbuchhalter bei der Firma Krupp Fahrzeuge GmbH. ist, zunutze gemacht hat. Hiernach bleibt im Verein mit der Tatsache, daß St. tatsächlich neue Kunden geworben und bei den vorhandenen Kunden den Absatz neuer Sortimente mit Erfolg eingeführt hat, die Möglichkeit einer nicht unerheblichen Werbetätigkeit offen. In diesem Falle hat St. stets und ständig im Verkehr mit der Kundschaft eine besondere kaufmännische Geschicklichkeit und Anpassungsfähigkeit als vertragsmäßige Aufgabe entwickelt, die gerade eine echte kaufmännische Tätigkeit kennzeichnet (RAG. ARS. 18, 443). Dann besteht aber weiter die im wesentlichen vom Tatrichter zu würdigende Möglichkeit, daß gerade diese seine Aufgabe die nur mechanische Tätigkeit überschattete und der entscheidende Endzweck seiner Gesamttätigkeit gewesen ist, also seiner Gesamttätigkeit das besondere Gepräge gab.

11. Nach alledem ist die Kenntnis der näheren tatsächlichen Umstände für eine in den einschlägigen Tarifverträgen etwa zum Ausdruck kommenden Verkehrsanschauung über die Bewertung der Tätigkeit der Verkaufsfahrer sowie die Kenntnis des näheren Inhalts und Umfangs der Werbetätigkeit des St. zur Entscheidung des Rechtsstreits unerläßlich. Da hierzu die zuvor erörterten, auf tatsächlichem Gebiet liegenden weiteren Aufklärungen und Prüfungen erforderlich sind, war gemäß dem entscheidenden Teil des Urteils zu erkennen, damit das Landesarbeitsgericht die gebotenen tatsächlichen Aufklärungen trifft und hierauf bei seiner erneuten Entscheidung die zuvor gemachten Rechtsausführungen beachtet.

30

Die Bestimmung des § 11 Abs. 2 S. 1 KSchG., daß eine unwirksame fristlose Kündigung im Zweifel nicht als Kündigung für den nächsten zulässigen Kündigungszeitpunkt gelten soll, enthält nur eine widerlegbare Vermutung.

Zur Anwendung des § 1 Abs. 2 KSchG. ist nicht erforderlich, daß die Kündigung durch einen Grund verursacht sein muß, der dem Arbeitgeber die Fortsetzung des Arbeitsverhältnisses über das Ende der Kündigungsfrist hinaus überhaupt nicht mehr zumutbar erscheinen läßt. Vielmehr genügen solche Umstände, die bei verständiger Würdigung in Abwägung der Interessen der Vertragsparteien und des Betriebes die Kündigung als billigenswert und angemessen erscheinen lassen.

KSchG. § 1 Abs. 2, § 11 Abs. 2.

II. Senat. Urteil vom 7. Oktober 1954 i. S. M. (Kl.) w. Deutsche Bundesbahn (Bekl.) 2 AZR 6/54.

I. Arbeitsgericht Stuttgart. — II. Landesarbeitsgericht Stuttgart.

Der Kläger ist bei der Beklagten, zuletzt als Ladeschaffner (Arbeiter) auf dem Hauptbahnhof in Stuttgart, beschäftigt gewesen. Er wurde fristlos entlassen, weil er sich nach Dienstschluß so stark betrunken hatte, daß er, als er am nächsten Morgen gegen 7.00 Uhr von einigen Leuten zum Bahnhof gebracht wurde, ohne fremde Hilfe weder gehen noch stehen konnte und seinen Vorgesetzten und das Dienstpersonal, das ihn in einen Ruheraum bringen wollte, beschimpfte und durch starken Lärm in seiner Eisenbahneruniform Aufsehen erregte.

Der Kläger verlangt mit der Klage die Feststellung, daß sein Arbeitsverhältnis durch die fristlose Entlassung nicht aufgelöst worden ist.

Die Beklagte hat sich darauf berufen, daß das Verhalten des Klägers seine fristlose Entlassung, jedenfalls aber seine ordentliche Kündigung zum 31. August 1953 rechtfertige.

Das Arbeitsgericht hat festgestellt, daß zwar die fristlose Entlassung unbegründet war, das Arbeitsverhältnis jedoch am 31. August 1953 beendet vorden ist.

Die Berufung des Klägers hat das Landesarbeitsgericht zurückgewiesen.

Gegen dieses Urteil wendet sich der Kläger mit der Revision. Zur Begründung ihrer Zulässigkeit macht er geltend, daß die angefochtene Entscheidung von den Urteilen des Landesarbeitsgerichts Mannheim vom 10. Januar 1952 — Sa. 79/51 — und vom 11. März 1952 — Sa. 240/51 — (BB. 1952 S. 576) abweiche. Wegen dieser Abweichung müsse die Revision als zulässig angesehen werden. Außerdem sei die Revision auch begründet, weil der Beklagten trotz des Vorfalles die Fortsetzung des Arbeitsverhältnisses über den Ablauf der Kündigungsfrist zugemutet werden könne.

Die Revision hatte keinen Erfolg.

Gründe:

Das Berufungsgericht hat, wie sich aus den Gründen des angefochtenen Urteils ergibt, im bewußten Gegensatz zu der in den Urteilen des Landesarbeitsgerichts Mannheim vom 10. Januar 1952 — Sa. 79/51 — und vom 11. März 1952 — Sa. 240/51 — (BB. 1952 S. 576) hinsichtlich der Rechtswirksamkeit einer durch das Verhalten eines Arbeitnehmers bedingten Kündigung zu Grunde gelegten Rechtsansicht entschieden. Da das angefochtene Urteil und die erwähnten Urteile des Landesarbeitsgerichts Mannheim auch auf der gegensätzlichen Beurteilung der Rechtsfrage beruhen, ist die Revision des Klägers nach § 72 Abs. 1 Satz 3

ArbGG. als statthaft anzusehen. Das Berufungsgericht hätte übrigens die Revision bereits nach § 69 Abs. 3 Satz 2 ArbGG. zulassen müssen.

Es handelt sich, nachdem die Entscheidung des Arbeitsgerichts, daß die fristlose Entlassung des Klägers nicht gerechtfertigt ist, nicht angefochten und damit rechtskräftig geworden ist, nur noch um die Rechtswirksamkeit einer ordentlichen Kündigung des Klägers zum 31. August 1953.

Gegen die Umdeutung der fristlosen Entlassung des Klägers in eine ordentliche Kündigung zum nächst zulässigen Kündigungstermin bestehen nach der tatsächlichen Feststellung der Vorinstanzen, daß die Beklagte sich, für den Kläger erkennbar, auf jeden Fall von ihm trennen wollte, keine Rechtsbedenken. Die Bestimmung des § 11 Abs. 2 Satz 1 KSchG., daß eine unwirksame fristlose Kündigung im Zweifel nicht als Kündigung für den nächsten zulässigen Kündigungszeitpunkt gelten soll, enthält nur eine Vermutung, die durch Gegenbeweis entkräftet werden kann (vgl. Hueck, KSchG., 2. Aufl. § 11 Anm. 10—11).

Auch die Annahme des Berufungsgerichts, daß die ordentliche Kündigung des Klägers zum 31. August 1953 nach seinem Verhalten im Sinne des § 1 Abs. 2 KSchG. sozial gerechtfertigt ist, ist nicht zu beanstanden.

Eine Kündigung soll nach § 1 Abs. 2 KSchG. als sozialwidrig angesehen werden, wenn sie nicht durch Gründe bedingt ist, die in der Person oder in dem Verhalten des Arbeitnehmers liegen. Bei der Entscheidung hierüber müssen die Interessen sowohl des Arbeitnehmers, als auch des Betriebes und des Arbeitgebers gegeneinander abgewogen werden. Das Kündigungsrecht des Arbeitgebers ist aber hierdurch nicht soweit eingeschränkt worden, daß ein Grund ähnlich wie bei der fristlosen Entlassung gegeben sein muß, der dem Arbeitgeber die Fortsetzung des Arbeitsverhältnisses nach Ablauf der Kündigungsfrist überhaupt nicht mehr zumutbar erscheinen läßt (so Herschel-Steinmann, KSchG. 2. Aufl. § 1 Anm. 34). Es geht nicht an, die Gründe für eine ordentliche Kündigung mit dem wichtigen Grund für eine außerordentliche Kündigung zu vergleichen. Das Kündigungsschutzgesetz hat, wie sich aus § 11 Abs. 1 Satz 1 ergibt, die Vorschriften über das Recht zur außerordentlichen Kündigung unberührt gelassen. Es will nur verhüten, daß dem Arbeitnehmer sein Arbeitsplatz durch die Ausübung des ordentlichen Kündigungsrechts ohne zureichenden — sozialgerechtfertigten — Grund genommen wird. Als zureichender Grund ist jeder Umstand anzusehen, der einen verständig urteilenden Arbeitgeber zur Kündigung bestimmen kann (vgl. Hueck, Anm. zu AP. 52 Nr. 150; Rohlfing, KSchG. § 1 Anm.

19; Molitor, BB. 1953 S. 34; Nickisch, Betrieb 1953 S. 647). Es ist also davon auszugehen, daß nach § 1 des Kündigungsschutzgesetzes das ordentliche Kündigungsrecht des Arbeitgebers nicht davon abhängig ist, daß die Kündigung durch einen Grund verursacht sein muß, der dem Arbeitgeber die Fortsetzung des Arbeitsverhältnisses über das Ende der Kündigungsfrist hinaus nicht mehr zumutbar erscheinen läßt. Vielmehr genügen solche Umstände, die bei verständiger Würdigung in Abwägung der Interessen des Arbeitnehmers und Arbeitgebers sowie des Betriebes die Kündigung als billigenswert und angemessen erscheinen lassen.

Unter Zugrundelegung dieser Rechtsauffassung ist die durch das Berufungsgericht vorgenommene Würdigung des Verhaltens des Klägers als sozialgerechtfertigte Kündigung nicht zu beanstanden. DasRevisionsgericht darf nur prüfen, ob der richtige rechtliche Maßstab angewandt und ferner der Sachverhalt vollständig und erschöpfend beurteilt worden ist. In dieser Hinsicht hat es das Berufungsgericht zutreffend als ausreichend angesehen, daß die Beklagte durch den Vorfall, insbesondere mit Rücksicht auf die Interessen ihres Betriebes als Verkehrsunternehmen billigerweise veranlaßt werden konnte, den Kläger zum nächstzulässigen Kündigungszeitpunkt zu kündigen.

31

Für die Begründung der Zuständigkeit der Arbeitsgerichte genügt es, daß nach den Rechtsausführungen des Klägers ein Anspruch zur Entscheidung steht, für dessen Geltendmachung die Arbeitsgerichte zuständig sind, sofern ein solcher Anspruch überhaupt rechtlich möglich ist. Ob die vom Kläger zur Begründung seines Anspruchs gemachten Rechtsausführungen materiell-rechtlich zutreffen, kann nicht schon bei der Prüfung der Zuständigkeit, sondern erst entschieden werden, nachdem die Zuständigkeit des die materiell-rechtliche Frage entscheidenden Gerichts bejaht ist.

GG. Art. 34; ArbGG. § 2 Abs. 1.

II. Senat. Urteil vom 7. Oktober 1954 i. S. Stadtgemeinde F. (Bekl.) w. S. (Kl.) 2 AZR 10/53.

I. Arbeitsgericht Nürnberg. — II. Landesarbeitsgericht Bayern (Nürnberg).

Der Kläger hat als ehemaliger Spruchkammerbediensteter eine Zusicherung nach § 2 des Bayerischen Gesetzes zur Überführung der bei der politischen Befreiung tätigen Personen in andere Beschäftigungen vom 27. März 1948 (Bay.G.Bl. 1948 S. 48 a) erhalten. Nach § 5 Abs. 1 dieses Gesetzes wird der zugewiesene Angestellte oder Arbeiter im öffentlichen Dienste einer öffentlich-rechtlichen Körperschaft verwendet. Mit der Verfügung vom 9. Dezember 1950 hat die zuständige Regierung den Kläger der Beklagten auf Grund des § 6 des bezeichneten Gesetzes zur weiteren Verwendung im öffentlichen Dienst zugewiesen. Der Kläger hat sich alsbald der Beklagten zur Verfügung gestellt, diese hat seine Einstellung aber zunächst abgelehnt.

Sie hat vielmehr gegen die Zuweisungsverfügung die Anfechtungsklage vor dem Verwaltungsgericht erhoben, die jedoch durch das Urteil vom 3. Juli 1952 abgewiesen worden ist. Hierauf hat die Beklagte den Kläger vom 1. Oktober 1952 ab als Kraftfahrer eingestellt.

Der Kläger verlangt von der Beklagten die Zahlung von 4229,55 DM als den seit der Zuweisung bis zur Einstellung ausgefallenen Verdienst; diesen Anspruch hat er in der Klageschrift auf einen durch die Zuweisung zustandegekommenen Arbeitsvertrag und in seiner Berufungserwiderung vom 30. Juli 1953 auf „vertragliche Beziehungen" und einen „Vorvertrag" gestützt.

Die von der Beklagten erhobene Einrede der sachlichen Unzuständigkeit des Arbeitsgerichts hat das Arbeitsgericht durch das Zwischenurteil vom 24. Juni 1953 verworfen.

Die gegen dieses Urteil eingelegte Berufung hat das Landesarbeitsgericht durch das angefochtene Urteil zurückgewiesen; die Revision hat es zugelassen. Das Landesarbeitsgericht läßt es dahingestellt, ob durch die Zuweisungsverfügung ein Arbeitsvertrag zwischen den Parteien zustandegekommen ist; jedenfalls habe die Zuweisungsverfügung auf der Seite der Gemeinde eine „öffentliche Last" begründet; diese sei auf die Eingehung eines Arbeitsvertrages mit dem Kläger, also auf ein privatrechtliches Verhältnis gerichtet; daher handele es sich um einen bürgerlich-rechtlichen Rechtsstreit zwischen einem Arbeitnehmer und einem Arbeitgeber aus Verhandlungen über die Eingehung eines Arbeitsverhältnisses im Sinne des § 2 Abs. 1 Nr. 2 ArbGG.

Mit der Revision begehrt die Beklagte die Aufhebung dieses Urteils und die Abweisung der Klage. Sie führt unter Bezugnahme auf die Rechtsprechung des Bayerischen Verfassungsgerichtshofs aus, daß die Zuweisungsverfügung keinen Vertrag und kein vertragsähnliches Verhältnis, sondern nur eine unsichere Anwartschaft des Klägers begründet habe; die Klage könne daher nur auf eine Amtspflichtverletzung gestützt werden; für einen solchen Anspruch seien aber die Arbeitsgerichte nicht zuständig.

Die Revision blieb erfolglos aus folgenden

Gründen:

Der Kläger leitet aus einem an sich umstreitigen Sachverhalt Ansprüche gegen die Beklagte her, die diese für unbegründet hält. Es fragt sich, ob zur Entscheidung über die Berechtigung der von dem Kläger hergeleiteten Ansprüche die Gerichte für Arbeitssachen zuständig sind.

Der Kläger stützt seinen Anspruch auf die Zuweisungsverfügung vom 9. Dezember 1950 und auf das Bayerische Gesetz vom 27. März 1948. Richtig ist, daß der Anspruch auf Überführung in eine andere Beschäftigung, den das Gesetz vom 27. März 1948 dem Kläger gibt, zunächst öffentlich-rechtlicher Art ist. Ebenso begründet die Zuweisungsverfügung der Regierung als Verwaltungsakt zunächst nur eine öffentlich-rechtliche Verpflichtung (Last) der Beklagten, den Kläger einzustellen; insoweit sind zweifellos Rechtsbeziehungen zwischen der Regierung, also dem Lande Bayern und der Beklagten entstanden und zwar öffentlich-rechtlicher Art.

Diese dem öffentlichen Recht angehörigen Rechtsbindungen schließen es aber nicht aus, daß in ihrer weiteren Folge privatrechtliche Rechtsverhältnisse entstehen. Der Rechtsordnung ist der privatrechtsgestaltende Verwaltungsakt nicht fremd. So trifft nach §§ 3 ff. des Schwerbeschädigtengesetzes zunächst die Arbeitgeber die öffentlich-rechtliche Verpflichtung (Willrodt-Gotzen Schwerbeschädigtengesetz § 3 Erläut. 8), in dem dort näher bezeichneten Umfange Schwerbeschädigte zu beschäftigen; durch die Zwangszuweisung nach § 10 Abs. 2 Satz 2 des Schwerbeschädigtengesetzes aber gilt zwischen dem Arbeitgeber und dem Schwerbeschädigten ein privatrechtlicher Arbeitsvertrag als abgeschlossen; diese Zuweisungsverfügung ist also ein privatrechtsgestaltender Verwaltungsakt (Willrodt—Gotzen § 10 Erläut. 18; Sellmann—Evermann A 14). Ähnlich hat die Mietverfügung nach § 16 des Wohnraumbewirtschaftungsgesetzes die Wirkung eines privatrechtlichen Mietvertrags; auch hier erzeugt ein Verwaltungsakt, also ein dem öffentlichen Recht angehöriger Akt, unmittelbare Wirkung auf dem Gebiete des privaten Rechts. Freilich ist in diesen Gesetzen die auf dem privaten Recht liegende Wirkung des Verwaltungsaktes ausdrücklich ausgesprochen und ausgestaltet. Ein solcher Ausspruch fehlt dagegen in dem Bayerischen Gesetz vom 27. März 1948. Daher streiten im vorliegenden Prozeß die Parteien gerade darum, welche Wirkungen einer Zuweisung auf Grund dieses Gesetzes zukommen, ob insbesondere neben den auch vom Kläger nicht in Abrede gestellten öffentlichen Wirkungen auch privatrechtliche Rechte und Pflichten zwischen den Parteien entstanden sind. Der Kläger vertritt den Rechtsstandpunkt, daß durch die Zuweisungsverfügung bei richtiger Auslegung des Gesetzes vom 27. März 1948 mindestens eine Art Vorvertrag zwischen den Parteien oder eine privatrechtliche Verpflichtung der Beklagten gegenüber dem Kläger zum Abschluß eines Arbeitsvertrags mit ihm entstanden seien.

Ein Anspruch dieses Inhalts ist aber zweifellos ein bürgerlich-rechtlicher und kein öffentlich-rechtlicher; er hat das Bestehen oder Nichtbestehen eines Arbeitsverhältnisses oder, wenigstens sinngemäß, Verhandlungen über die Eingehung eines Arbeitsverhältnisses zum Gegenstande und gehört daher, wie das Landesarbeitsgericht mit Recht annimmt, nach § 2 Abs. 1 Nr. 2 ArbGG. zur Zuständigkeit der Gerichte für Arbeitssachen.

Ob die Zuweisungsverfügung bei richtiger Auslegung des Gesetzes vom 27. März 1948 solche privatrechtlichen Wirkungen oder, wie der Bayerische Verfassungsgerichtshof lediglich in den Gründen seiner Entscheidungen vom 21. November 1949 (Bay. GVBl. 50 S. 26) und vom 2. August 1952 ausgeführt hat, nur eine unsichere Anwartschaft des Zugewiesenen ohne privatrechtliche Rechte begründet, ist bei der Frage der Zuständigkeit des angegangenen Arbeitsgerichts nicht zu prüfen. Die materiell-rechtliche Berechtigung der Ansprüche des Klägers kann nicht anläßlich der formellen Frage der Zuständigkeit des angegangenen Arbeitsgerichts vorweg, sondern eben nur von dem Gericht entschieden werden, dessen Zuständigkeit für eine solche Prüfung gegeben ist; sonst würde dem Kläger überhaupt die gerichtliche Prüfung der Berechtigung seiner unter arbeitsrechtlichen Gesichtspunkten geltendgemachten Ansprüche abgeschnitten werden.

Freilich steht es den Gerichten für Arbeitssachen nicht zu, die Berechtigung des Anspruchs des Klägers etwa unter dem Gesichtspunkte der Amtspflichtverletzung nach Art. 34 GG., § 839 BGB. auch nur hilfsweise zu prüfen. Denn für einen solchen Anspruch ist nach Art. 34 Satz 3 GG. der ordentliche Rechtsweg gegeben. Einen solchen Anspruch macht der Kläger aber jedenfalls nunmehr nicht mehr geltend; soweit er seine Ansprüche auf diesen Klagegrund in seinem erstinstanzlichen Schriftsatz vom 18. Februar 1953 gestützt hat, hat er ihn inzwischen jedenfalls für den vorliegenden Rechtsstreit fallengelassen.

32

Zu der Frage, ob bei Anwendung einer sogenannten Generalklausel durch verschiedene Gerichte eine Divergenz vorliegt, ist zu prüfen, ob jeweils dem Gericht nur eine Verallgemeinerung vorschwebt, d. h. ob es eine Richtlinie oder Wertung geben will, an die man sich „im allgemeinen" wird halten können, oder ob es glaubt, einen Rechtssatz gefunden zu haben, d. h. einen abstrakten Normengehalt, der Anwendung auf alle, bestimmte Merkmale erfüllende konkreten Tatbestände schlechthin finden soll und muß. Nur im letzten Falle kann von einer echten Divergenz, d. h. davon gesprochen werden, daß die Entscheidung eines Landesarbeitsgerichts von der Entscheidung eines anderen Landesarbeitsgerichts abweicht und auf dieser Abweichung beruht.

Dabei ist nicht nur von dem äußeren Wortlaut der Entscheidungsgründe auszugehen, sondern auch der Sinn und Zusammenhang der jeweiligen Urteilsgründe in Betracht zu ziehen.

ArbGG. § 72 Abs. 1 Satz 3.

II. Senat. Beschluß v. 9. Oktober 1954 i. S. H. (Kl.) w. D. S. AG. (Bekl.) 2 AZR 313/54.

I. Arbeitsgericht Hamburg. — II. Landesarbeitsgericht Hamburg.

Aus den Gründen:

Dem Kläger, der eine Reihe von Jahren für die Beklagte tätig gewesen war, wurde am 28. Juni zum 31. Dezember 1945 schriftlich wegen Geschäftsveränderungen, die durch die Kapitulation eingetreten waren, gekündigt. Er hält diese Kündigung neuerdings für rechtsunwirksam, weil sie ohne Zustimmung des Arbeitsamtes ausgesprochen sei, und verlangt eine Pension, welche die Beklagte nach 15jähriger Tätigkeit im Betrieb gewähre. Er ist in beiden Rechtszügen unterlegen, weil die Beklagte nach Treu und Glauben mit dem erst im zweiten Rechtszuge und nach neun Jahren erstmalig erhobenen Einwand einer mangelnden Zustimmung des Arbeitsamtes nicht mehr zu rechnen brauche, das Arbeitsverhältnis daher als zum 31. Dezember 1945 beendet anzusehen sei, also zu einer Zeit, wo der Kläger noch keine 15 Jahre im Dienst der Beklagten gestanden habe. Mit der Kündigung seien daher auch alle etwaigen Anwartschaften auf eine Pension erledigt gewesen.

Hiergegen wendet sich die Revision des Klägers, deren Zulässigkeit damit begründet wird, daß die angefochtene Entscheidung in der Frage, ob der Kläger durch die Geltendmachung der fehlenden Zustimmung des Arbeitsamtes gegen Treu und Glauben verstoße, von Entscheidungen der Landesarbeitsgerichte Hannover und Baden abweiche.

Die Revision kann jedoch nicht auf diese angebliche Abweichung gestützt werden. (Wird hinsichtlich der Entscheidung des Landesarbeitsgerichtes Baden ausgeführt.)

Aber auch die Hinweise des Klägers auf das Urteil des Landesarbeitsgerichts Hannover ist nicht geeignet, die Zulässigkeit der Revision zu begründen, denn für die Frage, ob bei Anwendung einer sogenannten Generalklausel durch verschiedene Gerichte eine Divergenz vorliegt, ist zu prüfen, ob jeweils dem Gericht nur eine Verallgemeinerung vorschwebt, d. h. ob es eine Richtlinie oder Wertung geben will, an die man sich „im allgemeinen" wird halten können, oder ob es glaubt, einen Rechtssatz gefunden zu haben, d. h. einen abstrakten Normengehalt, der Anwendung auf alle, konkreten Tatbestände schlechthin finden soll und muß, die bestimmte Merkmale erfüllen. Nur im letzten Falle kann von einer echten Divergenz, d. h. davon gesprochen werden, daß die Entscheidung eines Landesarbeitsgerichts von der Entscheidung eines andern Landesarbeitsgerichts abweicht und auf dieser Abweichung beruht. Dabei ist nicht nur von dem äußeren Wortlaut der Entscheidungsgründe auszugehen, sondern auch der Sinn und Zusammenhang der jeweiligen Urteilsgründe in Betracht zu ziehen.

Die Entscheidung des Landesarbeitsgerichts Hannover stimmt zunächst mit der angefochtenen Entscheidung darin überein, daß die Berufung auf eine mangelnde Zustimmung des Arbeitsamtes als Verstoß gegen Treu und Glauben gewertet werden könne. Es spricht dann allerdings von „Voraussetzungen" für eine derartige Beurteilung und hält für eine solche Voraussetzung, daß der Entschluß, welcher die Kündigung auslöst, auf einen in der Person oder in dem Verhalten des Gekündigten liegenden Grund zurückzuführen ist. Daß dieser Ausspruch des Landesarbeitsgerichts Hannover jedoch nicht als ein Rechtssatz mit echtem Normengehalt, sondern als eine Richtlinie anzusehen ist, wird daraus ersichtlich, daß jenes Gericht es gleichzeitig auf die Unzumutbarkeit für den Kündigenden abstellt, so daß sich im Ergebnis nur eine allgemeine Richtlinie feststellen läßt.

33

Eine Beschränkung der Kündigung kann sich auch ohne besondere Vereinbarung aus den Umständen ergeben, insbesondere bei leitenden Angestellten.

BGB. § 620.

II. Senat. Urteil vom 12. Oktober 1954 i. S. B. (Kl.) w. Bundesrepublik (Bekl.) 2 AZR 267/54.

I. Arbeitsgericht Hildesheim. — II. Landesarbeitsgericht Hannover.

Die Revision des Klägers hatte Erfolg aus folgenden

Gründen:

Es bedarf in vorliegendem Rechtsstreit nicht der Entscheidung der Frage, ob der § 2 der 3. DVO. zu § 52 des Gesetzes zur Regelung der Rechtsverhältnisse der unter Artikel 131 GG. fallenden Personen vom 11. Mai 1951 (BGBl. I, 307) durch das Änderungsgesetz vom 19. August 1953 (BGBl. I, 980) als überholt anzusehen ist, ob also die von dem angefochtenen Urteil geforderte zweite Voraussetzung, daß das Dienstverhältnis nur noch aus wichtigem Grunde gekündigt werden konnte, fortgefallen ist. Denn die für die Abweisung des Anspruchs gegebene Begründung, daß die Kündigung des Klägers nicht beschränkt gewesen sei, hält einer rechtlichen Nachprüfung nicht stand.

Zwar ist die Feststellung, daß dem Kläger eine ausdrückliche Zusicherung über die Kündigung des Arbeitsverhältnisses nur aus wichtigen Gründen nicht gemacht sei, nicht nachprüfbar. Das Landesarbeitsgericht hat aber verkannt, daß eine solche Zusage auch stillschweigend gegeben, insbesondere aus den Umständen sich von selbst ergeben kann. Es ist ständige Rechtsprechung (vgl. RG. JW. 1938, 1932; RAG. ARS. 5, 29; 28, 169; 31, 342), daß in der Gewährung einer Dauerstellung oder einer Lebensstellung auch die Zusage enthalten sein kann, daß das Dienstverhältnis nur aus wichtigen Gründen gekündigt werden könne (vgl. RGR. Kommentar § 620 Anm. 1, § 626 Anm. 2). Bei den Leitern größerer Betriebe, deren Wirtschaftsführung erfolgreich ist und bei denen nach Ablauf der ursprünglich vorgesehenen festen Vertragszeit das Dienstverhältnis jahrelang stillschweigend fortgesetzt wird und denen eine Sicherstellung ihres Alters durch Zusage eines Ruhegeldes oder durch Leistung von Beiträgen an eine Pensionsversicherung gewährt wird, spricht aber eine tatsächliche Vermutung dafür, daß nunmehr das Dienstverhältnis von beiden Seiten als ein Dauerverhältnis angesehen wird, das nur aus besonderen Gründen — etwa wegen Änderung der Organisation, schlechter Wirtschaftslage oder wegen langer Krankheit des Angestellten, vom Angestellten verschuldeter Störung des Vertrauensverhältnisses — gekündigt werden kann.

Das Landesarbeitsgericht hätte also von diesen Gesichtspunkten aus die Erklärungen und Bekundungen der angegebenen Zeugen darauf prüfen müssen, ob nicht mindestens nach den Grundsätzen des Beweises des ersten Anscheins als erwiesen anzusehen sei, daß das Dienstverhältnis des Klägers zu einem Dauerverhältnis mit Kündigung nur aus wichtigem Grunde geworden war.

Deshalb unterlag das angefochtene Urteil der Aufhebung. Eine Zurückverweisung an das Berufungsgericht war jedoch nicht notwendig, da der Sachverhalt einwandfrei festliegt. Alle die oben angeführten, für eine Beschränkung der Kündigung sprechenden Umstände, lagen hier vor. Das Dienstverhältnis des Klägers war 10 Jahre lang nach Ablauf des ursprünglichen Vertrages fortgesetzt worden, seine vorgesetzte Dienststelle war mit seinen Leistungen bei der Leitung der Staatsgüter durchaus zufrieden gewesen, es wurden ihm immer weitere Güter unterstellt, auch wurde er zu anderen Aufgaben von dem Ministerium herangezogen und nach langen Verhandlungen ein sehr erheblicher Betrag — mag es sich dabei nun um aufgelaufene Prämien oder zusätzliche Leistungen gehandelt haben — an die Versicherungskasse gezahlt, um dem Kläger eine Altersrente zu sichern, da er wegen seines Alters nicht mehr als Beamter angestellt werden konnte. Die maßgebenden Beamten des Ministeriums haben seine Stellung immer als eine beamtenähnliche betrachtet und angenommen, daß mit der Zusicherung der Altersversorgung auch die Unkündbarkeit der Stellung verbunden war. Auch die Erklärung des Statthalters für das Land Sachsen im Jahre 1944 war wohl weniger eine ausdrückliche neue Zusage, sondern hatte mehr die Bestätigung eines bestehenden Rechtszustandes enthalten, zumal wenn man berücksichtigt, daß die Landesbauernschaft vielfach auf Abberufung des Klägers gedrängt hatte und bei einer jederzeit freien Kündigung ihr Drängen wahrscheinlich Erfolg gehabt haben würde. Die Bestimmungen des § 16 TO.A und des § 14 ADO. kamen nicht in Betracht, da der Kläger sowohl hinsichtlich seines Gehaltes (1000,— RM nebst Nebenbezügen) als auch hinsichtlich seiner Tätigkeit, die weit über die eines Abteilungsleiters hinausging, nicht unter die TO.A fiel.

Alles dies rechtfertigt die Feststellung, daß die Stellung des Klägers als eine Dauerstellung angesehen worden ist, die nur bei Vorliegen wichtiger Gründe ein vorzeitiges Ende finden sollte, d. h. daß er einem Beamten auf Lebenszeit gleichgestellt sein sollte. Demnach sind die Voraussetzungen des § 52 des Regelungsgesetzes, selbst wenn der § 2 der 3. DVO. noch Geltung haben sollte, gegeben.

34

1. Die Rechtshängigkeit einer Klage über die Wirksamkeit einer Kündigung entbindet nicht von der rechtzeitigen Erhebung der Kündigungsschutzklage wegen einer späteren vorsorglichen Kündigung des gleichen Arbeitsvertrages.

2. Eine Kündigung, die für den Fall, daß einer früheren Kündigung die Rechtswirksamkeit versagt wird, vorsorglich ausgesprochen wird, ist keine bedingte.

3. Bei der Prüfung der Frage der Sittenwidrigkeit einer Kündigung sind die gesamten Umstände des einzelnen Falles und nicht nur ein einzelner Tatsachenkomplex zu würdigen.

BGB. §§ 138, 620; Berl. KSchG. § 3.

II. Senat. Urteil vom 12. Oktober 1954 i. S. Land Berlin (Bekl.) w. H. (Kl.) 2 AZR 36/53.

I. Arbeitsgericht Berlin. — II. Landesarbeitsgericht Berlin.

Dem Kläger, der seit dem 1. September 1946 als Chirurg und Chefarzt in einem Krankenhaus des Beklagten tätig war, kündigte der Beklagte am 30. Dezember 1947 zum 30. Juni 1948 „wegen einer Umorganisation". Im Verlaufe des Rechtsstreits hat er die Kündigung auch darauf gestützt, daß der Kläger fachlich und menschlich ungeeignet sei. Seit dem 7. April 1948 ist der Kläger in dem Krankenhaus nicht mehr tätig.

Diese Kündigung hat das Arbeitsgericht durch ein Zwischenurteil vom 19. Mai 1950 für unwirksam erklärt, weil die nach einer Bekanntmachung der Abteilung Arbeit des Magistrats von Groß-Berlin vom 3. Juni 1946 (VOBl. d. Stadt Berlin S. 191) erforderliche Zustimmung des Arbeitsamtes fehle und die Kündigung auch gegen die guten Sitten und gegen Treu und Glauben verstieße. Die hiergegen von dem Beklagten eingelegte Berufung hat das Landesarbeitsgericht im Juni 1952 zurückgewiesen; es läßt die Frage des Verstoßes gegen die guten Sitten und gegen Treu und Glauben dahingestellt und beschränkt sich darauf darzutun, daß die Kündigung der unstreitig nicht vorhandenen Zustimmung des Arbeitsamts bedurft hätte und daher unwirksam sei.

Mit ihrem Schreiben vom 5. Dezember 1950, das dem Kläger am 13. Dezember 1950, also nach dem Urteil des Arbeitsgerichts, aber vor dem des Landesarbeitsgerichts zuging, hat die Beklagte dem Kläger aus den in dem schwebenden Rechtsstreit bereits vorgebrachten Gründen vorsorglich erneut gekündigt. Auf diese Kündigung hat der Kläger mit dem beim Arbeitsgericht am 9. Januar eingegangenen Schriftsatz vom 8. Januar 1951 seine Klage, die noch beim Arbeitsgericht wegen eines noch nicht erledigten Teiles schwebte, ausdrücklich ausgedehnt mit dem Hilfsantrag, diese Kündigung für unwirksam zu erklären.

Das Arbeitsgericht hat in seinem Endurteil vom 5. März 1953 die Klage, soweit sie sich gegen die Rechtswirksamkeit der Kündigung vom 5. Dezember 1950 richtet, abgewiesen. Das Landesarbeitsgericht hat durch das angefochtene Urteil dagegen festgestellt, daß die Kündigung vom 5. Dezember 1950 rechtsunwirksam sei. Es hält zwar die Kündigungsschutzklage aus dem Berliner Kündigungsschutzgesetz vom 20. Mai 1950 (VOBl. S. 173) — Berl.KSchG. — wegen der Versäumung der in § 3 Abs. 2 dieses Gesetzes zur Erhebung der Klage bestimmten Frist von drei Wochen für verspätet. Auch ist nach seiner Ansicht die Kündigung genügend klar und die vorsorgliche Kündigung eine unbedingte und damit zulässig. Dagegen habe der Beklagte durch seine aus den früheren Gründen wiederholte Kündigung deren Mißbilligung durch die Gerichte mißachtet; die Kündigung sei daher mißbräuchlich und demnach nach § 138 BGB. nichtig.

. . .

Die Revision des Beklagten führte zur Zurückverweisung aus folgenden

Gründen.

I. Die Ansicht des Landesarbeitsgerichts, daß der Kläger die Kündigungsschutzklage gegen die Kündigung vom 5. Dezember 1950 verspätet erhoben habe, begegnet keinen rechtlichen Bedenken. Allerdings war der Rechtsstreit um die Wirksamkeit der Kündigung vom 30. Dezember 1947 zur Zeit des Ausspruchs der zweiten Kündigung noch nicht entschieden. Indes erstreckte sich die Rechtshängigkeit dieser Streitsache nicht von selbst auch auf die Wirksamkeit der späteren Kündigung vom 5. Dezember 1950. Denn wenn beide Kündigungen auch das gleiche Arbeitsverhältnis betrafen, so handelt es sich doch bei der Wirksamkeit der Kündigung vom 5. Dezember 1950 eben allein um die Wirksamkeit dieser Kündigung, also um einen anderen Streitgegenstand als bei dem Rechtsstreit, der wegen der Gültigkeit der am 30. Dezember 1947 erklärten Kündigung anhängig war. Zudem war gegen die Kündigung vom 30. Dezember 1947 eine Kündigungsschutzklage gar nicht gegeben und nicht geltend gemacht, weil es im Dezember 1947 in Berlin einen besonderen Kündigungsschutz noch nicht gab; die Klage, die diese Kündigung zum Gegenstand hatte, konnte also nicht von selbst eine Kündigungsschutzklage gegen eine spätere Kündigung werden. Schließlich schwebte die Klage wegen der Gültigkeit der ersten Kündigung im Dezember 1950 auch bereits vor dem Landesarbeitsgericht (vor dem Arbeitsgericht schwebte nur noch der Rechtsstreit wegen der Arbeitsvergütung und eines Schadensersatzes); die Kündigungsschutzklage ist aber nach § 3 Berl. KSchG. vor dem Arbeitsgericht zu erheben.

Hiernach konnte der Kläger seine Kündigungsschutzklage gegen die Kündigung vom 5. Dezember 1950 nur in der Form einer besonderen Klage oder durch Erweiterung der bei dem Arbeitsgericht noch schwebenden Klage erheben. Dies mußte er nach § 3 Abs. 2 Berl. KSchG. binnen 3 Wochen nach dem Zugang der Kündigung, also bis zum 3. Januar 1951 tun.

Lediglich dadurch, daß der Kläger eine Abschrift des Kündigungsschreibens vom 5. Dezember 1950 in seinem Schriftsatz vom 20. Dezember 1950 dem Arbeitsgericht überreicht hat, hat er noch nicht zum Ausdruck geberacht, daß er mit dem schwebenden Rechtsstreit nun auch diese Kündigung als rechtsunwirksam bekämpfen wolle. Der Schriftsatz vom 8. Januar 1951, mit dem er sich gegen die Kündigung vom 5. Dezember 1950 erstmalig wendet, ist nach dem 3. Januar 1951 eingegangen.

Eine verspätete Klage kann nach § 7 Abs. 4 Berl. KSchG. nur in der Form eines besonderen Beschlusses des Arbeitsgerichts zugelassen werden. Eine Wiedereinsetzung in den vorigen Stand in anderer Form sieht das Gesetz nicht vor. Ein die verspätete Kündigungsschutzklage des Klägers zulassender Beschluß des Arbeitsgerichts ist aber nicht ergangen. Daher kommt es auf die Ausführungen des Klägers, er habe die Kündigung vom 5. Dezember 1950 für nichtig angesehen, das Arbeitsamt habe ihn in seiner Ansicht, daß nichts zu veranlassen sei, bestärkt, nur daher habe er die Frist versäumt, nicht an.

II. . . .

III. Auch darin, daß der Beklagte seine Kündigung vom 5. Dezember 1950 nur „vorsorglich", also „für den Fall, daß diese" (d. h. vom Beklagten für die Gültigkeit der ersten Kündigung vertretene) „Rechtsauffassung vom Arbeitsgericht abgelehnt wird", erklärt hat, sieht das Landesarbeitsgericht mit Recht keine Bedingung, die der Wirksamkeit der Kündigung im Wege steht. Denn der Wille, den Arbeitsvertrag zu beenden, ist unbedingt ausgesprochen; die Bedingung soll nur den Vorbehalt ausdrücken, daß der Beklagte auf die günstigere Rechtsstellung aus der früheren, von dem Landesarbeitsgericht etwa gebilligten Kündigung nicht verzichte (RAG. ARS. 35, 151).

IV. u. V. . . .

VI. Während in den zuvor erörterten Punkten dem Urteil des Landesarbeitsgerichts beizutreten ist, geben die Ausführungen des Landesarbeitsgerichts zu rechtlichem Bedenken Anlaß, soweit es die Sittenwidrigkeit der Kündigung vom 5. Dezember 1950 bejaht. Das Landesarbeitsgericht führt insoweit aus, der Beklagte habe die zweite Kündigung auf die gleichen Gründe wie die erste Kündigung gestützt; das Arbeitsgericht habe damals bereits die erste Kündigung als unsittlich mißbilligt; der Beklagte habe mit der rechtskräftigen Verwerfung des von ihm eingenommenen Standpunktes auch durch das Landesarbeitsgericht gerechnet und daher eine höchstrichterliche Entscheidung mißachtet, also gegen das Anstandsgefühl aller billig und gerecht Denkenden verstoßen.

Fehl geht allerdings die vom Beklagten erhobene Verfahrensrüge, daß das Landesarbeitsgericht bei diesen Erwägungen den Grundsatz der Verhandlungsmaxime und die §§ 286, 139 ZPO. verletzt habe. Nach dem Tatbestand des landesarbeitsgerichtlichen Urteils, der nach § 314 Satz 1 ZPO. das mündliche Parteivorbringen beweist, hat der Kläger vorgetragen, daß die erneute Kündigung gegen die §§ 138, 242 BGB. verstoße. Das Landesarbeitsgericht berücksichtigt auch keine Tatsachen, die nicht im Prozeß vorgetragen worden sind, sondern stützt sich gerade auf den Prozeßstoff und den Gang des laufenden Rechtsstreits, der beiden Parteien bekannt war. Daß das Landesarbeitsgericht es unterlassen habe, gerade den Umstand, daß der Beklagte durch seine erneute, auf die alten Gründe gestützte Kündigung die richterliche Autorität mißachtet habe, mit den Parteien besonders zu erörtern, ist nicht ersichtlich; im übrigen lag aber unter den gegebenen Umständen auch kein Anlaß zu einer solchen besonderen Erörterung vor.

Dagegen hat das Landesarbeitsgericht, wie die Revision mit Recht rügt, seine Entscheidung einseitig auf die Frage, ob der Beklagte einer gerichtlichen Entscheidung die Achtung habe versagen wollen, abgestellt. Die Ansicht des Landesarbeitsgerichts, daß einer Kündigung unter dem Gesichtspunkt des § 138 BGB. die Wirksamkeit versagt werden kann, wenn sie aus den gleichen Gründen ausgesprochen wird, die der Arbeitgeber für eine frühere Kündigung angeführt hat und die die Gerichte für Arbeitssachen mißbilligt haben, ist an sich rechtlich haltbar. Indes darf bei der Prüfung der Frage, ob eine Kündigung nach § 138 BGB. sittenwidrig ist, nicht nur ein einzelner Tatsachenkomplex, sondern müssen die gesamten Umstände des einzelnen Falles gewürdigt werden. Dieser Aufgabe wird aber das Landesarbeitsgericht nicht gerecht — wird näher ausgeführt—.

35

1. Wird der Betriebsrat auf Grund nur eines einzigen Wahlvorschlags in Gemeinschaftswahl gewählt und stellt die Minderheitsgruppe nicht genügend wählbare Ersatzmitglieder auf, die beim Ausscheiden der in den Betriebsrat gewählten Vertreter nachrücken können, so rücken die Ersatzmitglieder der anderen Gruppe in den Betriebsrat nach.

2. Obwohl das gesetzliche Gruppenverhältnis nach § 10 BetrVG. dann nicht mehr gewahrt bleibt, findet gleichwohl keine Neuwahl des Betriebsrats statt, weil in diesem Fall dem der Grundsatz der Stetigkeit der Betriebsratsarbeit entgegensteht.

BetrVG. § 10, § 22 Abs. 1, § 25.

I. Senat. Beschluß vom 20. Oktober 1954 i. S. Gewerkschaft (Antragst.) w. Betriebsrat (Antragsg.) 1 ABR 11/54.

I. Arbeitsgericht Köln. — II. Landesarbeitsgericht Düsseldorf.

Gründe:

Die Belegschaft der B.grube beschloß im Februar 1953 in getrennten Wahlgängen für Angestellte und Arbeiter die gemeinsame Wahl des Betriebsrats gemäß § 13 Abs. 2 BetrVG. Zur Belegschaft gehörten 328 Arbeiter und 38 Angestellte.

Am 24. Februar 1953 erließ der Wahlvorstand für die auf den 25. März 1953 anberaumte Betriebsratswahl das Wahlausschreiben. Nur ein Wahlvorschlag mit 19 Bewerbern wurde eingereicht, der von 40 Wahlberechtigten unterzeichnet worden war. Einsprüche gegen Wählerliste und Wahlvorschlag gingen nicht ein. An der 4. Stelle des eingereichten einzigen Wahlvorschlags stand als Angestelltenvertreter der Angestellte B. Ein Ersatzmann war für ihn nicht vorhanden, weil keiner der Angestellten bereit war, sich hierfür aufstellen zu lassen. In der Wahl wurden sodann 9 Betriebsratsmitglieder gewählt. Unter diesen befand sich an 7. Stelle der Angestellte B. mit 110 Stimmen als Vertreter der Minderheitsgruppe. Die Gewählten nahmen die Wahl an. Das Wahlergebnis wurde am 26. März 1953 ordnungsgemäß bekannt gemacht. Eine Wahlanfechtung erfolgte nicht.

Der Angestellte B. schied im Juli 1953 aus dem Betrieb und damit auch aus dem Betriebsrat aus. Am 31. Juli 1953 gab der Betriebsratsvorsitzende bekannt, daß an Stelle des ausgeschiedenen B. der Dreher S., der die nächsthöchste Stimmenzahl erhalten hatte, in den Betriebsrat nachrücke. Die Interessen der Angestelltenschaft würden in Zukunft durch das Betriebsratsmitglied C. wahrgenommen werden. C. war mit der zweithöchsten Stimmenzahl gewählt worden. Er wurde damals als Grubenarbeiter beschäftigt, war aber früher seiner beruflichen Vorbildung gemäß Angestellter.

Eine Gewerkschaft betantragte festzustellen, daß der Betriebsrat auf Grund des § 22 Abs. 1 Buchstabe b BetrVG. neu zu wählen sei. Der Antrag hatte beim Arbeitsgericht und Landesarbeitsgericht keinen Erfolg. Auch die Rechtsbeschwerde der Gewerkschaft blieb erfolglos.

Aus den Gründen

Gemäß § 22 Abs. 1 b) BetrVG. ist der Betriebsrat dann neu zu wählen, wenn die Gesamtzahl der Betriebsratsmitglieder nach Eintreten sämtlicher Ersatzmitglieder unter die vorgeschriebene Zahl der Betriebsratsmitglieder gesunken ist. Die Gesamtzahl der Betriebsratsmitglieder ist aber nach Eintreten des Ersatzmitgliedes S. für den ausgeschiedenen B. nicht unter die vorgeschriebene Zahl der Betriebsratsmitglieder gesunken. S. ist vielmehr unter Beachtung der Vorschrift des § 25 BetrVG. ordnungsgemäß nachgerückt.

Zu Unrecht meint die Rechtsbeschwerde, S. habe für den ausgeschiedenen B. nicht nachrücken können, weil jener nicht Angestelltenvertreter sei. Dies würde nur dann richtig sein, wenn auf dem einzigen Wahlvorschlag wenigstens noch ein Angestelltenvertreter als Ersatzmitglied von Seiten der Angestellten benannt worden und vorhanden gewesen wäre. Dann hätte dieses Ersatzmitglied für den ausgeschiedenen B. nachrücken müssen. Auf dem einzigen Wahlvorschlag befand sich jedoch kein weiterer Angestelltenvertreter als Ersatzmitglied, der für B. hätte nachrücken können. Nun legt zwar § 10 BetrVG. das Gruppenverhältnis im Betriebsrat zwingend fest. Doch ist es Sache der in der Belegschaft vertretenen Gruppen, dafür Sorge zu tragen, daß sie im Betriebsrat entsprechend dieser Vorschrift vertreten sind. Unterläßt dies eine Gruppe, indem sie sich z. B. an der Wahl gar nicht beteiligt oder es ablehnt, genügend Vertreter zu benennen, so bleibt diese Gruppe eben im Betriebsrat ohne jede oder genügende Vertretung. Ihr mangelndes Interesse an der Betriebsratswahl und Betriebsratstätigkeit kann nicht zu Lasten der gesamten Begegschaft und ihrer Vertretung gehen. Entsprechendes muß gelten, wenn, wie hier, die Angestelltengruppe bewußt darauf verzichtet hat, für den Angestelltenvertreter B. auf dem einzigen Wahlvorschlag ein Ersatzmitglied zu benennen, das bei Ausscheiden des B. als Vertreter der Angestelltenschaft in den Betriebsrat hätte nachrücken können. Unter diesen Umständen können sich die Angestellten der B.grube nicht auf die Vorschrift des § 10 BetrVG.

berufen. Sie haben kein rechtzeitiges Interesse an einer Wahrung des gesetzlichen Stärkeverhältnisses zwischen Arbeiter- und Angestelltenvertretern während der gesamten Wahlperiode des Betriebsrats gezeigt.

Dieses Ergebnis entspricht auch dem Grundsatz der Stetigkeit der Betriebsratsarbeit. Eine Neuwahl des Betriebsrats während der Wahlperiode sieht das Betriebsverfassungsgesetz nur ausnahmsweise vor. Die Regel des Gesetzes ist die, daß während der zweijährigen Wahlperiode der Betriebrat ungestört seinen Aufgaben nachgehen soll. Daher sind die Bestimmungen des § 22 Abs. 1 BetrVG. grundsätzlich eng auszulegen. Deshalb kann aus dieser Vorschrift nichts für eine Neuwahl hergeleitet werden, wenn sich das bei der Errichtung des Betriebsrats nach § 10 BetrVG. zwingend vorgeschriebene Verhältnis der Arbeiter- und Angestelltenvertreter im Laufe der Wahlperiode zwangsläufig geändert hat, weil, wie hier, auf dem einzigen Wahlvorschlag kein Kandidat mehr vorhanden war, der zur Aufrechterhaltung des vorgeschriebenen Gruppenverhältnisses hätte nachrücken können.

Ob die einzige Vorschlagsliste gemäß § 6 Abs. 3 der ersten Rechtsverordnung zur Durchführung des BetrVG. (WahlO.) vom 18. März 1953 (BGBl. I S. 58) ungültig sein könnte, bedarf hier entgegen der Ansicht der Rechtsbeschwerde keiner weiteren Erörterung. Abgesehen davon, daß gegen diese Vorschrift erhebliche rechtliche Bedenken bestehen, weil sie gegenüber dem BetrVG. eine weitere materiellrechtliche Voraussetzung für den Wahlvorschlag aufstellt, die durch § 13 BetrVG. nicht gedeckt ist, findet sie hier keine Anwendung. Denn die Betriebsratswahl vom 25. März 1953 war durch Erlaß des Wahlausschreibens am 24. Februar 1953 schon vor Inkrafttreten der WahlO. eingeleitet worden. Sie wurde in ihrer Rechtsgültigkeit nicht berührt, wenn das Verfahren vor und bei der Betriebsratswahl nicht den Vorschriften der WahlO. entsprochen haben sollte (§ 1 des Gesetzes zur Änderung und Ergänzung des Gesetzes vom 8. Januar 1953 über die Verlängerung der Wahlperiode der Betriebsräte vom 20. März 1953 in BGBl. 1953 I S. 57).

Die Rechtsbeschwerde meint schließlich noch, es müsse geprüft werden, wie sich die hier vertretene Auffassung gemäß § 6 Abs. 1 des Gesetzes über die Mitbestimmung der Arbeitnehmer in den Aufsichtsräten und Vorständen der Unternehmen des Bergbaus und der Eisen und Stahl erzeugenden Industrie vom 21. Mai 1951 (BGBl. I S. 347) auswirke. Die B.grube unterliege nämlich diesem Mitbestimmungsgesetz. Es kommt jedoch für die Entscheidung der Streitigkeit auf die Auswirkung gemäß § 6 Abs. 1 des Mitbestimmungsgesetzes in Bergbau und Eisenindustrie nicht an. Denn für die Entscheidung sind allein die Grundsätze des

BetrVG. maßgebend. Im übrigen ist die Auswirkung der Entscheidung mit Bezug auf § 6 Abs. 1 des Mitbestimmungsgesetzes in Bergbau und Eisenindustrie klar. Durch den Betriebsrat der B.grube kann, weil er durch Gemeinschaftswahl auf Grund eines einzigen Wahlvorschlages, der nur einen Angestelltenvertreter und keine Ersatzmitglieder der Angestelltengruppe enthielt, gewählt worden war, kein Angestelltenmitglied nach Wegfall des B. während der Wahlperiode in den gemäß § 6 Abs. 1 des Gesetzes vorgesehenen Angestelltenwahlkörper entsandt werden. Diese Folge hat sich die Angestelltenschaft durch ihre Interesselosigkeit, genügend Angestelltenvertreter auch als Ersatzmitglieder zu benennen, selbst zuzuschreiben.

36

1. Zum gesetzlichen Tatbestand des § 1 Abs. 2 KSchG. gehört auch das Merkmal der Abwägung der Interessen des Arbeitnehmers an der Aufrechterhaltung und des Arbeitgebers an der Auflösung des Arbeitsverhältnisses.

2. Eine Kündigung, die auf Gründe, die in der Person des Arbeitnehmers liegen, gestützt wird, ist nur dann sozial gerechtfertigt, wenn diese Gründe auch bei Abwägung der Interessen beider Parteien von solchem Gewicht sind, daß sie die Kündigung als gerecht erscheinen lassen.

3. Es muß aus dem vom Brufungsurteil für erwiesen erachteten Sachverhalt genügend klar hervorgehen, welche Umstände im einzelnen das Gericht für und gegen die Wirksamkeit der Kündigung abgewogen, und daß es dabei auch alle wesentlichen von den Parteien geltend gemachten Umstände berücksichtigt hat.

KSchG. § 1 Abs. 2.

I. Senat. Urteil vom 20. Oktober 1954 i. S. D. (Kl.) w. L. (Bekl.)
1 AZR 193/54.

I. Arbeitsgericht Celle. — II. Landesarbeitsgericht Hannover.

Der Kläger ist Flüchtling. Er war früher selbständiger Bauer. Im Jahre 1945 wurde er beim Beklagten als Landarbeiter eingestellt. Er ist 53 Jahre alt und verheiratet. Seine zwei Söhne stehen anderweitig in Arbeit.

Der Betrieb des Beklagten umfaßt eine landwirtschaftliche Nutzfläche von 130 ha. Er ist nach übereinstimmender Darstellung der Parteien betriebsratspflichtig.

Im Herbst 1952 zog sich der Kläger eine Hautkrankheit zu. Er mußte deswegen etwa 10 Tage im Krankenhaus und anschließend noch weiter ambulant ärztlich behandelt werden. Bei der Wiederaufnahme der Arbeit am 1. April 1953 wies der Kläger auf ärztliche Anweisung den Beklagten darauf hin, daß er nicht mit Kunstdünger in Berührung kommen dürfe. Nach zeitweiliger Beschäftigung des Klägers mit Arbeiten, bei denen er mit Kunstdünger nicht in Berührung kam, kündigte der Beklagte am 13. Mai 1953 das Arbeitsverhältnis fristgemäß zum 30. Juni 1953. Zur Begründung der Kündigung gab der Beklagte an, er könne den Kläger wegen der Behinderung durch sein Hautleiden nicht mehr beschäftigen.

Der Kläger hat sich mit der Kündigungsschutzklage gegen die Kündigung gewandt; die Behinderung durch sein Hautleiden sei nicht so groß, daß er im Betrieb des Beklagten überhaupt nicht mehr beschäftigt werden könne. Es ließe sich einrichten, daß er von jeglicher Berührung mit Kunstdünger freigehalten werde. Auch der Betriebsrat sei der Ansicht, der Kläger könne, ohne mit dem Kunstdünger in Berührung zu kommen, im Betriebe des Beklagten weiterarbeiten. Schließlich hat der Kläger noch vorgebracht, wegen seines vorgeschrittenen Alters habe er kaum Aussicht, eine andere Stelle zu bekommen.

Der Beklagte hat ausgeführt, die Kündigung sei durch Gründe bedingt, die in der Person des Klägers gegeben seien. Nach ärztlicher Feststellung dürfe der Kläger weder unmittelbar noch mittelbar irgendwie mit Kunstdünger in Berührung kommen, weil sonst zu befürchten sei, daß der Kläger wieder an Hautekzemen erkranken und deswegen arbeitsunfähig werden würde. Es lasse sich im Betrieb praktisch nicht durchführen, den Kläger vor Berührungsmöglichkeiten mit Kunstdüngerteilchen so zu schützen, wie es von den Ärzten im Interesse des Klägers verlangt werde.

Arbeitsgericht und Landesarbeitsgericht haben die Klage abgewiesen. Das Landesarbeitsgericht führt aus, auf Grund der verschiedenen ärztlichen Bescheinigungen und des vom Arbeitsgericht eingeholten amtsärztlichen Gutachtens stehe fest, daß der Kläger lange Zeit ernstlich wegen eines Hautleidens erkrankt gewesen sei, und daß bei der weiteren Arbeitsverwendung des Klägers von einer besonderen Anfälligkeit für Hauterkrankungen durch Kunstdüngereinwirkung auszugehen sei. Der Kläger dürfe auch nicht mit den kleinsten Teilchen Kunstdünger in Berührung kommen. Ein Rückfall könne selbst dann eintreten, wenn der Kläger den Kunstdünger gar nicht mit den Händen berühre. Er müsse sämtliche Arbeiten vermeiden, bei denen in diesem Sinne eine Berührung mit Kunstdünger in Frage komme. Der Kläger genüge also nicht mehr den Anforderungen, die der Betrieb des Beklagten an jeden einzelnen Arbeiter stellen müsse, wenn nicht fortgesetzt eine betriebswirtschaftliche Behinderung eintreten solle. Es stelle eine große Behinderung für den Ablauf geregelter betrieblicher Arbeit dar, wenn ständig im Auge behalten werden müsse, daß der Kläger nicht mit irgendwelchen Spuren von Kunstdünger in Berührung kommen dürfe. Nach Ansicht der erkennenden Kammer sei es bei Abwägung aller Umstände für den Arbeitgeber nicht tragbar, auf die Dauer hierauf Rücksicht zu nehmen. Selbst dann, wenn der Beklagte das Leiden des Klägers dadurch teilweise verschuldet haben würde, daß er gegen Ansteckung durch den Kunstdünger keine genügenden Vorkehrungen getroffen habe, würde sich hierdurch nichts an der Tatsache ändern, daß der Kläger für den Betrieb des Beklagten nicht mehr tragbar sei.

Die Revision des Klägers führte zur Zurückverweisung an das Berufungsgericht aus folgenden

Gründen:

Aus den Entscheidungsgründen des angefochtenen Urteils ist nicht zu entnehmen, ob der Begriff der sozialwidrigen Kündigung richtig aufgefaßt worden ist. Nach den Ausführungen des Urteils würde eine Kündigung sozial gerechtfertigt sein, wenn sie durch Gründe in der Person des Arbeitnehmers bedingt ist und die Bedürfnisse des Betriebes deswegen die Lösung des Arbeitsverhältnisses fordern. Bei einer solchen Auffassung ist nicht erkennbar, ob das Gericht die Interessen beider Parteien, des Arbeitnehmers an der Aufrechterhaltung und des Arbeitgebers an der Auflösung des Arbeitsverhältnisses sorgfältig gegeneinander abgewogen hat.

§ 1 Abs. 2 KSchG. bestimmt, wann eine Kündigung sozial ungerechtfertigt ist; er bestimmt nicht, wann sie sozial gerechtfertigt ist. Der Begriff der sozial gerechtfertigten Kündigung kann nicht etwa durch einen Umkehrschluß gewonnen werden derart, daß z. B. jede Kündigung durch in der Person des Arbeitnehmers liegende Gründe sozial gerechtfertigt ist. Eine solche Auffassung verkennt, daß das Merkmal „sozial" strengere Anforderungen an den Begriff der sozial gerechtfertigten Kündigung stellt. Dem gesetzlichen Tatbestand des § 1 Abs. 2 KSchG. ist vielmehr immanent das Merkmal der Abwägung der beiderseitigen Interessen des Arbeitnehmers an der Aufrechterhaltung und des Arbeitgebers an der Auflösung des Arbeitsverhältnisses. Eine Kündigung, die auf Gründe, die in der Person des Arbeitnehmers liegen, gestützt wird, ist also nur dann sozial gerechtfertigt, wenn diese Gründe auch bei

Abwägung der Interessen beider Parteien von solchem Gewicht sind, daß sie die Kündigung als gerecht erscheinen lassen.

Das angefochtene Urteil läßt nicht erkennen, ob es die Kündigung durch Gründe in der Person des Klägers unter Abwägung der beiderseitigen Interessen für gerechtfertigt angesehen hat. Der Satz in den Entscheidungsgründen: „nach Ansicht der erkennenden Kammer ist es bei Abwägung aller Umstände für den Arbeitgeber nicht tragbar auf die Dauer auf die Kunstdüngerempfindlichkeit des Klägers Rücksicht zu nehmen", läßt im Unklaren, ob und wie das Gericht die beiderseitigen Interessen bei der Prüfung der Sozialwidrigkeit der Kündigung berücksichtigt und bewertet hat. Der Ausdruck „bei Abwägung aller Umstände" ist zu allgemein gehalten.

Für eine unzureichende Berücksichtigung der Interessen des Klägers an der Aufrechterhaltung des Arbeitsverhältnisses und damit für die fehlende Abwägung der beiderseitigen Interessen spricht die Bemerkung des Urteils: „Selbst wenn der Beklagte das Leiden des Klägers teilweise verschuldet haben würde, würde sich dadurch nichts an der Tatsache ändern, daß der Kläger für den Betrieb des Beklagten nicht mehr tragbar ist". Denn gerade dann, wenn die eingeschränkte Arbeitsfähigkeit des Klägers auf eine im Betrieb erlittene Beschädigung zurückzuführen ist, der Kläger aber sonst jahrlang im Betrieb eine befriedigende Tätigkeit geleistet hat, muß vom Arbeitgeber besondere Rücksicht gefordert werden (Hueck, KSchG., 2. Aufl. § 1, Anm. 34). Hätte das Landesarbeitsgericht den Gesichtspunkt der Abwägung der beiderseitigen Interessen beachtet, so wäre es gezwungen gewesen, sich gerade mit dieser Frage auseinanderzusetzen.

Der Kläger hat in Übereinstimmung mit der Ansicht des Betriebsrats Darlegungen darüber gemacht, inwiefern er trotz seiner Hauterkrankung im Betrieb des Beklagten weiterbeschäftigt werden könne, ohne mit Kunstdünger in eine ihn gefährdende Berührung zu kommen. Wenn der Kläger angibt, von 2700 jährlichen Arbeitsstunden kämen nur 100 für Kunstdüngerstreuen in Frage, so lag es nahe und war erforderlich, unter dem Gesichtspunkt der Interessenabwägung auszuführen, warum es nach Ansicht des Gerichts auf diese Behauptung im Hinblick auf die gutachtliche Äußerung des landwirtschaftlichen Sachverständigen nicht ankomme. Denn es leuchtet nicht ohne weiteres ein, daß bei 100 Stunden Kunstdüngerstreuen im Jahr Hof und Geräte für das ganze übrige Jahr mit Kunstdüngerstaub und -resten behaftet bleiben sollen. Das Gericht hat diese Behauptung des Klägers aber unbeachtet gelassen. Auch das spricht, weil gerade das Gutachten sich mit dieser Behauptung des

Klägers in keiner Weise auseinandersetzt, für eine Nicht- oder doch nicht hinreichende Berücksichtigung der Abwägung der beiderseitigen Interessen der Parteien.

Schließlich spricht für die Nichtberücksichtigung der Interessen des Klägers an einer Aufrechterhaltung des Arbeitsverhältnisses auch, daß das Urteil nicht erörtert, warum es dem Beklagten nur wegen der ärztlichen gutachtlichen Äußerungen über eine mögliche Wiedererkrankung des Klägers nicht zuzumuten sei, es wenigstens zunächst noch einmal mit dem Kläger tatsächlich zu versuchen, zumal der Kläger offensichtlich ohne gesundheitliche Beeinträchtigung vor Beendigung des Arbeitsverhältnisses mehrere Monate im Betrieb des Beklagten weiterbeschäftigt worden ist. Es kommt hinzu, daß die ärztliche Begutachtung des Niedersächsischen Landesinstituts für Arbeitsmedizin und Gewerbehygiene ausdrücklich ein schweres oder wiederholt rückfälliges berufliches Hautleiden, das zum Wechsel des Berufes oder zur Aufgabe jeder Erwerbsarbeit zwinge, verneint hat.

Es muß aus dem vom Urteil für erwiesen erachteten Sachverhalt genügend klar hervorgehen, welche Umstände im einzelnen das Gericht für und gegen die Wirksamkeit der Kündigung abgewogen, und daß es dabei auch alle wesentlichen von den Parteien geltend gemachten Umstände berücksichtigt hat. Denn nur dann ist das Revisionsgericht in der Lage, nachzuprüfen, ob das Berufungsgericht die gesetzlichen Tatbestandsmerkmale des § 1 Abs. 2 KSchG. richtig erkannt und auf den festgestellten Sachverhalt richtig angewandt hat.

Es bedarf somit noch der Feststellung, ob und welche Umstände im Interesse des Klägers für eine Aufrechterhaltung des Arbeitsverhältnisses sprechen und welchem Interesse bei Abwägung mit den für eine Beendigung des Arbeitsverhältnisses sprechenden Belangen des Arbeitgebers der Vorrang zu geben ist.

37

1. Die Anfechtung einer Wahl von Arbeitnehmervertretern zum Aufsichtsrat ist schon vor Erlaß der vorbehaltenen Rechtsverordnung zulässig. Die Arbeitsgerichte sind hierfür zuständig.

2. § 12 Abs. 2 BetrVG. findet keine — auch keine entsprechende — Anwendung, wenn die Arbeitnehmer zum Aufsichtsrat in Gemeinschaftswahl gewählt werden.

ArbGG. § 2 Abs. 1 Nr. 4; BetrVG. § 76 Abs. 2; § 12 Abs. 2; § 87 Buchst. g.

I. Senat. Beschluß vom 20. Oktober 1954 i. S. K. u. a. (Antragst.) w. F. (Antragsg.) 1 ABR 17/54.

I. Arbeitsgericht Bielefeld. — II. Landesarbeitsgericht Hannover.

Gründe

Am 12. Oktober 1953 wählten die Arbeitnehmer der Güterverwaltung S. GmbH. ihre Vertreter erstmalig in den aus 9 Migliedern bestehenden Aufsichsrat. Es waren vier Wahlvorschläge gemacht, darunter der erste für die Kandidaten M., F., M. u. a. von seiten des Betriebsrats, der zweite für die Antragsgegnerin, die Angestellte Frau F., von seiten eines Gehaltsempfängers und 99 Lohnempfängern. Von den abgegebenen Stimmen entfielen u. a. auf den nicht zur Güterverwaltung gehörenden M. 510, den Arbeiter M. 500, auf die Antragsgegnerin 353 und den Angestellten F. 92 Stimmen. Als Ergebnisse der Wahl stellte der Wahlvorstand fest, daß M., M. und die Antragsgegnerin in den Aufsichtsrat gewählt seien.

Die nunmehrigen Antagsteller, die sämtlich Gehaltsempfänger sind, verlangen Feststellung, daß an Stelle der Antragsgegnerin der Rechnungsführer F. in den Aufsichtsrat gewählt sei und führen zur Begründung aus: Schon das Wahlergebnis zeige eindeutig, daß die Lohnempfänger und nicht die Gehaltsempfänger die Antragsgegnerin gewählt hätten. Darüber hinaus habe die Antragsgegnerin im Frühjahr 1953 bei einer Versammlung der Gehaltsempfänger erklärt, daß sie nicht das Vertrauen der Angestellten besäße und daher sich niemals für sie aufstellen lassen werde. Für die Betriebsratswahl habe sich die Antragsgegnerin in der Gruppe der Lohnempfänger aufstellen lassen und sei von ihnen in den Betriebsrat gewählt worden. Schon dieser Sachverhalt zeige, daß die Antragsgegnerin im Aufsichtsrat nicht die Interessen der Angestellten, sondern der Lohnempfänger vertreten werde. Wenn das Gesetz aber zwingend vorschreibe, daß unter den in den Aufsichtsrat gewählten Personen mindestens ein Angestellter und ein Lohnempfänger vertreten sein müsse, so müsse auch § 12 Abs. 2 BetrVG. zur entsprechenden Anwendung gelangen, daß nämlich derjenige, der von der einen Gruppe erweislich gewählt sei und im Betriebsrat zu dieser Gruppe gehöre, auch bei der Wahl von Vertretern der Arbeitnehmer zum Aufsichtsrat als Angehöriger dieser Gruppe gelte. Wenn also die Antragsgegnerin von den Arbeitern und vor allem den Arbeiterinnen gewählt sei, so gelte sie auch im Aufsichtsrat als Angehörige der Arbeitergruppe. Da aber ein Mitglied der Arbeitnehmer im Aufsichtsrat ein Angestellter sein müsse, so hätte nicht sie, sondern der Angestellte F. in den Aufsichtsrat gewählt werden müssen. Das Arbeitsgericht hat den Antrag durch Beschluß vom 8. 12. 1953 zurückgewiesen, das Landesarbeitsgericht hat die Beschwerde der Antragsgegnerin unter Zulassung der Rechtsbeschwerde ebenfalls zurückgewiesen. Hiergegen wendet sich die Rechtsbeschwerde, die vor allen Dingen zur Nachprüfung stellt, ob nicht zum mindesten eine analoge Anwendung des § 12 Abs. 2 BetrVG. für die Arbeitnehmermitglieder im Aufsichtsrat gelten müsse.

Die Rechtsbeschwerde ist zulässig, aber nicht begründet.

Die Arbeitsgerichte sind zur Entscheidung über die Anfechtung einer Wahl von Vertretern der Arbeitnehmer zum Aufsichtsrat nach Maßgabe einer noch zu erlassenden Rechtsverordnung zuständig (§ 2 Abs. 1 Ziff. 5 ArbGG.; § 82 s i. V. m. § 87 g und §§ 76, 77 BetrVG.). Aber dadurch ist weder das Inkrafttreten der Vorschriften über die Wahl von Vertretern der Arbeitnehmer zum Aufsichtsrat selbst, noch die Zuständigkeit der Arbeitsgerichte für die Anfechtung dieser Wahl bis zum Erlaß der vorbehaltenen, bisher nicht ergangenen Rechtsverordnung hinausgeschoben. Auch das Landesarbeitsgericht Frankfurt a. M. geht in seinem die Anfechtung für unzulässig haltenden Beschluß vom 8. Juli 1954 (III LBR. 11/53) davon aus, daß die Vorschriften über die Wahl der Arbeitnehmer in den Aufsichtsrat von der vorbehaltenen Rechtsverordnung unabhängig sind und die Zuständigkeit des Arbeitsgerichts selbst außer Zweifel steht; es verkennt aber, daß es dann nicht im Sinne des Gesetzes liegen kann, den ins Einzelne gehenden Vorschriften über die Vornahme der Wahl von Arbeitnehmern zum Aufsichtsrat die volle rechtliche Wirkung durch Ablehnung der Anfechtbarkeit zu versagen, so daß die Wahlbestimmungen — soweit es sich nicht um besonders grobe Verstöße handelt, die zur Nichtigkeit einer Wahl führen — einstweilen umgangen werden könnten. Angesichts des zwingenden Charakters, den das Gesetz den Wahlvorschriften gibt, muß ihnen in einem rechtlich geordneten Verfahren dadurch Anerkennung verschafft werden, daß bei Verstößen gegen wesentliche Vorschriften über Wahlrecht, Wählbarkeit oder Wahlverfahren, durch die das Wahlergebnis beeinflußt wird, die Anfechtung der Wahl bereits jetzt zugelassen wird. Es kann dabei dahingestellt bleiben, ob vorläufig in entsprechender Anwendung des § 18 BetrVG. die Frist für die Anfechtung der Wahl von Arbeitnehmern zum Aufsichtsrat mit zwei Wochen anzunehmen ist. Denn nach dem insoweit nicht angegriffenen Tatbestand des angefochtenen Beschlusses ist das Wahlergebnis nicht vor dem 13. Oktober bekanntgegeben. Der am 27. Oktober 1953 bei dem Arbeitsgericht in Braunschweig eingegangene Antrag, die Wahl für ungültig zu erklären, ist daher in jedem Falle rechtzeitig.

In der Sache kann es dahingestellt bleiben, ob nach §§ 77, 76 Abs. 2 Satz 1 BetrVG. die Wahl von Vertretern der Arbeitnehmer in den Aufsichtsrat nur in Form einer Gemeinschaftswahl oder auch als Gruppenwahl durchgeführt werden kann, so daß im § 33 Abs. 1 der Wahlordnung eine unzulässige Einschränkung enthalten wäre, die über die Bestimmung des § 76 Abs. 2 Satz 1 BetrVG. hinausgeht, weil sie die Gemeinschaftswahl anordnet und damit eine nach dem Betriebsverfassungsgesetz selbst etwa mögliche Gruppenwahl ausschließt. Es braucht im vorliegenden Fall auch nicht geprüft zu werden, ob insoweit § 87 BetrVG. mit seiner weitgehenden Ermächtigung die Grenzen des Art. 80 GG. eingehalten hat.

Denn jedenfalls ist die Gemeinschaftswahl auch ohne die Voraussetzungen des § 13 Abs. 2 BetrVG. nach § 76 Abs. 2 Satz 1 BetrVG. zulässig. Wenn aber, wie im vorliegenden Falle, zulässigerweise eine Gemeinschaftswahl tatsächlich stattgefunden hat, so muß sie auch rechtlich als Gemeinschaftswahl behandelt werden. Es können daher grundsätzlich nur diejenigen Bestimmungen unmittelbare oder entsprechende Anwendung finden, die das Gesetz für eine Gemeinschaftswahl vorsieht. Gruppengesichtspunkte können bei der Gemeinschaftswahl nur dann und insoweit berücksichtigt werden, als sich dies ausdrücklich oder durch einen zwingenden Auslegungsschluß aus dem Gesetz ergibt.

Die Rechtsbeschwerde hält beides für gegeben.

Einen ausdrücklichen Hinweis zu weitgehender Anwendung der Vorschriften über die Gruppenwahl will die Rechtsbeschwerde dem § 33 Abs. 1 Wahlordnung entnehmen, weil dort in Satz 2 u. a. auf § 8 der Wahlordnung und von dort wiederum in Abs. 1 auf § 13 Abs. 4 und 5 des BetrVG. verwiesen wird. Nach § 13 Abs. 5, der in seinem letzten Halbsatz wiederum auf § 13 Abs. 4 Sätze 2 und 3 aaO. Bezug nähme, müsse jeder Wahlvorschlag von der erforderlichen Zahl von Gruppenangehörigen unterzeichnet sein. Dabei ist jedoch zweierlei übersehen. Einmal gilt nach § 13 Abs. 5 der Abs. 4 Sätze 2 und 3 nur *entsprechend* für die Gemeinschaftswahl. Das kann aber, wenn Abs. 5 Halbsatz 1 seinen Sinn behalten soll, nur bedeuten, daß aus Abs. 4 Satz 2 die Bestimmung über die Unterzeichnung von mindestens drei Wahlberechtigten anzuwenden ist, im übrigen aber an die Stelle der Gruppenangehörigen in Abs. 4 Satz 2 bei Gemeinschaftswahl die wahlberechtigten Arbeitnehmer und in Abs. 4 Satz 3 an die Stelle der einhundert Gruppenangehörigen einhundert Arbeitnehmer ohne Rücksicht auf die Wahlberechtigung treten. Damit stimmt es überein, daß § 76 Abs. 3 BetrVG. selbst ausdrückliche Bestimmungen enthält, die als Sonderregelung dem § 13 Abs. 4 und 5 BetrVG. vorgehen, wonach die Wahlvorschläge jedenfalls bei Gemeinschaftswahl nicht von Gruppenangehörigen, sondern von Arbeitnehmern zu unterzeichnen sind und auch vom Betriebsrat eingebracht werden können. Soweit daher die Rechtsbeschwerde beanstandet, daß die Wahlvorschläge gegen Bestimmungen der Wahlordnung verstoßen, ist sie nicht begründet.

Eine zweite Frage bleibt, ob nach der Wahl bei der Feststellung des Wahlergebnisses Gruppeninteressen zu berücksichtigen waren.

Die allgemeine Anwendung von Vorschriften der Gruppenwahl kann nicht daraus hergeleitet werden, daß nach § 76 Abs. 2 Satz 3 Halbs. 2 BetrVG. die Bestimmung des § 10 Abs. 3 aaO. entsprechend anzuwenden ist, der sagt, daß eine Minderheitsgruppe keine Vertretung erhält, wenn ihr nicht eine bestimmte Mindestzahl (mehr als 5 Arbeitnehmer) angehören und sie nicht einen bestimmten Verhältnisteil der Arbeitnehmer des Betriebes (mehr als $^1/_{20}$) darstellen. Denn es handelt sich nur um eine entsprechende Anwendung des § 10 Abs. 3 BetrVG. in dem Sinne, daß bei Arbeitern und Angestellten Mindestzahl und Verhältnisteil des § 10 aaO. erfüllt sein müssen, wenn § 76 Abs. 2 Satz 3 Halbs. 1, daß nämlich ein Arbeiter und ein Angestellter im Aufsichtsrat sein müssen, überhaupt anzuwenden ist. Aber auch eine entsprechende Anwendung des § 12 Abs. 2 Satz 2 um deswillen, weil diese Bestimung über den Wortlaut hinaus einen allgemeinen Grundsatz enthalte, der nicht nur bei der Wahl des Betriebsrats, sondern auf dem gesamten Gebiet der Betriebsverfassung, somit auch auf die Wahl zum Aufsichtsrat anzuwenden sei und allgemein der Vermeidung einer möglichen Interessenkollision diene, ist nicht gerechtfertigt. Der entsprechenden Anwendung des § 12 Abs. 2 BetrVG. auf die Wahl zum Aufsichtsrat steht entgegen, daß § 12 aaO. die Gruppenwahl und damit die Kundgebung des Vertrauens einer Gruppe in rechtlich bestimmter Form zwingend zur Voraussetzung hat, (vgl. Dietz, BetrVG. § 10 Bem. 9; § 12 Bem. 14, 15 am Ende). Denn bei der Gemeinschaftswahl kommt der im § 12 vorausgesetzte Tatbestand, daß Angehörige der einen Gruppe einen Angehörigen der anderen Gruppe wählen können, aus Rechtsgründen nicht in Betracht. Das Wesen der Gemeinschaftswahl besteht darin, daß jeder wahlberechtigte Arbeitnehmer jeden Wählbaren wählen kann. Bei ihr ist weiter im Hinblick auf die allgemeine geheime Wahl (§ 76 Abs. 2 Satz 1 BetrVG.) die Feststellung, daß Vertreter der einen Gruppe einen Angehörigen der anderen Gruppe gewählt haben, ipso iure unzulässig und unmöglich. Der Gewählte bleibt — im Gegensatz zu der Vorschrift des § 12 Abs. 2 — im Aufsichtsrat, was er ist, Vertreter seiner Gruppe. Daher ist es auch nicht richtig, daß die Antragsgegnerin auf dem Stimmzettel im Hinblick auf § 12 Abs. 2 BetrVG. als „Arbeiterin" hätte gekennzeichnet werden müssen und das Unterbleiben dieser Kennzeichnung zur Anfechtung berechtige.

Keinesfalls kann den Ausführungen der Rechtsbeschwerdeführer gefolgt werden, die darauf hinauslaufen, daß außerhalb des Wahlganges liegende Beweise des Mißtrauens einer Gruppe herangezogen werden könnten, um bei der Feststellung des Ergebnisses zur Wahl in den Aufsichtsrat Gruppeninteressen als verletzt darzutun. Die Gemeinschaftswahl, wie sie hier zulässigerweise stattgefunden hat, ist eine geheime Wahl, deren Geheimhaltung nicht durch Vermutungen gefährdet werden darf, die aus Umständen entnommen werden, die dem Wahlgang vorhergehen oder folgen. Bei dem Wahlakt der Gemeinschaftswahl treten einzig und allein die wahlberechtigten Arbeitnehmer in allgemeiner, geheimer, gleicher und unmittelbarer Wahl in Funktion und die Wahl findet eben gerade nicht getrennt in den beiden Gruppen statt. Daher muß der Sachvortrag der Rechtsbeschwerdeführer unbeachtet bleiben, daß die Rechtsbeschwerdegegnerin von den Lohnempfängern durch Unterschriftsammlung vorgeschlagen wurde, daß sie in der Versammlung der Gehaltsempfänger zur Betriebsratswahl offiziell erklärt habe, sie besitze das Vertrauen der Gehaltsempfänger nicht und werde deshalb niemals für diese kandidieren, und daß bei einer Abstimmung in einer Betriebsversammlung der Gehaltsempfänger ihr deren Mißtrauen ausgesprochen worden sei. Es kommt nur auf den gemeinschaftlichen Wahlgang zum Aufsichtsrat selbst an. In welchem Umfange dort Arbeiter oder Angestellte ihre Stimme der Rechtsbeschwerdegegnerin gegeben oder nicht gegeben haben, ist ein Vorgang, der sich aus der Gemeinschaftswahl weder ergibt noch ergeben soll und daher geheim bleiben muß. Eine andere Auffassung würde das Wesen und die Bedeutung der Wahl zum Aufsichtsrat, die tatsächlich als zulässige Gemeinschaftswahl erfolgt, verändern und abschwächen. Der Gewählte muß aus der Wahl selbst und nur aus ihr nach Maßgabe der bestehenden gesetzlichen Bestimmungen feststehen. Es geht nicht an, eine Gemeinschaftswahl durch vorhergehende oder nachfolgende Kundgebungen des Vertrauens oder Mißtrauens zu bestätigen oder in Frage zu stellen und ihr Erklärungen der Gruppen vorausgehen oder nachfolgen zu lassen, mit deren Hilfe dann das Wahlergebnis festzustellen wäre.

Aber auch aus dem Wesen der Sache ergibt sich keine andere Entscheidung. Der Gesetzgeber hat beide Wahlen, die zum Betriebsrat und die zum Aufsichtsrat getrennt voneinander nach Wahlgang, Art der Wahl, den besonderen Voraussetzungen der Wählbarkeit und des Wahlverfahrens selbständig ausgestaltet und insbesondere bestimmt, daß die Betriebsratswahl grundsätzlich als Gruppenwahl und die Aufsichtsratswahl auch ohne besonderen Beschluß zulässigerweise als Gemeinschaftswahl stattfindet. Daraus ergeben sich notwendige Unterschiede darin, in welchem Umfange den Gruppeninteressen bei den Wahlsystemen Rechnung getragen werden kann. Die Folge, daß ein Arbeitnehmer bei Gemeinschaftswahl im Aufsichtsrat als Mitglied der Gruppe zählt, der er wirklich angehört, im Betriebsrat dagegen zur Gruppe, die ihn in Gruppenwahl gewählt hat, mag im einzelnen Fall unerwünscht sein. Sie ist de lege lata aus Rechtsgründen unvermeidlich. Dadurch etwa entstehende Diskrepanzen zwischen Betriebsratswahl und Wahl von Arbeitnehmern in den Aufsichtsrat werden sich nachhaltig nur vermeiden lassen, wenn entweder bei den Betriebsratswahlen die gemeinsame Wahl beschlossen oder für den Aufsichtsrat auch eine Gruppenwahl als Regel gesetzlich bestimmt oder entgegen § 33 Abs. 1 WahlO. beschlossen und damit eine Übereinstimmung in den Wahlprinzipien herbeigeführt wird. Bei der klaren Selbständigkeit aber, die nach der derzeitigen Rechtslage die Aufsichtsratswahl gegenüber der Wahl zum Betriebsrat hat, geht es nicht an, beide dadurch zu koordinieren, daß jemand, der nach § 12 Abs. 2 BetrVG. bei der Gruppenwahl von einer anderen Gruppe in den Betriebsrat gewählt ist und dieser Gruppe darum im Betriebsrat zugezählt wird, etwa für die Dauer seiner Zugehörigkeit zum Betriebsrat unfähig würde, in seiner wirklichen Eigenschaft als Arbeiter oder Angestellter in den Aufsichtsrat gewählt zu werden. Es braucht nicht immer ein 'angebliches Mißtrauen seiner eigenen Gruppe vorzuliegen, sondern der Betreffende kann ebensogut vom Vertrauen beider Gruppen getragen werden. Das Gesetz sieht einen Interessengegensatz zwischen der Mehrheits- und Minderheitsgruppe nur im Betriebsrat als besonders wesentlich an, wie sich u. a. aus § 34 BetrVG. ergibt. Für Beschlüsse des Aufsichtsrats gelten entsprechende Bestimmungen nicht.

38

1. Die Befristung von Arbeitsverträgen ist unwirksam, wenn sie dem Arbeitnehmer den Kündigungsschutz nimmt und ein verständiger Arbeitgeber einen Arbeitsvertrag auf unbestimmte Zeit abgeschlossen hätte.

2. Diese Grundsätze gelten auch für die Arbeitnehmer im öffentlichen Dienst.

3. Die ATO. und die TO.A schließen befristete Arbeitsverträge nicht aus.

GG. Art. 20 Abs. 1; Art. 28 Abs. 1; BGB. § 620; KSchG. § 1; ATO. § 19 Abs. 2; TO.A § 1 Abs. 4.

II. Senat. Urteil vom 21. Oktober 1954 i. S. B. (Kl.) w. Land Nordrhein-Westfalen (Bekl.) 2 AZR 25/53.

I. Arbeitsgericht Bielefeld. — II. Landesarbeitsgericht Hamm/Westfalen.

Der Kläger wurde zum 1. Februar 1952 beim Versorgungsamt in B. als Aushilfsangestellter unter Bezugnahme auf die ATO. und TO.A „längstens bis zum 31. März 1952" eingestellt. Nachdem er stillschweigend über den 31. März 1953 hinaus weiter beschäftigt war, vereinbarten die Parteien am 2. Mai 1952 einen bis zum 31. Mai 1952 befristeten Dienstvertrag; am 3. Juni 1952 wurde dieser Vertrag bis zum 30. Juli und am 28. Juli 1952 bis zum 30. September 1952 verlängert.

Am 30. September 1952 war die Umstellung des Rentenverfahrens bei dem Versorgungsamt, deretwegen der Kläger eingestellt war, im wesentlichen beendet. Da das Versorgungsamt für die Durchführung des Gesetzes über die Gewährung von Teuerungszulagen vom 25. Juni 1952 wiederum Hilfskräfte brauchte, schloß es für die Zeit vom 1. Oktober 1952 ab mit dem Kläger zunächst einen bis zum 31. Dezember 1952 befristeten Arbeitsvertrag und verlängerte diesen dann bis zum 31. März 1953.

Der Kläger erledigte anstelle von Fachkräften des beklagten Landes, die unmittelbar zur Erledigung der durch die Umstellung des Rentenverfahrens und das Gesetz über die Gewährung von Teuerungszulagen angefallenen Mehrarbeit herangezogen wurden, Buchhaltungs-, Kassen- und Karteiarbeiten allgemeiner Art.

Am 13. März 1953 teilte das Versorgungsamt dem Kläger mit, seine Weiterbeschäftigung über den 31. März 1953 hinaus erfolge nicht, weil die durch das Gesetz vom 25. Juni 1952 entstandene Mehrarbeit in der Hauptsache abgeschlossen sei. Am 31. März 1953 ist der Kläger ausgeschieden.

Der Kläger hält die Befristung seines Arbeitsverhältnisses für unzulässig. Er verlangt die Einhaltung der tariflichen Kündigungsfrist und den Kündigungsschutz nach dem Kündigungsschutzgesetz. Das Arbeitsgericht erkannte demgemäß, das Landesarbeitsgericht hat dagegen die Klage abgewiesen.

Die Revision des Klägers führte zur Zurückverweisung an das Berufungsgericht aus folgenden

Gründen:

1. Die tarifliche Kündigunsfrist und die Kündigungsschutzklage kommen dem Kläger nur zugute, wenn sein Arbeitsvertrag nicht durch den Ablauf der Frist am 31. März 1953 beendet ist. Die Entscheidung des Rechtsstreits hängt also in erster Linie davon ab, ob die Befristung wirksam war.

Der Kläger hält die Befristung seines Arbeitsverhältnisses zunächst unter Berufung auf § 19 Abs. 2 ATO., wonach eine Beschäftigung nicht mehr als vorübergehend gilt, sobald sie bei derselben Dienststelle insgesamt 9 Monate übersteigt, und auf § 1 Abs. 4 TO.A, wonach bei der Beschäftigung eines Aushilfsangestellten über sechs Monate die für Aushilfsangestellte vorgesehenen Abweichungen von der Tarifordnung oder Dienstordnung entfallen, für unzulässig. Das Landesarbeitsgericht führt insoweit aus, daß die Befristung des Dienstverhältnisses keine Abweichung von der ATO. und der TO.A darstelle, weil durch diese Tarifordnungen der Abschluß von Zeitverträgen nicht ausgeschlossen sei. Diesen Ausführungen ist jedenfalls im Ergebnis beizutreten.

Weder die ATO. noch die TO.A schließen ausdrücklich befristete Verträge aus. § 16 Abs. 1 TO.A spricht sogar im Rahmen der Kündigungsvorschriften von einem „Dienstverhältnis auf unbestimmte Zeit", läßt damit also offenbar ein Dienstverhältnis auf bestimmte Zeit zu. Die im § 19 Abs. 2 ATO. enthaltene Begriffsbestimmung der vorübergehenden Beschäftigung und die in § 1 Abs. 4 TO.A gegebene Kennzeichnung von Aushilfsangestellten gelten bei ihrer systematischen Stellung innerhalb der Tarifordnungen nur für den näheren Zusammenhang, in dem sie stehen, und sind darüber hinaus mangels besonderer Anhaltspunkte nicht von allgemeiner Bedeutung. Aus ihnen läßt sich demnach nicht schließen, daß Angestellte, die über die dort bezeichneten Zeiträume hinaus beschäftigt werden, nur auf Grund einer Kündigung unter Einhaltung der tariflichen Kündigungsfristen ausscheiden dürfen, daß also eine ihrem Arbeitsvertrag beigefügte Befristung mit dem Ablauf der in den Bestimmungen bezeichneten Zeiträume hinfällig werde. Die bezeichneten tariflichen Bestimmungen können übrigens im vorliegenden Falle schon deshalb nicht zur Anwendung kommen, weil eine Dienstordnung, die sich mit vorübergehend oder aushilfsweise Beschäftigten befaßt, nicht vorliegt.

2. Stehen hiernach tarifliche Bestimmungen einer Befristung des Arbeitsvertrages des Klägers nicht entgegen, so hängt die Entscheidung des Rechtsstreits von der Rechtsfrage ab, ob die mehrfachen aneinandergereihten Befristungen deshalb unwirksam sind, weil sie dem Arbeitnehmer die tariflichen Kündigungsfristen und die Kündigungsschutzklage nehmen.

Das Landesarbeitsgericht geht davon aus, daß ein mehrfach befristeter Arbeitsvertrag (Kettenvertrag) im Bereich des öffentlichen Dienstes grundsätzlich zulässig ist und zwar auch dann, wenn er objektiv die Kündigungsfristen und den Kündigungsschutz ausschließt. Letzteres liege schon im Wesen des befristeten Vertrages. Einen Mißbrauch bei der Gestaltung des Arbeitsvertrags und damit eine Unzulässigkeit der Befristung sieht das Landesarbeitsgericht nur unter der Voraussetzung als gegeben an, daß die aneinandergereihten befristeten Verträge zu dem Zweck abgeschlossen wurden, dem Arbeitnehmer seinen Kündigungsschutz zu nehmen. Ein solcher Zweck liege nicht vor, da das Versorgungsamt für den Abschluß der Kettenverträge einen wirtschaftlichen und sozialen Rechtfertigungsgrund gehabt habe; er gründe im wesentlichen in der vorübergehenden Mehrarbeit, zu deren Bewältigung der Kläger eingestellt wurde.

Diese Ausführungen sind nicht frei von Rechtsirrtum. Sie finden zwar in der Rechtsprechung des Reichsarbeitsgerichts eine gewisse Stütze. Dieses hat in zahlreichen Entscheidungen (zusammengestellt in ARS. 32, 176) unmittelbar aufeinander folgende kurzbefristete Arbeitsverträge, sogenannte Kettenverträge, grundsätzlich nicht für unzulässig erklärt. Nur für den Fall, daß durch die mehrfache Befristung die gesetzlichen oder tariflichen Mindestkündigungsfristen oder der den Schwerbeschädigten oder sonst allgemein den Arbeitnehmern gewährte Kündigungsschutz hat umgangen werden sollen, sah es die Befristung für ungültig und den Arbeitsvertrag als auf unbestimmte Zeit abgeschlossen an. Die Unwirksamkeit hat das Reichsarbeitsgericht im wesentlichen auf § 134 BGB. gestützt und dazu gefordert, daß die Parteien oder wenigstens der Arbeitgeber die für den Arbeitnehmer erlassenen Schutzvorschriften hat umgehen wollen; eine nur objektive Ausschaltung der Kündigungsschutzvorschriften hat es nicht für genügend erachtet (RAG. 17, 363; RAG. ARS. 13, 42; 19, 278). Freilich führte das Reichsarbeitsgericht in seiner letzten zu dieser Frage veröffentlichten Entscheidung (ARS. 32, 174) eine Verletzung der Fürsorgepflicht mindestens auch hilfsweise an, ohne allerdings seinen früheren Standpunkt ausdrücklich aufzugeben.

Das Bundesarbeitsgericht muß die Gültigkeit von Kettenverträgen von einer neuen Sicht aus prüfen, die von dem Grundgesetz und der jetzigen Kündigungsschutzregelung ausgeht.

Die vorliegenden gesetzlichen und tariflichen Kündigungsschutzbestimmungen stellen auf den Fall ab, daß ein Arbeitsverhältnis, das längere Zeit dauert, in die Rechtsform eines auf unbestimmte Zeit abgeschlossenen Arbeitsvertrages gekleidet ist und daß dieses Arbeitsverhältnis zu gegebener Zeit durch die Kündigung sein Ende findet. Soweit die Rechtsordnung den Arbeitnehmer vor einem zu raschen Verlust seines Arbeitsplatzes schützen will, setzt sie Mindestkündigungsfristen fest, deren Innehaltung wenigstens für den Arbeitgeber zwingend ist. Will die Rechtsordnung den Arbeitnehmer überhaupt vor dem endgültigen Verlust seines Arbeitsplatzes schützen, so bindet sie das Kündigungsrecht des Arbeitgebers an bestimmte Voraussetzungen. Den tatsächlichen Ausnahmefall, daß ein Arbeitsverhältnis von längerer Dauer in einzelne selbständige, zeitlich kurz befristete, jeweils unmittelbar einander folgende Arbeitsverträge aufgespalten wird, ordnet die Rechtsordnung regelmäßig nicht ausdrücklich. Nicht anders berücksichtigt auch die tarifliche Ordnung regelmäßig nur den tatsächlichen Normalfall.

Diese Erwägungen treffen in besonderem Maße für das Kündigungsschutzgesetz zu. Es will dem Arbeitnehmer den Bestand seines Arbeitsplatzes schützen; dies gilt freilich nicht für jeden Arbeitnehmer, sondern nur für den mindestens 20 Jahre alten, ebenso wie der Schutz auch erst nach einer ununterbrochenen Zugehörigkeit von mehr als sechs Monaten zum Betrieb oder Unternehmen erfolgen soll (§ 1 Abs. 1 KSchG.), und nicht in jedem Betriebe Platz greift, sondern nur in solchen mit mehr als fünf Arbeitnehmern (§ 21 Abs. 1 Satz 2 KSchG.). Der Bestandsschutz ist dabei an sich nur gegenüber einer Kündigung gegeben. Endet der Arbeitsvertrag durch den Ablauf der Zeit, für die er eingegangen ist (§ 620 Abs. 1 BGB.), so bedarf es keiner Kündigung. Der nur bei der Kündigung gewährte Schutz kann also jedenfalls unmittelbar auf den befristeten Arbeitsvertrag keine Anwendung finden. Daß befristete Arbeitsverträge selbst im Arbeitsrecht zulässig sind, ergibt sich nicht nur aus § 620 Abs. 1 BGB., sondern auch aus dem unserer Rechtsordnung eigenen Satz von der Vertragsfreiheit. Ausdrücklich verbietet schließlich auch das Kündigungsgesetz die Befristung von Arbeitsverträgen nicht. Aus seinem Zweck läßt sich ein solches Verbot ebenfalls nicht entnehmen.

Gleichwohl geht es nicht an, im Falle der aneinandergereihten befristeten Arbeitsverträge den Gedanken des dem Arbeitnehmer im Kündigungsschutzgesetz gegenüber der Kündigung gewährten Bestandsschutzes grundsätzlich außer Acht zu lassen und nur im Falle der Umgehungsabsicht oder bei einer Verletzung der Fürsorgepflicht Schutz zu gewähren. Der nach dem Kündigungsschutzgesetz bestehende Bestandsschutz verwirklicht in seinem Bereich den in Art. 20 Abs. 1 und Art. 28 Abs. 1 Satz 1 GG. niedergelegten, nach Art. 79 Abs. 3 GG. verfassungsfesten Grundsatz des sozialen Staates. Das Interesse des Arbeitnehmers an der Erhaltung seines Arbeitsplatzes, von dem die Regelungen des Kündigungsschutzgesetzes ausgehen, wird aber im allgemeinen nicht anders beim Verlust durch eine Kündigung wie bei dem Verlust durch den Ablauf des letzten befristeten Vertrages bei einer Kette von aneinandergereihten befristeten Verträgen liegen. Wenn § 1 Abs. 1 KSchG. bei einer mehr als sechsmonatigen Zugehörigkeit des Arbeitnehmers zum gleichen Betrieb oder Unternehmen eine Sicherung des Arbeitsplatzes gibt, so enthält diese Vorschrift von dem Grundsatz des sozialen Staates aus gesehen einen allgemeinen Rechtsgedanken. Der Arbeitnehmer hat durch die Dauer seiner Zugehörigkeit zum Betrieb und Unternehmen ein Recht auf die Arbeitsstelle erworben (Hueck, Kündigungsschutzgesetz, Zweite Auflage, § 1 Anm. 13). Es ist kein innerer Grund dafür ersichtlich, daß der Verfassungsgrundsatz der Sozialstaatlichkeit, wie er im Kündigungsschutzgesetz verwirklicht ist, an der demgegenüber zufälligen rechtlichen Gestaltung des Arbeitsverhältnisses scheitern sollte. Daß das Kündigungsschutzgesetz, also das positive Recht, nur dem tatsächlichen Regelfall der Kündigung sein Augenmerk zuwendet und den selteneren Fall der aneinander gereihten befristeten Verträge außer Acht läßt, kann dem Verfassungsgrundsatz der Sozialstaatlichkeit in seiner durch das Kündigungsschutzgesetz ausgeprägten Gestalt der Bestandsicherung des Arbeitsplatzes nicht seinen Inhalt und seine Wirkung bei dem Vorliegen des letzteren Tatbestandes nehmen. Wenn das positive Recht die Kettenverträge außer Acht läßt, so wird die in § 45 Abs. 2 Satz 2 ArbGG. dem Bundesarbeitsgericht (wie in § 137 GVG., § 47 Abs. 2 BVerwGG., § 43 SGG. auch den anderen oberen Bundesgerichten) aufgetragene Aufgabe, das Recht fortzubilden, bedeutsam. Das Gericht bleibt dabei innerhalb der Schranken von Gesetz und Recht (Art. 20 Abs. 3 GG.). Der Grundsatz der Sozialstaatlichkeit, der für eine Fortbildung auf dem Gebiete des Arbeitsrechts regelmäßig beachtlich wird, verpflichtet auch die Rechtsprechung bei der Rechtsfindung (BVerfGE. 1, 105; Wernicke im Bonner Kommentar Art. 20 Erl. II 1 d).

Sofern daher die bei einer Aneinanderreihung von befristeten Arbeitsverträgen vorgesehene Fristbestimmung im gegebenen Fall mit dem im Kündigungsschutzgesetz zum Ausdruck gebrachten Grundsatz des Bestandschutzes nicht vereinbar ist, verstößt sie gegen ein gesetzliches Verbot und ist daher nach § 134 BGB. nichtig. Der Arbeitsvertrag selbst aber bleibt gültig, indem er zum Inhalt hat, daß er unbefristet ist, also nur durch Kündigung beendet werden kann. Die Regel des § 139 BGB. ist unanwendbar. Der Schutzgedanke der Bestandssicherung würde in sein Gegenteil verkehrt, wollte man wegen der Nichtigkeit der Befristungsabrede auch das gesamte übrige Dienstverhältnis als nichtig ansehen und damit den zu schützenden Arbeitnehmer im Endergebnis in aller Regel nur noch schlechter stellen (RGZ. 146, 119).

3. Allerdings ist der mehrfach aneinander gereihten Befristung nicht stets mit Rücksicht auf das Kündigungsschutzgesetz die Wirkung zu versagen, vielmehr müssen diese befristeten Verträge besonders unter Berücksichtigung der jeweils gegebenen Verhältnisse betrachtet und bewertet werden.

Selbstverständlich ist zunächst, daß Kettenverträge mit Arbeitnehmern, denen das Kündigungsschutzgesetz nicht zugute kommt, also den noch nicht Zwanzigjährigen, den noch nicht sechs Monate ununterbrochen Beschäftigten, den Arbeitnehmern in Betrieben, in denen in der Regel höchstens fünf Arbeitnehmer beschäftigt werden, jedenfalls im Hinblick auf das Kündigungsschutzgesetz rechtlich unbedenklich sind. Ob in diesen Fällen etwa wieder andere Bestimmungen, z. B. das Schwerbeschädigtengesetz, das Mutterschutzgesetz, gesetzliche oder tarifliche Kündigungsfristen und auch etwa ein Sittenverstoß eine andere Beurteilung rechtfertigen, bedarf hier keiner Erörterung.

Abgesehen von dieser Einschränkung kann in besonderen Fällen bei den aneinandergereihten befristeten Verträgen der Grundsatz des Bestandschutzes dem Grundsatz der Vertragsfreiheit, der die rechtliche Grundlage der Befristung bildet, weichen müssen. Die Vertragsfreiheit gilt in gleicher Weise für den Arbeitgeber wie für den Arbeitnehmer. Mit diesem formalen Inhalt ist sie aber für den Arbeitnehmer regelmäßig von geringerem Wert; bei seiner meist sozial und wirtschaftlich schwächeren Situation kann er von der gewährten Vertragsfreiheit nicht den gleichen Gebrauch machen wie der regelmäßig wirtschaftlich und sozial stärkere Arbeitgeber. Der Grundsatz des sozialen Staates, der gebietet, einem jeden ein der menschlichen Persönlichkeit entsprechendes Dasein zu ermöglichen (vgl. Mangoldt, Kommentar zum Bonner Grundgesetz, Artikel 20, Erläut. 2 b), wird auch hier bedeutsam. Indes ist es durchaus möglich, daß die wirtschaftliche und soziale Situation beider Teile des Arbeitsvertrags mehr oder weniger gleich stark ist und dann der Arbeitnehmer von seiner Vertragsfreiheit entsprechenden Gebrauch machen kann, wie dies z. B. bei höheren oder leitenden Angestellten oder sonstigen qualifizierten Arbeitnehmern, deren Arbeitskraft besonders begehrt und selten ist, häufig gegeben sein wird. Hier ist auch unter dem Gesichtspunkt der Sozialstaatlichkeit der Bestandschutz regelmäßig nicht gerechtfertigt. Ein solcher Fall liegt aber in dem zu entscheidenden Rechtsstreit offenbar nicht vor.

Darüber hinaus können auch andere Umstände einen sachlichen Grund abgeben, der die mehrfach aneinandergereihte Befristung eines Arbeitsverhältnisses rechtfertigt. In der Regel wird ein verständig denkender, die sachlichen Verhältnisse würdigender Arbeitgeber, der die Belange des Betriebes und des Unternehmens ebenso wie die der Arbeitnehmer im Auge hat, die Arbeitsverträge unbefristet abschließen, auch wenn er nicht eindeutig übersehen kann, ob er den Arbeitnehmer für unbestimmte Zeit brauchen wird. Es gehört eben zu seinem Unternehmerrisiko, daß der Arbeitnehmer möglicherweise entbehrlich ist, bevor die Kündigungsfrist abläuft. Andererseits kann eine betriebliche Arbeit, zu deren Bewältigung ein Arbeitnehmer eingestellt wird, von vornherein einen genau begrenzten Umfang haben und in einer von vornherein absehbaren Zeit beendet sein. In solchen Fällen wird ein verständiger Arbeitgeber, der sich der Verantwortung gegenüber seinem Unternehmen und seinen Arbeitnehmern bewußt ist, von einem Arbeitsvertrag auf unbestimmte Zeit Abstand nehmen und den Arbeitnehmer nur bis zu dem bestimmten Zeitpunkt einstellen, zu dem nach seiner Berechnung die Arbeit beendet ist. Ihm diese Möglichkeit zu verwehren, würde eine Überspannung des Grundsatzes der Sozialstaatlichkeit und des Bestandschutzes bedeuten. Dabei ist es dann auch weiter denkbar, daß aus besonderen Gründen, z. B. weil der Arbeitgeber den Zeitraum, in dem die Arbeit zu leisten ist, unterschätzt oder weil die Arbeit durch einen späteren Umstand umfangreicher wird, als ursprünglich vorauszusehen war, sich an einen befristeten Vertrag eine zweite und sogar mehrere Befristungen anschließen, also Kettenverträge vereinbart werden.

Ob ein solcher sachlicher Grund, der einen Kettenvertrag rechtfertigt, vorliegt, hängt von den Besonderheiten des einzelnen Falles ab und liegt daher insoweit auf tatsächlichem Gebiete.

4. Diese für Kettenverträge gefundenen Grundsätze gelten in gleicher Weise für die privaten Unternehmen wie für den öffentlichen Dienst. Der Umstand, daß die Körperschaften des öffentlichen Rechts in der Regel in ihren Ausgaben an den Haushaltsplan gebunden sind, rechtfertigt keine Ausnahme. Das Haushaltsgesetz und die sonstigen Haushaltspläne haben lediglich eine interne Bedeutung und äußern keine Wirkung gegenüber Dritten. Entscheidend kommt es also bei Kettenverträgen mit Behördenangestellten darauf an, ob ein verständiger Behördenleiter, der sich in gleicher Weise der Verantwortung für die öffentlichen Belange seiner Behörde wie für seine Angestellten bewußt ist, bei der Prüfung aller Umstände einmal oder gar mehrmals den Arbeitsvertrag befristet hätte.

5. Bei diesem allgemeinen Grundsatz liegt die Entscheidung des vorliegenden Falles nunmehr nur noch auf tatsächlichem Gebiete. Die tatsächlichen Feststellungen, die das Landesarbeitsgericht unter dem von ihm für richtig erachteten, aber nicht zu billigenden rechtlichen Gesichtspunkt trifft, genügen zu einer erschöpfenden Beurteilung nach dem obigen Grundsatz nicht. Das Landesarbeitsgericht sieht die wirtschaftliche Rechtfertigung der Kettenverträge lediglich darin, daß die angefallenen Mehrarbeiten bei Ablauf der Zeitverträge immer noch nicht ausgelaufen waren und ihr Ablauf bei den umfassenden Umstellungen schwer zu übersehen war. Bei diesen Ausführungen hat das Landesarbeitsgericht möglicherweise nicht beachtet, daß — ähnlich wie in wirtschaftlichen Betrieben nach Erledigung bestimmter Aufträge neue Arbeit durch neue Aufträge entsteht — auch bei Behörden an die Stelle einer bestimmten Verwaltungsaufgabe, wenn sie zu Ende geht, häufig eine neue Verwaltungsaufgabe mit neuem Arbeitsanfall tritt, wie ja auch bei dem Versorgungsamt in B. die Umstellung des Rentenverfahrens von der Gewährung der Teuerungszulage abgelöst wurde. Nur wenn eine solche neue Verwaltungsaufgabe ganz unwahrscheinlich war, handelte es sich überhaupt um eine echte Mehrarbeit. Zudem setzt sich das Landesarbeitsgericht mit der Frage, ob bei der schwierigen Überschaubarkeit der Dauer der Mehrarbeit ein verständiger Behördenleiter eben nicht einen unbefristeten Arbeitsvertrag geschlossen hätte, nicht auseinander. Zur sozialen Rechtfertigung der Kettenverträge kann nicht allein darauf abgestellt werden, daß der Kläger sich von vornherein auf die beschränkte Dauer der Tätigkeit habe einrichten können; eine

Erwägung des Inhalts, daß bei dem allmählichen Aufhören der einen Arbeit unter Umständen neue andere Arbeit hinzugekommen sein kann, wie es der Kläger behauptet, unterläßt das Landesarbeitsgericht völlig; ebensowenig konnte es von seinem Standpunkt aus die Frage aufwerfen, ob ein dem Kläger durch die Befristung etwa abgeschnittener Kündigungsschutz in dem vorliegenden Falle, in dem er nicht unmittelbar mit den hinzugekommenen Mehrarbeiten, sondern mit allgemeinen Arbeiten beschäftigt worden ist, nicht gerade darin bestehen konnte, daß der Arbeitgeber die zu Entlassenden sozial richtig auswählte.

Hiernach kann das angefochtene Urteil auch nicht etwa unter den vom Bundesarbeitsgericht oben aufgestellten Rechtsgrundsätzen aus den bindenden tatsächlichen Feststellungen des Landesarbeitsgerichts Bestand haben. Es muß aufgehoben werden.

39

Eine tarifliche Beschränkung der Probezeit eines Arbeitsverhältnisses auf vier Wochen schließt darüber hinaus eine Begrenzung des Arbeitsverhältnisses aus bestimmte Zeit nicht aus.

Die Befristung eines Arbeitsverhältnisses ist unwirkam, wenn sie dem Arbeitnehmer den Kündigungsschutz nimmt, obwohl keine besonderen Gründe für die Befristung sprechen. Dies gilt insbesondere auch dann, wenn eine vereinbarte Begrenzung der Beschäftigung der werdenden Mutter und der Mutter nach der Niederkunft den Kündigungsschutz des MSchG. nehmen würde. Die Nichtigkeit der Befristung führt zur Geltung des Arbeitsvertrages auf unbestimmte Zeit.

GG. Art. 20 Abs. 1; Art. 28 Abs. 1; BGB. § 620; MSchG. § 9.

II. Senat. Urteil vom 21. Oktober 1954 i. S. S. (Bekl.) w. B. (Kl.) 2 AZR 40/53.

I. Arbeitsgericht Villingen. — II. Landesarbeitsgericht Freiburg.

Die Beklagte betreibt in V. und G. ein Unternehmen mit 2500 Arbeitern. Sie fertigt die Rundfunkgeräte und Kühlschränke. Die Radio-Industrie hat fast allgemein in der mit der Neuheiten-Ausstellung beginnenden zweiten Jahreshälfte Umsatzsteigerungen zu verzeichnen, die mit Beginn des neuen Jahres wieder zurückgehen, soweit nicht im Einzelfall ein Unternehmen mit seinen Geräten besonders wettbewerbsfähig und deswegen in der Lage ist, die saisonbedingte Umsatzsteigerung beizubehalten. Der saisonbedingte Umsatzrückgang ist bei der Beklagten nach dem Kriege erstmals im Frühjahr 1951 eingetreten. Sie mußte damals eine größere Anzahl von Arbeitnehmern entlassen und hatte dabei Meinungsverschiedenheiten mit ihrem Betriebsrat hinsichtlich der Anzahl der zu kündigenden Arbeitnehmer, die aber auf gütlichem Wege beigelegt wurden. Seitdem ging die Beklagte dazu über, bei Neueinstellungen von Arbeitnehmern, soweit es sich nicht um besondersqualifizierte Fachkräfte handelte, grundsätzlich zunächst einen Zeitvertrag mit einer Befristung von 3—12 Monaten abzuschließen.

Die Klägerin ist durch schriftlichen Arbeitsvertrag bei der Beklagten am 26. Juni 1952 als Hilfsarbeiterin „für eine vorübergehende Beschäftigung, längstens bis zum 26. Juni 1953" eingestellt worden. Außer mit der Klägerin wurde etwa gleichzeitig mit einer größeren Anzahl anderer neu eingestellter Arbeitnehmerinnen ebenfalls ein auf ein Jahr befristeter Arbeitsvertrag abgeschlossen. Die ersten vier Wochen der Beschäftigung wurden als Probezeit vereinbart. Vier Monate vor Ablauf der Vertragsfrist wurde die Klägerin schwanger. Unter Vorlage eines ärztlichen Zeugnisses, das die Schwangerschaft bestätigte, bat sie am 15. Juni 1953 um Versetzung an einen anderen Arbeitsplatz, da sich bei den Lötarbeiten, mit denen sie beschäftigt war, schädliche Dämpfe entwickeln. Die Beklagte ließ der Klägerin am 16. Juni 1953 mitteilen, daß das Arbeitsverhältnis nicht auf unbestimmte Zeit verlängert werde, sondern zum vereinbarten Termin ende. Die Klägerin ist am 26. Juni 1953 aus dem Betrieb der Beklagten ausgeschieden, während die Arbeitsverträge der anderen mit ihr eingestellten Arbeitnehmerinnen, soweit sie bis dahin noch nicht ausgeschieden waren, auf unbestimmte Zeit verlängert wurden. Etwa vier Wochen nach diesem Zeitpunkt hatte die Klägerin eine Fehlgeburt.

Mit ihrer Klage beantragte die Klägerin die Feststellung, daß ihr Arbeitsverhältnis durch die Entlassung vom 16. Juni 1953 nicht aufgelöst sei. Arbeitsgericht und Landesarbeitsgericht haben der Klage stattgegeben.

Die Beklagte begehrt mit ihrer Revision wiederum die Abweisung der Klage.

Gründe:

Die Revision ist nicht gerechtfertigt, den Gründen der angefochtenen Entscheidung ist im wesentlichen zuzustimmen.

Mit Recht hat das Landesarbeitsgericht allerdings zunächst angenommen, daß die tarifliche Beschränkung der Probezeit auf vier Wochen darüber hinaus eine Begrenzung der Arbeitsverhältnisse auf bestimmte Zeit nicht ausschließt. Eine Probezeit soll in der Regel dem Arbeitgeber nur die Möglichkeit geben, das eingegangene Arbeitsverhältnis innerhalb der vereinbarten Zeit vorzeitig zu lösen, wenn der Arbeitnehmer den an ihn zu stellenden Anforderungen nicht genügt. Bei der tariflichen Begrenzung der Probezeit soll auch noch verhindert werden, daß diese Möglichkeit nicht zu weit ausgedehnt und der Arbeitnehmer zu lange im Ungewissen darüber gehalten werde, ob er sich alsbald nach einer anderen Beschäftigung umsehen muß. Nicht aber ist es der Zweck einer Probezeit, den Abschluß langfristiger Arbeitsverhältnisse überhaupt zu verhindern, zumal die Probezeit meistens nur bei langfristigen Verträgen oder bei Verträgen mit langen Kündigungsfristen ausbedungen wird.

Die Befristung des Arbeitsverhältnisses der Klägerin ist jedoch aus anderen Gründen unwirksam, wie dies das Landesarbeitsgericht ebenfalls gesehen hat.

Allerdings gilt auch im Arbeitsrecht der Grundsatz der Vertragsfreiheit, und zwar nicht nur hinsichtlich des Inhalts des Arbeitsverhältnisses, sondern auch hinsichtlich seiner Dauer. Indessen ist dieser Grundsatz nur ein Teil der allgemeinen Rechtsordnung. Er findet also seine Grenzen an anderen Rechtsnormen. Insbesondere ist hier der in Art. 20 Abs. 1, Art. 28 Abs. 1 GG. aufgestellte Grundsatz des sozialen Staates bedeutsam, der gebietet, einem jeden ein der menschlichen Persönlichkeit würdiges Dasein zu ermöglichen (vgl. Mangoldt, Kommentar zum Bonner Grundgesetz, Artikel 20, Erläut. 2 b). Die Vertragsfreiheit kann andernfalls dazu führen, daß der meist sozial und wirtschaftlich schwächere Arbeitnehmer von ihr nicht den gleichen Gebrauch machen kann wie der regelmäßig wirtschaftlich und sozial stärkere Arbeitgeber. Wie in dem zum Abdruck bestimmten Urteil des Senats vom gleichen Tage — 2 AZR 25/53 — ausgesprochen ist, hat deshalb grundsätzlich der Gedanke des Kündigungsschutzgesetzes, daß der Arbeitnehmer nach einer gewissen Dauer der Beschäftigung ein Recht auf seinen Arbeitsplatz erwerben, ihm sein Arbeitsplatz erhalten bleiben soll, nicht nur bei Arbeitsverhältnissen mit unbestimmter Dauer, sondern auch bei aneinander gereihten befristeten Arbeitsverträgen (Kettenverträgen) Geltung. Der Bestandsschutz des Arbeitsverhältnisses muß dann aber auch an sich bei einem befristeten Arbeitsvertrag bedeutsam werden, wobei in diesem Zusammenhang des Probearbeitsverhältnis hier keiner Erörterung unterzogen werden muß. Auch dann, wenn der Tatbestand der Kettenverträge nicht vorliegt, muß die Befristung unwirksam werden, wenn sie dem Arbeitnehmer den Kündigungsschutz nimmt, obwohl keine besonderen Gründe, wie etwa der Anfall einer zeitlich begrenzten Arbeit, dafür sprechen, von der regelmäßigen Einstellung der Arbeitnehmer auf unbestimmte Zeit abzusehen. Die Befristung würde doch nur dazu dienen, das Unternehmerrisiko auf den Arbeitnehmer abzuwälzen. Das Gleiche muß vor allem auch hinsichtlich des mit dem Mutterschutzgesetz gewährten Kündigungsschutzes gelten. Hier muß eine vereinbarte Begrenzung der Beschäftigung dem Grundgedanken und Zweck dieser Schutzbestimmung weichen, der werdenden Mutter während der Schwangerschaft und nach der Niederkunft gerade bei diesen Umständen den Arbeitsplatz zu erhalten und die Entscheidung über eine vorzeitige Lösung des Arbeitsverhältnisses einer unparteiischen Stelle zu übertragen, sofern eben nicht besondere Umstände, etwa wieder von vornherein zeitlich begrenzte Arbeiten, die Befristung des Arbeitsverhältnisses rechtfertigen.

Solche besonderen Gründe liegen hier nicht vor. Nach dem vom Landesarbeitsgericht festgestellten Sachverhalt hat die Beklagte mit der Klägerin und zahlreichen anderen Arbeitnehmern nicht deswegen auf ein Jahr befristete Verträge abgeschlossen, um einen saisonbedingten Arbeitsanfall zu bewältigen. Es ging ihr vielmehr allein darum, sich allgemein durch diese bei einfachen Arbeitern ungewöhnliche Befristung der Verträge die Freiheit zu wahren, ihre Belegschaft den Schwankungen in dem Absatz ihrer Erzeugnisse jederzeit anpassen zu können.

Führte die Befristung des Arbeitsvertrages aber objektiv zur Umgehung der Kündigungsschutzbestimmungen, ist sie nach dem Grundsatz des § 134 BGB. nichtig. Der Arbeitsvertrag gilt als auf unbefristete Zeit abgeschlossen. Der Schutzgedanke der Bestandssicherung würde in sein Gegenteil verkehrt, wollte man wegen der Nichtigkeit der Befristungsabrede auch das gesamte übrige Arbeitsverhältnis als nichtig ansehen und damit den zu schützenden Arbeitnehmer im Endergebnis in aller Regel nur noch schlechter stellen (RGZ. 146, 119).

Die Berufung der Beklagten auf den befristeten Vertrag gegenüber der Klägerin ist im übrigen um so mehr zu mißbilligen, als sie die übrigen mit der Klägerin zugleich eingestellten Arbeitnehmer weiterbeschäftigt und ihre Arbeitsverträge in solche auf unbefristete Zeit umgewandelt hat. Wenn sie sich nur gegenüber der Klägerin auf den befristeten Arbeitsvertrag berief, lief dies auf eine Ausschaltung der Schutzbestimmungen des § 9 MuSchG. hinaus. Die Entlassung der Klägerin als werdender Mutter war somit nach § 9 MuSchG. unzulässig. Ihr Arbeitsverhältnis blieb vielmehr erhalten.

40

Die Leistungspflicht des Arbeitgebers auf Fortzahlung des Lohnes nach allgemein-rechtlichen Bestimmungen (§§ 616 BGB., 63 HGB., 133 c GWO., TarVertr.) hat bei individuellen Beschäftigungsverboten den Vorrang, die Leistungspflicht der Krankenkasse ist nur subsidiär. Sie kann Erstattung der verauslagten Beträge verlangen. Dagegen hat die Krankenkasse während der Schutzfristen des § 3 Abs. 2, § 6 Abs. 1 MutterschG. die Lasten aus der Gewährung des Wochengeldes allein zu tragen, selbst wenn bei der Mutter sich in dieser Zeit anormale Schwangerschaftsbeschwerden gezeigt haben sollten.

MutterschG. § 13.

II. Senat. Urteil vom 14. Oktober 1954 i. S. K. B. (Kl.) w. St. B. (Bekl.) 2 AZR 30/53.

I. Arbeitsgericht Berlin. — II. Landesarbeitsgericht Berlin.

. . .

Gründe:

Die in Schrifttum und Rechtsprechung umstrittene Frage, ob die Pflicht der Krankenkasse zur Zahlung von Wochengeld der Verpflichtung des Arbeitgebers vorgeht, auf Grund allgemeiner arbeitsrechtlicher Vorschriften auch innerhalb der Schutzfristen des MSchG. weiterhin Arbeitsentgelt zu zahlen, läßt sich entgegen der Meinung des Landesarbeitsgerichts nicht allgemein entscheiden. Es ist vielmehr eine besondere Prüfung der einzelnen Bestimmungen des MSchG. nach ihrem Sinn, ihrem Zweck und ihrer Bedeutung im Rahmen der Gesamtregelung des Gesetzes erforderlich.

Ziel des Mutterschutzgesetzes ist, die werdende Mutter und das werdende Kind vor den aus der wirtschaftlichen Betätigung der Mutter sich ergebenden Gefahren zu bewahren, der Mutter ihre bisherige Stellung während der Schwangerschaft zu erhalten (Kündigungsverbot) und ihr vor allem auch den bisherigen Durchschnittsverdienst zu sichern. Sie soll bei dem Verdienstausfall wegen der geringeren Bezüge der Krankenkasse nicht verleitet werden, sich selbst über die Schutzbestimmungen hinwegzusetzen. Dem ersten Zweck dienen einmal die sog. generellen Beschäftigungsverbote, die alle Mütter ohne Rücksicht auf ihre körperlichen Anlagen und ihren jeweiligen körperlichen Zustand vor den Gefahren zu bewahren trachten, die infolge einer Beschäftigung mit besonders schweren oder besonders schädlichen Arbeiten während der Schwangerschaft oder als Wöchnerin möglich sind (§§ 4, 6 Abs. 1

Satz 1, 2, Abs. 3) oder sich überhaupt aus einer Betätigung in der Zeit kurz vor oder nach der Entbindung ergeben können (§ 3 Abs. 2), mag sich auch die werdende Mutter hier mit einer ausdrücklichen, aber doch jederzeit widerruflichen Erklärung zur Arbeitsleistung bereit erklären dürfen. Daneben bestehen die sogenannten individuellen Beschäftigungsverbote, die Schädigungen der Mutter oder des werdenden Kindes verhindern sollen, wenn aus der individuellen Veranlagung oder dem körperlichen Gesundheitszustand bei Fortdauer der Beschäftigung derartige Schädigungen der Mutter oder des Kindes naheliegen (§ 3 Abs.1) oder die Wöchnerin und die stillende Mutter arbeitsunfähig sind (§ 6 Abs. 1 Satz 3). Ebenso besteht für Frauen, die in den ersten Monaten nach der Niederkunft nicht voll leistungsfähig sind, das Verbot, sie zu Arbeiten über ihre Leistungsfähigkeit hinaus heranzuziehen (§ 6 Abs. 2). In den letzteren Fällen wird es sich immer um pathologische Erscheinungen handeln, die zwar von anderen Krankheiten in ihrer Ursache und ihrer Art verschieden sein können, aber nicht in ihrer rechtlichen Bedeutung verschieden sind. Physische Arbeitsbehinderungen infolge außergewöhnlicher Schwangerschaftsbeschwerden und im Zusammenhang und in Verbindung mit der Schwangerschaft oder der Niederkunft unterscheiden sich rechtlich in keiner Weise von Arbeitsbehinderungen infolge anderer Krankheitserscheinungen. Ist in letzterem Falle der Arbeitgeber infolge seiner Fürsorgepflicht oder aus gesetzlichen, tariflichen oder einzelvertraglichen Bestimmungen zur Fortzahlung des Lohnes für eine bestimmte Zeit verpflichtet, so muß das auch für Arbeitsbehinderungen infolge der hier in Rede stehenden Umstände gelten (vgl. RAG. ARS. 42, 391). Es liegt vom Rechtsstandpunkt aus kein innerer Grund vor, dem Arbeitgeber seine Verpflichtungen abzunehmen und sie der Gemeinschaft, d. h. den Sozialversicherungsanstalten, aufzubürden. Es wäre eine Überspannung des der Gemeinschaft obliegenden Schutzes von Mutter und Kind, wenn die Gemeinschaft anstelle des Arbeitgebers eintreten sollte, obwohl der Arbeitgeber bereits nach der Rechtsordnung zur Leistung verpflichtet ist.

Anders ist die Sachlage bei den generellen Arbeitsverboten. Das Verbot der Beschäftigung mit besonders schweren und gefährlichen Arbeiten und während der Schutzfristen (§ 3 Abs. 2 Satz 2, § 4) dient der Erhaltung der Gesundheit der Frau überhaupt und der Verhütung noch nicht akuter Gefahren, ebenso wie die auf Grund des § 16 AZO. und § 120e GewO. erlassenen, für alle Frauen geltenden allgemeinen Beschäftigungsverbote (vgl. Denecke, AZO., § 16 Anm. 6). Für diese Fälle läßt sich eine Lohnzahlungspflicht des Arbeitgebers weder aus der Fürsorgepflicht herleiten, da sie sich nur auf konkrete Anlässe bezieht, noch aus den gesetzlichen Bestimmungen der §§ 616 BGB., 63 HGB., 133 c GewO., da sie nur Arbeitsbehinderungen erfassen, die in der Person des Arbeitnehmers ihren Grund haben. Aus § 3 MSchG. ergibt sich aber, daß die Schwangerschaft als solche nicht als Verhinderung an der Dienstleistung im Sinne jener Vorschriften anzusehen ist, da bei normal verlaufenden Schwangerschaften die Mutter im allgemeinen — womöglich bis zum Tage der Entbindung — arbeitsfähig bleibt und sie ja auch freiwillig während der Schutzfristen des § 3 Abs. 2 MSchG. tätig sein kann. Soll in diesen Fällen der Mutter ihr bisheriger Arbeitsverdienst gewährleistet bleiben, muß allerdings die Gemeinschaft eingreifen, wobei es nur eine Frage der Lastenverteilung ist, ob die Krankenversicherungen die Aufwendungen allein zu tragen haben oder staatliche Verbände, Länder oder Bund, einen Teil übernehmen sollen. Einer besonderen Vorschrift darüber, wer bei den individuellen oder den generellen Arbeitsverboten die Lasten zu tragen hat, d. h. der Mutter den bisherigen Durchschnittsverdienst zahlen muß, bedurfte es also nicht. Es ergibt sich dies vielmehr aus der Sache selbst.

Im Grunde ähnlich liegt es in den Fällen des § 10 MSchG. In dem Fall des Abs. 1 Buchst. a, d. h. bei dem Wechsel der Beschäftigung oder einer Verkürzung der Arbeitszeit, liegt ebenfalls ein individuelles Arbeitsverbot vor. § 616 BGB. findet zwar nicht unmittelbar Anwendung, da es sich nicht um eine Verhinderung der Dienstleistung schlechthin, sondern nur um eine Behinderung hinsichtlich einer bestimmten Tätigkeit und um eine Beschränkung der Tätigkeit handelt. Der Grundgedanke dieser Bestimmung, der Grundsatz der Fürsorgepflicht, erfordert aber auch in diesem Falle die Fortzahlung des bisherigen Arbeitsentgeltes durch den Arbeitgeber, zumal dabei die ihn treffenden Lasten selbst geringer sind. Dagegen bedeutet die Bestimmung des § 10 Abs. 1 Buchst. b zunächst eine Übertragung der aus dem generellen Arbeitsverbot entstehenden Lasten auf den Arbeitgeber. Sie rechtfertigt sich hier jedoch ebenfalls aus den allgemeinen Grundsätzen der Fürsorgepflicht, insbesondere aus der hieraus sich ergebenden Verpflichtung, bei der Ausübung des Weisungsrechts, d. h. bei der Verteilung der Arbeit, möglichst auf die Leistungsfähigkeit und die Körperveranlagung der Arbeitnehmer Rücksicht zu nehmen; aber auch daraus, daß für den Wechsel mit der Arbeit Umstände maßgebend sind, die sich aus der besonderen Eigenart des Betriebes ergeben und im gewissen Sinne zum allgemeinen Unternehmerrisiko gehören. Das ist vor allem entscheidend, wenn für die werdende Mutter in dem Betrieb keine andere passende Arbeit vorhanden ist und sie mit der Arbeit ganz oder zum Teil aussetzen muß. Da die Frau von der Natur aus zur Mutterschaft bestimmt ist, hat der Arbeitgeber hierauf Rücksicht zu nehmen. Dagegen ist in § 12 MSchG. bei den nichtversicherungspflichtigen Frauen dem Arbeitgeber, wie die Entstehungsgeschichte zeigt, die Verpflichtung zur Gewährung des Lohnausgleichs deshalb auferlegt, weil er keine Sozialleistungen zu machen braucht und andernfalls gegenüber anderen Arbeitgebern begünstigt wäre (vgl. Bulla, MSchG., § 12 Anm. 4).

Zu beachten ist vor allem auch die Regelung des § 13 Abs. 4 MSchG. i. V. mit Satz 2 des Abs. 2 dieser Vorschrift. Nach Abs. 4 entfällt der Anspruch auf Wochengeld gegenüber der Krankenkasse nicht nur, wenn die Frau ausnahmsweise freiwillig während der Schutzfrist tätig ist, sondern auch dann, wenn ihr der regelmäßige Arbeitsverdienst ohne Arbeitsleistung gewährt wird. Indessen findet diese Bestimmung nicht nur, wie die Beklagte meint, Anwendung, wenn der Arbeitgeber tatsächlich zahlt, sondern bereits dann, wenn er auf Grund allgemeiner Bestimmungen zur Zahlung verpflichtet ist. Der Wegfall des Anspruchs auf Wochengeld gegenüber der Krankenkasse kann nicht von dem Belieben des einzelnen Arbeitgebers abhängig sein, ebensowenig auch davon, ob die Mutter die Fortzahlung von dem Arbeitgeber verlangt oder sich unmittelbar an die Krankenkasse wendet. Eine andere Auffassung wäre innerlich nicht berechtigt. Diese Auffassung zur Tragweite des § 13 Abs. 4 MSchG. entspricht überdies derjenigen zur Tragweite des § 189 RVO., nach welcher Vorschrift die Ansprüche an die Krankenkasse ruhen, soweit während der Krankheit Lohn gezahlt wird. Auch hier kommt es nicht auf die tatsächliche Zahlung, sondern auf die rechtliche Verpflichtung an. Dies ergibt sich unzweideutig aus den durch die NotVo. von 1930, 1931 erfolgten Änderungen der Bestimmungen der der §§ 616 BGB., 63 HGB., 131 c GewO., zu denen man sich gezwungen sah, als nach der Änderung des § 189 RVO. die Arbeitgeber vielfach sich ihrer an sich bestehenden Verpflichtung zur Fortzahlung des Lohnes gegenüber ihrer Handlungsgehilfen und Gewerbegehilfen durch Einzelabreden mit ihnen über den Fortfall dieser Verpflichtung zu entziehen suchten. Die neue Fassung des § 189 RVO. sowie die Änderung der gesetzlichen Bestimmungen über den Krankenlohn sollten gerade der Entlastung der Sozialversicherungsträger dienen (vgl. RAG. ARS. 39, 181; BGH. Z. 7, 47); daher wurden die zur wirtschaftlichen Sicherung der Arbeitnehmer während der Erkrankung sich ergebenden Lasten wenigstens für die erste Zeit dem Arbeitgeber auferlegt.

Alles dies rechtfertigt den Schluß, daß die nach allgemeinen Rechtsvorschriften bestehende Verpflichtung des Arbeitgebers auf Fortzahlung des Lohnes den Vorrang hat, die Leistungspflicht der Krankenkasse dagegen subsidiär ist. Hat die Krankenkasse in diesen Fällen Leistungen an die Mutter gewährt, sei es, daß der Arbeitgeber trotz der Aufforderung der Mutter den Lohn nicht gezahlt hat oder daß sie sich unmittelbar an die Krankenkasse gewandt hat, kann die Kasse nach § 13 Abs. 2 Satz 2 MSchG. von dem Arbeitgeber die Erstattung der verauslagten Gelder verlangen. Auf der anderen Seite hat die Krankenkasse während der Schutzfristen die Lasten aus der Gewährung des Wochengeldes zu tragen, ohne daß eine Rückgriffsmöglichkeit besteht, selbst wenn bei der Mutter sich in dieser Zeit normale Schwangerschaftsbeschwerden gezeigt haben sollten; sie sind für das Aussetzen mit der Arbeit nicht kausal. Gegen dieses Ergebnis spricht nicht, daß § 13 Abs. 2 MSchG. auf die Ansprüche gegenüber dem Arbeitgeber auf Fortzahlung des Arbeitsentgelts hinweist. Zweck der Vorschriften des § 13 Abs. 2 MSchG. ist, der Mutter das bisherige Arbeitseinkommen auf jeden Fall für die Zeit, in der sie nicht tätig sein kann, zu gewährleisten. Es wird ihr zwar in den sechs Wochen vor der Geburt die Arbeit nicht wie in der nach § 6 Abs. 1 MSchG. näher bestimmten Zeit nach der Geburt untersagt, sie soll aber nicht durch eine Minderung ihres Einkommens mittelbar zur Arbeit gezwungen werden und insbesondere auch nicht dadurch, daß die Krankenkasse im Hinblick auf eine etwa bestehende Pflicht des Arbeitgebers zur Fortzahlung des Arbeitsentgeltes die Zahlung des Wochengeldes ablehnt. Aus diesem Grunde wird die Krankenkasse zur Zahlung des Wochengeldes verpflichtet, ohne Rücksicht darauf, ob ein Anspruch der Mutter gegenüber dem Arbeitgeber besteht oder nicht. Mit der Vorschrift über den Übergang der etwaigen Ansprüche gegenüber dem Arbeitgeber wird zum Ausdruck gebracht, daß die Zahlungspflicht der Krankenkasse rechtssystematisch subsidiär sein soll. Ob dagegen eine Pflicht des Arbeitgebers zur Fortzahlung des Lohnes während der Schutzfristen des § 3 Abs. 2 besteht, kann sich nur aus anderen Bestimmungen, etwa aus einer Tarifregelung (wie früher § 12 TO.A) ergeben. Das Mutterschutzgesetz selbst begründet eine solche Verpflichtung nicht. Nach § 13 Abs. 1 MSchG. ist das Wochengeld sowohl für die sechs Wochen vor der Niederkunft, in welcher Zeit die werdende Mutter arbeiten darf (§ 3 Abs. 2 MSchG.), wie auch für die Schutzfristen nach der Niederkunft, in welcher Zeit die Mutter auch mit ihrem Einverständnis nicht beschäftigt werden darf (§ 6 Abs. 1 MSchG.), zu zahlen. Es wird also kein Unterschied gemacht, ob die

Mutter arbeitsfähig ist, und es wird nicht auf ihren persönlichen Körperzustand abgestellt, ersichtlich wohl auch deshalb, weil sich diese Umstände vielfach nachträglich nur schwer feststellen lassen.

Da mit der vorliegenden Klage nur die an die Angestellten der Beklagten während der 12 Wochen vor und nach der Niederkunft gezahlten Beträge verlangt werden, besteht somit ein Anspruch auf Erstattung nicht. Die Klage ist deshalb zu Recht abgewiesen.

41

1. Die Durchführung von Betriebsratswahlen gehört nicht zu den Aufgaben des Betriebsrats, sondern des Wahlvorstandes.

2. Daher ist die Teilnahme von Betriebsratsmitgliedern an Betriebsrätekonferenzen über die Durchführung bevorstehender Betriebsratswahlen nicht zur ordnungsmäßigen Durchführung von Betriebsratsaufgaben erforderlich. Für hierdurch versäumte Arbeitszeit besteht kein Anspruch auf Fortzahlung des Arbeitsentgelts.

BetrVG. § 17 Abs. 1, § 19 Abs. 3, § 37 Abs. 2; WahlO. § 1

I. Senat. Urteil vom 10. November 1954 i. S. W. u. D. (Bekl.) w. St. (Kl.) 1 AZR 99/54.

I. Arbeitsgericht Stuttgart. — II. Landesarbeitsgericht Stuttgart.

Die Beklagte betreibt eine Lederhandschuhfabrik. Sie ist betriebsratspflichtig und beschäftigt in der Regel weniger als 20 Arbeitnehmer. Der Kläger, der von Beruf Handschuhmacher ist, war Betriebsobmann.

Am 10. März 1953 hatte die Gewerkschaft L., Ortsverwaltung St., folgendes Schreiben an die ihr angehörenden Betriebsratsvorsitzenden gerichtet:

„Am Donnertag, den 12. März findet eine Sitzung aller Betriebsratsvorsitzenden unserer Ortsverwaltung statt im Gewerkschaftshaus St., Jugendsaal,

Beginn 13.30 Uhr.

Tagesordnung:

‚Durchführung der Betriebsrätewahlen 1953'.

In Anbetracht der wichtigen Tagesordnung bitten wir alle Vorsitzenden der Betriebsräte an dieser Sitzung teilzunehmen und pünktlich zu erscheinen."

Der Kläger nahm an dieser Sitzung teil und versäumte deswegen $4^1/_2$ Arbeitsstunden. Die Beklagte weigerte sich, für diese Zeit den Lohn in Höhe von 7,78 DM zu zahlen.

. . .

Im Gegensatz zum Arbeitsgericht und Landesarbeitsgericht hat das Bundesarbeitsgericht die Zahlungspflicht verneint aus folgenden

Gründen:

Der Beklagten ist darin Recht zu geben, daß die Teilnahme des Klägers an einer Betriebsrätekonferenz über die Durchführung von Betriebsratswahlen 1953 zur ordnungsmäßigen Durchführung seiner Betriebsratsaufgaben nicht erforderlich war (§ 37 Abs. 2 BetrVG.). Denn nach den ausdrücklichen Bestimmungen des Betriebsverfassungsgesetzes sowie der hierzu ergangenen Wahlordnung vom 18. März 1953 (BGBl. I S. 58) obliegt die Durchführung der Betriebsratswahlen dem Wahlvorstand (§ 17 Abs. 1 S. 1 BetrVG; § 1 WahlO.). Der etwa noch vorhandene alte Betriebsrat hat mit der Durchführung der kommenden Betriebsratswahl grundsätzlich nichts zu tun. Ist dies aber der Fall, so brauchte sich auch der Kläger keine Kenntnisse über die Durchführung der Betriebsratswahlen 1953 zu verschaffen; die im Frühjahr 1953 durchzuführende Betriebsratswahl gehörte nicht zu seinem Aufgabenbereich als Betriebsobmann.

Der Hinweis, der Wahlvorstand sei durch den Betriebsrat spätestens 6 Wochen vor Ablauf seiner Amtszeit zu bestellen (§ 15 Abs. 1 S. 1 BetrVG.), vermag an diesem Ergebnis nichts zu ändern. Denn bei der Bestellung des Wahlvorstandes, die allerdings zur Aufgabe des Klägers als Betriebsobmann gehörte, handelte es sich lediglich um die Schaffung der institutionellen Voraussetzungen zur Durchführung der Betriebsratswahlen. Es ist nichts dafür vorgebracht, daß sich die Betriebsrätekonferenz gerade mit dieser Frage der Bestellung eines Wahlvorstandes befaßt hätte. Es ist auch nicht ersichtlich, daß und warum gerade hier für den Kläger als Betriebsobmann besondere Schwierigkeiten vorgelegen hätten, die nach Art und Umfang des Betriebes eine vorherige Information auf einer Betriebsrätekonferenz notwendig gemacht hätten. Zwar war seinerzeit nicht klar, wie die Betriebsratswahlen durchzuführen waren. Das Betriebsverfassungsgesetz war gerade erst am 14. November 1952 in Kraft getreten, die Wahlordnung war noch nicht erlassen. Es mag zutreffen, daß deswegen in den Betrieben hier und dort eine gewisse Unruhe herrschte. Aber all dies rechtfertigt nicht die Teilnahme des Klägers in seiner Eigenschaft als

Betriebsobmann an einer Betriebsrätekonferenz über die Durchführung kommender Betriebsratswahlen, mit der er aufgabenmäßig nichts zu tun hatte. Das angefochtene Urteil meint, es sei zweckmäßig gewesen, daß wegen der damaligen besonderen Schwierigkeiten wenigstens ein Angehöriger der Arbeitnehmerschaft des Betriebes der Beklagten über die Handhabung und Durchführung der Betriebsratswahl 1953 sachgemäß informiert gewesen wäre. Dabei wird aber verkannt, daß es hier auf diesen Gesichtspunkt nicht ankommt. Die Teilnahme an einer Betriebsrätekonferenz, die zwar einer zweckmäßigen Wissensvermittlung dient, aber offensichtlich gerade nicht zur Durchführung von Betriebsratsaufgaben erforderlich ist, bedingt keine Versäumnis von Arbeitszeit, die entgeltpflichtig ist.

Der Hinweis des Klägers, daß der amtierende Betriebsrat nach einzelnen Bestimmungen des BetrVG. (§ 7 Abs. 1 S. 2, § 9 Abs. 2 BetrVG.) sehr wohl mit der kommenden Betriebsratswahl etwas zu tun habe, geht fehl. Diese Bestimmungen haben jedenfalls nichts mit der D u r c h f ü h r u n g der Betriebsratswahl zu tun. Insbesondere ergibt sich aus § 7 Abs. 1 S. 2 BetrVG. nichts dafür, daß bei dem Dispens von Voraussetzungen der Wählbarkeit von Betriebsangehörigen in den Betriebsrat der Betriebsrat selbst eine Funktion auszuüben hat. § 9 Abs. 2 BetrVG., der von Betrieben mit mehr als 1000 Arbeitnehmern spricht, trifft für den konkreten Fall nicht zu. Im übrigen kann hier dahingestellt bleiben, ob nach § 19 Abs. 3 BetrVG. gegebenenfalls bei schwieriger Rechtslage eine Teilnahme von Mitgliedern des Wahlvorstandes an einer Informationskonferenz der Gewerkschaften als notwendige Versäumnis von Arbeitszeit angesehen werden kann.

42

Beim Zeitakkord hat die Erhöhung des tariflichen Zeitlohnes die Erhöhung des Geldfaktors von selbst zur Folge, wenn dieser auf dem tariflichen Zeitlohn aufgebaut ist.

BGB. § 611

II. Senat. Urteil vom 18. November 1954 i. S. S. W & Co. (Bekl.) w. N. (Kl.) 2 AZR 74/53.

I. Arbeitsgericht Dortmund. — II. Landesarbeitsgericht Hamm/W.

Der Kläger war als Horizontalbohrer bei der Beklagten im Zeitakkord beschäftigt. Der für das Arbeitsverhältnis maßgebende Rahmentarifvertrag für die Arbeiter in der Eisen-, Metall- und Elektro-Industrie Nordrhein-Westfalens vom 12. Januar 1952 bestimmt in § 6, daß die Arbeit im Zeitlohn oder Leistungslohn zu verrichten ist und daß für die Ermittlung der Grundlagen der Entlohnung Arbeitszeit- und Arbeitsbewertungsstudien durchgeführt werden können. Im § 7 Ziff. 1 und 2 des Tarifvertrages heißt es:

„1. Stücklöhne und Akkordzeiten sind so vorzugeben, daß der Arbeitnehmer bei normaler Leistung und normalen Betriebsverhältnissen mindestens 15 % über dem Tariflohn seiner Lohngruppe verdient (Akkordrichtsatz).

Als normale Leistung gilt die normale berufsübliche Leistung bei einwandfreier Arbeit nach erfolgter Einarbeitung und voller Übung mit den vorgesehenen Betriebsmitteln und unter den im Betrieb bestehenden Verhältnissen, wenn die in der Vorgabezeit berücksichtigten Zeiten für persönliche Bedürfnisse und ggf. auch für Erholung eingehalten werden.

2. Bei unternormaler Arbeitsleistung, die in der Person des Arbeiters liegt, besteht kein Anspruch auf den Akkordrichtsatz. Bei übernormaler Leistung ist die Verdiensthöhe nicht begrenzt."

Ferner galt das zwischen den gleichen Verbänden geschlossene Lohnabkommen vom 5. Dezember 1952, das vom 1. Januar 1953 ab die tariflichen Zeitlöhne erhöhte.

Unbeschadet der Erhöhung der tariflichen Zeitlöhne ließ die Beklagte sowohl den bisher angewandten Zeitfaktor wie auch den bisher angewandten Geldfaktor, der als Akkordminutenlohn auf dem bisherigen tariflichen Zeitlohn aufgebaut war, bei der Berechnung des Akkordlohns des Klägers unverändert. Auch bei dieser Berechnung blieb der Effektivlohn des Klägers nicht hinter dem in § 7 des Rahmentarifvertrags bezeichneten Akkordrichtsatz zurück.

Der Kläger führt aus, die Erhöhung des tariflichen Zeitlohnes habe auch die Erhöhung des Geldfaktors beim Zeitakkord zur Folge, und verlangt für die Zeit vom 1. Januar bis 28. Februar 1953 die Zahlung des Unterschiedsbetrages von 41,54 DM.

Das Arbeitsgericht hat die Klage abgewiesen; das Landesarbeitsgericht hat antragsgemäß verurteilt.

Die Revision der Beklagten hatte keinen Erfolg aus folgenden

Gründen:

Beim Zeitakkord ist, worüber auch die Parteien an sich nicht streiten, der Effektivlohn von zwei Faktoren abhängig, nämlich

a) dem Zeitfaktor; das ist die hier nach Minuten bemessene Zeitmenge, die zur Anfertigung eines bestimmten Stückes normalerweise gebraucht wird, und

b) dem Geldfaktor; das ist der Geldbetrag, den der Arbeitnehmer für die Zeiteinheit, hier die Minute, vergütet erhält.

1. Da die Beklagte für die Zeit vom 1. Januar 1953 ab den Zeitfaktor überhaupt nicht geändert hat, ist die Ansicht des Landesarbeitsgerichts, daß die Beklagte zur wirksamen Änderung der Vorgabezeit der hier fehlenden Mitwirkung des Betriebsrats nach § 56 Abs. 1 Buchst. g BetrVG. bedurft hätte, für die Entscheidung des vorliegenden Rechtsstreits unerheblich. Es kommt auf die etwaige von der Revision gerügte Verletzung des § 56 BetrVG. nicht an.

2. Der Erfolg der Klage hängt allein von der Frage ab, ob die Erhöhung des Zeitlohns von selbst, wie der Kläger meint, die Erhöhung des Geldfaktors zur Folge gehabt hat. Das Landesarbeitsgericht hat diese Frage bejaht. Es hält für unerheblich, daß der dem Kläger gezahlte Lohn auch in den Monaten Januar und Februar 1953 den Akkordrichtsatz erreichte; aus dem Sinn der am 1. Januar 1953 in Kraft getretenen Lohnerhöhung schließt es, als Geldfaktor sei der auf Grund des neuen Tariflohnes zu errechnende Satz anzuwenden.

Die Revision sieht in dieser Schlußfolgerung des Landesarbeitsgerichts eine Verletzung des § 7 Ziff. 1 des Rahmentarifvertrages, wonach Stücklöhne und Akkordzeiten so vorzugeben sind, daß der Arbeitnehmer bei normaler Leistung und normalen Betriebsverhältnissen mindestens 15 Prozent über dem Tariflohn seiner Lohngruppe verdient. Dieser Tarifbestimmung widerspreche eine Zerlegung in Geldfaktor und Zeitfaktor mit selbständiger Bedeutung; die Vorschrift gehe allein dahin, daß die Regelung im einzelnen Arbeitsvertrag in jedem Falle so zu erfolgen habe, damit bei der vorhandenen Zeitvorgabe der tarifliche Akkordrichtsatz verdient werden könne. Bei einer Änderung des tariflichen Akkordrichtsatzes, welcher zu einer Änderung des Akkordverdienstes führe, habe der Arbeitgeber die Wahl, ob er die Akkordzeiten oder den Geldfaktor ändern wolle. Es genüge, daß der Effektivlohn den Akkordrichtsatz erreiche.

Diese Ausführungen gehen jedenfalls insoweit fehl, als sie in der bezeichneten Tarifbestimmung lediglich eine „Akkordsicherungsklausel", also eine Garantie für den Arbeitnehmer des Inhalts sehen, daß er bei der Akkordarbeit mindestens den Akkordrichtsatz verdiene. Denn nach § 7 Ziffer 2 des Rahmentarifvertrages hat der Akkordarbeiter bei unternormaler Arbeitsleistung, die in seiner Person liegt, keinen Anspruch auf den Akkordrichtsatz. Daher ist der Umstand, daß der Kläger mehr als den Akkordrichtsatz verdient hat, nicht ohne weiteres entscheidend. Auch wenn er ihn nicht erreicht hätte, könnte er wenigstens bei einer in seiner Person liegenden unternormalen Leistung nicht etwa den zum Akkordrichtsatz fehlenden Unterschiedsbetrag verlangen. Sollten, was hier nicht zu entscheiden ist, die von dem eigenen Arbeitgeberverband der Beklagten zu dem Rahmentarifvertrag gegebenen Erläuterungen zutreffen, hätte er im gegebenen Falle noch nicht einmal Anspruch auf den tariflichen Zeitlohn.

Zuzugeben ist allerdings der Revision, daß nicht in jedem Falle der Geldfaktor, also der Akkordstunden- oder Akkordminutenlohn, auf dem jeweiligen tariflichen Zeitlohn aufgebaut ist. Es ist durchaus denkbar, daß der Geldfaktor von dem jeweiligen tariflichen Stundenlohn im großen Umfange unabhängig bleibt. Dies wird insbesondere dann der Fall sein, wenn der tarifliche Stundenlohn nur eine von mehreren Berechnungsgrundlagen für den Geldfaktor abgibt und bei der Berechnung des Geldfaktors neben dem tariflichen Stundenlohn andere Umstände noch eine besondere Berücksichtigung erfahren haben. So können die besonderen Verhältnisse des Betriebes oder des Materials die Arbeitsleistung erschweren oder besondere Fähigkeiten des einzelnen Arbeiters, die eine gute Ausführung gewährleisten, eine besondere Rolle spielen; auch kann z. B. bei steigenden Preisen die Verteuerung der Lebenshaltung schon vorweggenommen sein, noch bevor die tariflichen Zeitlöhne der Teuerung angepaßt worden sind. Wenn der Geldfaktor hiernach nicht allein auf dem tariflichen Zeitlohn aufgebaut, sondern in besonders weitem Umfange von ihm unabhängig bleibt, so ist kein Grund ersichtlich, aus dem die Erhöhung oder Verminderung des tariflichen Zeitlohns von selbst eine Erhöhung oder Herabsetzung des Geldfaktors zur Folge haben müsse. Allenfalls kann die Änderung des tariflichen Zeitlohns einen Anlaß geben, den Geldfaktor neu festzusetzen.

Anders liegt es aber, wenn der Geldfaktor allein von dem tariflichen Zeitlohn abhängig ist, der tarifliche Zeitlohn also nicht nur eine von mehreren Grundlagen für die Berechnung des Geldfaktors ist. In diesem Falle leuchtet ein, daß eine Änderung des tariflichen Zeitlohnes auch von selbst eine Änderung des Geldfaktors beim Zeitakkord zur Folge haben muß.

Nach der Rechtsprechung des Reichsarbeitsgerichts (RAG. 8, 64 ff.; aufrechterhalten noch in ARS. 35, 135, allerdings lediglich nebenbei bei einer Entscheidung über den Stückakkord) kann allein aus dem Wesen des Zeitakkordes eine solche Abhängigkeit des Geldfaktors von dem tariflichen Zeitlohn noch nicht gefolgert werden und deshalb auch beim Stückakkord die Erhöhung des tariflichen Zeitlohnes grundsätzlich nicht von selbst auch die Erhöhung des Geldfaktors zur Folge haben. Nur wenn besondere Umstände des Einzelfalles eine solche alleinige Abhängigkeit als gewollt erkennen lassen, wirkt sich nach der Ansicht des Reichsarbeitsgerichts die Erhöhung des tariflichen Zeitlohnes ohne weiteres auch auf die Entlohnung beim Zeitakkord aus. Daß dieser im Jahre 1931 vom Reichsarbeitsgericht aufgestellte Erfahrungssatz noch für die Gegenwart gelte, ist nicht, wie die Revision meint, ohne weiteres sicher, sondern müßte einer erneuten Prüfung unterzogen werden. Seit 1931 hat die Lohnberechnung im Akkord in zahlreichen und gerade den bedeutendsten Wirtschaftszweigen eine Umwälzung dadurch erfahren, daß die infolge der Aufrüstung und des Kriegsbedarfs bedingte Erzeugungssteigerung und schließlich auch in der Nachkriegszeit der Wiederaufbau der deutschen Wirtschaft eine möglichst zweckmäßige (rationelle) Ausnutzung der zur Verfügung stehenden Arbeitskräfte erzwang. Dazu genügte der häufig rohe und unelastische Stückakkord nicht. Deshalb ist man von dem Stückakkord mehr und mehr abgekommen und zu einer feineren Leistungsbemessung übergegangen, die der Zeitakkord ermöglicht. Darauf, daß auch in dem hier in Rede stehenden Wirtschaftszweig feinere Leistungsbemessungen erforderlich und üblich sind, deuten schon die in § 6 Ziff. 1 Abs. 2 des Rahmentarifvertrages für die Ermittlung der Grundlage der Entlohnung ausdrücklich zugelassenen Arbeitszeit- und Arbeitsbewertungsstudien hin.

Die exakte Bestimmung des Zeitfaktors würde aber sinnlos sein, wenn nun der Geldfaktor frei bestimmt werden könnte und der Akkordrichtsatz lediglich eine annähernde Richtlinie für den Effektivlohn geben würde. Die Genauigkeit des Zeitfaktors wird regelmäßig in der tariflich bestimmten Genauigkeit des Geldfaktors ihr Gegenstück haben. Andernfalls wäre die alleinige tarifliche Festlegung des Zeitlohns in Wirtschaftszweigen, in denen überwiegend im Zeitakkord gearbeitet wird, nicht verständlich.

3. Indes bedarf es für den vorliegenden Fall einer endgültigen Entscheidung dieser Fragen nicht. Denn hier ergeben bereits die besonderen tariflichen Bestimmungen zur Genüge, daß der Geldfaktor allein durch den tariflichen Zeitlohn bestimmt wird. § 3 Abs. 2 des Lohnabkommens vom 5. Dezember 1952 verweist ausdrücklich auf die Erläuterungen zu dem Schiedsspruch vom 26. September 1951 und bestimmt damit, daß diese Erläuterungen weitergelten. Sie sind schriftlich niedergelegt und von beiden Sozialpartnern unterzeichnet, haben also

die Wirkung eines Tarifvertrages. In Ziffer A 2 a dieser Erläuterungen ist für den Zeitakkord ausdrücklich bestimmt, daß „die sich aus dem neuen Lohnabkommen ergebenden Geldfaktoren zur Anwendung gebracht werden müssen"; es ist dann im einzelnen die doppelte Möglichkeit der Berechnung des Geldfaktors klargestellt, nämlich grundsätzlich in Höhe des 60. Teiles des Akkordrichtsatzes, beim Aufschlag der 15 %igen Akkorderhöhung auf die Zeit jedoch als der 60. Teil des Zeitlohnsatzes. Damit ist für den vorliegenden Fall bereits durch die tariflichen Bestimmungen unzweideutig zum Ausdruck gebracht, daß der Geldfaktor beim Zeitakkord allein auf dem Zeitlohn aufgebaut ist. Daß es bei der Beklagten nicht ausnahmsweise anders gehandhabt worden ist, ergibt sich schon daraus, daß sie nach ihrer eigenen Darstellung den Geldfaktor dem Akkordrichtsatz entnommen hat.

43

1. Bei der Kündigungsschutzklage ist zunächst zu prüfen, ob die einzel- oder tarifvertraglichen Voraussetzungen für eine ordentliche oder außerordentliche Kündigung gegeben sind, und dann erst, ob sie sozial gerechtfertigt ist.

2. Der Antrag des Arbeitgebers aus § 7 Abs. 1 S. 2 KSchG. kann nur auf Umstände gestützt werden, die das persönliche Verhältnis, die Wertung der Persönlichkeit des Arbeitnehmers, seiner Leistungen oder seiner Eignung für die ihm gestellten Aufgaben, etwa als Vorgesetzter, und sein Verhältnis zu den übrigen Mitarbeitern und dem Unternehmer betreffen. Wirtschaftliche Schwierigkeiten oder betriebliche Gegebenheiten, die eine Weiterbeschäftigung unangebracht erscheinen lassen, rechtfertigen den Antrag nur, wenn sie zu einer Zerrüttung des Vertrauensverhältnisses führen können.

KSchG. §§ 3, 7

II. Senat. Urteil vom 14. Oktober 1954 i. S. Land B. (Bekl.) w. B. (Kl.) 2 AZR 34/53.

I. Arbeitsgericht Berlin. — II. Landesarbeitsgericht Berlin.

Der Kläger, von Beruf Diplom-Landwirt, war seit 1934 im öffentlichen Dienst beschäftigt, zuletzt beim Reichsernährungsministerium. Nach seiner Rückkehr aus dem Wehrdienst wurde er im Juli 1945 von der Beklagten als Administrator des Stadtgutes O. eingestellt und am

1. Oktober 1945 zum Stadtgüterdirektor ernannt. Vom 1. Juli 1946 ab erhielt er eine Vergütung nach der Gruppe Ia TO.A. Bei der Spaltung Berlins im Dezember 1948 blieb der Kläger auf Wunsch des damaligen Bürgermeisters Dr. Friedensburg im Osten, nachdem ihm dieser mit Schreiben vom 11. Dezember 1948, das später auch von Oberbürgermeister Reuter bestätigt wurde, versichert hatte, aus der Tatsache seines Verbleibens in den bisherigen Verwaltungsstellen solle ihm nicht der geringste Vorwurf oder Nachteil erwachsen. Im Februar 1949 mußte der Kläger aus politischen Gründen nach Westberlin fliehen. Als man ihn dort nicht wieder einstellte, erhob er im Mai im Hinblick auf seine Einstellung bei der Beklagten im Jahre 1945 Klage auf Zahlung von Gehalt nach der Gruppe Ia TO.A. bis zum 1. März 1949. Im Berufungsverfahren verglichen sich die Parteien. Nach dem Vergleich wurde dem Kläger sein Gehalt bis 31. August gezahlt, er verzichtete auf seine Rechte aus dem früheren Privatdienstvertrag und künftig sollte für ihn der Rahmentarifvertrag für die im öffentlichen Dienst von Berlin stehenden Beschäftigten (RTV.) gelten. Die Beklagte dagegen übernahm die Verpflichtung, den Kläger ab 1. September 1949 in eine Planstelle der Vergütungsgruppe I als Hauptreferent beim Hauptplanungsamt einzustellen. Als im Herbst 1950 das Hauptplanungsamt auf Beschluß der Stadtverordneten aufgelöst wurde, beschäftigte man den Kläger in der Abteilung Ernährung mit einer an sich unter die Gruppe IV TO.A. fallenden Tätigkeit, jedoch unter Weiterzahlung des Gehaltes nach der Gruppe I TO.A. Im Mai 1951 bewarb sich der Kläger um die Stelle des Hauptreferenten in der Abteilung Landwirtschaft und Gartenbau, die aber nach langen Verhandlungen einer anderen Persönlichkeit übertragen wurde. Er selbst wurde am 30. März 1953 zum 30. September 1953 aus organisatorischen Gründen mit der tariflichen Frist gekündigt.

Der Kläger hält die Kündigung nach § 1 KSchG. für unbegründet und hat dahingehende Feststellungsklage erhoben. Die Beklagte hat Abweisung der Klage begehrt, hilfsweise, das Arbeitsverhältnis nach § 7 KSchG. gegen Entschädigung aufzulösen. Das Arbeitsgericht hat der Klage des Klägers und dem Hilfsantrag der Beklagten stattgegeben. Auf die von beiden Parteien eingelegte Berufung hat das Landesarbeitsgericht entschieden, daß das Arbeitsverhältnis des Klägers durch die am 30. März zum 30. September 1953 ausgesprochene Kündigung nicht aufgelöst sei und die Berufung der Beklagten zurückgewiesen.

Mit der Revision erstrebt die Beklagte wiederum die Abweisung der Klage, hilfsweise die Aufhebung des Dienstverhältnisses gegen

Zahlung einer vom Gericht zu bemessenden Entschädigung. Der Kläger verlangt die Zurückweisung der Revision.

Aus den Gründen:

1. Die Revision rügt einmal, daß das Landesarbeitsgericht sich nicht auf die Prüfung beschränkt habe, ob die Kündigung sozial gerechtfertigt sei. Im Rahmen der Kündigungsschutzklage dürfe eine Unzulässigkeit der Kündigung aus § 21 Nr. 2 des Rahmentarifvertrages für die im öffentlichen Dienst der Gebietskörperschaft Groß-Berlin stehenden Beschäftigten (RTV.) nicht nachgeprüft werden, dies könnte vielmehr nur in einer besonderen Feststellungsklage gemäß § 256 ZPO. geschehen.

Die Revision verkennt jedoch, daß diese Erwägungen nur bei einer Kündigungswiderrufsklage Bedeutung haben können, wie auch die von ihr in Bezug genommene Entscheidung des Landesarbeitsgerichtes Mannheim vom 12. September 1951 sich auf eine Kündigungswiderrufsklage bezieht (RdA. 1952, 79). Dem Antrag auf Widerruf der Kündigung konnte nämlich nur stattgegeben werden, wenn feststand, daß die Kündigung voll wirksam sei. Bei einem Streit hierüber mußte daher zunächst die Wirksamkeit der Kündigung festgestellt werden, sei es in einem vorhergehenden selbständigen Verfahren oder aber in einer mit der Widerrufsklage verbundenen Klage (RAG. ARS. 26, 161). Anders ist dagegen die Rechtslage nach dem Kündigungsschutzgesetz. Nach ihm ist jede nicht sozial gerechtfertigte Kündigung rechtlich unwirksam, führt also nicht zur Auflösung des Arbeitsverhältnisses. Klarheit darüber, ob das Arbeitsverhältnis fortbesteht, soll die Kündigungsschutzklage schaffen. Sie ist, entsprechend der allgemeinen Feststellungsklage aus § 256 ZPO., zu richten auf die Feststellung, daß das Arbeitsverhältnis durch die Kündigung nicht aufgelöst ist (§ 3 KSchG.). Diese Zielrichtung der Klage setzt voraus, daß in dem mit ihr eingeleiteten Verfahren zunächst geprüft werden muß, inwieweit die Kündigung überhaupt zulässig war, d. h., daß zu prüfen ist, ob die ordentliche Kündigung nicht durch Einzelvertrag oder Gesamtvereinbarung auf bestimmte Gründe beschränkt oder vielleicht auch gänzlich ausgeschlossen ist, so daß nur noch die außerordentliche Kündigung des § 626 BGB. in Frage kommt (vgl. RGRäte Komm. [10] § 626 AE.). Eine andere Auffassung wäre verfahrens-unwirtschaftlich. Die Bestimmungen des § 11 Abs. 3 und 4 KSchG., nach denen die Nichtigkeit einer gegen die guten Sitten verstoßenden Kündigung unabhängig von den Vorschriften des Kündigungsschutzgesetzes geltend gemacht werden kann und dessen Normen auch auf alle sonstigen Kündigungen, die aus anderen Gründen als denen der Sozialwidrigkeit rechtsunwirksam sind, keine Anwendung finden, verlangen nicht, daß in diesen Fällen die Prüfung der Rechtsunwirksamkeit stets außerhalb eines hier ebenfalls angestrengten Kündigungsschutzverfahrens vorgenommen werden müßten. Eine Rechtsverletzung liegt also nicht darin, daß das angefochtene Urteil zuerst geprüft hat, ob die Voraussetzungen für eine Kündigung nach § 21 Ziff. 2 RTV. gegeben sind.

2. Weiter rügt die Revision, daß die Bestimmungen des § 21 RTV. nicht hinreichend beachtet worden seien. Darin sei nämlich ausdrücklich der Wegfall oder die erhebliche Einschränkung dienstlicher Aufgaben auf Grund eines Beschlusses der städtischen Körperschaften oder der Fortfall der zu ihrer Erfüllung erforderlichen Mittel als ein wichtiger Grund zur Kündigung im Sinne des § 626 BGB. bezeichnet worden. Dieses Kündigungsrechtes sei die Beklagte entgegen der Ansicht des angefochtenen Urteils nicht dadurch verlustig gegangen, daß sie den Kläger aus sozialen Gründen zwei Jahre weiterbeschäftigt habe, nachdem die im Vergleich vom 25. August 1949 für ihn vorgesehene Stelle fortgefallen war.

Die Revision übersieht hier, daß die Beklagte nach dem vom Landesarbeitsgericht festgestellten Sachverhalt besondere Verpflichtungen gegenüber dem Kläger hatte. Er war auf Wunsch des damaligen Bürgermeisters bei der Spaltung Berlins zunächst in der Ostzone verblieben, und es war ihm mehrfach die Versicherung gegeben worden, daß ihm daraus keinerlei Nachteile erwachsen sollten. Da der Vergleich der Erfüllung dieser Zusage dienen sollte, kann mit den Vorinstanzen nur angenommen werden, daß der Kläger eine sichere Stellung der Gruppe I TO. A erhalten sollte; es kann nicht gesagt werden, die Verpflichtung der Beklagten sollte sich mit der Gewährung der Stelle beim Hauptplanungsamt erschöpfen. Dies ist offenbar auch nicht die Meinung der Beklagten gewesen, da sie den Kläger nach Auflösung jenes Amtes noch 2½ Jahre anderweit unter Weitergewährung des Gehaltes der Gruppe I TO. A mit einer Tätigkeit der Gruppe IV TO. A beschäftigt hat, ohne ihm irgendwie zu erkennen zu geben, es handele sich hierbei nur um eine vorübergehende Beschäftigung aus Gründen sozialer Billigkeit. Sie brachte mit ihrem Verhalten zum Ausdruck, daß die Bestimmung des § 21 IV RTV., auf die sie sich jetzt stützt, zunächst einmal keine Anwendung finden sollte, bis der Kläger eine Stelle der Gruppe I TO. A erhalten hätte.

3. Rechtlich nicht zu beanstanden sind auch die Ausführungen des Landesarbeitsgerichtes darüber, daß die Kündigung nicht durch die Betriebserfordernisse bedingt ist. Sie liegen auf tatsächlichem Gebiet und halten sich im Rahmen des § 286 ZPO.

4. Zu Unrecht rügt die Revision auch, daß die Abweisung des Hilfsantrages aus § 7 KSchG. nicht begründet sei. Denn das Urteil verweist auf die vorhergehenden Erwägungen über die Zulässigkeit der Kündigung, und das genügt, um die Anwendung des § 551 Ziff. 7 ZPO. auszuschließen. Ob dagegen diese Begründung zur Abweisung des Antrages ausreicht, ist eine Frage der materiellen Nachprüfung. Im Ergebnis ist allerdings die Ablehnung zutreffend.

Wie die Entstehungsgeschichte des § 7 KSchG. zeigt (vgl. Herschel-Steinmann KSchG. § 7 Anm. 7, 8; Hueck KSchG. Anm. 2), soll mit der Vorschrift des § 7 Abs. 1 Satz 2 KSchG. dem Arbeitgeber eine gewisse Freiheit in der Auswahl seiner Mitarbeiter gewährt und ihm die Möglichkeit gegeben werden, sich von einem Mitarbeiter, den er für eine den Betriebszwecken dienende Zusammenarbeit nicht für geeignet hält, gegen Zahlung einer Entschädigung zu lösen. Da hierbei vielfach Umstände eine Rolle spielen, die im einzelnen nicht immer genau und schlüssig nachweisbar sind, ihre Beurteilung auch mehr oder weniger zweifelhaft sein kann, ist der Arbeitgeber, abweichend von den sonstigen Prozeßgrundsätzen, insbesondere wie sie auch in § 1 Abs. 2 Satz 2 KSchG. zum Ausdruck kommen, von der Verpflichtung befreit, die Gründe für seinen Antrag auf Auflösung des Arbeitsverhältnisses zu beweisen. Er hat sie vielmehr nur anzugeben, und es bleibt dem Arbeitnehmer überlassen, ihre Unrichtigkeit nachzuweisen oder darzutun, daß die Kündigung offensichtlich willkürlich oder aus nichtigen Gründen unter Ausnutzung der Machtstellung des Arbeitgebers erfolgt ist. Das Arbeitsgericht hat demnach bei seiner Entscheidung grundsätzlich von der Darstellung des Arbeitgebers auszugehen, wenn nur die angeführten Gründe die Lösung des Arbeitsverhältnisses an sich rechtfertigen können, eine Nachprüfung liegt ihm lediglich insoweit ob, als der Arbeitnehmer den Gegenbeweis antritt. Die Umkehrung der Beweislast ist aber, wie die Begründung zum Gesetz ergibt, nur vorgesehen, wenn es sich um Umstände handelt, die das persönliche Verhältnis der Parteien betreffen, d. h. wenn eine Wertung der Persönlichkeit des Arbeitnehmers, seiner Leistungen oder seiner Eignung für die ihm gestellten Aufgaben, etwa als Vorgesetzter, und seines Verhältnisses zu den übrigen Mitarbeitern und dem Arbeitgeber in Frage steht. Wirtschaftliche Schwierigkeiten oder betriebliche Gegebenheiten, die zwar eine Weiterbeschäftigung unangebracht erscheinen lassen, jedoch bei verständiger Beurteilung nicht zu einer Zerrüttung des Vertrauensverhältnisses führen können — dies fordern auch Herschel-Steinmann, KSchG. § 7 Anm. 10a —, können den Antrag des Arbeitgebers auf Auflösung des Arbeitsverhältnisses nicht begründen. Da es sich dieserhalb um objektiv feststellbare Tatsachen handelt, liegt kein Anlaß vor, den Arbeitgeber von der ihm nach § 1 Abs. 2 Satz 2 KSchG. obliegenden Beweispflicht freizustellen. Damit ist auch dem tragenden Gedanken des § 1 KSchG. entsprochen, dem Arbeitnehmer solle bei einer sozialwidrigen Kündigung an sich sein Arbeitsplatz erhalten bleiben.

Das eben Gesagte gilt insbesondere, wenn der Arbeitnehmer vereinbarungsgemäß auf bestimmten Gebieten tätig sein soll, eine Beschäftigung in jenem Bereich aber infolge Änderung der Verhältnisse nicht mehr durchführbar ist. Dann handelt es sich um eine betriebsbedingte Kündigung im Sinne des § 1 Abs. 2 Satz 1 KSchG., nicht um die Zerrüttung des Vertrauensverhältnisses zwischen Arbeitgeber und Arbeitnehmer. Nicht innere Vorgänge, sondern äußere betriebliche Erfordernisse stehen in diesem Falle der Weiterbeschäftigung entgegen, so daß nunmehr darüber zu entscheiden ist, ob sie als dringend die Kündigung sozial gerechtfertigt sein lassen. Es geht nicht an, zunächst festzustellen, die Kündigung sei nicht durch betriebliche Notwendigkeiten bedingt und das Arbeitsverhältnis sei nicht aufgelöst und dieses dann doch aus nahezu den gleichen wirtschaftlichen Erwägungen auf Antrag des Arbeitgebers durch Richterspruch zu beenden.

Die Entscheidung des Arbeitsgerichts im vorliegenden Fall war, wie die Beklagte in ihrer Berufungsbegründung mit Recht ausgeführt hat, in sich widerspruchsvoll. Dem Hilfsantrag der Beklagten hätte nur entsprochen werden dürfen, wenn sie Umstände angeführt hätte, die eine Störung des Vertrauensverhältnisses, eine Zerrüttung der persönlichen Beziehungen, dartun konnten. In dieser Hinsicht hat die Beklagte aber gerade nichts behauptet. Ihre Ausführungen beschränken sich vielmehr immer wieder darauf, ihr sei nicht zuzumuten, den Kläger, für den sie keine geeignete Tätigkeit nach der Gehaltsgruppe I TO. A habe, weiter überplanmäßig zu beschäftigen.

44

1. Das Hessische Gesetz über die Freistellung von Betriebsratsmitgliedern für Betriebsratslehrgänge vom 10. 11. 1950 ist durch § 90 BetrVG. außer Kraft gesetzt worden, soweit nicht Verwaltungen und Betriebe des öffentlichen Dienstes in Frage stehen.

2. Zur Durchführung der Aufgaben eines Betriebsrats ist auch das Wissen um die Aufgaben und um die vom Gesetz geforderte Art und Weise ihrer Durchführung im Betriebe erforderlich.

3. Ist ein bestimmter konkreter betriebsbezogener Anlaß gegeben, so kann die Unterrichtung der Betriebsratsmitglieder in Konferenzen und Schulungen, die sich unmittelbar und ausschließllich mit den Aufgaben des Betriebsrats und ihrer Durchführung im Betrieb nach dem BetrVG. befassen, zur ordnungsmäßigen Durchführung der Betriebsratsaufgaben gehören.

4. Ein solcher konkreter Anlaß ist namentlich das Inkrafttreten neuer Gesetze, die mit dem Aufgabenbereich der Betriebsräte in unmittelbarem Zusammenhang stehen. Hierhin gehört insbesondere das Inkrafttreten des Betriebsverfassungsgesetzes selbst. Eine Unterrichtung über die Aufgaben der Betriebräte nach diesem Gesetz ist jedenfalls für eine gewisse Zeit nach Erlaß dieses Gesetzes als erforderlich anzusehen. Jedoch kann einige Zeit nach dem Erlaß neuer Gesetze davon ausgegangen werden, daß ihr Inhalt den für die Betriebsrätetätigkeit in Frage kommenden Arbeitnehmern bekannt sein muß.

5. Die Betriebsratsmitglieder haben hinsichtlich Zeit und Ort sowie der Zahl der Teilnehmer der Betriebsrätekonferenzen die Interessen des Betriebes gehörig zu berücksichtigen.

6. Wenn eine Gewerkschaft Betriebsrätekonferenzen, die zur ordnungsmäßigen Durchführung von Betriebsratsaufgaben erforderlich sind, veranstaltet, übt sie damit gegenüber den Betriebsräten eine Hilfsfunktion aus.

7. Schulungen der Gewerkschaften über wirtschafts- und rechtspolitische, gewerkschaftspolitische oder allgemein arbeitsrechtliche Fragen fallen nicht unter § 37 Abs. 2 BetrVG.

Betr.VG. § 37 Abs. 2, § 49, § 54 Abs. 1 Buchst. b, § 88 Abs. 1 u. 2; § 90.
Hess. FreistG. §§ 1, 3.

I. Senat. Urteil vom 10. November 1954 i. S. Fa. St. (Bekl.) w. K. (Kl.)
1 AZR. 19/53.

I. Arbeitsgericht Wetzlar. — II. Landesarbeitsgericht Frankfurt/Main.

Der bei der Beklagten beschäftigte Kläger ist Mitglied des Betriebsrats. Er nahm in der Zeit vom 15. Dezember bis 20. Dezember 1952 an einem Betriebsrätelehrgang des Kreisausschusses D. des DGB. teil. Auf diesem Lehrgang wurden folgende Themen behandelt:

1. Tag: Zusammensetzung und Wahl des Betriebsrates, die Amtszeit, die Geschäftsführung, die Betriebsversammlung und der Gesamtbetriebsrat;

2. Tag: Mitwirkung und Mitbestimmung der Arbeitnehmer in sozialer Angelegenheit;

3. und
4. Tag: Mitwirkung und Mitbestimmung in personellen Angelegenheiten und Kündigungsschutz;

5. Tag: Mitwirkung in wirtschaftlichen Angelegenheiten der Wirtschaftsausschüsse und der Mitglieder im Aufsichtsrat;

6. Tag: Jugendschutz, Mutterschutz und Arbeitszeitordnung.

Die Beklagte stellte den Kläger auf seine Bitten zur Teilnahme an diesem Lehrgang von der Arbeit frei. Mit der Klage fordert der Kläger die Fortzahlung des Lohnes für die Zeit der Freistellung.

Das Arbeitsgericht hat abgewiesen, das Landesarbeitsgericht antragsgemäß verurteilt.

Im Berufungsurteil wird ausgeführt, die Klage sei unter dem Gesichtspunktes des § 37 Abs. 2 BetrVG. zu 5/6 und unter dem des Hessischen Gesetzes über die Freistellung von Betriebsratsmitgliedern für Betriebsrätelehrgänge vom 10. November 1950 (= Hess. FreistG.) — GVBl. Hess. S. 252 — auch für das letzte Sechstel gerechtfertigt. Das Hess. FreistG. sei nicht durch § 90 BetrVG. außer Kraft gesetzt worden. Es widerspreche auch nicht dem Betriebsverfassungsgesetz, so daß der Grundsatz „Bundesrecht bricht Landesrecht" (Art. 31 GG.) nicht Platz greife.

Mit der Revision begehrt die Beklagte die Klageabweisung, hilfsweise Vorlage an das Bundesverfassungsgericht gemäß Art. 100 Abs. 1 GG.

Die Revision hatte nur teilweise Erfolg aus folgenden

Gründen:

Die zulässige Revision rügt mit Recht unrichtige Anwendung des § 90 BetrVG. und des Hess. FreistG. Nach § 90 BetrVG. sind mit Inkrafttreten des BetrVG. die landesrechtlichen Vorschriften über das Betriebsräterecht und das Betriebsrätewahlrecht außer Kraft getreten, soweit nicht Verwaltungen und Betriebe des öffentlichen Dienstes in Frage stehen (§ 88 Abs. 1, Abs. 2 BetrVG.). Das Hess. FreistG. enthält aber landesrechtliche Vorschriften über das Betriebsräterecht im Sinne des § 90 BetrVG. Es ist daher durch diese Vorschrift mit dem Inkrafttreten des BetrVG. (14. November 1952: § 92) außer Kraft gesetzt worden.

Zwar kann, wie das angefochtene Urteil ausführt, unter der Bezeichnung „Betriebsräterecht" ein mehrfaches verstanden werden: Es kann damit jegliche Regel gemeint sein, die sich irgendwie auf den Betriebsrat oder seine Mitglieder bezieht, gleichgültig, ob sich die Regel auch auf die Stellung und Funktion des Betriebsrates im Betrieb bezieht; es kann damit aber auch gemeint sein die Zusammenfassung aller der Vorschriften, die sich auf die innerbetriebliche Verfassung, mithin auf die Institution des Betriebsrates, seine Rechte und Pflichten beziehen. Das Berufungsgericht meint, es könne nur diese letztere „engere" Auffassung über „Betriebsräterecht" im Rahmen des § 90 BetrVG. in Betracht kommen. Es stützt seine Auffassung vor allem auch darauf, daß § 90 BetrVG. neben dem Betriebsräterecht das Betriebsrätewahlrecht anführt.

In Wahrheit kommt es auf die Untersuchungen und Unterscheidungen, die das angefochtene Urteil hier macht, nicht an. Unter Beachtung des in § 133 BGB. enthaltenen, auch für die Gesetzesauslegung verbindlichen Rechtssatzes ist nämlich lediglich festzustellen, was das BetrVG. in § 90 unter „Betriebsräterecht" versteht. Sinnvollerweise ist aber in dieser Vorschrift die Gesamtheit der Rechtsvorschriften gemeint, die die Verfassung eines Betriebes betreffen. Denn die Betriebsverfassung will das BetrVG. bundeseinheitlich regeln und deshalb die bis dahin bestehenden sehr verschiedenen Länderregelungen beseitigen und die Rechtseinheit auf diesem wichtigen Gebiete des Arbeitsrechts in der Bundesrepublik herstellen. Zu den Vorschriften, die die Verfassung eines Betriebes regeln, gehören aber alle diejenigen, die die Rechtsstellung der Arbeitnehmerschaft und ihrer Organe, also des Betriebsrats, im Betriebe, sowie auch ihre Rechte und Pflichten als Mitglieder dieser Organe gegenüber dem betrieblichen Partner, dem Arbeitgeber, betreffen. Daraus folgt, daß alle landesrechtlichen Vorschriften, die diese nunmehr durch das BetrVG. erfaßten Gegenstände betreffen, durch § 90 BetrVG. außer Kraft getreten sind. Das Berufungsgericht irrt, wenn es meint, die Regelung des Hess. FreistG. betreffe nicht die betriebsverfassungsrechtliche Stellung der Betriebsräte in den Betrieben. Denn das Hess. FreistG. gewährt den

Mitgliedern der Betriebsräte unter bestimmten Voraussetzungen gegenüber dem Arbeitgeber als dem Partner im Betriebe Anspruch auf Freistellung von der Arbeit unter Fortzahlung der Vergütung zur Teilnahme an einem von einer Gewerkschaft veranstalteten Betriebsrätelehrgang (§§ 1, 3 Hess. FreistG.). Das Gesetz gibt mithin Betriebsratsmitgliedern gerade in dieser ihrer Eigenschaft besondere Rechte im Betrieb, die insoweit das Arbeitsverhältnis des einzelnen Betriebsratsmitgliedes gestalten. Es ist deshalb belanglos, ob die Teilnahme an den Lehrgängen der Gewerkschaften als solche zur innerbetrieblichen Aufgabe des Betriebsrats gehört. Entscheidend ist hingegen, daß die Teilnahme an einem solchen Betriebsrätelehrgang kraft Gesetzes sich auf die innerbetriebliche Ebene wesentlich auswirkt. Nur dann würde das Hess. FreistG. nicht unter das vom § 90 BetrVG. gemeinte „Betriebsräterecht" fallen, wenn Betriebsrätelehrgänge der Gewerkschaften nur außerhalb der Arbeitszeit und auf Kosten des Staates oder anderer Stellen, jedenfalls aber nicht des Arbeitgebers des einzelnen Betriebes, vorgesehen wären.

Im übrigen ist aber auch die Auffassung des Berufungsgerichts unrichtig, die Teilnahme an den im Hess. FreistG. genannten Lehrgängen diene der allgemeinen Fortbildung der Betriebsräte, es handele sich um Teilnahme an Kursen der allgemeinen Erwachsenenbildung. Demgegenüber ist darauf hinzuweisen, daß § 1 des Hess. FreistG.s ausdrücklich von der Teilnahme der Betriebsratsmitglieder an Betriebsratslehrgängen spricht. Damit kann nur die Teilnahme an Lehrgängen gemeint sein, die die Schulung und Unterrichtung der Teilnehmer über Sachgebiete ins Auge fassen, die mit der Betriebsratstätigkeit jedenfalls in irgend einem, wenn auch nicht notwendig besonders engen, innerem Zusammenhang stehen. Teilnahme an Betriebsratslehrgängen kann nicht so verstanden werden, als ob es sich um Teilnahme an Lehrgängen handele, deren Teilnehmer eben Betriebsratsmitglieder seien, während die Lehrgangsthemen selbst völlig unabhängig von der Zusammensetzung der Teilnehmer und ohne Bezug zur Betriebsratstätigkeit gewählt würden. Denn wenn das Gesetz selbst von Betriebsratsmitgliedern, die an Betriebsratslehrgängen teilnehmen, spricht, dann kann nicht angenommen werden, daß dies tautologisch aufzufassen ist. Der Personenkreis, der an den Lehrgängen teilnimmt, ist vielmehr mit dem Wort „Betriebsratsmitglied" bezeichnet und ergibt sich nicht erst aus dem Wort „Betriebsratslehrgang". Hiernach sind P e r s o n e n k r e i s (Betriebsratsmitglieder) und L e h r g a n g s z w e c k (Betriebsratslehrgang) eindeutig und klar umrissen.

Ist aber das Hess. FreistG. durch § 90 BetrVG. mit Wirkung vom 14. November 1952 ausdrücklich außer Kraft gesetzt worden, dann bedarf es keiner weiteren Untersuchung mehr darüber, ob das Hess. FreistG. nach Art. 31 GG. dem BetrVG. weichen muß. Es braucht daher auch nicht geprüft zu werden, ob die Sache gemäß Art. 100 Abs. 1 S. 2 GG., § 13 Ziff. 11, § 80 BVerfGG. dem Bundesverfassungsgericht vorgelegt werden müßte.

Der Klageanspruch ist jedoch zum überwiegenden Teil nach § 37 Abs. 2 BetrVG. begründet. Nach dieser Vorschrift ist der Arbeitgeber gegenüber einem Betriebsratsmitglied nicht zur Minderung des Arbeitsentgelts berechtigt, wenn Arbeitszeit versäumt wird, die nach Umfang und Art des Betriebes zur ordnungsmäßigen Durchführung der Aufgaben des Betriebsrats erforderlich ist. Hierhin gehört nicht nur die eigentliche konkrete Wahrnehmung der Betriebsratsaufgaben im Betrieb selbst. Zur Durchführung der Aufgaben eines Betriebsrats gehört auch das Wissen um die Aufgaben und um die vom Gesetz geforderte Art und Weise ihrer Durchführung im Betrieb. Das Wissen um die Aufgaben selbst und um ihre praktische Durchführung im Betrieb ist so eng mit der Durchführung der Betriebsratsaufgaben verbunden, daß eine Trennung dieser Momente durchaus lebensfremd wäre. Es ist daher der Wirklichkeit und den Bedürfnissen des Betriebslebens angemessen, zur Wahrnehmung der Betriebsratsaufgaben auch die Teilnahme an solchen Betriebsratslehrgängen oder Betriebsratskonferenzen gehören zu lassen, die sich unmittelbar und ausschließlich mit den Aufgaben des Betriebsrats und ihrer Verwirklichung im Betrieb nach dem BetrVG. befassen (vgl. hierzu auch Galperin, BetrVG. 2. Aufl. § 37 Anm. 26). Die Kenntnis des „Was" und „Wie" der Aufgaben des Betriebsrats nach dem BetrVG. sind derart allernächste Vorbedingungen der Aufgabenerfüllung eines Betriebsrats im Betrieb, daß die Erfüllung dieser Bedingungen zur Aufgabenerfüllung selbst gerechnet werden muß.

Jedoch gilt es, die Grenzen des § 37 Abs. 2 BetrVG. richtig zu ziehen, um Mißbräuche zu verhindern und Störungen der produktiven Tätigkeit in Betrieben auch im Interesse der Gesamtheit zu vermeiden. Es ist daher immer ein konkreter betriebsbezogener Anlaß für eine Betriebsrätekonferenz zu fordern. Ein solcher konkreter Anlaß ist das Inkrafttreten eines neuen Gesetzes, insbesondere des BetrVG. selbst, das für die Betriebe von einschneidender Bedeutung und dessen Kenntnis für die Betriebsratsmitglieder notwendig ist. Mit Rücksicht auf die allgemeinen Aufgaben, die im § 54 Abs. 1 Buchst. b BetrVG. dem Betriebsrat zugewiesen sind, wird auch das Inkrafttreten anderer neuer Gesetze, Verordnungen oder Tarifverträge zugunsten der Arbeitnehmer ein konkreter Anlaß sein können, einen Betriebsrätelehrgang oder eine Betriebsrätekonferenz abzuhalten, um Betriebsratsmitgliedern die zur Erfüllung der Betriebsratsaufgaben erforderlichen Kenntnisse zu vermitteln. Voraussetzung ist allerdings, daß die neuen Bestimmungen auch mit dem Aufgabenbereich der Betriebsräte der jeweiligen Betriebe tatsächlich in unmittelbarem Zusammenhang stehen. Auch sonst können bestimmte Vorkommnisse in einem Betrieb eine Unterrichtung der Betriebsräte über die Rechtslage erforderlich machen. Es ist auch denkbar, daß aus solchem Anlaß die Betriebsratsmitglieder mehrerer Betriebe dann auf einer Betriebsrätekonferenz zu unterrichten sind, wenn es sich um ein Vorkommnis oder um einen Fall typischer Art handelt, dessen Eintreten auch in anderen Betrieben im höchsten Maß wahrscheinlich ist.

Keineswegs sind aber die Betriebsratsmitglieder ohne jede Einschränkung berechtigt, auf Kosten des Arbeitgebers nach eigenem Gutdünken an Betriebsrätelehrgängen teilzunehmen. Eine solche Auffassung würde verkennen, daß der Betriebsrat bei der Wahrnehmung seiner Aufgaben das Wohl des gesamten Betriebes zu berücksichtigen hat (§ 49 BetrVG.). Die vielfach gegensätzlichen Interessen des Arbeitgebers und der durch den Betriebsrat vertretenen Arbeitnehmerschaft eines Betriebes sind unter dem übergeordneten Gesichtspunkt der Feststellung, was beiden und dem Betriebe als Ganzem frommt, zum Ausgleich zu bringen. Dieser Gesichtspunkt gebietet, auch solche Betriebsrätekonferenzen, an denen teilzunehmen für die Betriebsratsmitglieder zur ordnungsmäßigen Durchführung ihrer Aufgaben erforderlich erscheint, so zu legen, daß möglichst keine oder doch nur wenig Arbeitszeit versäumt wird. Dabei ist es auch nicht erforderlich, daß in jedem Fall jedes Betriebsratsmitglied eines Betriebes durch Teilnahme an einer Betriebsrätekonferenz die erforderliche Unterweisung erhält. Insbesondere werden in Betrieben, in denen Betriebsratsmitglieder zur Erfüllung ihrer Betriebsratsaufgaben von der Arbeit freigestellt worden sind (§ 37 Abs. 3 BetrVG.), diese in erster Linie für solche Lehrgänge oder Konferenzen auszuwählen sein. Dabei ist auch selbstverständlich, daß Lehrgänge z. B. zur Einführung in das BetrVG. nicht für alle Zukunft, sondern nur für eine gewisse Übergangszeit, die je nach Umfang und Art des Betriebes von verschiedener Dauer sein kann, notwendig sind. Im allgemeinen wird einige Zeit nach dem Erlaß neuer für den jeweiligen Betrieb und die Betriebsräte wichtiger Bestimmungen davon ausgegangen werden können, daß ihr Inhalt nunmehr den für die

Betriebsratstätigkeit in Frage kommenden Arbeitnehmern bekannt sein muß (vgl. auch LAG. Hamm, Urt. v. 26. März 1953 AP. 54 Nr. 7).

Es kann auch berechtigterweise nichts dagegen eingewandt werden, daß diese Betriebsrätekonferenzen durch Gewerkschaften veranstaltet werden. Gemäß § 49 BetrVG. ist der Betriebsrat berechtigt, sich durch einen Gewerkschaftsfunktionär im Betriebe während einer Betriebsratssitzung Kenntnisse vermitteln zu lassen, die für die Aufgabenerfüllung im Betriebe erforderlich sind. Ist dies aber statthaft, so ist nicht einzusehen, warum nicht bei bestimmten, mehrere Beriebe in gleicher Weise berührenden Fragen Mitglieder der Betriebsräte der verschiedenen Betriebe zusammenkommen können, um die für die betriebliche Aufgabenerfüllung unmittelbar erforderliche Kenntnisvermittlung mit möglichst wenig Zeitversäumnis unter möglichst wenig Umständen zu erhalten. Eine Betriebsrätekonferenz, die aus konkretem Anlaß einen solchen Zweck verfolgt, wird damit nicht zu einer gewerkschaftlichen Schulung an sich. Vielmehr übt hier die Gewerkschaft gegenüber den Betriebsräten eine Hilfsfunktion aus. Sie unterstützt die Betriebsratsarbeit, indem sie dafür sorgt, daß die Betriebsratsmitglieder mit der Sachkenntnis versehen werden, die zur ordnungsmäßigen Durchführung ihrer Aufgaben erforderlich ist. Wenn der Betriebsrat das Recht hat, seine Aufgaben im Betrieb im Zusammenwirken mit den im Betrieb vertretenen Gewerkschaften zu verrichten, dann beweist das, daß den Gewerkschaften, ähnlich wie den Arbeitgebervereinigungen, auch auf der Betriebsebene eine wichtige Rolle zukommt. Es handelt sich nicht um eine Aufgabe gewerkschaftspolitischer Art im allgemeinen, sondern um eine solche, die im Rahmen des BetrVG. dem Wohle des einzelnen Betriebes und seiner Arbeitnehmer dienen soll. Es bedarf daher auch keiner weiteren Erörterung, daß Schulungen der Gewerkschaften über wirtschafts- und rechtspolitische, gewerkschaftpolitische oder auch allgemein arbeitsrechtliche Fragen nicht unter § 37 Abs. 2 BetrVG. fallen (vgl. Galperin, BetrVG., § 37 Anm. 25, 26).

Gegen die Anwendbarkeit des § 37 Abs. 2 BetrVG. auf die Teilnahme von Betriebsräten an von Gewerkschaften veranstalteten Betriebsrätelehrgängen oder Betriebsrätekonferenzen kann nicht eingewendet werden, daß in der 223. und 224. Sitzung des Bundestages (Prot. S. 9985) ein Antrag der SPD abgelehnt worden ist, der wie folgt lautete:

„Soweit Betriebsratsmitglieder an Veranstaltungen der Gewerkschaften teilnehmen, die von diesen zur Unterrichtung oder Information der Betriebsräte über deren Aufgaben einberufen werden, sind sie zu beurlauben, und der Verdienstausfall ist vom Arbeitgeber zu ersetzen."

Aus der Ablehnung dieses Antrages wird von der Revisionsklägerin gefolgert, daß für Veranstaltungen zur Unterrichtung und Information der Betriebsräte durch das Betriebsverfassungsgesetz keine Freistellungspflicht unter Fortzahlung des Entgelts habe begründet werden sollen. Daher sei es auch ausgeschlossen, in einem Einzelfall eine Lohnfortzahlungspflicht gemäß § 37 Abs. 2 BetrVG. anzunehmen. Diese Rechtsauffassung ist unrichtig.

Zunächst ist aus der Ablehnung eines Antrags während der parlamentarischen Verhandlungen über ein Gesetz keineswegs der Schluß zu ziehen, daß der Inhalt des abgelehnten Antrags damit aus dem endgültigen Gesetz ausgeschieden sei. Es ist durchaus möglich — und die Entstehungsgeschichte vieder Gesetze bietet dafür Beispiele —, daß der Inhalt eines abgelehnten Antrages in einer Vorschrift des endgültigen Gesetzes enthalten ist, so daß der Antrag überflüssig war. Es braucht nicht entschieden zu werden, ob ein solcher Fall hier vorliegt, denn der abgelehnte SPD-Antrag war immerhin so weit gefaßt, daß er keine klare Begrenzung auf die konkreten Aufgaben des Betriebsrats in seinem Betriebe enthielt. Auch fehlte in diesem Antrag der im § 37 Abs. 2 BetrVG. enthaltene Hinweis darauf, daß die Versäumnis der Arbeitszeit nach Umfang und Art des Betriebes zur ordnungsmäßigen Durchführung der Arfgaben des Betriebsrats erforderlich sein muß. Die Frage, ob die Teilnahme an einem Betriebsrätelehrgang unter Umständen die anspruchsbegründenden Merkmale des § 37 Abs. 2 BetrVG. erfüllen kann, ist also durch die Ablehnung des viel weitergehenden SPD-Antrags überhaupt nicht berührt worden. Es kann daher aus der Ablehnung dieses Antrages nicht auf den Willen des Gesetzgebers geschlossen werden, die Auslegung des § 37 Abs. 2 BetrVG. zugunsten bestimmter Betriebsrätelehrgänge auszuschließen.

In dem angefochtenen Urteil ist nun festgestellt, daß die Unterrichtsgegenstände der ersten fünf Tage des Beriebsrätelehrgangs in unmittelbarem Zusammenhang mit dem am 14. November 1952 gerade in Kraft getretenen Betriebsverfassungsgesetzes standen. Der Betriebsrätelehrgang verfolgte die Absicht, die Betriebsratsmitglieder der Betriebe mit den durchgreifenden Neuerungen auf betriebsverfassungsrechtlichem Gebiet bekannt zu machen. Denn ohne Kenntnis der neuen und gegenüber der bisherigen Rechtslage einschneidenden Änderungen, die das BetrVG. brachte, war eine auch nur einigermaßen gedeihliche

Arbeit der damals amtierenden Betriebsräte nicht denkbar. Die Teilnahme an dem Betriebsrätelehrgang war also für den Kläger, soweit es sich um die ersten fünf Tage handelt, zur ordnungsmäßigen Durchführung seiner Betriebsratsaufgaben erforderlich. Sein Arbeitsentgelt durfte deswegen nicht gemindert werden. Damit steht fest, daß der Klageanspruch auf Fortzahlung des Lohnes, soweit die fünf ersten Tage des Lehrganges in Frage kommen, begründet ist.

Hingegen ist der Anspruch des Klägers auf Fortzahlung des Lohnes auch für den 6. Tag des Lehrganges nicht begründet. Weder aus dem Tatbestand noch aus den Feststellungen in den Entscheidungsgründen des angefochtenen Urteils ist zu entnehmen, es sei, wie erforderlich, ein konkreter Anlaß im Betrieb der Beklagten dafür vorhanden gewesen, daß der Kläger sich über Jugendschutz, Mutterschutz und Arbeitszeitordnung unterrichten ließ.

45

Die Teilnahme der Arbeitnehmer von beherrschten Unternehmen eines Konzerns an der Wahl der Arbeitnehmervertreter zum Aufsichtsrat des herrschenden Unternehmens (§ 76 Abs. 4 BetrVG.) ist hinsichtlich der besonderen Wählbarkeitsbestimmungen des § 76 Abs. 2 Satz 2 und 3 BetrVG. dahin aufzufassen, daß der erste Platz einem Arbeitnehmer des herrschenden Unternehmens und der zweite Platz einem Arbeitnehmer eines beherrschten Unternehmens gebührt.

BetrVG. § 76 Abs. 2 Satz 2 und 3, Abs. 4; WahlO. § 34 Satz 2

I. Senat. Beschluß vom 10. November 1954 i. S. K. u. a. (Antragst.) w. AG. V. u. a. (Antragsg.) 1 ABR. 24/54

I. Arbeitsgericht Hamburg. — II. Landesarbeitsgericht Hamburg.

Aus den Gründen:

Die Antragsgegnerin zu 1 betreibt die Oberlandbahn N.-L. und ist durch Kapitalbeteiligungen herrschendes Unternehmen eines Konzerns, zu dem eine Reihe rechtlich selbständiger Kleinbahngesellschaften sowie je eine Gesellschaft für Wohnungsbau und Grundstücksverwaltung gehören.

Am 30. September 1953 fand die Wahl der Arbeitnehmervertreter in den Aufsichtsrat der Aktiengesellschaft für Verkehrswesen statt. Es wurde ein einziger, gemeinsamer Wahlvorschlag aller Betriebsräte eingereicht. Die Wahl hatte folgendes Ergebnis:

Name	Beruf	Unter-nehmen	Stimmen-zahl
1. E.	Ob.Wagenführer	Ob.Landb.	507
2. Antragsgegner zu 2	Angestellter	AG. f. Verkehrswesen	496
3. Antragsteller zu 1	Angestellter	Farge-Veges. Eisenb.	656
4. Antragsteller zu 2	Bahnhofsarb.	Teutob. Wald Eisenb.	559
5. Antragsteller zu 3	Angestellter	Moselbahn AG.	542
6. B.	Angestellter	Württ. Nebenbahnen AG.	390

Der Wahlvorstand gab bekannt, daß E., der Antragsgegner zu 2 und der Antragsteller zu 1 in den Aufsichtsrat gewählt seien.

Die Antragsteller sind der Auffassung, daß dieses vom Wahlvorstand festgestellte Ergebnis dem Betriebsverfassungsgesetz widerspreche, und haben beantragt, ihre Wahl in den Aufsichtsrat festzustellen. Das Arbeitsgericht hat § 76 Abs. 2 Satz 3 (i. V. m. § 76 Abs. 4) BetrVG. dahin ausgelegt, daß die Arbeitnehmer der beherrschten Unternehmen auf den ersten und zweiten Platz der Arbeitnehmervertreter zum Aufsichtsrat des herrschenden Unternehmens wählbar seien, und dem Antrage stattgegeben. Auf die Beschwerde der Antragsgegner hat das Landesarbeitsgericht den Beschluß aufgehoben und den Antrag abgelehnt, weil die Bestimmung des § 76 Abs. 4 aaO. den Arbeitnehmern der beherrschten Unternehmen nur das aktive Wahlrecht, dagegen nicht das Recht gebe, die beiden ersten Plätze im Aufsichtsrat des herrschenden Unternehmens einzunehmen. Hiergegen richtet sich die Rechtsbeschwerde. Sie ist teilweise begründet.

Obwohl die Zuständigkeit der Arbeitsgerichte für die Entscheidung über die Anfechtung der Wahl von Vertretern der Arbeitnehmer in den Aufsichtsrat nach Maßgabe einer (noch nicht erlassenen) Rechtsverordnung besteht, ist die Anfechtung bereits jetzt zulässig, und es ist über sie von den Gerichten für Arbeitssachen zu entscheiden (BAG. 1, 121). Dies gilt um so mehr, als es sich nach dem Antrag und dem Rechtsbeschwerdeantrag nicht um eine Anfechtung der Wahl in dem Sinne handelt, daß sie zu wiederholen sei, sondern um die Feststellung des richtigen Wahlergebnisses. Bei dieser Feststellung ist das Rechtsbeschwerdegericht nicht an den Antrag gebunden, sondern hat dasjenige Ergebnis festzustellen, das den gesetzlichen Vorschriften entspricht.

Daß die Antragsgegnerin zu 1 herrschendes Unternehmen eines Konzerns im Sinne des § 76 Abs. 4 BetrVG. und des § 15 Abs. 2 Aktiengesetz ist, unterliegt keinem Zweifel.

Zur Entscheidung steht, ob § 76 Abs. 2 Sätze 2 und 3 BetrVG. auf den Aufsichtsrat des herrschenden Unternehmens in dem Sinne Anwendung findet, daß die ersten beiden Plätze Arbeitnehmern in Betrieben des herrschenden Unternehmens (im vorliegenden Falle also Angehörigen des Betriebes der Antragsgegnerin zu 1 selbst oder der Oberlandbahn N.-L.) vorbehalten sind. Oder aber, ob sich aus dem § 76 Abs. 4 BetrVG. etwas anderes ergibt, nach dem an der Wahl von Vertretern der Arbeitnehmer in den Aufsichtsrat des herrschenden Unternehmens eines Konzerns auch die Arbeitnehmer der Betriebe der abhängigen Unternehmen teilnehmen. Die angefochtene Entscheidung hat sich in Übereinstimmung mit Erdmann, 2. Aufl., Anm. 9 zu § 76; Franke, Betrieb 1954 S. 306; Haussmann, Slg. Arbeitgeber 1954 S. 35; Hueck, Anh. nach § 86 AktG. Anm. 3 C; Loos, BB. 1953 S. 951; ArbG. Frankfurt a. M., BB. 1954 S. 27 und 192; LAG. Hamburg BB. 1954 S. 657; LAG. Frankfurt a. M., BB. 1954 S. 686 der ersten Auffassung angeschlossen, während das Arbeitsgericht mit Bergmann, NJW. 1953 S. 83; Dietz, Anm. 62 zu § 76; Fitting, AR.-Blattei, Betriebsverfassung XV Vertretung im Aufsichtsrat B. II 2; Fitting-Kraegeloh, BetrVG. 3. Aufl., 1953 Wahlordnung S. 110; Galperin, Anm. 37 zu § 76; v. Köhler, BB. 1953 S. 562; v. Schenk, BB. 1953 S. 1067; v. Winterfeld, ArbuR. 1954 S. 202 zu dem Ergebnis kommt, daß Arbeitnehmer der abhängigen Unternehmen unbeschränkt für die beiden ersten Plätze in den Aufsichtsrat des herrschenden Unternehmens gewählt werden können.

Keine der beiden bisher vertretenen Auffassungen ist jedoch voll zutreffend.

Im § 76 Abs. 4 BetrVG. ist als Sonderregelung für herrschendes und beherrschte Unternehmen eines Konzerns bestimmt, daß die Arbeitnehmer der Betriebe der abhängigen Unternehmen an der Wahl von Vertretern der Arbeitnehmer für den Aufsichtsrat des herrschenden Unternehmens des Konzerns „t e i l n e h m e n". Sie sollen dort ein Mitspracherecht haben. Wieweit dieses jedoch geht, ist dem Wortlaut nicht eindeutig zu entnehmen. Sicherlich ist im § 76 Abs. 4 Satz 1 den Arbeitnehmern der Betriebe der abhängigen Unternehmen zunächst das aktive Wahlrecht gewährt. Auf dieses bezieht sich auch § 76 Abs. 4 Satz 2. Aus der textlichen Zusammenfassung der beiden Sätze in einem Absatz allein läßt sich aber keineswegs ein überzeugender Schluß dafür gewinnen, daß die Teilnahme sich notwendig auf das aktive Wahlrecht beschränken müsse. Vor allem ist zu beachten, daß es sich bei der Vorschrift des § 76 Abs. 2 Sätze 2 und 3, wie der angefochtene Beschluß zutreffend bemerkt, nicht um eine allgemeine Beschränkung der Wählbarkeit handelt, denn die Wählbarkeit ist ohne weiteres, wie für jedes andere Aufsichtsratsmitglied, auch für die Arbeitnehmer der beherrschten Unternehmen gegeben. Eines gesetzlichen Ausspruchs darüber bedurfte es nicht. Im § 76 Abs. 2 Satz 2 und 3 handelt es sich vielmehr einmal um einen Vorrang, den Personen, die bestimmte Voraussetzungen erfüllen, insbesondere im Betriebe oder den Betrieben des Unternehmens beschäftigt sind, vor anderen Gewählten genießen, die eine größere Stimmenzahl erhalten haben. Andererseits sind Personen selbst mit höherer Stimmenzahl, die nicht die im Gesetz aufgestellten Voraussetzungen erfüllen, von den beiden ersten Plätzen im Aufsichtsrat ausgeschlossen. Es handelt sich also um besondere Wählbarkeitsvoraussetzungen für die beiden ersten Plätze im Aufsichtsrat. Aus dem Zusammenhalt des Wortlauts von § 76 Abs. 2 Sätze 2 und 3 und Abs. 4 Satz 1 allein kann nicht eindeutig entnommen werden, ob und inwieweit die besonderen Wählbarkeitsvoraussetzungen des Abs. 2 Sätze 2 und 3 vom Begriff „Teilnahme" im Sinne des Abs. 4 Satz 1 erfaßt werden.

Der Begriff der „Teilnahme" an der Wahl im Sinne des § 76 Abs. 4 Satz 1 mit Rücksicht auf die besonderen Wählbarkeitsvoraussetzungen des Abs. 2 Sätze 2 und 3 ist daher durch Auslegung nach dem Sinn und Zweck der Vorschriften zu ermitteln (§ 133 BGB.). Die Teilnahme der Arbeitnehmer der abhängigen Unternehmen an der Wahl zum Aufsichtsrat des herrschenden Unternehmens erfolgt im Hinblick auf die Bedeutung der Entscheidungen dieses Unternehmens für das Schicksal der abhängigen Unternehmen. Es soll einmal der Konzernlage im allgemeinen, nämlich der wirtschaftlichen Verflechtung Rechnung getragen, zum anderen einem Mißbrauch der Beherrschung durch Ausschluß der Arbeitnehmer der beherrschten Unternehmen auf dem Gebiete des Mitspracherechts im herrschenden Unternehmen entgegengetreten werden. So wird auch durch die Fassung des Konzernbegriffs im § 15 Abs. 2 des Aktiengesetzes die Grundlage für die Bestimmungen des

Aktiengesetzes geschaffen, die einem Mißbrauch der Verflechtung auf dem Gebiete des Beteiligungsrechts vorbeugen sollen. Die Auslegung des Begriffs „Teilnahme an der Wahl" darf daher nicht dazu führen, daß die Arbeitnehmer in den Betrieben des herrschenden oder der beherrschten Unternehmen von den besonderen Wählbarkeitsbestimmungen des § 76 Abs. 2 Satz 2 und 3 ganz ausgeschlossen werden. Ein solcher Ausschluß in dem einen oder in dem anderen Sinne würde einer „Teilnahme" an der Wahl widersprechen.

Für die Berücksichtigung der Konzernlage gibt § 76 Abs. 2 und 3 einen allgemeinen Hinweis. Diese Bestimmung führt einen Ausgleich zwischen dem Platzrecht der im Unternehmen beschäftigten Arbeitnehmer einerseits und anderer außenstehender Arbeitnehmervertreter im Aufsichtsrat herbei. Die Regelung ist dahin erfolgt, daß der erste und zweite Platz den Arbeitnehmern in Betrieben des Unternehmens vorbehalten sind. Es handelt sich also um eine bestimmte Beteiligungsordnung. Eine dieser Ordnung wesensgemäße und entsprechende Beteiligungsordnung muß auch dem Begriff „Teilnahme" im Rahmen des § 76 Abs. 4 Satz 1 in seiner Verbindung mit Abs. 2 Sätze 2 und 3 entnommen werden. Dabei ist aber zu beachten, daß es sich hier im Konzern nicht allein um eine Beteiligungsordnung zwischen den Arbeitnehmern der Betriebe und dritten außenstehenden Personen handelt. Vielmehr treten hier neben die Gruppe der von außen gewählten Arbeitnehmervertreter im Aufsichtsrat als an den besonderen Wählbarkeitsbestimmungen „teilnehmend" sowohl die Arbeitnehmer des herrschenden Unternehmens wie der beherrschten Unternehmen. Die Beteiligungsordnung muß in diesem Falle die natürliche Konzernlage berücksichtigen und verhindern, daß die Konzernlage zu dem Ausschluß der einen oder anderen Arbeitnehmergruppe auf dem Gebiete des Mitspracherechts führt. Dem herrschenden Unternehmen gebührt naturgemäß ein bestimmter Vorrang, der aber nicht zum vollen Ausschluß der an der Wahl teilnehmenden Arbeitnehmer der beherrschten Unternehmen von den besonderen Wählbarkeitsbestimmungen des Abs. 2 Satz 3 führen darf. Umgekehrt dürfen die Bestimmungen des Abs. 2 Sätze 2 und 3 auf die „Teilnehmenden" nicht soweit ausgedehnt werden, daß die Arbeitnehmer des herrschenden Unternehmens von dem Mitspracherecht im Aufsichtsrat ganz ausgeschlossen werden können. Ist daher nur ein Vertreter der Arbeitnehmer zu wählen, so muß er dem herrschenden Unternehmen angehören, weil diesem aus der Konzernlage der Vorzug gebührt und in erster Linie ein Arbeitnehmer im Aufsichtsrat sitzen muß, der im Betrieb des herrschenden Unternehmens selbst tätig ist. Sind aber zwei oder mehr Vertreter der Arbeitnehmer zu wählen, so sind der erste Platz einem Arbeitnehmer des herrschenden Unternehmens und der zweite Platz einem Arbeitnehmer der beherrschten Unternehmen vorbehalten, während der oder die folgenden Plätze denen gebühren, die unabhängig von der Zugehörigkeit zum herrschenden oder den beherrschten Unternehmen die meisten Stimmen auf sich vereinigen. Dabei ist zu berücksichtigen, daß für den ersten und zweiten Platz der Arbeitnehmervertreter im Aufsichtsrat des herrschenden Unternehmens nicht nur den dargelegten Grundsätzen, sondern weiter auch dem Erfordernis Rechnung getragen werden muß, daß von diesen beiden Arbeitnehmern des herrschenden oder eines beherrschten Unternehmens der eine ein Angestellter, der andere ein Arbeiter sein muß, denn insofern erfährt der Rechtsgedanke des § 76 Abs. 2 Satz 3 durch die Konzernlage keine Veränderung. Dem ist durch die Gestaltung der Wahlvorschläge Rechnung zu tragen.

Diese Ordnung der Beteiligung der Arbeitnehmervertreter im Aufsichtsrat des herrschenden Unternehmens wird der Konzernlage und der Notwendigkeit der Verhütung des Ausschlusses vom Mitspracherecht gerecht und verwirklicht die „Teilnahme" in Übereinstimmung mit dem allgemeinen Rechtsgedanken des § 76 Abs. 2 Sätze 2 und 3.

Werden diese Grundsätze auf den vorliegenden Fall angewendet, so gebührt der erste Platz dem Wagenführer E., weil er einem Betrieb, nämlich der Oberlandbahn N.-L., des herrschenden Unternehmens angehört und als solcher die höchste Stimmenzahl hat. Der zweite Platz gehört dem Antragsteller zu 1, weil er einem beherrschten Unternehmen, nämlich der F.-V. E.bahn AG. angehört und überhaupt die meisten Stimmen auf sich vereinigt. Als dritter hat unabhängig von Zugehörigkeitsvoraussetzungen derjenige zu folgen, der die nunmehr höchste Stimmenzahl hat, vorliegend der Antragsteller zu 2, der nächst dem Antragsteller zu 1 von allen Kandidaten die meisten Stimmen auf sich vereinigt. Demgemäß war unter Aufhebung des angefochtenen Beschlusses die Feststellung dahin zu treffen, daß der Arbeiter E. und die Antragsteller zu 1 und 2 in den Aufsichtsrat der Antragsgegnerin zu 1 gewählt sind.

46

1. Eine vom Landesarbeitsgericht offensichtlich entgegen dem Gesetz erfolgte Zulassung der Revision ist unbeachtlich.

2. Das Grundgesetz kennt keinen Grundsatz, wonach die Richter auf Lebenszeit ernannt werden.

3. Die bis zum Inkrafttreten des ArbGG. bestellten Vorsitzenden der Landesarbeitsgerichte bleiben bis zum Ablauf der Amtsdauer, für die sie nach dem früheren Recht ernannt sind, im Amt; das Landesarbeitsgericht ist in diesem Falle ordnungsmäßig besetzt.

GG. Art. 97. ArbGG. § 36; § 69 Abs. 3 Satz 1; § 115

II. Senat. Urteil vom 11. November 1954 i. S. B. (Kl.) w. C. u. Aa. (Bekl.) 2 AZR. 64/53

I. Arbeitsgericht Tübingen. — II. Landesarbeitsgericht Tübingen.

Der Kläger hat für die Beklagte vom September 1951 bis Mai 1952 Textilerzeugnisse verkauft.

Mit der Behauptung, von der Beklagten fest angestellt gewesen zu sein, verlangt er von ihr die Zahlung von Gehalt, Provision und Spesen.

Das Arbeitsgericht und das Landesarbeitsgericht haben die Klage wegen sachlicher Unzuständigkeit des Arbeitsgerichts abgewiesen. Das Landesarbeitsgericht hat die Revision zugelassen. Der Kläger hatte gerügt, daß das Landesarbeitsgericht nicht ordnungsgemäß besetzt sei; der Vorsitzende sei entgegen § 36 ArbGG. nicht auf Lebenszeit und nur nebenamtlich bestellt. Hierzu nimmt das Landesarbeitsgericht mit folgenden Worten Stellung:

„Da für den Fall, daß diese Rüge berechtigt ist, der Bestand des Urteils in Frage gestellt ist (§§ 79 AGG., 579 I Ziff. 1, II ZPO.), wurde gemäß § 72 I Satz 1 AGG. die Revision zugelassen."

Mit der Revision erstrebt der Kläger die Aufhebung des angefochtenen Urteils und die Zurückverweisung. Er stützt die Revision lediglich auf den absoluten Revisionsgrund des § 72 Abs. 3 ArbGG. in Verbindung mit § 551 Nr. 1 ZPO.

Die Revision blieb erfolglos.

Aus den Gründen:

1. Das Landesarbeitsgericht kann die Revision nicht, wie es meint, auf Grund von § 72 Abs. 1 Satz 1 ArbGG. zulassen. Diese Vorschrift

macht lediglich die Statthaftigkeit der Revision von ihrer Zulassung durch das Landesarbeitsgericht abhängig, gibt aber selbst nicht die Gründe an, aus denen das Berufungsgericht die Revision zulassen darf oder muß. Die ermessensmäßige Zulassung der Revision ist vielmehr in § 69 Abs. 3 Satz 1 ArbGG. geregelt; danach kann das Landesarbeitsgericht nur wegen der „grundsätzlichen Bedeutung der Rechtssache" die Revision zulassen.

Eine solche grundsätzliche Bedeutung enthält aber der vom Landesarbeitsgericht für die Zulassung der Revision angegebene Grund allein nach der Formulierung des Berufungsurteils nicht. Ob nämlich im Falle der Berechtigung der Rüge einer unvorschriftsmäßigen Besetzung des Gerichts der Bestand des vom Landesarbeitsgericht erlassenen Urteils in Frage gestellt ist, weil dann die Nichtigkeitsklage zulässig und begründet wäre, hat an sich keinerlei grundsätzliche Bedeutung. Eine offensichtlich entgegen dem Gesetz erfolgte Zulassung der Revision kann aber von dem Bundesarbeitsgericht nicht beachtet werden (vgl. Bundesgerichtshof in BGHZ. 2, 396—399; Bundesverwaltungsgericht in NJW. 54 S. 47; Reichsfinanzhof s. Berger, Der Steuerprozeß, III § 286 Erläut. 5 S. 454; ähnlich das Reichsarbeitsgericht in RAG. 3, 320).

Indes hat das Landesarbeitsgericht sich offenbar nur mangelhaft ausgedrückt und erkennbar der Frage grundsätzliche Bedeutung beimessen wollen, ob das Arbeitsgerichtsgesetz es zuläßt, daß der Vorsitzende des Landesarbeitsgerichts nebenamtlich und auf Zeit bestellt ist. Weil dies beim Landesarbeitsgericht der Fall war, hatte der Kläger eine unvorschriftsmäßige Besetzung des Landesarbeitsgerichts gerügt. Nun hat freilich das Landesarbeitsgericht zu dieser Rüge wiederum nicht ausdrücklich Stellung genommen. Aber daraus, daß es überhaupt tätig geworden ist und ein Urteil gefällt hat, muß entnommen werden, daß es die Rüge nicht für begründet erachtet hat; andernfalls hätte es das Urteil nicht erlassen dürfen. Da das Landesarbeitsgericht bei dem vor ihm herrschenden Vertretungszwang mit seiner Entscheidung unmittelbar die Parteivertreter, im vorliegenden Falle zwei Rechtsanwälte, angesprochen hat, hat es offenbar von weiteren eingehenderen Ausführungen zu der Frage der Besetzung des Gerichtes Abstand genommen.

2. Die Rüge der unvorschriftsmäßigen Besetzung des Landesarbeitsgerichts selbst ist nicht begründet.

Der Vorsitzende der erkennenden Kammer des Landesarbeitsgerichts ist, wie seine von Amts wegen eingeholte Auskunft vom 9. Oktober 1954 ergibt, lebenslänglich angestellter Richter beim Landgericht in

Tübingen und nur im Nebenamt zum Vorsitzenden des Landesarbeitsgerichts Tübingen für die Zeit vom 30. Juli 1952 bis zum 30. Juli 1955 bestellt.

Die eigentliche Rüge der Revision geht dahin, daß der Vorsitzende des Landesarbeitsgerichts entgegen der klaren Bestimmung des § 36 ArbGG. nicht auf Lebenszeit und nicht nach Anhörung der in § 14 Abs. 1 ArbGG. genannten Gewerkschaften und Vereinigungen von Arbeitgebern bestellt worden ist. Zuzugeben ist der Revision, daß die Rechtsstellung des Vorsitzenden des Landesarbeitsgerichts Tübingen der Vorschrift des § 36 Abs. 1 ArbGG. nicht genügt, wenn man allein auf sie abstellt. Die für Hilfsrichter gegebene Ausnahme des § 36 Abs. 2 ArbGG. liegt nicht vor. Der Vorsitzende des Landesarbeitsgerichts Tübingen kann nicht als Hilfsrichter angesehen werden, da er auf drei Jahre, also nach der vor dem Inkrafttreten des ArbGG. geltenden Regelungen als ständiger Richter bestellt ist.

Indes wird nach der Übergangsvorschrift des § 115 Abs. 3 ArbGG. die Amtsdauer der beim Inkrafttreten des Arbeitsgerichtsgesetzes, also im Zeitpunkt des 1. Oktober 1953 bestellten Vorsitzenden von Landesarbeitsgerichten durch das Arbeitsgerichtsgesetz nicht berührt.

Der Kläger legt diese Vorschrift dahin aus, daß zum Richter beim Landesarbeitsgericht nur ein Richter bestellt werden dürfe, der schon als „Arbeitsrichter" — gemeint ist wohl als Richter bei Gerichten für Arbeitssachen — auf Lebenszeit ernannt worden ist. Der Kläger folgert dies aus der Organisation des Arbeitsgerichtswesens.

Diesen Ausführungen kann nicht gefolgt werden. Einen Grundsatz, wonach die Richter auf Lebenszeit ernannt werden müssen, kennt das Grundgesetz nicht (BGHZ. 10, 59; Holtkotten im Bonner Kommentar Art. 97 Erläut. II 3 i α). Nur dort, wo das Gesetz dies ausdrücklich vorschreibt, z. B. in § 6 GVG., § 36 ArbGG., gehört zur ordnungsmäßigen Besetzung eines Gerichts die lebenslängliche Anstellung des Richters.

Vor dem Inkrafttreten des ArbGG. 1953 betrug nach Art. VII Abs. 1 KRG. Nr. 21 und dem in den einzelnen Ländern geltenden Recht die Amtsdauer der ständigen Vorsitzenden der Landesarbeitsgerichte drei Jahre. Damit, daß in der kurzen Zeit von der Verkündung des Gesetzes am 4. September 1953 bis zu seinem vollen Inkrafttreten am 1. Oktober 1953 die Landesarbeitsgerichte entsprechend der Vorschrift des § 36 ArbGG. mit auf Lebenszeit ernannten Vorsitzenden besetzt werden könnten, war nicht zu rechnen. Abgesehen davon, daß den Stellen, denen in den Ländern die Ernennung der Richter bei den

Gerichten für Arbeitssachen obliegt, die wichtige Entscheidung über die lebenslängliche Anstellung der Vorsitzenden bei den Landesarbeitsgerichten in so kurzer Zeit nicht zugemutet werden konnte, mußten zuvor überhaupt erst die Gewerkschaften und die Vereinigungen von Arbeitgebern gehört werden. Deshalb geht das Gesetz auch davon aus, daß noch nach dem 1. Oktober 1953 die Vorsitzenden der Landesarbeitsgerichte zunächst nicht auf Lebenszeit ernannt sein würden. Dies ergibt sich schon aus der Übergangsbestimmung des § 115 Abs. 2 ArbGG., wonach die hauptamtlichen Präsidenten und Vorsitzenden der Landesarbeitsgerichte, die sich am Tage der Verkündung des ArbGG. mindestens drei Jahre im Amte befanden, auf ihren Antrag unter billiger Berücksichtigung ihrer bisherigen Bezüge nunmehr auf jeden Fall als Richter auf Lebenszeit zu übernehmen sind. Diese Verpflichtung der Länder, die bezeichneten Richter auf Lebenszeit zu übernehmen, wäre nicht verständlich, wenn das Gesetz davon ausginge, daß am 1. Oktober 1953 sowieso alle Vorsitzenden der Landesarbeitsgerichte bereits auf Lebenszeit angestellt seien. Aus der bezeichneten Bestimmung folgt weiter, daß diejenigen hauptamtlichen Vorsitzenden der Landesarbeitsgerichte, die sich am 4. September 1953 noch nicht mindestens 3 Jahre im Amte befanden, eben nicht auf Lebenszeit übernommen werden müssen. Wenn bei dieser Rechtslage der 3. Absatz des § 115 ArbGG. bestimmt, daß die Amtsdauer aller beim Inkrafttreten des ArbGG. bestellten Vorsitzenden der Landesarbeitsgerichte unberührt bleibt, so wird damit eindeutig zum Ausdruck gebracht, die nicht lebenslänglich angestellten Richter dürften als Richter tätig sein, so lange ihre Amtsdauer währt, für die sie nach dem früheren Recht bestellt sind. Das Gericht, dem Vorsitzende mit dieser Rechtsstellung vorsitzen, ist demnach ordnungsmäßig besetzt. Daß vor ihrer nach dem früheren Recht erfolgten Bestellung die Gewerkschaften und Arbeitgeberverbände, wie es § 36 ArbGG. für die nunmehrige Bestellung vorschreibt, nicht gehört sind, ist ohne Bedeutung.

47

1. Die Vorschriften der §§ 76, 77 BetrVG. über die Beteiligung der Arbeitnehmer im Aufsichtsrat gelten auch für die Unternehmen der Seeschiffahrt.

2. Die Vertreter der Arbeitnehmer im Aufsichtsrat eines Unternehmens der Seeschiffahrt werden von allen nach § 6 wahlberechtigten

Arbeitnehmern der Seeschiffahrtsbetriebe und der Landbetriebe des Unternehmens gewählt.

BetrVG. § 76, § 77, § 88 Abs. 3 u. 4

I. Senat. Beschluß vom 3. Dezember 1954 i. S. des Betriebsrats des Landbetriebes der G. Heringsfischerei AG. (Antragst.) w. G. Heringsfischerei AG. (Antragsg.) 1 ABR. 7/54

I. Arbeitsgericht Elmshorn. — II. Landesarbeitsgericht Kiel.

Aus den Gründen:

Die Antragsgegnerin betreibt Heringsfang mit eigenen und gemieteten Schiffen und besitzt eine Fangflotte von sieben Heringsloggern mit einer Gesamttonnage von 1 512 BRT. Die Loggerfischerei besteht darin, daß in den Monaten Juni bis Dezember Heringe mit dem Treibnetz gefangen und an Bord zu verkaufsfähigen Salzheringen verarbeitet werden. Die so angelandeten Heringe werden in einem Landbetrieb gepackt und gemäß den Aufgaben der Deutschen Heringshandels-Gesellschaft mbH. zum Versand gebracht. Nach Ende der Fangsaison wird die Besatzung abgemustert, der Schiffspark stillgelegt und Schiffe sowie Netze von dem Landbetrieb überholt, der bei Beginn der Saison die Schiffe wiederum mit Proviant, Salz und Fässern ausrüstet.

Die Arbeitnehmer des Landbetriebes haben einen Betriebsrat gewählt. Am 4. März 1953 wurden von den Arbeitnehmern des Landbetriebes zwei Vertreter der Arbeitnehmer in den Aufsichtsrat gewählt. Die am 2. Oktober 1953 abgehaltene Hauptversammlung der Antragsgegnerin ließ jedoch die gewählten Arbeitnehmer im Aufsichtsrat nicht zu, sondern wählte ohne Rücksicht auf die Bestimmung des § 76 BetrVG. anderweit einen fünfköpfigen Aufsichtsrat.

Der Betriebsrat des Landbetriebes begehrt die Feststellung, daß die Bestimmungen über die Vorschriften zur Wahl von Vertretern der Arbeitnehmer in den Aufsichtsrat auf den Landbetrieb der Antragsgegnerin Anwendung finden, und hat zur Begründung auf § 88 Abs. 4 BetrVG. verwiesen, wonach dieses Gesetz für die Landbetriebe der Seeschiffahrt gelte. Die Antragsgegnerin führt aus, daß sie als Unternehmen der Seeschiffahrt von dem Betriebsverfassungsgesetz nach dessen § 88 Abs. 3 nicht betroffen sei.

Das Arbeitsgericht hat dem Antrage stattgegeben, das Landesarbeitsgericht ihn zurückgewiesen. Das Berufungsgericht hat festgestellt, daß das Unternehmen der G. Heringsfischerei AG. überwiegend ein solches der Seeschiffahrt sei und weiter ausgeführt: Wenn § 88

Abs. 3 BetrVG. die Anwendung des Gesetzes für „Betriebe" der Seeschiffahrt ausschließe, so wolle es damit nicht nur die betriebsverfassungsrechtlichen Bestimmungen im engeren Sinne, sondern das gesamte Gesetz ausschließen. Andererseits ergebe der Wortlaut des § 88 Abs. 4, daß an sich auf Landbetriebe sämtliche Bestimmungen des Gesetzes, einschließlich derjenigen über die Unternehmensverfassung anzuwenden seien. Indessen stehe die Wahl der in den Aufsichtsrat des Unternehmens zu entsendenden Arbeitnehmervertreter durch die Belegschaft der Landbetriebe unter Ausschluß der Besatzungen mit dem Grundgedanken und Zweck der gesetzlichen Regelung dann in Widerspruch, wenn das Unternehmen überwiegend ein solches der Seeschiffahrt sei. Die Vertretung der Arbeitnehmer im Aufsichtsrat sei eine Form der wirtschaftlichen Mitbestimmung, die den Willen und die Auffassung der Arbeitnehmer des Unternehmens bei der Unternehmensleitung zur Geltung bringen solle. Dem werde nicht entsprochen, wenn die Arbeitnehmer der für das Unternehmen typischen Betriebe von der Bestimmung der Arbeitnehmervertreter ausgeschlossen seien. Die Unternehmensverfassung könne nur eine einheitliche sein. Es liege daher ein Fall echter Normenkonkurrenz zwischen § 88 Abs. 3 und Abs. 4 vor, die sinnvoll nur in der Weise gelöst werden könne, daß auf den überwiegenden Charakter des Unternehmens abgestellt werde. Liege dieser wie hier auf dem Gebiete der Seeschiffahrt, so seien die Bestimmungen über die Wahl von Arbeitnehmern in den Aufsichtsrat nicht anzuwenden.

Die Rechtsbeschwerde, die sich hiergegen wendet, ist begründet mit der Maßgabe, daß Vertreter der Arbeitnehmer in den Aufsichtsrat der Antragsgegnerin von den Arbeitnehmern sowohl ihrer Seeschiffahrtsbetriebe wie ihrer Landbetriebe zu wählen sind.

Die von dem Berufungsgericht in Übereinstimmung mit Galperin, BetrVG. § 76 Bem. 23, Hueck, BB. 1953 S. 325, Froehlich-Franke-Wagner, Die Beteiligung der Arbeitnehmer im Aufsichtsrat, 1953 S. 17, und anderen vertretene Auffassung über die rechtliche Bedeutung des § 88 Abs. 3 und Abs. 4 BetrVG. ist rechtsirrtümlich. Wenn § 88 Abs. 3 bestimmt, daß das Gesetz keine Anwendung findet auf B e t r i e b e der Seeschiffahrt, so ist damit nur die Anwendung der betriebsverfassungsrechtlichen Bestimmungen im engeren den Betrieb betreffenden Sinne ausgeschlossen. Keineswegs bestimmt § 88 Abs. 3 BetrVG. etwas darüber, daß auch die Normen über die Unternehmensverfassung, wie sie das Betriebsverfassungsgesetz festgelegt hat, für die Seeschiffahrt nicht gelten. Auszugehen ist von der das gesamte Betriebsverfassungsgesetz beherrschenden Unterscheidung von Betrieb und Unternehmen (vgl. u. a. §§ 1, 46, 48, 60 einerseits, §§ 67, 68, 76, 77, 85 Abs. 2 andererseits). Das Betriebsverfassungsgesetz trifft nicht nur Vorschriften über die Betriebsverfassung, sondern auch über die Unternehmensverfassung. Die Begriffe: „Betrieb" und „Unternehmen" sind durch die Wissenschaft und Praxis des Arbeitsrechts so geklärt, daß der Senat keinen Anlaß hat, über die Unterscheidung längere Ausführungen zu machen. Der Betrieb ist die organisatorische Einheit von Arbeitsmitteln, mit deren Hilfe jemand allein oder in Gemeinschaft mit seinen Mitarbeitern einen bestimmten arbeitstechnischen Zweck fortgesetzt verfolgt (vgl. Nikisch, Lehrbuch S. 69 ff., Dietz, BetrVG. § 1 Bem. 36). Im Betrieb steht der Arbeitgeber den Arbeitnehmern gegenüber. Der Betrieb ist ein arbeitsrechtlicher Grundbegriff. Im Gegensatz zum Betrieb wird das Unternehmen durch die Einheit des hinter dem technischen Zweck des Betriebes liegenden Zweckes und die Einheit der dieser Zweckerreichung dienenden Organisation bestimmt. In aller Regel ist es ein wirtschaftlicher Zweck (vgl. Dietz, BetrVG. § 1 Bem. 32 ff., Nikisch, Lehrbuch S. 75, Hueck-Nipperdey, Lehrbuch 6. Aufl. 1955 Bd. 1 § 16, Kretzschmar, BB. 1952 S. 861). Das Unternehmen ist in erster Linie ein wirtschaftsrechtlicher und wirtschaftsverfassungsrechtlicher Begriff. Soweit er für das Arbeitsrecht in Frage kommt, stehen sich hier der (wirtschaftliche) Inhaber des Unternehmens, der Unternehmer und die Arbeitnehmer gegenüber. Demgemäß unterscheidet das Betriebsverfassungsgesetz eine Mitwirkung und Mitbestimmung der Arbeitnehmer durch den Betriebsrat *im Betrieb* (§§ 49 bis 66) und eine Beteiligung der Arbeitnehmer in wirtschaftlichen Angelegenheiten im Wirtschaftsausschuß und durch ihren Betriebsrat, vor allem aber im Aufsichtsrat *im Unternehmen* (§§ 67 ff., 76, 77). Während die Vorschriften über die Mitwirkung und Mitbestimmung der Arbeitnehmer durch ihren Betriebsrat im eigentlichen Sinne die Verfassung des Betriebes betreffen, ändern die hier in Frage stehenden Vorschriften über Beteiligung im Aufsichtsrat die Unternehmensverfassung, insbesondere das Aktien- und GmbG.-Gesetz ab, indem sie ein Drittel der Aufsichtsratssitze der Wahl der Anteilseigner entziehen und sie den Arbeitnehmern gewähren. Besteht somit eine wesentliche Unterscheidung zwischen Unternehmen und Betrieb, die das Gesetz bei der Regelung der Mitwirkung und Mitbestimmung zugrunde legt und in seinem Sprachgebrauch, jedenfalls soweit er hier in Frage kommt (anders z. B. der unrichtige Wortlaut im § 81 vgl. Dietz, § 81 Bem. 3), streng durchführt, so müssen der Vorbehalt und die Sonderregelung des § 88 Abs. 3 und 4, die nur von „Betrieben" sprechen, so angewendet werden, daß sie auf Betriebe beschränkt bleiben. Wenn also § 88 Abs. 3 die Anwendung des Gesetzes für Betriebe der Seeschiffahrt ausschließt, so sind damit nur die Vorschriften des Betriebsverfassungsgesetzes ausgeschlossen, die es mit der Verfassung in den Betrieben selbst zu tun haben, nicht aber die Bestimmungen des Gesetzes über die Unternehmensverfassung. Das Betriebsverfassungsgesetz findet vielmehr (vorbehaltlich einer späteren anderen gesetzlichen Regelung) auf Unternehmen der Seeschiffahrt Anwendung. Daher gelten für sie die Regeln über die Wahl von Arbeitnehmervertretern in den Aufsichtsrat, da diese das Unternehmen, nicht den einzelnen Betrieb betreffen.

Die Scheidung zwischen Betrieb und Unternehmen tritt besonders klar in Erscheinung, wenn ein Unternehmen zwei oder mehrere Betriebe hat. In diesem Sinne sind § 88 Abs. 3 und 4 nach der Auffassung des Senats durchaus klar. Sie bestimmen über die Betriebe der Seeschiffahrt, über die Seebetriebe, d. h. für die Schiffe, daß das Betriebsverfassungsgesetz für sie nicht gilt. Sie bestimmen für die Landbetriebe der Seeschiffahrt, daß das Betriebsverfassungsgesetz für sie gilt. Sie bestimmen für die Unternehmen der Seeschiffahrt selbst gar nichts; für sie gelten somit die Regeln des Betriebsverfassungsgesetzes, die die Unternehmen betreffen.

Dem kann auch nicht entgegengehalten werden, daß in den allgemeinen Vorschriften des § 1 BetrVG. von „den Betrieben" spricht und daher der Ausschluß des ganzen Gesetzes gemeint sei, wenn in der Übergangsvorschrift des § 88 BetrVG. von Betrieben der Seeschiffahrt gesprochen werde. Hätte der Gesetzgeber das gewollt, so hätte er es im Gesetz klar zum Ausdruck bringen müssen, da der Unterschied zwischen Unternehmen und Betrieb das ganze Gesetz beherrscht, der Gesetzgeber also selbst von dieser scharfen Scheidung ausgeht. Er hätte bestimmen müssen, daß das Gesetz auf Betriebe und Unternehmen der Seeschiffahrt keine Anwendung findet. Keineswegs fordert der jetzige Wortlaut des § 88 Abs. 3 die Nichtanwendung des gesamten Betriebsverfassungsgesetzes auf die Seeschiffahrt. Wenn ein Gesetz wie hier zwei (oder mehr) verschiedene Normengruppen enthält (über Betriebe und über Unternehmen), so ist es durchaus sinnvoll, die Nichtanwendung der einen Normengruppe (über die Betriebe als solche) dadurch zum Ausdruck zu bringen, daß das ganze Gesetz für die Betriebe einer bestimmten Art für nicht anwendbar erklärt wird.

Die Kommentare zum Betriebsverfassungsgesetz von Dietz und von Erdmann haben die Rechtslage zunächst auch klar erkannt. Dietz (S. 31 Abs. 2, Vorbem. 16 vor § 76, § 76 Bem. 78, § 88 Bem. 6 ff.) betont zutreffend, daß der Fünfte Abschnitt des Gesetzes (vorläufig) Anwendung auf Unternehmungen der Seeschiffahrt findet, denn der Aufsichtsrat wird für das Unternehmen, nicht für die einzelnen Betriebe bestellt. Auch Erdmann § 88 Bem. 3 geht zutreffend davon aus, daß die Übergangsregelung nicht für die Beteiligung der Arbeitnehmer im Aufsichtsrat gelten könne, da hier von dem Unternehmen ausgegangen werde. Zu Unrecht nehmen aber Dietz und Erdmann an, daß die Arbeitnehmer der S e e betriebe (die Schiffsbesatzungen) nicht wahlberechtigt seien. Das führt bei Dietz zu dem befremdlichen Ergebnis, daß nur die Arbeitnehmer der Landbetriebe Vertreter in den Aufsichtsrat des Seeschiffahrtsunternehmens wählen könnten, während Erdmann wegen dieses angeblich fehlenden Wahlrechts des fahrenden Personals umgekehrt die Bestimmungen der §§ 76, 77 dann überhaupt ausschalten will. Sicherlich ist richtig, daß die Wahl zum Aufsichtsrat in den Betrieben stattfindet. Das ist aber nur ein technischer Vorgang (§§ 31 ff., 37 ff. WahlO.). Dadurch wird die Wahl kein betriebsverfassungsrechtlicher Vorgang im engeren Sinne, sondern bleibt eine Aktion im Unternehmensverfassungsrecht. Rechtlich ist die Wahl nach § 76 Abs. 2 Satz 1 eine allgemeine und überbetriebliche für das ganze Unternehmen. Danach bestimmt sich auch das Wahlergebnis. Daher ist die Auffassung, daß die Besatzungsmitglieder nicht wahlberechtigt seien, unzutreffend.

Es ist auch nicht zutreffend, daß in den Betrieben der Seeschiffahrt nicht zum Aufsichtsrat gewählt werden könnte, weil dort noch kein Betriebsrat gewählt werden könne, denn das Gesetz hat die Wahl zum Aufsichtsrat von der Wahl und dem Vorhandensein eines Betriebsrates vollständig getrennt und geht im § 31 der WahlO. selbst davon aus, daß zum Aufsichtsrat zu wählen ist, auch wenn ein Betriebsrat nicht vorhanden ist. Es kann auch nicht entgegengehalten werden, daß die Besatzungen auf hoher See an der Wahl nicht teilnehmen können. Denn § 41 i. V. m. § 26 sieht auch für die Wahl zum Aufsichtsrat die Möglichkeit einer schriftlichen Abgabe von Stimmen vor. Wenn diese Stimme nach § 41 Abs. 2, § 27 WahlO. bei schriftlicher Abgabe an den „betrieblichen" Wahlvorstand zu geben ist, so ist doch dieser betriebliche Wahlvorstand auch dann bei der Aufsichtsratswahl vorgesehen, wenn ein Betriebsrat nicht vorhanden ist.

Diese Auslegung der Übergangsregelung des § 88 Abs. 3 und 4 BetrVG. entspricht schließlich auch ihrem Zweck. Wenn die Betriebe der Seeschiffahrt von dem Betriebsverfassungsgesetz einstweilen ausgeschlossen sind, so um deswillen, weil auf betrieblicher Ebene Besonderheiten vorliegen. Die Tatsache der besonderen Eigenart des Schiffsdienstes (Seemannsordnung), weiter, daß die Besatzungen längere Zeit auf hoher See sind, die besondere Verantwortung des Kapitäns für Schiff, Mannschaft und Ladung, die Notwendigkeit scharfer Zucht erfordern besondere Berücksichtigung. Ein Betrieb der Seeschiffahrt pflegt aus verschiedenen Schiffsbesatzungen zu bestehen, wodurch die Gefahr einer Zersplitterung in kleine und kleinste Gruppen hervorgerufen wird. Endlich gehören den Unternehmen der Seeschiffahrt regelmäßig auch Landbetriebe an, die hinsichtlich der Betriebsvertretung u. U. einer anderen Regelung zu unterwerfen sind, aber den Seebetrieben nicht gänzlich unverbunden gegenüberstehen können. So wird es u. U. neben den Betriebsräten Bordausschüsse und Landausschüsse und Sonderregeln über die Wahlen, die Amtszeiten, die Betriebsversammlungen geben. Alle diese auf betrieblicher Ebene notwendigen Sonderregelungen eines Betriebsverfassungsgesetzes für die Seeschiffahrt kommen in der Unternehmensebene nicht in Betracht (mag diese auch in das künftige Sondergesetz mit einbezogen werden). Hier besteht bereits die Zusammenfassung durch die Organe des Unternehmens, nicht zuletzt im Aufsichtsrat, hier erfordert die Beteiligung der Arbeitnehmer in einem wichtigen Aufsichts- und Verwaltungsorgan, das an Land tätig ist, keine Übergangsregelung und (vorbehaltlich des künftigen Sondergesetzes) keinen Ausschluß der §§ 76, 77 BetrVG. Damit entfällt auch der Haupteinwand der Antragsgegnerin, Erdmanns u. a., daß es nicht angehe, wenn nur die Arbeitnehmer des Landbetriebes, der unter Umständen völlig unbedeutend sei, zum Aufsichtsrat wählen und die Schiffsbesatzungen von der Wahl ausgeschlossen seien. Auch ist bei dieser Auffassung dem Gesichtspunkt der Einheitlichkeit der Unternehmensverfassung Rechnung getragen.

Wenn die Antragsgegnerin darauf hinweist, daß in der Loggerfischerei Besonderheiten deswegen zu berücksichtigen seien, weil die Besatzungen nur für die Fangsaison der Monate Juni bis Dezember angeheuert werden, so ist hierauf schon um deswillen nicht einzugehen, weil diese Frage bei allen Aufsichtsratswahlen in Saisonbetrieben und durch nicht ständige Arbeitnehmer die gleiche ist.

Demgemäß war auf die Rechtsbeschwerde dahin zu entscheiden, daß Vertreter der Arbeitnehmer in den Aufsichtsrat der Antragsgegnerin zu wählen sind, und zwar von allen ihren Arbeitnehmern. Gemäß § 2 Abs. 1 Nr. 4 Buchst. o ArbGG. war diese Entscheidung über den Antrag des Betriebsrats hinaus zu treffen.

48

1. Die Anfechtung der Wahl von Vertretern der Arbeitnehmer in den Aufsichtsrat ist zulässig, obwohl die in § 82 Abs. 1 Buchst. s, § 87 Buchst g BetrVG. und § 2 Abs. 1 Ziff. 4 Buchst. s ArbGG. vorbehaltene Rechtsverordnung bisher nicht erlassen ist. Der Rechtsweg vor den Gerichten in Arbeitssachen ist gegeben.

2. Auf die Anfechtung der Wahl von Vertretern der Arbeitnehmer in den Aufsichtsrat ist § 18 BetrVG. in vollem Umfang entsprechend anzuwenden.

3. Daher hat auch jede im Betrieb vertretene Gewerkschaft das Anfechtungsrecht.

4. An den Grundsätzen des Beschlusses des Senats vom 10. November 1954 (1 ABR. 24/54) in BAG. 1, 166 über die Aufsichtsratswahl in Konzernunternehmen wird festgehalten.

BetrVG. § 18, § 76, § 82 Abs. 1 Buchst. s, § 87 Buchst. g; ArbGG. § 2 Abs. 1 Nr. 4 Buchst. s.

I. Senat. Beschluß vom 3. Dezember 1954 i. S. Industriegewerkschaft M. u. a. (RBeschwf.) w. M. AG. u. a. (RBeschwg.) 1 ABR. 23/54.

I. Arbeitsgericht Frankfurt/Main. — II. Landesarbeitsgericht Frankfurt/Main.

Aus den Gründen:

Die Rechtsbeschwerdegegnerin zu 1, ein Handelsunternehmen für Nichteisenmetalle und Erze, besitzt die Mehrheit der Geschäftsanteile oder Aktien an 18 Tochtergesellschaften. Bei den hier u. a. in Betracht kommenden B. Metallhütten GmbH und K. Sch. GmbH beträgt die Beteiligungsquote der Metallgesellschaft rund 100 %.

Am 10. Januar 1953 fand die Wahl von vier Vertretern der Arbeitnehmer für den Aufsichtsrat der Rechtsbeschwerdegegnerin zu 1 statt. Sie hatte folgendes Ergebnis:

G., Arbeiter,	Rechtsbeschwerdegegnerin zu 1	2560
S., Angestellter,	Rechtsbeschwerdegegnerin zu 1	2073
Sch., Transportarbeiter,	„B. GmbH"	3141
C., Arbeiter,	„K. Sch. GmbH"	3688
N., Angestellter,	V. D. M. AG	4506
W., Arbeiter,	V. D. M. AG	3482

Auf Grund dieses Wahlergebnisses stellte der Wahlvorstand fest, daß in den Aufsichtsrat der Arbeiter G. und der Angestellte S. als Arbeitnehmer des herrschenden Unternehmens gewählt seien sowie der Angestellte N. und der Arbeiter W., die im übrigen die höchsten Stimmenzahlen erhalten hatten.

Die Antragsteller und Rechtsbeschwerdeführer, nämlich die Industriegewerkschaft M. und die Betriebsräte der B. Metallhütten GmbH und der K. Sch. GmbH, vertreten durch den Gewerkschaftssekretär R., halten die Feststellung des Wahlergebnisses für unrichtig, weil nach § 76 Abs. 4 BetrVG. die Arbeitnehmer der beherrschten Betriebe auch auf die beiden ersten Plätze des Aufsichtsrats im herrschenden Unternehmen gewählt werden könnten. Daher seien entsprechend der Stimmenzahl der Angestellte N., sowie die Arbeiter W., C. und Sch. gewählt.

Das Arbeitsgericht hat aus Sachgründen den Antrag zurückgewiesen. Die Beschwerde der Antragsteller hat das Landesarbeitsgericht zurückgewiesen mit der Begründung, daß eine Sachentscheidung nicht hätte ergehen können, weil der Rechtsweg unzulässig sei; die für die Anfechtung von Wahlen zum Aufsichtsrat nach § 82 Abs. 1 Buchst. s, § 87 Buchst. g Betr.VG., § 2 Abs. 1 Ziff. 4 Buchst. s ArbGG. vorbehaltene Rechtsverordnung sei noch nicht erlassen.

Die Rechtsbeschwerde der Antragsteller hatte im wesentlichen Erfolg.

Schon in seinem Beschluß vom 20. Oktober 1954 (BAG. 1, 121) und vom 10. November 1954 (BAG. 1 . . .) ist der Senat der Auffassung des Berufungsgerichts entgegengetreten, daß die Anfechtung einer Wahl von Vertretern der Arbeitnehmer in den Aufsichtsrat unzulässig sei, solange die vorbehaltene Rechtsverordnung fehle. Die Gründe des Vorderrichters für seine gegenteilige Auffassung überzeugen nicht. Seine Hinweise auf Artikel 4 Abs. 3 Satz 2 und Artikel 21 GG. lassen nicht ersehen, inwieweit sich aus diesen Vorschriften die Unzulässigkeit des Rechtsweges ergeben sollte. Weiter ist keineswegs ausgemacht, daß die genannten Verfassungsbestimmungen nicht doch auch ohne „das Nähere regelnde Bundesgesetz" erhebliche rechtliche Bedeutung haben; vor allem fehlt dort die sich hier schon prima facie anbietende Analogie, nämlich zur Anfechtung der Betriebsratswahl und das dringende praktische Bedürfnis einer Regelung. Auch die Wahl zum Betriebsrat und in den Aufsichtrat war schon vor der WahlO. vom 18. März 1953 möglich. Die übrigen vom Berufungsgericht angeführten Beispiele betreffen Vorabentscheidungen von Verwaltungsbehörden, die mit der hier zu entscheidenden Frage nichts zu tun haben.

Wenn hiernach die Anfechtung der Wahl von Arbeitnehmervertretern zum Aufsichtsrat auch ohne die vorgesehene Rechtsverordnung zulässig ist, so fehlt es allerdings bis zum Erlaß der vorbehaltenen Rechtsverordnung an einer ausdrücklichen näheren Regelung der Anfechtungsfrist und des Antragsrechtes usw. Diese Lücke ist einstweilen durch eine entsprechende Anwendung des § 18 BetrVG. zu schließen. In der Entscheidung vom 20. Oktober 1954 hat der Senat es noch dahingestellt sein lassen, ob in entsprechender Anwendung des § 18 BetrVG. auch die Frist von zwei Wochen für die Anfechtung der Wahl von Arbeitnehmern in den Aufsichtsrat gilt. Der Senat nimmt nunmehr an, daß im Interesse der Rechtssicherheit und des praktischen Bedürfnisses eine eindeutige klare Regelung da sein muß. Daher muß die analoge Anwendung des § 18 BetrVG. eine vollständige sein. Unter diesem Gesichtspunkt ist entgegen der bisher überwiegend vertretenen Meinung (vgl. Galperin, BetrVG. § 76 Bem. 60; Dietz, BetrVG. § 76 Bem. 49; Fitting-Krägeloh, BetrVG. § 31 WahlO., Vorbem. 9; LAG. Düsseldorf AP. 54 Nr. 114) auch das Antragsrecht jeder im Betrieb vertretenen Gewerkschaft anzuerkennen, wie es nach § 18 aaO. für die Anfechtung von Betriebsratswahlen besteht. Aus der Natur der Wahlen zum Aufsichtsrat und aus der fehlenden Einschaltung der Gewerkschaften in die Aufsichtsratswahlen selbst läßt sich nichts Gegenteiliges herleiten. Ebenso wie die sonstigen Antragsberechtigten haben auch die Gewerkschaften ein Interesse an der richtigen gesetzmäßigen Besetzung des Aufsichtsrats. Es darf nicht verkannt werden, daß das Beschlußverfahren nicht die Geltendmachung eines bürgerlich-rechtlichen Anspruches zum Gegenstand hat, sondern im wesentlichen die betriebsverfassungsrechtliche Ordnung im weitesten Sinne im Streitfall durch gerichtliche Entscheidungen sicherstellen soll. Daran mitzuwirken, liegt durchaus im Aufgabenbereich der Gewerkschaften.

Daß ein Gewerkschaftssekretär die beiden antragstellenden Betriebsräte wirksam vertreten konnte, hat der erkennende Senat (BAG. 1, . . .) für § 11 Abs. 1 ArbGG. bereits entschieden (zustimmend Dietz-Nikisch,

ArbGG. § 11 Bem. 67). Nach § 87 Abs. 2 ArbGG. findet § 11 Abs. 1 ArbGG. im Beschlußverfahren entsprechende Anwendung.

In der Sache selbst ist zweifelsfrei, daß die Rechtsbeschwerdegegnerin zu 1 herrschendes und die B. Metallhütten GmbH, die K. Sch. GmbH sowie die V. D. M. AG beherrschte Unternehmen im Sinne des § 76 Abs. 4 BetrVG. sind. Dazu hat der erkennende Senat in seinem Beschluß vom 10. November 1954 (1 BAG. 1, . . .) bereits entschieden, daß der erste Platz der Vertreter der Arbeitnehmer im Aufsichtsrat des herrschenden Unternehmens einem Arbeitnehmer eines Betriebes des herrschenden und der zweite Platz einem Arbeitnehmer eines Betriebes der beherrschten Unternehmen gebührt, und daß von diesen beiden einer ein Angestellter sein muß. Hiernach ist zunächst festzustellen, welcher Arbeitnehmer eines Betriebes des herrschenden Unternehmens die meisten Stimmen hat. Ist dies ein Arbeiter, so ist weiter festzustellen, welcher Angestellte eines der Betriebe der beherrschten Unternehmen die größte Stimmenzahl auf sich vereinigt und umgekehrt. Wird so verfahren, so können auch die von der Rechtsbeschwerdegegnerin zu 1 geäußerten Bedenken, daß hier zwei Erfordernisse — einmal Berücksichtigung je eines Arbeitnehmers der Betriebe des herrschenden und der beherrschten Unternehmen und zum anderen Berücksichtigung eines Arbeiters und eines Angestellten — in Kollision geraten könnten, nicht auftreten. Den vom Senat entwickelten Gesichtspunkten ist durch die Gestaltung der Wahlvorschläge Rechnung zu tragen.

Hiernach ergibt sich, daß auf den ersten Platz der Arbeitnehmervertreter im Aufsichtsrat der Arbeiter G. berufen ist, weil er dem Betrieb des herrschenden Unternehmens, der Rechtsbeschwerdegegnerin zu 1 angehört und von diesen die höchste Stimmenzahl erzielt hat. Der zweite Platz gebührt nunmehr einem Angestellten eines der beherrschten Unternehmen, und zwar demjenigen, der als solcher die höchste Stimmenzahl hat. Das ist der Angestellte N. von der V. D. M.gesellschaft AG. Als dritter folgt der Arbeiter W., der nach N. die höchste Stimmenzahl erzielt hat, und als vierter der Arbeiter C., der ihm in der Stimmenzahl folgt.

49

1. Die Innehaltung einer im Interesse des gekündigten Arbeitnehmers gewährten Frist durch den Arbeitgeber bedeutet keinen Verzicht auf das Recht zur fristlosen Entlassung, wenn die vom Arbeitgeber

ausgesprochene Kündigung Ausfluß eines außerordentlichen zur fristlosen Entlassung berechtigenden Kündigungsrechts war.

2. Betriebsratsmitglieder, die gewerbliche Arbeitnehmer sind, können aus jedem wichtigen Grund fristlos entlassen werden.

3. Der grobe Verstoß eines Betriebsratsmitglieds gegen seine Amtspflichten rechtfertigt nicht ohne weiteres auch die fristlose Kündigung des Arbeitsverhältnisses durch den Arbeitgeber. Der normale Weg, einen solchen Verstoß zu ahnden, besteht darin, daß der Ausschluß des Betriebsratsmitglieds aus dem Betriebsrat beantragt wird.

4. Nur dann, wenn das Verhalten des Betriebsratsmitglieds nicht nur eine Amtspflichtverletzung, sondern zugleich und daneben einen schweren Verstoß gegen die Pflichten aus dem Arbeitsverhältnis enthält, ist auch ein wichtiger Grund zu seiner fristlosen Entlassung gegeben.

5. Wiederholte parteipolitische Agitation im Betrieb, die den Betriebsfrieden ernstlich und schwer gefährdet, kann die fristlose Entlassung eines Betriebsratsmitglieds rechtfertigen.

6. Soweit das Gesetz das Recht gibt, Betriebsratsmitglieder fristlos zu entlassen, verstößt die Kündigung nicht gegen das Verbot, den Betriebsrat oder seine Mitglieder in der Ausübung ihrer Tätigkeit zu stören.

7. Das Grundrecht der freien Meinungsäußerung und das Verbot, jemanden wegen seiner politischen Anschauungen zu benachteiligen, sind Ordnungssätze für das soziale Leben, die unmittelbare Bedeutung auch für den Rechtsverkehr der Bürger untereinander haben.

8. Das Recht der freien Meinungsäußerung findet seine Schranken in den Vorschriften der allgemeinen Gesetze. Hierzu gehören im Verhältnis der einzelnen Bürger zueinander auch die Grundregeln über die Arbeitsverhältnisse.

9. Zu diesen Grundregeln gehört auch das Pflichtengebot, sich so zu verhalten, daß der Betriebsfrieden nicht ernstlich und schwer gefährdet wird, und daß die Zusammenarbeit im Betrieb mit den übrigen Arbeitnehmern, aber auch mit dem Arbeitgeber für diese zumutbar bleibt.

10. Zu den allgemeinen Gesetzen, die die Meinungsfreiheit einschränken, gehört auch das Verbot für den Betriebsrat, sich im Betrieb parteipolitisch zu betätigen.

11. Das Diskriminierungsverbot des Art. 3 Abs. 3 GG. ist nur dann verletzt, wenn die Sonderbehandlung gerade und nur wegen eines der dort genannten Gründe erfolgt. Das ist nicht der Fall, wenn einem

Arbeitnehmer wegen parteipolitischer Agitation im Betrieb gekündigt wird.

GG. Art. 3 Abs. 3, Art. 5 Abs. 1 u. 2; BetrVG. § 23, § 51, § 53; KSchG. § 13; GO. § 122, § 123 Abs. 1, § 124a, § 139aa.

I. Senat. Urteil vom 3. Dezember 1954 i. S. H. (Kl.) w. M. L. F. (Bekl.), 1 AZR 150/54.

I. Arbeitsgericht München. — II. Landesarbeitsgericht Bayern.

Der Kläger war seit dem 3. Juli 1934 bei der Beklagten als Arbeiter beschäftigt. Seit 1948 gehörte er ununterbrochen dem Betriebsrat an.

Am 21. August 1953 verteilte der Kläger im Betrieb 3 der Beklagten während der Arbeitszeit Wahlzettel der Kommunistischen Partei, indem er diese zwischen leere Lohntüten schob. Die Wahlzettel waren als 10,— DM-Scheine getarnt. Auf ihrer Rückseite stand:

„Noch einmal 4 Jahre Adenauerpolitik und ein Zehn-Mark-Schein ist dann bald gar nichts mehr wert.

Gebt den Regierungsparteien, der CDU/CSU, der FDP und DP, die Euch das Brot vom Tisch stehlen, die richtige Antwort: Wählt KPD."

Daraufhin wurde der Kläger unter Gewährung einer 4wöchigen Auslauffrist noch am selben Tage entlassen. Der Kläger erhob hiergegen sowohl bei der Beklagten als auch beim Betriebsrat mündlich Einspruch. Er hatte hiermit jedoch keinen Erfolg.

Der Kläger hat vorgebracht und ausgeführt, er sei fristlos entlassen worden, weil er drei Wahlwerbezettel der KPD unter die Lohntüten einiger Kolleginnen geschoben habe. Vor einer Bundestagswahl werde gerade in Betrieben und bei Behörden besonders heftig diskutiert. Es sei überall Brauch, die politische Werbung der anderen Partei zu prüfen, abzuwägen und selbst zur Diskussionsgrundlage zu nehmen. Eine Bundestagswahl berühre nicht nur die private Sphäre des Bürgers, sondern auch den Arbeitsplatz und die Arbeitsbedingungen, weil die durch die Wahl bestimmte Regierung für die Zukunft über das Schicksal des ganzen Vaterlandes entscheide. Es sei daher abwegig, vor einer Wahl jede politische Äußerung oder Sympathiekundgebung als politische Betätigung zu bezeichnen. Das Hinlegen von 3 Wahlwerbezetteln mit aufgedrucktem 10-Markschein sei nur der Ausdruck einer politischen Gesinnung, aber keine parteipolitische Betätigung. Der Kläger sei in Wahrheit entlassen worden, weil er Kommunist sei und sich zur KPD bekenne.

Die Feststellungsklage, daß das Arbeitsverhältnis durch die Kündigung nicht aufgelöst worden sei, hatte in keinem Rechtszug Erfolg.

Aus den Gründen:

Dem Kläger konnte als Betriebsratsmitglied nur dann gekündigt werden, wenn ein Grund vorlag, der die Beklagte nach dem Gesetz zur Kündigung des Arbeitsverhältnisses ohne Einhaltung einer Kündigungsfrist berechtigte (§ 13 Abs. 1 KSchG.). Eine solche Kündigung hat die Beklagte ausgesprochen. Zwar hat sie dem Kläger gegenüber eine sogenannte Auslauffrist eingehalten. Das hindert aber nicht, daß die Kündigung Ausfluß eines außerordentlichen Kündigungsrechts bleibt, das zur fristlosen Entlassung berechtigte. Die Innehaltung einer gewissen Frist liegt hier nämlich in aller Regel im Interesse des Arbeitnehmers. Der Arbeitgeber darf wegen eines solchen, eine Auslauffrist gewährenden Entgegenkommens nicht benachteiligt werden. Das wäre aber der Fall, wenn man mit Recht dem Arbeitgeber entgegenhalten könnte, er habe durch die Innehaltung einer Frist gezeigt, daß er von seinem Recht zur fristlosen Entlassung nicht Gebrauch gemacht habe; er könne sich deshalb nicht mehr auf sein Recht zur außerordentlichen fristlosen Kündigung berufen (Hueck, KSchG. 2. Aufl. § 13 Anm. 17).

Der Kläger konnte auch aus jedem wichtigen Grund (§§ 139aa, 124a GO.) und nicht etwa nur aus den in § 123 Abs. 1 GO. aufgezählten Gründen fristlos entlassen werden. Die Voraussetzungen des § 124a GO. treffen sinngemäß auch für gewerbliche Arbeitnehmer, die Betriebsratsmitglieder sind, zu. Denn wenn jedem gewerblichen Arbeitnehmer aus wichtigem Grund dann fristlos gekündigt werden kann, sobald eine längere als 14tägige Kündigungsfrist vereinbart worden ist, so muß dies erst recht gelten, wenn einem Arbeitnehmer kraft Gesetzes nur mit einer längeren als der genannten Frist (vgl. z. B. § 15 SchwBG.) oder wie bei Betriebsratsmitgliedern während der Amtsdauer überhaupt nicht gekündigt werden kann. Die Bindung zwischen dem Arbeitgeber und einem grundsätzlich unkündbaren Arbeitnehmer ist nämlich wesentlich enger als bei einem Arbeitsverhältnis, das mit einer 14tägigen Kündigungsfrist gelöst werden kann (§ 122 GO.).

Die Bejahung der Anwendbarkeit des § 124a GO. auf gewerbliche Arbeitnehmer, solange und soweit sie Betriebsratsmitglieder sind, bedeutet für diese keine Schlechterstellung. Einmal genießen Betriebsratsmitglieder ihres Amtes wegen einen besonders starken Kündigungsschutz. Außerdem ist zu bedenken, daß die Möglichkeit, Arbeitnehmern ausschließlich aus den in § 123 Abs. 1 GO. aufgezählten Gründen fristlos kündigen zu können, ersichtlich für die ordentliche Kündigung des Arbetsverhältnisses die kurze Kündigungsfrist von 14 Tagen (§ 122 GO) voraussetzt. Nur bei dieser kurzen Kündigungsfrist mutet das Gesetz dem Arbeitgeber zu, trotz Vorliegens wichtiger Gründe für die sofortige Auflösung des Arbeitsverhältnisses die kurze Kündigungsfrist auszuhalten, wenn diese wichtigen Gründe nicht die Tatbestandsmerkmale einer der in § 123 Abs. 1 GO. aufgezählten Voraussetzungen erfüllen.

Die abschließende Aufzählung der Entlassungsgründe in § 123 Abs. 1 GO. entspricht bei einer engeren Bindung der Parteien, wie sie bei einem grundsätzlich unkündbaren Arbeitsverhältnis gegeben ist, auch nicht den Bedürfnissen. Die Anwendung des § 124a GO. auf solche Arbeitsverhältnisse ist vielmehr ein notwendiges Ventil, bei unhaltbar gewordenen Verhältnissen einem sonst unkündbaren Arbeitnehmer aus wichtigem Grund kündigen zu können. Es sei auch darauf hingewiesen, daß der gewerbliche Arbeitnehmer, der Betriebsratsmitglied ist, das Arbeitsverhältnis seinerseits auch aus jedem wichtigen Grund fristlos lösen kann. Dieses Recht würde ihm bei der kurzen Kündigungsfrist nicht zustehen. Er könnte dann nur aus den in § 124 GO. aufgezählten Gründen die fristlose Kündigung aussprechen. Auch dies zeigt, daß von einer Schlechterstellung der Betriebsratsmitglieder bei Anwendung des § 124a GO. auf ihre Arbeitsverhältnisse nicht gesprochen werden kann. Richtigerweise spricht man von einer in der Sache liegenden andersartigen Behandlung ihrer Arbeitsverhältnisse (Hueck aaO. § 13 Anm. 15; Nipperdey, BB. 1950 S. 398; vgl. auch LAG. Düsseldorf v. 17. März 1950 m. Anm. v. Hueck i. RdA. 1950 S. 472 ff., 477).

Der Kläger ist auch zu Recht aus wichtigem Grund fristlos entlassen worden. Zwar genügte hierzu nicht die Verletzung des Verbots parteipolitischer Betätigung im Betrieb (§ 51 S. 2 BetrVG.). Denn soweit der Kläger gegen § 51 BetrVG. verstoßen hat, hat er zwar seine Amtspflicht als Betriebsratsmitglied, im Betrieb jede parteipolitische Betätigung zu unterlassen, verletzt. Eine fristlose Kündigung des Arbeitsverhältnisses ist aber bei einem Verstoß gegen Amtspflichten noch nicht ohne weiteres gerechtfertigt. Nur dann, wenn das Verhalten des Betriebsratsmitglieds, das eine Amtspflichtverletzung bedeutet, zugleich und daneben auch einen schweren Verstoß gegen die Pflichten aus dem Arbeitsverhältnis darstellt, kann damit auch ein wichtiger Grund zur fristlosen Entlassung gegeben sein (Hueck aaO. § 13 Anm. 19). Das Betriebsratsmitglied steht in dieser Hinsicht, was die Frage der Pflichtverletzung aus dem Vertrag und die Schwere dieser Verletzung betrifft, jedem anderen Arbeitnehmer, soweit ihm aus wichtigem Grund gekündigt werden kann, gleich. Dabei ist aber zu beachten, daß der normale Weg, gegen grobe Pflichtverletzungen eines Betriebsratsmitglieds vorzugehen, für den Arbeitgeber in der Regel darin besteht, den Ausschluß aus dem Betriebsrat gemäß § 23 BetrVG. zu beantragen. Soll dieser Sondervorschrift nicht ihre praktische Bedeutung genommen werden, so müssen an die Annahme einer schweren Verletzung des Arbeitsvertrages, an die das Gesetz das Recht zur fristlosen Entlassung knüpft, besonders strenge Anforderungen gestellt werden. Das gilt auch für die hier in Rede stehende parteipolitische Betätigung von Betriebsratsmitgliedern im Betrieb. Diesen Grundsatz hat das Berufungsgericht im Ergebnis auch nicht verkannt. Denn nach seinen bindenden Feststellungen und der in sein Ermessen fallenden freien Beweiswürdigung (vgl. RAG. ArbRSlg. Bd. 16 S. 332; Bd. 18 S. 300; Bd. 24 S. 52) hat der Kläger nicht nur kommunistische Wahlzettel anläßlich der Bundestagswahl 1953 im Betrieb verteilt, sondern auch schon früher im Betrieb als Betriebsratsmitglied auf einer Betriebsversammlung am 16. Januar 1952 rein politische Fragen zum Schuman-Plan und zur EVG. behandelt. Auf derselben Betriebsversammlung hat der Kläger durch eine unbegründete Ankündigung von bevorstehenden allgemeinen Lohnkürzungen Unruhe in der Belegschaft der Beklagten hervorgerufen. Trotz Verwarnung hat der Kläger wenig später Streikplakate verteilt, die zum politischen Streik aufforderten. Der Kläger wurde wiederum von der Beklagten verwarnt, jedoch ohne Erfolg, wie sein Verhalten im Betrieb anläßlich des Wahlkampfes vor der Bundestagswahl gezeigt hat. Es handelte sich nach den Feststellungen des Landesarbeitsgerichts bei dem Verhalten des Klägers nicht nur um gelegentliche Sympathiekundgebungen für die KPD, sondern es kam dem Kläger darauf an, die Arbeitnehmer im Betrieb bewußt parteipolitisch zu beeinflussen. Ein solches Verhalten ist ein wichtiger Grund für eine fristlose Kündigung. Denn hierdurch machte es der Kläger der Beklagten unzumutbar, ihn mit Rücksicht auf Ruhe und Ordnung in ihrem Betrieb weiter zu beschäftigen. Das Verhalten des Klägers gefährdete den Betriebsfrieden. Dabei ist zu berücksichtigen, daß es für die Gefährdung des Betriebsfriedens durch das Verhalten des Klägers nicht nur auf die Einstellung der Arbeitnehmerschaft des Betriebes, sondern auch auf die des Arbeitgebers ankommt, der genau so zum Betrieb gehört wie die Arbeitnehmer. Der Arbeitgeber aber hatte sich wiederholt die parteipolitische Betätigung des Klägers im Betrieb verbeten.

Das Landesarbeitsgericht hat schließlich auch den leitenden Gesichtspunkt der Interessenabwägung, nämlich des Klägers an der Aufrechterhaltung, der Beklagten an der Beendigung des Arbeitsverhältnisses, nicht außer acht gelassen. Es hat insbesondere die langjährige Betriebszugehörigkeit des Klägers gebührend berücksichtigt und im einzelnen ausgeführt, warum es der Beklagten auch unter Berücksichtigung der Interessen des Klägers angesichts seiner trotz wiederholter Abmahnung immer wieder unternommenen parteipolitischen Agitation im Betrieb nach verständigem Ermessen nicht mehr zuzumuten war, ihn weiter zu beschäftigen.

Mit Recht hat das Landesarbeitsgericht unberücksichtigt gelassen, ob die Beklagte sich durch den Vertrieb einer Zeitschrift „Heim und Werk" im Betrieb parteipolitisch betätigt hat. Denn nach den Feststellungen des Landesarbeitsgerichts sind die Hefte der Zeitschrift, die Artikel enthalten, die nach Ansicht des Klägers eine parteipolitische Betätigung im Betrieb darstellen, erst nach Ausspruch der fristlosen Kündigung durch die Beklagte erschienen. Sie konnten daher für die Frage der Wirksamkeit oder Unwirksamkeit der gegenüber dem Kläger ausgesprochenen Kündigung keine Bedeutung haben.

Die Entlassung des Klägers verstößt auch nicht gegen § 53 BetrVG., der verbietet, den Betriebsrat oder seine Mitglieder in ihrer Tätigkeit zu stören oder um ihrer Tätigkeit willen zu benachteiligen. Zwar kann auch in einer Kündigung eine Störung des Betriebsrats und eine Benachteiligung des gekündigten Betriebsratsmitglieds liegen. Doch hat der Gesetzgeber durch den besonderen Kündigungsschutz für Betriebsratsmitglieder in § 13 KSchG. eine solche Störung durch Kündigung unmöglich gemacht. Soweit aber trotz dieses Kündigungsschutzes nach dem Gesetz eine fristlose Kündigung möglich ist, unterliegt sie nicht dem Störungsverbot des § 53 BetrVG. Der Kündigungsschutz entfällt, wenn das Arbeitsverhältnis, das eine Voraussetzung der Betriebsratseigenschaft ist, aus wichtigem Grunde fristlos gelöst werden kann. (Vgl. Dietz BetrVG., § 53 Anm. 11).

Weiter hatte der Senat zu prüfen, ob Art. 3 Abs. 3 und Art. 5 GG. verletzt sind. Nach Art. 5 Abs. 1 GG. hat jeder das Recht, seine Meinung in Wort, Schrift und Bild frei zu äußern. Nach Art. 3 Abs. 3 GG. darf niemand wegen . . . seiner . . . politischen Anschauungen benachteiligt werden. Zunächst ist bestritten, ob diese Verfassungsvorschriften auch auf den Privatrechtsverkehr anzuwenden sind. Die herrschende Lehre und Praxis des deutschen Verfassungsrechts geht dahin, daß die grundrechtlichen Normen der Grenzziehung zwischen der Staatsgewalt und den Bürgern, nicht aber der Regelung der Rechtsbeziehungen der Bürger untereinander dienen. Die Grundrechte wollen nach dieser Auffassung nach ihrer ganzen Struktur die individuelle Freiheitssphäre im allgemeinen nur gegen Eingriffe der öffentlichen Gewalt, nicht aber gegen unbefugtes Handeln Dritter (Privatpersonen) schützen (vgl. Anschütz, Komm. zur Weimarer Verfassung 14. Aufl. 1933, S. 549/556; weiter Giese, Weimarer Verfassung, Art. 18 Anm. 3; Poetzsch-Heffter, Handkomm. der Weimarer Reichsverfassung 3. Aufl. 1928, S. 397; R. Thoma bei Nipperdey, Grundrechte Bd. 1 S. 1 ff., C. Schmitt im Hdb. d. Dt. Staatsrechts Bd. 2 S. 572 ff.). Die gleiche Auffassung wird für die Grundrechte des Grundgesetzes u. a. vertreten von Rechtsgutachten des Bonner Instituts f. Handels- und Wirtschaftsrecht (Schmidt-Rimpler u. a.) im Archiv ÖffR. Bd. 76 S. 165 ff., W. Jellinek, BB. 1950 S. 425, Schätzel, RdA. 1950 S. 248 ff., Hueck, Die Bedeutung des Art. 3 GG. für die Lohn- und Arbeitsbedingungen der Frauen, 1951).

Nach dieser Meinung kann eine grundrechtliche Norm nur ausnahmsweise auf den privatrechtlichen (hier arbeitsrechtlichen) Rechtsverkehr angewendet werden, nämlich dann, wenn sie nach ihrem klaren Wortlaut und nach erkennbarer Absicht des Gesetzgebers auch die Rechtsverhältnisse der Bürger erfassen wollte. Das gilt z. B. für Art. 9 Abs. 3 Satz 2 GG. Eine solche Ausnahme liege aber weder bei Art. 5 GG., noch bei Art. 3 (Abs. 3) GG. vor.

Was insbesondere das Grundrecht der freien Meinungsäußerung des Art. 5 GG. betrifft, so ist zuzugeben, daß der Wortlaut des Art. 5 gegenüber dem früheren Wortlaut des Art. 118 Weimarer Verfassung ein anderer ist. Das GG. hat im Art. 5 den wichtigen Satz 2 von Art. 118 Abs. 1, der im Anschluß an das im ersten Satz jedem Deutschen garantierte Recht, innerhalb der Schranken der allgemeinen Gesetze seine Meinung frei zu äußern, bestimmte:

> An diesem Recht darf ihn kein Arbeits- oder Anstellungsverhältnis hindern und niemand darf ihn benachteiligen, wenn er von diesem Recht Gebrauch macht

nicht übernommen. Ein besonderer Grund für diese Weglassung ist aus der Entstehungsgeschichte des GG. allerdings nicht ersichtlich. Man sollte daher aus der Änderung des Wortlauts keine zuweitgehenden Schlüsse ziehen; vgl. im übrigen neuerdings Ridder in Neumann-Nipperdey-Scheuner, Grundrechte Bd. II (1954) S. 243 ff. Der Senat kann sich der dargelegten Auffassung jedenfalls für Art. 5 GG und bis zu einem gewissen Grad auch für Art. 3 Abs. 3 nicht anschließen. Zwar nicht alle, aber doch eine Reihe bedeutsamer Grundrechte der Verfassung sollen nicht nur Freiheitsrechte gegenüber der Staatsgewalt garantieren, sie sind vielmehr Ordnungsgrundsätze für das soziale Leben, die in einem aus dem Grundrecht näher zu entwickelnden Umfang unmittelbare Bedeutung auch für den Rechtsverkehr der Bürger untereinander haben. So dürfen sich privatrechtliche Abmachungen, Rechtsgeschäfte und Handlungen nicht in Widerspruch setzen zu dem was man das Ordnungsgefüge, den ordre public einer konkreten Staats- und Rechtsordnung nennen kann. In einem Staatswesen, dessen Grundgesetz, wie es in der Bundesrepublik der Fall ist, der öffentlichen Gewalt, insbesondere auch den Gesetzgebern des Bundes und der Länder verbietet, die Menschenwürde anzutasten, Diskriminierungen der Rasse, der Religion, der Abstammung usw. vorzunehmen und die im Rahmen der allgemeinen Gesetze geübte Freiheit der religiösen, politischen oder sozialen Meinungsäußerung einzuschränken, sind Grundwertungen der Menschenwürde, der bürgerlichen Gleichheit und der geistigen Freiheit in dieses Ordnungsgefüge eingegangen, mit denen sich auch die Ordnung im Betrieb oder Verträge und Maßnahmen der Rechtsgenossen nicht in offenen, den freiheitlich-demokratischen Rechtsstaat mißachtenden Widerstreit setzen dürfen. Solche Grundrechte berühren also nicht nur das Verhältnis des einzelnen Bürgers zum Staat, sondern auch das der Bürger dieses Staates als Rechtsgenossen untereinander. Auch das normative Bekenntnis des GG. zum sozialen Rechtsstaat (Art. 20, 28 GG.), das für die Auslegung des GG. und anderer Gesetze von grundlegender Bedeutung ist (vgl. die Entscheidungen des erkennenden Senats vom 14. Juli 1954 BAG. 1, 51 ff. = AP. Nr. 1 zu Art. 3 GG. und des Zweiten Senats vom 21. Oktober 1954 AP. Nr. 7 zu § 1 KSchG. mit weiteren Angaben) spricht für die unmittelbare privatrechtliche Wirkung der Grundrechtsbestimmungen, die für den Verkehr der Rechtsgenossen untereinander in einer freiheitlichen und sozialen Gemeinschaft unentbehrlich sind.

Vgl. zum Ganzen im wesentlichen wie hier Enneccerus-Nipperdey, Allg. Teil § 15 II 3; Nipperdey, Gleicher Lohn der Frau bei gleicher Leistung, 1951; derselbe Erl. zu Art. 1 GG. in Neumann-Nipperdey-Scheuner, Grundrechte (1954) Bd. 2 S. 18 ff mit weiteren Angaben S. 21 Anm. 43 und 44, Coing bei Staudinger Bd. 1 Vorbem. 17 ff. vor § 1; Lauterpacht, International Law and human Rights, 1950 S. 154 ff.,

Nikisch, Lehrbuch des Arbeitsrechts, Bd. 1, 2. Aufl. 1955 S. 386. Wenn auch Art. 5 GG. die Bestimmung des Art. 118 Abs. 1 Satz 2 der Weimarer Verfassung nicht übernommen hat, so ist gleichwohl anzunehmen, daß diese Bestimmung der Weimarer Verfassung auch im Bereich des Art. 5 GG. maßgebend ist. Denn das Grundrecht der freien Meinungsäußerung, das wesentliche ist für eine freiheitliche-soziale Gestaltung des Gemeinschaftslebens, würde auf weiten Gebieten des menschlichen Lebens wirkungslos gemacht werden, wenn zwar nicht der Staat, wohl aber wirtschaftliche und soziale Mächte und Einzelne im privaten Rechtsverkehr in der Lage wären, dieses Recht nach ihrem Gutdünken kraft ihrer Machtstellung einzuschränken, ohne sich dabei einer Verfassungsverletzung schuldig zu machen; ebenso wie v. Mangoldt, Komm. zum GG. S. 47, 62/63.

Jedoch gilt es auch bei der vom Senat vertretenen Auslegung der Grundrechte und ihrer Anwendung auf das Privatrecht (Arbeitsrecht) die richtigen Grenzen zu ziehen. Das Recht der freien Meinungsäußerung findet seine Schranken in den Vorschriften der allgemeinen Gesetze (Art. 5 Abs. 2 GG.). Allgemeine Gesetze sind Gesetze, die ein bestimmtes Rechtsgut ohne Rücksicht auf eine bestimmte Meinung schlechthin schützen, es sind solche Gesetze, die nicht die geistige Wirkung der reinen Meinungsäußerung also solcher unterbinden und sich daher nicht speziell gegen das geschützte Rechtsgut der Meinungsfreiheit richten (vgl. Anschütz, Weimarer Verfassung, Bem. zu Art. 118; v. Mangoldt, GG. Art. 5 Anm. 7; Hellwig bei Nipperdey, Grundrechte Bd. 2 S. 56 ff.; Häntzschel, Handbuch des Staatsrechts Bd. 2 S. 657 ff.; Hubmann, Persönlichkeitsrecht (1953) S. 157, Smend, Veröffentl. d. Vereinigung d. dt. Staatsrechtslehrer Bd. 4 (1928); Ridder, Erl. zu Art. 5 in Neumann-Nipperdey-Scheuner, Grundrechte Bd. 2 (1954) S. 281 ff., Nikisch, Lehrbuch aaO.). Unzulässig sind daher solche Gesetze, aber auch solche Verträge und Maßnahmen, die eine Äußerung und Betätigung allein wegen ihrer geistigen Zielrichtung und der dadurch hervorgerufenen geistigen Wirkung verbieten oder beschränken. Dagegen können die Gesetze zum Schutze bestimmter Rechtsgüter Meinungsäußerungen irgendwelcher Art einschränken oder ausschließen. Zu diesen allgemeinen Gesetzen gehören im Verhältnis der einzelnen Bürger zueinander auch die Grundregeln über die Arbeitsverhältnisse. Zu diesen maßgebenden Grundregeln der Arbeitsverhältnisse zählt auch das Pflichtengebot, sich so zu verhalten, daß der Betriebsfrieden nicht ernstlich und schwer gefährdet wird, und daß die Zusammenarbeit im

Betrieb mit den übrigen Arbeitnehmern, aber auch mit dem Arbeitgeber für diese zumutbar bleibt.

Es war bereits im Bereich des Art. 118 Weimarer Reichsverfassung allgemein anerkannt, daß der Arbeitnehmer nicht das Recht hat, ohne jede Rücksicht auf sein Arbeitsverhältnis von seinem Recht der freien Meinungsäußerung Gebrauch zu machen; vgl. namentlich Hellwig bei Nipperdey, Grundrechte S. 56 ff. mit zahlreichen weiteren Angaben. Unzulässig ist vielmehr nur ein Mißbrauch der Machtstellung des Arbeitgebers zu unbilliger und unsachlicher Knebelung der Meinungsfreiheit. Sowohl bei Maßnahmen gegen die Ausübung der Meinungsfreiheit wie bei vertraglichen Beschränkungen in dieser Richtung besteht die Verfassungswidrigkeit nur dann, wenn es sich um rechtswidrige Beschränkungen oder Maßnahmen handelt. Das hat namentlich das Reichsarbeitsgericht in der Entscheidung vom 19. Dezember 1931 (Bd. 10 S. 27 ff.) klar ausgesprochen. (Ebenso die späteren Entscheidungen in Bd. 10 S. 275 ff., 11 S. 273 ff., ARS. Bd. 14 S. 610 ff. und die Rechtsprechung der Landesarbeitsgerichte nach dem Kriege, so LAG. Hannover in AP. 52 Nr. 127; LAG. Hamm, Betrieb 52 S. 396; LAG. Bremen RdA. 51 S. 278). Nur die „Maßregelung", der „Willkürakt", der „Mißbrauch" soll getroffen werden. Mit Recht hat Smend in den Veröffentlichungen der Vereinigung der deutschen Staatsrechtslehrer Heft 4, 1928, S. 54, diesen Grundsatz so formuliert:

> „Die besondere Gewährleistung der Redefreiheit schließt nicht aus, daß das Dienstverhältnis seinem eigenen rechtlichen Sinn nach der Meinungsäußerung vielfach im Wege ist; aber sie schließt aus, daß durch Geltendmachung des Dienstverhältnisses die Äußerungsfreiheit behindert wird, lediglich, um sie zu hindern, ohne Rechtfertigung aus dem rechtmäßigen eigenen Rechtszweck des Dienstverhältnisses heraus."

Ebenso Ridder in Neumann-Nipperdey-Scheuner Grundrechte Bd. 2 (1954) S. 283.

Ist somit ein Mißbrauch der Machtstellung des Arbeitgebers zur unbilligen und unsachlichen Knebelung der Meinungsfreiheit unzulässig, so fehlt es an einer solchen rechtswidrigen Beschränkung oder Maßnahme dann, wenn vom Standpunkt eines verständigen und ruhig denkenden Menschen der andere Teil ein solches begründetes und zu billigendes Interesse für seine Maßnahme hat. Von einer Rechtswidrigkeit kann dann keine Rede sein. So liegt es aber hier, weil, wie die Feststellungen des Berufungsgerichts ergeben haben, der Kläger durch seine wiederholte parteipolitische Agitation im Betrieb den Betriebsfrieden ernstlich und schwer gefährdet hatte. Hinzu kommt, daß zu den allgemeinen Gesetzen, die die Meinungsfreiheit einschränken, auch die Bestimmung des § 51 BetrVG. gehört, wonach den Betriebsratsmitgliedern gerade im Interesse der Erhaltung des Betriebsfriedens und einer gedeihlichen Betriebsratsarbeit parteipolitische Betätigung im Betrieb verboten ist.

Schließlich ist auch durch die Kündigung Art. 3 Abs. 3 GG. nicht verletzt. Zwar soll das Diskriminierungsverbot des Art. 3 Abs. 3 GG. auch dem einzelnen mit zwingender Wirkung eine bestimmte Rechtsposition im Verhältnis zu den Rechtsgenossen gewähren. Das kann aber, wenn die auch in der Verfassung verbürgte privatrechtliche Gestaltungs- und Vertragsfreiheit nicht ungebührlich eingeschränkt werden soll, im Privatrecht nur für solche Maßnahmen gelten, die jedes verständigen und zu billigenden Sinnes entbehren. Diese notwendige rule of reason ergibt sich aus der Natur der Sache; vgl. Wü-Bad. VerwGH. VerwRspr. 3, 647. Ein Verstoß gegen Art. 3 Abs. 3 GG. liegt nur vor, wenn die Sonderbehandlung gerade wegen und nur wegen eines der dort genannten Gründe erfolgt, vgl. auch BVerfGE. 2, 266. Gerade das ist aber hier nicht der Fall. Dem Kläger ist nicht gekündigt worden, weil er sich zur KPD bekennt und dieser Meinung Ausdruck gegeben hat, die Kündigung ist also nicht wegen seiner politischen Anschauungen (Art. 3 Abs. 3 GG.) erfolgt, sondern einzig und allein deswegen, weil er durch seine bewußte, wiederholte, trotz Abmahnung fortgesetzte parteipolitische Agitation im Betrieb, den Betriebsfrieden mit den Mitarbeitern und dem Arbeitgeber schwer gefährdet hat.

50

1. Der Betriebsrat kann sich vor den Arbeitsgerichten durch Gewerkschaftsvertreter als Prozeßbevollmächtigte vertreten lassen, wenn auch nur ein Mitglied des Betriebsrats der betreffenden Gewerkschaft angehört.

2. Das Arbeitsgericht ist für Streitigkeiten über Bestehen oder Nichtbestehen von Vereinbarungen zwischen Betriebsräten und Arbeitgebern der Betriebe und Verwaltungen des öffentlichen Dienstes sachlich zuständig.

3. Eine Klage ist unzulässig, wenn zwischen denselben Parteien über denselben Gegenstand schon ein Rechtsstreit geschwebt hat, der durch ein rechtskräftiges Urteil entschieden worden ist. Die Rechtskraft dieses Urteils schließt jede neue Verhandlung und Entscheidung über die in dem Urteil festgestellte Rechtsfolge zwischen den Parteien aus.

4. Auch die sachliche Unrichtigkeit des rechtskräftigen Urteils ändert hieran nichts. Sie muß gegenüber der Rechtskraft zurücktreten.

5. Ein sog. Prozeßurteil, das endgültig und vorbehaltlos über eine Rechtsfolge, wie z. B. über die sachliche Unzuständigkeit des Arbeitsgerichts, entschieden hat, ist eine Entscheidung über den erhobenen Anspruch und genau so der Rechtskraft fähig, wie Urteile, die in der Sache selbst entscheiden.

ArbGG. § 11 Abs. 1 S. 1, § 112; ArbGG./26 § 10; ZPO. § 322 Abs. 1.

I. Senat. Urteil vom 3.Dezember 1954 i. S. des Betriebsrats der Stadtwerke W. (Kl.) w. die Stadt W. (Bekl.) 1 AZR 381/54.

I. Arbeitsgericht Bochum. — II. Landesarbeitsgericht Hamm.

Am 7. Dezember 1953 erhob der Kläger gegen die Beklagte eine Feststellungsklage mit dem Antrag:

„festzustellen, daß die Betriebsvereinbarung, abgeschlossen zwischen dem Betriebsrat und der Werksleitung am 1. 7. 1947, Gültigkeit habe."

Die Klageschrift war abgefaßt, unterzeichnet und eingereicht durch einen Gewerkschaftssekretär der ÖTV. in B. als Prozeßbevollmächtigten des Klägers.

Nachdem die Beklagte die Einrede der sachlichen Unzuständigkeit des Arbeitsgerichts erhoben hatte, wies das Arbeitsgericht die Klage durch rechtskräftiges Prozeßurteil vom 11. Januar 1954 ab. Die Urteilsformel lautet:

„Auf die Einrede der Beklagten wird die Klage als unzulässig abgewiesen. Die Kosten des Rechtsstreits trägt der Kläger. Der Wert des Streitgegenstandes wird auf 200,— DM festgesetzt."

In den Gründen des Urteils führt das Arbeitsgericht aus, das Arbeitsgericht sei zur Entscheidung des Rechtsstreits nicht zuständig, weil das BetrVG. auf Betriebe und Verwaltungen des öffentlichen Dienstes keine Anwendung finde. Die Anwendbarkeit des § 112 ArbGG. wurde vom Arbeitsgericht verneint.

Am 4. Februar 1954 erhob der Kläger durch denselben prozeßbevollmächtigten Gewerkschaftssekretär neuerdings Klage gegen die Beklagte, die denselben Streitgegenstand zum Inhalt hatte. Der Klageantrag lautete wieder:

„festzustellen, daß die Betriebsvereinbarung, abgeschlossen zwischen dem Betriebsrat und der Werksleitung am 1. 7. 1947, Gültigkeit habe."

Das Arbeitsgericht wies auch diese Klage ab. Es führte aus, es sei zu einer sachlichen Entscheidung über den Streit der Parteien nicht befugt, weil der Klage die Rechtskraft des Urteils vom 11. Januar 1954 entgegenstehe.

Die Berufung des Klägers wurde zurückgewiesen. Das Landesarbeitsgericht führt aus, die Klage sei nicht ordnungsgemäß erhoben worden. Der Gewerkschaftssekretär der ÖTV. sei nicht befugt gewesen, für den Kläger Klage zu erheben. Gemäß § 11 Abs. 1 ArbGG. bestünde für Gewerkschaftssekretäre nur die Möglichkeit, vor den Arbeitsgerichten Mitglieder von Gewerkschaften, die Gewerkschaft selbst oder Zusammenschlüsse von Gewerkschaften zu vertreten. Der Betriebsrat sei aber keine Gewerkschaft; er sei auch als solcher nicht Mitglied einer Gewerkschaft. Der Gewerkschaftssekretär sei also nicht postulationsfähig gewesen. Eine ordnungsmäßig erhobene Klage habe nicht vorgelegen. Deshalb habe sie von vornherein als unzulässig abgewiesen werden müssen.

Die auf die Verletzung des § 11 ArbGG. gestützte Revision hatte keinen Erfolg aus folgenden

Gründen:

Das angefochtene Urteil hat zu Unrecht die Postulationsfähigkeit des Gewerkschaftssekretärs, der für den Kläger die Klage vor dem Arbeitsgericht erhoben hatte, verneint.

Unter Postulationsfähigkeit einer Partei oder ihres Prozeßbevollmächtigten ist die Fähigkeit zu verstehen, dem prozessualen Handeln die rechtserhebliche Erscheinungsform zu geben (vgl. Rosenberg, Lehrbuch des Dt. Zivilprozeßrechts, 1954, § 44 I,2). Die Postulationsfähigkeit ist mithin Prozeßhandlungsvoraussetzung. Eine Prozeßhandlung, die von einem nicht Postulationsfähigen vorgenommen wird, entbehrt der Wirksamkeit (vgl. Rosenberg aaO. § 44 II,1). Da die Klageerhebung eine Prozeßhandlung ist, kann sie wirksam nur durch eine postulationsfähige Partei oder ihren postulationsfähigen Bevollmächtigten vorgenommen werden. Geschieht dies nicht, dann ist die Klage nicht ordnungsmäßig erhoben. Es fehlt an einer Prozeßvoraussetzung, so daß die Klage durch Prozeßurteil als unzulässig abzuweisen ist (vgl. Rosenberg aaO. § 44 II,2; § 89 I,2). Ob der Gewerkschaftssekretär, der für den Kläger vor dem Arbeitsgericht die Klage erhoben hat, hier postulationsfähig war, hängt davon ab, ob er gemäß § 11 Abs. 1 ArbGG. befugt war, für den klagenden Betriebsrat vor den Arbeitsgerichten aufzutreten.

Die Parteien können sich vor den Arbeitsgerichten auch durch Vertreter von Gewerkschaften oder ihrer Zusammenschlüsse vertreten lassen, wenn diese Personen kraft Satzung oder Vollmacht zur Vertretung befugt sind und für den Zusammenschluß, den Verband oder deren Mitglieder auftreten (§ 11 Abs. 1 S. 1 ArbGG.). Keine Vertretungsbefugnis steht einem Gewerkschaftsvertreter mithin für Parteien zu, die weder eine Gewerkschaft, noch ein Zusammenschluß von Gewerkschaften, noch auch deren Mitglieder sind. Für solche Parteien wirksame Prozeßhandlungen vorzunehmen, fehlt es an der Postulationsfähigkeit des Gewerkschaftsvertreters. Es ist hier also entscheidend, ob der für den Kläger vor dem Arbeitsgericht aufgetretene, der ÖTV. zugehörige Gewerkschaftssekretär für ein Mitglied seiner Gewerkschaft aufgetreten ist. Das angefochtene Urteil verneint dies mit der Begründung, der Betriebsrat als solcher sei nicht Mitglied der Gewerkschaft ÖTV. Nach dem Gesetzeswortlaut ist dies bei bloßer Wortinterpretation zutreffend. Denn der Betriebsrat, der selbstredend weder selbst eine Gewerkschaft noch gar ein Zusammenschluß von Gewerkschaften ist (vgl. Hueck-Nipperdey, TVG. 2. Aufl. § 2 Anm. 12), kann als solcher auch nicht Mitglied einer Gewerkschaft sein. Gleichwohl ist mit Rücksicht auf den Sinn des § 11 Abs. 1 S. 1 ArbGG. eine Vertretungsmöglichkeit des Betriebsrats durch Gewerkschaftssekretäre grundsätzlich zu bejahen.

Das Problem der Vertretungsmöglichkeit der Betriebsräte durch Gewerkschaftsvertreter vor den Arbeitsgerichten ist nicht neu. Auf Grund der Fassung des § 11 Abs. 1 ArbGG./26 waren auch seinerzeit ursprünglich Bedenken aufgetreten gegen die Zulassung eines Verbandsvertreters als Prozeßvertreter einer klagenden, gemäß § 10 ArbGG./26 parteifähigen Arbeitnehmerschaft. Denn auch diese konnte als solche nicht Mitglied einer Gewerkschaft sein. Gleichwohl ist man damals über den Gesetzeswortlaut hinausgegangen und hat angenommen, nach dem Sinn der Vorschrift des § 11 ArbGG./26 könne auch die Arbeitnehmerschaft eines Betriebes als Partei durch einen Gewerkschaftsvertreter vor dem Arbeitsgericht vertreten werden. Verlangt wurde lediglich, daß unter den Angehörigen der vor dem Gericht als Partei erscheinenden Arbeitnehmerschaft eine irgendwie erhebliche Zahl von Arbeitnehmern vorhanden sei, die in der betreffenden Arbeitnehmervereinigung organisiert war, deren Vertreter die Arbeitnehmerschaft vor dem Arbeitsgericht vertreten sollte (Flatow-Joachim, ArbGG. § 11 Anm. 9). Dementsprechend wurde die Ansicht vertreten, daß, wenn die Arbeitnehmer nicht bei derselben, sondern bei verschiedenen tariffähigen Arbeitnehmervereinigungen organisiert seien, die Vertretung der Arbeitnehmerschaft von jedem Organisationsvertreter wahrgenommen werden könne, dessen Organisation ein Teil der Arbeitnehmer angehöre. Der vom Gesetzgeber geforderte innere Zusammenhang zwischen der zu vertretenden Partei, nämlich der Arbeitnehmerschaft, und der Vereinigung, deren Organ die Vertretung übernehmen solle, sei damit schon gegeben (Dersch-Volkmar, ArbGG. 4. Aufl. § 11 Anm. 6 α; § 10 Anm. 5 c D).

Diese Rechtsauffassung wurde im wesentlichen auch von der damaligen Rechtsprechung, namentlich von dem Reichsarbeitsgericht (allerdings ohne nähere Begründung) geteilt (RAG. ARSlg. Bd. 6 S. 187; vgl. im übrigen LAG. Mannheim Bd. 5 S. 33; LAG. Berlin ebenda S. 33; a. A. LAG. Gleiwitz Bd. 5 S. 34, LAG Köln ebenda S. 36).

Wenn es auch merkwürdig ist, daß der Gesetzgeber, dem diese Problematik bekannt sein mußte, gleichwohl auch neuerdings einen Gesetzeswortlaut gewählt hat, der dem engen des früheren ArbGG. entspricht, so kann dennoch daraus nicht geschlossen werden, die neue Wortfassung sei bewußt so eng gewählt worden, um die Unmöglichkeit einer Vertretung des Betriebsrats durch einen Gewerkschaftsfunktionär vor den Arbeitsgerichten festzulegen. Vielmehr hat auch heute trotz des Wortlauts aus dem Sinn und Zweck des § 11 Abs. 1 ArbGG. eine der früheren ähnliche Lösung der Frage zu erfolgen.

In Anwendung des § 133 BGB. darf man bei der Auslegung eines Gesetzes nicht an seinem Wortlaut haften bleiben; es ist der wirkliche Wille des Gesetzgebers zu erforschen. Deswegen ist auf Sinn und Zweck der Vorschrift über die Vertretungsbefugnis von Verbandsvertretern vor den Arbeitsgerichten abzustellen. Wie früher, so will auch heute die Vorschrift des § 11 Abs. 1 S. 1 ArbGG. in dem dort vorgesehenen Rahmen eine erleichterte Vertretungsmöglichkeit für die an Arbeitsrechtsstreitigkeiten beteiligten Parteien gegenüber den Vorschriften der ZPO. schaffen. Es soll die Möglichkeit gewährleistet sein, daß die Arbeitnehmer- oder Arbeitgeberinteressen durch Vertreter der beiderseitigen Organisationen wahrgenommen werden können, ohne daß diese Vertreter der Beschränkung des § 157 Abs. 1, Abs. 2 ZPO. unterliegen (§ 11 Abs. 3 ArbGG.). Die Zulassung der Verbandsvertreter vor den Arbeitsgerichten wurzelt also in dem Willen des Gesetzes, daß, soweit die Arbeitnehmerseite in Betracht kommt, Arbeitnehmerinteressen organisierter Arbeitnehmer, seien die Interessen individueller oder kollektiver Art, durch Vertreter ihrer Organisation vor den Arbeitsgerichten wahrgenommen werden können. Das ist aber auch dann der Fall, wenn der Betriebsrat in einem Rechtsstreit Partei ist, vorausgesetzt daß auch nur ein Mitglied des Betriebsrats der Organisation angehört, dessen Organisationsvertreter bei entsprechender Vollmacht des Betriebsrats diesen vor dem Arbeitsgericht vertreten soll. Denn dann nimmt der Gewerkschaftsvertreter das Kollektivinteresse der Arbeitnehmer, das der Betriebsrat zu vertreten hat, wahr. Durch das gewerkschaftlich organisierte Betriebsratsmitglied wird die erforderliche Beziehung zu der betreffenden Gewerkschaft hergestellt. Diese vom Gesetz anerkannte Interessenlage rechtfertigt und gebietet eine solche ausdehnende Auslegung des Gesetzeswortlautes, jedenfalls aber eine analoge Anwendung, rechtfertigt dagegen keineswegs einen Umkehrschluß.

Dabei ist zu beachten, daß das neue Arbeitsgerichtsgesetz keine Parteifähigkeit der Arbeitnehmerschaft als solcher kennt, wie das Arbeitsgerichtsgesetz von 1926 (§ 10 ArbGG./26). Parteifähig ist im Urteilsverfahren nach § 112 ArbGG. nur der Betriebsrat. Es liegt für den Senat kein Anlaß vor, zu der für das neue Betriebsverfassungsgesetz umstrittenen Frage Stellung zu nehmen, ob Träger der Betriebsverfassungsrechte, insbesondere Partner der Betriebsvereinbarung, die Belegschaft des Betriebes oder der Betriebsrat ist, und welches die rechtliche Stellung und Rechtsnatur des Betriebsrats ist. Denn das Betriebsverfassungsgesetz gilt nicht für den hier in Rede stehenden öffentlichen Dienst (§ 88 Abs. 1, Abs. 2 BetrVG.). Die genannten Fragen brauchen aber auch nicht für den Bereich des dem Betriebsverfassungsgesetz vorangegangenen, hier maßgebenden Kontrollratsgesetzes Nr. 22 untersucht zu werden. Denn es handelt sich hier ausschließlich um den prozeßrechtlichen Begriff der Parteifähigkeit im Sinne des § 112 ArbGG. Nach dieser Vorschrift kommt die Parteifähigkeit aber ausschließlich dem Betriebsrat zu.

Abschließend sei bemerkt: Es darf nicht verkannt werden, daß der Betriebsrat in der konkreten Wirklichkeit aus Menschen, eben seinen Mitgliedern besteht. Auch das rechtfertigt es, für den Bereich des § 11 Abs. 1 S. 1 ArbGG. nicht notwendig nur vom „Betriebsrat als solchem", sondern von seinen Mitgliedern auszugehen. So spricht auch § 31 BetrVG. von „einer im Betriebsrat vertretenen Gewerkschaft". Zustimmend Dietz-Nikisch, ArbGG. § 11 Anm. 67.

Es lag für den Senat auch keine Veranlassung vor, hier zu prüfen, ob eine Postulationsfähigkeit eines Gewerkschaftsvertreters bei Vertretung des Betriebsrats auch dann bejaht werden kann, wenn zwar dem

Betriebsrat kein Mitglied der betreffenden Gewerkschaft angehört, wohl aber unter den Arbeitnehmern des Betriebes sich Mitglieder der betreffenden Gewerkschaft befinden. Es kommt auf die Entscheidung dieser Frage nicht an. Zwar müßte an sich das angefochtene Urteil aufgehoben und die Sache an das Landesarbeitsgericht zur anderweitigen Verhandlung und Entscheidung zurückverwiesen werden, weil die Rüge der unrichtigen Anwendung des § 11 Abs. 1 ArbGG. begründet ist, es auch an den notwendigen Feststellungen darüber fehlt, ob dem Betriebsrat oder etwa der Belegschaft Mitglieder der ÖTV. angehören. Die angefochtene Entscheidung ist aber aus anderen Gründen richtig, so daß es auf die besagten Feststellungen nicht mehr ankommt und die Revision zurückgewiesen werden mußte (§ 563 ZPO.).

Wenn das Arbeitsgericht in einem Vorprozeß der Parteien durch Urteil vom 11. Januar 1954 die Klage wegen sachlicher Unzuständigkeit als unzulässig abgewiesen hatte, so ist diese Entscheidung rechtsirrig. Denn das Arbeitsgericht hätte seine Zuständigkeit gemäß § 112 ArbGG. bejahen müssen. Wie aus dem seinerzeitigen Feststellungsantrag des Klägers ersichtlich, handelte es sich um eine Streitigkeit aus Vereinbarungen zwischen Betriebsräten und Arbeitgebern, die außerhalb des sachlichen Geltungsbereichs des BetrVG. (vgl. § 88 Abs. 1 BetrVG.) liegen. Der Kläger stritt auch im Vorprozeß schon mit der Beklagten darüber, ob eine zwischen ihnen abgeschlossene Betriebsvereinbarung Gültigkeit besitzt. Ein solcher Streit über die Gültigkeit einer Betriebsvereinbarung fällt aber unter § 112 ArbGG. Diese Vorschrift darf nicht etwa so eng ausgelegt werden, als ob sie eine gültige Betriebsvereinbarung, aus der heraus gestritten würde, voraussetze. Vielmehr fällt auch ein Streit über Bestehen oder Nichtbestehen einer Betriebsvereinbarung zwischen Betriebsrat und Arbeitgeber unter § 112 ArbGG. Schon vor dem Inkrafttreten des neuen Arbeitsgerichtsgesetzes waren die Arbeitsgerichte für die Entscheidung von Streitigkeiten, wie sie Gegenstand des Vorprozesses und dieses Rechtsstreits sind, gemäß KRG. Nr. 21 Art. II Ziff. 5 sachlich zuständig.

Das hiernach zwar rechtsirrige Urteil vom 11. Januar 1954 war aber r e c h t s k r ä f t i g geworden. Seine Rechtskraft (§ 322 Abs. 1 ZPO.) band das Arbeitsgericht, weil in dem vorliegenden Rechtsstreit zwischen denselben Parteien über denselben Gegenstand auf Grund einer neuen Klage gestritten wird. Daher hat das Arbeitsgericht durch Urteil vom 14. April 1954 die neuerdings erhobene gleiche Klage zu Recht als unzulässig abgewiesen. Daraus folgt, daß auch die gegen dieses Urteil eingelegte Berufung des Klägers im Ergebnis richtig als unbegründet zurückgewiesen worden ist.

Die Rechtskraft des arbeitsgerichtlichen Urteils vom 11. Januar 1954 schließt jede neue Verhandlung und Entscheidung über die in diesem Urteil festgestellte Rechtsfolge, d. i. die sachliche Unzuständigkeit des Arbeitsgerichts bezüglich des Feststellungsantrags des Klägers zwischen den Parteien aus. Das folgt aus dem Wesen und Zweck der Rechtskraft. Hiernach soll das Gericht wegen eines Streites, der entschieden worden ist, und dessen Entscheidung nicht mehr angefochten werden kann, nicht stets von neuem angegangen werden können. Der Streit soll zur Erhaltung des Rechtsfriedens unter den Parteien endgültig entschieden sein. Es sollen widerstreitende Entscheidungen zwischen denselben Parteien über denselben Streitgegenstand vermieden werden. Die sachliche Unrichtigkeit des arbeitsgerichtlichen Urteils vom 11. Januar 1954 ändert hieran nichts. Sie muß gegenüber der Rechtskraft und ihrer Wirkung zurücktreten. Das arbeitsgerichtliche Urteil vom 14. April 1954 hat also das Feststellungsbegehren des Klägers richtig als unzulässig abgewiesen, weil die „Prozeßvoraussetzung, daß über den Streitgegenstand noch nicht rechtskräftig entschieden worden ist" fehlt (vgl. Rosenberg aaO. § 148 II 3a S. 697; Baumbach-Lauterbach, ZPO, 22. Aufl. Einf. § 322 Anm. 3 A, B).

Gegenüber dieser Ansicht kann nicht eingewandt werden, das Urteil vom 11. Januar 1954 sei nur ein Prozeßurteil. Ein solches sei der inneren Rechtskraft nicht fähig. Ein Urteil ist nämlich nicht nur der inneren Rechtskraft fähig, wenn es über die Klage sachlich erkannt hat, sondern auch dann, wenn es die Klage als unzulässig abgewiesen hat. Auch ein Prozeßurteil ist eine Entscheidung über den erhobenen Anspruch. § 322 Abs. 1 ZPO. verlangt für die innere Rechtskraft eines Urteils nicht, daß über den erhobenen Anspruch in der Sache selbst entschieden werden müßte. Erforderlich ist lediglich, daß das Urteil endgültig und vorbehaltlos über eine Rechtsfolge entscheidet, wie es hier durch das Urteil vom 11. Januar 1954 über die sachliche Unzuständigkeit des Arbeitsgerichts geschehen ist (vgl. Baumbach-Lauterbach, aaO. § 322 Anm. 1 A). Auch das praktische Interesse erfordert dringend, daß eine Entscheidung, die die Klage wegen sachlicher Unzuständigkeit als unzulässig abweist, in Rechtskraft erwächst, damit nicht durch beliebige Wiederholung der Klage das Gericht zu immer neuer Entscheidung derselben Rechtsfrage gezwungen werden kann (So mit Recht Rosenberg aaO. § 149 I 2).

51

Ein grobes Verschulden im Sinne des § 102 ZPO. liegt vor, wenn ein Anwalt zur Begründung der Zulässigkeit der Revision gemäß § 72 Abs. 1 Satz 2 und 3 ArbGG. sich auf ein in einem Kommentar nur zu einem Schlagwort ohne nähere Inhaltsangabe angeführtes Urteil beruft und selbst keine weiteren Nachprüfungen vornimmt. Er muß das Urteil selbst lesen, da er nur so feststellen kann, ob eine Abweichung vorliegt und das angefochtene Urteil auf dieser Abweichung beruht.

ArbGG. § 72 Abs. 1 Satz 3; ZPO. § 102.

II. Senat. Beschluß vom 15. Dezember 1954 i. S. Fa. B. S. (Bekl.) w. H. (Kl.) 2 AZR 461/54.

I. Arbeitsgericht Herford. — II. Landesarbeitsgericht Hamm i. W.

Das Bundesarbeitsgericht hat die Revision kostenpflichtig als unzulässig verworfen und außerdem die Kosten der Revision den Prozeßbevollmächtigten der Revisionsklägerin auferlegt aus den folgenden

Gründen:

Der Kläger, der Betriebsratsvorsitzender war, wurde von der Beklagten fristlos entlassen, weil er entgegen einem ausdrücklichen Alkoholausschankverbot in Stellvertretung des Kantinenverwalters zugelassen hatte, daß Alkohol zum Verbrauch im Betriebe abgegeben wurde und selbst auch Alkohol abgab.

Auf Klage des Klägers wurde vom Arbeitsgericht und Landesarbeitsgericht festgestellt, daß das Arbeitsverhältnis des Klägers durch die fristlose Entlassung nicht aufgelöst sei. Hiergegen wendet sich die Revision, die zur Begründung ihrer Zulässigkeit nach § 72 Abs. 1 Satz 3 ArbGG. auf mehrere Urteile des Gewerbegerichts Berlin sowie auf ein Urteil des Landesarbeitsgerichts Stuttgart vom 10. August 1951 — BB 51, 923 — sich berief, in dem als ein die fristlose Kündigung rechtfertigender Grund angesehen werde, daß ein Betriebsmitglied andere Belegschaftsangehörige in einer gegen Gesetz und gute Sitten verstoßenden Weise zum Schnapstrinken verleite. Mit diesen Bezugnahmen sind aber die Voraussetzungen des § 72 ArbGG. nicht gegeben. Denn nach dem klaren Wortlaut des Gesetzes hat die Abweichung von einer Entscheidung eines Gewerbegerichts überhaupt keine Bedeutung. Das Urteil des Landesarbeitsgerichts Stuttgart befaßt sich nur mit der Frage, ob ein Grund zur Kündigung vorliege, wenn ein Arbeiter einen anderen von Mehrarbeit abzuhalten versuche und lehnt es ausdrücklich ab, darin einen Verstoß gegen Gesetz und gute Sitten zu sehen. Der Sachverhalt liegt in vorliegendem Fall jedoch ganz anders. Die Entscheidung beruht also nicht auf einem Abweichen von jenem Urteil.

Da die Revisionssumme nicht erreicht ist und die Revision auch nicht ausdrücklich vom Landesarbeitsgericht zugelassen war, ist sie als unzulässig zu verwerfen.

Gemäß § 102 ZPO. waren aber die Kosten der Revision den Prozeßbevollmächtigten aufzuerlegen. Nach dem klaren Wortlaut des Gesetzes kann eine Revision auf ein Abweichen von erstinstanzlichen Entscheidungen, insbesondere von Urteilen der früheren Gewerbegerichte, die im Rechtszug auch keineswegs mit den Landesarbeitsgerichten verglichen werden können, nicht gestützt werden. Die Prozeßbevollmächtigten hätten ferner bei nur einigermaßen sorgfältiger Prüfung erkennen müssen, daß die Anführung des Urteils des Landesarbeitsgerichts Stuttgart in dem Kommentar Landmann-Rohmer zur Gewerbeordnung, aus dem sie nach ihrer ausdrücklichen Angabe die fragliche Entscheidung ohne weitere Nachprüfung entnommen haben, sich nicht auf den vorhergehenden, sondern auf den späteren Satz bezog. Vor allem darf ein Anwalt zur Begründung der Revision nach § 72 Abs. 1 Satz 2, 3 ArbGG. nicht ein Urteil anführen, auf das nur im Anschluß eines Schlagwortes hingewiesen wird und dessen Inhalt nicht näher angegeben ist. Er muß das Urteil vielmehr selbst lesen. Nur so kann er prüfen, ob eine Abweichung der Entscheidungen voneinander vorliegt und das angefochtene Urteil auf dieser Abweichung beruht.

Diese mangelhafte Prüfung der Voraussetzungen des § 72 Abs. 1 Satz 3 ArbGG. muß als grobes Verschulden im Sinne des § 102 ZPO. angesehen werden.

52

1. Für Ansprüche aus § 52 des Regelungsgesetzes zu Art. 131 GG. sind die Arbeitsgerichte zuständig.

2. Voraussetzung für diese Ansprüche sind

a) daß dem Arbeitnehmer ein Versorgungsanspruch nach beamtenrechtlichen Grundsätzen zustand und

b) daß er nur aus wichtigem Grunde gekündigt werden konnte.

3. Die Unkündbarkeit richtet sich grundsätzlich nach § 16 TO.A. Frühere, günstigere Bestimmungen haben mit dem Inkrafttreten der TO.A ihre Geltung verloren, es sei denn, daß die Fortgeltung ausdrücklich vereinbart worden ist oder sich aus ständiger Übung ergibt,

wenn dadurch der Wille des Arbeitgebers auf Weitergeltung der alten Kündigungsbestimmungen eindeutig zum Ausdruck gekommen ist.

4. § 16 TO.A ist nicht anwendbar bei höheren Angestellten, die außerhalb der üblichen Laufbahn wegen ihrer wissenschaftlichen Kenntnisse und praktischen Erfahrungen erst in vorgerücktem Alter eingestellt worden sind und hinsichtlich der Dauer ihrer Beschäftigung und ihrer Versorgung den Beamten auf Lebenszeit gleichgestellt waren.

Regelungsgesetz zu Art. 131 GG. § 63, § 52.

II. Senat. Urteil vom 16. Dezember 1954 i. S. Stadt B. (Bekl.) w. A. (Kl.) 2 AZR 58/54.

I. Arbeitsgericht Berlin. — II. Landesarbeitsgericht Berlin.

Der jetzt 65jährige Kläger stand seit dem 18. August 1924 als Tarifangestellter in Diensten der vormals B. M. AG., die seit 1935 von der Beklagten als Eigengesellschaft fortgeführt wird, nachdem sie seit dem 1. April 1927 mehr als 50 % des Aktienkapitals in Besitz hatte. Am 8. Mai 1945 ist der Kläger wegen Zugehörigkeit zur NSDAP. entlassen worden. Seit dem 1. September 1951 ist er dienstunfähig.

Er verlangt auf Grund der §§ 63, 52 des Regelungsgesetzes zu Artikel 131 GG. Ruhegeld nach Maßgabe der Ruhegeldordnung der B. Die Beklagte lehnt dies mit der Begründung ab, die zweite Voraussetzung für die Anwendung des § 52 des genannten Gesetzes, daß nämlich das Dienstverhältnis des Klägers am 8. Mai 1945 nur wegen wichtigen Gründen kündbar gewesen sei, liege nicht vor. Die Voraussetzung des § 16 TO.A bestehe deswegen nicht, weil der Kläger im öffentlichen Dienst noch nicht volle 25 Jahre beschäftigt gewesen sei. Denn die Zeit seiner Beschäftigung bei der B. vom 18. August 1924 bis 31. März 1927 könne nicht mitgerechnet werden. Der Kläger macht demgegenüber geltend, es genüge zur Anwendung des § 52 Regelungsgesetz, wenn er einen Ruhegeldanspruch nach beamtenrechtlichen Grundsätzen habe, wie dies bei ihm nach der Ruhegeldordnung der B. der Fall sei; es sei nicht erforderlich, daß er unkündbar gewesen sei. Im übrigen beruft er sich auch auf den § 43 des früheren Berliner Tarifvertrages für die Angestellten der Stadt Berlin, sowie auf den § 45 der Dienstordnung der Beklagten vom 25. Juni 1935, wonach die Unkündbarkeit bereits nach Ablauf von 10 Dienstjahren eingetreten sei. Dieses einmal erworbene Recht habe ihm durch die Inkraftsetzung der TO.A nicht genommen werden können. Auch habe die Beklagte die Bestimmungen des § 16 TO.A in anderen Fällen niemals angewandt und damit zu erkennen gegeben, daß sie die frühere Regelung hinsichtlich der Unkündbarkeit der alten Angestellten weiter anerkenne.

Arbeitsgericht und Landesarbeitsgericht haben dem Kläger den eingeklagten Teilbetrag von 500,— DM zuerkannt.

Die Revision der Beklagten hatte Erfolg.

Gründe:

I. Wenn auch in diesem Rechtsstreit von den Parteien keine Bedenken gegen die Zuständigkeit der Arbeitsgerichte für Ansprüche der Arbeitnehmer auf Übergangsgeld oder Ruhegehalt auf Grund des Regelungsgesetzes zu Artikel 131 GG. erhoben sind, so war doch diese Frage, nicht zuletzt im Hinblick auf den von einigen Verwaltungsgerichten eingenommenen Standpunkt, von Amts wegen zu prüfen. Die Zuständigkeit der Arbeitsgerichte ist zu bejahen.

Selbst wenn man mit dem Urteil des Bundesverfassungsgerichts vom 17. Dezember 1953 (3, 162) annimmt, daß die Dienstverhältnisse aller in öffentlichem Dienst stehender Angestellten und Arbeiter mit dem Zusammenbruch ihr Ende gefunden haben und weiter auch der Auffassung ist, die infolge der Entnazifizierungsbestimmungen ausgeschiedenen Angestellten seien nicht bloß als vorläufig ihrer Stellung enthoben, sondern als endgültig entlassen anzusehen, so besagt dies doch nicht, daß zur Erfüllung der dem Gesetzgeber durch Artikel 131 GG. gegebenen Auflage Beamten, Angestellten und Arbeitern nur ein einheitlicher Anspruch gewährt werden sollte. Die Erfüllung staatlicher Aufgaben, namentlich auf dem sozialen Gebiet und dem der Fürsorge, muß nämlich nicht nur in der Form geschehen, daß öffentliche Behörden mit der Durchführung im Verwaltungswege betraut werden; es können auch unmittelbar durch Gesetz privatrechtliche Ansprüche gegen bestimmte staatliche Verbände begründet oder bestimmten Staatsorganen die Verpflichtung zum Abschluß privater Geschäfte (Darlehn, Kreditbürgschaften, Anstellungsverträgen) auferlegt werden (vgl. RGR. Komm. § 89 Anm. 2, Siebert, Privatrecht im Bereich öffentlicher Verwaltung 1953, BGH. 4, 269, BAG. vom 7. Oktober 1954 — 2 AZR 10/53 AP Nr. 2 zu § 2 ArbGG.). Deshalb läßt sich auch für die Zulässigkeit des Rechtsweges nichts daraus entnehmen, daß nach § 67 des Regelungsgesetzes die unter seine Bestimmungen fallenden Personen Ansprüche nur aus dem Gesetz und nicht aus ihren früheren Dienstverträgen geltend machen können.

Ziel des Gesetzes ist, den früheren öffentlichen Bediensteten in einem erheblichen Umfang ihre alten Rechte wieder zu verschaffen. Sie sollen, unter den im Gesetz angegebenen Voraussetzungen, eine ihrer alten Stellung entsprechende neue Stellung erhalten (§ 19) und, solange dies nicht möglich ist und sie deshalb keine Gehaltsansprüche haben, ein Übergangsgeld oder bei Dienstunfähigkeit oder Erreichung der Altersgrenze ein Ruhegehalt, im wesentlichen nach den früher für sie geltenden Ruhegeldbestimmungen, beziehen. Diese Verpflichtungen liegen auch nicht dem Staate als solchem, als Gemeinschaft, ob, sondern grundsätzlich nur dem früheren Dienstherrn oder den gemäß § 82 an seine Stelle getretenen Körperschaften. Es wird also nicht ein für alle Beamten und Arbeitnehmer gleichartiger Anspruch gewährt, sondern der Anspruch ist im Hinblick auf das frühere Dienstverhältnis verschieden. Auf dieses Dienstverhältnis wird somit abgestellt und daher wird sein Charakter auch für die Rechte aus dem Regelungsgesetz bedeutsam. Wenn nun auch das Dienstverhältnis der im öffentlichen Dienst beschäftigten Angestellten und Arbeiter sich in mancher Hinsicht dem des Beamten nähert, insbesondere das Weisungsrecht des Dienstherrn größer und dementsprechend die Rechte des Arbeitnehmers schwächer sind und in verschiedener Beziehung die für Beamte geltenden Vorschriften ohne weiteres oder kraft besonderer Anordnung der vorgesetzten Behörde zur Anwendung kommen (vgl. z. B. § 13 AZO.), so bleibt doch ihr Dienstverhältnis ein echtes Arbeitsverhältnis (vgl. Urteil des BAG. vom 23. September 1954 in AP 54 § 3 TO.A Nr. 1; ferner RGR. Komm. Vorbem. V, 1 § 611). Die Anstellung beruht nicht auf einseitigem Bescheid des Dienstherrn, sondern auf einer Vereinbarung zwischen Arbeitnehmer und Dienstherrn. Das Gehalt ist Arbeitsentgelt, bemißt sich nach den Dienstleistungen entsprechend den in der Lohngruppeneinteilung gegebenen Merkmalen (vgl. Urteil des BAG. vom 23. September 1954 in AP 54 § 3 TO.A Nr. 1), während das Gehalt des Beamten nur die Gewährleistung des standesgemäßen Unterhalts bedeutet (RG. 104, 61; BGHZ. 12, 172; 13, 308 (GrZS.) und sich nach dem ihm verliehenen Amt richtet. Der Inhalt des Dienstvertrages wird, wie für die privaten Betriebe, durch Einzelvertrag oder Tarifvertrag gestaltet. Der Arbeitnehmer im öffentlichen Dienst steht also rechtlich dem öffentlichen Dienstherrn als gleichberechtigter Partner gegenüber, wie der Arbeitnehmer im privaten Betrieb dem Unternehmer. Die sich aus der historischen Entwicklung ergebende und in früheren Gesetzen durchweg beachtete Scheidung zwischen dem in einem öffentlichrechtlichen Dienstverhältnis zum Staate stehenden Beamten und dem in einem privatrechtlichen Dienstverhältnis stehenden Angestellten und Arbeiter ist auch heute verfassungsmäßig anerkannt. Denn wenn Artikel 33 Abs. 4 GG. bestimmt, daß die Ausübung hoheitlicher Befugnisse als ständige Aufgabe in der Regel Angehörigen des öffentlichen Dienstes zu übertragen ist, die in einem öffentlichrechtlichen Dienst- und Treuverhältnis stehen, so setzt diese Bestimmung des Grundgesetzes das Vorhandensein von Angegestellten und Arbeitern bei den öffentlichen Dienstherren voraus, die nur in einem privatrechtlichen Dienstverhältnis stehen (vgl. § 10 Abs. 3 BBG.). Ein öffentlichrechtliches Dienstverhältnis wird aber nach § 6 BBG., § 7 Berliner BG. nur durch ausdrückliche Berufung in ein Beamtenverhältnis begründet, nicht, wie das Reichsgericht früher in ständiger Rechtssprechung annahm (vgl. RG. 125, 421 m. Nachw.), durch ständige Ausübung hoheitlicher Befugnisse.

Auch das Regelungsgesetz selbst macht den Unterschied zwischen Beamten und Arbeitnehmern. Es behandelt die Angestellten und Arbeiter neben den Beamten besonders und erklärt auf sie die für Beamte geltenden Bestimmungen nur für entsprechend anwendbar. Vor allem wird in § 2 Ziff. 3 und 4 der 3. Durchführungsverordnung zum Regelungsgesetz die Entscheidung von Streitigkeiten aus §§ 7 und 9 des Gesetzes, nämlich darüber, ob der Arbeitnehmer entgegen den gegebenen Vorschriften oder wegen enger Verbindung mit der NSDAP. ernannt oder außerplanmäßig befördert wurde und ob ihm wegen gröblicher Pflichtverletzung durch Bescheid der vorgesetzten Dienstbehörde seine Rechte mit Recht entzogen sind, ausdrücklich den Arbeitsgerichten übertragen. Es wäre widerspruchsvoll, wenn die Arbeitsgerichte nur für diese Teilfragen zuständig sein sollten, aber nicht für die Frage, ob der Arbeitnehmer überhaupt unter das Regelungsgesetz fällt, ob und welche Ansprüche er daraus hat. Wenn dem Arbeitsgericht die Nachprüfung einer Entscheidung seiner Vorgesetzten übertragen ist, so ist das ersichtlich nur geschehen, damit alle aus der Anwendung des Regelungsgesetzes sich ergebenden Streitfragen durch ein und dasselbe Gericht entschieden werden, nicht aber teilweise von den Verwaltungsgerichten und teilweise von den Arbeitsgerichten.

Zur Entscheidung über Versorgungsansprüche der Arbeitnehmer aus dem Gesetz zur Regelung des Artikel 131 GG. müssen deshalb die Arbeitsgerichte allein für zuständig angesehen werden. Nur für Ansprüche auf Unterbringung in eine bestimmte Stelle oder bei einer bestimmten Behörde ist der Rechtsweg nicht zulässig; eine Klagemöglichkeit auf Vornahme einer Verwaltungshandlung besteht anerkanntermaßen nicht.

II. In der Sache selbst sind die Ausführungen des Landesarbeitsgerichts nicht frei von Rechtsirrtum. Das angefochtene Urteil verkennt die Bedeutung des § 52 des Regelungsgesetzes. Diese Bestimmung will in erster Linie den Kreis der Personen beschränken, die unter das Gesetz fallen, und hebt deshalb aus der großen Gruppe der früher im öffentlichen Dienst tätigen Angestellten und Arbeiter diejenigen Arbeitnehmer heraus, die den Beamten deswegen ähneln, weil sie wie diese künftige Versorgungsansprüche gegen ihren Arbeitgeber haben. Damit soll aber keineswegs gesagt sein, daß nun den versorgungsberechtigten Angestellten alle den Beamten gewährten Rechte (auf Wiederverwendung, Übergangsgeld und Ruhegeld) zustehen sollen. Das würde mit dem Grundsatz der entsprechenden Anwendung der für die Beamten geltenden Bestimmungen, den der § 52 weiter aufstellt, unvereinbar sein. Die Arbeitnehmer wären andernfalls den Beamten nicht gleichgestellt, sondern ihnen gegenüber besser gestellt. Denn das Gesetz gewährt nicht allen Beamten die gleichen Rechte, insbesondere Versorgung. Nur den Beamten auf Lebenszeit mit mehr als 10 Dienstjahren (die die Voraussetzungen des § 106 BBG. erfüllt haben) und denjenigen Widerrufsbeamten, die gemäß § 30 Abs. 2 DBG. schon vor dem 8. Mai 1945 hätten zu Beamten auf Lebenszeit ernannt werden müssen (§ 37a), ist bei Dienstunfähigkeit oder bei Erreichung der Altersgrenze ein Anspruch auf Ruhegehalt, bei Dienstfähigkeit ein Anspruch auf Wiederverwendung und bis zur Wiederverwendung ein Anspruch auf Zahlung eines Übergangsgeldes zuerkannt. Beamte auf Lebenszeit mit weniger als 10 Dienstjahren sowie alle nicht unter § 37a des Regelungsgesetzes fallenden Widerrufsbeamte gelten mit dem 8. Mai 1945 als entlassen und haben keinerlei Ansprüche (§ 5 Ziff. 2, § 6 Abs. 1). Nur wenn die Widerrufsbeamten infolge einer Dienstbeschädigung dienstunfähig sind, erhalten sie Ruhegehalt (§ 6 Abs. 2), während diejenigen, die ihre Ausbildung abgeschlossen haben, an der Unterbringung teilnehmen, aber keinen Anspruch auf Übergangsgeld haben (§ 11 Abs. 1). Das Gesetz scheidet also bei den Beamten grundsätzlich zwischen solchen, die nur aus disziplinarischen Gründen entlassen werden können, und solchen, deren Ernennung widerrufen, d. h. die jederzeit entlassen werden können. Entscheidend ist bei den Beamten nicht, ob sie einen Ruhegeldanspruch haben — das haben auch die Widerrufsbeamten —, sondern ob eine dauernde Bindung zu dem Dienstherrn vorhanden ist oder nicht. Eine entsprechende Anwendung dieser Vorschriften auf die versorgungsberechtigten Arbeitnehmer erfordert somit, wie das Bundesverfassungsgericht (Band 3, S. 186) mit Recht ausführt, auch bei Angestellten eine Unterscheidung zwischen solchen, die nur aus wichtigem Grund kündbar sind, und solchen, denen jederzeit gekündigt werden kann. Nur die ersteren haben Anspruch auf Wiederverwendung, Zahlung eines Übergangsgeldes oder eines Ruhegehalts (nach den für sie maßgebenden Ruhegeldvorschriften), während die jederzeit kündbaren Angestellten mit dem 8. Mai 1945 ebenfalls als entlassen gelten, also keinerlei Ansprüche haben. § 3 Nr. 2 der 3. Durchführungsverordnung hat somit nicht etwas Neues gebracht, sondern diente nur der Klarstellung und hat deshalb für die Entscheidung der hier erörterten Rechtsfrage keine selbständige Bedeutung. Eine Sonderbestimmung enthält für Arbeitnehmer nur der § 52a des Gesetzes, der Arbeitnehmern mit mehr als 25 Dienstjahren ohne Rücksicht darauf, ob sie Versorgungsansprüche hatten oder jederzeit kündbar waren, einen — allerdings nicht einklagbaren — Anspruch auf Wiederverwendung gibt.

III. Nicht anwendbar ist für Angestellte die Bestimmung des § 37a des Gesetzes zu Artikel 131, die nur mit Rücksicht auf die besondere Regelung des Deutschen Beamten-Gesetzes über die Ernennung der Beamten getroffen ist. Denn entgegen der früheren Regelung (Artikel 129 Weim. Verf., § 2 RBG., §§ 8, 21 Preuß.Komm.BG.) wurden nach § 27 Abs. 2 DBG die Beamten nicht sofort auf Lebenszeit ernannt, sondern zunächst nur auf Widerruf und erst nach Bewährung in ein Beamtenverhältnis auf Lebenszeit überführt; letzteres sollte jedoch gemäß § 30 Abs. 2 DBG. spätestens 6 Jahre nach Vollendung des 27. Lebensjahres geschehen. Sinn und Zweck des § 37a des Regelungsgesetzes ist es, den Widerrufsbeamten, die entgegen § 30 Abs. 2 DBG. infolge der Kriegsverhältnisse nicht in ein Beamtenverhältnis auf Lebenszeit überführt worden sind, den Beamten auf Lebenszeit gleichzustellen. Wenn sie die Voraussetzungen des § 30 Abs. 2 DBG. und des § 106 BBG. erfüllt haben, sollen sie die gleichen Versorgungsansprüche wie die Beamten auf Wiederverwendung haben, nämlich Anspruch auf Übergangsgehalt und bei Dienstunfähigkeit oder Erreichung des 65. Lebensjahres Anspruch auf einen Unhaltsbeitrag in Höhe des Ruhegehaltes. Diese Bestimmung kann nicht auf Angestellte oder Arbeiter ausgedehnt werden. Die Rechtsgrundlage ist hier gänzlich verschieden. Angestellte werden grundsätzlich nicht auf Lebenszeit, sondern auf unbestimmte Zeit mit freier Kündigung eingestellt. Ihre Dienstzeit beginnt auch nicht erst mit dem 27. Lebensjahr wie bei Beamten (vgl. § 9 Ziff. 2, § 106 II BBG.). Sie werden außerdem nicht wie Beamte in eine bestimmte Planstelle eingewiesen (vgl. §§ 28 Abs. 2 Nr. 3, 148 DBG., § 9 Abs. II BBG.). Bei ihnen hat der Stellenplan vielmehr eine ganz andere Bedeutung wie bei Beamten. Er ist nur eine innere Verwaltungsangelegenheit, berührt aber den materiellen Inhalt des Arbeitsverhältnisses nicht (vgl. BAG. Urteil vom 23. September 1954 in AP. 54, § 5 TO.A Nr. 1). Zur Sicherung der Stellung des Arbeitnehmers dienen die Vorschriften über den Ausschluß der freien Kündbarkeit nach einer gewissen Beschäftigungsdauer. Die Bestimmungen des § 30 DBG und des § 37a des Regelungsgesetzes setzen auch voraus, daß der Beamte seine Ausbildung im öffentlichen Dienst erhalten hat (§ 7 Ziff. 2, § 9 Abs. 3a BBG.) und danach zur weiteren Bewährung auf Widerruf beschäftigt worden ist. Bei Angestellten ist dies nicht immer der Fall. Sie treten vielfach erst in späteren Lebensjahren in den öffentlichen Dienst, namentlich bei öffentlichen Betrieben. Die Vorbildung spielt nur in gewissen Fällen bei der Einstufung eine Rolle. Wäre die Bestimmung des § 37a des Regelungsgesetzes anwendbar, müßte ein Angestellter, der im 30. Lebensjahr in den öffentlichen Dienst tritt, bei der Anwendung des Regelungsgesetzes auf ihn schon nach 6jähriger Dienstzeit als unkündbar angestellt betrachtet werden. Das ist aber mit den Bestimmungen der §§ 52, 52a des Gesetzes unvereinbar. Sowohl der frühere Absatz 2 des § 52 des Gesetzes wie jetzt § 52a stellen auf eine Dienstzeit von 25 Jahren ab, die erstgenannte Vorschrift mit ihrer Verweisung auf § 16 TO.A, die letztere durch ausdrückliche Anführung. Daraus muß auf den Willen des Gesetzes geschlossen werden, Angestellte erst nach einer solchen Beschäftigungsdauer den Beamten auf Lebenszeit gleichzustellen, nicht aber bereits nach einer 6jährigen Dienstzeit.

IV. Rechtsirrig ist auch die Meinung des Klägers, mit der Erlangung eines Versorgungsanspruchs nach Ablauf der in der Ruhegeldordnung vorgesehenen Wartefrist sei ohne weiteres die Unkündbarkeit des Dienstverhältnisses verbunden. Diese Wartefrist hat ebeno wie die in § 106 BBG. vorgesehene Frist nur Bedeutung für die Entstehung des Versorgungsanspruches. Sie soll verhindern, daß Versorgungsansprüche schon kurz nach Beginn des Beschäftigungsverhältnisses geltend gemacht werden, sie soll also das mit jedem Ruhegehaltsversprechen verbundene Risiko beschränken. Es ist auch in der Rechtslehre und Rechtsprechung anerkannt (RAG. ARS. 28, 327; 34, 164; 46, 209; BGHZ. 8, 365), daß die Zusage eines Ruhegehaltes noch keine endgültige Bindung des Arbeitgebers mit sich bringt und die freie Kündigung dadurch grundsätzlich nicht ausgeschlossen wird. Daß unter Umständen eine

Kündigung sittlich verwerflich und deshalb nichtig ist, wenn sie nur erfolgt, um sich der Ruhegehaltsverpflichtung zu entziehen, oder wegen Verlust dieses Ruhegehaltsanspruchs unter Umständen auch sozial ungerechtfertigt im Sinne des § 1 Kündigungsschutzgesetz sein kann, ist für die Frage, welche Bestimmungen des Regelungsgesetzes anzuwenden sind, ohne Bedeutung. Die Regelung des Gesetzes stellt nicht auf den einzelnen Fall ab, sondern will eine Gesamtregelung geben. Daß in einem Ruhegeldversprechen auch gleichzeitig die Zusage der Unkündbarkeit gegeben sein kann, ist je nach den Umständen im besonderen Falle zwar möglich, hier aber nicht gegeben.

VI. Rechtsirrig ist ferner die Ansicht des Klägers, daß für ihn die Bestimmungen des § 16 TO.A, wonach die Unkündbarkeit erst nach 25jähriger Dienstzeit eintrete, nicht anwendbar sei, weil er bereits vor dem Inkrafttreten der TO.A auf Grund des § 43 des früheren Berliner Tarifvertrages sowie auf Grund des § 45 der von der Beklagten im Jahre 1935 erlassenen Dienstordnung unkündbarer Angestellter geworden sei und ihm die einmal erworbenen Rechte nicht durch die TO.A hätten genommen werden dürfen. Eine Fortwirkung früherer günstigerer Tarifbestimmungen nach Inkrafttreten neuer Tarifbestimmungen ist von dem überwiegenden Teil der Rechtslehre wie auch vor allem von der Rechtsprechung niemals anerkannt worden. Das RAG. hat zwar unter der Geltung der Tarifvertragsordnung die Tarifbestimmungen nicht als Normen angesehen, sondern angenommen, sie gingen in die Arbeitsverträge ein, und sie aus diesem Grunde nach Beendigung des Tarifvertrages während eines tariflosen Zustandes weiterwirken lassen. Eine Weiterwirkung nach Inkrafttreten eines neuen Tarifvertrages hat das Reichsarbeitsgericht aber stets abgelehnt, da auch günstigere Tarifbestimmungen durch einen neuen Tarifvertrag verdrängt würden (RAG. ARS. 14, 389; 17, 124; 23, 7). Nach dem Inkrafttreten des AOG. hat es allerdings in drei Entscheidungen (ARS. 33, 331; 34, 131; 136) bei den als Tarifordnung weiter geltenden Tarifverträgen zunächst die Nachwirkung bejaht, diese Ansicht aber bereits in der Entscheidung ARS. 40, 443 wieder aufgegeben und in allen weiteren Entscheidungen immer wieder betont, daß auch die aus alten Tarifverträgen stammenden günstigeren Arbeitsbedingungen mit Inkrafttreten einer Tarifordnung erlöschen; die Weiterwirkung günstigerer Arbeitsverträge aus verschiedenen Tarifverträgen sei mit der einheitlichen Ordnung des Arbeitsverhältnisses unvereinbar. Nach dem Tarifvertragsgesetz vom 9. April 1949 sind, wie schon nach dem AOG., die Tarifbestimmungen Normen, die nicht etwa Bestandteil der unter sie fallenden Arbeitsverträge werden, sondern das Vertragsverhältnis unmittelbar beherrschen, alle entgegenstehenden Abreden verdrängen und nach Erlöschen des Tarifvertrages nur so lange Wirkung haben, bis sie von einer anderweiten Regelung, sei es durch Einzelvertrag oder Gesamtvertrag (Betriebsvereinbarung oder Tarifvertrag), ersetzt werden (§ 4 Abs. 4 TVG.). Ein Unterschied, ob es sich bei den Tarifbestimmungen um Vorschriften über Lohn, Urlaub, Ruhelohn, Ruhegeld oder Unkündbarkeit handelt, kann nicht gemacht werden. Auch Anwartschaften, die durch die Bestimmungen gegeben werden, gelten immer nur für die Dauer des Tarifvertrages und erlöschen, wenn sie nicht in dem neuen Tarifvertrag aufrechterhalten werden.

Dies muß für den öffentlichen Dienst um so mehr gelten, als durch die im Jahre 1938 geschaffenen Tarifordnungen (ATO., TO.A und TO.B) gerade das Recht der im öffentlichen Dienst beschäftigten Angestellten und Arbeiter einheitlich geregelt werden sollte, ebenso wie schon im Jahre vorher durch das Deutsche Beamten-Gesetz das Beamtenrecht vereinheitlicht worden war. Zweck jener Regelungen war, die verschiedenen tariflichen Regelungen der Länder, Gemeinden und der öffentlichen Betriebe und Anstalten zu beseitigen und durch eine für alle gleiche Regelung zu ersetzen. Dies ist in § 24 der TO.A ausdrücklich ausgesprochen. Überdies war durch § 18 Abs. 2 Satz 3 des Arbeitsordnungsgesetzes für öffentliche Betriebe sowie durch § 4 Abs. 2 Satz 3 der 5. Durchführungsverordnung hierzu das Außerkrafttreten abweichender Bestimmungen von Dienstordnungen ausdrücklich angeordnet worden.

Bei der Prüfung, ob der Arbeitnehmer am 8. Mai 1945 nur aus wichtigem Grunde gekündigt werden konnte und deshalb hinsichtlich der Versorgung und Unterbringung dem Beamten auf Lebenszeit gleichzustellen ist, sind somit frühere günstigere tarifliche Regelungen grundsätzlich unberücksichtigt zu lassen. Entscheidend ist, ob die Voraussetzungen der Unkündbarkeit nach der Regelung in der TO.A und TO.B gegeben waren.

Anders ist es nur bei Angestellten, die den tariflichen Bestimmungen für den öffentlichen Dienst überhaupt nicht unterliegen, z. B. weil ihr Gehalt über die Versicherungsgrenze hinausgeht (§ 1 TO.A) und mit denen deshalb Sondervereinbarungen getroffen worden sind, so insbesondere, wenn sie wegen ihrer besonderen Erfahrung und praktischen Bewährung und ihrer wissenschaftlichen Kenntnisse, wie z. B. Ärzte, Chemiker, Techniker, Kaufleute oder Landwirte, als leitende

Kraft für bestimmte Betriebe oder Anstalten, meist erst in vorgerücktem Alter, angestellt werden und denen, wenn sie aus etat- oder beamtenrechtlichen Gründen nicht in ein Beamtenverhältnis auf Lebenszeit überführt werden können, eine dem Beamten gleiche Stellung hinsichtlich Dauer und Versorgung gewährt worden ist (vgl. Urteil BAG. vom 12. Oktober 1954 — AP. 54 § 52 Reg.Ges. Nr. 1; NJW. 1954, 1860). Solche außerhalb der üblichen Laufbahn stehenden Angestellten mit den tariflichen Angestellten gleichzustellen und ihnen die zugesagte Lebensstellung und Versorgung nur um deswillen zu versagen, weil sie die Voraussetzung des § 16 TO.A nicht erfüllen, würde mit dem wahren Wesen des Gleichheitsgrundsatzes und dem Sinn und Zweck des Regelungsgesetzes in Widerspruch stehen. Standen sie schon vorher den Beamten auf Lebenszeit gleich, so müssen auf sie auch hinsichtlich ihrer Unterbringung und Versorgung die für Beamten auf Lebenszeit geltenden Bestimmungen des Regelungsgesetzes Anwendung finden.

VII. Die Grundsätze über die unmittelbare Wirkung der Tarifnormen schließen aber nicht aus, günstigere Abreden zu treffen, insbesondere die Fortgeltung bereits erworbener Anwaltschaften zu vereinbaren. Es kann dies geschehen sowohl vor wie nach dem Inkrafttreten eines neuen Tarifvertrages mit ungünstigeren Bestimmungen, durch Einzelabrede oder Gesamtvereinbarung (Betriebsvereinbarung), aber auch durch eine ständige Übung (RAG. ARS. 4, 364; 11, 359), wenn nur dadurch der Wille des Arbeitgebers unzweideutig zum Ausdruck kommt, die alten günstigeren Kündigungsbestimmungen fortgelten zu lassen. Eine dahingehende Vereinbarung ist, wie der Kläger zugegeben hat, mit ihm persönlich nicht getroffen worden. Sie läßt sich auch nicht aus den in seinen Schriftsätzen vom 28. Juni und 19. Juli 1953 angeführten Erklärungen und Bekanntmachungen der Beklagten in den Jahren 1935, 1936 entnehmen. Diese Erklärungen bezogen sich, wie der Wortlaut ergibt, immer nur auf die Anrechnung früherer Dienstzeiten bei der Berechnung der Versorgungsbezüge, aber nicht auf die Unkündbarkeit. Die weitere Behauptung des Klägers, in den Jahren 1938 bis 1945 seien keine Fälle bekannt geworden, daß älteren Angestellten ohne besondere Gründe gekündigt sei, vermag eine ständige Übung auf Beibehaltung der alten Kündigungsfristen allein nicht zu begründen. Die Dauer der Beschäftigung spielte schon immer bei der fristlosen Kündigung und seit den Kündigungsschutzbestimmungen des Betriebsrätegesetzes und des AOG. auch bei der fristgemäßen Kündigung eine Rolle. Nicht bloß bei betriebsbedingten, sondern auch bei personenbedingten Kündigungen war für die Frage, ob eine Kündigung unbillig hart oder die Fortsetzung des Dienstverhältnisses dem Arbeitgeber zuzumuten war, bedeutsam, ob ein Angestellter nur wenige Jahre oder 10 oder gar 20 Jahre im Betrieb tätig war. Aus der Tatsache, daß in den Jahren 1938 bis 1945 von Entlassungen älterer Angestellter ohne wichtigen Grund nichts bekannt geworden ist oder bei den Arbeitsgerichten darüber keine Prozesse geführt sind, läßt sich nicht schon auf den Willen der Beklagten schließen, bei älteren Angestellten nach wie vor die alten Kündigungsbestimmungen anzuwenden. Denn eine Unterlassung von Kündigung älterer Angestellter kann z. B. auch darauf zurückzuführen sein, daß in den Kriegsjahren bei den vielfachen Einziehungen zum Wehrdienst und der kriegsbedingten Zunahme der Verwaltungstätigkeit ältere, erfahrene Kräfte fast unersetzbar waren. Anders wäre es, wenn irgendwelche Äußerungen oder Kundgebungen der zur Einstellung oder Entlassung befugten Vertreter der Beklagten vorliegen, daß die alten Kündigungsbestimmungen nach wie vor angewendet würden. Der Kläger hat nun behauptet und unter Beweis gestellt, in einer Justitiarbesprechung nach Inkrafttreten der TO.A sei dies festgelegt worden. Diese Behauptung ist sonach für die Entscheidung erheblich und deshalb mußte, da Feststellungen in dieser Hinsicht bisher nicht getroffen sind, das Urteil aufgehoben und der Rechtsstreit zur Verhandlung und Entscheidung in dieser Hinsicht an das Berufungsgericht zurückverwiesen werden.

Das Berufungsgericht wird allerdings dabei zu prüfen haben, ob die Justitiare im Hinblick auf § 14 ADO. zu § 16 TO.A einen solchen Beschluß überhaupt fassen konnten und wollten, d. h. ob die ADO. auch für Berlin galt und wer alsdann die Genehmigung für die Zulassung günstigerer Bestimmungen zu erteilen hatte. Andernfalls könnte der in der Besprechung gefaßte Entschluß nur die Bedeutung haben, daß die alten Bestimmungen noch als ungefähre Richtlinien für die Kündigung zu betrachten seien. Zu beachten ist schließlich noch, daß die einzelnen Personal-Referenten Erklärungen nur für ihre Verwaltungsabteilungen und Betriebe abgeben konnten und daher dadurch auch nur für ihre Betriebe eine ständige Übung sich ausbilden konnte. Eine ständige Übung für die gesamte Verwaltung der Beklagten würde sich nur dann haben bilden können, wenn der genannte Entschluß von allen Personal-Referenten gefaßt oder bei fehlender Zustimmung einzelner von dem Leiter des Hauptpersonalamtes, also dem maßgebenden Vertreter der Beklagten, bestätigt worden ist.

53

1. Die Gehaltsbestimmungen der TO.A finden keine Anwendung

a) auf Ärzte während der vorgesehenen Ausbildungszeit (jetzt Medizinalassistentenzeit),

b) auf Ärzte, die über diese Zeit hinaus zur Vertiefung ihrer allgemeinen Ausbildung oder zur Ausbildung auf einem besonderen Fachgebiet als Volontär für eine im voraus genau festgelegte Zeit beschäftigt werden.

2. Das Volontärverhältnis kann entsprechend den Bedürfnissen des im einzelnen in Frage stehenden Berufes und seinem näheren Zweck die verschiedenste Ausgestaltung haben. Es ist auch mit einer Einordnung des Volontärs in den Betrieb vereinbar. Entscheidend ist nur der Zweck der Beschäftigung und deshalb einmal das, was von den Partnern des Verhältnisses gewollt ist und des weiteren, ob der Zweck auch durchgeführt ist. Auch kommt es nicht darauf an, ob durch die Ausbildung des Volontärs die anderen Ärzte eines Krankenhauses im gewissen Maße entlastet werden und ob der Volontär für das Krankenhaus praktische Arbeit leistet.

3. Die Bestimmung in dem Volontärvertrag eines Arztes mit einem Krankenhaus, daß ihm eine nicht seiner Ausbildung dienende Beschäftigung nur von der verantwortlichen Personalstelle übertragen werden dürfe und er dies, falls es von anderer Seite geschehe, umgehend der Personalstelle zu melden habe, ist weder unsittlich, noch bezweckt sie, stehen Tarifbestimmungen in Rede, eine Umgehung des § 4 Abs. 4 Satz 1 TVG.

BGB. § 611, § 138 Abs. 1; TVG. § 4 Abs. 4 Satz 1; § 1 Abs. 3 Buchst. b der Tarifordnung für das Krankenpflegepersonal der Krankenanstalten (KT.).

II. Senat. Urteil vom 21. Dezember 1954 i. S. Dr. med. Sch. (Kl.) w. Stadt A. (Bekl.) 2 AZR 76/53.

I. Arbeitsgericht Augsburg. — II. Landesarbeitsgericht Bayern.

Der Kläger war nach Abschluß seines Universitätsstudiums im Jahre 1950 zunächst 3 Monate in der pathologischen Abteilung der Beklagten als sogenannter Gastarzt (ohne Entgelt) tätig, darauf 3 Monate als Medizinal-Praktikant bei einer anderen orthopädischen Heilanstalt. Auf erneutes Gesuch wurde er vom 18. Juli 1950 wiederum bei der Beklagten, und zwar längstens bis zum 18. Juli 1951, später verlängert bis 31. Dezember 1951, abermals als Gastarzt eingestellt und auf verschiedenen Stationen beschäftigt. Von Januar 1952 ab wurde er in eine freie Planstelle eines Volontärarztes berufen und am 3. Januar 1952 mit ihm ein bis zum 31. Dezember 1952 befristeter Vertrag geschlossen, in dem ausdrücklich bestimmt war, daß es sich bei seinen Beziehungen zur Beklagten nur um ein Ausbildungsverhältnis im Sinne des § 1 Abs. 3 b KT. handele, daß ihm eine darüber hinausgehende Tätigkeit nur von dem Personalamt übertragen werden dürfe und er, falls es von einer anderen Stelle geschehe, dies sofort dem Personalamt zu melden habe. In Durchführung dieses Vertrages wurde der Kläger bis zum 31. Dezember 1952 wieder auf den verschiedensten Stationen beschäftigt.

Mit der Klage verlangt der Kläger für die Zeit vom 18. Juli 1950 bis 30. September 1952 das Gehalt der Tarifgruppe III TO.A mit der Begründung, daß die Voraussetzungen des § 1 Abs. 3 KT. nicht gegeben seien. Er sei nicht für einen fest umgrenzten Zeitraum angestellt gewesen, auch nicht nur zur Ausbildung beschäftigt worden. Er sei vielmehr völlig in den Krankenhausbetrieb eingeordnet gewesen und habe die Tätigkeit eines Assistenzarztes ausgeübt.

Arbeitsgericht und Landesarbeitsgericht haben die Klage abgewiesen.

Die Revision hatte keinen Erfolg.

Gründe:

I. Nach der Tarifordnung für das Krankenpflegepersonal der Krankenanstalten (RABl. 1940 IV S. 73 — KT.) finden für ihren Geltungsbereich an sich die Bestimmungen der TO.A Anwendung. Die Bezahlung der in den Krankenanstalten tätigen jüngeren Ärzte hat daher grundsätzlich nach der Vergütungsgruppe III zu erfolgen, unter die alle wissenschaftlichen und technischen Angestellten mit abgeschlossener Hochschulbildung bei entsprechender Tätigkeit fallen. § 1 Abs. 3 b KT. ergänzt nun aber im Hinblick auf die Besonderheit des ärztlichen Berufs, namentlich seiner Ausbildung, diese Vorschrift. Danach sind die Gehaltsbestimmungen der TO.A nicht anwendbar auf Personen, die für einen festumgrenzten Zeitraum ausschließlich oder überwiegend zum Zwecke ihrer Vor- oder Ausbildung beschäftigt werden, insbesondere Lernschwestern (Krankenpflegeschüler), Lehrlinge, Volontäre, Laboranten.

Es wird damit zunächst der im privaten wie im öffentlichen Dienst allgemein bestehende Grundsatz bestätigt, daß die für Fachkräfte bestimmten Löhne oder Gehälter immer erst dann zu zahlen sind, wenn die vorgesehene Ausbildung abgeschlossen ist. Das ist aber bei Ärzten nicht schon mit der Vollendung des Universitätsstudiums und der Ablegung der Prüfung der Fall. An sie hat sich vielmehr, ähnlich wie bei anderen akademischen Berufen, z. B. bei Juristen, eine praktische Vorbereitungszeit anzuschließen. Sie bestand nach §§ 8, 77 der Reichsbestallungsordnung vom 17. Juli 1939 (RGBl. I, 1273) in einer einjährigen Tätigkeit an einer Krankenanstalt oder bei einem Arzt und in einer 3monatigen Landpraxis, während jetzt nach §§ 3, 63 der Bundesbestallungsordnung vom 15. September 1953 (BGBl. 1334) die Ausbildungszeit 2 Jahre beträgt. Während dieser Ausbildungszeit, die nach den genannten Bestimmungen vorwiegend in Krankenanstalten abzuleisten ist, müssen bestimmte Stationen durchlaufen werden, für die wiederum bestimmte Mindest- und Höchstfristen festgesetzt sind, die aber verlängert werden können, wenn der die Ausbildung leitende Arzt dies für erforderlich hält. Erst nach Ablauf dieser Ausbildungszeit und Vorlegung der bestimmten Zeugnisse durfte nach der Reichsbestallungsordnung (§ 76 Abs. 3) der Arzt eine eigene Praxis ausüben, während ihm jetzt nach der Bundesbestallungsordnung (§ 67 Abs. 2) erst dann seine Bestallung erteilt wird. Während dieser Ausbildung können ihm alle Aufgaben übertragen werden, die von einem Arzt verlangt werden, er wird sich auch — ähnlich wie die handwerklichen und kaufmännischen Lehrlinge — grundsätzlich in den Krankenhausbetrieb einordnen müssen, d. h. nicht nur vorübergehend und nach eigenem Belieben, sondern wie das sonstige Arzt- und Pflegepersonal sich dauernd in den Abteilungen aufhalten müssen, da er nur so die Pflichten und Aufgaben eines Arztes kennenlernen kann. In der ersten Zeit wird er nur unter ständiger Leitung und Aufsicht eines ausgebildeten Arztes tätig sein können, während ihm mit Fortschreiten seiner Ausbildung auch bestimmte Aufgaben zur selbständigen Erledigung und eigenen Verantwortung, z. B. die vorübergehende Vertretung von erkrankten oder beurlaubten Kollegen, übertragen werden können. So lauten auch jetzt die in § 65 der Bundesbestallungordnung aufgestellten Richtlinien, die aber ersichtlich nichts Neues bringen, sondern nur der Sachlage entsprechen und deren Inhalt deshalb auch schon früher beachtlich war.

Nach alledem wird man sagen müssen, daß ein junger Arzt, der noch nicht die Bescheinigung des § 76 Abs. 4 der Reichsbestallungsordnung oder jetzt nach § 67 der Bundesbestallungsordnung die Bestallungsurkunde erhalten hat, vielmehr in dem Krankenhaus tätig ist, um sich die erforderlichen Bescheinigungen zu erwerben, nur zu Ausbildungszwecken beschäftigt wird, falls nicht das Gegenteil sich eindeutig ergibt, und deshalb für seine Tätigkeit nicht den Tariflohn verlangen kann. In diesen Fällen ist nämlich auch die zweite Voraussetzung des § 1 Abs. 3 b KT. gegeben, daß er für einen fest umgrenzten Zeitraum, nämlich die zur Erlangung der Bescheinigung erforderliche Zeit, beschäftigt wird. Denn diese Bestimmung ist auch erfüllt, wenn die Begrenzung der Beschäftigung sich aus dem Zweck ergibt. Es ist nicht erforderlich, daß die Beschäftigungszeit zeitlich unter ausdrücklicher Datumsangabe genau festgelegt wird (vgl. RGR. Komm. [10] § 620, Anm. 1). Es ist insbesondere nicht notwendig, wie der Kläger immer wieder geltend macht, daß die gesamte Beschäftigungsdauer von Anfang an genau festgelegt wird. Es genügt, daß der junge Arzt zunächst für eine Station angenommen ist und ihm alsdann eine weitere Beschäftigung für andere Stationen zugesagt wird oder daß, wenn die bisherige Ausbildung nicht ausreicht und eine erfolgreiche Ableistung nicht bescheinigt werden kann, die vereinbarten oder gesetzlichen Fristen verlängert werden. Die Befristung des Beschäftigungsverhältnisses kann von seinen Partnern sofort und ohne umständliche Ermittlungen, unter Zugrundelegung eines objektiven Maßstabes festgestellt werden.

Auf Ärzte während der gesetzlich vorgesehenen Ausbildungszeit (jetzt Medizinalassistentenzeit) finden somit die Gehaltsbestimmungen der TO.A keine Anwendung.

Damit ist indessen die Bedeutung der Bestimmung des § 1 Abs. 3 b KT. nicht erschöpft. Sie soll, wie ihre allgemeine Fassung und der Hinweis auf Volontäre ergibt, auch für sonstige Fälle gelten, in denen die Ärzte zur Ausbildung und Fortbildung in Krankenanstalten tätig sind. Denn die Heilkunde ist laufend in der Entwicklung. Es werden immer wieder neue Heilverfahren, Operations- und Behandlungsmethoden entwickelt und erprobt, die der Praxis nicht nur durch das Schrifttum vermittelt, sondern in ihrer praktischen Anwendung gezeigt und gelehrt werden müssen. Es besteht also — auch für ältere und erfahrenere Ärzte — ein Bedürfnis, die Anwendung dieser Neuerungen beobachten und mitmachen zu können. Auch für junge Ärzte wird es für ihre spätere Praxis, namentlich für ihre Anstellung als Assistenzarzt in anderen Krankenanstalten oder für ihre Zulassung als Facharzt fördernd sein, daß sie über die vorgeschriebene Ausbildungszeit hinaus längere Zeit an einer größeren Krankenanstalt mit ihren größeren sächlichen Mitteln und dem größeren Anfall von bestimmten Krankheitserscheinungen oder unter Leitung oder Aufsicht eines allseitig als Autorität anerkannten Arztes tätig gewesen sind. Diese zusätzliche Ausbildung kann nun in der Weise geschehen, daß der Betreffende ohne strenge Bindung an einzelnen Untersuchungen, Operationen oder Krankenvisiten beobachtend oder mithelfend teilnimmt, sie kann aber auch, namentlich bei besonderen Behandlungsmethoden, die eine ständige Beobachtung oder Betreuung verlangen, eine Einordnung in den Betrieb der betreffenden Abteilung neben den Abteilungsärzten erfordern. Es kann ferner angebracht erscheinen, dem Betreffenden die selbständige und eigenverantwortliche Betreuung einer gewissen Anzahl von Kranken oder kleinerer Abteilungen oder die vorübergehende Vertretung erkrankter oder beurlaubter Kollegen zu übertragen, ebenso wie dies nach § 65 der Bundesbestallungsordnung bereits für Pflichtassistenten gilt. In beiden Fällen kann ein Volontärverhältnis im Sinne des § 1 Abs. 3 b KT. vorliegen. Denn dieser Begriff ist entgegen der Meinung der Revision nicht eindeutig. Das Volontärverhältnis kann vielmehr entsprechend den Bedürfnissen des im einzelnen in Frage stehenden Berufs und seinem näheren Zweck die verschiedenste Ausgestaltung haben. Es unterscheidet sich vom Lehrverhältnis, dem eigentlichen Ausbildungsverhältnis, dadurch, daß es sich um eine zusätzliche Ausbildung handelt, die die bereits vorhandene Ausbildung vertiefen oder in bestimmter Hinsicht erweitern soll, vom Arbeitsverhältnis dadurch, daß der Volontär nicht dauernd für den Betrieb notwendige Arbeit leisten, eine notwendige Arbeitskraft ersetzen soll und dafür entlohnt wird, sondern daß er neben den notwendigen Arbeitskräften zu seiner Ausbildung und Fortbildung tätig wird. Eine Vergütung ist grundsätzlich nicht ausgeschlossen. Sie wird in der Regel fehlen, wenn der Volontär nach freiem Belieben oder im wesentlichen nur beobachtend tätig ist (sogenannter Gastvertrag). Es kann aber auch, namentlich bei einer dauernden Einordnung in den Betrieb, eine Vergütung gewährt werden, die aber nicht dem Entgelt für die geleistete Arbeit gleichkommen darf, also unter dem Tariflohn liegen und sich auf einen Beitrag zu seiner Lebenshaltung während dieser Zeit beschränken muß (vgl. RAG. ARS. 25, 125; RGR. Komm. § 611 Vorbem. III 9 und Nickisch, Arbeitsrecht S. 255—257). Es ist auch nicht erheblich, ob der als Volontär tätige Arzt über die in der Bestallungsordnung vorgesehene Frist hinaus zur Vertiefung seiner Ausbildung sich weiter beschäftigen läßt und den Erwerb der Bestallung zunächst hinausschiebt oder ob er seine Ausbildung schon vorher abgeschlossen und die Bestallung erhalten hat. Denn eine zusätzliche oder Sonderausbildung auf einem bestimmten Gebiet, die auch nur in der durch die größere Praxis erworbenen Erfahrungen in der Diagnose und der Behandlung bestehen kann, bleibt eine Ausbildung, gleichgültig, ob die Bestallung schon erteilt ist oder nicht. Entscheidend ist nur der Zweck der Beschäftigung und deshalb einmal das, was von den Parteien bei der Einstellung gewollt ist, nämlich ob Gewährung einer Ausbildung oder Leistung von Arbeit zur Erledigung der betrieblichen Aufgaben, und des weiteren, ob dieser Zweck auch durchgeführt ist. Dagegen kommt es nicht darauf an, ob durch die Ausbildung des Volontärs die anderen Ärzte in gewissem Maße entlastet werden, so daß sie mehr Zeit und Ruhe haben, sich eingehender den Kranken zu widmen, und ob die Tätigkeit des Volontärs für das Krankenhaus einen gewissen Wert hat, ob praktische Arbeit geleistet wird. Denn auch bei jedem Handwerker- und Kaufmannslehrling gewinnt mit dem Fortschreiten der Ausbildung seine Arbeitsleistung für den Lehrherrn einen — manchmal vollen — Wert. Es muß nur Vorsorge getroffen werden, daß die Ausbildung ihrem Gewicht nach überwiegt, dem Volontär nicht etwa dauernd lästige und einfache Arbeiten übertragen werden und ihm dadurch die nötige Ruhe und Zeit genommen wird, sich besonders den für seine Ausbildung wichtigen Arbeiten zu widmen. Nicht die Einzelheiten der Beschäftigung sind entscheidend, sondern ob, insgesamt gesehen, neben der praktischen Tätigkeit durch Besprechungen, Hinweise u. dgl. eine Belehrung und Einführung in das gesamte Gebiet der betreffenden Abteilung gegeben wird.

Für diese zusätzliche Ausbildung wird aber, damit die Voraussetzungen des § 1 Abs. 3 b KT. erfüllt sind, noch eine zeitliche Befristung vorgesehen werden müssen, da hier die Dauer dieser gesetzlichen Beschäftigung nicht ohne weiteres festliegt. Denn für die Zulassung als Facharzt und Kassenarzt ist überwiegend eine selbständige Tätigkeit erforderlich und nur in beschränktem Maße eine Volontärtätigkeit genügend (vgl. § 3 der Facharztordnung). Die Zeit der Volontärtätigkeit liegt also nicht ohne weiteres fest.

II. Diesen Grundsätzen entspricht die angefochtene Entscheidung. Da der Kläger nicht nur das damals vorgeschriebene eine Jahr, sondern, wenn man seine erste Tätigkeit bei der Beklagten hinzunimmt, fast drei Jahre bei ihr tätig war, kam nicht nur die Pflichtausbildung, sondern auch eine zusätzliche Ausbildung in Frage. Das Landesarbeitsgericht stellt aber einwandfrei fest, daß während dieser ganzen Zeit Vereinbarungen über die Dauer der Beschäftigung bestanden haben. Auch wenn es sich dabei um mehrere aufeinanderfolgende Vereinbarungen handelte, war damit die erste Voraussetzung des § 1 Abs. 3 b erfüllt. Das Problem der Kettenverträge erhebt sich hier, im Zusammenhang einer Ausbildung, nicht. Weiter hat das Landesarbeitsgericht in eingehender Würdigung des beiderseitigen Vorbringens und der erhobenen Beweise festgestellt, daß die Tätigkeit des Klägers bis zum 31. Dezember 1951 auf den verschiedenen Stationen nur der Ausbildung gedient hat, nicht der Erfüllung betrieblicher Aufgaben. Er ist stets nur zusätzlich neben anderen Assistenzärzten tätig gewesen und während der ganzen Zeit haben noch besondere Besprechungen, Belehrungen und Demonstrationen zur Unterrichtung stattgefunden, ferner nutzte auch die Heranziehung zur Gutachtentätigkeit, besonders für eine wissenschaftliche Arbeit des Chefarztes, der Ausbildung, mag auch diese Tätigkeit für die Beklagte und den Chefarzt nicht ohne Wert gewesen sein. Mit Recht hat das Landesarbeitsgericht schließlich auch angenommen, daß die zweimalige kurze Vertretung von anderen Ärzten zu Ausbildungszwecken geeignet war. Diese im wesentlichen auf tatsächlichem Gebiete liegenden Feststellungen halten sich im Rahmen des § 286 ZPO. und sind daher nicht nachprüfbar.

III. Rechtlich nicht zu beanstanden ist auch die Abweisung der Ansprüche für das Jahr 1952. Das Landesarbeitsgericht hat hierfür von einer Feststellung darüber abgesehen, ob der Kläger in dieser Zeit auch nur zu Ausbildungszwecken beschäftigt worden ist. Es begründet vielmehr die Abweisung damit, daß, selbst wenn dies nicht der Fall gewesen sei, die nachträgliche Forderung des Tariflohns gegen die Treupflicht und gegen Treu und Glauben verstoße, weil der Kläger die vertragswidrige Beschäftigung hätte verhindern können und müssen. In § 4 seines Vertrages vom 3. Januar 1952 sei ausdrücklich bestimmt, daß eine nicht seiner Ausbildung dienende Beschäftigung ihm nur von dem Personalamt übertragen werden dürfe und wenn dies doch von anderer Seite geschehe, er dies umgehend dem Personalamt mitteilen müsse.

Die Revision hält diese Bestimmung für nichtig, da sie einen unter Druck erfolgten Verzicht auf Tarifansprüche bedeute, eine Umgehung des § 4 Abs. 4 Satz 1 TVG bezwecke und daher gesetzwidrig, aber auch unsittlich sei. Es kann hier dahingestellt bleiben, ob nicht doch ein Verzicht gegenüber Ansprüchen möglich ist, die auf einer Tarifordnung beruhen (vgl. Hueck-Nipperdey, TVG., § 4 Anm. 50). Es liegt nämlich weder ein Verzicht noch ein unsittlicher Druck vor. Das wäre nur dann der Fall, wenn die Beklagte beabsichtigt hätte, die Volontärärzte für sich auszunutzen und die Klausel zu dem Zweck in den Vertrag aufgenommen wäre, um später berechtigte Tarifansprüche ablehnen zu können. Bestimmte Tatsachen in dieser Hinsicht hat aber der Kläger nicht vorgebracht. Fehlt aber jeder Anhalt dafür, so muß angenommen werden, daß die Klausel gerade die Durchführung des abgeschlossenen Ausbildungsvertrages sichern soll. Sie soll verhindern, daß die unmittelbaren Vorgesetzten, wie Ober- oder Assistenzärzte, vielleicht nur aus dem Drang der Geschäfte heraus, den Volontärarzt längere Zeit oder dauernd zu nicht seiner Ausbildung dienenden Arbeiten heranziehen. Da nun aber der Leiter des Personalamtes eines größeren Krankenhauses oder auch der Chefarzt einer größeren Abteilung die Tätigkeit seiner Untergebenen nicht ständig so überwachen kann, daß er jede vertragswidrige Beschäftigung sofort erfährt, wurde dem Kläger die Verpflichtung auferlegt, das zu melden, also ihm die Durchführung des Vertrages selbst überlassen. Damit wurden keine unzumutbaren Anforderungen an ihn gestellt. Denn er brauchte nur seine unmittelbaren Vorgesetzten unter Hinweis auf die Vertragsbestimmungen um eine andere, für seine Ausbildung besser geeignete Beschäftigung bitten und, falls dies nicht sofort Erfolg hatte, bei dem Chefarzt oder dem Personalamt dahin vorstellig zu werden. Das kann man auch von einem jungen Arzt verlangen, der nicht bloß sein Hochschulstudium abgeschlossen, sondern schon längere Zeit im Krankenhaus tätig gewesen war, also nicht gänzlich unerfahren ist, zumal wenn er, wie der Kläger, einen langfristigen Vertrag hat. Bringt er den Mut zu solchen Vorstellungen nicht auf, duldet er eine vertragswidrige Beschäftigung längere Zeit ohne Widerspruch, so verstößt er nicht bloß gegen seine Treupflicht, sondern handelt grob unanständig, wenn er nachträglich erhebliche Beträge fordert, die er sonst nicht erhalten hätte. Solchen Forderungen kann der Einwand der unzulässigen Rechtsausübung mit Recht entgegengehalten werden.

54

Die Divergenzrevision nach § 72 Abs. 1 Satz 3 ArbGG. ist unstatthaft, wenn zur Zeit der Einlegung der Revision, nicht zur Zeit des Erlasses des angefochtenen Urteils das Bundesarbeitsgericht die streitige Rechtsfrage entschieden hat.

ArbGG. § 72 Abs. 1 S. 3.

II. Senat. Beschluß vom 3. Januar 1955 i. S. Land B. (Bekl.) w. A. (Kl.) 2 AZR 428/54.

I. Arbeitsgericht Berlin. — II. Landesarbeitsgericht Berlin.

Gründe:

Der Kläger, der seit 1930 bei der Polizei, zuletzt als Hauptwachtmeister bis 1945, tätig war, wurde von dem beklagten Lande 1946 wieder eingestellt und vom 1. September 1949 ab als Angestellter nach der Gruppe VIII TO.A besoldet.

Er behauptet, die Merkmale der Vergütungsgruppe VII zu erfüllen, und verlangt vom beklagten Land den entsprechenden Unterschiedsbetrag für die Zeit vom 1. Januar 1951 bis 30. November 1952. Das Arbeitsgericht und das Landesarbeitsgericht haben der Klage stattgegeben.

Das Landesarbeitsgericht hat die Revision nicht zugelassen; der Streitwert ist auf 953,46 DM festgesetzt. Das beklagte Land stützt die Zulässigkeit seiner Revision daher auf das Abweichen der angefochtenen Entscheidung von den nachfolgend erwähnten Entscheidungen anderer Landesarbeitsgerichte (§ 72 Abs. 1 S. 3 ArbGG.), aber zu Unrecht.

a bis c: wird ausgeführt, daß eine Divergenz mit einigen angeführten Urteilen nicht vorliegt.

d) Das angefochtene Urteil hält die Eingruppierung nach der TO.A für gerichtlich nachprüfbar. Hierin sieht die Revision einen Widerspruch zu den Urteilen des Landesarbeitsgerichts Frankfurt am Main vom 26. Februar 1952 (AP 1953 Nr. 148) und des Landesarbeitsgerichts Hannover vom 31. Juli 1952 (AP. 1953 Nr. 147). Diese beiden Urteile geben dem nicht den Bestimmungen der TO.A entsprechend eingruppierten Behördenangestellten keinen Erfüllungsanspruch, sondern lediglich bei schuldhafter Verletzung der Fürsorgepflicht einen Schadensersatzanspruch. Auf eine etwaige Divergenz mit diesen Urteilen kann sich die Revision aber nicht mehr berufen; denn zur Zeit der Einlegung der Revision, nämlich am 29. September 1954, hatte bereits das Urteil des Bundesarbeitsgerichts vom 23. September 1954 — 2 AZR 31/53 — (AP. Nr. 1 zu § 3 TO.A) die Nachprüfbarkeit der Eingruppierung von Behördenangestellten in die allgemeine Vergütungsordnung der TO.A bejaht. Die Divergenz mit Urteilen anderer Landesarbeitsgerichte begründet die Statthaftigkeit der Revision nach § 72 Abs. 1 Satz 3 ArbGG. nur solange, als eine Entscheidung des Bundesarbeitsgerichts in der Rechtsfrage nicht ergangen ist.

Entscheidend hierfür ist allein der Zeitpunkt der Einlegung der Revision. Dies ergibt schon der Wortlaut des § 72 Abs. 1 Satz 3 ArbGG. Danach findet die Revision wegen Divergenz mit der Entscheidung eines anderen Landesarbeitsgerichts oder obersten Arbeitsgerichts eines

Landes (kurz: Divergenzrevision) nur statt, „solange eine Entscheidung in der Rechtsfrage nicht ergangen ist“. Diese zeitliche Begrenzung der Statthaftigkeit der Revision kann nur folgendes bedeuten: Sobald das Bundesarbeitsgericht die Rechtsfrage entschieden hat, findet die Statthaftigkeit der Divergenzrevision ihr Ende; die Divergenzrevision kann von diesem Zeitpunkt ab zulässig nicht mehr eingelegt werden.

Diese Auffassung wird auch den praktischen Bedürfnissen am besten gerecht. Die Statthaftigkeit der Divergenzrevision hat ihren vornehmlichen Grund in dem allgemeinen Interesse, eine von den Landesarbeitsgerichten verschieden beantwortete Rechtsfrage zur Sicherung einer einheitlichen Rechtsprechung der höchstrichterlichen Klärung zugänglich zu machen. Wenn aber das Bundesarbeitsgericht in einem Rechtsstreit einmal diese Rechtsfrage beantwortet hat, ist an sich dieses allgemeine Interesse für alle anderen Rechtsstreitigkeiten weggefallen.

Der Wegfall des allgemeinen Ineresses kann allerdings nicht die anderen wegen der gleichen Rechtsfrage noch schwebenden Revisionen unstatthaft machen. Denn auch die Partei, die mit der einmal zulässigerweise eingelegten Revision ihr Recht sucht, hat ein Interesse an der richtigen Entscheidung ihres Rechtsstreits und darf nicht der Gefahr ausgesetzt werden, daß ihre zulässig eingelegte Revision durch die später von dem Bundesarbeitsgericht in einer anderen Revision vorgenommene Klärung der Rechtsfrage unzulässig wird und ihr dazu noch die Kosten der Revision aufgebürdet werden. Dies würde eine Überspannung des an sich von ihr zu tragenden Prozeßrisikos bedeuten.

Bei der Einlegung der Revision muß der Revisionskläger sich grundsätzlich über die Aussichten und damit auch über die Zulässigkeit seiner Revision ein klares Bild machen dürfen; denn vornehmlich durch die Revisionseinlegung bringt er das Revisionsverfahren in Gang. Zu diesem Zeitpunkt ist es seine Aufgabe zu prüfen — wenn auch noch nicht zu begründen —, ob die von ihm einzulegende Divergenzrevision statthaft ist. Darf er diese Rechtsfrage nach der ganzen Sachlage bejahen, so kann ihm daraus kein Nachteil erwachsen, daß nach der Einlegung seiner Revision das Bundesarbeitsgericht die von den Landesarbeitsgerichten verschieden beantwortete Rechtsfrage gelegentlich einer anderen Revision klärt. Dabei kann ihm freilich die Gefahr, daß seiner Kenntnis ein Urteil des Bundesarbeitsgerichts entgeht, das zur Zeit der Revisionseinlegung zwar verkündet, aber noch nicht veröffentlicht ist, überhaupt nicht abgenommen werden; das Gesetz stellt es eben auf die objektive Tatsache, daß ein Urteil des Bundesarbeitsgerichts ergangen ist, ab und nicht darauf, ob es veröffentlicht ist. Diese Gefahr tritt in jedem Falle auf, welchen Zeitpunkt man auch als den maßgeblichen annehmen wollte.

Ein späterer Zeitpunkt, etwa der der Revisionsbegründung, würde den praktischen Bedürfnissen nicht genügen; denn durch die Einlegung der Revision hat der Kläger das Revisionsverfahren einmal in Gang gesetzt und kann es nicht mehr aufhalten, ohne selbst Gefahr zu laufen, mit den Kosten der Revision belastet zu werden.

Andererseits kann aber auch nicht schon etwa der Zeitpunkt des Erlasses des angefochtenen Urteils maßgebend sein (so Dietz-Nikisch, ArbGG., § 72 Erl. 38 und 39). Zu diesem Zeitpunkt ist das Interesse des künftigen Revisionsklägers, das außer dem mit dem späteren Urteil des Bundesarbeitsgerichts wegfallenden allgemeinen Interesse an der Klärung der streitigen Rechtsfrage geschützt werden müßte, noch nicht vorhanden; denn er hat ja die Revision noch gar nicht eingelegt. Allerdings bleibt bei dieser Auffassung vom Zeitpunkt des Erlasses des landesarbeitsgerichtlichen Urteils bis zur Einlegung der Divergenzrevision ungewiß, ob das Urteil mit der Divergenzrevision anfechtbar ist oder nicht; denn entscheidet das Bundesarbeitsgericht vor der Einlegung der Divergenzrevision die von den Landesarbeitsgerichten verschieden beantwortete Rechtsfrage, so ist eben eine Divergenzrevision nunmehr unzulässig. Indes ist ein solcher Schwebezustand über die Zulässigkeit eines Rechtsmittels unserer Rechtsordnung nicht fremd; auch die Berufung und die Streitwertrevision in der ordentlichen Gerichtsbarkeit steht nicht schon im Zeitpunkt des Urteilserlasses, sondern erst im Zeitpunkt der Einlegung des Rechtsmittels fest (§ 511 a Abs. 2 und § 546 Abs. 3 mit § 4 ZPO.; RGZ. 168, 355; BGHZ. 1, 29). Dem Rechtszustande, daß zur Zeit des Erlasses des landesarbeitsgerichtlichen Urteils die Statthaftigkeit der Divergenzrevision ungewiß ist, kann auch nicht etwa der Grundsatz entgegengehalten werden, daß über die Anfechtbarkeit eines Urteils eines Gerichtes für Arbeitssachen schon im Augenblick seines Erlasses völlige Klarheit bestehen müsse; dieser Grundsatz galt nur für das Arbeitsgerichtsgesetz 1926 (Dersch-Volkmar ArbGG. 5. Auflage 1934 § 61 Erl. 6 a) und ist gerade durch die Bestimmungen des § 72 Abs. 1 S. 2 und 3 ArbGG. 1953 aufgegeben worden; denn ob ein Urteil eines Landesarbeitsgerichts von Entscheidungen anderer Landesarbeitsgerichte oder des Bundesarbeitsgerichts abweicht, ist eben häufig eine mit voller Sicherheit für den Revisionskläger nicht zu beantwortende Frage.

55

1. Ein die Instanz beendender Beschluß ist, wenn die Voraussetzungen des § 579 Nr. 1 ZPO. gegeben sind, in entsprechender Anwendung des § 584 ZPO. aufzuheben.

2. Versehen des Anwalts bei Führung eines eigenen Fristenkalenders neben dem vom Büro geführten dürfen nicht erschwerend bei der Prüfung der Voraussetzung des § 233 ZPO. berücksichtigt werden.

ArbGG. § 79; ZPO. § 579, § 233.

II. Senat. Urteil vom 20. Januar 1955 i. S. Fa. K. (Bekl.) w. K. (Kl.) 2 AZR 300/54.

I. Arbeitsgericht Bonn. — II. Landesarbeitsgericht Düsseldorf in Köln.

Der Kläger stand seit 1950 in Diensten der Beklagten, zuletzt als Filialleiter. Ihm wurde am 18. November 1952 zum 31. Dezember gekündigt. Er erhob rechtzeitig die Kündigungsschutzklage, während die Beklagte widerklagend Zahlung von 6311,75 DM verlangte. Das Arbeitsgericht hat durch Urteil vom 23. Juli 1953 der Kündigungsschutzklage stattgegeben, die Widerklage abgewiesen. Die Beklagte legte wegen der Abweisung der Widerklage rechtzeitig Berufung ein, begründete sie aber nicht innerhalb der Begründungsfrist. Daraufhin wurde die Berufung durch Beschluß des Vorsitzenden vom 30. September 1953 als unzulässig verworfen. Auch der Antrag auf Wiedereinsetzung wegen Versäumung der Begründungsfrist ist durch Beschluß des Vorsitzenden vom 5. November 1953 verworfen worden. Die Beklagte verlangte innerhalb der Frist des § 586 ZPO. Wiederaufnahme des Verfahrens gemäß § 579 Nr. 1 und Wiedereinsetzung in den vorigen Stand gegen die Versäumung der Berufungsbegründungsfrist. Sie berief sich darauf, daß nach dem Inkrafttreten des Arbeitsgerichtsgesetzes am 1. Oktober 1953, die Ablehnung der Wiedereinsetzung gemäß § 66 Abs. 2 nicht mehr durch den Vorsitzenden allein, sondern nur durch die Kammer hätte ausgesprochen werden müssen, das Gericht also bei Erlaß des zweiten Beschlusses nicht vorschriftsmäßig besetzt gewesen sei, und zur Begründung der Wiedereinsetzung wiederum darauf, daß die Versäumung der Begründungsfrist auf ein Versehen der Büroangestellten zurückzuführen sei. Das Landesarbeitsgericht hat mit Urteil vom 11. Mai 1954 den Beschluß vom 5. November 1953 aufgehoben, indessen den Antrag auf Wiedereinsetzung wiederum zurückgewiesen.

Mit der Revision beantragt die Beklagte, das Urteil insoweit abzuändern, als die Wiedereinsetzung gegen die Versäumung der Berufungsbegründungsfrist versagt sei.

Die Revision hatte Erfolg aus folgenden

Gründen:

I. Nicht zu beanstanden ist die Zulassung der Wiederaufnahme des Verfahrens gemäß § 79 ArbGG., § 579 ZPO. gegen den vom Vorsitzenden des Landesarbeitsgerichts allein gefaßten Beschluß, durch den der Antrag auf Wiedereinsetzung in den vorigen Stand gegen die Versäumung der Frist für die Berufungsbegründung abgelehnt ist. Denn im Gegensatz zu dem Beschluß über die Verwerfung der Berufung konnte dieser Beschluß nach § 66 Abs. 2 des inzwischen in Kraft getretenen ArbGG. vom 3. September 1953 i. V. mit § 238 Abs. II ZPO. nur von der Kammer des Landesarbeitsgerichts und nicht von dem Vorsitzenden allein gefaßt werden. Wenn auch dieser das Berufungsverfahren abschließende Beschluß ebenso wie ein Urteil wegen dieses Gesetzesverstoßes nicht absolut nichtig ist, so ist es doch mit dem Grundsatz der Rechtsstaatlichkeit und der Gesetzmäßigkeit der Rechtsprechung, wie er in den Artikeln 20, 28 GG. besonders zum Ausdruck kommt, nicht vereinbar, diesen gesetzwidrigen Beschluß weiter in Geltung zu lassen. Es muß dafür ebenso wie bei Endurteilen ein außerordentlicher Rechtsbehelf gegeben sein, durch den die Wirkung solcher gegen wesentliche Verfahrensvorschriften verstoßende, eine Instanz abschließende Beschlüsse aufgehoben und deren Nichtigkeit festgestellt wird. Der abweichende Standpunkt des Reichsgerichts in seinen Entscheidungen RGZ. Bd. 73 195, 120, 173, die sich streng an den Wortlaut des Gesetzes halten, läßt sich nicht mehr aufrecht erhalten. Denn an einem verfahrensmäßigen Rechtsmittel fehlt es. § 577 Abs. 2 Satz 3 ZPO. bietet keine Handhabe, da er nur eine Verlängerung der Beschwerdefrist, aber keine Zulassung der Beschwerde enthält. § 77 ArbGG. kommt regelmäßig nicht in Frage, da eine Beschwerde gegen die Verwerfung des Rechtsmittels nur bei ausdrücklicher Zulassung gegeben ist, die im allgemeinen nicht erfolgen wird. Übrig bleibt also nur entsprechend dem Grundgedanken des § 579 ZPO. die Geltendmachung der Nichtigkeit mittels eines in dem anhängig gewesenen Verfahren gestellten Antrages auf Aufhebung des verfahrenswidrigen Beschlusses, wie es vorliegend geschehen ist (vgl. Stein-Jonas-Schönke, § 579, Vorbem. 5; Baumbach-Lauterbach, Vorbem. 5; Rosenberg, Lehrbuch S. 227). Das angefochtene Urteil hat daher mit Recht den Beschluß vom 5. November 1953 aufgehoben.

II. Dagegen ist die Ablehnung der Wiedereinsetzung gegen die Versäumung der Begründungsfrist nicht frei von Rechtsirrtum. Das Landesarbeitsgericht nimmt zwar an, daß der frühere Prozeßbevollmächtigte der Beklagten bei der Auswahl und Beaufsichtigung seines Büropersonals und auch hinsichtlich der Art der allgemeinen Fristenkontrolle alles Erforderliche getan hat, erblickt aber ein Verschulden des Anwalts darin, daß er in dem von ihm persönlich geführten zweiten Fristenkalender keine Frist vermerkt, auch in den Handakten keine Vorlegungsfrist verfügt, seine Angestellten weder schriftlich noch mündlich angewiesen habe, eine Frist zu notieren. Mit Recht rügt die Revision, daß der Anwalt, der neben dem vom Büro geführten Fristenkalender zur Überwachung noch persönlich einen solchen Kalender führt und dem hierbei gelegentlich ein Fehler unterläuft, dadurch schlechter gestellt wird als ein Anwalt, der solche besondere Sicherung nicht eingeführt hat. Zu Unrecht beruft sich das angefochtene Urteil auf den Beschluß des BGH. vom 25. Februar 1953 (LM. Nr. 35 zu § 233 ZPO.). Denn darin ist ebenso wie schon in dem Urteil des Reichsgerichts DR. 1939 S. 1463 ausdrücklich gesagt, daß die von dem Anwalt besonders geübte Sorgfalt durch persönliche Führung eines zweiten Kalenders nicht erschwerend ins Gewicht fallen dürfe, die Sorgfaltspflicht dadurch nicht gesteigert werde. Wenn der BGH. trotzdem die Voraussetzung des § 233 ZPO. in der angeführten Entscheidung nicht als gegeben angesehen hat, so war dafür entscheidend der Umstand, daß der Anwalt von der Verlängerung der Begründungsfrist durch mündliche Mitteilung allein Kenntnis erhalten hatte und seine Angestellten nicht unterrichtet hatte und auch in dem von ihm selbst geführten Kalender nichts vermerkt hat. Hier liegt die Sache aber anders. Der mit der Fristenkontrolle beauftragte Angestellte hatte nach seiner eidesstattlichen Versicherung die von dem Anwalt gefertigte Berufungsschrift erhalten und ihre Ausfertigung und Absendung veranlaßt. Die Akten waren aber, bevor er die Frist in dem Kalender eintragen konnte, ohne sein Zutun von seinem Arbeitstisch durch einen anderen Gehilfen abgelegt worden. Nicht die Unterlassung einer Wiedervorlagefrist durch den Anwalt, sondern dieses nicht vorhersehbare und auch nicht vermeidbare Verhalten eines anderen Angestellten war also die Ursache für die Versäumung der Begründungsfrist. Das muß als ein unabwendbarer Zufall i. S. des § 233 ZPO. angesehen werden.

Der Wiedereinsetzung war sonach stattzugeben, das Urteil insoweit abzuändern und der Rechtsstreit zur Verhandlung in der Sache an das Berufungsgericht zurückzuverweisen.

56

Auch nach Ablauf der Zweimonatsfrist des § 74 Abs. 3 Satz 4 kann eine Revision wegen Fehlens der Voraussetzungen des § 72 Abs. 1 Satz 3 durch Urteil als unzulässig verworfen werden (ebenso 1. Senat vom 9. September 1954 — 1 AZR 12/53 —).

ArbGG. § 74 Abs. 3 Satz 3.

II. Senat. Urteil vom 20. Januar 1955 i. S. H. (Kl.) w. Fa. D. (Bekl.) 2 AZR 298/54.

I. Arbeitsgericht Bochum. — II. Landesarbeitsgericht Hamm i. W.

Die Kündigungsschutzklage wurde durch das angefochtene Urteil abgewiesen, da die Kündigung durch die Verhältnisse des Betriebes bedingt seien.

Die Revision des Klägers wurde als unzulässig verworfen aus folgenden

Gründen:

Da die Revisionssumme nicht erreicht, auch die Revision in dem Urteil des Landesarbeitsgerichts nicht zugelassen ist, hat der Kläger seine Revision auf § 72 Abs. 1 Satz 3 ArbGG. gestützt und meint, daß die Voraussetzungen infolge Ablaufs der in § 74 Abs. 3 Satz 3 ArbGG. gesetzten Frist nicht mehr nachgeprüft werden könnten. Er verkennt indessen die Bedeutung dieser Bestimmung. Denn die Zulässigkeit der Revision ist in § 72 ArbGG. abschließend geregelt. Das Gesetz kennt weder eine ausdrückliche Zulassung der Revision durch das Revisionsgericht, noch eine mittelbare Zulassung durch Nichteinhaltung der Frist des § 74 Abs. 3 Satz 3. § 74 regelt nur das Verfahren für die Verwerfung einer Revision, läßt abweichend von dem allgemeinen Grundsatz, daß Prozeßentscheidungen nur auf Grund mündlicher Verhandlungen erfolgen, eine Verwerfung ohne mündliche Verhandlung durch Beschluß zu, falls keine der in § 72 ArbGG. angeführten Voraussetzungen gegeben sind. Auch der Abs. 3 des § 74 ArbGG. gibt nur eine Verfahrensregelung. Er verweist auf Abs. 2 Satz 3, schreibt aber eine Begründung des Beschlusses vor und setzt in Satz 3 zur Beschleunigung eine Frist. Es ist nun aber im gesamten Prozeßrecht allgemeiner Grundsatz, daß die Beschlüsse über Verwerfung des Rechtsmittels nicht unbedingt im Beschlußverfahren erfolgen müssen, sondern das Rechtsmittelgericht darüber auch nach mündlicher Verhandlung durch Urteile entscheiden kann. Daß von diesem Grundsatz in § 74 ArbGG. abgewichen werden soll, also die Verwerfung der Revision, falls die Voraussetzungen des § 72 Abs. 1 Satz 3 nicht gegeben sind, nur durch Beschluß, nicht nach mündlicher Verhandlung durch Urteil erfolgen kann, ist nicht ersichtlich. Die Nichteinhaltung der Zweimonatsfrist hat somit nicht zur Folge, daß damit die Revision zulässig ist, auch wenn eine Prüfung ergibt, daß die Voraussetzungen nicht gegeben sind (s. auch Beschluß des Ersten Senats vom 9. September 1954 — 1 AZR. 12/53 — AP. Nr. 9 zu § 74 ArbGG.).

Die Voraussetzungen des § 72 Abs. 3 ArbGG. sind aber nicht gegeben (wird näher ausgeführt).

57

1. Bereits dann, wenn es nicht auszuschließen ist, daß die angezogene Entscheidung des anderen Landesarbeitsgerichts von der Rechtsnorm ausgeht, auf deren Anwendung das angefochtene Urteil beruht, und diese Rechtsnorm dann von dem anderen Landesarbeitsgericht abweichend ausgelegt würde, ist wegen Divergenz die Revision zugelassen.

2. Die Annahme einer Divergenz im Sinne des § 72 Abs. 1 Satz 3 ArbGG. ist nicht ausgeschlossen, wenn das angefochtene Urteil auf der Anwendung einer bestimmten Vorschrift des jetzigen Arbeitsgerichtsgesetzes beruht, der angezogenen Entscheidung dagegen die wörtlich übereinstimmende Bestimmung des früheren Arbeitsgerichtsgesetzes zugrunde liegt.

3. Es ist in Auslegung des § 9 Abs. 4 ArbGG. in Übereinstimmung mit dem überwiegenden Brauch der Gerichte als ausreichend anzusehen, wenn die Urteilsausfertigung der Partei mit einer besonderen, fest oder auch nur lose beigefügten Rechtsmittelbelehrung zugestellt wird.

4. Der Hinweis auf einer Rechtsmittelbelehrung, sie gelte für alle übrigen Urteile, die der Partei in gleichliegenden Sachen gleichzeitig zugestellt werden, stellt eine ausreichende Rechtsmittelbelehrung für diese Urteile dar.

5. Eine Partei kann sich nicht darauf berufen, die Form der Belehrung sei nicht vorschriftsmäßig gewesen, wenn sie die Rechtsmittelbelehrung erhalten und auch nicht mißverstanden hat.

ArbGG. § 72 Abs. 1 Satz 3; ArbGG. § 9 Abs. 4, Abs. 5 Satz 1; BGB. § 242.

II. Senat. Urteil v. 2. Dezember 1954 i. S. L. (Bekl.) w. H. u. A (Kl.) 2 AZR 382/54.

I. Arbeitsgericht Tuttlingen. — II. Landesarbeitsgericht Ravensburg.

Die von der Beklagten fristlos gekündigten Klägerinnen fordern mit ihren getrennt eingereichten Klagen die Feststellung der Rechtsunwirksamkeit ihrer Kündigung, ferner je 385,20 DM Lohn sowie jede auch noch einen weiteren Betrag in Höhe eines nach ihrer Meinung unberechtigten Lohnabzugs.

Das Arbeitsgericht hat durch die in den einzelnen Sachen ergangenen Teilurteile dem Feststellungsbegehren und der Lohnforderung der Klägerinnen in Höhe von je 385,20 DM stattgegeben.

Die Urteile sind der Beklagten für jede Sache gesondert am 6. April 1954 zugestellt worden. Lediglich der Ausfertigung eines Urteils ist eine gedruckte Rechtsmittelbelehrung beigefügt worden, auf der handschriftlich hinter dem Worte „Rechtsmittelbelehrung" hinzugesetzt war: „Zu Ca 35—55 (ohne Ca 46)". Dies sind die Aktenzeichen sämtlicher Rechtsstreitigkeiten, in denen die einzelnen Teilurteile ergangen waren.

Gegen die verschiedenen Urteile hat die Beklagte am 20. April 1954 Berufung eingelegt und sie am 8. Mai 1954 begründet. Das Landesarbeitsgericht hat durch Beschlüsse vom 12. Mai 1954 die Berufungen der beklagten als unzulässig verworfen, weil die Berufungsbegründungsfrist am 8. Mai 1954 bereitsabgelaufen war.

Die Beklagte hat darauf erneut mit Eingang vom 3. Juni 1954 gegen die Urteile Berufungen eingelegt und sie gleichzeitig begründet. Sie führt aus, die Rechtsmittelbelehrung genüge nicht der Vorschrift des § 9 Abs. 4 ArbGG. Die Belehrung hätte in die Urteilsausfertigung aufgenommen werden müssen, mindestens aber hätte die auf einem besonderen Zettel gedruckte Rechtsmittelbelehrung allen Urteilsausfertigungen festverbunden beigefügt werden müssen. Wegen dieses Mangels habe nach § 9 Abs. 5 ArbGG. der Ablauf der Frist für die Einlegung der Berufung überhaupt nicht begonnen.

Das Landesarbeitsgericht hat die Berufungen der Beklagten als unzulässig verworfen.

Die Revision der Beklagten blieb erfolglos.

Aus den Gründen:

1. Der Wert des Streitgegenstandes ist in den Urteilen der Vorinstanzen nicht festgesetzt worden. Er erreicht aber zweifellos nicht die

Revisionsgrenze von 6000,— DM. Die in den Urteilen auch nicht zugelassene Revision ist jedoch statthaft, weil die angefochtenen Entscheidungen von dem von der Beklagten angeführten Urteil des Landesarbeitsgerichts Kiel vom 18. Dezember 1947 — Sa. 209/47 — (Arbeitsrecht in Stichworten Bd. 1 Nr. 619) abweichen und auf dieser Abweichung beruhen.

Das Landesarbeitsgericht Kiel verneint eine ordnungsmäßige Rechtsmittelbelehrung, wenn das Arbeitsgericht dem zuzustellenden Urteil einen vorgedruckten Zettel mit einer Rechtsmittelbelehrung, ohne daß der Zettel Kopf und Unterschrift enthält, lose in einem Briefumschlag beigefügt. Nach seiner Auffassung ist vielmehr eine Verbindung der Rechtsmittelbelehrung mit dem Urteil erforderlich, um die vorgeschriebene Rechtsmittelbelehrung zu gewährleisten.

Es handelt sich bei dieser Entscheidung um eine Belehrung über den Einspruch gegen ein Versäumnisurteil gemäß § 59 des Arbeitsgerichtsgesetzes von 1926. Nach dieser Bestimmung, die mit der Fassung des § 59 des Arbeitsgerichtsgesetzes vom 3. September 1953 übereinstimmt, ist die Partei auf die Einspruchsmöglichkeit und die Einspruchsfrist zugleich mit der Zustellung des Urteils schriftlich hinzuweisen. Vorliegend handelt es sich allerdings um Endurteile, für die § 9 Abs. 4 des heutigen Arbeitsgerichtsgesetzes die Rechtsmittelbelehrung zwingend vorschreibt, während das Arbeitsgerichtsgesetz von 1926 in § 9 Abs. 4 nur eine Sollvorschrift enthielt. Beide Fassungen der Arbeitsgerichtsgesetze von 1926 und 1953 stimmen jedoch hinsichtlich der Form der Rechtsmittelbelehrung überein, indem sie vorschreiben, daß die Belehrung auf dem zur Zustellung an die Parteien bestimmten Ausfertigungen der Urteile zu vermerken ist. Da es nun nicht auszuschließen ist, daß die oben wiedergegebene Rechtsansicht des Landesarbeitsgerichts Kiel zur Form der Belehrung bezüglich eines Einspruchs bei ihrer allgemein gehaltenen Fassung auf der Bestimmung des § 9 Abs. 4 des Gesetzes von 1926 über die Art und Weise der Rechtsmittelbelehrung beruht und diese auslegt, ist eine Abweichung mit den angefochtenen Urteilen anzunehmen, die auf Grund der insoweit gleichlautenden Vorschrift des Arbeitsgerichtsgesetzes von 1953 die feste Verbindung der Rechtsmittelbelehrung mit der Urteilsausfertigung nicht als erforderlich ansehen. Weil es auf jeden Fall möglich ist, daß die Auffassung des Landesarbeitsgerichtes Kiel sich auf die mit der heutigen Fassung wörtlich übereinstimmende Regelung des § 9 Abs. 4 des früheren Gesetzes gründet, besteht im Hinblick auf die Ansicht des angefochtenen Urteils die gleiche Unsicherheit, die gegeben wäre, wenn das erstere

Gericht sich ausdrücklich auf jene Vorschrift berufen hätte. Derartige Unsicherheiten sollen nun gerade mit der Zulassung einer auf Divergenz gestützten Revision beseitigt werden können. Die Anwendung des neuen Arbeitsgerichtsgesetzes selbst schließt, wenn es sich um die Auslegung einer wörtlich aufrechterhaltenen Bestimmung des früheren Arbeitsgerichtsgesetzes handelt, die Annahme einer Divergenz im Sinne des § 72 Abs. 1 Satz 3 ArbGG. nicht aus. Da die jetzige und die frühere Normierung sachlich in jeder Hinsicht übereinstimmen, ist in dem hier fraglichen Zusammenhang die Rechtsprechung zu der älteren Bestimmung nach wie vor bedeutungsvoll.

2. Die Revision rügt allein die unrichtige Anwendung der Verfahrungsbestimmungen des § 9 Abs. 4 und 5 ArbGG. Die Nachprüfung der angefochtenen Urteile mußte sich daher hierauf beschränken (§§ 554, 539 ZPO.). Dieserhalb ist aber der Entscheidung des Berufungsgerichts beizutreten.

Gegenüber der in § 9 Abs. 4 ArbGG. vorgeschriebenen Rechtsmittelbelehrung, die auf den Ausfertigungen der Urteile zu vermerken ist, sind andere gesetzliche Bestimmungen über eine Rechtsmittelbelehrung nicht gleichlautend. Das Arbeitsgerichtsgesetz selbst sieht etwa in § 59 nur eine schriftliche Belehrung über den Einspruch vor. Das Sozialgerichtsgesetz schreibt eine schriftliche Rechtsmittelbelehrung vor (§ 66 Abs. 1), die nach § 136 Abs. 1 des Gesetzes in das Urteil aufzunehmen ist. Nach § 21 des Gesetzes über das Bundesverwaltungsgericht vom 23. September 1952 ist dem anfechtbaren Verwaltungsakt eine Rechtsmittelbelehrung beizufügen. Die Strafprozeßordnung schreibt die Rechtsmittelbelehrung zwingend vor (§ 35 a), trifft aber über ihre Form keine Bestimmungen. In der Praxis der Strafgerichte ist neben der mündlichen Rechtsmittelbelehrung nach der Urteilsverkündung noch die Überreichung eines Merkblattes mit einer gedruckten Rechtsmittelbelehrung oder die Beifügung des Merkblattes bei der Zustellung des Urteils üblich. Eine der letzteren entsprechende Übung haben bisher auch die Gerichte der Arbeitsgerichtsbarkeit in größerem Umfange befolgt. Während also eine übereinstimmende gesetzliche Regelung zur Form der Rechtsmittelbelehrung nicht vorliegt, besteht ein verbreiteter Gerichtsgebrauch, die Rechtsmittelbelehrung durch Übergabe oder Beifügung eines gedruckten Rechtsmittelbelehrungszettels vorzunehmen. Der Senat ist der Auffassung, daß es für den Zweck der Vorschrift des § 9 Abs. 4 ArbGG. genügt, wenn die Rechtsmittelbelehrung mit der zuzustellenden Urteilsausfertigung in eine so enge Verbindung gebracht wird, daß die

Partei über den Sinn und Zweck der Rechtsmittelbelehrung keine Zweifel hegen kann. Es ist daher in Auslegung dieser Vorschrift in Übereinstimmung mit dem überwiegenden Brauch der Gerichte als ausreichend anzusehen, wenn die Urteilsausfertigung der Partei mit einer besonderen, fest oder auch nur lose beigefügten Rechtsmittelbelehrung zugestellt wird, denn nach der Erfahrung des Lebens kann dann der Empfänger diese Rechtsmittelbelehrung nur auf das zugestellte Urteil beziehen. Die Möglichkeit, daß bei der Öffnung des Briefumschlags durch irgendeinen Zufall eine lose beigefügte Rechtsmittelbelehrung entfallen und der Aufmerksamkeit des Empfängers entgehen könnte, ist im tatsächlichen Leben so selten, daß es eine Überspannung wäre, die hier fragliche Bestimmung besonders eng auszulegen. Insbesondere erscheint es auch nicht erforderlich, wegen eines solchen Vorfalles die Zustellung als rechtsunwirksam zu behandeln. Hier reicht die Möglichkeit der Wiedereinsetzung in den vorigen Stand aus.

Danach ist vom Berufungsgericht mit Recht angenommen worden, daß die lose Beifügung der Rechtsmittelbelehrung als eine der gesetzlichen Vorschrift entsprechende Rechtsmittelbelehrung anzusehen ist. Es ist ihm auch darin beizutreten, daß der Hinweis auf einer Rechtsmittelbelehrung, sie gelte für alle übrigen Urteile, die der Partei in gleichliegenden Sachen gleichzeitig zugestellt werden, eine ausreichende Rechtsmittelbelehrung für diese Urteile darstellt. Die Beziehung zwischen der Belehrung und den zugestellten Urteilen ist auf diese Weise eindeutig hergestellt.

Der angefochtenen Entscheidung ist abgesehen von den vorstehenden Ausführungen auch deshalb zuzustimmen, weil die Beklagte die Rechtsmittelbelehrung unstreitig erhalten und, wie sich aus der ersten fristgerechten Einlegung der Berufung ergibt, auch nicht mißverstanden hat. In einem solchen Falle kann sich eine Partei nicht darauf berufen, daß die Form der Belehrung nicht vorschriftsmäßig gewesen sei. Es wäre dies mit dem auch im Zivilprozeßrecht bedeutsamen Grundsatz von Treu und Glauben nicht vereinbar. Die Bestimmung des § 9 Abs. 5 ArbGG., daß die Frist für ein Rechtsmittel nur zu laufen beginne, wenn die Partei nach § 9 Abs. 4 belehrt worden ist, bezieht sich offensichtlich nur darauf, daß eine Belehrung überhaupt unterblieb oder allenfalls unrichtig erfolgt ist. Das ist aber hier nicht der Fall.

Das Berufungsgericht hat daher zu Recht die wiederholt am 3. Juni 1954 eingelegten Berufungen der Beklagten als unzulässig verworfen.

58

1. Die Frage, ob es sich bei einer Kündigung um eine ordentliche oder außerordentliche Kündigung handelt, ist als solche rein tatsächlicher Art und unabhängig davon, ob nach Lage des Sachverhalts die Berechtigung bestanden hätte, eine außerordentliche Kündigung auszusprechen.

2. Bei der Prüfung, ob der Arbeitgeber nach § 123 Abs. 1 Nr. 8 GewO. berechtigt ist, die außerordentliche fristlose Kündigung des Arbeitnehmers auszusprechen, wenn er zur Fortsetzung der Arbeit vorübergehend unfähig ist, sind die gesamten Umstände des einzelnen Arbeitsverhältnisses, insbesondere seine Dauer die Art der Beschäftigung und vor allem die Auswirkung der Arbeitsunfähigkeit auf den Betrieb zu berücksichtigen.

3. Die Erhaltung der Arbeitsfähigkeit ist grundsätzlich Sache des Arbeitnehmers und ggf. der ihn betreuenden öffentlich-rechtlichen Versicherungen.

GewO. § 123 Abs. 1 Nr. 8; BGB. § 242.

II. Senat. Urteil v. 9. Dezember 1954 i. S. K. (Kl.) w. K. (Bekl.) 2 AZR 46/53.

I. Arbeitsgericht Braunschweig. — II. Landesarbeitsgericht Hannover.

Der Kläger, seit dem 1. Oktober 1948 bei der Beklagten als Tischlergeselle beschäftigt, war wegen einer Knieverletzung (Wackelknie) vom 6. Februar 1953 bis 18. März 1953 arbeitsunfähig. Wegen des gleichen Leidens mußte er ab 9. April 1953 die Arbeit wieder einstellen. Auf eine Anfrage der Beklagten, wann er die Arbeit wieder aufnehmen könne, teilte er am 31. Mai 1953 mit, daß er für das Knie eine Hülse benötige, ohne die er keine Arbeit im Stehen ausführen könne. Seine Arbeitsaufnahme hänge davon ab, wann ihm das Versorgungsamt die Hülse bewillige. Die Beklagte hat darauf mit Schreiben vom 2. Juni 1953 das Arbeitsverhältnis fristgemäß zum 17. Juni 1953 gekündigt, weil eine große Arbeitsüberlastung es nicht ermögliche, den Arbeitsplatz auf unbestimmte Zeit unbesetzt zu lassen.

Der Kläger begehrt die Feststellung, daß durch die Kündigung sein Arbeitsverhältnis nicht aufgelöst worden sei.

Das Arbeitsgericht hat dem Klageantrag stattgegeben, das Landesarbeitsgericht dagegen die Klage abgewiesen.

Die Revision des Klägers führte zur Aufhebung und Zurückverweisung aus folgenden

Gründen:

1. Das Berufungsgericht ist der Ansicht, daß auf Grund des Vorbringens der Beklagten, sie habe nach der Sachlage ein Recht zur fristlosen Entlassung des Klägers gehabt, zuerst geprüft werden müsse, ob eine außerordentliche Kündigung nach § 123 Abs. 1 Ziff. 8 GewO. berechtigt gewesen sei, denn hiervon hänge die Feststellung ab, ob es sich um eine ordentliche oder außerordentliche Kündigung handele. Dieser Folgerung kann nicht zugestimmt werden.

Es ist von erheblicher rechtlicher Bedeutung, ob es sich um eine ordentliche oder außerordentliche Kündigung handelt, und die weitere Prüfung ist von der dahingehenden Feststellung abhängig. Insbesondere kann eine ordentliche Kündigung wegen eines bestimmten Sachverhalts als rechtswirksam im Sinne des § 1 KSchG. angesehen werden, während derselbe Sachverhalt für eine außerordentliche Kündigung nicht ausreichend sein muß, wenn andererseits auch — und insofern ist dem Berufungsgericht beizupflichten — eine berechtigte außerordentliche Kündigung niemals sozial ungerechtfertigt sein kann und der sie tragende Sachverhalt stets auch eine ordentliche Kündigung rechtfertigt. Die Frage, ob es sich um eine ordentliche oder außerordentliche Kündigung handelt, ist dabei als solche rein tatsächlicher Art und abhängig davon, ob nach der Lage des Sachverhalts die Berechtigung bestanden hätte, eine außerordentliche Kündigung auszusprechen. Für die Untersuchung, ob eine ordentliche oder außerordentliche Kündigung vorliegt, sind der Wortlaut der Kündigung und allenfalls die näheren Umstände ihrer Veranlassung maßgebend, wie sie der Kündigungsempfänger bei verständiger Würdigung verstehen konnte. Wenn das Berufungsgericht sagt, daß unstreitig eine fristgerechte Kündigung vorliegt, und sodann ausführt, die Beklagte habe geltend gemacht, daß sie sogar ein Recht zur fristlosen Kündigung gehabt habe, so liegt hierin die tatsächliche Feststellung einer ordentlichen Kündigung. Es ist zwar richtig, daß eine außerordentliche Kündigung auch mit einer Kündigungsfrist ausgesprochen werden kann (vgl. Hueck-Nipperdey, Lehrbuch des Arbeitsrechts, 3.—5. Aufl., Bd. 1 S. 326; Nikisch, Arbeitsrecht, S. 218; RAG. ARS. 44, 121). Diese rechtliche Möglichkeit einer befristeten außerordentlichen Kündigung rechtfertigt aber nicht entgegen dem erklärten Willen des Kündigenden die Annahme einer außerordentlichen Kündigung, auch wenn nach dem Sachverhalt von dem Kündigenden vielleicht mit Recht eine außerordentliche Kündigung hätte erklärt werden können.

2. Die Auffassung des Berufungsgerichts, die Beklagte habe den Kläger wegen seiner Arbeitsunfähigkeit im Zeitpunkte der Kündigung

nach § 123 Abs. 1 Ziff. 8 GewO. im Wege einer außerordentlichen Kündigung fristlos entlassen dürfen, geht von einer unzutreffenden rechtlichen Beurteilung aus. Damit kann auch nicht entschieden sein, daß die von der Beklagten ausgesprochene ordentliche Kündigung zu Recht besteht.

Nach § 123 Abs. 1 Ziff. 8 GewO. darf der Arbeitgeber das Dienstverhältnis fristlos aufkündigen, wenn der Arbeitnehmer zur Fortsetzung der Arbeit unfähig ist. Daß dabei im allgemeinen nicht jede nur eine kurze Zeit währende Arbeitsunfähigkeit gemeint sein kann, ergibt sich schon daraus, daß für eine verhältnismäßig nicht erhebliche Zeit einer unverschuldeten Arbeitsunfähigkeit der Arbeitnehmer nach § 616 Abs. 1 BGB. seinen Vergütungsanspruch nicht verlieren soll. Im Schrifttum und in der Rechtsprechung wird auch übereinstimmend angenommen, daß es sich zwar nicht um eine dauernde Arbeitsunfähigkeit zu handeln brauche, aber doch im Zeitpunkte der Kündigung eine Arbeitsunfähigkeit vorliegen müsse, die in absehbarer Zeit nicht wieder behoben werden könne, oder daß es eine Arbeitsunfähigkeit von erheblicher Dauer sein müsse (vgl. Hueck-Nipperdey, Lehrbuch des Arbeitsrechts, 3.—5. Aufl., Bd. 1 S. 340; Landmann-Rohmer, Komm. zur Gewerbeordnung, 10. Aufl. § 123 Anm. 11; Rohlfing-Kiskalt, Gewerbeordnung S. 343). Die in § 123 Abs. 1 GewO. bestimmten Entlassungsgründe sollen zwar den Arbeitgeber berechtigen, Gesellen und Gehilfen vor Ablauf der vertragsmäßigen Zeit und ohne Aufkündigung zu entlassen. Es bedarf also regelmäßig, vorbehaltlich des allgemeinen Grundsatzes, daß eine Kündigung nicht gegen Treu und Glauben oder gegen die guten Sitten verstoßen darf, nicht einer Prüfung, ob nach der Sachlage dem Arbeitgeber die Fortsetzung des Arbeitsverhältnisses noch zumutbar ist oder nicht, wie es bei dem Erfordernis des wichtigen Grundes nach § 626 BGB. der Fall ist. Wenn aber, wie im Falle der Ziffer 8 des § 123 Abs. 1 GewO., möglicherweise von der Dauer einer vorübergehenden, also behebbaren Arbeitsunfähigkeit abhängt, ob eine Entlassung berechtigt ist, sind zur Frage ihres Gewichtes für eine außerordentliche fristlose Kündigung die gesamten Umstände des einzelnen Arbeitsverhältnisses, insbesondere seine Dauer, die Art der Beschäftigung und vor allem die Auswirkung der Arbeitsunfähigkeit auf den Betrieb, zu berücksichtigen (vgl. RAG. ARS. 15, 161 und besonders die Anmerkung hierzu von Hueck). Steht dem Arbeitgeber die Berechtigung zur außerordentlichen fristlosen Kündigung zu, weil der Arbeitnehmer zur Fortsetzung der Arbeit unfähig ist, so wird darauf abgestellt, daß die Fortsetzung des Arbeitsverhältnisses dem Arbeitgeber unzumutbar sei. Das aber muß bei einer behebbaren Arbeitsbehinderung eine Prüfung der näheren Gegebenheiten erforderlich machen. Ergibt eine solche Prüfung, daß eine Arbeitsunfähigkeit wegen ihrer Dauer dem Arbeitgeber die Fortsetzung des Arbeitsverhältnisses im Zeitpunkt der Kündigung nicht mehr zumutbar erscheinen läßt, dann ist eine außerordentliche Kündigung als gerechtfertigt anzusehen.

Die Beurteilung der vorliegenden Sachlage durch das Berufungsgericht wird dieser Rechtslage nicht gerecht. Es geht davon aus, daß der Kläger im Zeitpunkte der Kündigung fast vier Monate arbeitsunfähig war und selbst mitgeteilt hatte, daß er nur dann seine Arbeit wieder aufnehmen könne, wenn ihm eine Kniehülse bewilligt werde. Da der Zeitpunkt hierfür aber nicht festgestanden habe, habe es sich um eine Arbeitsunfähigkeit gehandelt, über deren Fortdauer Ungewißheit bestand. Eine solche Arbeitsunfähigkeit rechtfertige eine außerordentliche Kündigung. Hierbei wird jedoch einmal übersehen, daß es sich nicht um eine dauernde, überhaupt nicht behebbare Arbeitsunfähigkeit handelte. In demselben Zeitpunkte, in dem der Kläger die nach der Ansicht des behandelnden Arztes notwendige Kniehülse erhielt, war auch seine Arbeitsfähigkeit wieder gegeben. Allerdings bestand Ungewißheit über den Zeitpunkt, wann dies geschehen würde, wenn auch bei der Kündigung die Beklagte damit rechnen mußte, daß der Kläger die unbedingt erforderliche Kniehülse überhaupt erhalten werde. Das Berufungsgericht hätte nun, wie oben ausgeführt, prüfen müssen, ob diese derart gestaltete Arbeitsunfähigkeit des Klägers in Abwägung der Interessen der Parteien dem Arbeitgeber die Fortsetzung des Arbeitsverhältnisses überhaupt nicht mehr zumutbar erscheinen ließ. Insbesondere wäre es darauf angekommen, zu klären, ob die Beklagte sich durch Heranziehung von Hilfskräften auf eine spätere Wiederkehr des Klägers einstellen konnte. Über die in dieser Hinsicht vorgetragenen Behauptungen der Parteien hätte daher Beweis erhoben und eine entsprechende Feststellung getroffen werden müssen.

3. Die Ausführungen des Berufungsgerichts, daß eine Verletzung der Fürsorgepflicht der Beklagten nicht vorliege, weil sie dem Kläger den verhältnismäßig geringen Betrag für die Beschaffung einer Kniehülse nicht zur Verfügung stellte, lassen einen Rechtsfehler nicht erkennen. Die Erhaltung der Arbeitsfähigkeit ist grundsätzlich Sache des Arbeitnehmers und ggfls. der ihn betreuenden öffentlich-rechtlichen Versicherungen. Die Beklagte darf für deren Versagen oder Nichttätigwerden nicht verantwortlich gemacht werden.

4. Da die tatsächlichen Feststellungen des Berufungsgerichts eine den Rechtsstreit abschließende Entscheidung nicht tragen, mußte das angefochtene Urteil aufgehoben und die Sache zur erneuten Verhandlung und Entscheidung nach Maßgabe vorstehender Ausführungen in die Vorinstanz zurückverwiesen werden.

59

1. Bei Entscheidungen der Landesarbeitsgerichte, die in den Gebieten des Landes Rheinland-Pfalz und des früheren Landes Württemberg-Hohenzollern vor dem 1. Oktober 1953 erlassen und mit der Revision anfechtbar waren, muß es auch nach dem Inkrafttreten des neuen Arbeitsgerichtsgesetzes bei der vor dem 1. Oktober 1953 ausgesprochenen Zulassung der Revision verbleiben.

Mit dem am 1. Oktober 1953 erfolgten Inkrafttreten des neuen Arbeitsgerichtsgesetzes gelten dessen Vorschriften über die Art und Weise der Zustellung eines Urteils und über die Fristen der Rechtsmittel.

2. Der Sinn der Regelung des § 1 Abs. 1 des Gesetzes zur Regelung der Lohnzahlung an den Feiertagen vom 2. August 1952 (BGBl. I S. 479) ist der, daß dann ein Lohnausfall nicht eintreten soll, wenn der gesetzliche Feiertag allein der Grund für den Ausfall der Arbeit ist. Sind andere Gründe für die Arbeitsruhe maßgebend, kann das Gesetz nicht Platz greifen.

3. Ist ein Betrieb derart aufgebaut, daß infolge der ständig fortlaufenden Produktion in regelmäßigen Zeitabständen eine Überholung der Maschinen und hierdurch bedingt eine Stillegung des gesamten Betriebes für einige Tage notwendig ist, ist die Arbeitsleistung eines Arbeitnehmers hinsichtlich der notwendigen Überholpausen von vornherein nicht möglich. Es entsteht dann für die ausfallende Zeit keine Lohnforderung, falls nicht auf Grund von Einzelvereinbarungen, Betriebsvereinbarungen oder tariflichen Regelungen eine Verpflichtung des Arbeitgebers zur Fortzahlung des Arbeitsentgeltes für die Zeit der Pausen begründet wird.

Überholpausen, die infolge der ständig fortlaufenden Produktion in regelmäßigen Zeitabständen anfallen, sind keine Betriebsstörungen.

4. Im Arbeitsleben gilt es als selbstverständlich, daß der in einem Betrieb eintretende Arbeitnehmer die allgemein geltende Art des Betriebsablaufs dieses Betriebes hinzunehmen hat. Eine besondere Pflicht des Arbeitgebers zur Unterrichtung des Arbeitnehmers bei dessen Ein-

stellung kann im allgemeinen nicht angenommen werden. Es ist Sache des Arbeitnehmers, sich über die allgemeine Gestaltung des Betriebes zu erkundigen, wenn er sich ihr nicht von vornherein stillschweigend unterwerfen will.

ArbGG. § 118 Abs. 4; Gesetz zur Regelung der Lohnzahlung an den Feiertagen vom 2. August 1952 § 1 Abs. 1 (BGBl. I S. 479) BGB. § 611.

II. Senat. Urteil vom 21. Dezember 1954 i. S. K. (Kl.)
w. R. (Bekl.) 2 AZR 5/53.

I. Arbeitsgericht Rottweil a. N. — II. Landesarbeitsgericht Tübingen.

Die Beklagte betreibt eine Kunstseidefabrik, in der ohne Unterbrechung in Tag- und Nachtschichten gearbeitet wird. Diese Arbeitsweise erfordert es, zur Durchführung von Überholungsarbeiten und notwendigen Reparaturen mehrmals im Jahre die gesamte maschinelle Anlage jeweils für mehrere Tage zum Ruhen zu bringen. Dadurch wird es nötig, einzelne Abteilungen des Betriebes schon vor der eigentlichen Überholpause stillzulegen bzw. nach der Überholung erst einige Zeit später wieder zum Anlaufen zu bringen. Nach einem seit einer Reihe von Jahren geübten Brauch, der bereits von dem Konzern der I.G.-Farbenindustrie befolgt wurde, zu dem die Fabrik der Beklagten früher gehörte, werden die Überholpausen auf die Festtage von Ostern, Pfingsten und Weihnachten gelegt. Auch für die Weihnachtstage 1952 ordnete die Beklagte mit Zustimmung des Betriebsrats eine Stillegung des Betriebes an.

Der Lohn wird während der Überholpausen nicht gezahlt. Seit dem Jahre 1950 bestehen deswegen zwischen der Belegschaft und der Beklagten Meinungsverschiedenheiten.

Für den Kläger, der bei der Beklagten seit 11. Oktober 1950 als Arbeiter beschäftigt ist, fielen durch die Überholpausen zu Weihnachten 1952 die Arbeitstage vom 24., 27. und 28. Dezember aus. An den beiden Weihnachtsfeiertagen selbst hatte er keine Schicht, so daß er schon deshalb für diese Tage keinen Lohn erhielt. Sein Lohnausfall für die oben angegebenen drei Tage beträgt 48,68 DM, den er mit der Klage geltend macht.

Das Arbeitsgericht hat der Klage stattgegeben.

Das Landesarbeitsgericht hat in seinem am 8. September 1953 verkündeten und am 6. Oktober 1953 von Amts wegen zugestellten Urteil unter Zulassung der Revision die Klage abgewiesen.

Die am 4. November 1953 eingelegte und am 4. Dezember 1953 begründete Revision hatte keinen Erfolg aus den folgenden

Gründen:

1. Die Zulassung der Revision gegen das Urteil des Landesarbeitsgerichts stützt sich auf § 16 des Landesgesetzes von Württemberg-Hohenzollern betreffend die Ergänzung und Änderung der Rechtsanordnung vom 24. Oktober 1946 zur Ausführung des Kontrollratsgesetzes Nr. 21 und über die Anwendung des Arbeitsgerichtsgesetzes vom 23. Dezember 1926 (Errichtung des Oberlandesarbeitsgerichts) vom 6. August 1948 (Regierungsblatt 1948 S. 104). Nach dieser Bestimmung fand die Revision an das Oberlandesarbeitsgericht des früheren Landes Württemberg-Hohenzollern statt, falls sie vom Landesarbeitsgericht wegen der grundsätzlichen Bedeutung des Rechtsstreites zugelassen wurde. Nach § 21 des Gesetzes fand für die vom Revisionskläger zu beachtenden Fristen § 74 Abs. 1 des Arbeitsgerichtsgesetzes vom 23. Dezember 1926 entsprechende Anwendung. Die Fristen zur Einlegung und zur Begründung der Revision betrugen somit jeweils zwei Wochen, wobei es nach jenem Landesgesetz von Württemberg-Hohenzollern, wie auch heute unter der Herrschaft des Arbeitsgerichtsgesetzes vom 3. September 1953, gemäß § 552 ZPO. für den Beginn der Revisionsfrist auf die Zustellung des in vollständiger Form abgefaßten Urteils ankam und ankommt; der nach dieser zivilprozessualen Vorschrift äußerste Zeitpunkt für den Bginn der Frist steht hier nicht in Frage. Die Zustellung selbst mußte gemäß den Bestimmungen des Arbeitsgerichtsgesetzes vom 23. Dezember 1926 in Verbindung mit den einschlägigen Vorschriften der Zivilprozeßordnung im Parteibetrieb erfolgen. Da nun nach den übereinstimmenden Erklärungen der Parteien bis zum 1. Oktober 1953 eine Zustellung des angefochtenen Urteils im Parteibetrieb nicht geschehen war, begann die Revisionsfrist gegen die revisionsfähig gebliebene Entscheidung am 6. Oktober 1953 mit der an diesem Tage von Amts wegen erfolgten Zustellung. Die Dauer dieser Frist sowie die Dauer der Frist für ihre Begründung richtete sich dabei nach den Bestimmungen des Arbeitsgerichtsgesetzes vom 3. September 1953. Der Umstand, daß dieses Gesetz, abgesehen von dessen schon früher in Kraft getretenen Vorschriften zu seiner Durchführung, erst am 1. Oktober 1953 in Kraft trat, steht der Revisionsfähigkeit des angegriffenen Urteils nicht entgegen. Außer der Bestimmung seines § 118 Abs. 4, nach der für Verfahren in Arbeitssachen, die bei Inkrafttreten des Gesetzes bei einem obersten Landesgericht in Arbeitssachen anhängig sind, dieses

Gericht zuständig bleibt, enthält das Arbeitsgerichtsgesetz keine Übergangsvorschriften hinsichtlich derjenigen Entscheidungen der — hier allein in Betracht kommenden — Landesarbeitsgerichte in den Gebieten des Landes Rheinland-Pfalz und des früheren Landes Württemberg-Hohenzollern, die vor dem 1. Oktober 1953 ergangen und mit der Revision anfechtbar waren, deren Rechtskraft selbst aber zu diesem Zeitpunkt noch nicht anderweitig eingetreten war. Es muß dann bei der vor dem 1. Oktober 1953 ausgesprochenen Zulassung der Revision verbleiben. Ein noch nicht rechtskräftiges Urteil kann mangels näherer Regelung nicht durch das Inkrafttreten eines an die Stelle des bisherigen Verfahrensgesetzes tretenden neuen Verfahrensgesetzes rechtskräftig werden. Sofern in ihm nichts Gegenteiliges bestimmt ist, gelten des weiteren auch mit dem Inkrafttreten des neuen Verfahrensgesetzes seine Vorschriften über die Art und Weise der Zustellung eines Urteils und die Fristen der Rechtsmittel. Ab dem Zeitpunkt seines Inkrafttretens regelt das neue Gesetz das Verfahren schlechthin (Rosenberg, Lehrbuch des Deutschen Zivilprozeßrechts, 6. Aufl., S. 23). Die Zustellung der Entscheidung von Amts wegen war daher, weil erforderlich, ordnungsgemäß. Gemäß § 74 Abs. 1 Satz 1 ArbGG. sind schließlich auch die Revision und ihre Begründung rechtzeitig vorgenommen worden.

2. Dem angefochtenen Urteil ist darin zuzustimmen, daß die Klageforderung nicht auf das Bundesgesetz zur Regelung der Lohnzahlung an Feiertagen vom 2. August 1952 (BGBl. I S. 479) gestützt werden kann. Nach § 1 Abs. 1 dieses Gesetzes ist für die Arbeitszeit, die infolge eines gesetzlichen Feiertages ausfällt, vom Arbeitgeber den Arbeitnehmern der Arbeitsverdienst zu zahlen, den sie ohne den Arbeitsausfall erhalten hätten. Da der Kläger einen Lohnausfall für den 24., 27. und 28. Dezember 1952 und nicht einen Ausfall für die Weihnachtsfeiertage geltend macht, erscheint es bereits aus diesem Grunde nicht sicher, ob jene Regelung zur Anwendung kommen kann. Maßgebend für das Revisionsgericht ist jedoch der Gesichtspunkt, daß die Arbeitszeit, soll der Arbeitsverdienst weitergezahlt werden, ausfallen muß „infolge eines gesetzlichen Feiertages". Der Sinn der Regelung ist somit der, daß gerade dann ein Lohnausfall nicht eintreten soll, wenn der gesetzliche Feiertag allein der Grund für den Ausfall der Arbeit ist. Sind andere Gründe für die Arbeitsruhe maßgebend, kann das Gesetz nicht eingreifen. Eine derartige andere Ursache liegt hier nun vor. Das Landesarbeitsgericht hat ausdrücklich festgestellt, daß aus technischen Gründen die Stillegung des Betriebes während der Weihnachtsfeiertage erfolgt ist.

3. Der Entscheidung des Berufungsgerichts, daß dem Kläger keine Vergütung für die Arbeitszeit zusteht, die infolge der Überholung der Maschinen ausfiel, ist im Ergebnis zuzustimmen.

Da im Betrieb der Beklagten infolge der ständig fortdauernden Produktion in regelmäßigen Zeitabschnitten eine Überholung der Maschinen und, hierdurch bedingt, eine Stillegung des gesamten Betriebes für einige Tage notwendig ist, liegen solche notwendigen Pausen im Interesse sowohl der Unternehmers als auch des Arbeitnehmers; sie sind im Hinblick auf eine reibungslose und technisch einwandfreie Erzeugung unumgänglich. Die Aufrechterhaltung eines geordneten Betriebsablaufs ist es, die die Überholpausen bedingt. Damit sind sie mit dem Betriebsgeschehen von vornherein, gleichsam von Hause aus, verbunden. Der Betriebsablauf vollzieht sich unter ihrer Einschaltung und kann sich auch unter ihrer Einschaltung vollziehen.

Ist ein Arbeitnehmer in einem Betrieb tätig, der in dieser Weise mit Überholpausen arbeiten muß, kann er für die durch die Überholpausen notwendigerweise ausfallende Arbeitszeit kein Arbeitsentgelt beanspruchen. Der Arbeitnehmer wird nämlich eingestellt um seiner Arbeitsleistung willen. Selbst wenn man annimmt, er sei nur verpflichtet, dem Arbeitgeber seine Arbeitskraft zur Verfügung zu stellen, so bleibt doch der eigentliche und typische Sinn des Arbeitsverhältnisses der, daß er Arbeit leiste. Der Arbeitnehmer ist gehalten, dem Arbeitgeber seine Arbeitskraft zur Verfügung zu stellen, damit dieser sie einsetzen kann. Wenn nun die Arbeitsleistung eines Arbeitnehmers in einem entsprechend organisierten Betriebe hinsichtlich der notwendigen Überholpausen von vornherein einfach nicht möglich ist, entsteht auch für die ausfallende Zeit keine Lohnforderung.

Ohne Bedeutung ist es, ob der Betriebsablauf derart hätte gestaltet werden können, daß die fraglichen Überholpausen vermieden würden. Es kann dahingestellt bleiben, ob im Ergebnis überhaupt ein Arbeitsausfall vermieden werden kann, da immerhin zu beachten ist, daß nicht mehr ununterbrochen durchgearbeitet würde. Es ist nämlich grundsätzlich die Sache des Arbeitgebers, wie er das technische Betriebsgeschehen, das doch dem Unternehmensziel dient, gestaltet hat. Eine Benachteiligung der Arbeitnehmer liegt nicht vor, wenn, wie hier, der Betrieb seit langer Zeit in der angegebenen Art und Weise aufgebaut ist. Anders könnte es nur sein, wenn eine Änderung der bestehenden Betriebsorganisation beabsichtigt ist. Dieserhalb ist gerade auch das Mitbestimmungsrecht des Betriebsrates in wirtschaftlichen Angelegenheiten nach § 72 Abs. 1 BVG. vorgesehen. Ob und inwieweit der Arbeitgeber in der Durchführung einer Betriebsänderung durch den Inhalt der einzelnen Arbeitsverhältnisse gehemmt wird, ob etwa eine Änderungskündigung erfolgen muß, ist hier nicht zu prüfen.

Die Frage nach der Lohnfortzahlung für die Arbeitszeit, die in Betrieben der hier in Rede stehenden Art durch notwendige Überholpausen üblicherweise ausfällt, liegt nicht auf der gleichen Ebene wie die Übernahme der Betriebsgefahr durch den Arbeitgeber. Überholpausen treten in gewissen, letztlich regelmäßigen Zeitabständen ein. Sie sind in den natürlichen Ablaufrhythmus des Betriebes eingebettet und eben mit ihm gegeben. Störungen des Betriebes und durch sie bedingte Beeinträchtigungen der Arbeitsmöglichkeit der Arbeitnehmer, die sich nach der Art des Betriebes oder auch durch Einflüsse der Außenwelt einstellen können, sind keine in dieser Weise regelmäßige, natürliche und zwangsläufige Vorkommnisse. Sie müssen daher tatsächlich und rechtlich von Erscheinungen der ersteren Art geschieden und besonders beurteilt werden. Wenn dem Arbeitgeber grundsätzlich die Tragung des sogenannten Betriebsrisikos auferlegt ist, erfolgt dies maßgeblich aus der Erwägung, daß er die Leitung und Verantwortung für die Führung des Unternehmens hat, die Vorteile aus dessen Arbeiten zieht und daher auch die Nachteile tragen soll. Anders ist aber die Rechtslage dann zu burteilen, wenn bei den natürlichen Gegebenheiten eines Betriebes und seiner planmäßigen Ordnung von Anfang an feststeht, daß in bestimmten, regelmäßig wiederkehrenden Zeitabschnitten wegen der Überholung der Maschinen der gesamte Betrieb ruhen muß und hierdurch alle diejenigen Arbeiter, die nicht zufälligerweise mit den Überholungsarbeiten beauftragt sind, in der mit der notwendigen Überholung erforderten Zeit nicht arbeiten können. Dies ist dann auch für alle Arbeitnehmer, die in einem solchen Betriebe Arbeit aufnehmen, ein ihre Arbeit von vornherein bestimmender Umstand. Es kann deshalb auch nicht angenommen werden, daß sie die durch die Stillegung des Betriebes notwendige Arbeitsunterbrechung unvermutet, wie bei einer Betriebsstörung, trifft. Vielmehr handelt es sich um regelmäßige Arbeitspausen entsprechend der Natur der betrieblichen Arbeitsweise.

4. Denkbar und rechtlich zulässig ist allerdings in einem Betrieb mit regelmäßigen Überholpausen, daß auf Grund von Einzelvereinbarungen, Betriebsvereinbarungen oder tariflichen Regelungen eine Verpflichtung des Arbeitgebers zur Fortzahlung des Arbeitsentgeltes für die Zeit dieser Pausen begründet wird.

In dem angefochtenen Urteil ist jedoch tatsächlich festgestellt, daß bis zum Jahre 1950 gerade eine Übung dahin vorlag, die durch die

Überholpausen ausfallende Arbeitszeit nicht zu bezahlen. Dem Umstand, daß seit dem Jahre 1950 die Belegschaft sich nicht mehr ohne Widerspruch mit dieser Regelung abfand, kann keine rechtliche Bedeutung beigemessen werden, da dieser Widerspruch zu einer anderen endgültigen Regelung bisher unstreitig nicht geführt hat. Das Vorliegen einer einzelvertraglichen Abrede oder einer tarifvertraglichen Anordnung, nach der die Zeiten für die Überholpausen bezahlt werden müßten, hat der Kläger noch nicht einmal behauptet.

5. Dem Berufungsgericht ist endlich auch darin beizutreten, daß die Beklagte kein Verschulden bei dem Abschluß des Arbeitsvertrages mit dem Kläger aus dem Grunde trifft, weil sie ihn nicht auf den durch die Überholpausen entstehenden Verdienstausfall hingewiesen hat. Es handelt sich bei diesen Pausen um eine für den ganzen Betrieb geltende Regelung und Einrichtung, der sich jeder in diesen Betrieb eintretende Arbeiter unterwerfen muß. Im Arbeitsleben gilt es als selbstverständlich, daß der in einen Betrieb eintretende Arbeitnehmer die allgemein geltende Art des Arbeitsablaufes in einem Betrieb hinzunehmen hat. Das Arbeitsverhältnis spielt sich im Betriebsverbande ab. Eine besondere Pflicht des Arbeitgebers zur Unterrichtung des Arbeitnehmers bei dessen Einstellung kann daher im allgemeinen nicht angenommen werden. Der Arbeitnehmer weiß auf jeden Fall, daß im Arbeitsablauf der einzelnen Betriebe bestimmte Gesetzmäßigkeiten herrschen, mag er sie auch nicht im einzelnen kennen. Es ist seine Sache, sich über die allgemeine Gestaltung des Betriebes zu erkundigen, wenn er sich ihr nicht von vornherein stillschweigend unterwerfen will. Daß der hier in Rede stehende Betriebsablauf völlig außergewöhnlich sei, kann man nicht sagen.

60

1. Die Tätigkeitsmerkmale der Gruppe III TO.A treffen nicht lediglich die Tätigkeit der Anfänger in einem akademischen Beruf, vielmehr vor allem auch die normale Tätigkeit des durchschnittlichen Akademikers schlechthin.

2. Die Tätigkeitsmerkmale der Vergütungsgruppe II TO.A enthalten auch nicht teilweise Ermessensvorstellungen, sondern ausschließlich justiziable Rechtsbegriffe. Die Tätigkeit nach der Vergütungsgruppe II muß sich aus der der Gruppe III durch besonders verantwortliche Tätigkeit herausheben, wobei zu beachten ist, daß bereits die normale Tätigkeit mit akademischer Vorbildung eine sehr große Verant-

wortung mit sich bringt. Bei der Beurteilung, ob eine besondere Verantwortung vorliegt, wird es im wesentlichen auf die Ansichten der beteiligten Berufskreise ankommen.

Gruppe III und Gruppe II der allgemeinen Vergütungsordnung zur TO.A.

II. Senat. Urteil v. 13. Januar 1955 i. S. R. (Bekl.) w. S. (Kl.) 2 AZR 47/53.

I. Arbeitsgericht Rendsburg. — II. Landesarbeitsgericht Kiel.

Der Kläger ist seit 1946 beim Gesundheitsamt des beklagten Kreises als Arzt unter einem Amtsarzt angestellt und wird nach der Besoldungsgruppe III TO. A besoldet. Er bewertet seine Tätigkeit als eine solche nach Gruppe II und verlangt vom beklagten Kreise die Zahlung von 3659,40 DM als tarifliches Mehrgehalt für die Zeit vom 1. Januar 1950 bis 31. Dezember 1952.

Das Arbeitsgericht und das Landesarbeitsgericht haben ihm diesen Betrag zugesprochen.

Die Revision des beklagten Kreises führte zur Aufhebung und Zurückverweisung aus den folgenden

Gründen:

1. Wie der Senat in seiner Entscheidung vom 23. September 1954 (BAG. 1, 85) ausgeführt hat, hat das Gericht die Aufgabe zu prüfen, ob der Behördenangestellte nach der richtigen Gruppe der Allgemeinen Vergütungsordnung zur TO.A besoldet wird. Nur insoweit als die Tätigkeitsmerkmale einer bestimmten Vergütungsgruppe wenigstens teilweise Ermessensvorstellungen und nicht ausschließlich Begriffe, wenn auch unbestimmte enthalten, sind der Nachprüfung Schranken gesetzt, da die Ausübung des vorgesehenen Ermessens dann nach § 3 Abs. 2 S. 2 und 3 TO.A Sache des Dienstberechtigten ist.

2. Die Tätigkeitsmerkmale der Vergütungsgruppe II der TO.A, die der Kläger für sich in Anspruch nimmt, enthalten auch nicht teilweise Ermessensvorstellungen, sondern ausschließlich justiziable Rechtsbegriffe. Diese Tätigkeitsmerkmale gehen von denen der Gruppe III aus, also dem Erfordernis einer abgeschlossenen Hochschulbildung, die einen äußerlich einfach feststellbaren Tatbestand bildet, und von einer wissenschaftlichen Tätigkeit, die dieser Hochschulbildung entspricht; auch diese wissenschaftliche Tätigkeit ist aus der Erfahrung oder aus der Rechtsordnung unschwer feststellbar. Die angeführten Tätigkeitsmerkmale der Gruppe III treffen aber nicht, wie der Kläger meint, lediglich die Tätigkeit der Anfänger, vielmehr vor allem auch die normale Tätigkeit des durchschnittlichen Akademikers.

Von dieser normalen akademischen Tätigkeit muß sich nun die in Gruppe II einzureihende durch „besonders verantwortliche Tätigkeit herausheben". Schon die normale Tätigkeit, die eine akademische Vorbildung erfordert, insbesondere auch die des Behördenarztes, bringt eine sehr große Verantwortung mit sich, die ganz regelmäßig diejenige Verantwortung niederer Vergütungsgruppen übersteigt, die keine akademische Vorbildung erfordern. Freilich kann diese besondere Verantwortung, durch die sich die Gruppe II von der Gruppe III unterscheidet, nicht allgemeingültig beantwortet werden; es kommt auf den einzelnen Beruf und den einzelnen Fall an. Diese besondere Verantwortung kann etwa in der überwiegenden Bearbeitung besonders schwieriger Fälle bestehen, die die Leistungsfähigkeit des durchschnittlichen Behördenarztes übersteigt; auch kann z. B. die Auswirkung der Tätigkeit durch ihren richtungweisenden Gehalt von größerem Ausmaß sein, als sie die durchschnittliche akademische Tätigkeit mit sich bringt. Dabei wird es im wesentlichen auf die Ansichten der beteiligten Berufskreise ankommen. In jedem Falle läßt die Frage, ob sich die Tätigkeit eines Behördenarztes durch ihre besondere Verantwortung von der durchschnittlichen Tätigkeit eines Behördenarztes heraushebt, nicht je nach dem Ermessen des Dienstberechtigten eine verschiedene Beantwortung, sondern immer nur eine Antwort als die richtige zu. Nicht anders liegt es bei den sonst im bürgerlichen Recht vorkommenden Generalklauseln wie „Treu und Glauben", „wichtiger Grund", „Verkehrssitte".

3. Hiernach ist zu prüfen, ob die Tätigkeit, die der Kläger im Dienste des beklagten Kreises ausgeübt hat, sich durch ihre besondere Verantwortung aus der normalen Tätigkeit der Gruppe III heraushebt. Nach den Feststellungen des Landesarbeitsgerichts hat der Kläger neben anderen Aufgaben eine Gutachtertätigkeit und die Tuberkulosenfürsorge wahrgenommen. Hinsichtlich der Gutachtertätigkeit entnimmt das Landesarbeitsgericht die „besondere Verantwortlichkeit" daraus, daß der Gutachter in Anstellungs-, Pensionierungs-, Verbeamtungs- und Versorgungsfällen im Endergebnis über persönliche Schicksale und große materielle Werte entscheidend bestimme; aber auch die Gutachtertätigkeit aus geringeren Anlässen, z. B. bei Prothesen und Zahnersatz, sei wenigstens vom Standpunkt des Empfängers aus sehr bedeutungsvoll. Als Gutachter sei der Kläger selbständig gewesen. Auch die Tuberkulosenfürsorge sei wichtig; der Kläger habe sie selbständig ausgeübt, wenn auch in schwierigen Fällen ein Facharzt hinzugezogen worden sei; daher sei sie besonders verantwortlich. Die Gutachtertätigkeit und die Tuberkulosenfürsorge zusammen habe die andere Tätigkeit überwogen.

Diese Ausführungen lassen es nicht ausgeschlossen erscheinen, daß das Landesarbeitsgericht den Begriff der „besonders verantwortlichen Tätigkeit" und „des Sichheraushebens aus der Gruppe III" verkannt hat. Das Landesarbeitsgericht entnimmt die besondere Verantwortlichkeit der Tätigkeit des Klägers zu einem Teil daraus, daß er im Endergebnis über persönliche Schicksale und große materielle Werte entscheidend mitbestimmt habe, zum anderen Teil aus der Bedeutung für die untersuchten Personen. Dieser Gedankengang läßt ein Eingehen darauf vermissen, daß jede ärztliche Tätigkeit, insbesondere auch die eines Behördenarztes, z. B. in einer Stadt, einem Kreise, einem Gefängnis, einem Krankenhaus normalerweise über die persönlichen Schicksale von Menschen entscheidet und große materielle Werte von seiner Entscheidung abhängen, sowie daß jede ärztliche Tätigkeit vom Standpunkt des Patienten aus von sehr großer Bedeutung ist. Das Landesarbeitsgericht hätte sich also nicht darauf beschränken dürfen, die Tätigkeiten anzugeben, in denen es die besondere Verantwortlichkeit sieht, und lediglich zu erklären, daß diese Tätigkeit eine besondere Verantwortung mit sich bringe, sondern es hätte auch im einzelnen untersuchen müssen, wie weit die Verantwortung des durchschnittlichen Behördenarztes geht. Erst nach der Feststellung dieser Größe hätte es im einzelnen erörtern müssen, inwiefern die dem Kläger aufgebürdete Verantwortung nicht unerheblich größer war und zwar so groß, daß sie sich aus der normalen Verantwortung klar heraushob.

4. Dies alles liegt aber auf tatsächlichem Gebiete. Danach kann auf Grund der Feststellungen des Landesarbeitsgerichts das Bundesarbeitsgericht den Rechtsstreit nicht abschließend entscheiden. Vielmehr muß das Landesarbeitsgericht die noch erforderlichen Feststellungen nachholen; zu diesem Zweck muß die Sache an das Landesarbeitsgericht zurückverwiesen werden.

61

1. Die Dienstordnungen sind, mindestens soweit auf sie in Tarifordnungen wegen einer weiteren Regelung ausdrücklich verwiesen wird, als eine Ergänzung dieser Tarifordnungen anzusehen. Sie sind daher mit dem Kontrollratsgesetz Nr. 56 nicht weggefallen.

2. Die Bestimmung Nr. 4a des Reichs- und Preußischen Ministers des Innern für die Gemeinden (GDO.) über die Ablegung von Prüfungen durch Angestellte der Gemeinden und Gemeindeverbände sind die erste Voraussetzung für die Einreihung in die in diesen Bestimmungen

genannten Vergütungsgruppen der TO.A. Die Erfüllung der Tätigkeitsmerkmale jener Vergütungsgruppen allein genügt nicht. Die Runderlasse des Reichsministers des Innern vom 1. September 1939 und 19. März 1941, durch die bestimmt worden war, daß die Stellen der fraglichen Vergütungsgruppen auch mit Bewerbern ohne die erforderliche Prüfung besetzt werden können, sind mit dem Wiedereintritt normaler Verhältnisse ohne weiteres außer Kraft getreten.

TO.A § 3 Abs. 2 Satz 1 Halbsatz 2.

II. Senat. Urteil v. 13. Januar 1955 i. S. F. (Kl.) w. St. B. (Bekl.) 2 AZR 235/54.

I. Arbeitsgericht Rastatt. — II. Landesarbeitsgericht Freiburg.

Der Kläger ist seit 1. Juni 1948 bei der beklagten Stadt als Angestellter tätig. Nachdem er zunächst eine Vergütung nach der Gruppe IX der Tarifordnung A für Angestellte im öffentlichen Dienst (TO.A) erhalten hatte, ist er seit 1. April 1950 in die Gruppe VIII eingestuft. Die Beklagte lehnte einen Antrag des Klägers, ihm ein Gehalt nach der Gruppe VII zu zahlen, unter Hinweis auf einen Stadtratsbeschluß vom 12. Mai 1952 ab, nach dem für die Eingruppierung von Angestellten in die Gruppe VII TO.A die vorherige erfolgreiche Ablegung der ersten Verwaltungsprüfung gefordert wird. Der Kläger hat sich dieser Prüfung bisher nicht unterzogen.

Mit der Klage begehrt der Kläger die ihm nach seiner Meinung zustehende Vergütung nach der Gruppe VII TO.A.

Die Klage blieb in allen Instanzen erfolglos.

Aus den Gründen:

Die Vorinstanzen sind zutreffend davon ausgegangen, daß die nach § 3 Abs. 2 TO.A erfolgende Einstufung eines Angestellten im öffentlichen Dienst grundsätzlich durch die Gerichte nachprüfbar ist (vgl. Urteil des Zweiten Senats des Bundesarbeitsgerichts vom 23. 9. 1954 — BAG 1, 85). Ihre Entscheidung, daß der vom Kläger geltend gemachte Anspruch der Begründung entbehre, weil für eine Einstufung in die Gruppe VII TO.A die erfolgreiche Ablegung einer Verwaltungsprüfung erforderlich sei und die Beklagte auch hinsichtlich des Klägers den Grundsatz der Gleichbehandlung nicht verletzt habe, ist rechtlich nicht zu beanstanden.

Nach § 3 Abs. 2 TO.A kann die Ablegung von Prüfungen durch die Dienstordnung vorgeschrieben werden. Dementsprechend ist nach Nr. 4 a der gemeinsamen Dienstordnung des Reichs- und Preußischen Ministers des Innern für die Gemeinden (GDO.) bestimmt worden, daß in die Vergütungsgruppen VII — IV TO.A Angestellte im Verwaltungs-, Kassen- oder Sparkassendienst in der Regel nur eingestellt werden oder aufrücken sollen, wenn sie sowohl den Anforderungen hinsichtlich der Tätigkeitsmerkmale für diese Vergütungsgruppen genügen als auch die für den Verwaltungszweig in Betracht kommende Prüfung erfolgreich abgelegt haben. Von dem Erfordernis der Prüfung kann mit Zustimmung des zuständigen Fachministers oder der von ihm ermächtigten Stelle abgesehen werden. Es ist ferner noch angeordnet, daß es der besonderen Zustimmung des Fachministers bei Angestellten, die gewisse Voraussetzungen erfüllen — die ihrerseits aber für den vorliegenden Fall aus der Betrachtung ausscheiden —, nicht bedarf.

Durch Artikel I des Kontrollratsgesetzes Nr. 56 ist zwar das Gesetz zur Ordnung der Arbeit in öffentlichen Verwaltungen und Betrieben vom 23. März 1934 einschließlich aller zusätzlichen und zu seiner Durchführung erlassenen Gesetze, Verordnungen, Bestimmungen und Erlasse aufgehoben, jedoch hinsichtlich der bestehenden Tarifordnungen in Artikel II vorgeschrieben worden, daß sie bis zu ihrer Aufhebung, Änderung oder anderweitigen Neufassung seitens der zuständigen Behörden weiterhin in Kraft bleiben. Da die Dienstordnungen, mindestens soweit auf sie in den Tarifordnungen wegen einer weiteren Regelung ausdrücklich verwiesen wird, als eine Ergänzung dieser Tarifordnungen anzusehen sind, müssen auch sie als weitergeltend angesehen werden. Der Sinn der vorgesehenen Aufrechterhaltung der Tarifordnungen ist der, daß bei ihren ins Einzelne gehenden Regelungen anderenfalls sehr leicht eine durch die Rechtsprechung nicht auszufüllende, schwerwiegende Lücke eintreten könnte, dies gilt in gleichem Maße auch für die sie ergänzenden Dienstordnungen und mithin auch für die GDO. Nr. 4 a hinsichtlich der dort vorgeschriebenen Ablegung von Prüfungen. Die Fassung der GDO. Nr. 4 a, daß Angestellte „in der Regel" nur eingestellt werden oder aufrücken „sollen", ist trotz ihres Wortlautes als eine Mußvorschrift aufzufassen, wie sich aus dem dann folgenden Satz eindeutig ergibt. Wenn nämlich von dem Erfordernis der Prüfung mit Zustimmung des Ministers abgesehen werden kann, so läßt dies nur den Schluß zu, daß sonst auf die Ablegung der Prüfung durch eine Entscheidung der unmittelbar vorgesetzten Behörde nicht verzichtet werden darf. Hierfür spricht auch die weitere Regelung, daß nur in genau bestimmten Fällen — aus derem Kreis einer nach dem Ende des nationalsozialistischen Regimes keine Geltung mehr hat — von der besonderen Zustimmung des Ministers abgesehen werden kann.

Durch Runderlaß des Reichsministers des Innern vom 1. September 1939 war bestimmt worden, daß zunächst für eine Übergangszeit, längstens jedoch bis zum 31. März 1941, im Hinblick auf die fortschreitende Verknappung der Arbeitskräfte und dem Umstand, daß Angestellte mit erfolgreich abgelegter Prüfung nicht in ausreichender Zahl zur Verfügung stünden, Stellen der Vergütungsgruppen VII — IV TO.A auch mit Bewerbern ohne die erforderliche Prüfung besetzt werden könnten. Später erklärte sich der Minister durch Erlaß vom 19. März 1941 damit einverstanden, daß auch über den 31. März 1941 hinaus bis auf weiteres entsprechend verfahren werden könne (vgl. Reichministerialblatt des Reichs- und Preußischen Ministers des Innern 1939 S. 1822 und 1941 S. 479). Diese Erlasse stellen es offensichtlich auf die besonderen Verhältnisse der Kriegszeit ab. Dies zeigt der Zeitpunkt ihres Ergehens und die Begründung, die dem ersten Erlaß beigegeben ist; der zweite bringt lediglich eine weitere Ausdehnung der Geltungsdauer des ersten. Sie finden deshalb ohne weiteres ihr Ende mit dem Wiedereintritt normaler Verhältnisse. Ihr nicht zuletzt bei der Begründung des ersten Erlasses eindeutig deutlicher Zweck ergibt ihre Befristung, ohne daß sie hätte besonders ausgesprochen werden müssen. Daß im Jahre 1952, als durch den Stadtratsbeschluß der Beklagten vom 12. Mai 1952 für eine Einstufung in die Gruppe VII wieder als Voraussetzung die bestandene Verwaltungsprüfung verlangt wurde, normale Verhältnisse vorlagen, muß angenommen werden. Durch den Stadtratsbeschluß wurde deshalb auch nicht eine soziale Angelegenheit neu geregelt, sondern nur etwas bestätigt, was bereits durch die TO.A und GDO. festgelegt war. Eine Mitbestimmung des Personalrats der Beklagten war deshalb nach §§ 29, 21 Abs. 1 Buchstabe d des Badischen Betriebsrätegesetzes vom 24. September 1948 (GVBl. 1948 S. 209) nicht erforderlich, denn es handelte sich bei dem Verlangen nach dem Bestehen einer Prüfung nicht um die Geltendmachung einer der Beklagten als Arbeitgeberin gegebenen und dann nur zusammen mit dem Personalrat zu verwirklichenden Gestaltungsmöglichkeit einer sozialen Angelegenheit, sondern nur um die Feststellung, daß ansonsten bereits wirksam bestehende tarifliche Normen wider anzuwenden sind.

Es kann im Gegensatz zur Meinung der Revision nicht angenommen werden, daß die Bestimmung der GDO Nr. 4 a nur eine verwaltungsmäßige Anweisung an die Gemeindebehörden enthalte und es deshalb allein darauf ankomme, ob die Tätigkeitsmerkmale der einzelnen Vergütungsgruppen erfüllt seien. Aus der Fassung des § 3 Abs. 2 TO.A, daß die Angestellten zwar nach den festgelegten Tätigkeitsmerkmalen in die entsprechende Vergütungsgruppe einzureihen sind, aber durch die Dienstordnung die Ablegung von Prüfungen vorgeschrieben werden kann, ist zu schließen, daß die von der Dienstordnung entprechend dieser Bestimmung vorgeschriebene Prüfung als die erste Voraussetzung für die Einreihung in die in Betracht kommende Vergütungsgruppe gegeben sein muß (vgl. Ambrosius, Das Tarifrecht der Angestellten im öffentlichen Dienst, 4. Auflage, S. 152 ff.). Die Prüfungen werden in einem Halbsatz genannt, der gleichgeordnet neben dem vorhergehenden Halbsatz steht, nach dem der Arbeitnehmer entsprechend den vorgesehenen Tätigkeitsmerkmalen einzureihen ist. Die Vorschriften der Dienstordnung über die Notwendigkeit der Prüfungen müssen dabei, da sie von der Tarifordnung selbst unmittelbar getragen werden und vor allem, weil sie dabei doch ihre Bestimmungen in einer von der Tarifordnung gebilligten Weise ergänzen, als normativ wirkend angesehen werden. Es genügt also nicht, daß der Angestellte die Tätigkeitsmerkmale der von ihm geforderten Vergütungsgruppe erfüllt, sondern er muß zuerst einmal die Prüfung bestanden haben. Ob von dem Erfordernis der Prüfung je nach der Besonderheit des Falles — etwa bei langjähriger Beschäftigung entsprechend den Tätigkeitsmerkmalen der geforderten Tarifgruppe — Ausnahmen zu machen sind, braucht hier unmittelbar nicht entschieden zu werden. Der 24 Jahre alte Kläger ist erst seit 1948 bei der Beklagten tätig und fordert selbst ab 1. Juni 1953 die Bezahlung nach der Vergütungsgruppe VII, nachdem ihm vorher ein Gehalt nach der Gruppe IX und dann ab 1. September 1950 nach der Gruppe VIII gezahlt worden ist. Mit Recht hat deshalb das Berufungsgericht angenommen, daß von einer langjährigen Tätigkeit entsprechend den Tätigkeitsmerkmalen der Gruppe VII keine Rede sein kann.

62

1. Die erste Möglichkeit der Vergütungsgruppe VI a TO.A enthält keine Ermessensvorstellungen, sondern ausschließlich justiziable Begriffe.

2. Das gleiche gilt von den drei Möglichkeiten des ersten Falles der Vergütungsgruppe V a TO.A. Dahingestellt bleibt lediglich, ob das beispielhaft genannte Merkmal „künstlerische Begabung“ Ermessensvorstellungen enthält.

3. Die erste Möglichkeit des ersten Falles der Vergütungsgruppe V a TO.A hebt sich von der Vergütungsgruppe VI a TO.A nicht durch

Mengen-, sondern durch Güteleistungen heraus. Ebenso stellt die dritte Möglichkeit des ersten Falles der Vergütungsgruppe V a TO.A auf Güteleistungen ab, die im übrigen naturgemäß diejenigen der Vergütungsgruppe VI a TO. A übersteigen müssen.

TO.A § 3 Abs. 2 Satz 1; Vergütungsgruppe VI Buchstabe b und Vergütungsgruppe V Buchstabe a der Allgemeinen Vergütungsordnung zur TO.A.

II. Senat. Urteil vom 13. Januar 1955 i. S. L. Schl. (Bekl.) w. H. (Kl.) 2 AZR 27/54.

I. Arbeitsgericht Schleswig. — II. Landesarbeitsgericht Kiel.

Der Kläger hat im Juli 1941 eine Prüfung als Ingenieur abgelegt. Mit Ausnahme seiner etwa vom September 1941 bis August 1945 dauernden Kriegsdienstzeit war er stets als Tiefbauingenieur beschäftigt.

Vom 15. August 1946 bis 28. Februar 1953 war er bei dem beklagten Landkreis als Bauingenieur angestellt und wurde nach der Vergütungsgruppe VI a TO.A besoldet.

Er behauptet, die Tätigkeitsmerkmale der Gruppe V a TO.A zu erfüllen, und verlangt von dem beklagten Kreis einen Teil von 700,— DM des ihm seit dem 1. Januar 1951 nach seiner Auffassung zustehenden Unterschiedsbetrages.

Das Landesarbeitsgericht hat ihm diesen Betrag zugesprochen.

Die Revision des beklagten Landkreises führte zur Aufhebung und Zurückverweisung aus folgenden

Gründen:

1. Wie der Senat in seiner Entscheidung vom 23. September 1954 (BAG. 1, 85) ausgeführt hat, hat das Gericht die Aufgabe zu prüfen, ob der Behördenangestellte nach der richtigen Gruppe der Allgemeinen Vergütungsordnung zur TO.A besoldet wird. Nur insoweit als die Tätigkeitsmerkmale einer bestimmten Vergütungsgruppe wenigstens teilweise Ermessensvorstellungen und nicht ausschließlich Rechtsbegriffe, wenn auch unbestimmte, enthalten, sind der Nachprüfung Schranken gesetzt, da die entsprechende Ausübung des Ermessens dann nach § 3 Abs. 2 Satz 2 und 3 TO.A Sache des Dienstberechtigten ist.

2. Die Tätigkeitsmerkmale der Vergütungsgruppe V a TO.A, die der Kläger für sich in Anspruch nimmt, enthalten auch nicht teilweise Ermessensvorstellungen, sondern ausschließlich justiziable Begriffe. Die Vergütungsgruppe V a baut wenigstens in ihrer ersten Möglichkeit auf der Vergütungsgruppe VI a auf; VI a verlangt aber bereits außer der

regelmäßig schon für die Einreihung nach der Gruppe VII erforderlichen technischen Ausbildung, die durch den erfolgreichen Besuch einer Fachschule nachgewiesen wird, deren Abschlußzeugnisse zum Eintritt in die Laufbahn des gehobenen technischen Dienstes berechtigen, zuzüglich noch eine „Bewährung in mehrjähriger Berufstätigkeit" (Gruppe VI a). Dabei wird diese Bewährung nach ganz besonderen, in einer eingeklammerten Erläuterung bezeichneten, Tätigkeitsmerkmalen bemessen; von diesen Tätigkeitsmerkmalen mögen einzelne, wie die Befähigung zur „vollwertigen Dienstleistung", nicht immer leicht festzustellen sein; ihre Feststellung ist aber bei Beachtung des Berufsbildes immerhin nicht ausgeschlossen und es ist nicht einzusehen, daß sie Bewertungen enthalten, die nur der Dienstberechtigte nach seinem Ermessen vornehmen könnte. Schon die Gruppe VI a enthält also keine Ermessensvorstellungen.

Die Gruppe V a erfordert in ihrer ersten Möglichkeit ihres ersten Falles besondere Leistungen, durch die sich der Angestellte der Gruppe V a von der Gruppe VI a heraushebt. Die zweite Möglichkeit liegt hier schon deshalb nicht vor, weil der Kläger eine Hochschule und eine Kunstakademie nicht besucht hat. Hier nimmt der Kläger aber noch die dritte Möglichkeit in Anspruch, nämlich daß der Angestellte zwar keine technische Hochschule oder Kunstakademie besucht hat, wohl aber gleichwertige Arbeit leistet. Die „besonderen Leistungen" und die „gleichwertige Tätigkeit" erläutert die Vergütungsordnung beispielhaft in einer besonderen Klammer. Ob das dort angegebene Merkmal „künstlerische Begabung" eine Ermessensvorstellung enthält, braucht nicht entschieden zu werden. Die hier in Frage kommenden Merkmale, nämlich „besondere Fachkenntnisse", „besondere praktische Erfahrung", „schwierige Bauten" sind zwar sehr allgemein; auch daß der Angestellte nach Gruppe V a sich aus der Gruppe VI a — durch seine „besonderen Leistungen" — heraushebt, ist wenig bestimmt. Gleichwohl ist nicht einzusehen, daß die Tarifordnung hier verschiedene Möglichkeiten zur Wahl und diese Wahl in das Ermessen des Dienstberechtigten hat stellen wollen; vielmehr ist offenbar auch hier nur eine ganz bestimmte Entscheidung die richtige.

Es wäre unverständlich, wenn nur die zweite Möglichkeit des ersten Falles der Gruppe V a mit ihren ausschließlich auf äußere Umstände (erfolgreicher Besuch einer Fachschule, deren Abschlußzeugnisse zum Eintritt in die Laufbahn des gehobenen technischen Dienstes berechtigen und viersemestriger Besuch einer technischen Hochschule oder Kunstakademie) abstellenden Merkmalen eine sich ausschließlich nach justiziablen Begriffen richtende Eingruppierung ermöglichte, während die Eingruppierung nach den beiden anderen Möglichkeiten entscheidend vom Ermessen des Dienstherrn abhängen sollte. Eine Entscheidung allein ist übrigens auch nur möglich bei den sonst im bürgerlichen Recht vorkommenden Generalklauseln wie „Treu und Glauben", „wichtiger Grund", „Verkehrssitte", „Ausbeuten", „Leichtsinn", „Notlage", „Unerfahrenheit", „guten Sitten", „ehrloser Lebenswandel".

3. Es bleibt also zu prüfen, ob der Kläger die Tätigkeitsmerkmale der Gruppe V a erfüllt. Ob der Kläger die Prüfung vom Juli 1941 an einer Fachschule abgelegt hat, deren Abschlußzeugnisse zum Eintritt in die Laufbahn des gehobenen technischen Dienstes berechtigen (Bemerkung 2 zu allen Vergütungsgruppen), stellt das Landesarbeitsgericht nicht ausdrücklich fest; anscheinend bestand hierüber aber zwischen den Parteien kein Streit.

Im übrigen stellt das Landesarbeitsgericht fest, daß der Kläger ein überdurchschnittlich großes Arbeitspensum ohne Beeinträchtigung der Arbeitsqualität geleistet habe, ob der Kläger sich durch die Güte seiner Leistungen aus der Gruppe VI a herausgehoben hat, läßt es dahingestellt.

Diese Feststellungen vermögen jedoch nicht, wie das Landesarbeitsgericht meint, die Einreihung des Klägers in die Gruppe V a zu rechtfertigen. Das als erste Möglichkeit für die Eingruppierung nach V a aufgestellte Erfordernis, daß der Angestellte sich durch besondere Leistungen aus der Gruppe VI a herausheben soll, kann nur besagen, daß er schwierigere und nicht etwa der Menge nach umfangreichere Leistungen vollbringen muß als der in die Gruppe VI a einzureihende. Denn schon die Gruppe VI a ist nicht durch eine Arbeitsmenge, sondern nur durch eine Arbeitsgüte gekennzeichnet. Eine Heraushebung ist also eben auch nur wieder durch eine Arbeitsgüte möglich. Die eingeklammerten Erläuterungen der Gruppe VI a führen einfachere Arbeiten als die beispielhaft angeführten eingeklammerten Erläuterungen der Gruppe V a auf; auch das deutet darauf hin, daß der Unterschied zwischen den beiden Gruppen in der Arbeitsgüte und nicht in der Arbeitsmenge zu erblicken ist.

Nichts anderes kann aber gelten, soweit der Kläger seine Eingruppierung in die Gruppe V a auf die dritte in den Tätigkeitsmerkmalen aufgeführte Möglichkeit ihres ersten Falles stützt. Als „gleichwertige Kraft mit entsprechender Tätigkeit" bezeichnet die TO.A diejenigen Angestellten, die als Außenseiter ohne die vorgeschriebenen Prüfungen oder die sonstige schulmäßige Ausbildung befähigt sind, eine bestimmte Tätigkeit auszuüben. Die Vorbildung, die die erste in den Tätigkeitsmerkmalen der Vergütungsgruppe V a aufgeführte Möglichkeit verlangt, nämlich die technische Ausbildung nach der Nr. 2 der Bemerkung zu allen Vergütungsgruppen, besitzt der Kläger anscheinend.

Wohl aber besitzt er nicht die in der zweiten Möglichkeit verlangte weitere Voraussetzung, nämlich den viersemestrigen Besuch einer technischen Hochschule oder Kunstakademie. Gerade diese besondere Ausbildung kann aber immer nur auf eine höhere Güteleistung, nicht auf eine höhere Mengenleistung abzielen. Ihr entsprechen daher auch keine Mengenleistungen, sondern nur Güteleistungen, die naturgemäß die in der niedrigeren Vergütungsgruppe VI a verlangten übersteigen müssen.

4. Hiernach können die tatsächlichen Feststellungen des Landesarbeitsgerichts das angefochtene Urteil nicht tragen. Die endgültige Entscheidung des Rechtsstreits hängt vielmehr von der Klärung der vom Landesarbeitsgericht offengelassenen Frage ab, ob der Kläger sich durch die Qualität seiner Leistungen aus der Gruppe VI a herausgehoben hat. Diese Frage liegt aber auf tatsächlichem Gebiet und kann daher nur von dem Landesarbeitsgericht beantwortet werden, an das die Sache somit zurückzuverweisen ist.

63

1. Die Verfassungssätze, daß Männer und Frauen gleichberechtigt sind (Art. 3 Abs. 2 GG.), und daß niemand wegen seines Geschlechts benachteiligt werden darf (Art. 3 Abs. 3 GG.), sind geltende, echte Rechtsnormen und keine bloßen Programmsätze.

2. Der Gleichberechtigungsgrundsatz und das Benachteiligungsverbot umfassen auch den Grundsatz der Lohngleichheit von Mann und Frau bei gleicher Arbeit.

3. Der Lohngleichheitsgrundsatz bindet als Grundrecht nicht nur die staatliche Gewalt, sondern auch die Tarifvertragsparteien.

4. Eine Tarifklausel, die generell und schematisch weiblichen Arbeitskräften bei gleicher Arbeit nur einen bestimmten Hundertsatz der tariflichen Löhne als Mindestlohn zubilligt, verstößt gegen den Lohngleichheitsgrundsatz und ist nichtig.

5. Der Grundsatz der Lohngleichheit schließt es aus, daß die Arbeit der Frau mit Rücksicht auf die zu ihren Gunsten erlassenen Schutznormen geringer entlohnt wird.

6. Nur solche Lohndifferenzierungen sind zulässig, die auch bei Männern vorgenommen werden, wenn und soweit es sich um Arbeiten handelt, die in gleicher Weise für Männer und Frauen tariflich vorgesehen sind.

7. Ist die tarifliche Abschlagsklausel über die Frauenlöhne nichtig, so muß geprüft werden, welchen Einfluß die Nichtigkeit auf die Rechtswirksamkeit des gesamten Tarifvertrages oder jedenfalls der tariflichen Lohnregelung hat. Es ist der Wille der Tarifvertragsparteien zur Zeit des Abschlusses des Tarifvertrages zu erforschen. Dabei darf aber nicht außer Acht gelassen werden, welche Entscheidung die Tarifparteien vernünftigerweise nach Treu und Glauben unter Berücksichtigung der Verkehrssitte getroffen hätten, wenn ihnen die Nichtigkeit der Abschlagsklausel bekannt gewesen wäre.

GG. Art. 1 Abs. 3; Art. 3 Abs. 2 u. Abs. 3; TVG. § 1; BGB. § 134, § 139.

I. Senat. Urteil vom 15. Januar 1955 i. S. M. (Kl.) w. B.(Bekl.) 1 AZR 305/54.

I. Arbeitsgericht Hameln. — II. Landesarbeitsgericht Hannover.

Die Beklagte betreibt eine Stuhlfabrik. Die Klägerin war bei ihr vom 1. Oktober 1950 bis zum 22. August 1953 als Hilfsarbeiterin tätig. Sie arbeitete im Akkord und im Stundenlohn. Soweit die Klägerin im Stundenlohn tätig war, wurde sie mit dem Stapeln von Holz beschäftigt.

Das Arbeitsverhältnis der Parteien unterlag der Tarifvereinbarung zwischen dem Landesverband Niedersachsen der holzverarbeitenden Industrie und der Gewerkschaft Holz, Bezirksleitung Niedersachsen vom 5. April 1951. In dieser Tarifvereinbarung sind unter „I Geltungsbereich" nach verschiedenen Ortsklassen für die Berufsgruppen: Facharbeiter, Angelernte und Hilfsarbeiter Ecklöhne in den einzelnen Sparten der holzverarbeitenden Industrie festgelegt. Außerdem sind in anderen Abschnitten der Tarifvereinbarung u. a. die Lehrlingsvergütung, die Akkordarbeit und der Urlaub geregelt worden. Unter „II Frauenlöhne" bestimmt der Tarif u. a.:

„Weibliche Arbeitskräfte erhalten für die Spulenindustrie 75 %, für die übrige unter diese Tarifvereinbarung fallende holzverarbeitende Industrie 80 % der betr. Männerlöhne."

Die späteren Tarifvereinbarungen vom 15. Dezember 1952 und vom 19. Januar 1953, die auf der Tarifvereinbarung vom 5. April 1951 basieren und im wesentlichen nur Lohnerhöhungen vorsehen, enthalten für die Frauenentlohnung dieselbe Klausel.

Soweit die Klägerin im Stundenlohn beschäftigt war, erhielt sie von der Beklagten den auf Grund der Lohnabschlagsklausel errechneten Lohn in Höhe von 0,94 DM je Stunde. Der tarifliche Ecklohn, der für die gleiche Arbeit an Männer gezahlt wurde, betrug 1,17 DM je Stunde.

Die Klägerin ist der Ansicht, sie habe die gleiche Arbeit wie die Männer geleistet; sie habe daher Anspruch auf den tariflichen Ecklohn ohne Abschlag; die Minderentlohnungsklausel für Frauen in der Tarifvereinbarung verstoße gegen die Gleichberechtigung von Mann und Frau und sei daher unwirksam.

Auf ihre Klage hat das Arbeitsgericht die Beklagte zur Nachzahlung einer der Höhe nach unstreitigen Lohndifferenz von 92,– DM verurteilt.

Auf die Berufung der Beklagten hat das Landesarbeitsgericht die Klage abgewiesen und die Revision zugelassen.

Das Landesarbeitsgericht führt aus, Art. 3 GG. binde zwar auch die Tarifvertragsparteien, verbiete aber eine Andersbehandlung der Frau nur dann, wenn die verschiedenartige Behandlung auf der Geschlechtszugehörigkeit beruhe, ohne daß die unterschiedliche Behandlung in den geminderten Leistungen der Frauen oder in dem geminderten Wert dieser Leistungen für den Betrieb ihre Rechtfertigung finde. Aus Art. 3 GG. könne nicht gefolgert werden, daß die Löhne ausschließlich nach der Leistung vereinbart werden dürften. Insbesodere sei es nicht verboten, den Lohn nach dem wirtschaftlichen Wert der Arbeit für das Unternehmen des Arbeitgebers zu bemessen. Bei Anwendung dieser Grundsätze sei die tarifliche Regelung im vorliegenden Fall als zulässig und damit rechtsverbindlich anzusehen.

Die Revision der Klägerin führte zur Aufhebung und Zurückverweisung aus folgenden

Gründen:

Art. 3 Abs. 2 und Abs. 3 GG. bestimmen, daß Männer und Frauen gleichberechtigt sind, und daß niemand wegen seines Geschlechtes benachteiligt werden darf. Der Gleichberechtigungsgrundsatz und das Benachteiligungsverbot sind Konkretisierungen des allgemeinen Gleichheitssatzes und geltende, echte Rechtsnormen, keine bloßen Programmsätze (BVerfGE. 3, 225; BGHZ. 11, 34*). Sie schränken die Ermessensfreiheit in der rechtlichen Behandlung von Mann und Frau ein. Der Geschlechtsunterschied darf hiernach grundsätzlich für die rechtliche Behandlung von Mann und Frau keine Rolle mehr spielen, es sei denn, die Nichtbeachtung des Geschlechtsunterschieds sei Willkür (BAG. 1, 53 f.).

Der Gleichberechtigungsgrundsatz und das Benachteiligungsverbot umfassen auch den Grundsatz der Lohngleichheit von Mann und Frau bei gleicher Arbeit (vgl. v. Mangoldt, Komm. z. GG., Art. 3 Anm. 4; Bonner Kommentar z. GG., Art. 3, Anm. I, II 2 b; Rechtsgutachten des

Instituts für Handels- und Wirtschaftsrecht an der Universität Bonn, erstattet von Schmidt-Rimpler, Gieseke, Friesenhahn, Knur = Bonner Gutachten, AöR. 76, 168; Nipperdey, Gleicher Lohn der Frau für gleiche Leistung, 1951, S. 4 ff., mit zahlreichen weiteren Angaben; Herschel, BB. 1950, 92; Molitor, Die arbeitsrechtliche Bedeutung des Art. 3 des Bonner Grundgesetzes, AcP. 151, 385; derselbe BB. 1952, 203; Hildegard Krüger, Die Gleichberechtigung im Arbeitsrecht, NJW. 1953, 1772; A. Bischoff, BB. 1950, 427; Hueck, Die Bedeutung des Art. 3 des Bonner Grundgesetzes für die Lohn- und Arbeitsbedingungen der Frauen, 1951 S. 9 f.; Nikisch, Arbeitsrecht 2. Aufl. Bd. 1, 1955 S. 302 ff.; Beitzke RdA. 1951, 40; 1953, 281 und in Neumann-Nipperdey-Scheuner, Die Grundrechte, 2. Bd., 1954 S. 222 ff.).

Das ergibt sich mit völliger Klarheit aus der Entstehungsgeschichte des Grundgesetzes, die zur Auslegung des wirklichen Willens des Verfassungsgesetzgebers heranzuziehen ist. Aus den Gesetzesmaterialien ist ersichtlich, daß der Ausschuß für Grundsatzfragen des Parlamentarischen Rates in seiner 27. Sitzung vom 1. Dezember 1948 ausdrücklich protokollarisch festgelegt hat, durch Art. 3 Abs. 3 GG. sei für die Frau auch „gleicher Lohn bei gleicher Arbeit" verbürgt (Kurzprotokoll der 27. Sitzung vom 1. Dezember 1948 S. 2).

In der 42. Sitzung des Hauptausschusses des Parl. Rates vom 18. Januar 1949 führte sodann die Abgeordnete Dr. Selbert u. a. aus: „ . . . Der Satz der Gleichberechtigung umfaßt dies alles, ebenso wie er auch den Anspruch der berufstätigen Frau auf gleichen Lohn bei gleicher Arbeit umfaßt. Ich sage das ausdrücklich noch einmal, damit es in die Motive zur Verfassung hineinkommt und ausdrücklich auch im Protokoll festgehalten wird, so daß zu irgendwelchen Zweifeln infolgedessen gar kein Anlaß mehr besteht. Wir wollen also das auch darunter verstanden haben . . ." In derselben Sitzung des Hauptausschusses wurde daraufhin durch den Vorsitzenden abschließend ausdrücklich als allgemeine, protokollierte Auffassung wörtlich festgestellt, „daß der Satz von der Gleichberechtigung für Mann und Frau beinhaltet, daß Mann und Frau bei gleicher Arbeit gleichen Lohn bekommen (Zustimmung). Es ist keine Stimme dagegen" (Stenoprotokoll der 42. Sitzung des Hauptausschusses vom 18. I. 1949, in Verhandlungen des HA. S. 538 ff., 543).

Es liegt keinerlei Anhaltspunkt dafür vor, daß das Plenum des Parlamentarischen Rates bei der Annahme des Grundgesetzes von dieser Auffassung abweichen wollte. Dieser Wille der gesetzgebenden Faktoren, wie er sich aus der Entstehungsgeschichte des GG. ergibt, ist auch im Wortlaut des Art. 3 hinreichend zum Ausdruck gekommen (vgl. dazu Enneccerus-Nipperdey, Allgem. Teil, 14. Aufl., 1952, I § 55).

Die im Anschluß an das Bonner Gutachten a. a. O., Hueck a. a. O., Schätzel, RdA. 1950, 248 und W. Jellinek, BB. 1950, 425, vertretene Ansicht der Revisionsbeklagten, der Lohngleichheitsgrundsatz binde als Grundrecht nur die staatliche Gewalt, nicht aber die Tarifvertragsparteien, ist nicht zutreffend. Der erkennende Senat hat bereits in seinem Urteil 1 AZR. 150/54 (BAG. 1, 191 ff.) des Näheren ausgeführt, daß zwar nicht alle, aber doch eine Reihe bedeutsamer Grundrechte der Verfassung nicht nur Freiheitsrechte gegenüber der Staatsgewalt garantieren, vielmehr Ordnungsgrundsätze für das soziale Leben sind, die in einem aus dem Grundrecht näher zu entwickelnden Umfang unmittelbare Bedeutung auch für den privaten Rechtsverkehr der Bürger untereinander haben können (vgl. dazu die Schrifttumangaben in dem angeführten Urteil).

Hier brauchte der Senat jedoch nicht zu entscheiden, ob auch der Grundsatz der Lohngleichheit von Mann und Frau bei gleicher Arbeit schlechthin zu diesen für den Privatrechtsverkehr geltenden Grundrechten gehört, ob also z. B. die Arbeitsverträge an ihn gebunden sind. Denn zunächst handelt es sich im vorliegenden Rechtsstreit darum, ob T a r i f v e r t r ä g e dem Grundsatz der Lohngleichheit von Mann und Frau unterworfen sind.

Das ist zu bejahen.

Nach Art. 1 Abs. 3 GG. binden die nachfolgenden Grundrechte auch die Gesetzgebung als unmittelbar geltendes Recht. Tarifverträge sind aber Gesetzgebung, G e s e t z e i m m a t e r i e l l e n S i n n e, weil sie namentlich in ihren Arbeitsbedingungen o b j e k t i v e s R e c h t für die Arbeitsverhältnisse der Beteiligten setzen. Das ergibt sich zwingend aus dem Tarifvertragsgesetz vom 9. April 1949, das für das gesamte Bundesgebiet Geltung hat (vgl. Gesetz über die Erstreckung des TVG. vom 23. 4. 1953; BGBl. I, S. 156). Nach § 1 TVG. enthält der Tarifvertrag R e c h t s n o r m e n, die den Inhalt, den Abschluß und die Beendigung von Arbeitsverhältnissen sowie betriebliche und betriebsverfassungsrechtliche Fragen ordnen können.

Irrig ist die Ansicht, Art. 1 Abs. 3 GG. meine „Gesetzgebung" (Gesetz) nur im Sinne der staatlichen Gesetzgebung. Vielmehr wird der Begriff des „Gesetzes" in der deutschen Rechtsordnung in wichtigen und grundlegenden Bestimmungen im Sinn von objektivem Recht schlechthin (Rechtsnormen, Rechtssätze) gebraucht. So z. B. im Art. 2 EGBGB., im § 1 GVG., im Art. 97 GG., in § 550 ZPO. (vgl. dazu namentlich auch BVerfGE. 1, 184 ff.). Er umfaßt dann auch das autonom gesetzte (nicht mit der sog. privaten Vereinsautonomie oder der sog. Vertragsautonomie zu verwechselnde) objektive Recht und das Gewohnheitsrecht. Die Tarifverträge sind aber autonomes Recht (vgl. Hueck bei Hueck-Nipperdey, TVG. § 1 Anm. 114; Enneccerus-Nipperdey, Allg. Teil § 43 II mit Angaben). Wenn Hueck, a. a. O. S. 27 ff., nur das staatlich gesetzte Recht als „Gesetzgebung" im Sinne des Art. 1 Abs. 3 GG. anerkennen will, so ist das schon um deswillen nicht einleuchtend, weil doch keinesfalls das von den Gebietskörperschaften (Gemeinden usw.) gesetzte, gleichfalls unter den Autonomiebegriff fallende Recht von der Bindung an die Grundrechte frei sein kann. Es spricht nichts dafür, daß die Grundrechte nur die staatliche Gesetzgebung binden, aber jede andere Setzung objektiven Rechts, die doch immer eine höchst bedeutsame und weittragende Funktion ist, sich mit der Verfassung in Widerspruch setzen dürfe. Daher kann Art. 1 Abs. 3 GG. nicht auf die staatliche Gesetzgebung beschränkt sein. Sicherlich gibt es rechtliche Bestimmungen, in denen der Begriff des Gesetzes im Sinne eines staatlichen formellen Gesetzes gemeint ist. Das gilt z. B. für die Bestimmungen, die das Zustandekommen der Gesetze betreffen (Art. 76 ff. GG.), weiter auch für Art. 100 Abs. 1 GG., nach dem die Gerichte, wenn sie ein Gesetz, auf dessen Gültigkeit es bei der Entscheidung ankommt, für grundgesetzwidrig halten, die Entscheidung des Bundesverfassungsgerichts einzuholen haben. Art. 100 Abs. 1 GG. bezieht sich nur auf formelle staatliche Gesetze. Das hat das Bundesverfassungsgericht mit Recht aus der Bedeutung der Normenkontrolle gefolgert, die es gem. Art. 100 Abs. 1 GG. bei Sachen, die von Gerichten vorgelegt werden, ausübt (vgl. BVerfGE. 1, 184; 3, 357). Die Frage der Verfassungsmäßigkeit aller anderen Rechtsquellen unterliegt dem allgemeinen richterlichen Prüfungsrecht im Einzelrechtsstreit (sogenannte Incidentkontrolle). Daher scheidet eine Vorlage an das Bundesverfassungsgericht nach Art. 100 GG. im vorliegenden Falle als unzulässig aus, da Tarifverträge ebensowenig wie Rechtsverordnungen formelle Gesetze sind. Die zutreffende Rechtsprechung des Bundesverfassungsgerichts über den Begriff des Gesetzes nach Art. 100 Abs. 1 GG. ist aber in keiner Weise für die Auslegung des Begriffs der Gesetzgebung in Art. 1 Abs. 3 GG. bedeutsam.

Was den Lohngleichheitssatz betrifft, so entspricht die Auffassung des Senats dem Willen des Verfassungsgesetzgebers, wie sich wiederum aus der Entstehungsgeschichte des GG. ergibt. Gerade die Tarifverträge sollten an das Prinzip der Lohngleichheit der Frauen gebunden werden.

In der schon erwähnten 42. Sitzung des Hauptausschusses vom 18. 1. 1949 führte die Abgeordnete Dr. Selbert hierzu aus: „Ich möchte also unter allen Umständen, daß die Gleichstellung der Frauen bereits zwingendes bindendes Recht auf Grund der Verfassung wird, und zwar in der Weise, daß mit der Annahme der Verfassung diese Bindung bereits eingetreten ist. Ich denke dabei z. B. an den Neuabschluß von vielen Tarifverträgen, der jetzt in aller Kürze erfolgt. Wenn ich bereits die Bindung des Gesetzgebers in der Frage der Gleichberechtigung habe, dann sind die Tarifparteien verpflichtet, diesem Grundsatz bereits Rechnung zu tragen." Hier handelt es sich nicht um eine vereinzelte Meinungsäußerung einer Abgeordneten. Diese brachte vielmehr das zum Ausdruck, was im Parlamentarischen Rat allgemein für richtig gehalten wurde und was auch dem Wortlaut des Grundgesetzes entspricht.

Die entgegengesetzte Ansicht verkennt weiter, daß die Tarifvertragsparteien ihre Autonomie zur Rechtssetzung aus ausdrücklicher staatlicher Übertragung im Tarifvertragsgesetz herleiten. Sie würde ohne diese nicht bestehen. Die normative Wirkung der Regeln des Tarifvertrages geht also letztlich doch auf hoheitliche Gewalt zurück. Ist diese an die Verfassung gebunden, so muß das Gleiche für diejenigen gelten, die auf Grund staatlicher Delegation Rechtssetzungsbefugnisse haben.

Schließlich darf nicht übersehen werden, daß der Tarifvertrag die hauptsächlichste und wichtigste Rechtsform ist, in der heute die Arbeitsbedingungen geregelt werden. Wären die Tarifverträge nicht an den Verfassungssatz von der Lohngleichheit der Frauen gebunden, so stände er für das Arbeitsrecht weitgehend auf dem Papier. Nur für die Beamtengesetzgebung, für staatlich gesetzte Mindestarbeitsbedingungen (Ges. v. 11. 1. 1952, BGBl. I S. 17), die praktisch kaum vorkommen, und in der Heimarbeit (§ 19 HeimArbG.), aber nicht einmal für die Tarifverträge der öffentlichen Hand würde er gelten, da es sich bei diesen nicht um staatliche Gesetzgebung oder Verwaltung handelt. Aufgabe und Sinn des Lohngleichheitsprinzips ist es aber nicht nur, den Einzelnen gegen den Staat zu schützen, der sich in der sozialen Marktwirtschaft einer staatlichen Regelung der Löhne der Privatwirtschaft grundsätzlich überhaupt enthält. Der Staat wird niemals auf die Idee kommen, durch Gesetz für den privaten Sektor bei gleicher Arbeit niedrigere Frauenlöhne festzusetzen. Hingegen ist es wichtig und praktisch sehr bedeutsam, daß die Einzelnen gerade gegen die mit Rechtssetzungsgewalt ausgestatteten Verbände geschützt werden, wenn diese gegen den Lohngleichheitsgrundsatz für Mann und Frau verstoßen sollten. Art. 3 Abs. 2

und Abs. 3 GG. bezwecken, daß, wo immer Rechtsnormen aufgestellt werden, sie die Gleichstellung von Männern und Frauen zu beachten und durchzuführen haben (wie hier Nipperdey a. a. O. S. 10 ff.; Nikisch, Lehrbuch a. a. O. S. 304 ff. mit weiteren Literaturangaben; Beitzke a. a. O. S. 224 f.; Herschel, BB. 1950, 92; Bischoff, BB. 1950, 427; vgl. im übrigen die Zusammenstellung der Meinungen in BB. 1953, 290 und aus der bisherigen Rechtsprechung, namentlich LAG. Düsseldorf, 2. Kammer Köln, BB. 1953, 60; LAG. Frankfurt RdA. 1953, 350; LAG. Hamm RdA. 1951, 39 und AP. 52 Nr. 84).

Aus Art. 3 Abs. 2 und 3 GG. folgt somit, daß in Tarifverträgen Frauen lohnmäßig dann nicht anders behandelt werden dürfen als Männer, wenn sie die gleiche Arbeit wie diese leisten. Sonst wäre der Gleichberechtigungsgrundsatz verletzt und ein Verstoß gegen das Benachteiligungsverbot würde gegeben sein: Denn den Frauen würde nur wegen ihrer Zugehörigkeit zum weiblichen Geschlecht ein geringerer Lohn als den Männern bei sonst gleichen Voraussetzungen gezahlt werden.

Die hier vorliegende Tarifvereinbarung verstößt klar und eindeutig gegen diese Rechtssätze. Denn wenn generell und schematisch weiblichen Arbeitskräften bei gleicher Arbeit nur ein bestimmter Hundertsatz der tariflichen Löhne als Mindestlohn zusteht, so wird diese Lohndifferenzierung ersichtlich nur wegen der Geschlechtszugehörigkeit vorgenommen (vgl. zutreffend Nikisch a. a. O. S. 308).

Es ist irrig, wenn das angefochtene Urteil annimmt, es könne allgemein ohne Rücksicht auf den Grundsatz der Lohngleichheit eine Lohndifferenzierung zwischen Frauen und Männern bei sonst gleichen Voraussetzungen unter dem Gesichtspunkt des verschiedenen wirtschaftlichen Wertes der Frauen- gegenüber der Männerarbeit für das Unternehmen zulässig sein. Der wirtschaftliche Wert der Frauenarbeit wird zwar u. U. nicht dem der Männerarbeit entsprechen. Es braucht nur auf die besonderen für Frauen geltenden Arbeitsschutzbestimmungen verwiesen zu werden (z. B. Arbeitszeitordnung, Hausarbeitstagsgesetze, Mutterschutzgesetz), die den Arbeitgeber aus sozialen Gesichtspunkten wirtschaftlich belasten. Diese sozialen Belastungen werden dem Arbeitgeber u. a. auch deshalb zugemutet, um den berufstätigen Frauen, die in mancher Beziehung auf Grund biologischer und funktionaler Besonderheiten gegenüber den Männern im Nachteil sind, im Arbeitsleben ohne ernsthafte Schädigung gleiche Möglichkeiten zu gewähren. Wenn der Verfassungsgesetzgeber bei dieser Lage das Lohngleichheitsprinzip zu Gunsten der arbeitenden Frauen festlegte, so ist es auch im Hinblick auf die Prinzipien des sozialen Rechtsstaates (Art. 20, 28 GG.) ausgeschlossen, den Grundsatz unter Hinweis auf die erwähnten sozialen Belastungen des Arbeitgebers abzuschwächen oder gar auszuhöhlen. Der Grundsatz der Lohngleichheit verlangt vielmehr, daß die Arbeit der Frau ohne Rücksicht auf Schutznormen, die sich außerhalb der jeweiligen konkreten Arbeit auswirken, entlohnt wird, (ebenso Nikisch a. a. O. S. 307 mit Nachweisen). Die gegenteilige Auffassung würde dazu führen, daß den Frauen praktisch über den Weg der Lohnminderung der gesetzliche soziale Schutz weitestgehend entwertet würde.

Der Lohn darf nur nach der zu leistenden Arbeit ohne Rücksicht darauf bestimmt werden, ob sie von einem Mann oder einer Frau erbracht wird. Auch der wirtschaftliche Wert der Arbeit von Männern kann für den Betrieb sehr verschieden sein, obwohl das im Lohn nicht zum Ausdruck kommt. Für g l e i c h e Arbeitsleistung hat die Frau Anspruch auf den Lohn, den der Mann erhalten würde, wenn er diese Arbeit zu leisten hätte. Hier hat aber die Klägerin eine Arbeit geleistet, die ohne Rücksicht auf objektive Schwierigkeit oder physischen Kraftaufwand des Arbeitenden mit einem bestimmten Zeitlohn vergütet wird. Wenn die Arbeit, die die Klägerin geleistet hat, von einem Mann geleistet worden wäre, so würde er den vollen Lohn (100 %) erhalten haben.

Der Senat hatte hier keine Veranlassung, zu der vielerörterten Frage der Entlohnung sog. ausschließlicher oder typischer Frauenarbeit des Näheren Stellung zu nehmen (vgl. Nikisch a. a. O. S. 305 f.; LAG. Frankfurt RdA. 1953, 350 ff. einerseits und AP. 53 Nr. 144 andererseits). Eine derartige Frauenarbeit ist nur dann gegeben, wenn sie nach dem Tarif und allgemeiner Lebensanschauung und Arbeitspraxis regelmäßig nur von Frauen verrichtet wird, so daß eine gleiche Arbeit von Männern im allgemeinen fehlt. Ein solcher Fall ist niemals gegeben, wenn der Tarif, statt entsprechende Tätigkeits- und Lohnkategorien aufzustellen, sich darauf beschränkt, Tariflöhne festzusetzen, die praktisch für Männer gelten sollen, aber eine Abschlagsklausel für Frauen vorsieht. (Ob Männer, die ausnahmsweise wirklich typische Frauenarbeiten verrichten, dann nur auf den für die Frauen tariflich ausgeworfenen Lohn Anspruch haben, kann hier dahingestellt bleiben.) Im vorliegenden Fall ergibt weder der Tarif, der keine Lohnkategorien für typische Frauenarbeiten enthält, noch die Praxis des Arbeitslebens, daß es sich bei der Tätigkeit der Klägerin um typische Frauenarbeit gehandelt hat.

Daß die hier vorgenommene Differenzierung gegen den Lohngleichheitsgrundsatz verstößt und damit verfassungswidrig ist, zeigt schließlich die folgende Überlegung. Die Klägerin hat Arbeit im Zeitlohn geleistet. Gerade bei der Arbeit im Zeitlohn kommt es aber für die Vergütung darauf an, wieviel Zeiteinheiten der Arbeitende gearbeitet hat, nicht aber auf das Arbeitsergebnis. Dieses ist erfahrungsgemäß je nach Qualität und Disposition der Arbeiter auch ohne Rücksicht auf ihre Geschlechtszugehörigkeit und je nach Zeit und Ort (Arbeitsstätte, Wetter usw.) und besonderen Umständen verschieden. Gleichwohl wird trotz dieser Verschiedenheiten grundsätzlich immer der gleiche Grundlohn für die gearbeiteten Zeiteinheiten gezahlt. Bei Arbeit, die gleicherweise für Frauen und Männer im Zeitlohn tariflich vorgesehen ist, liegt also immer eine gleiche Arbeitsleistung von Mann und Frau vor, wenn sie die gleichen Zeiteinheiten gearbeitet haben. Dabei kommt es entgegen der Ansicht des angefochtenen Urteils nicht auf die besonderen Umstände im jeweiligen Betrieb an. Denn das könnte dazu führen, daß eine tarifliche Bestimmung, die für den gleichen, im Zeitlohn zu vergütenden Arbeitsvorgang für Frauen generell geringere Löhne vorschreibt als für Männer, in dem einen Betrieb gültig, im anderen Betrieb ungültig sein könnte, je nachdem ob die Frauen leichtere Arbeiten verrichten oder nicht. Der Wert der Arbeit für das Unternehmen und die Bewertung der Arbeit nach ihrem besonderen Charakter können also in der Entlohnung nur insoweit zum Ausdruck gebracht werden, als eine bestimmte Arbeit, auch wenn sie von Männern geleistet würde, verschieden entlohnt werden kann, z. B. je nachdem ob sie schwieriger oder leichter ist. Soll eine Arbeit, die im Zeitlohn verrichtet wird, ihrem Wert nach richtig vergütet werden, dann muß der jeweilige Arbeitsvorgang inhaltlich so festgelegt werden (Tätigkeitsmerkmale), daß der Lohnsatz, insbesondere der tarifliche Mindestsatz, wertmäßig der in der Zeiteinheit geleisteten Arbeit entspricht. Wenn man also unterstellt, der 100 %ige Lohn sei für die von der Klägerin geleisteten Arbeiten in diesem Sinne zu hoch, so liegt das daran, daß eine entsprechende tarifliche Gliederung der Arbeitsvorgänge mit entsprechender Lohndifferenzierung unterblieben ist. Auf dem Wege einer generellen Schlechterstellung der Frau kann und darf aber diesem Bedürfnis einer Lohndifferenzierung für geleistete Arbeit nicht abgeholfen werden. Denn das würde der Willkür bei der Frauenentlohnung in den einzelnen Betrieben Tür und Tor öffnen. Gerade das aber soll durch den Gleichberechtigungsgrundsatz und das Benachteiligungsverbot vermieden werden. Nur solche Lohndifferenzierungen sind zulässig, die auch bei Männern vorgenommen werden können, wenn und soweit es sich um Arbeiten handelt, die in gleicher Weise für Männer und Frauen tariflich vorgesehen sind.

Der Senat konnte auch nicht der Meinung beitreten, daß die hier vertretene Rechtsansicht zu einer Bevormundung der Sozialpartner oder zu unzulässigen, mißbilligenswerten Eingriffen in die Freiheit der Verbände führe. Denn die Vertragsfreiheit der Tarifvertragsparteien, mag man sie aus Art. 2 Abs. 1, 19 Abs. 3 GG. (vgl. Enneccerus-Nipperdey Allg. Teil Band 1 § 15 II und § 163 VI) oder aus Art. 9 GG. (Koalitionsfreiheit) begründen, findet ihre Grenze in der verfassungsmäßigen Ordnung. Einen integrierenden Bestandteil dieser verfassungsmäßigen Ordnung bildet aber der Gleichheitsgrundsatz des Art. 3 GG., der seinerseits, wie nachgewiesen, das Prinzip der Lohngleichheit von Mann und Frau bei gleicher Arbeit enthält.

Allerdings ist es notwendig, daß die Tarifparteien einen gewissen Umbau der Tarifverträge vornehmen, der aber keineswegs zu einer ungebührlichen oder wirtschaftlich nicht tragbaren Belastung der Unternehmen führt. Es ist nach dem Gesagten möglich und notwendig, genauere Lohnkategorien zu bilden, insbesondere auch für leichtere und schwerere Arbeiten, die näher bezeichnet werden. Diese Lohnkategorien müssen aber für Mann und Frau gleich sein. Selbst bei den Fachgebieten, in denen vielfach ein Wechsel zwischen solchen leichteren und schwereren Arbeiten eintritt, ist es möglich, darauf abzustellen, ob der betreffende Arbeitnehmer überwiegend leichtere oder schwerere Arbeit verrichtet und danach in die betreffende Lohngruppe gehört. Sollte eine solche Methode dazu führen, daß die Frauen alsdann deshalb geringer entlohnt werden, weil gerade sie es sind, die die leichtere Arbeit oder die überwiegend leichtere Arbeit leisten, so bestehen dagegen keine rechtlichen Bedenken. Ebenso bleiben natürlich die zahlreichen anderen Lohndifferenzierungen nach Art und Dauer der Berufsausbildung, Dauer der Berufszugehörigkeit, Alter, Fähigkeiten usw. zulässig, wenn sie nur nicht auf ein Geschlecht abgestellt sind. Das Rechtsprinzip der Lohngleichheit von Mann und Frau bei gleicher Arbeit wird im wesentlichen nur beim Zeitlohn, nicht aber beim Akkord eine Rolle spielen, da hier nach den erzielten Ergebnissen bezahlt wird. Abgesehen von dem Akkord sind Leistungsprämien möglich, die unter Umständen dazu führen, daß die Männer höhere Löhne erzielen. Daneben sind soziale Zulagen für die Arbeitnehmer, die einen Gatten und (oder) Kinder zu ernähren haben usw., unter besonderen Voraussetzungen denkbar.

Auch exakte tarifliche Minderentlohnungsklauseln für Arbeitnehmer, die leistungsmäßig mit ihren Arbeiten unter dem Normalmaß zurückbleiben, sind zulässig, wenn sie nicht auf ein Geschlecht beschränkt bleiben (näheres bei Hueck-Nipperdey, TVG. § 4 Bem. 18, 70). Dagegen ist es mit Art. 3 Abs. 2 und Abs. 3 GG. nicht vereinbar, eine angebliche typische und generelle Minderleistung der Frauen zu unterstellen und damit einen schematischen Lohnabschlag für Frauen zu begründen (bedenklich Nikisch a. a. O. S. 303). Eine andere Auffassung würde bei der Frauenentlohnung leicht zu Mißbräuchen und Willkür führen (ebenso treffend LAG. Frankfurt, RdA. 1953, 351).

Es ist auch nicht richtig, daß eine Verletzung des Lohngleichheitsprinzips im Tarifvertrag hingenommen werden könne, weil die Tarifparteien, insbesondere die Gewerkschaften das so vereinbart hätten und diese schon wüßten, was richtig und angemessen sei. Daher hat die Entscheidung des LAG. Hamm (AP. 52 Nr. 84), soweit sie das ausführt, mit Recht keine Zustimmung gefunden; vgl. Molitor, BB. 1952, 203; Beitzke, RdA. 1953, 284 und AP. 52, 391. Über jedem Tarifvertrag stehen, wie bereits betont, die verfassungsmäßige Ordnung und die durch sie gedeckten zwingenden Gesetze. Wenn die Gewerkschaften in Abschlagsklauseln für die Frauenlöhne eingewilligt haben, so kann das auf den verschiedensten Gründen beruhen, auf Taktik, auf Verzicht im Ausgleich für die Durchsetzung bestimmter anderer Forderungen usw. Es ist bekannt, daß auch bei den einzelnen Gewerkschaften Zweckmäßigkeitsgründe zuweilen zu verschiedenen Auffassungen über die Frauenlöhne geführt haben. Auch sind die Frauen vielfach in den Gewerkschaften in der Minderheit gegenüber den Männern und nicht am Abschluß der Tarife beteiligt. Es gilt daher, den Verfassungssatz selbst dann durchzusetzen, wenn die Sozialpartner auf seine Durchsetzung verzichtet haben.

Hiernach ist die Klausel der Tarifvereinbarung über den Abschlag für Frauen gegenüber den Tariflöhnen bei gleicher Arbeit wegen Verstoßes gegen Art. 3 Abs. 2 und Abs. 3 GG. nichtig (§ 134 BGB.). Die Revision ist insoweit begründet. Das angefochtene Urteil mußte aufgehoben werden.

Der Senat war jedoch nicht in der Lage, über den Klaganspruch selbst zu entscheiden. Denn die Klägerin begehrt Zahlung des ihr zustehenden Tariflohns. Es fragt sich aber, welchen Einfluß die Nichtigkeit der tariflichen Abschlagsklausel für Frauen auf die Rechtswirksamkeit des Tarifvertrages oder jedenfalls der tariflichen Lohnregelung hat.

Ist nur die verfassungswidrige Klausel nichtig, dann ist der auf den Tarifvertrag gestützte Anspruch der Klägerin begründet. Der Einwand, man könne nicht einfach die „Frauenlöhne" auf den tariflichen Regellohn anheben, der Gleichheitsgrundsatz könne auch zur Herabsetzung der „Männerlöhne" auf die „Frauenlöhne" führen, geht hier fehl. Ist die Differenzierung zu Lasten der Frauen nichtig, so gibt es in dem Tarifvertrag eben keine „Männerlöhne", sondern nur Tariflöhne schlechthin.

Wäre dagegen der gesamte Tarifvertrag oder doch die tarifliche Lohnregelung als solche nichtig, so ist der Anspruch jedenfalls nicht als tariflicher begründet, und es müßte geprüft werden, ob und in welcher Höhe er nur auf Grund des Arbeitsvertrages durchdringt.

Auszugehen ist für die Beurteilung der Nichtigkeit oder Teilnichtigkeit des Tarifvertrages von der Vorschrift des § 139 BGB. Ist ein Teil eines Rechtsgeschäfts nichtig, so ist das ganze Rechtsgeschäft nichtig, wenn nicht anzunehmen ist, daß es auch ohne den nichtigen Teil vorgenommen sein würde. Auch der Tarifvertrag ist — trotz seines Charakters als eines objektives Recht setzenden rechtsverbindlichen Normenvertrages — ein Rechtsgeschäft, wenn auch ein Rechtsgeschäft besonderer Art. Für seine inhaltliche Gestaltung gilt die Vertragsfreiheit der Sozialpartner im Rahmen des Art. 2 Abs. 1 GG. Der Durchsetzung des wirklichen Vertragswillens dient auch der freiheitliche Rechtsgedanke des § 139 BGB. Es ist daher nicht möglich — was Boetticher, RdA. 1953, 164 und Nikisch a. a. O. S. 309 andeuten —, die Maßgeblichkeit der tariflichen „Männerlöhne" aus einer unmittelbaren und zwingenden Korrektur des Tarifvertrages durch Art. 3 Abs. 2 und 3 GG. (im Sinne der Meistbegünstigung) herzuleiten, ganz abgesehen davon, daß dafür jeder Anhalt im Gesetz fehlt.

Ob aber die Voraussetzungen des § 139 BGB. vorliegen, ist vom Tatrichter noch aufzuklären und festzustellen. Die Sache mußte daher zur anderweiten Verhandlung und Entscheidung an das Berufungsgericht zurückverwiesen werden.

Das Landesarbeitsgericht wird allerdings zunächst festzustellen haben, ob sich etwa die Parteien des Tarifvertrages bei Vertragsschluß der Nichtigkeit der Abschlagsklausel bewußt waren. Wäre das der Fall, dann liegen insoweit überhaupt keine echten Willenserklärungen vor. Der Tarifvertrag wird von den übrigen Vertragsbestimmungen gebildet, § 139 BGB. scheidet aus (vgl. Enneccerus-Nipperdey, Allg. Teil, 1955, § 145 Anm. 4, § 202 IV 2; RGZ. 122, 140; 125, 211; 137, 32).

Im übrigen kommt es auf die Voraussehbarkeit der Rechtsunwirksamkeit der Klausel durch die Tarifvertragsparteien nicht an, da bereits bei Vertragsschluß die Nichtigkeit dieser Abmachung bestand (vgl. dazu RGZ. 146, 366; BGH. in NJW 1952, 299; BGH. in L-M. Nr. 2 zu § 3 WährG.).

Ist nach den Umständen anzunehmen, daß die Tarifparteien von dem Vertrag ohne die Klausel zwar nicht völlig abgesehen, ihn aber mit wesentlich anderem Inhalt abgeschlossen hätten, so ist in entsprechender Anwendung des Gedankens des § 139 BGB. Nichtigkeit des Vertrages anzunehmen (vgl. Riezler bei Staudinger BGB., Bd. 1, 10. Aufl., 1936, § 139 Bem. 14; RGZ. 110, 338; 148, 118).

Die Auslegungsregel des § 139 verbietet es aber nicht, aus dem festzustellenden Willen der Tarifvertragsparteien zu schließen, daß u. U. nicht der gesamte übrige Tarifvertrag, sondern nur die Bestimmungen nichtig sind, die mit dem Lohnabschlag für die Frauen zusammenhängen. Das könnte zu einer Nichtigkeit nur der Lohnregelung und solcher Regeln führen, die nachweisbar mit der Lohnregelung in einem engen inneren Zusammenhang stehen oder mit ihr in Verbindung gebracht worden sind.

Maßgebend ist somit der zur Zeit des Vertragsabschlusses vorhandene und feststellbare Wille der Tarifparteien (RGZ. 86, 324; 118, 222; BGHZ. 5, 185).

Die Prüfung, ob die Tarifparteien auch dann an ihren Erklärungen im Tarif festgehalten hätten, wenn ihnen die Nichtigkeit der Abschlagsklausel bekannt gewesen wäre, darf jedoch nicht rein subjektiv ohne Berücksichtigung der Vertragszwecke erfolgen. Es kommt darauf an, welche Entscheidung die Tarifparteien v e r n ü n f t i g e r w e i s e nach Treu und Glauben unter Berücksichtigung der Verkehrssitte (§ 157 BGB.) getroffen hätten. Auf diesen objektiven Einschlag kann bei der Auslegung nicht verzichtet werden (vgl. Enneccerus-Nipperdey, a. a. O. § 202 IV 2; Ermann-Westermann BGB., 1952 § 139 Anm. 6; RGZ. 86, 324; 118, 222). Der übrige Inhalt des Rechtsgeschäfts wird dann aufrechtzuerhalten sein, wenn er für beide Parteien so viel praktischen Wert besitzt, daß sie ihn auch so als selbständiges Rechtsgeschäft vereinbart haben würden (so mit Recht Biermann, Bürgerl. Recht I, 1908, S. 175).

Das Gesagte gilt gerade auch für Tarifverträge. Es darf nicht übersehen werden, daß der Tarifvertrag zwar ein einheitliches Rechtsgeschäft ist, daß er aber eine juristische Doppelnatur hat. Der Tarifvertrag begründet nicht nur für die Tarifvertragsparteien Verpflichtungen, wie es im Wesen des schuldrechtlichen Vertrages liegt (obligatorischer Teil), sondern er ist vor allem ein rechtsverbindlicher, zweiseitiger, korporativer Normenvertrag, der Recht setzt für Dritte. Diese vertrauen auf seine Gültigkeit. Es ist daher mißlich und unerwünscht, wenn ohne wirklich zwingenden Grund der ganze Tarifvertrag oder auch nur seine Lohnbestimmungen von Anfang an ungültig wären. Es sind somit Feststellungen des Berufungsgerichts darüber notwendig, ob das Lohngefüge, das die Tarifvereinbarung errichtet hat, durch die Nichtigkeit der Klausel über die Frauenentlohnung wirklich im ganzen unhaltbar wird. Dabei wird auch die Zahl und das wirtschaftliche Gewicht der Arbeit der Arbeiterinnen, die unter die Tarifvereinbarung fallen, nicht ohne Bedeutung sein.

Das Berufungsgericht wird gemäß § 139 ZPO. dahin zu wirken haben, daß sich die Parteien des Rechtsstreits über die insoweit erheblichen Tatsachen vollständig erklären und gegebenenfalls Beweise antreten. Es wird insbesondere darauf ankommen, ob die Arbeitgebertarifpartei bei Kenntnis der Nichtigkeit der Klausel, bei beiderseitiger Verfassungstreue und vernünftiger Abwägung den Tarifvertrag oder die Lohnregelung an der Abschlagsklausel hätte scheitern lassen. Ist das der Fall oder ergibt sich, daß beide Tarifparteien bei Kenntnis der Rechtslage vernünftigerweise andere Lohnbestimmungen getroffen hätten, so verbleibt es bei der Grundregel des § 139 BGB. Entgegen der (nicht zwingenden) Vermutung des § 139 BGB. (vgl. RGZ. 141, 109; 146, 118/119) wird aber bei Tarifverträgen aus den dargelegten Gründen die Restgültigkeit des Tarifs die Regel sein, so daß die Partei, die weitergehende oder volle Nichtigkeit behauptet, darlegungs- und beweispflichtig ist (vgl. Hueck-Nipperdey, Lehrbuch des Arbeitsrechts, 2. Bd. 1932, S. 144).

64

1. Durch eine weder von der Partei noch dem Prozeßbevollmächtigten unterzeichnete Klage kann eine Ausschlußfrist des Kündigungsschutzgesetzes nicht gewahrt werden.

2. Die Bestimmungen des § 11 Abs. 1 Satz 2 und 3 KSchG. gelten nur für Arbeitnehmer, die bei fristgemäßer Kündigung den allgemeinen Kündigungsschutz haben. Von den noch nicht länger als sechs Monate im Betrieb oder Unternehmen beschäftigten und den noch nicht zwanzig Jahre alten Arbeitnehmern kann die Unwirksamkeit einer fristlosen

Entlassung auch nach Ablauf der Dreiwochenfrist des § 3 KSchG. geltend gemacht werden.

§ 11 Abs. 1 u. 2, § 3 KSchG.
ZPO. § 295; KSchG. § 11 Abs. 1, § 3

II. Senat. Urteil v. 27. Januar 1955 i. S. Sch. u. A. (Kl.) w. D. Sp. (Bekl.) 2 AZR 418/54.

I. Arbeitsgericht Weiden. — II. Landesarbeitsgericht Nürnberg.

Aus den Gründen:

I. Die Revision wendet sich in erster Linie gegen die Ausführungen des Landesarbeitsgerichts, daß durch die von den Klägern eingereichte Klage die Dreiwochenfrist des § 3 KSchG. nicht gewahrt sei, weil die Klage nicht unterzeichnet und auch der Gegenstand und der Grund des erhobenen Anspruchs nicht hinreichend bestimmt angegeben sei. Die Beklagte habe nämlich in der ersten mündlichen Verhandlung diese Mängel nicht gerügt und damit seien sie gemäß § 295 ZPO. geheilt. Diese Rüge greift nur hinsichtlich der Mängel der Begründung des Anspruchs durch, da die Beklagte durch ihr Gegenvorbringen sowie Antritt des Beweises sich auf die Klage eingelassen hat, wodurch der Gegenstand des Rechtsstreites hinreichend bestimmt wurde, so daß keine Zweifel mehr über den erhobenen Anspruch bestehen können (vgl. RGZ. 132, 286). Dagegen hat die Unterlassung der Rüge und die Einlassung zur Sache nicht dieselbe Bedeutung hinsichtlich der fehlenden Unterzeichnung der Klage. Denn auf die eigenhändige Zeichnung des Namens, sei es am Anfang oder am Schluß, kann bei bestimmenden Schriftsätzen, wie der Klage, nicht verzichtet werden (vgl. RGZ. 151, 82). Mag auch in der Wiederholung der Anträge und ihrer näheren Begründung durch die Prozeßbevollmächtigten der Kläger in der mündlichen Verhandlung vom 28. April 1953 eine neue Klageerhebung im Sinne des § 500 ZPO. zu erblicken sein und konnte deshalb in diesem Termin die Klage nicht angebrachtermaßen abgewiesen werden, so trat doch die Rechtshängigkeit dieser neuen Klage erst mit dem mündlichen Vortrag ein. Rückwirkende Bedeutung, namentlich hinsichtlich der Wahrung einer etwaigen Ausschlußfrist, hatte die beiderseitige Einlassung auf die Verhandlung nicht.

II. Demnach kommt es darauf an, ob Arbeitnehmer, die, wie die Kläger, nach § 1 Abs. 1 KSchG. von dem allgemeinen Kündigungsschutz ausgeschlossen sind, die Unwirksamkeit einer außerordentlichen Entlassung ebenfalls innerhalb der Dreiwochenfrist des § 3 KSchG. geltend machen müssen. Darüber besteht sowohl in der Rechtslehre wie in der

Rechtsprechung Streit (vgl. die Übersicht bei Hueck, KSchG. (3), § 11, Anm. 5 a und Schediwyg in „Arbeit und Recht" 1954, S. 331). Nach der einen Meinung, so insbesondere Hueck, a. a. O., soll die Bestimmung des § 11 Abs. 1 Satz 2 KSchG. der alsbaldigen Klarstellung der außerordentlichen Entlassung dienen, womit sie unabhängig von der Dauer der Betriebszugehörigkeit und des Lebensalters des Arbeitnehmers zur Anwendung komme und daher auch für die in § 1 KSchG. ausgenommenen Personen gelten müsse. Nach anderer Meinung, so insbesondere Herschel-Steinmann, KSchG. (2), § 11 Anm. 2 a und Nikisch, Lehrbuch (2) Bd. I, 648, ist der Zweck der Vorschrift das Verhältnis der sozial ungerechtfertigten Kündigung zu Kündigungen zu klären, die bereits aus sonstigen Gründen unwirksam sind, so daß die Regelung nur Anwendung finde, wenn auch eine Kündigungsschutzklage möglich sei. Bei der Prüfung, welcher Meinung der Vorzug zu geben ist, müssen allgemeine Billigkeitserwägungen außer Betracht bleiben. Denn wenn eine Regelung auf bestimmte Termine oder Fristen abstellt, wird es in Grenzfällen immer wieder Schwierigkeiten geben. So mag es, wenn man der letzteren oben erwähnten Auffassung folgt, unerwünscht sein, daß ein jahrelang beschäftigter Arbeitnehmer seine Stellung verliert, wenn er nicht rechtzeitig die Klage auf Unwirksamkeit der fristlosen Entlassung erhebt, während ein erst kürzlich eingestellter Arbeiter mit seiner gleichzeitig erhobenen Klage Erfolg hat, weil führ ihn die Frist nicht gilt. Indessen erscheint es so unbillig, wenn von mehreren wegen desselben Vorfalls entlassenen Arbeitern ein unverheirateter auf Grund einer erfolgreichen Kündigungsschutzklage seinen Arbeitsplatz behält, während ein gleichaltriger Arbeiter mit großer Familie ihn nur deshalb verliert, weil er wenige Tage später als der andere eingestellt ist und die sechs Monate übersteigende Beschäftigungsdauer des § 1 Abs. 1 KSchG. noch nicht erfüllt hat. Solche Unstimmigkeiten müssen im Hinblick auf den allgemeinen Zweck einer Fristenregelung in Kauf genommen werden.

Entscheidend für die Auslegung des § 11 Abs. 1 Satz 2 KSchG. kann nur sein, welchen Sinn und Zweck diese Bestimmung nach dem Zusammenhang mit den übrigen Bestimmungen des Gesetzes hat.

In Frage kommen in dieser Hinsicht zunächst die Bestimmungen über den Geltungsbereich der Kündigungsschutzbestimmungen. § 21 KSchG. regelt nun trotz seiner allgemeinen Überschrift nur den betrieblichen Geltungsbereich, d. h. die Vorschrift besagt, welche Arbeit g e b e r die Bestimmungen der einzelnen Abschnitte, also die Regelungen zum allgemeinen Kündigungsschutz (§§ 1—12), zum Kündigungsschutz der Betriebsratsmitglieder (§§ 13, 14) und zum Kündigungsschutz bei Massenentlassungen (§§ 15—20), zu beachten haben. Die Ausnahme des § 21 Abs. 1 Satz 3 hinsichtlich der Kleinbetriebe gilt dabei lediglich für den ersten Abschnitt, während für den dritten Abschnitt (Massenentlassung) besondere Ausnahmen in § 15 Abs. 1 a (Beschäftigung von mindestens 20 Arbeitnehmern) und in § 20 (Saison- und Kampagnebetriebe) getroffen sind und für den zweiten Abschnitt (Kündigungsschutz der Betriebsratsmitglieder) in diesem Zusammenhang gar nichts gesagt ist. Eine Bestimmung über den persönlichen Geltungsbereich, d. h. darüber, für welche Arbeitnehmer die einzelnen Kündigungsschutzbestimmungen gelten, wer den Kündigungsschutz in Anspruch nehmen kann, findet sich dagegen allein für den ersten Abschnitt, dem allgemeinen Kündigungsschutz, und zwar in den § 1 Abs. 1 und § 12 des Gesetzes. Für den zweiten Abschnitt ergibt sich der persönliche Geltungsbereich aus der Stellung als Betriebsratsmitglied, während der dritte Abschnitt überhaupt nicht dem Schutze des einzelnen Arbeitnehmers dient. Diese Art der im Zusammenhang des allgemeinen Kündigungsschutzes erfolgenden Regelung des persönlichen Geltungsbereichs des allgemeinen Kündigungsschutzes spricht schon dagegen, daß einzelne Bestimmungen des allgemeinen Kündigungsschutzes außerhalb dieses Geltungsbereichs anwendbar seien, also eine allgemein für alle Arbeitnehmer geltende Bedeutung haben sollten.

Einer derartigen Ausdehnung steht aber noch mehr der Zweck der allgemeinen Kündigungsschutzbestimmungen entgegen. Ziel dieser Bestimmungen ist es, die freie Kündigungsmöglichkeit des Arbeitgebers einzuschränken, dem Arbeitnehmer seinen Arbeitsplatz zu erhalten und ihm damit die den heutigen Anschauungen entsprechende Sicherheit für seine und seiner Familie Lebensführung zu geben. Mit diesem Zweck des Gesetzes ist es zwar vereinbar, von dem Kündigungsschutz gewisse Gruppen aus ökonomischen oder sonstigen allgemeinen Gründen auszunehmen und den Schutz von gewissen Bedingungen, insbesondere von der Geltendmachung innerhalb einer bestimmten Ausschlußfrist abhängig zu machen. Mit diesem Schutz hat aber eine Bestimmung nichts zu tun, die auch für diejenigen Arbeitnehmer, die den Kündigungsschutz nicht genießen, eine Ausschlußfrist für die Klage auf Feststellung der Unwirksamkeit ihrer fristlosen Entlassung setzen würde. Denn eine solche Ausschlußfrist soll dem Arbeitgeber alsbald Klarheit darüber geben, ob er mit einer Weiterbeschäftigung des Arbeitnehmers rechnen muß oder an seine Stelle einen anderen Arbeitnehmer einstellen kann. Sie dient also allein dem Interesse des Arbeitgebers, seinem Schutz, bringt dagegen dem Arbeitnehmer keine Vorteile. Er verliert sein Recht, wenn er aus irgendwelchen Gründen die Frist nicht wahrt und auch eine nachträgliche Zulassung der Klage nicht möglich ist. Ferner stört der Zwang, die Klage alsbald einzureichen, erfahrungsgemäß schwebende Vergleichsverhandlungen, da ein Arbeitgeber, wenn schon einmal der Streit beim Gericht anhängig geworden ist, zu einer gütlichen Einigung weniger geneigt ist, zumal wenn ihm die vom Kläger notwendigerweise zu gebende Begründung nicht gefällt. Eine allgemeine Regelung, daß die Unwirksamkeit der fristlosen Entlassung auf jeden Fall alsbald geltend gemacht werden muß, könnte daher nur dann vom Gesetz als gewollt angesehen werden, wenn sich dies unzweideutig ergibt. Das ist aber schon deshalb nicht der Fall, weil nach dem eideutigen und klaren Wortlaut der § 12, § 21 Abs. 1 Satz 2 die Bestimmungen des ersten Abschnittes, also auch insbesondere die Vorschrift des § 11, für Angestellte in leitender Stellung und für Kleinbetriebe, d. h. für etwa ein Viertel bis ein Drittel aller Arbeitnehmer (vgl. Sitzungsberichte des Bundestages, Bd. 8, S. 6358), nicht anwendbar sind, also von einer umfassenden Regelung nicht gesprochen werden kann. Der vom Schrifttum und der Rechtsprechung teilweise unternommene Versuch, § 11 Abs. 1 Satz 2 KSchG. auch für diese Fälle zur Anwendung zu bringen, ist verfehlt, eine dahingehende Auslegung überschreitet die dem Richter gesetzten Grenzen, wie der Senat in dem gleichzeitig ergangenen und zur Veröffentlichung bestimmten Urteil in Sachen 2 AZR. 479/54 abgedruckt S. 279 dargelegt hat. Irgendein Anhalt dafür, daß mit der Bestimmung des § 11 Abs. 1 Satz 2 KSchG. für das gesamte Kündigungsrecht ein allgemeiner Grundsatz aufgestellt werden sollte, ist also nicht vorhanden. Nach der Begründung des Entwurfs sollten allgemeine Regelungen vielmehr einem späteren Gesetz vorbehalten werden, und aus den Betrachtungen des Gesetzes im Bundestag läßt sich nicht das Gegenteil entnehmen. Die andere Auffassung kann auch nicht aus der Bestimmung des § 11 Abs. 2 gefolgert werden. Denn wenn darin entgegen der bisher herrschenden Meinung eine gesetzliche Vermutung dafür aufgestellt wird, daß eine fristlose Entlassung nicht zugleich eine fristgemäße Kündigung zu dem nächst zulässigen Termin enthalte, so bedeutet dies für alle Arbeitnehmer insofern eine Besserstellung, als nunmehr der Arbeitgeber unzweideutig dartun muß, daß mit der fristlosen Entlassung das Arbeitsverhältnis auf jeden Fall aufgelöst werden sollte, nicht aber der Arbeitnehmer das Gegenteil zu beweisen hat. Die Vorschrift hielte sich somit im Rahmen des Arbeitnehmerschutzgedankens des Gesetzes.

Vor allem aber darf die Bestimmung des § 11 Abs. 1 Satz 2 nicht losgelöst von den anderen Bestimmungen des Absatzes 1 betrachtet werden, sondern es ist auch deren Sinn und Zweck, vor allem der des Satzes 3, zu berücksichtigen. Mit der letzteren Vorschrift werden dem Arbeitnehmer bei einer erfolgreichen Klage, die sich nur auf die Feststellung der fristlosen Entlassung beschränkt, dieselben Rechte wie bei einer erfolgreichen Kündigungsschutzklage gegeben. Er kann ebenfalls die Auflösung des an sich noch fortbestehenden Arbeitsverhältnisses und die Zubilligung einer Abfindung beantragen, was er sonst nur könnte, wenn in der fristlosen Entlassung zugleich eine fristgemäße Kündigung liegen würde und insofern der Streit über die fristlose Entlassung zugleich die Bedeutung einer Kündigungsschutzklage hätte. Es ist nun nicht anzunehmen, daß einem Arbeitnehmer, der gemäß § 1 KSchG. bei einer fristgemäßen Kündigung keinen Kündigungsschutz genießt, im Falle der fristlosen Entlassung ein Recht auf Abfindung, d. h. doch auf eine bestimmte Einrichtung des Kündigungsschutzes, gewährt werden soll. Die Gründe, die dazu geführt haben, bei Arbeitnehmern, die weniger als sechs Monate in einem Betrieb oder Unternehmen beschäftigt sind, und bei Jugendlichen die fristgemäße Kündigung wirksam sein zu lassen, ohne ihnen für den Verlust der Arbeitsstelle einen Ausgleich zu gewähren, müssen auch gelten, wenn der Arbeitnehmer das Arbeitsverhältnis nicht fortsetzen will, obwohl die fristlose Entlassung nicht gerechtfertigt ist. Glaubt er, bei demselben Arbeitgeber wegen dessen Verhaltens nicht weiter tätig sein zu können, so kann er selbst kündigen, und es stehen ihm dann die Rechte aus § 628 Abs. 2 BGB. zu. Dafür, daß mit § 11 Abs. 1 Satz 3 KSchG. dem Arbeitnehmer ein weiterer Anspruch gewährt und jedem Arbeitnehmer bei ungerechtfertigter fristloser Entlassung ein Recht auf eine Abfindung gegeben werden sollte, fehlt jeder Anhalt.

§ 11 Abs. 1 Satz 2 und 3 KSchG. gehören außerdem zusammen. Sie sollen die Anwendung der für die fristgemäße Kündigung geltenden Bestimmungen des Gesetzes, soweit es deren Sinn erfordert, auch auf die fristlose Entlassung ermöglichen und dienen damit letztlich demselben Zweck, wie früher die Bestimmungen des § 84 Abs. 2 BRG. 1920 und des § 61 AOG. Auch nach diesen Bestimmungen mußte der Arbeitnehmer, wenn er vermeiden wollte, daß sein Arbeitsverhältnis bei fristloser Entlassung wegen der darin liegenden fristgemäßen Kündigung als aufgelöst anzusehen war, obwohl die fristlose Entlassung selbst für ungerechtfertigt erklärt wurde, die für den Einspruch oder den Widerruf erforderlichen Anträge innerhalb der gegenüber fristgemäßen Kündigungen vorgesehenen Fristen stellen, und es konnte ihm nur unter dieser Voraussetzung eine Entschädigung zugebilligt werden. § 11 Abs. 1 KSchG. unterscheidet sich nun von den früheren Bestimmungen allein dadurch, daß die Unwirksamkeit der fristlosen Entlassung nur noch innerhalb der für die Kündigungsschutzklage vorgesehenen Frist geltend gemacht werden kann, während seinerzeit eine Ausschlußfrist dafür nicht bestand, sondern eine verspätete Erhebung der Klage nur die Folge hatte, daß die in der fristlosen Entlassung liegende fristgemäße Kündigung das Arbeitsverhältnis mit Ablauf der vorgesehenen Kündigungsfrist endgültig beendete und dem Arbeitnehmer eine Entschädigung nicht mehr zugebilligt werden konnte. Der Unterschied zwischen der früheren und der jetzigen Regelung ist aber eine Folge des verschiedenen Charakters des Kündigungsschutzes. Nach früherem Recht war nämlich die Kündigung an sich wirksam, sie konnte nur rückgängig gemacht werden, nach heutigem Recht ist die sozial nicht gerechtfertigte Kündigung unwirksam, das Arbeitsverhältnis wird nicht aufgelöst. Der Gegenstand der Klage war früher bei fristloser und fristgemäßer Kündigung verschieden; die erstere ging auf Feststellung des Fortbestehens des Arbeitsverhältnisses, die letztere auf Wiederherstellung des aufgelösten Arbeitsverhältnisses (die jedoch von dem Belieben des Arbeitgebers abhängig blieb und bei der die Entschädigung im wesentlichen nur ein Druckmittel war), sie war also eine Gestaltungsklage. Nach heutigem Recht ist der Gegenstand beider Prozesse derselbe, nämlich die Feststellung, daß das Arbeitsverhältnis nicht aufgelöst ist. Diese Einheit des Gegenstandes beider Klagen wie die Rechtskraftwirkung des einen Urteils für die andere Klage (vgl. jetzt auch Hueck, Festschrift für Nipperdey, S. 110 ff.) erfordern eine gleichzeitige Entscheidung beider Rechtsstreitigkeiten und aus diesem Grunde mußte für beide Klagen die gleiche Ausschlußfrist festgesetzt werden. Die alsbaldige Klärung der Berechtigung der fristlosen Entlassung ist also sachlich weniger der Anlaß für die Bestimmung des § 11 Abs. 1 Satz 2 KSchG. gewesen, als vielmehr die Folge daraus, daß für die Klage gegenüber der ordentlichen wie für die Klage gegenüber der außerordentlichen Kündigung dieselbe Frist gesetzt ist, und diese für die Kündigungsschutzklage allerdings im Interesse des Arbeitgebers nur auf drei Wochen bemessen wurde.

Nach alledem gelten die Vorschriften des § 11 Abs. 1 Satz 2 und 3 KSchG. nur für diejenigen Arbeitnehmer, die unter die Kündigungsschutzbestimmungen des ersten Abschnittes fallen, nicht dagegen für die noch nicht sechs Monate im Betrieb tätigen und für die noch nicht zwanzig Jahre alten Arbeitnehmer.

65

1. Die Bestimmungen des § 11 Abs. 1 Satz 2, 3 KSchG. sind bei Kleinbetrieben im Sinne des § 21 KSchG. nicht anwendbar.

2. Eine Fortbildung des Rechts im Wege der gesetzändernden Auslegung im Sinne des § 45 ArbGG. kommt nur bei älteren, auf überholten Rechtsanschauungen beruhenden Gesetzesbestimmungen in Frage, nicht dagegen bei neueren Gesetzen. Der Richter kann ihre eindeutig getroffenen Regelungen nicht ausdehnen.

KSchG. § 11, § 21; ArbGG. § 45.

II. Senat. Urteil v. 27. Januar 1955 i. S. F. (Kl.) w. R. u. Z. (Bekl.) 2 AZR 479/54.

I. Arbeitsgericht München. — II. Landesarbeitsgericht München.

Aus den Gründen:

Das Landesarbeitsgericht hat in seiner Entscheidung zu der in Schrifttum und Rechtsprechung umstrittenen Frage der Anwendung des § 11 Abs. 1 Satz 2 KSchG. auf Arbeitnehmer, die in § 1 des Gesetzes vom Kündigungsschutz ausgeschlossen oder in einem Kleinbetrieb nach § 21 Abs. 1 Satz 2 KSchG. tätig sind, selbst nicht ausführlich Stellung genommen, sondern sich nur der Meinung angeschlossen, daß diese Bestimmungen auch insoweit anwendbar seien. Mit Recht wendet sich die Revision hiergegen. § 21 Abs. 1 Satz 2 KSchG. bestimmt ausdrücklich, daß die Vorschriften des Ersten Abschnitts des Gesetzes und damit auch die Vorschrift des § 11 Abs. 1 Satz 2 über die Einhaltung der Drei-Wochenfrist bei der die Rechtsunwirksamkeit einer außerordentlichen Kündigung geltend machenden Klage nicht für Betriebe und Verwaltungen zur Anwendung kommen, in denen in der Regel fünf oder weniger Arbeitnehmer ausschließlich der Lehrlinge beschäftigt werden. Die Anwendung des § 11 Abs. 1 KSchG. gegen den klaren Wortlaut des § 21 KSchG. ist nicht mehr eine Auslegung, sondern eine Änderung des Gesetzes, überschreitet die den Gerichten verfassungmäßig zustehenden

Befugnisse und ist mit dem Grundsatz der Bindung des Richters an Gesetz und Recht (Art. 20 Abs. 3 GG.) nicht vereinbar. Sie läßt sich nicht, wie das Landesarbeitsgericht Stuttgart in seinem Urteil vom 30. September 1953 — AP. Nr. 2 zu § 11 KSchG. — meint, daraus rechtfertigen, daß in § 137 GVG. und § 45 Abs. 2 ArbGG. die Fortbildung des Rechtes den Gerichten zur Aufgabe gemacht ist. Der Grundsatz der Rechtssicherheit ist auch hier zu beachten. Eine Fortbildung des Rechtes im Wege rechtsändernder Auslegung kann demgemäß nur in Frage kommen bei Gesetzesbestimmungen, deren bisherige Anwendung und Auslegung auf später überholten Rechtsanschauungen beruht, mit den neuen Rechtsgrundsätzen nicht vereinbar ist und zu nicht mehr zu rechtfertigenden Ergebnissen führt und die deshalb im Interesse der Rechtseinheit und Rechtsgleichheit mit dem neueren Recht in Übereinstimmung zu bringen sind. Alsdann kann und muß allerdings der Gesetzesbestimmung ein den Grundzügen des neueren Gesamtrechts entsprechender neuer Inhalt gegeben werden und es kann dabei auch unter Umständen von dem Wortlaut abgewichen, die Bestimmung insoweit also nicht mehr angewendet werden (BGHZ. 1, 90; 3, 89, 315). Vorbedingung für solche abändernde Auslegung ist jedoch, daß objektive Grundlagen für die Wandlung der Rechtsanschauung und des Rechtes vorhanden sind, sei es eine von der früheren Anwendung abweichende allgemeine, insbesondere tarifliche Übung, seien es neuere Gesetze, Verwaltungsvorschriften oder Verwaltungsmaßnahmen auf gleichen oder ähnlichen Rechtsgebieten, die den neuen Rechtsgedanken schon verwirklicht haben (vgl. Weinkauf, Richtertum und Rechtsbildung 1952 S. 27; Larensz JR. 54 S. 19; Denecke RdA. 53, 412; BGHZ. 4, 158; 13, 360, 370). Dagegen genügen nicht vereinzelte Äußerungen im Schrifttum oder von bestimmten Kreisen geäußerte Wünsche oder soziale Forderungen, insbesondere auch nicht das persönliche Rechtsgefühl des Richters. Vor allem aber kann eine Fortbildung des Rechtes in diesem abändernden Sinne nicht bei neueren Gesetzen in Betracht kommen. Ob und inwieweit bestimmten Gedanken Rechnung getragen werden soll, ob eine Regelung nur bestimmte Kreise erfassen oder von bestimmten Voraussetzungen abhängig gemacht werden soll, hat hier allein der Gesetzgeber zu entscheiden. Im Interesse der Rechtssicherheit muß davon ausgegangen werden, daß ihr klarer Wortlaut eindeutige Entscheidungen trifft. Der Richter kann daher die eindeutig getroffene Regelung nicht ausdehnen, weil nach seiner Ansicht der im Gesetz zum Ausdruck gekommene Rechtsgedanke eine allgemeine Anwendung erfordere. Bei solchen neueren Gesetzen kann vielmehr eine Auslegung nur nach den allgemeinen Grundsätzen (vgl. RGR. Kom. (10) Einl. S. 57, Staudinger, 11. Aufl. Einl. S. 132 ff., Enneccerus-Nipperdey, Allgem. Teil, 14. Aufl. S. 197 ff.) geschehen, die aber hier nach dem klaren Wortlaut des § 21 KSchG. ausscheidet.

Schon aus diesem Grunde läßt sich die Anwendung des § 11 Abs. 1 Satz 2 KSchG. auf Kleinbetriebe nicht rechtfertigen. Im übrigen enthalten aber, wie der Senat in der gleichzeitig entschiedenen Sache 2 AZR. 418/54 ausführlich dargelegt hat, die zusammengehörenden Bestimmungen des § 11 Abs. 1 Satz 2 und 3 keinen allgemeinen Grundsatz. Sie sollen vielmehr nur bei fristlosen Entlassungen, die gemäß § 11 Abs. 2 KSchG. in der Regel nicht zugleich eine fristgemäße Kündigung enthalten, unter den gleichen Voraussetzungen den Arbeitnehmern die gleichen Rechte wie bei einer fristgemäßen Kündigung geben, nämlich das Recht, die Auflösung des durch die fristlose Entlassung nicht beendeten Arbeitsverhältnisses und die Zahlung einer Entschädigung zu verlangen. Die Bestimmungen können nach dem ganzen Zusammenhang des Gesetzes nur Anwendung finden bei denjenigen Arbeitnehmern, für die die allgemeinen Kündigungsschutzbestimmungen gelten, nicht aber für diejenigen, die von dem Kündigungsschutz ausgeschlossen sind. Für letztere gilt daher auch die Frist des § 3 KSchG. nicht.

66

1. Die nach § 18 Abs. 1 des Gesetzes über die Errichtung der Bundesversicherungsanstalt für Angestellte vom 7. August 1953 (BGBl. I S. 857) von der Bundesversicherungsanstalt zu übernehmenden Angestellten treten nicht von Gesetzeswegen in die Dienste der Bundesversicherungsanstalt und scheiden nicht von Gesetzeswegen aus dem Dienste der Landesversicherungsanstalten aus. Vielmehr ist § 18 Abs. 1 dahin auszulegen, daß die genannten Angestellten nur mit ihrer Zustimmung, d. h. mit ihrem Willen in ein Arbeitsverhältnis zur Bundesversicherungsanstalt treten.

2. § 18 Abs. 1 des Gesetzes über die Errichtung der Bundesversicherungsanstalt für Angestellte vom 7. August 1953 ist mit dem Grundgesetz vereinbar.

Gesetz über die Errichtung der Bundesversicherungsanstalt für Angestellte vom 7. 8. 1953 (BGBl. I S. 857) § 18 Abs. 1 § 16 Abs. 1 und Abs. 2.

I. Senat. Vorlagebeschluß vom 9. März 1955 i. S. M. u. A. (Kl.) w. L. H. (Bekl.) 1 ARV 1/54.

Arbeitsgericht Hamburg

Das Arbeitsgericht H. hat die Verfahren gemäß Artikel 100 Abs. 1 GG. ausgesetzt, um die Entscheidung des Bundesverfassungsgerichts darüber einzuholen, ob § 18 Abs. 1 des Gesetzes über die Errichtung der Bundesversicherungsanstalt für Angestellte vom 7. August 1953 (BGBl. I S. 857; im folgenden: Errichtungsgesetz) mit dem Grundgesetz vereinbar ist.

§ 18 Abs. 1 Errichtungsgesetz hat folgenden Wortlaut:

„Für die bei den Landesversicherungsanstalten beschäftigten Angestellten gilt § 16 Abs. 1 Satz 1 und Abs. 2 entsprechend. Die zu übernehmenden Angestellten treten zu dem nach § 26 bestimmten Zeitpunkt nach der für sie bisher maßgebenden Vergütungsgruppe in den Dienst der Bundesversicherungsanstalt."

§ 16 Abs. 1 Satz 1 und Abs. 2 Errichtungsgesetz lauten:

„Abs. 1 Satz 1:

Von der Gesamtzahl der am 31. Dezember 1952 bei den Landesversicherungsanstalten beschäftigten Beamten ist von der Bundesversicherungsanstalt die Anzahl zu übernehmen, die dem Verhältnis der Zahl der für Januar 1953 im Bezirk der Landesversicherungsanstalt gezahlten Renten aus der Rentenversicherung der Arbeiter zur Zahl der aus der Rentenversicherung der Angestellten gezahlten Renten entspricht".

„Abs. 2:

Die zu übernehmenden Beamten bestimmt die für die abgebende Landesversicherungsanstalt zuständige Aufsichtsbehörde im Einvernehmen mit dem Bundesminister für Arbeit. Die Auswahl soll sich in erster Linie auf Beamte der Landesversicherungsanstalten erstrecken, die am 8. Mai 1945 Beamte der Reichsversicherungsanstalt für Angestellte waren oder die am 31. Dezember 1952 ausschließlich für die Erfüllung von Aufgaben der Angestelltenversicherung tätig waren. Grundsätzlich soll die Übernahme solcher Beamten der Landesversicherungsanstalten nicht bestimmt werden, die bereits vor dem 8. Mai 1945 Beamte der Landesversicherungsanstalten waren."

II.

Den einzelnen Prozeßverfahren liegt folgender, im wesentlichen gleichartiger Sachverhalt zu Grunde:

Die Kläger waren Angestellte der Landesversicherungsanstalt Freie und Hansestadt H., der Beklagten. Die Beklagte hatte neben ihren Aufgaben seit 1945 auch Aufgaben der Rentenversicherung für Angestellte ausgeführt. Auf Grund des Errichtungsgesetzes sind mit Wirkung vom 1. Dezember 1953 die Aufgaben auf dem Gebiete der Rentenversicherung der Angestellten an die Bundesversicherungsanstalt übergeben worden. Seit dieser Zeit werden sie von der Bundesversicherungsanstalt wahrgenommen. Die Beklagte hat den Klägern mit Schreiben vom 24. November 1953 mitgeteilt, daß sie auf Grund des § 18 des Errichtungsgesetzes gemäß Bestimmung der Aufsichtsbehörde in den Dienst der Bundesversicherungsanstalt treten, daß die Dienstverhältnisse der Kläger mit der Beklagten am 30. November 1953 enden und ihre neuen Dienstverhältnisse mit der Bundesversicherungsanstalt am 1. Dezember 1953 beginnen. Die Schreiben enthalten gleichzeitig eine Kündigung der Arbeitsverhältnisse mit der Beklagten zum nächst zulässigen Termin für den Fall, daß eine gesetzliche Übertragung der Dienstverhältnisse auf die Bundesversicherungsanstalt nicht rechtswirksam erfolgt sei.

Die Kläger sind der Auffassung, daß ihre Arbeitsverhältnisse mit der Beklagten über den 30. November 1953 hinaus fortbestünden. Sie begehren die Feststellung, teils ausdrücklich, teils inzidenter, daß die zwischen ihnen und der Beklagten begründeten Arbeitsverhältnisse am 30. November 1953 nicht beendet sind, und daß die bestehenden Arbeitsverhältnisse durch die ihnen zugegangenen Kündigungen nicht aufgelöst sind.

Die Beklagte meint, die Kläger seien auf Grund des Errichtungsgesetzes unmittelbar kraft Gesetzes unter Beendigung der Arbeitsverhältnisse mit ihr zum 1. Dezember 1953 in den Dienst der Bundesversicherungsanstalt getreten, nachdem die Aufsichtsbehörde sie gemäß § 16 Abs. 2 Errichtungsgesetz zur Übernahme bestimmt habe.

Das Arbeitsgericht hält § 18 Abs. 1 Errichtungsgesetz für verfassungswidrig, weil diese Bestimmung nach dem Willen des Gesetzgebers Arbeitnehmer ohne ihre Zustimmung zwangsweise und kraft Gesetzes einem anderen Arbeitgeber zuweise und mit dem neuen Arbeitgeber ein Arbeitsverhältnis begründe, mit dem der Verlust des bisherigen Arbeitsplatzes verbunden sei. Eine solche Regelung verstoße gegen Art. 12 GG.

III.

Gegen die Zulässigkeit der Vorlagen bestehen keine rechtlichen Bedenken.

Bei der Bestimmung des § 18 Abs. 1 Errichtungsgesetz handelt es sich um ein nachkonstitutionelles Gesetz im formellen Sinne, so daß das Bundesverfassungsgericht berufen ist, im Verfahren nach Art. 100 Abs. 1 GG., § 80 BVerfGG. zu prüfen und zu entscheiden, ob das fragliche Gesetz mit dem Grundgesetz vereinbar ist (BVerfGE. 1, 184 [201]; 2, 124 [128]; 3, 356).

Für die Prozeßentscheidungen des Arbeitsgerichts kommt es nach der von ihm vertretenen Rechtsauffassung auch auf die Gültigkeit des § 18 Abs. 1 Errichtungsgesetz an (Art. 100 Abs. 1 Satz 1 GG., § 80 Abs. 2 BVerfGG.). Denn vom Rechtsstandpunkt des Arbeitsgerichts aus bestehen die Arbeitsverhältnisse der Kläger mit der Beklagten bei Nichtigkeit der für verfassungswidrig gehaltenen Bestimmung fort, während sie bei Wirksamkeit der Vorschrift beendet und zwischen den Klägern und der Bundesversicherungsanstalt neue Arbeitsverhältnisse ipso iure entstanden wären. Es kommt für die Zulässigkeit der Vorlagen nicht darauf an, ob der Rechtsstandpunkt des Arbeitsgerichts richtig ist, die Entscheidungen der bei ihm anhängigen Rechtsstreitigkeiten seien von der Gültigkeit der von ihm für verfassungswidrig gehaltenen Vorschriften des § 18 Abs. 1 Errichtungsgesetzes abhängig. Denn das Bundesverfassungsgericht ist grundsätzlich in der Frage der Erheblichkeit der Vorlage an die Rechtsauffassung des vorlegenden Gerichts gebunden, es sei denn, der Rechtsstandpunkt des vorlegenden Gerichts sei offensichtlich unhaltbar (BVerfGE. 2, 181 [191], 267 [271], 381 [389]).

Die Vorlagen des Arbeitsgericht Hamburg bedürfen jedoch insofern einer notwendigen Ergänzung, als in die verfassungsrechtliche Nachprüfung durch das Bundesverfassungsgericht die Bestimmungen des § 16 Abs. 1 Satz 1 und Abs. 2 Errichtungsgesetz einbezogen werden müssen. Dies folgt aus der Verweisung des § 18 Abs. 1 Satz 1 Errichtungsgesetz auf diese Gesetzesvorschriften. Sie bestimmen den Inhalt des § 18 Abs. 1 Satz 1 Errichtungsgesetz und ohne ihre Interpretation kann die Tragweite der bezugnehmenden Gesetzesnorm nicht beurteilt werden. Die vom Arbeitsgericht erstrebte Nachprüfung erstreckt sich vornehmlich auch auf die Bedeutung des § 16 Abs. 1 Satz 1 und Abs. 2 Errichtungsgesetz. Im Verfahren nach Art. 100 Abs. 1 GG. kann daher eine Norm, die sich auf andere gesetzliche Vorschriften bezieht und deren Inhalt deswegen aus sich selbst heraus nicht bestimmt werden kann, nur in Verbindung mit den in Bezug genommenen, ihren Inhalt konkretisierenden Vorschriften zur Nachprüfung gestellt werden.

Die in den Vorlagebeschlüssen gestellte Rechtsfrage muß daher genauer dahin lauten, ob § 18 Abs. 1 Errichtungsgesetz in Verbindung mit § 16 Abs. 1 Satz 1 und Abs. 2 mit dem Grundgesetz vereinbar ist.

IV.

Würde man dem Gesetz die Auslegung geben, die ihm das Arbeitsgericht gegeben hat, nämlich daß die Angestellten auch gegen ihren Willen in den Dienst der Bundesversicherungsanstalt gezwungen werden könnten, so würden die entsprechenden Bestimmungen des Gesetzes in der Tat verfassungswidrig sein, weil sie gegen Art. 12 Abs. 1 GG. verstoßen.

Art. 12 Abs. 1 GG. sichert allen Deutschen die freie Arbeitsplatzwahl zu. Dieses Grundrecht ist aber verletzt, wenn durch Gesetz ohne verfassungsrechtliche Grundlage bestehende Arbeitsverträge gelöst und den Arbeitnehmern gleichzeitig neue Arbeitsverhältnisse mit einem anderen Arbeitgeber zwangsweise auferlegt würden. Dann kann von einer freien, d. h. durch den Entschluß des Arbeitnehmers mitbedingten Arbeitsplatzwahl nicht mehr gesprochen werden. Der Arbeitnehmer wäre durch den „Zwangsvertrag" dem Direktionsrecht des aufgezwungenen neuen Arbeitgebers ohne weiteres unterworfen. Dieser könnte nunmehr auch den Arbeitsplatz bestimmen, obwohl der Arbeitnehmer sich diesem Direktionsrecht gar nicht unterworfen hat. In den konkreten Fällen würde dies bedeuten, daß den betroffenen Angestellten der vertraglich zugewiesene Arbeitsplatz genommen und ihnen gegen ihren Willen ein Arbeitsplatz in Berlin zugewiesen würde. Das verstößt gegen Art. 12 Abs. 1 GG. Denn die Wahl des Arbeitsplatzes darf durch Bestimmungen des öffentlichen Rechts nicht beeinträchtigt werden. Ein Gesetz, das dem entgegensteht, ist nichtig (vgl. auch Bonner Komm. Art. 12 Anm. 3 b). Nur dann, wenn auf Grund des Direktionsrechts des Arbeitgebers aus einem frei begründeten Arbeitsverhältnis der Arbeitnehmer verschiedenen Arbeitsplätzen zugewiesen werden kann, liegt kein Verstoß gegen Art. 12 GG. vor. Ob die hier betroffenen Arbeitnehmer überwiegend oder gänzlich mit der Bearbeitung von Angestelltenrenten befaßt worden waren oder nicht, ist unerheblich. Denn wenn auch die LVA. Aufgaben der Reichsversicherungsanstalt wahrgenommen hat, so war diese doch auf keinen Fall — auch nicht etwa mittelbar — Arbeitgeberin der hier betroffenen Angestellten, die z. T. überhaupt erst 1946 und später eingestellt worden sind. Die Angestellten waren nur im Arbeitsverhältnis mit der LVA. und unterstanden allein deren Direktionsrecht.

V.

Das Ergebnis zu IV legt es aber nahe, zu prüfen, ob dem Gesetz wirklich die Auslegung gegeben werden muß, die das Arbeitsgericht Hamburg annimmt. Das ist zu verneinen. § 18 Abs. 1 Errichtungsgesetz in Verbindung mit § 16 Abs. 1 Satz 1 und Abs. 2 ist nach Ansicht des Senats mit dem Grundgesetz vereinbar.

Das Bundesverfassungsgericht hat in seiner Entscheidung (BVerfGE. 2, 267 [282] mit Recht den Grundsatz herausgestellt, daß ein Gesetz nicht für nichtig zu erklären ist, wenn es im Einklang mit der Verfassung ausgelegt werden kann. Es spricht — wie diese Entscheidung ebenfalls mit Recht betont — eine Vermutung dafür, daß die unter der Herrschaft des Grundgesetzes vom Gesetzgeber erlassenen Gesetze mit dem Grundgesetz vereinbar sind. Das in dieser Vermutung zum Ausdruck kommende Prinzip verlangt im Zweifel auch — unter Beachtung von Sinn und Zweck des Gesetzes — eine verfassungskonforme Auslegung des Gesetzes (BVerfGE. 2, 282; Nipperdey, Neumann-Nipperdey-Scheuner, Die Grundrechte 2. Bd., Art. 1 Abschn. 1, 10 b, S. 24). Das muß auch im Verfahren nach Art. 100 Abs. 1 GG. gelten. Führt eine verfassungskonforme Auslegung des Gesetzes zu einer anderen Beurteilung als der des vorlegenden Gerichts, so ist die Verfassungsmäßigkeit der Norm festzustellen.

Diesen Grundsätzen trägt die von dem Arbeitsgericht entwickelte Auffassung von dem Sinngehalt des § 18 Abs. 1 Errichtungsgesetz nicht Rechnung. Bedeutung und Tragweite des § 18 Abs. 1 Errichtungsgesetz müssen zunächst unter der Voraussetzung geprüft werden, daß der Gesetzgeber die in Art. 12 GG. festgelegten Verfassungsrechte der freien Berufs- und Arbeitsplatzwahl und des grundsätzlichen Verbots der zwangsweisen Einweisung in ein Arbeitsverhältnis beachtet hat. Kann die Regelung des § 18 Abs. 1 Errichtungsgesetz mit diesen Grundrechten übereinstimmend ausgelegt werden und bleibt sie bei dieser Auslegung sinnvoll, so ist das Gesetz in diesem Sinne anzuwenden.

Für eine Auslegung dahin, der Gesetzgeber habe in § 18 Abs. 1 in Verbindung mit § 16 Abs. 1 Satz 1 und Abs. 2 Errichtungsgesetz eine zwangsweise Überführung von Angestellten der Landesversicherungsanstalten in den Dienst der Bundesversicherungsanstalt in der Weise angeordnet, daß die Angestellten zu einem bestimmten Zeitpunkt ohne ihre Zustimmung kraft Gesetzes in ein Arbeitsverhältnis mit der Bundesversicherungsanstalt treten, bieten weder der Wortlaut des Gesetzes noch sein Sinn und Zweck eine genügende Grundlage.

Zwar bestimmt § 18 Abs. 1 Satz 2 Errichtungsgesetz, daß die Angestellten der Landesversicherungsanstalten, die nach § 16 Abs. 2 ausgewählt sind, zu dem sich nach § 26 Errichtungsgesetz ergebenden Zeitpunkt in den Dienst der Bundesversicherungsanstalt treten. Diese Fassung des Gesetzes könnte den Eindruck erwecken, als habe der Gesetzgeber Angestellte der Landesversicherungsanstalten in die Dienste der Bundesversicherungsanstalt ohne ihre Zustimmung kraft Gesetzes einweisen wollen. Jedoch gilt auch hier für die Auslegung der Bestimmung der Grundsatz, daß der wirkliche Wille des Gesetzgebers zu erforschen und nicht an dem buchstäblichen Sinne des gewählten Ausdrucks zu haften ist (§ 133 BGB.). Vor allem aber kann § 18 Abs. 1 Satz 2 Errichtungsgesetz nicht auf sich allein gestellt beurteilt werden. Ihre sinnvolle Bedeutung findet diese Bestimmung nur im Zusammenhang mit denjenigen Vorschriften des Gesetzes, die eine Verwendung von Angestellten der Landesversicherungsanstalten im Dienste der Bundesversicherungsanstalt vorsehen. Daß Angestellte der Landesversicherungsanstalten in den Dienst der Bundesversicherungsanstalt treten sollen, und in welcher Form dies zu geschehen hat, wird in § 16 Abs. 1 Satz 1 und Abs. 2 Errichtungsgesetz auf Grund der in § 18 Abs. 1 Satz 1 erfolgten Bezugnahme geregelt. Die materielle Rechtsgrundlage für die Verwendung von Angestellten der Landesversicherungsanstalten im Dienst der Bundesversicherungsanstalt ist in Wahrheit allein in § 16 Abs. 1 Satz 1 Errichtungsgesetz enthalten. Hier wird aber ausdrücklich bestimmt, daß von der Bundesversicherungsanstalt eine näher zu bestimmende Anzahl der bei den Landesversicherungsanstalten beschäftigten Angestellten zu „übernehmen" ist. Von einem Übergehen oder Übertreten der Angestellten in den Dienst der Bundesversicherungsanstalt ist in dieser Bestimmung nicht die Rede.

Wenn der Gesetzgeber, obgleich die Angestellten zu übernehmen sind, dennoch in § 18 Abs. 1 Satz 2 davon spricht, daß sie in den Dienst der Bundesversicherungsanstalt treten, so will das Gesetz offensichtlich mit dieser Bestimmung nur den Zeitpunkt des Diensteintritts für diejenigen Angestellten festlegen, die nach Maßgabe des § 16 Abs. 1 und 2 durch die Bundesversicherungsanstalt auch übernommen worden sind. Denn auch § 18 Abs. 1 Satz 2 setzt eine Übernahme voraus. Dies ergibt sich daraus, daß die „zu übernehmenden" Angestellten zu dem bestimmten Zeitpunkt in den Dienst der Bundesversicherungsanstalt treten sollen, wie das Gesetz selbst sagt. Nur dort, wo es den Zeitpunkt des Beschäftigungsbeginns mit der Bundesversicherungsanstalt festlegt, drückt das Gesetz sich dahin aus, daß die Beschäftigten in den Dienst der Bundesversicherungsanstalt übertreten (vgl. § 15 Satz 1, § 16 Abs. 3, 18 Abs. 4 des Gesetzes). Im übrigen spricht das Gesetz stets nur von der „Übernahme" und den „zu übernehmenden" Beamten und Angestellten. Der Vorschrift des § 18 Abs. 1 Satz 2 kommt in Anbetracht der bereits in § 16 Abs. 1 Satz 1 getroffenen Feststellung, daß die Angestellten zu übernehmen sind, eine selbständige Bedeutung für die Beurteilung, in welcher Art und Weise die Angestellten in den Dienst der Bundesversicherungsanstalt übertreten, nicht zu. Sie beschränkt sich vielmehr darauf, den Zeitpunkt für den Beginn des Beschäftigungsverhältnisses mit der Bundesversicherungsanstalt für diejenigen Angestellten festzusetzen, die übernommen sind.

Aus § 18 Abs. 1 Satz 2 Errichtungsgesetz kann mithin nicht der Schluß gezogen werden, der Gesetzgeber habe Arbeitnehmer ohne ihre Zustimmung kraft Gesetzes in den Dienst eines anderen Arbeitgebers zwangsweise treten lassen wollen. Die Angestellten der Landesversicherungsanstalten sind vielmehr nach Maßgabe des § 16 Abs. 1 Satz 1 und Abs. 2 Errichtungsgesetz durch die Bundesversicherungsanstalt zu übernehmen.

Dieses Ergebnis wird auch nicht durch die in § 16 Abs. 2 getroffene Regelung in Frage gestellt. Denn in dieser Vorschrift wird lediglich des näheren erläutert, in welcher Weise die zu „übernehmenden" Angestellten zu bestimmen sind. Der bloßen Bestimmung zur Übernahme durch die Aufsichtsbehörde kann im Hinblick auf das vom Gesetzgeber aufgestellte Erfordernis, daß die Angestellten zu übernehmen sind, nicht die Rechtsfolge eines gesetzlichen Übertritts dieser Angestellten in den Dienst der Bundesversicherungsanstalt beigelegt werden. Die vorgeschriebene Übernahme schließt schon rein begrifflich jeden automatischen Wechsel des Arbeitgebers für die betroffenen Angestellten aus. Übernehmen beinhaltet ein Handeln und kann sich nur erfüllen durch ein auf einer Bereitschaft, auf einem Wollen beruhendes „Übergeben", hier der eigenen Arbeitskraft. D. h. die Übernahme eines Arbeitnehmers kann ohne ein gewolltes Mitwirken des Betroffenen nicht vollzogen werden. Mag die in § 16 Abs. 1 Satz 1 Errichtungsgesetz festgelegte Pflicht zur Übernahme auch vornehmlich zu Gunsten der Landesversicherungsanstalten ausgesprochen worden sein, so trifft die durchzuführende Übernahme doch den einzelnen Angestellten selbst. Er nimmt an ihr allein teil. Die Übernahme erfordert mithin ein Mitwirken des Angestellten und hängt von seinem Willen ab.

Dadurch, daß der Gesetzgeber hinreichend erkennbar zum Ausdruck gebracht hat, daß ein Diensteintritt der Angestellten bei der Bundesversicherungsanstalt nur im Wege der Übernahme erfolgen soll, ist es nach den vorstehenden Darlegungen ausgeschlossen, daß ein Dienstverhältnis mit der Bundesversicherungsanstalt ohne Wollen und ohne Zustimmung des betroffenen Angestellten begründet werden kann. Die Anordnung der Übernahme hat die gesetzliche Begründung eines neuen Arbeitsverhältnisses zu einem anderen Arbeitgeber nicht zur Folge. Sie hat auch eine Beendigung des bisherigen Arbeitsverhältnisses zu den Landesversicherungsanstalten nicht kraft Gesetzes herbeigeführt. Und schließlich kann aus ihr auch keine Verpflichtung der zur Übernahme bestimmten Angestellten hergeleitet werden, daß diese Angestellten ein neues Arbeitsverhältnis mit der Bundesversicherungsanstalt einzugehen haben. Die in § 16 Abs. 1 vorgesehene Übernahme von Angestellten der Landesversicherungsanstalten durch die Bundesversicherungsanstalt kann vielmehr nur durch einen von dem Ermessen des betreffenden Angestellten abhängigen Abschluß eines neuen Arbeitsvertrages mit der Bundesversicherungsanstalt durchgeführt werden, die allerdings ihrerseits einem gesetzlich zulässigen Kontrahierungszwang unterliegt. Mit dieser Feststellung entfallen die Bedenken, die das Arbeitsgericht zu seiner Auffassung von der Verfassungswidrigkeit des § 18 Abs. 1 Errichtungsgesetz veranlaßt haben.

§ 18 Abs. 1 in Verbindung mit § 16 Abs. 1 Satz 1 und Abs. 2 Errichtungsgesetz kann in Einklang mit Art. 12 GG. ausgelegt werden, ohne daß diese Bestimmungen bei dieser Auslegung ihren für den Zweck des Gesetzes bedeutungsvollen Sinn verlieren. § 18 Abs. 1 ist in diesem Sinne anzuwenden.

Der Senat ist daher der Auffassung, daß § 18 Abs. 1 in Verbindung mit § 16 Abs. 1 Satz 1 und Abs. 2 Errichtungsgesetz dem Grundgesetz nicht widerspricht.

67

Ist die Streitwertformel des Urteils des Arbeitsgerichts nicht eindeutig (200 bis 300 DM), kann sie aus dem Tatbestand und den Entscheidungsgründen des Urteils ausgelegt werden.

ArbGG. § 61 Abs. 2, § 64 Abs. 1.

II. Senat. Urteil v. 10. März 1955 i. S. V. (Bekl.) w. F. (Kl.)
2 AZR 508/54.

I. Arbeitsgericht Iserlohn. — II. Landesarbeitsgericht Hamm i. W.

Der Kläger fordert von dem Beklagten 298,38 DM Schadensersatz, weil dieser ihm eine im Zusammenhang mit der Begründung des Arbeitsverhältnisses versprochene Wohnung nicht fristgemäß zur Verfügung gestellt habe.

Das Arbeitsgericht hat dem Kläger 143,28 DM zugesprochen und im übrigen die Klage abgewiesen. Den Streitwert hat es auf 200 bis 300 DM festgesetzt. Bei der Zustellung des Urteils erfolgte eine Rechtsmittelbelehrung dahin, daß gegen das Urteil die Berufung zulässig sei.

Das Landesarbeitsgericht hat unter Zulassung der Revision die Berufung des Beklagten als unzulässig verworfen.

Die Revision des Beklagten blieb erfolglos.

Aus den Gründen:

Der Ansicht des Berufungsgerichts ist zuzustimmen, daß die Formel der Streitwertfestsetzung des Arbeitsgerichts aus dem Tatbestand und den Entscheidungsgründen des Urteils ausgelegt werden müsse, nachdem ihr nicht mit Sicherheit entnommen werden könne, welcher Streitwert bei den in der Formel angegebenen äußersten Beträgen eigentlich gemeint sei.

Die Festsetzung des Streitwertes im Urteilstenor ist zweifellos nicht eindeutig, die Höhe des Streitwertes kann jedoch ohne weiteres aus dem Tatbestand und den Entscheidungsgründen des erstinstanzlichen Urteils entnommen werden. Wenn das Reichsarbeitsgericht und ihm folgend das Schrifttum angenommen haben, ein Zurückgreifen auf die Parteianträge im Tatbestand und auf Entscheidungsgründe sei nicht zulässig, wenn der Urteilstenor den Streitwert selbst nicht oder nicht ohne weiteres erkennen lasse (RAG. ARS. 4, 309; 5, 185; 41, 174; Dersch-Volkmar, Arbeitsgerichtsgesetz, 6. Aufl., § 61 Anm. 35; Gerstel, Anm. zu RAG. ARS. 4, 311; Dietz-Nikisch, Arbeitsgerichtsgesetz, § 61 Anm. 20), so liegt dem der Gedanke zu Grunde, daß im Augenblick des Ergehens des Urteils bereits völlige Klarheit über seine Anfechtbarkeit bestehen müsse. Dieser Grundsatz kommt aber auch zur Geltung, wenn eine unklare Streitwertfestsetzung ihre Klarstellung eindeutig aus dem Tatbestand und den Entscheidungsgründen erfährt. In diesem Falle muß sogar auf den Tatbestand und die Entscheidungsgründe zurückgegriffen werden, auf die die unklare Streitwertformel wegen ihrer näheren Bestimmung gleichsam selbst hinweist. Man wird auch nicht annehmen können, daß das Arbeitsgericht mit der Streitwertfestsetzung im Urteilstenor selbst den Streitwert auf jeden Fall auf 300,—DM festgesetzt habe, so daß eine Bindung hieran eingetreten sei. Damit würde verkannt, daß diese Streitwertfestsetzung eben nicht genau ist, deswegen näher bestimmbar bleibt und ihre nähere Bestimmung auch aus dem Tatbestand und den Entscheidungsgründen des Urteils erfährt. Die Streitwertformel enthält eine offen gebliebene Lücke, die sich aber sofort aus dem Tatbestand und den Entscheidungsgründen schließen läßt und schließt. Diese Auffassung läuft nicht auf eine unzulässige Abänderung des Streitwertes durch die höheren Instanzen hinaus. Die unklare Festsetzung in der Streitwertformel wird unmittelbar in der dargelegten Art und Weise im Urteil selbst klargestellt.

Bei diesen Umständen ist nicht darauf einzugehen, was das Arbeitsgericht zu der Art seiner Streitwertfestsetzung in der Urteilsformel bewogen haben könne, zumal hierzu Anhaltspunkte fehlen.

Die dem erstinstanzlichen Urteil beigegebene irrtümliche Rechtsmittelbelehrung, daß die Berufung zulässig sei, ist ohne Bedeutung (RAG. ARS. 21, 11; Dersch-Volkmar, Arbeitsgerichtsgesetz, 6. Aufl., § 64 Anm. 25; Dietz-Nikisch, § 64 Anm. 23). Die Belehrung ist kein Bestandteil des Urteils das doch aus sich heraus über die Berufungsfähigkeit Aufschluß geben soll. Sie ist, auch wenn sie auf den zur Zustellung an die Parteien bestimmten Ausfertigungen der Urteile vermerkt worden soll, in jedem Fall erkennbar gegenüber dem Urteil ein Besonderes.

Da danach das Berufungsgericht mit Recht einen Streitwert von 298,38 DM angenommen und, weil die Berufungssumme von 300,— DM nicht erreicht ist, (§ 64 Abs. 1 ArbGG.), deshalb die im übrigen auch nicht zugelassene Berufung als unzulässig verworfen hat, mußte der Revision ein Erfolg versagt bleiben.

68

1. Die rechtliche Bewertung des Streiks und des Arbeitskampfes überhaupt muß einheitlich erfolgen und seinem kollektiv-rechtlichen Wesen gerecht werden.

2. Bei dem legitimen gewerkschaftlichen Streik gibt diese Legitimität der Gesamtaktion ihr entscheidendes rechtliches Gepräge, so daß nicht nur die zum Streik auffordernde Gewerkschaft, sondern auch die daraufhin die Arbeit ohne Kündigung niederlegenden Arbeitnehmer nicht vertragswidrig und nicht rechtswidrig handeln.

3. Der von einer Gewerkschaft beschlossene, von den Arbeitnehmern ohne fristgemäße Kündigung durchgeführte legitime Streik um die

Arbeitsbedingungen berechtigt die bestreikten Arbeitgeber nicht zur außerordentlichen fristlosen Einzelentlassung des einzelnen Arbeitnehmers oder mehrerer einzelner Arbeitnehmer wegen Vertragsverletzung. Die § 123 Ziff. 3, § 124 a GewO., § 70, § 72 Abs. 1 Ziff. 2 HGB., 16 Vorl. LAO., § 82 Abs. 1 Ziff. 3, § 83 a PreußBergG., § 25 BiSchG., § 626 BGB. sind nicht anzuwenden.

4. Bei dem legitimen Arbeitskampf gilt der Grundsatz der Kampfparität und der Freiheit der Wahl der Kampfmittel.

5. Die kollektivrechtlich legitime Aussperrung bedarf keiner Kündigung der Arbeitsverträge, und zwar weder einer befristeten, noch einer fristlosen Kündigung. § 123 Ziff. 3 GewO. und die entsprechenden Vorschriften gelten nicht. Auch bestehen bei sofortiger Aussperrung zur Erreichung eines legitimen kollektiven Kampfzieles keine Vergütungsansprüche der Arbeitnehmer aus dem Gesichtspunkt des Annahmeverzugs.

6. Der von einer Gewerkschaft ohne fristgemäße Kündigung der Arbeitsverhältnisse durchgeführte Streik um die Arbeitsbedingungen berechtigt die bestreikten Arbeitgeber, im Wege der kollektiven Abwehraussperrung die Arbeitsverhältnisse der streikenden Arbeitnehmer fristlos zu lösen.

7. Sperren die bestreikten Arbeitgeber gemäß Ziffer 6 aus, so steht die Wiedereinstellung der Arbeitnehmer nach Beendigung des Arbeitskampfes beim Fehlen einer Wiedereinstellungsklausel in ihrem unternehmerischen Ermessen. Dieses Ermessen darf jedoch nicht offensichtlich mißbräuchlich ausgeübt werden.

GG. Art. 2 Abs. 1, Art. 9 Abs. 3; GewO. § 123 Nr. 3; BGB. § 615, § 823 Abs. 1, § 826; BetrVG. § 49 Abs. 2 Satz 3.

Großer Senat. Beschluß v. 28. Januar 1955 i. S. Sch. (Kl.) w. N. (Bekl.) GS. 1/54 (BAG. 1 AZR 165/54).

I. Arbeitsgericht Stade. — II. Landesarbeitsgericht Hannover.

Gründe.

Bei dem Ersten Senat des Bundesarbeitsgerichts ist der Rechtsstreit Sch. gegen „N." D. AG. — 1 AZR 165/54 — anhängig.

Der Kläger war seit 22 Jahren bei der Beklagten als gewerblicher Arbeiter tätig und zuletzt Betriebsratsmitglied. Ab 9. September 1953 beteiligte er sich an einem von seiner Gewerkschaft ausgerufenen Streik und legte die Arbeit nieder. An dem Streik nahmen auch alle Betriebsratsmitglieder teil. Die Arbeitnehmer kündigten nicht und hielten auch beim Eintritt in den Streik keine Kündgungsfrist ein. Der Streik bezweckte eine Angleichung der Löhne der Netzmacher an die Löhne der anderen Arbeiter der Beklagten; er sollte die Beklagte zum Abschluß eines entsprechenden Firmentarifvertrages zwingen.

Der Kläger wurde mit allen anderen Streikenden am 14. September 1953 von der Beklagten fristlos entlassen. Am 28. November 1953 brach der Streik zusammen. Eine tarifliche Wiedereinstellungsklausel wurde nicht vereinbart. Die Beklagte stellte außer dem Kläger und 6 anderen Arbeitnehmern alle übrigen Streikenden wieder ein.

Der Kläger macht geltend, die Kündigung sei vor allem deshalb unwirksam, weil die Teilnahme an einem von der Gewerkschaft beschlossenen Streik kein Grund zur fristlosen Kündigung sei. Weiter habe die Beklagte gegen die Pflicht zur gleichmäßigen Behandlung aller Arbeitnehmer verstoßen, als sie ihn nicht wieder eingestellt habe.

Der Kläger beantragt festzustellen, daß die fristlose Entlassung vom 14. 9. 1953 das Arbeitsverhältnis nicht beendet habe. In der Berufungsinstanz beantragt er außerdem hilfsweise, die Beklagte zu verurteilen, ihn nach der Streikbeendigung wieder einzustellen. Auf den Abweisungsantrag der Beklagten hat das Arbeitsgericht durch Urteil vom 11. 1. 1954 die Klage abgewiesen. Die Berufung des Klägers wurde durch Urteil des Landesarbeitsgerichts Hannover vom 15. März 1954 zurückgewiesen.

Mit der Revision begehrt der Kläger Aufhebung der angefochtenen Entscheidung, Feststellung, daß das Arbeitsverhältnis am 14. 9. 1953 nicht aufgelöst sei, hilfsweise Verurteilung der Beklagten, ihn ab 28. November 1953 — dem Zeitpunkt der Streikbeendigung — wieder einzustellen.

Der Erste Senat des Bundesarbeitsgerichts ist der Ansicht, daß das Urteil in dem Rechtsstreit 1 AZR. 165/54 von der Entscheidung der folgenden beiden Rechtsfragen abhängt:

1. Ist der von einer Gewerkschaft beschlossene Streik um die Arbeitsbedingungen, der ohne fristgemäße Kündigung der Arbeitsverhältnisse durch die Arbeitnehmer durchgeführt wird, für den Arbeitgeber ein Grund zur außerordentlichen fristlosen Kündigung der streikenden Arbeitnehmer?
2. Ist der Arbeitgeber nach Beendigung eines gewerkschaftlichen Streiks beim Fehlen einer entsprechenden Vereinbarung (Wiedereinstellungsklausel, Maßregelungsverbot) verpflichtet, die von ihm vorgenommene Wiedereinstellung der entlassenen

Arbeitnehmer gleichmäßig auf alle Streikteilnehmer auszudehnen, sofern ihm für die Ablehnung der Wiedereinstellung nicht andere Gründe als die der vorausgegangenen Streikbeteiligung zur Seite stehen?

Diese beiden Rechtsfragen sind seit längerer Zeit in Schrifttum und Rechtsprechung lebhaft umstritten. Der Erste Senat hat sie dem Großen Senat des Bundesarbeitsgerichts gemäß § 45 Abs. 1 Satz 2 ArbGG. zur Entscheidung vorgelegt. Der Erste Senat ist der Auffassung, daß es sich um Fragen von grundsätzlicher Bedeutung handelt, bei denen die Fortbildung des Rechts und die Sicherung einer einheitlichen Rechtsprechung die Entscheidung des großen Senats erfordern.

Der Große Senat tritt der Auffassung des Ersten Senats bei, daß die Voraussetzungen des § 45 Abs. 1 Satz 2 ArbGG. für die Anrufung des Großen Senats und für die Entscheidung der Rechtsfragen durch ihn gegeben sind.

Der Große Senat ist nach § 45 Abs. 1 Satz 2 ArbGG. nicht verpflichtet, die vorgelegten Fragen nur entweder mit „Ja" oder mit „Nein" zu beantworten. Er ist im Interesse der Fortbildung des Rechts und der Sicherung einer einheitlichen Rechtsprechung berechtigt, die Entscheidung der ihm vorgelegten Fragen selbständig sachgerecht zu formulieren. Vorausgesetzt ist nur, daß der vorlegende Senat in der Entscheidungsformel des Großen Senats tatsächlich auch im Ergebnis die Entscheidung der Rechtsfragen erhält, die er vorgelegt hat. Diesen Anforderungen entsprechen die in der Entscheidungsformel des Großen Senats gegebenen Rechtsgrundsätze.

Es handelt sich bei den zur Entscheidung stehenden Fragen um Grundprobleme des Rechts der Arbeitskämpfe, deren klare und richtige Erfassung für das Verhältnis der Sozialpartner untereinander, für die einzelnen Arbeitgeber und Arbeitnehmer, aber auch für die Allgemeinheit von erheblicher Bedeutung ist.

Ein Hauptproblem ist dabei, wie Bulla, Das zweiseitig kollektive Wesen des Arbeitskampfes in Festschrift für H. C. Nipperdey, 1955 S. 163 ff., zutreffend formuliert, die Frage des richtigen Verhältnisses des Arbeitskampfes und der Kampfhandlungen zum Rechtskreis des individuellen Arbeitsvertrages dort, wo das Kampfverhalten des Einzelnen diesen Rechtskreis berührt und mit ihm kollidiert.

Die zweite, ebenso wichtige Grundfrage — die in der bisherigen Erörterung zu wenig beachtet ist — besteht darin, welche rechtlichen Folgerungen aus dem Prinzip der Freiheit des Arbeitskampfes in den

Grenzen der Rechtsordnung, aus der verfassungsrechtlichen Gleichheit, insbesondere der Waffengleichheit (Kampfparität) der Sozialpartner zu ziehen sind.

I.

1. In der ersten Frage, die der Erste Senat vorgelegt hat, ob der von einer Gewerkschaft beschlossene Streik um die Arbeitsbedingungen, der ohne fristgemäße Kündigung der Arbeitsverhältnisse durch die Arbeitnehmer durchgeführt wird, für den Arbeitgeber ein Grund zur außerordentlichen fristlosen Kündigung der streikenden Arbeitnehmer ist, stehen sich zwei Grundansichten gegenüber.

a) Nach der durchaus überwiegenden, bisher herrschenden Meinung wird die Hauptpflicht des Arbeitnehmers aus dem Arbeitsvertrag, die Arbeitsverpflichtung, widerrechtlich und schuldhaft durch Nichtleistung verletzt, wenn der Arbeitnehmer, ohne fristgerecht zu kündigen, sich am Streik beteiligt. Die Widerrechtlichkeit werde weder durch Artikel 9 GG. noch durch die Bestimmungen der Verfassungen einzelner Länder über das Streikrecht, noch durch Verbandsbeschlüsse der Gewerkschaften, noch durch einen Vorrang des Kollektivrechts ausgeschlossen. Die Betätigung der Arbeitskampffreiheit habe sich innerhalb der allgemeinen Schranken der Rechtsordnung zu halten, die nicht nur durch die Gesetze, sondern auch durch die vertraglichen Bindungen gezogen würden. Die Kampfbeteiligung des einzelnen Arbeitnehmers sei somit Vertragsbruch, der den Arbeitgeber zur fristlosen Entlassung der Arbeitnehmer wegen (rechtswidriger, schuldhafter) beharrlicher Arbeitsverweigerung berechtige (vgl. besonders § 123 Ziff. 3 GewO., § 72 Ziffer 2 HGB. und 626 BGB.) Außerdem seien die streikenden Arbeitnehmer gesamtschuldnerisch zum Schadenersatz verpflichtet.

So Hueck-Nipperdey, Lehrbuch des Arbeitsrechts, 3.—5. Aufl., 1932, Bd. 1 S. 169, 336 ff., 341; Bd. 2 S. 499; Oertmann, Deutsches Arbeitsvertragsrecht, 1923, S. 281; ders. JW. 1925, 2420; Sinzheimer, Grundzüge des Arbeitsrechts, 2. Aufl. 1927, S. 189; Groh, Koalitionsrecht, 1923, S. 135; Kaskel-Dersch, Lehrbuch des Arbeitsrechts, 4. Aufl 1932, S. 433 ff., 436; Lutz Richter, VerwArch., 1926, 15 ff; Nikisch, Gutachten „Die privatrechtlichen Wirkungen des sogenannten Streikrechts", 1951, Heft 1 der Schriftenreihe der Bundesvereinigung der Deutschen Arbeitgeberverbände; ders., Arbeitsrecht, 1951, S. 276, 279; ders. Arbeitgeber 1951, 24; ders., BB. 1952, 24; Dietz, BB. 1952, 294; ders., Grundsätzliches zum Streikrecht, Samml. arbeitsrechtl. Entsch. 1954, 92; H. Lehmann, ebd. 1952, 90; Rewolle, Betrieb 1949, 191; Kauffmann,

Betrieb 1951, 466; Vielhaber, RdA. 1951, 372; Arras, NJW. 1953, 241; Bobrowski, Arbeitsrecht, 2. Aufl., 1954, S. 408 ff.; Maus, Hdb. d. ArbR. IX S. 27; Siebrecht, Das Recht im Arbeitskampf, 1952, S. 19, 34; Huber, Wirtschaftsverwaltungsrecht Bd. 2, 1954, S. 395; Niese, Streik u. Strafrecht, 1954, S. 48; Herschel, Arbeitsrecht, 7.—10. Aufl., 1954, S. 24; Osswald, Der Streik und die ihm durch das Strafrecht gezogenen Grenzen, 1954, S. 28; Hueck, Komm. z. KSchG., 3. Aufl., 1954, § 23 Anm. 3; Monjau-Heimeier, Komm. z. KSchG., Anm. zu § 23; Rohlfing, Komm. z. KSchG., § 23 Anm. 4; Erdmann, ABC. d. ArbR., 1950, S. 22, 25).

Ebenso die Praxis des Reichsgerichts, des Preuß. Oberverwaltungsgerichts und des Reichsarbeitsgerichts bis 1933, vgl. RG., NZfA. 1927, 179 = Rspr. d. RG. z. ArbR. 2, 220; RGStr. 56, 419; OVG. 78, 448; RAG Bensh. Samml. 2, 122, 128; 6, 342; 7, 476; 9, 400; 11, 530.

Auch in der Judikatur der Landesarbeitsgerichte nach 1945 wird diese Ansicht ganz überwiegend vertreten, vgl. LAG. Bremen v. 19. 3. 1952, AP. 53 Nr. 2; v. 6. 5. 1953, BB. 1953, 501; LAG Düsseldorf v. 11. 1. 1952, RdA. 1952, 159; v. 16. 5. 1952, RdA. 1952, 357; v. 19. 1. 1954 in Arbeitsrecht-Blattei, Rspr. z. ArbR. Nr. 1580; v. 7. 1. 54 ebenda Nr. 1556; LAG. Frankfurt/M. v. 29. 1. 1952, RdA. 1952, 238; LAG. Hamburg v. 28. 11. 1952, BB. 1953, 262; LAG. Hamm v. 13. 7. 1951, Betrieb 1951, 784; v. 16. 10. 1952, BB. 1952, 30; v. 27. 10. 1952, BB. 1953, 59; v. 5. 11. 1952, RdA. 1953, 79; v. 8. 9. 1953, Betrieb 1954, 108; LAG. Hannover v. 16. 1. 1952, AP. 52 Nr. 83; v. 20. 2. 1953, AP. 53 Nr. 156; v. 11. 2. 52, RdA. 1952. 158; LAG. Kiel v. 14. 9. 1954, Betrieb 1954, 868; LAG. Stuttgart v. 28. 3. 1952, AP. 52 Nr. 162.

b) Demgegenüber steht eine neuerdings im Vordringen befindliche Meinung auf dem Standpunkt, daß die Streikbeteiligung des einzelnen Arbeitnehmers ohne Kündigung am gewerkschaftlichen legitimen Streik keine vertragswidrige Arbeitsverweigerung sei und daher auch keinen Grund zur fristlosen Entlassung gebe.

So Gerhard Müller, RdA. 1951, 247; ders., Probleme des Arbeitsrechts, 1953 hg. vom DGB Landesbezirk Bayern; ders., Streik und Arbeitsvertrag in Das Recht der Arbeit, Sonderausgabe der Sozialrechtl. Mitteilungen der Arbeiterkammer Wien, 1954, 1 ff.; Hessel, BB. 1951, 85; ders., RdA. 1952, 48; Hoeniger, RdA. 1953, 204; BB. 1955 S. 37; Schnorr, Arbeit u. Recht 1953, 193; Schnorr v. Carolsfeld, Arbeitsrecht, 2. Aufl., 1954, S. 322; Meissinger, Reliefbild des Arbeitsrechts, 1952, S. 196; ders., Betrieb 1954, 783; ders., Arb. u. Recht 1954, 65, 353;

wohl auch Schwaabe, ebenda 357, Bührig, Mitt. d. Wirtschaftswissenschaftl. Instituts d. Gewerkschaften 1954, 187, 196; Abendroth, Gewerkschaftl. Monatshefte 1954, 259, 634; ders., Gutachten „Die Berechtigung gewerkschaftlicher Demonstrationen für die Mitbestimmung der Arbeitnehmer in der Wirtschaft", 1953, hrsg. v. DGB. S. 11, 17; Richard Schmid, Gewerkschaftl. Monatshefte 1954, 4; Bauer, JZ. 1953, 651; Arb. u. Recht 1955, 65; Neumann-Duesberg, Der arbeitsrechtliche Streik, JR. 1954, 441; Alfred Weber, Gew. Monatshefte 1952, 582; ders., Staat und gewerkschaftliche Aktion, 1954; Frey, Arbeit und Recht 1953, 289; 1954, 97; Bulla in Nipperdey Festschrift 1955 S. 163 ff.

Aus der Rechtsprechung LAG. München, v. 17. 4. 1953, v. 26. 10. 1953, v. 16. 2. 1954, v. 28. 6. 1954, in Amtsbl. d. Bayer. ArbMin. 1953 C 77, 165; 1954 C 102, 153; auch ArbG. Göttingen v. 23. 8. 1951, RdA. 1951, 397; v. 10. 4. 1952, AP. 52 Nr. 103.

Die Begründung der zuletzt genannten Ansicht ist allerdings keine einheitliche. Einzelne Vertreter dieser Meinung erkennen ein besonderes verfassungsrechtliches Streikrecht an, das die Rechtswidrigkeit der Arbeitsniederlegung und damit den Vertragsbruch ausschließe (so Schnorr v. Carolsfeld, Abendroth, R. Schmid, Bührig, LAG. Bayern). Schnorr v. Carolsfeld bezeichnet das Streikrecht darüber hinaus als eine Art von Selbsthilferecht im weiteren Sinne, als subjektives öffentliches Recht mit Ausstrahlungen in den Bereich des Privatrechts im Sinne eines Rechtfertigungsgrundes beim erlaubten Streik. Andere verweisen auf die Anerkennung des Streiks als eines freiheitlichen Ordnungsprinzips als Bestandteil einer überwertigen materiellen Verfassung und seine Verbindung mit dem Tarifvertragsrecht und dem Rechtsprinzip der sozialen Selbstverwaltung, sowie auf den Vorrang des kollektiven Arbeitsrechts (Gerhard Müller, Hessel, Meissinger, LAG. Bayern, Bührig). Schnorr aaO. stellt darauf ab, daß die vorherige Kündigung des Arbeitsverhältnisses bei gewerkschaftlichem Streik dem Arbeitnehmer nicht zumutbar sei, so daß aus diesem Grunde kein zurechenbarer schuldhafter Arbeitsvertragsbruch vorliege; dagegen aber Neumann-Duesberg, JR. 1954 S. 445. Hoeniger aaO. schließlich meint, der Arbeitgeber wisse, daß seine gewerkschaftlich organisierten Arbeitnehmer ihrer Gewerkschaft zur Verbandstreue verpflichtet seien. Wenn kein Tarifvertrag bestehe, müsse er mit einem Arbeitskampf rechnen. Diese „realen und offenkundigen Beziehungen" würden nach § 157 BGB. Inhalt der Einzelarbeitsverträge und schlössen somit die Annahme einer

Vertragswidrigkeit des Streiks aus. Über die Auffassung von Bulla wird in folgendem gehandelt.

2. Zunächst ist festzustellen, daß sich dieser Meinungsstreit keineswegs ohne weiteres aus der Bejahung oder Verneinung eines verfassungsrechtlichen Streikrechts oder eines besonderen gesetzlich begründeten subjektiven Rechts zum Streik lösen läßt. Da Art. 9 Abs. 3 GG. ebenso wie Art. 159 der Weimarer Verfassung weder nach dem Wortlaut noch nach der klaren Entstehungsgeschichte (vgl. für das GG. Jahrbuch des öffentl. Rechts Bd. 1, 1951, S. 116 ff. zu Art. 9 GG.) ein Streikrecht verfassungsrechtlich garantieren, vielmehr nur die Koalitionsabrede, nicht aber die Koalitionsmittel grundgesetzlich schützen, wird ein solches Recht von der durchaus herrschenden Meinung abgelehnt. Auch aus § 152 Gewerbeordnung ergibt sich nach dieser Auffassung kein Streikrecht.

Vgl. Hueck-Nipperdey, Lehrbuch des Arbeitsrechts, 3./5. Aufl., 1932, Bd. 2 S. 482 ff., 486, 497 ff.; Nipperdey, Grundrechte der Reichsverfassung, 1930, Bd. 3, S. 415; ders., Zeitungsstreik, 1953 S. 42; von Mangoldt, GG. Art. 9 Erl. 4; ders., AöR. 75, 287; Wernicke in Bonner Kommentar, Art. 9 Bem. I, II 3 insbes. d; Nikisch, Die privatrechtlichen Wirkungen des sog. Streikrechts, 1951, S. 13; Siebrecht, Das Recht im Arbeitskampf, 1952, S. 17; Groh, Koalitionsrecht, 1923, S. 49 ff.; Steinmann, Das Koalitionsrecht im dt. Reich, 1926, S. 37 ff.; Anschütz, Reichsverfassung, 12. Aufl., Art. 159, Erl. 5; Forsthoff in Hueck-Forsthoff, Zwei Rechtsgutachten über die politischen Streikaktionen anläßlich der parlamentarischen Beratung des BetrVG. in ihrer Verfassungs- und zivilrechtlichen Bedeutung, 1952, S. 13; Huber, Wirtschaftsverwaltungsrecht, Bd. 2, 1954, S. 393; Eberhard, RdA. 1949, 125; Bulla aaO., S. 165 ff.; vgl. weiter Franz Neumann, Koalitionsfreiheit und Reichsverfassung, 1930 S. 91; Sinzheimer, Grundzüge des Arbeitsrechts, 2. Aufl. 1927 S. 85 ff.

Ebenso die Rechtsprechung: RGStr. 56, 412 ff., 419 ff., 423 ff.; 58, 360; OVG. 78, 452, 453; RG. NZfA. 1923, 68; RGZ. 119, 294; RAG. Bensh. Samml. 7, 479; 9, 401; 10, 606; RG. ebenda 7, 572; BayVGH. NZfA. 1923, 391. Die deutschen Landesverfassungen, auch soweit sie nicht wie Rheinland-Pfalz (Art. 66 Abs. 2) ein Streikrecht nur im Rahmen der Gesetze anerkennen, sondern wie Bremen (Art. 51 Abs. 3), Hessen (Art. 29 Abs. 4) und Berlin-West (Art. 18 Abs. 3) ein Streikrecht ohne Gesetzesvorbehalt gewährleisten, scheiden für den vom Ersten Senat vorgelegten Fall aus, da die Verfassung von Hamburg keine entsprechende Bestimmung enthält. Im übrigen steht der Große Senat auf dem Standpunkt, daß die genannten Normen der Landesverfassungen zwar die Unzulässigkeit öffentlich-rechtlicher landesrechtlicher Streikverbote und Streikbeschränkungen durch einfache Landesgesetze anordnen, nicht aber eine privatrechtlich wirksame Bestimmung über ein Streikrecht gegenüber den Arbeitgebern treffen. Seit dem Inkrafttreten des Grundgesetzes kann im übrigen nur der Bund privatrechtliche Bestimmungen erlassen, vgl. Nipperdey, Bundesprivatrecht und Landesprivatrecht, NJW. 1951, 897; Enneccerus-Nipperdey, Allg. Teil, 14. Aufl., 1952, § 14.

Aber aus der Ablehnung eines besonderen verfassungsrechtlichen Grundrechts zum Streik oder eines subjektiven Streikrechts folgt keineswegs notwendig, daß der Streik als rechtswidriger Bruch des Arbeitsvertrages anzusehen ist. Es fragt sich vielmehr, ob sich aus dem Wesen des legitimen Arbeitskampfes und des Streiks im besonderen etwas anderes ergibt.

Aber auch die soeben zu I 1 b erwähnte Ansicht, deren Vertreter z. T. ein verfassungsmäßiges oder gesetzlich begründetes Streikrecht bejahen,

vgl. auch schon früher Potthoff, SchliW. 1924, 112 f.; JW. 1925, 1842 ff.; derselbe Einwirkung der Reichsverfassung auf das Arbeitsrecht, 1925, S. 28 ff.; ders., ArbR. 1924, 663; 1926, 371; RArbBl. 1920, 673; 1925, 618 ff.; vgl. auch ders., Wesen und Ziele des Arbeitsrechts, 1922 und Arbeitsrecht: Das Ringen um werdendes Recht, 1928, S. 66 ff., 81 ff., 87; Levy, ArbR. 1927, 107 ff.; Katzenstein, JW. 1928, 274; Joerges, SchliW. 1926, 37 ff.

hat das Problem damit noch nicht gelöst. Denn das Streikrecht, mag man es aus Art. 9 GG. oder unter Außerachtlassung des Spezialcharakters dieser Vorschrift aus der grundrechtlichen allgemeinen Entfaltungsfreiheit des Art. 2 Abs. 1 GG. oder aus sonstigen Vorschriften der Rechtsordnung herleiten, kann vertraglichen Bindungen unterliegen (so durch den Tarifvertrag) und es darf nicht die Rechte anderer verletzen (Art. 2 Abs. 1 GG.). Es fragt sich aber gerade, ob die arbeitsvertragliche Verpflichtung zur Arbeitsleistung ein Recht des Arbeitgebers begründet, das während seiner Dauer durch einen Streik nicht verletzt werden darf.

Aus diesen Gründen hatte der Große Senat keine Veranlassung, zu der Frage Stellung zu nehmen, ob ein verfassungsmäßiges Streikrecht, insbesondere im Hinblick auf Art. 2 Abs. 1 GG., oder ein subjektives Recht zum Streik überhaupt zu bejahen ist oder nicht.

3. Die Lösung kann vielmehr aus dem Wesen des gewerkschaftlichen Streiks als kollektiver Kampfmaßnahme gefunden werden.

Dabei ist entsprechend der aus dem Tatbestand des dem Ersten Senat vorliegenden Rechtsstreits zu ergänzenden Fragestellung davon auszugehen, daß nur der gegen die Arbeitgeber gerichtete Streik um die tarifliche Regelung der Arbeitsbedingungen zu untersuchen ist (Gegensatz: z. B. der sog. politische Streik; vgl. dazu jetzt zusammenfassend Kaiser, Der politische Streik 1955), der weder tarifwidrig (Bruch der tariflichen Friedenspflicht), noch nach seinen Mitteln oder seinen Zielen oder der Unverhältnismäßigkeit von Mittel und Ziel sozialinadaequat (Eingriff in die Gewerbebetriebe der Arbeitgeber nach § 823 Abs. 1 BGB.), noch sittenwidrig (§ 826) ist. Man hat diesen Streik um die Arbeitsbedingungen gegen die Arbeitgeber mit Recht als sozialadaequaten Streik bezeichnet. (Vgl. über den Begriff der Sozialadaequanz Welzel, Strafrecht, 3. Aufl. 1954 S. 61; derselbe, Das neue Bild des Strafrechtssystems, 2. Aufl. 1952 S. 19, 26 ff.; derselbe, ZStW. 58, 515; Enneccerus-Nipperdey, Allg. Teil Halbbd. 2, 1955 § 209 II; Niese, Streik u. Strafrecht, 1954 S. 27 ff. mit Angaben.)

Arbeitskämpfe (Streik und Aussperrung) sind im allgemeinen unerwünscht, da sie volkswirtschaftliche Schäden mit sich bringen und den im Interesse der Gesamtheit liegenden sozialen Frieden beeinträchtigen; aber sie sind in bestimmten Grenzen erlaubt, sie sind in der freiheitlichen, sozialen Grundordnung der Deutschen Bundesrepublik zugelassen. Unterbrechungen der betrieblichen Arbeitstätigkeit durch einen solchen Arbeitskampf sind sozialadaequat, da die beteiligten Arbeitnehmer und Arbeitgeber mit solchen kampfweisen Störungen auf Veranlassung und unter der Leitung der Sozialpartner von jeher rechnen müssen und die deutsche freiheitliche Rechtsordnung derartige Arbeitskämpfe als ultima ratio anerkennt. Es besteht Freiheit des Arbeitskampfes, Streikfreiheit und Aussperrungsfreiheit. Das ergibt sich nicht nur aus der gesamten historischen Entwicklung seit 1869, namentlich aus der wichtigen Regel des § 152 Abs. 1 GewO. und der allgemeinen rechtlichen Überzeugung,

vgl. schon RGZ. 54, 258; 56, 275; 58, 30; 64, 56; 65, 212, 213; 119, 294 und die ständige Rechtsprechung,

sondern neuerdings namentlich auch aus § 49 Abs. 2 Satz 3 BetrVG. Dort ist im Anschluß an das Verbot der Arbeitskämpfe zwischen Arbeitgeber und Betriebsrat ausdrücklich bestimmt, daß Arbeitskämpfe tariffähiger Parteien durch das Verbot nicht berührt werden.

Auch die Landesarbeitsgerichte haben das Prinzip der sozialen Adaequanz für das Recht der Arbeitskämpfe als maßgebend anerkannt, vgl. LAG. Frankfurt a. M., RdA. 1953, 195, 354; Freiburg, RdA. 1953, 360; Bayern, AmtsBl. Bayer. ArbM. 1953, C 77; weiter OLG. Düsseldorf, RdA. 1953, 393.

In diesem Sinne hat Bundespräsident Professor Theodor Heuß in seiner Ansprache am 4. 10. 1954 vor dem 3. Ordentlichen Kongreß des DGB. das „Streikrecht" mit Recht „als eine völlig legitime Sache" bezeichnet (Bulletin des Presse- und Informationsamtes der Bundesregierung 1954 Nr. 189 S. 1674).

4. Dabei ist der gewerkschaftliche Streikbeschluß mit seiner Aufforderung zur Arbeitsniederlegung die entscheidende selbständige Kampfhandlung, die als solche rechtlich zu bewerten ist, wenn sie tatsächlich durch Arbeitsniederlegung durchgeführt wird. Diese Rechtsauffassung allein wird den soziologischen Massenerscheinungen der modernen sozialen und wirtschaftlichen Kämpfe gerecht. Sie legt es nahe, den Streik hinsichtlich seiner Rechtmäßigkeit oder Unrechtmäßigkeit nur als kollektive Aktion und ohne Rücksicht darauf zu beurteilen, ob die einzelnen, den Streik vollziehenden Handlungen, also die Arbeitsniederlegungen nach erfolgter Kündigung oder ohne eine solche erfolgen.

Die bisher überwiegende Meinung ist in dieser Kernfrage inkonsequent und verschiebt zu Unrecht das soziologische und rechtliche Schwergewicht.

Ist der Streik kollektivrechtlich legitim, wird er aber ohne Kündigung der Arbeitsverhältnisse durchgeführt, so entfällt die Haftung der Gewerkschaft. Wohl aber soll jeder einzelne Arbeitnehmer seine arbeitsvertragliche Pflicht zur Arbeitsleistung vertragswidrig, also rechtswidrig verletzt haben, was die fristlose Entlassung jedes einzelnen rechtfertige. Eine Haftung der Gewerkschaft aus „Verleitung zum Vertragsbruch" — diese Verleitung liegt nach dieser Ansicht natürlich vor — wird aber für die Regelfälle abgelehnt, da es an einem gesetzlich begründeten Haftungstatbestand fehle, insbesondere § 826 BGB. nicht anzuwenden sei (vgl. dazu neuerdings Herrmann, GRUR. 1955, 21 mit Angaben; Enneccerus-Lehmann, Schuldrecht § 236 III 3 c; RGZ. 51, 369; 54, 255; 76, 35). Wohl aber wird — obwohl § 427 BGB. ausscheidet — und im Widerspruch zu der induvidualrechtlichen Grundauffassung, daß jeder einzelne Arbeitnehmer gerade seinen Arbeitsvertrag verletzt habe, eine gesamtschuldnerische Haftung aller streikenden Arbeitnehmer aus schuldhafter Vertragsverletzung für den Schaden angenommen, der dem bestreikten Arbeitgeber entsteht. Die Bejahung der Haftung jedes Streikenden nicht etwa nur auf den seinem Anteil an der Verursachung entsprechenden Schaden, sondern für den Gesamtschaden, ja die Annahme eines Gesamtschuldverhältnisses der Vielzahl der Arbeitnehmer, weil es dieselbe Leistung an den Arbeitgeber zum Gegenstand habe, die bewußt gemeinsam nicht erfüllt werde (vgl. RGR. Kommentar § 421 Erl. 1 b; RAG. ArbRS. 14, 300; 15, 45; 18, 247) erweist klar, daß der Streik hier durchaus als kollektivrechtliches Phänomen gesehen wird. Das soll allerdings nur zu Lasten der Arbeitnehmer in der Haftungsfrage gelten, während man die Frage der fristlosen Entlassung rein individualrechtlich betrachtet.

Ist andererseits der gewerkschaftliche Streik als solcher rechtswidrig (tarifwidrig oder gegen § 823 Abs. 1 BGB. verstoßend oder sittenwidrig), wird aber erst nach Kündigung der Arbeitsverhältnisse gestreikt, so bleibt es zwar bei der Unzulässigkeit des Streikes. Doch soll jede Haftung der einzelnen Arbeitnehmer entfallen und rechtliche Maßnahmen gegen die streikenden Arbeitnehmer sollen ausscheiden. Das soll nach einer weitverbreiteten, allerdings vom RAG. (ArbRS. 6, 342; 7, 493) abgelehnten Ansicht auch dann gelten, wenn die Arbeitnehmer die bevorstehende Arbeitsniederlegung dem Arbeitgeber unter Einhaltung der Kündigungsfrist anzeigen, ohne aber zu kündigen. Eine Vertragswidrigkeit bestehe dann nicht. Denn da der Arbeitnehmer berechtigt sei, zu diesem Zeitpunkt den Vertrag sogar völlig zu lösen, so sei er auch in der Lage, durch Ankündigung der Arbeitsniederlegung ein bloßes Ruhen des Arbeitsverhältnisses herbeizuführen (Nachweise bei Hueck-Nipperdey, Lehrbuch II S. 661 Anm. 5) mit der Folge, daß fristlose Entlassung und Schadenersatzansprüche gegen diesen Arbeitnehmer nicht in Frage kommen.

Es ist bereits darauf hingewiesen worden, daß dieses Hin- und Herschwanken zwischen kollektivrechtlicher und individualrechtlicher Bewertung der Klarheit und Folgerichtigkeit entbehrt und kaum auf allgemeines Verständnis stoßen kann (vgl. insbesondere Bulla aaO. S. 172 ff.). Mit Recht ist auch betont worden, daß das Verlangen einer fristgemäßen Kündigung beim Streik genau besehen die Verneinung des Streiks als eines doch anerkannten und auch privatrechtlich rechtmäßigen Rechtsinstituts bedeute. Denn in bloß individualarbeitsvertragsrechtlicher Schau solle ein Arbeitnehmer nach fristgerechter Aufkündigung seines Arbeitsvertrages gar nicht mehr „streiken" können, da für eine „streikweise" Arbeitsniederlegung dort kein Raum sein könne, wo keine Arbeitsvertragspflicht zur Arbeitsleistung mehr bestehe. Und dennoch wird eine solche Art der „Arbeitsniederlegung" aller streikwilligen Arbeitnehmer unter vorheriger Beendigung des Arbeitsvertrages durch Kündigung zu Recht als Streik bewertet, nicht wegen der Arbeitsbeendigung durch den einzelnen, sondern wegen des kollektiven Momentes in der Vielzahl der gleichgerichteten Einzelkündigungen zu gemeinsamer Beendigung der Arbeitsverträge um der Erreichung des Kampfzieles willen. Das kollektive Moment und das gemeinsam verfolgte Kampfziel geben diesem gemeinsamen Vorgehen das Gepräge. Damit verleugne sich aber die bloß individualistische Betrachtungsweise der streikdarstellenden Einzelhandlungen und schwenke zutreffend wieder in den kollektiven Aspekt ein (Bulla aaO. S. 173 f).

Der Arbeitskampf als einheitliches Geschehen darf nicht kollektivrechtlich anders behandelt werden als individualrechtlich. Man darf es — wie Bulla gleichfalls zutreffend ausführt S. 180 aaO. — nicht bei einer angeblich nicht behebbaren Kollision zwischen Arbeitskampfrecht und Arbeitsvertragsrecht belassen. Eine Synthese ist nicht möglich. Also muß ein Rechtskreis den Vorrang haben. Daraus folgt: Entweder ist der Arbeitskampf im kollektivrechtlichen Bereich des Arbeitsrechts legitim, dann kann er, da er ein einheitlicher Akt ist, nicht im Individualrecht des Arbeitsvertrages rechtswidrig sein. Oder aber er ist wegen der Kollision mit dem Individualrecht des Arbeitsvertrages rechtswidrig, dann muß er es total, also auch für den Rechtskreis des kollektiven Arbeitskampfrechts sein (vgl. im wesentlichen ebenso G. Müller, RdA. 1951, 247; Hessel, BB. 1951, 85; Hoeniger, RdA. 1952, 48; BB. 1955, 37; Frey, Arb. u. Recht 1954, 22, 97). Es ist aber nicht gerechtfertigt, innerhalb des gleichen Rechtsgebietes, des Arbeitsrechts dasselbe kollektive Handeln hier als rechtmäßig, dort als rechtswidrig anzusehen.

Der Große Senat steht aus den bereits angedeuteten Gründen auf dem Standpunkt, daß die rechtliche Bewertung des Streiks und des Arbeitskampfes überhaupt einheitlich erfolgen und seinem kollektivrechtlichen Wesen gerecht werden muß, wenn man nicht zu sachwidrigen und lebensfremden Ergebnissen kommen will. Das bedeutet für den hier zu prüfenden legitimen gewerkschaftlichen Streik, daß diese Legitimität der Gesamtaktion ihr entscheidendes rechtliches Gepräge gibt, daß somit nicht nur die zum Streik auffordernde Gewerkschaft, sondern auch die daraufhin die Arbeit ohne Kündigung niederlegenden Arbeitnehmer nicht rechtswidrig handeln.

5. Entscheidend ist zunächst die klare Erkenntnis des Wesens des Streiks und des Arbeitskampfes überhaupt. Ein maßgebendes Element

des Streiks ist die gemeinsame und planmäßig durchgeführte Arbeitseinstellung durch eine größere Anzahl von Arbeitnehmern zu einem bestimmten Kampfziel (vgl. Hueck-Nipperdey, Lehrbuch, 3./5. Aufl. Bd. 2 S. 652 f.). Die Niederlegung der Arbeit durch den Arbeitnehmer ist kein Einzelvorgang. Als solcher wäre er wirkungslos und sinnlos. Entscheidend ist die bewußtgewollte, solidarische Gemeinsamkeit des Handelns, die beim gewerkschaftlichen Streik in der gemeinschaftlichen Durchführung des Streikbeschlusses besteht. Der Streik ist auch in seiner Durchführung durch die Arbeitnehmer ein Kollektivakt, der aus den Arbeitsniederlegungen in ihrer Verbundenheit besteht. Beim Streik handelt nicht der Einzelne, sondern es handeln die Streikenden als Gruppe.

„Es legt nicht die Vielzahl der einzelnen streikbeteiligten Arbeitnehmer, individuell gesehen, die Arbeit nieder, sondern es ist die geschlossene Gruppe, die ihre Arbeitskraft streikweise entzieht und in der der einzelne als Mitglied wie die anderen Gruppenmitglieder handelnd steht. Ihre Einzelakte der Arbeitsniederlegung sind in der gewollten Kollektivität Gesamthandeln der Gruppe, in der der einzelne insofern als Individuum aufgegangen ist", so mit Recht Bulla aaO. S. 182.

Streik ist zugleich der Kampfbeschluß und Kampfzustand, wie das Gesamthandeln aller Streikenden; daher ist auch der Sprachgebrauch richtig, der gleichbedeutend von „Streik in der bayerischen Metallindustrie" oder „Streik der bayerischen Metallarbeiter" spricht.

Die rechtliche Bewertung muß dieser Wirklichkeit des Streiks entsprechen. Die streikweise Arbeitsniederlegung darf daher nicht individualrechtlich gesehen werden, sie ist im kollektiven Zusammenhang zu betrachten, in dem sie steht. Das Handeln des Arbeitnehmers ist nicht in seiner Vereinzelung, nicht als Individualhandeln, sondern als Kollektivhandeln als Mitglied seiner Gruppe zu bewerten, der er durch seine Streikbeteiligung angehört. Dem Kollektivhandeln stehen aber im Arbeitskampfrecht nur die besonderen (Tarifvertrag) und allgemeinen (§§ 823, 826 BGB) kollektiven Verhaltenspflichten, nicht aber arbeitsvertragliche Pflichten entgegen, da diese grundsätzlich nur individuelles Handeln bestimmen wollen. Der Satz: — Was einzelvertraglich jedem Einzelnen nicht erlaubt sei, werde auch bei kollektivem Handeln nicht rechtmäßig — ist sicherlich grundsätzlich richtig. Er gilt aber dann nicht, wenn in Wahrheit die Einzelhandlung keinerlei selbständige Bedeutung hat, vielmehr in der Kollektivhandlung aufgeht und wenn die Rechtsordnung die Rechtmäßigkeit oder Unrechtmäßigkeit des Kollektivhandelns als solchen selbständig bestimmt.

Sind Streik und Streikbeteiligung in diesem Sinne ausschließlich kollektivrechtliche Größen, so scheidet die Charakterisierung der Streikbeteiligung als Verletzung des Einzelarbeitsvertrages und damit als vertragswidrig und rechtswidrig dann aus, wenn der Streik als Kollektivakt rechtmäßig ist.

Der Große Senat spricht damit für den legitimen Streik keineswegs den viel umstrittenen Grundsatz aus: Kollektivrecht oder Verbandsrecht geht vor Vertragsrecht oder Verbandstreue geht vor Vertragstreue. Vielmehr ergibt sich die Entscheidung aus dem Wesen des Streikes und des Arbeitskampfes.

6. Die vorstehend entwickelten Rechtsgrundsätze werden den Notwendigkeiten des Arbeitskampfrechts in einem freiheitlichen Gemeinwesen und damit der Rechtswirklichkeit gerecht.

Der Streik will die Arbeitsverhältnisse unterbrechen, um dadurch einen Druck auf den anderen Sozialpartner auszuüben und eine günstigere tarifliche Regelung der Arbeitsbedingungen herbeizuführen. Die Streikenden wollen keine Lösung der Arbeitsverhältnisse, sie wollen die Arbeitsverhältnisse nur suspendieren, sie aber später, nach Erreichung ihrer Ziele, aber auch nach einer Niederlage fortsetzen. Jedenfalls wollen sie nicht kündigen. Die bisher herrschende Meinung zwingt sie zu einer Kündigung, die sie in Wahrheit gar nicht wollen. Sie wird, wie bereits bemerkt, dem eigentlichen Wesen des Streiks, das in der Verweigerung der Arbeit besteht, nicht gerecht, da nach Kündigung eine Arbeitspflicht nicht mehr vorhanden ist.

Ein Streik der Arbeitnehmer unter Einhaltung der Kündigungsfristen ist weitgehend praktisch unmöglich. Es handelt sich nicht nur um die gesetzlichen und untereinander ungleichen Kündigungsfristen. Auch tarifvertraglich bestehen verschiedene Kündigungsfristen, die ihrerseits auch nach Ablauf des Tarifvertrages kraft Nachwirkung weiter gelten. Beim Streik ist aber der einheitliche Streikbeginn allein taktisch richtig und geradezu lebenswichtig für den Erfolg. Die Einhaltung von Kündigungsfristen und namentlich von unterschiedlichen Kündigungsfristen macht das Schwert des Streikes stumpf. Den Angestellten würde angesichts der langen Kündigungsfristen die Streikfreiheit praktisch überhaupt genommen werden. Wenn Nikisch, Gutachten S. 19, gerade diese individualrechtlichen Fristen als kampfretardierend begrüßt, so ist zu betonen, daß es nicht die Aufgabe einer freiheitlichen sozialen Rechtsordnung sein kann, mit diesen Mitteln Arbeitskämpfe zu verhindern, die als solche durchgeführt werden können. Überdies hat die Praxis gezeigt, daß ein solcher Versuch regelmäßig fehlgeschlagen ist. Man kann aber auch nicht einwenden, es möge dann eben ohne Kündigung und ohne Einhaltung der Fristen gestreikt werden, aber dann müßten auch die entsprechenden rechtlichen Konsequenzen in Kauf genommen werden. Denn damit legt man generell und regelmäßig dem kollektiv legitimen Streik den Makel der Vertragswidrigkeit und Rechtswidrigkeit mit den entsprechenden Rechtsfolgen auf. Man soll aber den legitimen Streik nicht dadurch diffamieren, daß man ihn als vertragswidrig in der Ebene des Arbeitsvertrages kennzeichnet und ihn damit auf eine Stufe mit dem rechtswidrigen schuldhaften Individualverhalten des Arbeitnehmers durch Bummeln, unberechtigtes Krankfeiern und Blauen Montag stellt.

Die Auffassung des Großen Senats steht auch im Einklang mit dem Prinzip der sozialen Adaequanz, dessen Geltung für das Recht der Arbeitskämpfe bereits betont wurde. Der Sinngehalt eines menschlichen Verhaltens ergibt sich erst aus der Funktion dieses Verhaltens innerhalb des menschlichen Zusammenlebens. Infolgedessen läßt sich auch der Unrechtsgehalt einer Handlung nur aus der Beziehung dieser Handlung zu der Ordnung des menschlichen Zusammenlebens bestimmen. Handlungen, die sich im Rahmen dieser allgemeinen sozialen Ordnung halten (z. B. der Leistungswettbewerb, die üblichen Freiheitsbeschränkungen im Rahmen des modernen Verkehrs, die lege artis durchgeführte ärztliche Heilmaßnahme, Drohungen mit einem verkehrsmäßigen Übel usw.) sind sozialadaequat und damit nicht widerrechtlich. Hierhin gehören alle Handlungen, die sich innerhalb des Rahmens der geschichtlich gewordenen sozialethischen Ordnungen des Gemeinschaftslebens bewegen. Infolgedessen sind die vom Gesetzgeber verwendeten Begriffe wie „töten", „verletzen", „verstoßen", „schädigen", „Arbeit unbefugt verlassen", „Verpflichtungen aus dem Arbeitsvertrag beharrlich verweigern" nicht einfach in einem äußerlich kausalen Sinne zu verstehen. Der Sinngehalt dieser Handlungen ergibt sich vielmehr erst aus ihrer Funktion im sozialen Ganzen, auf dessen Ordnungen sie sich beziehen, indem sie diese verletzen. Zwar ist es richtig, daß das Prinzip der Sozialadaequanz in erster Linie für das Strafrecht und im Privatrecht für das Gebiet der unerlaubten Handlungen gilt. Wer sich vertraglich verpflichtet hat und gegen diese Verpflichtung verstößt, kann u. U. widerrechtlich (vertragswidrig) handeln, auch wenn sein Verhalten allgemein betrachtet noch sozialadaequat ist (vgl. Enneccerus-Nipperdey aaO. S. 918). Das kann aber offenbar nur dann gelten, wenn die vertragliche Verpflichtung bei einer Auslegung nach Treu und Glauben gerade dahin geht, auch allgemein sozialadaequates Verhalten zu unterlassen. Davon kann aber bei der Vereinbarung der Arbeitspflicht keine Rede sein (so im Ergebnis mit Recht Hoeniger RdA 1953, 204; BB. 55, 37). Der Arbeitnehmer als Mitglied seiner Gewerkschaft hat sich freiwillig dem ordnungsgemäßen Streikbeschluß unterworfen und damit erklärt, daß er in solchem Fall sogleich die Arbeit niederlegen, also sich fügen wird. Nichtorganisierte schließen sich weitgehend an. Das weiß auch der Arbeitgeber, damit muß er rechnen. Aus diesem Grunde ist es unrichtig, von einem Vertragsbruch zu sprechen. Bei den Arbeitgeberverbänden ist es genau so. Auch hier fügen sich die Arbeitgeber, wenn ein Arbeitgeberverband die Aussperrung anordnet. Und hier müssen umgekehrt die Arbeitnehmer mit solchen Maßnahmen rechnen, so daß keine Vertragsverletzung vorliegt und Annahmeverzug des Arbeitgebers (§ 615 BGB.) nicht angenommen werden kann, vgl. unter II.

Die ältere Lehre mit ihrer generalisierenden Anwendung des § 123 Ziffer 3 GewO. und den entsprechenden Vorschriften auf den Streik als Massenphänomen erscheint auch deshalb praktisch als verfehlt, weil es bis heute nicht gelungen ist, volle Klarheit über den anzulegenden Maßstab des Verschuldens im Rahmen dieser Vorschriften zu gewinnen (vgl. dazu neuerdings Nikisch, Arbeitsrecht, 2. Aufl., 1955 S. 599 ff. mit zahlreichen Angaben). Diese Frage kann nicht generell entschieden, vielmehr muß entsprechend dem Wesen des Verschuldens jeder konkrete einzelne Fall beurteilt werden, was aber offenbar für den Fall des Streiks als Kollektivakt in keiner Weise paßt und nicht praktikabel ist. Gerade das beweist aber wiederum die Unmöglichkeit einer individualrechtlichen Auffassung des Streiks.

Von besonderer Bedeutung ist schließlich, daß die Arbeitgeber im Streikfall, wenn nichts anderes vorliegt als einfache Streikbeteiligung, gar kein berechtigtes schutzwertes Interesse haben, einzelne Streikende fristlos zu entlassen. Die Bejahung eines solchen Entlassungsrechtes für Einzelfälle führt leicht zu Mißbräuchen und zu unnötiger Verbitterung und widerspricht dem kollektiven Wesen des Streiks.

Das gegebene Abwehrmittel der Arbeitgeber, an dem sie beim Streik ein schutzwertes Interesse haben, ist die Lösung aller Arbeitsverträge der Streikenden im Wege der kollektiven Abwehrkampfmaßnahme, vgl. II.

7. Die Rechtsauffassung des Großen Senats wird schließlich auch nicht dadurch widerlegt, daß Gesetze oder gewerkschaftliche Kampfregle-

ments noch von der Auffassung ausgehen, die Streikteilnahme ohne Kündigung sei Vertragsbruch, dem mit fristloser Einzelentlassung begegnet werden könne. Die betreffenden Bestimmungen fußen, was begreiflich ist, auf der überkommenen älteren Lehre und ergeben in Wahrheit nichts für die richtige Entscheidung der hier zur Erörterung stehenden Rechtsfragen. Was insbesondere § 19 Abs. 5 des Schwerbeschädigtengesetzes betrifft, so behält er durchaus einen guten Sinn. wenn er beim Streik künftig nur auf die fristlose Lösung der Arbeitsverträge im Wege der Abwehrkampfmaßnahme bezogen wird, zumal da die dort erwähnte fristlose Lösung aus Anlaß einer Aussperrung offenbar auch kollektivrechtlich zu verstehen ist.

Der von einer Gewerkschaft beschlossene, von den Arbeitnehmern ohne fristgemäße Kündigung durchgeführte legitime Streik um die Arbeitsbedingungen berechtigt somit den bestreikten Arbeitgeber n i c h t zur fristlosen Einzelentlassung des einzelnen Arbeitnehmers oder mehrerer einzelner Arbeitnehmer wegen Vertragsverletzung. Die §§ 123 Ziff. 3, 124a GewO., 70, 72 Abs. 1 Ziff. 2 HGB, 16 Vorl. LAO., 82 Abs. 1 Ziff. 3, 83a PreußBergG, 25 BiSchG, 626 BGB sind n i c h t anzuwenden.

II.

Es wäre jedoch ein Irrtum der oben I 1 b erwähnten Lehre, wenn sie meinen sollte, daß beim Streik mit der Ablehnung des Rechts zur fristlosen Einzelentlassung wegen schuldhafter Vertragsverletzung nach § 123 Ziff. 3 GewO. usw. den bestreikten Arbeitgebern auch das Recht der fristlosen Lösung der Arbeitsverhältnisse der Streikenden im Wege der Abwehrkampfmaßnahme versagt sei.

1. Das deutsche Arbeitsrecht erkennt, wie bereits dargetan, die sozialadaequaten Arbeitskämpfe als ein legitimes Mittel zur Erreichung kollektivrechtlicher Vereinbarungen an.

Der Staat verhält sich den Arbeitskämpfen der Sozialpartner gegenüber neutral (vgl. die §§ 23 KSchG., 63, 94 AVAVG).

Die Anerkennung des Arbeitskampfes, das Prinzip der Neutralität und der Gleichheitsgrundsatz des Art. 3 GG. verbieten es dem Staat, d. h. seiner Gesetzgebung, seiner Verwaltung und Rechtsprechung, die Kampfmittel der beiden Sozialpartner ungleichmäßig zu behandeln. Es gilt der Grundsatz der Waffengleichheit, der Kampfparität.

Im Rahmen der sozialen Adaequanz gilt aber auch der Grundsatz der K a m p f f r e i h e i t , genauer der Freiheit der Wahl der Kampfmittel. Das ergibt sich aus den Grundsätzen des freiheitlichen sozialen Rechtsstaates (Art. 18, 20, 21, 28 GG.), insbesondere aus der allgemeinen Entfaltungsfreiheit (Art. 2 Abs. 1 GG.) und aus dem Gesamtzusammenhang unserer wirtschafts- und sozialverfassungsrechtlichen Grundprinzipien. Zu diesen Grundsätzen gehört das freie Spiel der wirtschaftlichen Kräfte, das die gegensätzlichen Interessen der am Wirtschafts- und Sozialleben Beteiligten ausbalanciert. Im Verhältnis von Arbeitnehmern und Arbeitgebern bedeutet das, daß im äußersten Fall jede Gruppe der andern ihre Leistung entziehen kann, um sie zu einem entsprechenden Verhalten zu zwingen und den sozialen und wirtschaftlichen Ausgleich auf dem Gebiete der Arbeitsbedingungen herbeizuführen. Dabei darf jede Gruppe in den Grenzen des legitimen Kampfes das ihr gemäße, historisch überkommene, der Natur der Sache entsprechende Kampfmittel wählen, vgl. schon RAG. ArbRSamml. 7, 494.

Dem Streik der Gewerkschaften entspricht die Aussperrung, gleichgültig, ob sie von einem Arbeitgeberverband beschlossen und von den einzelnen Arbeitgebern durchgeführt wird oder ob ein oder mehrere Arbeitgeber sie vornehmen.

2. Das rechtliche Wesen der Aussperrung ist von der individualrechtlichen Auffassung ebenso verkannt worden wie das des Streiks. Auch die Aussperrung ist Kollektivakt, nicht in erster Linie, weil eine Gruppe handelt, denn auch der einzelne Arbeitgeber kann aussperren, sondern weil die andere Gruppe als solche getroffen werden soll. Durch vielfache Entziehung der Arbeitsgelegenheit für die Vielzahl der betroffenen Arbeitnehmer soll, wie Bulla a. a. O. S. 182 zutreffend ausführt, „der kämpfenden Gruppe auf Arbeitnehmerseite begegnet werden, indem mit der benachteiligenden Wirkung für den einzelnen dessen kollektiver Wille und damit der der Gruppe zu kämpferischem Widerstand gebrochen werden soll". Da die Aussperrung ebenso wie der Streik als einheitliche Größe nur kollektivrechtlich zu erfassen ist, so ist für die rechtliche Bewertung allein entscheidend, ob der kollektive Gesamtakt nach den zu I dargelegten Grundsätzen der Arbeitsrechtsordnung rechtmäßig ist oder nicht. Ist er als solcher legitim, stehen ihm also weder vertragliche noch allgemeine k o l l e k t i v e Verhaltenspflichten entgegen, dann können die den Arbeitskampf darstellenden Maßnahmen nicht auf der individualrechtlichen Ebene des Arbeitsvertrages beanstandet werden. Das bedeutet, daß die kollektivrechtlich legitime Aussperrung keiner Kündigung der Arbeitsverträge bedarf, und zwar weder einer befristeten, wie die herrschende Lehre bisher annahm, noch einer fristlosen, so daß für sie auch die Regeln über die fristlose Entlassung insbesondere § 123 Ziff. 3 GewO. und die entsprechenden Vorschriften

nicht gelten. Auch bestehen bei sofortiger Ausschließung der Arbeitnehmer von der Arbeit zur Erreichung eines legitimen Kampfzieles keine Vergütungsansprüche aus dem Gesichtspunkt des Annahmeverzugs (zutreffend Bulla a. a. O. S. 187, 189). So wie beim Streik die Verpflichtung zur Arbeitsleistung die Arbeitnehmer nicht an der sofortigen Arbeitsniederlegung hindert, so stehen auch bei der Aussperrung weder die Regeln über die ordentliche Kündigung und die Kündigungsfristen, noch die Bestimmungen über die fristlose Entlassung, noch § 615 BGB. der sofortigen Ausschließung von der Arbeit entgegen. Diese rechtliche Beurteilung allein wird auch dem Prinzip der Kampfparität gerecht.

3. Allerdings wird das Wesen der Aussperrung und des Kampfmittels der Arbeitgeberseite überhaupt nicht richtig gesehen, wenn man sie nur als Suspendierung der Hauptpflicht der Arbeitgeber, d. h. der Lohnzahlungspflicht bis zum Kampfende, nicht aber als Lösung der Arbeitsverhältnisse anerkennt, so zu Unrecht Bulla a. a. O. S. 189 ff. Dabei wird übersehen, daß das Kampfmittel der Aussperrung in Deutschland von jeher L ö s u n g der Arbeitsverhältnisse gewesen ist und sich historisch so entwickelt hat, wenn auch entsprechend der bisherigen individualrechtlichen Meinung in der Form der Kündigung, vgl. Kaskel-Dersch, Arbeitsrecht 4. Aufl. 1932 S. 426; Hueck-Nipperdey, Lehrbuch 3./5. Aufl. 1932 Bd. 2 S. 653 f. Aber auch wenn man die Lösung der Arbeitsverhältnisse für die Aussperrung nicht als begriffswesentlich ansieht und den Arbeitgebern das Recht einräumt, stattdessen die Arbeitnehmer kampfweise von der Arbeit auszuschließen, d. h. nur die Lohnzahlungspflicht zu suspendieren, so fehlt doch jeder rechtliche Anhaltspunkt, die Arbeitgeber zwangsweise auf diese letztere Kampfform zu beschränken. Ein derartiger Zwang würde mit dem Grundsatz der Freiheit der Kampfmittel unvereinbar sein.

Er würde darüber hinaus aber, wie gerade der vorliegende Fall zeigt, dem Prinzip der Kampfparität widersprechen und das Risiko des Arbeitskampfes einseitig zugunsten der Arbeitnehmerseite erleichtern.

Schon bei der (praktisch seltenen) legitimen Aggressivaussperrung und bei der Defensivaussperrung, wie auch bei der Sympathieaussperrung der Arbeitwilligen ist es ein erheblicher Unterschied, ob die Aussperrung als Suspendierung der Lohnzahlungspflicht bis zum Kampfende bei Bestehenbleiben der Arbeitsverhältnisse oder als Lösung erfolgt.

Handelt es sich jedoch, wie hier, darum, daß die Arbeitgeber bei Streik gegenüber den S t r e i k e n d e n s e l b s t Maßnahmen ergreifen wollen, so ist eine solche Abwehraussperrung als Suspendierung überhaupt sinnlos, denn die Suspendierung ist ja bereits durch den Streik erfolgt, mit der

Wirkung, daß auch eine Lohnzahlungspflicht nicht besteht. Die Arbeitgeberseite hätte also überhaupt kein Kampfmittel zur Verfügung. Von Kampfparität könnte keine Rede sein.

Der Große Senat steht nicht an, die hier zur Erörterung stehende Abwehrkampfmaßnahme als Aussperrung zu bezeichnen, wenn er sich auch bewußt ist, daß vielfach diese Bezeichnung auf den Ausschluß Arbeitswilliger von der Arbeit (Lösung ihrer Arbeitsverhältnisse) beschränkt worden ist. Denn dem Wesen der Sache nach handelt es sich auch hier um eine Aussperrung. Die Arbeitgeber wollen mit der kollektiven Lösung der Arbeitsverhältnisse der Streikenden kampfweise ein dem gewerkschaftlichen Kampfziel konträres kollektives Kampfziel erreichen und den Kampfwillen der Arbeitnehmergruppe brechen.

Auch die Abwehraussperrung der Streikenden kann somit Lösung der Arbeitsverhältnisse sein. Denn es muß den Arbeitgebern frei stehen, das Kampfmittel zu wählen, das in der konkreten Situation notwendig und wirksam ist (RAG. ArbRSamml. 7, 494). Sie müssen in der Lage sein, den Arbeitnehmern das volle R i s i k o des Arbeitskampfes dadurch vor Augen zu führen und aufzuerlegen, daß sie die Arbeitsverhältnisse kampfweise lösen, ohne von vornherein eine rechtliche Verpflichtung zu übernehmen, sie nach Beendigung des Kampfes unter allen Umständen wiederherzustellen.

Die sachgerechte Verteilung des Risikos des Arbeitskampfes in der Hand der Sozialpartner ist ebenfalls ein Gebot der Kampfparität, gleichzeitig aber eine staatspolitische Notwendigkeit, die es gebietet, Arbeitskämpfe im Interesse des Gemeinwohls nicht zu erleichtern. Das Risiko der Arbeitnehmer, beim Streik ihre Arbeitsstellen zu verlieren, darf ihnen nicht abgenommen werden. Streik ist Kampf, vgl. dazu treffend Dietrich Schindler, Betrachtungen über Streitigkeiten und Streiterledigung im Völkerrecht und im Arbeitsrecht in Festgabe f. Fleiner, 1927 S. 114. Wer sich zum Kampf entschließt, muß auch das Risiko des Kampfes tragen. Sicherlich besteht das Risiko bei jedem Streik zunächst immer darin, daß die Arbeitnehmer das Risiko des Lohnausfalles, die Arbeitgeber das Risiko des Produktionsausfalles tragen. Darüber hinaus trägt der Arbeitgeber aber namentlich bei länger dauerndem Streik das Risiko steigender großer Verluste und Schäden bis zum wirtschaftlichen Zusammenbruch. Könnten die Arbeitgeber nicht im Wege des Abwehrkampfes die Arbeitsverhältnisse sofort lösen, wären die Arbeitnehmer auch für den Fall ihrer Niederlage sicher, daß die Arbeitsverhältnisse weiterbestehen, so trügen sie kein entsprechendes Risiko, eben nicht das Risiko des Verlustes der Arbeitsstellen (vgl. dazu zutreffend auch Ballerstedt, Samml.

arbeitsrechtl. Entscheidungen 1954, 83). Zu beachten ist schließlich, daß die Arbeitgeber bei dieser kampfweisen Lösung der Arbeitsverhältnisse ihrerseits das Risiko übernehmen, ihre Belegschaft mindestens teilweise zu verlieren.

Die aus dem amerikanischen Arbeitsrecht von Hoeniger BB. 1955, 37 ff. und anderen übernommene These, daß die Lösung der Arbeitsverhältnisse der Streikenden erst dann möglich sei oder von selbst eintrete, wenn die betr. Arbeitsstellen mit anderen Arbeitnehmern besetzt oder fortgefallen seien, entbehrt im deutschen Recht einer rechtlichen Grundlage.

Gegen die Lösung der Arbeitsverhältnisse spricht auch nicht der von Hoeniger, BB. 1955, 37 ff. in den Vordergrund gerückte Gesichtspunkt der beiderseits gewollten „Erhaltungsarbeiten" während des Streiks. Das Problem der Erhaltungsarbeiten hat mit der kampfweisen Lösung der Arbeitsverhältnisse nichts zu tun. Denn d i e s e Arbeitnehmer (Angestellte, Meister, mit Notstandsarbeiten Beauftragte) werden eben gerade nicht ausgesperrt. Man kann nicht daraus, daß diese Arbeitnehmer meist im Einverständnis mit der streikenden Gewerkschaft in den Betrieben bleiben, den Schluß ziehen, daß der Arbeitgeber die anderen Streikenden nicht aussperren dürfe. Sonst würde den Arbeitgebern zu Unrecht ihr Kampfmittel gegen den Streik genommen. Meist ist es sogar so, daß die Arbeitnehmer, die Erhaltungsarbeiten ausführen, von vornherein gar nicht am Streik teilnehmen. Ihre Zahl ist auch in Großbetrieben verhältnismäßig klein. Die Maßahmen liegen im Interesse sowohl des Unternehmers wie der Arbeitnehmer, denen das Substrat ihrer Arbeitsstelle für den Fall der Wiedereinstellung erhalten werden soll.

Die „Suspendierungstheorie" bei der Aussperrung (Bulla a. a. O. S. 190 ff.; LAG. München, AmtsBl. BayerArbM. 1954 C 153) will die Arbeitsverhältnisse gegen den Willen und die Interessenlage der Arbeitgeber zwangsweise aufrechterhalten. Sie verdrängt sehr zu Unrecht die tariflichen elastischen Wiedereinstellungsklauseln, die ihren guten Sinn haben und unter der Sicherung der tariflichen Durchführungspflicht stehen. Sie schafft unklare Rechtsverhältnisse für die Zeit nach der Kampfbeendigung, für die es an einigermaßen eindeutigen Rechtsregeln fehlen würde (vgl. die Fälle bei Bulla a. a. O. S. 191/192). Sie berücksichtigt weder die inzwischen erfolgte Einstellung anderer Arbeitskräfte, noch Umstellungen und Rationalisierungen der Betriebe, noch das Abwandern streikender Arbeitnehmer in andere Arbeitsverhältnisse. Auch die Fragen der sog. sukzessiven Wiederbeschäftigung der Arbeitnehmer nach Beendigung des Arbeitskampfes lassen sich mit der Suspendierungstheorie praktisch nicht befriedigend lösen. Gerade auf dem im Mittelpunkt gegensätzlicher Interessen stehenden Gebiete des Arbeitskampfrechts ist es aber Aufgabe der Rechtsordnung und der Gerichte nach Möglichkeit eine feste, klare Rechtslage und die Freiheit der Kampfmittel sicherzustellen. Auch aus diesen Gründen ist die legitime Aussperrung, wenn nicht ein anderer Wille der aussperrenden Arbeitgeber anzunehmen ist, als vertragsbeendende Lösung der Arbeitsverhältnisse anzusehen, mag auch die spätere Erneuerung (Fortsetzung) ins Auge gefaßt sein, s. unter III (vgl. RAG. ArbRSamml. 4, 101, 127; 11, 358).

Die Annahme, die Aussperrung müsse deshalb Suspendierung sein, weil der Streik auch nur suspendiere, verkennt die Interessenlage, wie sie insbes. bei der Abwehraussperrung besteht, und das Prinzip der Freiheit der Kampfmittel.

Der Große Senat kommt somit zu dem Ergebnis, daß die bestreikten Arbeitgeber im Wege der kollektiven Abwehrkampfmaßnahme (Abwehraussperrung) die Arbeitsverhältnisse der streikenden Arbeitnehmer insgesamt fristlos lösen können.

Das gilt, wie sich bereits aus der vorstehenden Begründung ergibt, nur für legitime Kampfmaßnahmen zur Erreichung kollektiver Kampfziele.

Beabsichtigen die Arbeitgeber z. B. übertarifliche Löhne abzubauen oder die Löhne auf die Tarifsätze zu senken oder Kurzarbeit einzuführen, so handelt es sich nicht um ein kollektives Ziel auf der Ebene des Tarifvertrages. Hier verbleibt es bei dem Erfordernis der Änderungskündigung und dem Kündigungsschutz. Die Maßnahmen vollziehen sich auf der Ebene der Arbeitsverträge.

Nicht hierhin würde weiter der Fall gehören, daß die Arbeitnehmer zur Wiederherstellung des Rechts in einen Arbeitskampf treten; sie streiken z. B. gegen eine untertarifliche Bezahlung durch die Arbeitgeber. Hier haben die Arbeitgeber nicht das Recht zu einer Lösung der Arbeitsverhältnisse im Wege der Aussperrung. Denn diese Aussperrung wäre kollektivrechtlich unrechtmäßig.

III.

1. Daß eine allgemeine Wiedereinstellungspflicht der Arbeitgeber nach Kampfbeendigung beim Fehlen einer entsprechenden Wiedereinstellungsklausel nicht besteht, ist nach den Ausführungen zu II die selbstverständliche Folgerung aus der Grundauffassung des Großen Se-

nats. Das ergibt sich aus der Ablehnung der „Suspendierungstheorie", aus den Prinzipien der Kampfparität und des Kampfrisikos, sowie dem Grundsatz der Vertragsfreiheit (Art. 2 Abs. 1 GG.), hier der Abschlußfreiheit. Eine gesetzliche Grundlage für eine entsprechende Verpflichtung fehlt. Eine Verallgemeinerung der Vorschrift des § 19 Abs. 5 SchwBG. verbietet sich angesichts des besonderen Schutz- und Ausnahmecharakters dieser Norm.

Auch von einem Gewohnheitsrecht kann schon im Hinblick auf die herrschende Meinung, die die Wiedereinstellungspflicht ablehnt, keine Rede sein. Zwar wird häufig nach Beendigung eines Streiks die Wiedereinstellung tariflich vereinbart oder durch Schiedsspruch vorgesehen. Das geschieht jedoch keineswegs als Ausdruck eines allgemeinen Rechtsgeltungswillens, wie er für die Entstehung von Gewohnheitsrecht erforderlich wäre. Die ausdrücklichen tariflichen Wiedereinstellungsklauseln sprechen vielmehr für das Gegenteil.

2. Die dem Großen Senat vorgelegte Rechtsfrage geht denn auch nur dahin, ob der Arbeitgeber beim Fehlen einer entsprechenden Vereinbarung verpflichtet ist, die von ihm vorgenommene Wiedereinstellung der Arbeitnehmer g l e i c h m ä ß i g auf alle Streikteilnehmer auszudehnen, sofern ihm für die Ablehnung der Wiedereinstellung nicht andere Gründe als die der vorausgegangenen Streikbeteiligung zur Seite stehen.

Auch diese Frage ist jedoch zu verneinen.

Zwar ist es richtig, daß der Grundsatz der Gleichbehandlung in der Rechtsordnung und insbesondere auch im Arbeitsrecht eine wichtige Rolle spielt, wenn auch seine rechtliche Begründung und seine Tragweite im einzelnen noch nicht hinreichend geklärt sind.

Vgl. dazu Bötticher, Der Anspruch auf Gleichbehandlung im Arbeitsrecht, RdA. 1953, 161; Galperin, RdA 1953, 169; Nikisch, BB. 1952, 723; RdA. 1953, 85; BB. 1954, 809 und Lehrbuch des Arbeitsrechts, 2. Aufl. 1955 S. 425 ff., 434; Frey, Der Grundsatz der Gleichbehandlung im Arbeitsrecht, 1954; Molitor, ArbR. Blattei: Gleichbehandlung im Arbeitsverhältnis I und Anm. zu Entsch. 2; Franke, Gleichbehandlung nach Streikbeendigung, BABl. 1952, 489; 1953, 454; Honecker, Arbeitgeber 1954, 926; Kunkel, ArbR. Blattei, Gleichbehandlung, Entscheidung 4; ders., BABl. 1953, 70; Stoll, ebenda 71; Endemann, Arb. u. Recht 1955, 10; Reuter, Arbeit u. Recht 1954, 289 alle mit Angaben über die Rechtsprechung der Landesarbeitsgerichte, neuerdings weiter Hueck, RdA. 1954 S. 397.

Der Große Senat sieht keine Veranlassung, zu dieser Frage allgemein Stellung zu nehmen oder sich einer bestimmten Begründung des Gleichbehandlungsgrundsatzes anzuschließen. Entscheidend ist, daß dieses Rechtsprinzip — von dem hier ausscheidenden Fall der Gleichbehandlung als Monopolverpflichtung abgesehen — das Vorhandensein eines rechtlichen Bandes, eines iuris vinculum und darüber hinaus grundsätzlich eines mehrere umfassenden Gemeinschaftsverhältnisses erfordert.

Der Versuch, die Anwendung des Grundsatzes der Gleichbehandlung bei der Wiedereinstellung nach Streik damit zu rechtfertigen, daß die streikenden Arbeitnehmer auch nach der Lösung noch ein geschlossenes durch das Verhältnis zum bestreikten Betrieb zusammengehaltenes Kollektiv bilden, scheitert daran, daß die Arbeitgeber die Arbeitsverhältnisse bewußt kampfweise gelöst haben. Es kommt hinzu, daß auch die Gruppe der Arbeitnehmer in keiner Weise verpflichtet ist, zusammen zu bleiben und sich dem Arbeitgeber wieder zur Verfügung zu stellen. Abzulehnen sind auch die Konstruktionen einer weiter bestehenden Fürsorgepflicht des Arbeitgebers und der angeblich noch fehlenden „Ausgliederung" aus dem Betrieb. Rechtlich besteht kein Band mehr, mag auch seine spätere Wiederherstellung, ja Fortsetzung ins Auge gefaßt sein.

Vor allem aber würde eine andere Rechtsauffassung wiederum den Grundregeln des Arbeitskampfrechts widersprechen. Kampfparität und Kampfrisiko würden zugunsten der Arbeitnehmer und zu Ungunsten der Arbeitgeber verschoben. Das erweist gerade auch die Praxis des Arbeitslebens. Der Regelfall nach Beendigung eines Arbeitskampfes ist die Vereinbarung einer konkreten Wiedereinstellungsklausel und eines Maßregelungsverbots durch Tarifvertrag, dem ein angenommener Schiedsspruch gleichsteht. Fehlt eine solche Vereinbarung, so wird das meist einen besonderen Grund haben. In dem vor dem Ersten Senat schwebenden Rechtsstreit erklärt es sich aus dem Zusammenbruch des Streiks. Die Gegenansicht würde also gerade für den Fall der Erfolglosigkeit des Streiks den Streikenden das Kampfrisiko ebenso abnehmen wie die hier abgelehnte Suspendierungstheorie.

3. Ist somit eine allgemeine Wiedereinstellungspflicht, wie auch eine solche unter dem Gesichtspunkt des Gleichbehandlungsprinzips abzulehnen, so steht die Wiedereinstellung der Streikenden, deren Arbeitsverhältnisse durch Abwehraussperrung fristlos gelöst sind, nach Kampfende im unternehmerischen Ermessen des Arbeitgebers.

Dabei kann sich jedoch aus einem bisher in der Erörterung meist übersehenen rechtlichen Gesichtspunkt unter Umständen eine Wiedereinstellungspflicht ergeben.

Auszugehen ist von dem bereits entwickelten Begriff der Aussperrung. Aussperrung ist die planmäßige Ausschließung der Arbeitnehmer von der Arbeit, regelmäßig durch Gesamtlösung der Arbeitsverhältnisse zur Erreichung eines Kampfzieles mit der Absicht der Wiedereinstellung nach Erreichung des Zieles oder nach Beendigung des Kampfes, vgl. Hueck-Nipperdey, Lehrbuch Bd. 2 S. 653/654. Diese Absicht braucht nicht ausdrücklich erklärt zu werden; sie versteht sich bei der Aussperrung von selbst. Rechtlich handelt es sich um die kollektive Mitteilung oder Aufforderung an die ausgesperrte Belegschaft, wenn sie sich gebeugt hat oder wenn es zu einem Kompromiß gekommen oder der Arbeitskampf sonst beendet ist, den Arbeitgebern Offerten (Anträge) zur Erneuerung der Arbeitsverträge zu machen. Diese Aufforderungen zu Offerten sind rechtlich scharf von den Offerten selbst zu scheiden (vgl. Enneccerus-Nipperdey, Allg. Teil 14. Aufl. 1955 § 161 I 2). Die Aussperrung ist zugleich die Einräumung einer kollektiven Chance für alle Arbeitnehmer: „Macht uns nach Beendigung des Kampfes ein Vertragsangebot auf Erneuerung (Fortsetzung) der Arbeitsverträge. Wir sind dann grundsätzlich geneigt, das Angebot anzunehmen. Eine Verpflichtung dazu übernehmen wir jedoch nicht. Die Annahme des Angebots soll in unserem unternehmerischen Ermessen liegen." Bindende Offerten der Arbeitgeber oder Verpflichtungen zur Annahme in dem Umfang, wie Nikisch, Arbeitsrecht, 2. Aufl., 1955 S. 435 Anm. 35 anzunehmen scheint, bestehen nicht; zutreffend Nikisch, Arbeitsrecht 1. Aufl. S. 273. Vielleicht können die Arbeitgeber nicht alle Arbeitskräfte wieder gebrauchen. Auch in diesem Stadium können die Arbeitgeber die Arbeitsplätze noch anderweit besetzen. Die Arbeitnehmer ihrerseits können das Angebot unterlassen und in andere Betriebe abwandern. Jeder Arbeitnehmer kann aber als Glied der Gruppe, der gegenüber bei der Aussperrung die Aufforderung ausgesprochen ist, seine Arbeit wieder anbieten.

Auch die Aufforderungen sind nach Treu und Glauben auszulegen, vgl. Enneccerus-Nipperdey a. a. O. S. 681; RGZ. 102, 229; RG. JW. 1921, 393 Nr. 2. So sind die durch Angebot der Arbeit erfolgten Offerten der Arbeitnehmer als angenommen zu betrachten, wenn sie nicht unverzüglich von den Arbeitgebern abgelehnt werden. Die Aufforderungen sind weiter dahin auszulegen, daß die Arbeitgeber der Gruppe der ausgesperrten Arbeitnehmer zusagen, ihr unternehmerisches

Ermessen hinsichtlich der Annahme oder Nichtannahme nicht offensichtlich mißbräuchlich auszuüben. Die Arbeitgeber dürfen die Chancen der Arbeitnehmer, wieder in die Betriebe zu kommen, nicht offensichtlich mißbräuchlich vernichten.

Dem Ermessen der Arbeitgeber ist ein den Grundsätzen unserer freiheitlichen Rechts- und Wirtschaftsordnung gemäßer Spielraum einzuräumen, der insoweit nicht der richterlichen Nachprüfung unterliegt.

So liegt kein Mißbrauch vor, wenn die Arbeitgeber andere Arbeitnehmer einstellen (vgl. aber §§ 61 ff. BetrVG.), Rationalisierungsmaßnahmen treffen, Abteilungen aufgeben, mit weniger Arbeitskräften auskommen wollen usw., und ein Arbeitgeber daher z. B. von 50 ausgesperrten Streikenden 40 auswählt und einstellt und 10 nicht. Es ist auch kein Ermessensmißbrauch, wenn die Arbeitgeber bei der Wiedereinstellung nicht die Auswahlmaßstäbe des § 1 Abs. 3 KSchG. zugrundelegen, da diese nur für die Kündigung gelten.

Bei der Prüfung, ob ein Ermessensmißbrauch vorliegt, müssen die entscheidenden Rechtsgedanken des deutschen Arbeitsrechts berücksichtigt werden; sie dürfen nicht verletzt werden. Daher ist hier der Rechtsgedanke des § 51 BetrVG. anzuwenden, nach dem die unterschiedliche Behandlung von Arbeitnehmern wegen ihrer Abstammung, Religion, Nationalität, Herkunft, politischen oder gewerkschaftlichen Betätigung oder Einstellung oder wegen ihres Geschlechtes zu unterbleiben hat.

Der Mißbrauch muß offensichtlich sein. Die Maßnahme des Arbeitgebers, mit der er die Wiedereinstellung ablehnt, muß gewissermaßen den Stempel der Unsachlichkeit und Willkürlichkeit auf der Stirn tragen. Die Behauptungs- und Beweislast, daß offensichtlicher Mißbrauch vorliegt, trifft regelmäßig den Arbeitnehmer, der Wiedereinstellung begehrt.

Liegt bei der Ablehnung offensichtlicher Mißbrauch des Ermessens vor, so ist der Wiedereinstellungsanspruch gegeben.

69

1. Eine Nichtigkeit der Wahl des Betriebsrats ohne fristgerechte Anfechtung kann nur in den ganz besonderen Ausnahmefällen angenommen werden, in denen gegen allgemeine Grundsätze jeder ordnungsmäßigen Wahl in so hohem Maße verstoßen ist, daß auch der Anschein einer Wahl nicht mehr vorliegt.

2. Ist ein Wahlvorstand unter Verletzung wesentlicher gesetzlicher Bestimmungen bestellt und tätig geworden, so liegt der Fall, daß über-

haupt ohne einen Wahlvorstand gewählt sei, jedenfalls dann nicht vor, wenn die Belegschaft sich mit Mehrheit ausdrücklich mit der Tätigkeit dieses Wahlvorstandes auf eine schriftliche Umfrage hin einverstanden erklärt hat. Die so durchgeführte Wahl ist nicht ex lege nichtig.

3. Ist bei der Bestellung des Wahlvorstandes gegen wesentliche gesetzliche Vorschriften verstoßen, so ist die Anfechtung der Wahl begründet, es sei denn, daß der Betriebsrat nachweist, das Wahlergebnis habe durch den Verstoß nicht geändert oder beeinflußt werden können.

4. Ein Verstoß gegen § 13 Abs. 2 BetrVG. begründet keine Nichtigkeit, sondern nur eine Anfechtbarkeit der Wahl.

BetrVG. §§ 15, 16, 18.

I. Senat. Beschluß v. 2. März 1955 i. S. Gewerkschaft H., B. u. V. (Antragst.) w. den Betriebsrat der Fa. P. (Antragsg.) 1 ABR 19/54.

I. Arbeitsgericht Berlin. — II. Landesarbeitsgericht Berlin.

Aus den Gründen:

Die beteiligte Firma P. GmbH. betreibt Tabakwareneinzelhandel in einer Reihe von Verkaufsgeschäften, die über das gesamte Stadtgebiet von West-Berlin verstreut liegen. Die Amtszeit des bei der Firma bestehenden Betriebsrats war am 14. Mai 1953 abgelaufen. Im November 1953 bestellte dieser Betriebsrat einen Wahlvorstand zur Durchführung von Neuwahlen. Der Wahlvorstand veranlaßte ein Wahlausschreiben. Darauf wurde ein gemeinsamer Wahlvorschlag mit Namen von Angestellten und Arbeitern eingereicht, von dem aber die Arbeiter ihre Kandidatur vor der Wahl wieder zurückzogen.

Vor der auf den 25. Januar 1954 festgesetzten Abstimmung wurden Bedenken gegen die ordnungsmäßige Bestellung des Wahlvorstandes laut. Deshalb befragte der Wahlvorstand die Arbeitnehmer einzeln schriftlich, ob sie mit der Durchführung der Wahl durch ihn einverstanden seien. Von 81 Wahlberechtigten gaben 54 ihre schriftliche Zustimmung. Widerspruch wurde nicht erhoben. Eine Belegschaftsversammlung fand nicht statt. Die Wahl selbst wurde nicht nach Gruppen, sondern gemeinschaftlich durchgeführt.

Die antragstellende Gewerkschaft hat die Wahl rechtzeitig angefochten mit dem Antrage festzustellen, daß sie ungültig sei. Sie hat ihren Antrag damit begründet, daß die Bestimmungen der §§ 15 und 16 des BetrVG. nicht beachtet seien. Danach habe der Wahlvorstand nicht mehr durch den nicht mehr im Amt befindlichen Betriebsrat bestellt werden können. Dieser wesentliche Verfahrensverstoß sei geeignet, das Wahlergebnis zu beeinflussen, so daß schon aus diesem Grund die Anfechtung berechtigt sei. Im Verlauf der Anhörung der Beteiligten vor dem Arbeitsgericht hat die Antragstellerin weiter gerügt, daß eine Gemeinschaftswahl stattgefunden habe, ohne daß entsprechende Beschlüsse der Arbeiter- und Angestelltengruppe vorher gefaßt seien.

Das Arbeitsgericht hat den Antrag, das Landesarbeitsgericht die dagegen erhobene Beschwerde zurückgewiesen.

Mit der zugelassenen Rechtsbeschwerde macht die Antragstellerin nicht nur die Anfechtbarkeit, sondern auch die Nichtigkeit der Wahl geltend und trägt weiter vor, daß auch die Vorschriften der Wahlordnung über die Stimmabgabe (§ 21 ff. a. a. O.) bei der Wahl verletzt seien.

Die Rechtsbeschwerde mußte Erfolg haben.

Allerdings ist die Auffassung der Rechtsbeschwerdeführerin, daß die Wahl bereits ohne Anfechtung nichtig sei, unzutreffend. Der Annahme einer solchen absoluten Nichtigkeit einer Wahl sind mit Rücksicht auf den Zweck des Gesetzes, durch eine besondere an eine Frist gebundene Anfechtung klare Verhältnisse und Rechtssicherheit zu schaffen, enge Grenzen gesetzt. Es genügt nicht, daß wesentliche und zwingende Vorschriften des Wahlverfahrens verletzt sind und dadurch das Ergebnis der Wahl beeinflußt werden konnte. Solche Verstöße rechtfertigen nach § 18 BetrVG. die Anfechtung. Eine Nichtigkeit der Wahl kann nur in den ganz besonderen Ausnahmefällen angenommen werden, in denen gegen allgemeine Grundsätze jeder ordnungsmäßigen Wahl in so hohem Maße verstoßen ist, daß auch der Anschein einer Wahl nicht mehr vorliegt (vgl. statt vieler Dietz Bem. 26 zu § 18 BetrVG). Hierzu hat allerdings das Reichsarbeitsgericht auch den Fall gezählt, daß ohne jeden Wahlvorstand gewählt sei (RAG. ARS. 4, 315). So liegt es jedoch bei der hier zu beurteilenden Wahl nicht. Zwar ist der Wahlvorstand unter Verletzung gesetzlicher Vorschriften bestellt worden, doch hat er diejenigen Aufgaben wahrgenommen, die einem Wahlvorstand obliegen. Weiter haben dazu immerhin zwei Drittel der stimmberechtigten Arbeitnehmer schriftlich ihre ausdrückliche Zustimmung gegeben, während die übrigen durch ihr Schweigen zum Ausdruck gebracht haben, daß sie keinen Widerspruch erheben wollten. Die Wahl ist daher nicht ohne, sondern mit einem Wahlvorstand durchgeführt worden, zu dessen Bestellung die Belegschaft sich wenigstens auf die Umfrage hin geäußert hatte. Es kann daher nicht gesagt werden, daß gegen allgemeinste Grundsätze einer ordnungsmäßigen Wahl in so hohem Maße verstoßen sei, daß auch der Anschein einer Wahl nicht mehr vorliegt.

Die Rechtsbeschwerdeführerin kann die Nichtigkeit einer Wahl auch nicht damit begründen, daß gegen § 13 Abs. 2 BetrVG. verstoßen und ohne vorherige Abstimmung in den Gruppen eine gemeinsame Wahl durchgeführt sei. Das Landesarbeitsgericht vertritt dazu die Auffassung, daß bei einem einheitlichen Wahlvorschlag, auf dem schließlich nur eine Gruppe vertreten bleibe, eine nach § 12 Abs. 2 zulässige Wahl vorliege. Das ist für den vorliegenden Fall zwar nicht zutreffend, zeigt aber, daß es sich bei der Durchführung der Wahl insoweit um eine — wenn auch unrichtige — Auslegung der Wahlgrundsätze des § 13 BetrVG. handelt, aber nicht um eine Außerachtlassung allgemeinster Grundsätze einer ordnungsmäßigen Wahl überhaupt. Die weiteren von der Rechtsbeschwerdeführerin gerügten Verstöße gegen das Wahlverfahren zieht sie selbst nur zur Begründung einer Anfechtung heran. Sie sind ebenfalls nicht geeignet, eine Nichtigkeit der Wahl ohne Anfechtung zu begründen.

Dagegen mußte die Anfechtung Erfolg haben. Der Betriebsrat, dessen Amtszeit streitlos am 14. Mai 1953 geendet hatte, war nicht mehr befugt, einen Wahlvorstand zu bestellen. Es blieb nur der Weg, in einer Betriebsversammlung einen Wahlvorstand zu wählen oder seine Bestellung durch das Arbeitsgericht zu beantragen (§ 16 BetrVG). Wenn die Antragsgegnerin vorträgt, daß eine Betriebsversammlung bei ihr wegen der weiten Verzweigtheit ihrer Verkaufsstellen über ganz Berlin auf größte Schwierigkeiten stoße, so hätte geprüft werden müssen, ob Teilversammlungen möglich und zulässig waren, auf jeden Fall aber hätte das Arbeitsgericht auf Antrag von nur drei Wahlberechtigten oder einer im Betrieb vertretenen Gewerkschaft den Wahlvorstand bestellen können. Diese Vorschriften sind zwingend. Sie sind nicht nur wegen ihres formell zwingenden Charakters, sondern auch deswegen wesentliche Vorschriften, weil der Wahlvorstand seine Legitimation, wenn sie ihm nicht vom amtierenden Betriebsrat selbst übertragen wird, nur aus der Autorität einer Betriebsversammlung oder des Gerichts herleiten soll, damit er frei und über den Wahlparteien und Wählern steht.

Der Verstoß gegen die Vorschriften über die Bestellung des Wahlvorstandes, der hier darin liegt, daß der Wahlvorstand von einem nicht mehr im Amt befindlichen Betriebsrat bestellt wurde, ist daher eine wesentliche Verletzung des Wahlverfahrens, so daß nur noch zu entscheiden bleibt, ob durch diesen Verstoß das Wahlergebnis beeinflußt werden konnte.

Diese Frage ist zu bejahen. Dabei kommt es nicht — wie der Antragsgegner meint — darauf an, daß das Wahlergebnis beeinflußt i s t, sondern darauf, daß es beeinflußt werden k o n n t e. Das ergibt sich aus dem eindeutigen Wortlaut und Sinn des § 18 BetrVG. Der Vorderrichter meint dazu, daß eine Beeinflussung des Wahlergebnisses nicht stattfinden konnte, weil der Wahlvorstand die ihm nach der gesetzlichen Vorschrift obliegenden Aufgaben der Durchführung der Wahl sachgemäß und unparteilich gehandhabt habe. Diese Erwägung ist nicht frei von Rechtsirrtum. Bei dem Begriff der Änderung oder Beeinflussung des Wahlergebnisses im Sinne des § 18 BetrVG. kommt es nicht darauf an, ob eine Änderung oder Beeinflussung bewußt oder gewollt herbeigeführt ist, sondern ob objektiv als unmittelbare oder mittelbare Folge des Verstoßes das Wahlergebnis ein anderes sein konnte. Im vorliegenden Falle konnte bei Beachtung der Vorschriften über die Bestellung des Wahlvorstandes dieser aus anderen Personen zusammengesetzt sein. Danach bestand die weitere Möglichkeit, daß ein Wahlvorstand in anderer Zusammensetzung die Wahl auch anders durchgeführt hätte, und zwar in erster Linie nicht als Gemeinschafts-, sondern als Gruppenwahl. Im vorliegenden Falle war eine gemeinsame Wahl unzulässig, auch wenn nur ein Wahlvorschlag vorlag, weil es an der Voraussetzung des § 13 Abs. 2 BetrVG. (je ein Beschluß der Angestellten und Arbeitergruppe über gemeinsame Wahl) fehlte. Daß das Wahlergebnis auch bei einem einheitlichen Wahlvorschlag ein anderes sein kann je nachdem, ob die Mehrheit in der Gruppe oder in der Gemeinschaft entscheidend ist, bedarf keiner näheren Begründung. Es ergibt sich daher schon aus diesen Erwägungen, daß durch den Verstoß gegen die wesentlichen Vorschriften über die Bestellung des Wahlvorstandes das Wahlergebnis geändert oder beeinflußt werden konnte, so daß die Anfechtung aus diesem Grunde, d. h. wegen einer Verletzung der Vorschriften über die Bestellung des Wahlvorstandes, durchdringen mußte.

Dem kann der Antragsgegner auch nicht entgegenhalten, dieser Verstoß sei dadurch geheilt, daß die Mehrheit der Wähler zu der bisherigen und weiteren Tätigkeit des Wahlvorstandes ihre Zustimmung gegeben hat. Es mag hier dahingestellt bleiben, ob in einer Betriebsversammlung ein solcher Beschluß hätte herbeigeführt werden können, der dann die bisherige Tätigkeit des Wahlvorstandes auch rückwirkend geheilt hätte. Durch eine Umfrage konnte das jedenfalls nicht geschehen, denn die Umfrage kann eine Betriebsversammlung nicht ersetzen, wo nach einer Aussprache, d. h. nach Rede und Gegenrede, der Wahlvorstand gewählt wird. Eine Umfrage kann die Bedeutung einer Aussprache in der Betriebsversammlung erst recht nicht gewinnen, wenn die Gründe, die überhaupt zu der Umfrage geführt haben, den Befragten nicht einmal mitgeteilt sind.

Zu beachten ist schließlich die Beweislastverteilung in § 18 BetrVG. Der Anfechtende muß nicht nachweisen, daß eine Beeinflussung des Wahlergebnisses durch den Verstoß möglich gewesen wäre, sondern es ist umgekehrt Aufgabe des Betriebsrats, das Gegenteil zu behaupten und zu beweisen. Das ist dem Antragsgegner nicht gelungen. Käme man aber auch nur zu dem Ergebnis, daß nicht festzustellen ist, ob der Verstoß einen Einfluß auf das Ergebnis gehabt haben könnte, so ist die Anfechtung begründet, vgl. Hueck-Nipperdey, II S. 578 Anm. 40; Flatow-Kahn-Freund, § 20 Wahlordnung Anm. 2 b; Mansfeld, § 20 Wahlordnung Anm. 5; Feig-Sitzler, § 20 Wahlordnung Anm. 3; Dietz, BetrVG. § 18 Erl. 3; RAG ARS 8, 208, 10, 196, 356; 15, 188.

Erweist sich hiernach die Anfechtung im Hinblick auf eine Verletzung der Vorschriften über die Bestellung des Wahlvorstandes als begründet und die Wahl um deswillen als nichtig, so braucht auf die übrigen von der Rechtsbeschwerdeführerin behaupteten Gründe einer Wahlanfechtung nicht eingegangen zu werden. Insbesondere kann dahingestellt bleiben, ob und welche dieser Gründe als nachgeschoben angesehen werden müssen und ob eine Nachschiebung von Anfechtungsgründen nach Ablauf der Anfechtungsfrist zulässig ist.

70

1. Ist gemeinsame Wahl des Betriebsrates beschlossen, so sind Vorschlagslisten, auf denen nur eine Arbeitnehmergruppe vertreten ist, nicht ungültig.

2. Werden bei gemeinsamer Wahl des Betriebsrates mehrere Vorschlagslisten eingereicht, so werden gemäß § 16 der Wahlordnung zunächst die Arbeitersitze, dann in gesonderter Rechnung die Angestelltensitze nach dem d'Hondt'schen Höchstzahlensystem verteilt. Das bedeutet, daß bei der Zuteilung der Sitze der Angestellten so zu verfahren ist, als wenn die Arbeitersitze noch nicht verteilt wären.

3. Ist bei der Gemeinschaftswahl nur eine Liste gemischt zusammengesetzt, während die anderen Listen reine Gruppenlisten der Arbeiter sind, so kommt es nicht darauf an, ob man den Grundsatz zu 2. für maßgebend hält oder mit dem Reichsarbeitsgericht nur die nach Ver-

teilung der Arbeitersitze verbleibenden Höchstzahlen für die Verteilung der Angestelltenmandate berücksichtigt. Vielmehr bleiben nach § 16 Abs. 2 Satz 2 in Verbindung mit § 15 Abs. 3 der Wahlordnung die auf die reinen Gruppenlisten der Arbeiter noch entfallenden Höchstzahlen für die Angestelltensitze unberücksichtigt; es sind die Angestelltensitze den Höchstzahlen der gemischten Liste zuzuteilen.

4. Die Vorschriften der §§ 16 und 15 Abs. 3 der Wahlordnung halten sich im Hinblick auf § 13 Abs. 3 und § 10 Abs. 1 BetrVG. im Rahmen der Ermächtigung des § 87 Buchst. f BetrVG. und sind daher rechtsgültig.

5. Die vorstehend aufgestellten Grundsätze über die Verteilung der Betriebsratssitze rechtfertigen sich aus dem richtig verstandenen Gedanken der Gemeinschaftswahl. Denn wenn die Belegschaft Gemeinschaftswahl beschlossen hat, dann wird es diesem Beschluß besonders gerecht, wenn die Vorschlagslisten im angemessenen Verhältnis gemischt zusammengesetzt sind, d. h. Bewerber beider Gruppen enthalten. Es ist daher richtig, daß bei der Verteilung der Betriebsratssitze die gemischte Vorschlagsliste bevorzugt wird, selbst wenn sie bei Anwendung des reinen Verhältniswahlsystems weniger Sitze beanspruchen könnte.

Wahlordnung z. BetrVG. §§ 16, 15

I. Senat. Beschluß v. 2. März 1955 i. S. K. u. a. (Beschwerdef.) w. Sp. u. a. (Beschwerdeg.) 1 ABR 3/53

I. Arbeitsgericht Hamm/Westf. — II. Landesarbeitsgericht Hamm/Westf.

Gründe:

Im August 1953 wurde bei der Hüttenwerk H. AG. der Betriebsrat in gemeinschaftlicher Wahl gewählt. Entsprechend dem zahlenmäßigen Verhältnis von Arbeitern und Angestellten waren 21 Betriebsratsmitglieder, und zwar 17 Arbeiter und 4 Angestellte zu wählen. Drei Vorschlagslisten wurden eingereicht, von denen nur die Liste I außer den Namen von Arbeitern auch solche von Angestellten enthielt. Bei der Wahl fielen auf die Liste I 1 986, auf die Liste II 218 und auf die Liste III 2 099 Stimmen. Auf Grund dieses Wahlergebnisses gab der Wahlvorstand bekannt, daß die Liste I 6 Arbeiter- und 4 Angestelltensitze, die Liste II 1 Arbeitersitz und die Liste III 10 Arbeitersitze im Betriebsrat erhalten habe.

Die Antragsteller (3 wahlberechtigte Arbeitnehmer im Betrieb der Hüttenwerk H. AG.) haben diese Verteilung der Sitze rechtzeitig angefochten mit dem Antrage, festzustellen, daß nach dem Wahlergebnis 8 Arbeiter- und 4 Angestelltenkandidaten der Liste I und 9 Arbeiterkandidaten der Liste III (deren Namen die Antragsteller im einzelnen angegeben haben) gewählt seien, während die Liste II keinen Sitz erhalten habe.

Das Arbeitsgericht hat dem Antrage stattgegeben und zur Begründung ausgeführt, daß die Auffassung der Antragsteller dem § 16 i. V. m. § 15 Abs. 3 der Ersten Rechtsverordnung zur Durchführung des Betriebsverfassungsgesetzes (Wahlordnung) entspreche.

Gegen diesen Beschluß haben Arbeiter der Vorschlagsliste III Beschwerde mit dem Antrage eingelegt, unter Aufhebung des angefochtenen Beschlusses festzustellen, daß der Betriebsrat aus den vom Wahlvorstand bekanntgegebenen Mitgliedern bestehe und zur Begründung auf die Rechtsprechung des Reichsarbeitsgerichts verwiesen. Danach dürfe sich das Wahlergebnis bei einer für Arbeiter und Angestellte gemeinsamen Wahl, wenn sie eine Listen- und damit Verhältniswahl sei, nicht dadurch verschieben, daß eine Liste nur Kandidaten einer Arbeitnehmergruppe enthalte, während die andere Liste aus Bewerbern beider Gruppen bestehe.

Die Antragsteller haben um Zurückweisung der Beschwerde gebeten und ausgeführt, daß die Rechtsprechung des Reichsarbeitsgerichts auf anders lautenden Bestimmungen der früheren Wahlordnung zum alten Betriebsrätegesetz beruhe.

Das Landesarbeitsgericht hat die Beschwerde zurückgewiesen.

Mit der zugelassenen Rechtsbeschwerde beantragen die Beschwerdeführer Aufhebung der Beschwerdeentscheidung und Zurückweisung des Antrages. Es widerspreche jedem Verhältniswahlsystem, wenn eine Liste, die Arbeiter **und** Angestellte enthalte, besser gestellt werde als die reine Arbeiterliste. Die Antragsteller haben um Zurückweisung der Rechtsbeschwerde gebeten.

Die Rechtsbeschwerde ist zulässig. Die Rechtsbeschwerdeführer sind legitimiert, die Beschwerde einzulegen. Sie sind selbst überwiegend auf der Liste III in den Betriebsrat gewählt und müssen wissen, welche Arbeitnehmer mit ihnen gemeinsam Mitglieder des Betriebsrats sein werden.

Die Rechtsbeschwerde ist aber nicht begründet.

Ist die Wahl als Gemeinschaftswahl beschlossen, so ist es erwünscht, daß jede Vorschlagsliste Arbeiter und Angestellte gleichzeitig enthält. Ein zwingendes rechtliches Erfordernis ist dies jedoch nicht. Denn § 8 der Wahlordnung hat Vorschlagslisten, die dieser Anforderung nicht entsprechen, nicht als ungültig bezeichnet. Es sind daher auch Wahlvorschläge für die gemeinsame Wahl zuzulassen, die nur Bewerber einer

Arbeitnehmergruppe enthalten. Die Minderheiten der Arbeiter und der Angestellten, die gegen die gemeinsame Wahl sind, werden sich — wie Flatow Betriebsrätegesetz § 26 Bem. 2 WO. zutreffend bemerkt — häufig auch für die Wahl selbst nicht zusammenschließen, sondern besondere Listen nur der Arbeiter und nur der Angestellten aufstellen. Dann hat bei der getrennt vorzunehmenden Verteilung der Arbeiter- und Angestelltensitze die reine Arbeiterliste nur bei der Verteilung der Arbeitersitze, die reine Angestelltenliste nur bei der Verteilung der Angestelltensitze Berücksichtigung zu finden.

Die Verteilung der Sitze durch den Wahlvorstand, die die Rechtsbeschwerdeführer für zutreffend halten, verstößt gegen die ausdrücklichen Vorschriften des § 16 i. V. m. § 15 der Wahlordnung, wie das Berufungsgericht zutreffend erkannt hat. Der Wahlvorstand hat zu Unrecht unter Außerachtlassung der Vorschrift des § 16 Abs. 1 Satz 1 einfach die 21 Betriebsratssitze nach dem d'Hondt'schen System auf die drei Listen verteilt und daher der Liste I 10, der Liste II 1 und der Liste III 10 Sitze zugeteilt. Da nur auf der gemischten Liste I auch Angestellte aufgeführt waren, hat der Wahlvorstand die 10 auf diese Liste entfallenden Sitze 6 Arbeitern und 4 Angestellten dieser Liste zugesprochen. Nach § 16 Abs. 1 WO. mußten aber zunächst die 17 Arbeitersitze nach dem Verhältniswahlsystem (§ 13 Abs. 3 BetrVG., § 15 WO.) verteilt werden. Diese Verteilung führt zu dem Ergebnis, daß auf die Liste I 8, auf die Liste II 0 und auf die Liste III 9 Arbeitersitze entfallen. Sodann war nach § 16 Abs. 1 WO. in gesonderter Rechnung die Verteilung der 4 Angestelltensitze vorzunehmen.

Es war unter der Herrschaft des früheren Betriebsrätegesetzes bestritten, ob bei der Verteilung der Angestelltensitze die bereits für die Arbeitersitze verwendeten Höchstzahlen noch einmal zu benutzen sind, oder ob nur die nach der Verteilung der Arbeitersitze verbleibenden Höchstzahlen berücksichtigt werden dürfen. Wären auf allen drei Listen Arbeiter und Angestellte vertreten, so wäre das Ergebnis nach diesen beiden Berechnungsmethoden in der Tat ein verschiedenes. Sind die Höchstzahlen nicht als verbraucht anzusehen, so würden auf die Liste I 2, auf die Liste II 0 und auf die Liste III 2 Angestellte entfallen. Wären dagegen nur die nach Verteilung der Arbeitersitze verbleibenden Höchstzahlen zu verwerten, so würden auf die Liste I 2 Angestelltensitze und auf die Listen II und III je 1 Angestelltensitz entfallen.

Der Senat schließt sich im Gegensatz zu der Rechtsprechung des Reichsarbeitsgerichts (ARS. Bd. 3 S. 58, Bd. 4 S. 346, Bd. 7 S. 496) der herrschenden Lehre an, nach der bei der Verteilung der Angestelltensitze die Höchstzahlen nicht als verbraucht anzusehen sind. Vgl. schon früher Flatow in den Anmerkungen zu den genannten Entscheidungen, heute Dietz, BetrVG. § 13 Bem. 25; Fitting-Krägeloh, Wahlordnung § 16 Bem. 2, Kastner-Lübbe-Lung zu § 16 WO. Der Begriff der „gesonderen Rechnung" in § 16 Abs. 1 muß so verstanden werden, daß bei der Verteilung der Angestelltensitze das Höchstzahlensystem noch einmal wie bei der Verteilung der Arbeitersitze ohne irgendwelche Streichungen verwendet wird. Nur wenn die Worte „in gesonderter Rechnung" fehlten, wäre die Gegenmeinung zutreffend.

Für den vorliegenden Rechtsstreit kommt es allerdings in Wahrheit gar nicht darauf an, welcher dieser beiden Berechnungsmethoden man sich anschließt. Dies hat das Berufungsgericht gleichfalls zutreffend hervorgehoben. Da die Listen II und III überhaupt keine Angestellten enthalten, ist nach § 16 Abs. 2 Satz 3 WO. § 15 Abs. 3 WO. entsprechend anzuwenden. D. h. die auf die Höchstzahlen der Listen II und III nach Verteilung der 17 Arbeitersitze entfallenden Sitze bleiben unberücksichtigt und gehen auf die Höchstzahlen der Liste I über. Somit sind die 4 Angestelltensitze der Liste I zusätzlich zu den 8 Arbeitersitzen zuzuteilen. Das gilt, ganz gleichgültig, ob man die für die Arbeiter verbrauchten Höchstzahlen nicht mehr verwendet oder ob man mit den Höchstzahlen von vorn beginnt.

Die Liste I erhält damit 2 Betriebsratssitze mehr als ihr nach der Stimmenzahl zustehen würde. Das ist nach dem klaren Wortlaut des § 16 WO. unvermeidlich. Es folgt daraus, daß die Listen II und III nicht gemischt zusammengesetzt sind.

Bemerkenswert ist, daß das Reichsarbeitsgericht in seiner Entscheidung vom 18. Dezember 1929 (ARS 7, 496 ff.) eine Erwägung darüber angestellt hat, ob die reine Verhältnisverteilung auf die Listen auch dann durchgeführt werden könne, wenn nur eine der Listen Angestellte zur Wahl vorschlage und die Angestellten die Minderheitsgruppe darstellen. Dieser vom Reichsarbeitsgericht damals nur erwogene, nicht entschiedene Fall trifft den vorliegenden Sachverhalt. Dazu hat das Reichsarbeitsgericht ausgeführt: Es sei solchenfalls in Erwägung zu ziehen, ob nicht die — nur eine Ordnungsvorschrift darstellende — Bestimmung des (damaligen) § 27 Abs. 1 (heutigen § 16 Abs. 1 Satz 1) der WahlO., nach der die Arbeitersitze zunächst zu verteilen seien, den sachlichen Anforderungen der Verhältniswahl weichen müßten, mit der Folge, daß in der Reihenfolge der Zuteilung von Sitzen zunächst die Minderheitsgruppe auftreten müsse. Die Reihenfolge wäre dann im vorliegenden Falle umzukehren, es wären zunächst die Angestellten- und dann die Arbeitersitze festzustellen. Diese damals angedeutete Möglichkeit, in einem solchen Falle die Reihenfolge der Zuteilung umzukehren, steht aber im Widerspruch zu dem eindeutigen und nach der Auffassung des Senats zwingenden Wortlaut der Wahlordnung. Dieser darf schon um deswillen nicht in sein Gegenteil gewendet werden, weil die Wahlvorstände danach verfahren und sich darauf verlassen müssen, daß er gilt.

Als ein zwingender Grund zur Abweichung von § 16 Abs. 1 WO. könnte es nur angesehen werden, wenn § 16 der Wahlordnung, indem er in jedem Falle die Zuteilung zunächst der Arbeitersitze anordnet, über die Ermächtigung im § 87 Buchst. f i. V. m. § 13 Abs. 3 BetrVG. hinausginge und in unzulässiger, durch die Ermächtigung nicht mehr gedeckten Weise in Grundsätze der Verhältniswahl (vgl. auch Galperin Bem. 1 zu § 16 WahlO.) eingriffen. Das ist jedoch nicht der Fall. Denn es ist nicht nur der Grundsatz des § 13 Abs. 3 Satz 1 BetrVG., nämlich der Verhältniswahl, sondern auch der des § 10 Abs. 1 a. a. O. in Betracht zu ziehen (so mit Recht Flatow a. a. O. und der Beschluß des Berufungsgerichts), nach dem Arbeiter und Angestellte ihrem zahlenmäßigen Verhältnis entsprechend im Betriebsrat vertreten sein müssen. Die Bestimmung des § 16 Abs. 1 WO. bedeutet daher kein Abweichen von dem einen oder anderen der beiden Grundsätze des Betriebsverfassungsgesetzes, sondern nur eine Ausfüllung des Gesetzes hinsichtlich der Feststellung des Wahlergebnisses für den Fall, daß beide Grundsätze zusammentreffen. Dazu ist die Ermächtigung gemäß § 87 Buchstabe f, die zu einer Wahlordnung über die „Feststellung des Wahlergebnisses" gegeben ist, als erteilt anzusehen. Daher ist der damals vom RAG. angedeutete Weg, nämlich zunächst immer die Sitze der Minderheitsgruppe zu verteilen, auch nicht mit der Begründung gangbar, daß sonst die Ermächtigung des Betriebsverfassungsgesetzes durch § 16 der Wahlordnung überschritten sei.

Das Reichsarbeitsgericht hat seine Auffassung, nach der die Verhältniswahl nicht durch Gruppengesichtspunkte modifiziert werden dürfe, insbesondere auf die Erwägung gestützt, daß es ungerecht sei, wenn bei Zusammentreffen von reiner und gemischter Gruppenliste die gemischte Gruppenliste über ihre Stimmzahl (die sie doch von beiden Gruppen in der Gemeinschaftswahl erziele) hinaus im Verhältnis zur reinen Gruppenliste noch weiter begünstigt werde. Diese Verteilung der Betriebsratssitze rechtfertigt sich aber gerade aus dem Gedanken der Gemeinschaftswahl. Denn wenn die Belegschaft Gemeinschaftswahlen beschlossen hat, dann entspricht es diesem Beschluß, wenn die Vorschlagslisten in angemessenem Verhältnis gemischt zusammengesetzt sind, d. h. Bewerber beider Gruppen enthalten. Es ist daher nicht ungerecht, daß bei der Verteilung der Betriebsratssitze die gemischte Vorschlagsliste bevorzugt wird, selbst wenn sie bei Anwendung des reinen Verhältniswahlsystems weniger Sitze beanspruchen könnte.

71

Eine Familiengesellschaft liegt auch dann vor, wenn der Aktienbesitz daran durch eine andere Familien-AG. vermittelt wird, vorausgesetzt, daß der Familienbesitz ausschließlich bleibt.

BetrVG. § 76 Abs. 6.

I. Senat. Beschluß v. 6. April 1955 i. S. Betriebsrat d. Fa. R. (Antragst.) w. Fa. R. (Antragsg.) 1 ABR 25/54.

I. Arbeitsgericht Bochum. — II. Landesarbeitsgericht Hamm/Westf.

In den Aufsichtsrat der R. AG. sind keine Vertreter von Arbeitnehmern gewählt.

Aktionäre der R. AG., die weniger als 500 Arbeitnehmer beschäftigt, sind die Offene Handelsgesellschaft F. B. und eine andere Aktiengesellschaft. Alleinige Gesellschafter der F. B. OHG. und alleinige Aktionäre dieser andern Aktiengesellschaft sind die Brüder F. und J. B.

Der Betriebsrat der R. AG. hat beantragt festzustellen, daß Vertreter von Arbeitnehmern in den Aufsichtsrat zu wählen sind.

Das Arbeitsgericht hat diesen Antrag zurückgewiesen, weil auch diejenige Gesellschaft als eine echte Familiengesellschaft anzusehen sei, deren Anteile sich im ausschließlichen Besitz von Familiengesellschaften befänden.

Die Beschwerde des Betriebsrats ist zurückgewiesen.

Auch die Rechtsbeschwerde des Betriebsrats blieb ohne Erfolg.

Aus den Gründen:

Da die R. AG. weniger als 500 Arbeitnehmer beschäftigt, sind nach § 76 Abs. 6 Satz 1 BetrVG. dann keine Vertreter der Arbeitnehmer in ihren Aufsichtsrat zu wählen, wenn sie Familiengesellschaft ist. Nach § 76 Abs. 6 Satz 2 gelten als Familiengesellschaften solche Aktiengesellschaften, deren Aktionär eine einzelne natürliche Person ist oder deren Aktionäre untereinander im Sinne von § 10 Ziff. 2 bis 5 des

Steueranpassungsgesetzes vom 16. Oktober 1934 verwandt oder verschwägert sind. Die Entscheidung hängt davon ab, ob die zwar ausschließliche, aber nur mittelbare und durch ihre OHG. und ihre AG. vermittelte Beteiligung der Brüder B. an der R. AG. genügt, um diese als Familiengesellschaft gelten zu lassen, oder ob eine unmittelbare Beteiligung der Familienmitglieder notwendig ist, d. h. ob eine Familiengesellschaft nur dann vorliegen würde, wenn die Brüder B. unmittelbare Aktionäre der R. AG. wären.

Dem Rechtsbeschwerdeführer ist zuzugeben, daß nach dem Wortlaut des § 76 Abs. 6 Satz 2 BetrVG. eine Familiengesellschaft nur vorliegt, wenn die Aktionäre untereinander verwandt (oder verschwägert) sind. Verwandt miteinander können aber nur natürliche Personen, also die einzelnen Menschen sein. Indessen darf die Ermittlung der Tragweite einer gesetzlichen Bestimmung nicht am Wortlaut haften, sie hat vielmehr den wirklichen Willen des Gesetzgebers, d. h. den Sinn und Zweck der Gesetzesbestimmung zu erforschen (§ 133 BGB.). Dabei ist zwar zu berücksichtigen, daß es sich vorliegend um eine Ausnahme von dem Grundsatz der Beteiligung von Arbeitnehmern im Aufsichtsrat von Aktiengesellschaften handelt. Jedoch ist die vielfach aufgestellte These, daß Ausnahmen eng auszulegen seien, nicht zutreffend. Zwar ist es richtig, daß singuläre Rechtssätze (Ausnahmevorschriften) nicht zu allgemeiner analoger Anwendung geeignet sind, da sie das höhere Prinzip nur für besonders geartete Fälle durchbrechen wollen. Liegt aber dem Ausnahmesatz seinerseits ein engeres Prinzip zugrunde, so ist innerhalb dieses Prinzips erweiternde Auslegung und Analogie gestattet und nicht etwa ein mechanischer Umkehrschluß (argumentum e contrario) berechtigt, vgl. Enneccerus-Nipperdey, Allg. Teil, 14. Aufl. § 48 I 2.

Ein solches engeres Prinzip ist aber im § 76 Abs. 6 BetrVG. gegeben. Für die Aktiengesellschaft ist die rechtliche Charakterisierung als denkbare Familiengesellschaft schon insofern irregulär, als sie die Personen entscheidend sein läßt, die hinter der Aktiengesellschaft stehen, die die Anteile haben, während die Merkmale der Aktiengesellschaft als einer juristischen Person sich grundsätzlich nach ihr selbst allein bestimmen (z. B. Name, Sitz, Staatsangehörigkeit, Arbeitnehmerzahl, Zweck u. a.) und sie hinsichtlich der Aktionäre eine Gesellschaft von Ungenannten, eine societé anonyme bleibt. Hier dagegen für den Charakter als Familiengesellschaft sind diejenigen Personen genau festzustellen, die Eigentümer der Anteile sind. Das gilt auch, wenn es sich um auf den Inhaber lautende Aktien handelt. Dem Begriff der Familiengesellschaft liegt die richtige Anschauung zugrunde, daß die juristische Person, insbesondere auch die Aktiengesellschaft, nur eine Kunstform des Rechts ist, die zwar als ein selbständiger Rechtsträger behandelt wird, hinter der aber in Wahrheit doch die Mitglieder in ihrer besonderen rechtlichen Verbundenheit, also die Menschen stehen, die die Gesellschaft ausmachen und ihr Leben und Gehalt geben. Nur auf der Grundlage dieser Anschauung kann überhaupt von einer Familiengesellschaft bei der Aktiengesellschaft gesprochen werden. Der Begriff der Familiengesellschaft durchbricht mit Recht die formale Anschauung der juristischen Person und zieht den Schleier dieser Kunstform hinweg, indem er gebietet, nach den Personen zu bewerten, die in Wahrheit die juristische Person ausmachen. Bereits mit der Legaldefinition der Familiengesellschaft im § 76 Abs. 6 BetrVG. in ihrem buchstäblichen Sinne wird für das Betriebsverfassungsrecht anerkannt, daß natürliche Personen, die eine im Rechtsverkehr auftretende juristische Person gebildet haben, geltend machen können, daß sie, die Menschen, in Wahrheit die Rechtsträger sind. Das gilt auch für die sogenannte Einmanngesellschaft im Sinne des § 76 Abs. 6 Satz 2 Halbs. 1 BetrVG.

Erkennt man aber dieses Wesen des § 76 Abs. 6 BetrVG., so besteht das Rechtsprinzip der weniger gesellschaftsrechtlichen als arbeitsrechtlichen Vorschrift darin, daß es darauf ankommt, ob tatsächlich ausschließlich eine Familie als Verband von untereinander verwandten Menschen den im Unternehmen beschäftigten Arbeitnehmern als Träger des Unternehmens gegenübersteht. Das führt aber dazu, daß die von dem Rechtsbeschwerdeführer aus dem Wortlaut hergeleitete Beschränkung auf die unmittelbare Beteiligung von Familienmitgliedern zu eng ist und dem Sinn und Zweck der Bestimmung nicht gerecht wird. Voraussetzung ist nur, daß die Ausschließlichkeit des Familienverbandes als wirklicher Träger des Unternehmens gewahrt bleibt.

Es kommt hinzu, daß die Funktion der Aktiengesellschaft für einen reinen Familienverband vor allem in der Haftungsbeschränkung besteht. Es soll gerade dadurch die Beteiligung der Familie mit dem nur beschränkten Risiko für die einzelnen Familienglieder herbeigeführt, erhalten und gesichert werden. Während sonst die Form der Aktiengesellschaft regelmäßig um deswillen gewählt wird, um auch kleinere Beträge auf dem Kapitalmarkt zu mobilisieren, ist dieser Zweck der reinen Familiengesellschaft fremd. Die Gesellschaft soll in der Regel ein reines Familienunternehmen bleiben und die Zusammengehörigkeit der Familie fördern.

Es liegt auf der Hand, daß eine solche Familienverbundenheit in ihrer Geschlossenheit unter Umständen Beeinträchtigungen erleiden könnte, wenn in den Aufsichtsrat und vielleicht auf dem Weg über den Aufsichtsrat auch in den Vorstand familienfremde Personen gelangen könnten, jedenfalls dann, wenn eine solche Besetzung dem Familienbeschluß nicht entspricht. Der Familienverband könnte durch die Beteiligung von Arbeitnehmern im Aufsichtsrat in einen Interessengegensatz besonderer Art zu dem Interesse der Arbeitnehmer auf Beteiligung im Aufsichtsrat geraten. Diesen Konflikt hat das Gesetz dadurch gelöst, daß das Familieninteresse bei kleinen und mittleren Gesellschaften, die weniger als 500 Arbeitnehmer beschäftigen, vorgehen soll.

Erkennt man aber diese Grundlage und Bedeutung der Ausnahme für die Familiengesellschaft, so kommt es darauf an, daß die Geschlossenheit der Familie wirklich besteht, nicht dagegen darauf, ob diese Geschlossenheit und Ausschließlichkeit eine aktienrechtlich unmittelbare oder nur mittelbare ist. Nicht die Unmittelbarkeit, sondern die Ausschließlichkeit des Familienbesitzes entscheidet.

Daher kommt es auch nicht — wie der Vorderrichter mit erwägt — darauf an, ob die Organe der Gesellschaft, die die ausschließliche Familienbeteiligung vermittelt, von Familienmitgliedern besetzt sind. Für den Aufsichtsrat ergibt sich das schon daraus, daß er die Aktiengesellschaft nach außen hin nicht vertritt. Aber auch der Vorstand steht, wenn er nicht zur Familie gehört, zur Hauptversammlung der Aktionäre, also hier der Familienmitglieder, in so engen Bindungen, daß der Familienverband dadurch nicht gesprengt wird. Zwar hat er die Aktiengesellschaft unter eigener Verantwortung zu leiten (§ 70 Aktiengesetz) und ist an Weisungen der Hauptversammlung nur im Rahmen des § 103 Aktiengesetz gebunden. Doch steht er zur Hauptversammlung in einem Vertrauensverhältnis und ist den Aktionären bei der ausschließlichen Familiengesellschaft besonders eng verbunden, weil er die Gesellschaft so zu leiten hat, wie es deren Wohl gebietet (§ 70 Abs. 1 a. a. O.). Darüber hinaus kann die Hauptversammlung dem Vorstand das Vertrauen entziehen. Das ist für den Aufsichtsrat, wenn der Beschluß der Hauptversammlung sachlich begründet ist, in der Regel ein wichtiger Grund, die Bestellung des Vorstandes aus wichtigem Grund zu widerrufen (vgl. Hueck, Aktiengesetz § 75, Bem. 2 C). Es kommt hinzu, daß die Abstimmung in der Hauptversammlung der Aktionäre einer abhängigen Gesellschaft über Geschäftsführungsmaßnahmen des Vorstandes hinausgeht, so daß die Beschlußfassung darüber durch Satzung der Hauptversammlung vorbehalten werden kann. Endlich bestellt die Hauptversammlung den Aufsichtsrat und dieser den Vorstand. Wenn daher familienfremde Personen in die Organe der Gesellschaft gelangen und dort Einfluß ausüben, so doch nur mit dem Willen der Familie.

Das Bedenken, daß die Anerkennung einer mittelbaren Beteiligung für den Begriff der Familiengesellschaft die Verschachtelung von Gesellschaften fördern und Verschleierungen herbeiführen könnte, kann im Rahmen des Betriebsverfassungsgesetzes nicht entscheidend sein. Denn die Frage der Förderung oder Hinderung von Verschachtelungen ist ein allgemeines Problem des Gesellschaftsrechts und kann nicht von der arbeitsrechtlichen Seite her gelöst oder beeinflußt werden. Es kann aber auch nicht ohne weiteres davon ausgegangen werden, daß jede Beteiligung einer Gesellschaft an einer anderen wirtschaftlich ungesund und zu mißbilligen wäre. Verschleierungen können auch dann eintreten, wenn man eine Familiengesellschaft nur bei unmittelbarer Beteiligung der Familienmitglieder als Aktionäre gelten lassen wollte, so z. B. wenn es sich um eine Famiiengesellschaft mit reinen Inhaberaktien handelt. Im übrigen verlieren diese Bedenken an Gewicht, wenn erwogen wird, daß die Aktiengesellschaft den Beweis zu erbringen hat, daß sie eine Familiengesellschaft ist. Sie muß — abgesehen von streitlosen Fällen oder dem Beweis des ersten Anscheins — den Beweis durch Vorlage der Aktien bzw. des Aktienbuches der Gesellschaft führen. Ob im übrigen bei mehrstufigen Verschachtelungen noch von einer Familiengesellschaft gesprochen werden kann, war hier nicht zu entscheiden, da es sich um den reinen Fall einer erststufigen mittelbaren Beteiligung handelt.

Wenn schließlich gegen die Zulassung einer mittelbaren Beteiligung das Bedenken erhoben worden ist, daß eine Aktiengesellschaft sich unterteilen und dadurch die Notwendigkeit, Vertreter der Arbeitnehmer in den Aufsichtsrat wählen zu lassen, umgehen könnte, so würde es sich in solchen — übrigens auch bei unmittelbaren Familiengesellschaften denkbaren — Fällen unter Umständen um einen Rechtsmißbrauch und eine Umgehung des Gesetzes handeln, die keine Anerkennung finden könnte.

Bestehen hiernach keine Bedenken dagegen, daß der Familienbesitz durch eine Aktiengesellschaft vermittelt wird, vorausgesetzt, daß er ausschließlich bleibt, so sind erst recht keine Bedenken zu erheben, wenn er durch eine OHG. vermittelt wird, die als Personalgesellschaft auch gesellschaftsrechtlich von den Personen der Gesellschafter getragen wird.

Soweit sich das Schrifttum zu der Rechtsfrage geäußert hat, vertritt es überwiegend den gleichen Standpunkt wie der Senat, vgl. Erdmann, BetrVG. 2. Aufl. § 76, Anm. II 5 a; Fiegle BB. 1953 S. 594;

Fröhlich-Franke-Wagner, Die Beteiligung der Arbeitnehmer im Aufsichtsrat nach dem BetrVG., 1953 § 76 Anm. 6; Hueck, Aktiengesetz Anh. nach § 86 Anm. 2 B; Scheurl BB. 1953 S. 420; Spethmann-Schnorr, Recht der Arbeit 1953 S. 449; verneinend: Schnorr, Arbeit und Recht 1953 S. 34.

72

Die Gerichte im Gebiet der Bundesrepublik und Westberlins haben unbeschadet der Frage, in welcher Währung Zahlungsansprüche geltend gemacht werden, den Streitwert stets in DM-West als dem alleinigen gesetzlichen Zahlungsmittel des Gerichtsortes festzusetzen, notfalls nach Umrechnung des Fremdwährungsbetrages in DM-West zum Kurswert.

Ist der Streitwert gleichwohl in DM-Ost festgesetzt, so ist im arbeitsgerichtlichen Verfahren das Revisionsgericht hieran gebunden und hat bei der Prüfung der Zulässigkeit der Revision nachträglich eine Umrechnung des DM-Ost-Betrages in DM-West entsprechend dem inneren Wertverhältnis der beiden Währungen vorzunehmen.

ArbGG. § 72 Abs. 1 S. 4 u. 5; ZPO. § 546 Abs. 1

II. Senat. Beschluß vom 20. April 1955 i. S. M. (Kl.) w. L. P. u. S. P. (Bekl.) 2 AZR 68/55.

I. Arbeitsgericht Berlin. — II. Landesarbeitsgericht Berlin.

Gründe:

Der in der Ostzone wohnende 79jährige Kläger war seit vielen Jahren Prokurist in einer Potsdamer Teppichfabrik, einer Kommanditgesellschaft, deren persönlich haftende Gesellschafter die Beklagten waren. Diese mußten im September 1950 infolge der Maßnahmen der politischen Behörden ihr Unternehmen aufgeben. Der Kläger war in der unter Treuhänderschaft stehenden Fabrik zunächst weiter tätig und wurde am 1. September 1951 entlassen. Er erhält nur die Sozialrente, aber nicht das ihm nach einem Vertrag mit den Beklagten aus dem Jahre 1948 zustehende Ruhegehalt von 150,— DM-Ost. Deshalb erhob er bei dem Arbeitsgericht Berlin gegen die Beklagten Klage auf Zahlung von 4 500,— DM-Ost rückständigen Ruhegehalts und von monatlich 150,— DM-Ost ab 1. März 1954. Das Arbeitsgericht sprach ihm unter Abweisung der Klage im übrigen die verlangte Unterstützung mit Wirkung vom 1. Juli 1954 an zu. Auf die Berufung der Beklagten hin hat das angefochtene Urteil die Klage auf Grund des § 88 Bundesvertriebenengesetzes in vollem Umfang abgewiesen und den Streitwert auf 9 000,— DM-Ost neu festgesetzt.

Der Kläger vertritt in der von ihm eingelegten Revision den Standpunkt, die Mark der Deutschen Notenbank (DM-Ost) sei der Mark der Bank Deutscher Länder (DM-West) gleichzusetzen, soweit es sich um die Frage der Zulässigkeit eines Rechtsmittels handele. Da das angefochtene Urteil die Revision nicht zugelassen hat, auch eine Divergenz des angefochtenen Urteils zu denen anderer Landesarbeitsgerichte oder des Bundesarbeitsgerichts im Sinne des § 72 Abs. 1 Satz 2 und 3 ArbGG. nicht geltend gemacht wird, hängt in der Tat die Zulässigkeit der Revision von der Frage ab, ob der Beschwerdewert, der hier dem festgesetzten Streitwert entspricht, die nach § 72 Abs. 1 Satz 4 ArbGG., § 546 Abs. 1 ZPO. vorgesehene Revisionssumme von 6000,— DM erreicht. Daß die Zivilprozeßordnung in der für das Gebiet der Bundesrepublik und West-Berlins geltenden Fassung des Vereinheitlichungsgesetzes vom 12. 9. 1950 (BGBl. 1950 S. 455, GVBl. f. Berlin 1951 S. 99) und ebenso das neue Arbeitsgerichtsgesetz vom 3. 9. 1953 (BGBl. I S. 1267, GVBl. f. Berlin S. 1231) unter „Deutscher Mark" lediglich die Mark der Bank Deutscher Länder (DM-West) verstehen, ergibt sich schon daraus, daß die West-Mark nach §§ 1, 2 Währungsgesetz, Ziff. 1a der Währungsergänzungsverordnung (WEVO.) für West-Berlin vom 20. 3. 1949 (i. d. F. der Änderungsbestimmung Nr. 4 vom 23. 4. 1951) und Ziff. 6 der WEVO. (GVBl. f. Berlin 1949 S. 86, 1951 S. 360) alleiniges gesetzliches Zahlungsmittel in diesen Gebieten ist und in allen Gesetzen, Verordnungen usw. an die Stelle der RM, GM und Rentenmark tritt. Für Berlin wird zur Verdeutlichung in Art. 1 Abs. 2 des Gesetzes zur Einführung des Vereinheitlichungsgesetzes vom 9. 1. 1951 (GVBl. f. West-Berlin S. 99) zudem noch ausgesprochen, unter „Deutscher Mark" sei die Mark der Bank Deutscher Länder zu verstehen.

Das Landesarbeitsgericht hat nun den Streitwert, weil der Kläger eine DM-Ost-Forderung geltend macht, auch in DM-Ost festgesetzt, also in einer Währung, die nicht gesetzliches Zahlungsmittel am Gerichtsort ist. Eine derartige Festsetzung ist unzulässig. Unbeschadet der Frage, ob und unter welchen Voraussetzungen, insbesondere auf dem Gebiete des Devisenrechts, Zahlungsansprüche in einer fremden Währung, zu der auch die DM-Ost zu rechnen ist, geltend gemacht und auch entsprechende Titel erwirkt werden können, hat die Streitwertfestsetzung stets in der am Gerichtssitz geltenden Währung zu erfolgen. Die Streitwertfestsetzung bildet nicht nur die Grundlage für die Berechnung der Gerichts- und Anwaltsgebühren, sondern dient gerade im arbeitsgerichtlichen Verfahren angesichts der zwingend vorgeschriebenen Aufnahme in das Urteil (§§ 61 Abs. 2, 69 Abs. 2 ArbGG.) der alsbaldigen Klarstellung der Zulässigkeit eines Rechtsmittels. Im Gegensatz zu dem Verfahren der ordentlichen Zivilgerichtsbarkeit und mit Ausnahme des in § 72 Abs. 1 Satz 5 ArbGG. geregelten Falles der Revision bei Rechtsstreitigkeiten über Zahlungsansprüche hängt im arbeitsgerichtlichen Verfahren die Statthaftigkeit eines Rechtsmittels nicht von der Beschwer einer Partei ab, die das Rechtsmittelgericht selbständig nachprüft, sondern von der Höhe des im angefochtenen Urteil festgesetzten Streitwertes (§ 64 Abs. 1, § 72 Abs. 1 Satz 4 ArbGG.). Die Streitwertbestimmung hat im Arbeitsgerichtsprozeß erhebliche prozeßrechtliche Funktionen zu erfüllen. Jeder Richter darf aber nur die dem öffentlichen Recht zuzurechnenden Prozeß- und Währungsvorschriften seines Gerichtsbezirks beachten (Grundsatz der „lex fori", vgl. Wolff, Das Internationale Privatrecht Deutschlands, 3. Aufl. 1954 S. 130; Stein-Jonas, 18. Aufl. § 3 Anm. III, 2; Baumbach-Lauterbach, Kostengesetz, 11. Aufl. Einl. Anm. 7 A c; derselbe ZPO., 22. Aufl. § 3 Anm. 2 A). Wird eine Forderung in fremder Währung geltend gemacht, so wird zur Berechnung des Streitwertes in der Währung des Gerichtsortes eine Umrechnung nach dem Kurswert vorgenommen (vgl. den vom OLG. Hamm entschiedenen Fall in JW. 1922 S. 171 und die vorstehend sowie weiter unten für die Berliner Verhältnisse zitierte Rechtsprechung und Literatur).

Etwas anderes gilt auch nicht etwa für das Gebiet von West-Berlin. Der 1. Zivilsenat (Kosten-Senat) des Kammergerichts vertritt zwar in ständiger Rechtsprechung den Standpunkt, in sogenannten „Ostsachen" sei der Streitwert in DM-Ost festzusetzen (Beschluß vom 29. August 1949 in JR. 49 S. 477, Beschluß vom 13. Juli 1953 in NJW. 54 S. 38). In der Entscheidung aus dem Jahre 1949 wird dies damit begründet, Landgericht und Kammergericht Berlin nähmen nach wie vor die Gerichtsbarkeit für ganz Berlin in Anspruch; wenn ein Rechtsverhältnis seinen „Sitz" im Ostsektor von Berlin habe, sei der Streitwert in DM-Ost festzusetzen. In dem Beschluß aus dem Jahre 1954 wird unterstützend bemerkt, Ziff. 1 d der WEVO. i. d. F. vom 23. 4. 1951 gestatte für West-Berlin ausdrücklich den Besitz von DM-Ost und den Abschluß von Verträgen in dieser Währung. Abgesehen davon, daß der 1. Zivilsenat des Kammergerichts diese Grundsätze offenbar nur im Verhältnis von West- zu Ost-Berlin anwenden will (so auch die an sich dem Kammergericht zustimmende Äußerung von Tschischgale JR.

54 S. 135) — hier aber der Sitz des Rechtsverhältnisses in Potsdam liegt, im vorliegenden Fall also selbst nach der Meinung des Kammergerichts der Streitwert nicht in DM-Ost festgesetzt werden könnte —, kann dieser Ansicht auch für das Gebiet von West-Berlin nicht zugestimmt werden. Der Sitz eines Rechtsverhältnisses mag für die Frage von Bedeutung sein, ob nach materiellem Recht eine DM-West- oder DM-Ostforderung besteht. Diese Frage hat aber nichts damit zu tun, daß auch die West-Berliner Gerichte den Streitwert aus den zuvor schon angeführten Gründen in dem alleinigen gesetzlichen Zahlungsmittel des Gerichtsortes, der DM-West, jedenfalls seit Erlaß der WEVO. vom 20. 3. 1949 festzusetzen haben. Ziff. 1 d der WEVO n. F. stellt auch nur eine allgemeine devisenrechtliche Ausnahmegenehmigung dar und behält nicht etwa die DM-Ost als zweites gesetzliches Zahlungsmittel für West-Berlin bei. In Literatur und Rechtsprechung ist die Meinung des 1. Zivilsenats des Kammergerichts auch überwiegend abgelehnt worden (vgl. KG. 4 ZS. Beschluß vom 7. 10. 1954 in NJW. 55 S. 349, LG. Berlin, Beschluß vom 29. 7. 1949 in JR. 50 S. 58; Krech JR. 49 S. 140; Werthauer JR. 49 S. 210; Skaupy JR. 49 S. 480; Hodes NJW. 54 S. 38; Hillach, Handbuch des Streitwertes in bürgerlichen Rechtsstreitigkeiten, 1954 S. 49; a. M. Tschischgale JR. 49 S. 479 und JR. 54 S. 135).

Hätte demnach die Streitwertfestsetzung nicht in DM-Ost erfolgen dürfen, so ist die Entscheidung des Landesarbeitsgerichts insoweit doch nicht als unwirksam mit der Folge anzusehen, daß überhaupt noch keine Streitwertfestsetzung vorhanden ist. Die Unwirksamkeit eines Urteils kommt nur in seltenen Ausnahmefällen in Betracht, die hier nicht gegeben sind (z. B. Fehlen der Gerichtsbarkeit, Nichtexistenz einer Partei oder völlige Unbestimmtheit eines Urteilsausspruchs). Hier liegt vielmehr nur eine fehlerhafte Streitwertfestsetzung vor. Dies kann weder vom Landesarbeitsgericht selbst mangels Vorliegens der Voraussetzungen der §§ 319 oder 321 ZPO. abgeändert werden, noch vom Revisionsgericht, wie der Senat in Übereinstimmung mit der Rechtsprechung des Reichsarbeitsgerichts bereits entschieden hat (Beschluß vom 2. 6. 1954, BAG 1 S. 8).

Es bleibt angesichts dieser Sach- und Rechtslage nichts anderes übrig, als bei der Prüfung der Zulässigkeit der Revision nunmehr die Umrechnung des festgesetzten DM-Oststreitwertes in DM-West vorzunehmen, die schon bei Ermittlung des Streitwertes hätte erfolgen müssen, und zwar in entsprechender Anwendung des § 244 Abs. 2 BGB.

etwa zu dem zwar nicht amtlich anerkannten, aber legalen Berliner Wechselstubenkurs als dem Spiegelbild des inneren Wertverhältnisses der beiden Zahlungsmittel. Es kommt weder eine Umrechnung im Verhältnis 1 : 1 in Betracht, die mit den tatsächlichen Gegebenheiten in unvereinbarem Widerspruch stehen würde, noch eine solche nach dem sogenannten „Warenkorbvergleich", der nur bei Unterhaltsforderungen oder Schadensersatzansprüchen aus §§ 843, 844 BGB. zur Errechnung der auf DM-West festzusetzenden Beträge herangezogen werden kann, falls DM-Westbeträge eingeklagt sind. Hier sind aber die Ansprüche des Klägers von vornherein lediglich auf Zahlung in DM-Ost gerichtet, so daß für die Aufstellung eines Relationsverhältnisses zwischen beiden Währungen für die Berechnung der Klageforderung kein Anlaß besteht. Daß die Umrechnung etwa im Verhältnis des Wechselstubenkurses gerechtfertigt ist, ergibt sich auch aus der Betrachtung der Lage, die bei einer Verurteilung der Beklagten zur Zahlung von DM-Ostbeträgen durch das Landesarbeitsgericht eingetreten wäre. Nach der von zahlreichen westdeutschen Gerichten vertretenen Meinung (vgl. z. B. LG. Köln in JR. 51, S. 606, LG. Bremen in MDR. 51, S. 748, LG. Essen in Rechtspfleger 1955 S. 49 und zuletzt OLG. Hamm in NJW. 55 S. 67) hätte eine Zwangsvollstreckung des auf DM-Ost lautenden Titels in DM-West unter Umrechnung zum Wechselstubenkurs gemäß § 244 BGB. zu erfolgen. Zudem gestattet Ziff. 1 d der WEVO. n. F. für Berlin ausdrücklich, daß sich ein Schuldner seiner DM-Ostverpflichtung durch Zahlung einer entsprechenden DM-West-Summe zum Wechselstubenkurs entledigt. Für die Beklagten hätte im Falle einer Verurteilung also nur eine Beschwer in Höhe von etwa 2000,— DM-West vorgelegen, so daß eine Revision wegen des geringen Beschwerdewertes nicht zulässig wäre. Das gleiche muß aber im umgekehrten Fall auch für den Kläger gelten. Die Beschwer kann im Falle der Klageabweisung für den Kläger nicht höher sein als im Falle der Verurteilung für die Beklagten. Es bedarf hier keiner näheren Prüfung mehr, welcher genaue Zeitpunkt der Umrechnung zu Grunde zu legen ist, und ob sich diese jeweils genau nach dem Wechselstubenkurs zu richten hat, oder ob dieser lediglich als Anhaltspunkt für die Ermittlung des inneren Wertverhältnisses in Betracht kommt. Der Kläger ist jedenfalls nur in Höhe eines DM-Westbetrages durch das angefochtene Urteil beschwert, der weit unter der Revisionsgrenze von 6000,— DM liegt.

Aus den dargelegten Gründen muß die Revision gemäß § 74 Abs. 2 ArbGG., § 554 a ZPO. als unzulässig verworfen werden.

73

Dem Arbeitnehmer steht auch bei Dienstleistungsverhinderung von erheblicher Dauer, die durch einen in seiner Person liegenden Grund ohne sein Verschulden verursacht ist, Entgelt für eine verhältnismäßig nicht erhebliche Zeit zu.

BGB. § 616

II. Senat. Urteil vom 24. Februar 1955 i. S. D. (Kl.) w. St. (Kl.)
2 AZR 10/54.

I. Arbeitsgericht Neuwied. — II. Landesarbeitsgericht Rheinland-Pfalz zu Mainz.

Die Klägerin, die bei dem Beklagten, einem Rechtsanwalt, als Angestellte beschäftigt war, konnte in der Zeit vom 28. November 1951 bis zum 24. Februar 1952 infolge Erkrankung nicht tätig sein.

Mit der Klage fordert sie das Gehalt für sechs Wochen ihrer Erkrankung.

Der Beklagte hat ein Formular der Allgemeinen Ortskrankenkasse des Inhalts unterzeichnet, daß er bei einer Erkrankung der Klägerin bis zu sechs Wochen das Gehalt weiterzahlen werde. Als die Klägerin sich wegen ihres Gehaltsanspruchs auf diese Erklärung berief, schrieb der Beklagte an die Krankenkasse, er habe mit dieser Erklärung keine über die gesetzliche Verpflichtung hinausgehende Bindung übernehmen wollen. Vorsorglich fechte er seine Erklärung wegen Irrtums an.

Das Arbeitsgericht hat die Klage abgewiesen, das Landesarbeitsgericht dagegen ihr stattgegeben.

Die Revision des Beklagten blieb erfolglos aus folgenden

Gründen:

Der Klageanspruch ist, wie das Berufungsgericht im Ergebnis mit Recht angenommen hat, bereits nach § 616 BGB. begründet, so daß die rechtliche Beurteilung der Verpflichtungserklärung des Beklagten gegenüber der Allgemeinen Ortskrankenkasse, der Klägerin im Krankheitsfalle das Gehalt bis zur Dauer von sechs Wochen weiterzuzahlen, dahingestellt bleiben kann.

Nach § 616 Abs. 1 BGB. behält der zur Dienstleistung Verpflichtete seinen Vergütungsanspruch, wenn er durch einen in seiner Person liegenden unverschuldeten Grund für eine verhältnismäßig nicht erhebliche Zeit an der Dienstleistung verhindert wird.

Diese Bestimmung kann bei wörtlicher Auslegung Zweifel aufkommen lassen, ob der Vergütungsanspruch allein dann weiterbestehen soll, wenn der Beschäftigte nur für eine verhältnismäßig nicht erhebliche Zeit arbeitsunfähig ist, oder ob ihm in jedem Falle ein Anspruch für eine verhältnismäßig nicht erhebliche Zeit zusteht, auch wenn die Arbeitsunfähigkeit längere Zeit andauert. Die ständige Rechtsprechung des Reichsarbeitsgerichts (ARS. 6, 589; 8, 184; 36, 171; 38, 139; 40, 221; 46, 242) und die weitaus überwiegende Meinung im Schrifttum (vgl. die Zusammenstellung bei Hueck in AR.-Blattei D IV Anm. zu Entscheidungen 1) haben angenommen, daß der Arbeitnehmer bei Dienstunfähigkeit von erheblicher Dauer für die erste nicht erhebliche Zeit der Verhinderung das Arbeitsentgelt nicht verlangen kann. Es wurde gesagt, die Regelung des § 616 Abs. 1 BGB. stelle eine Ausnahmebestimmung zu den Grundnormen des BGB. über die Unmöglichkeit einer Leistung (§ 323) dar, die als solche den allgemeinen Grundsatz der Abhängigkeit von Leistung und Gegenleistung aufgebe und deshalb, wenn sie auch als eine besondere Ausgestaltung der Fürsorgepflicht des Arbeitgebers anzusehen sei, eng ausgelegt werden müsse.

Der Senat ist demgegenüber der Auffassung, daß die gesetzliche Bestimmung des § 616 Abs. 1 BGB., wenn sie auch in ihrem Wortlaut unverändert geblieben ist, auf jeden Fall durch die Hinzufügung des Absatzes 2 auf Grund der Verordnung vom 5. Juni 1931 (RGBl. I S. 279, 281) und insbesondere durch die Neufassung des § 189 RVO. nach der Verordnung vom 26. Juli 1930 (RGBl. I S. 311) zum mindesten für den Arbeitsausfall des Angestellten infolge Krankheit einen anderen Sinn erhalten hat, was bisher nicht genügend beachtet wurde, bei einer neueren Auslegung aber berücksichtigt werden muß. Nach § 616 Abs. 2 BGB. kann der Gehaltsanspruch des nach dem Angestelltenversicherungsgesetz versicherungspflichtigen Angestellten für den Krankheitsfall nicht abgedungen oder beschränkt werden, wobei der Anspruch grundsätzlich für eine Zeit von sechs Wochen besteht. § 189 RVO. in seiner jetzigen Fassung schränkt die Leistungsverpflichtung der Krankenversicherung zu Ungunsten des Arbeitgebers ein, indem diesem, soweit er Arbeitsentgelt zu leisten hat, die Versorgungslast für den Arbeitnehmer im Krankheitsfalle auferlegt wird. Während früher ein Arbeitgeber nach § 616 Abs. 1 Satz 2 BGB. die dem Arbeitnehmer zustehende Vergütung um den Betrag mindern durfte, der diesem aus einer auf Grund gesetzlicher Verpflichtung bestehenden Kranken- oder Unfallversicherung zukommt, ist dies heute insofern gegenstandslos geworden, als der Anspruch auf Kranken- und Hausgeld nach dem neugefaßten § 189 RVO. ruht, wenn und soweit der Versicherte während der Krankheit Arbeitsentgelt erhält.

Beide Regelungen insgesamt geben der Verpflichtung des Arbeitgebers auf Weiterzahlung der Arbeitsvergütung den Charakter einer Versorgungsleistung zu Gunsten des erkrankten Arbeitnehmers. Damit ist ein gesetzgeberischer Eingriff in das Prinzip der Abhängigkeit von Leistung und Gegenleistung des § 323 BGB. vollzogen worden (vgl. Sieg in JZ. 1954 S. 338 und Denecke in Reichsgerichtsrätekommentar zum BGB., 10. Aufl., § 616 Anm. 1). Der Anspruch des Arbeitnehmers auf Weiterzahlung des Gehaltes für eine verhältnismäßig nicht erhebliche Zeit nach § 616 Abs. 1 BGB. gewinnt so für den Krankheitsfall eine in sich ruhende, selbständige Bedeutung, die nicht mehr als eine Ausnahmevorschrift von allgemeinen Bestimmungen aufzufassen ist.

Diese Bedeutung des § 616 Abs. 1 BGB. ist aber auch schlechthin gegeben. Einmal wäre es Willkür, eine unterschiedliche Behandlung zwischen der Arbeitsverhinderung eines Angestellten infolge Krankheit und der sonstigen unverschuldeten Arbeitsverhinderung irgendeines Arbeitnehmers aus einem in seiner Person liegenden Grund zu machen. Vor allem entspricht eine weite Auffassung der Vorschrift auch dem Charakter des Arbeitsverhältnisses, das zwar die Elemente von Leistung und Gegenleistung enthält, wesenhaft aber durch die auf Treue und Fürsorge gegründete personenrechtliche Bindung zwischen Arbeitnehmer und Arbeitgeber bestimmt ist. Die Verpflichtung zur Fortzahlung des Arbeitsentgeltes bei der unverschuldeten, in der Person des Arbeitnehmers liegenden Verhinderung ist, so gesehen, überwiegend ein Ausfluß der Fürsorgepflicht des Arbeitgebers. Allein schon dieser Gesichtspunkt des Fürsorgegedankens schlechthin muß nach der Auffassung des Senats ebenfalls dazu führen, die Rechtsprechung des Reichsarbeitsgerichts aufzugeben. Der Sinn der Regelung des § 616 Abs. 1 BGB. ist, wenn sie überhaupt verständlich sein soll, von vornherein in einem von der allgemeinen Vorschrift des § 323 BGB. unabhängigen Fürsorgegedanken zu finden, so daß die Bestimmung als solche und für sich auszulegen ist. Wenn nun die Fürsorgepflicht des Arbeitgebers gegenüber dem kurzfristig verhinderten Arbeitnehmer besteht, so muß sie erst recht bei längerem Ausfall gegeben sein, da er zweifellos den Arbeitnehmer und seine Familie stärker belastet. Der Grundgedanke des § 616 Abs. 1 BGB. erfordert es, in jedem Falle für die erste verhältnismäßig nicht erhebliche Zeit den Vergütungsanspruch zu belassen. Der Einwand, daß der Arbeitgeber mit kurzen in der Person des Arbeitnehmers begründeten Unterbrechungen der Arbeit immer rechnen müsse, die dadurch bedingten Mehrkosten von vornherein bei seiner Kalkulation berücksichtigen und sich durch eine andere Einteilung der Arbeit, gegebenenfalls durch Einlegung von Überstunden helfen könne, während er bei länger dauernden Verhinderungen meist eine Ersatzkraft einstellen müsse, kann demgegenüber nicht durchschlagen. Die Formulierung des Gesetzes ist nicht derart, daß ein sicherer Anhaltspunkt dafür vorliegen würde, derartige, auf das Arbeitgeberinteresse abstellende Erwägungen sollten eine Rolle spielen. In der Regel ist vor allem auch bei Erkrankungen eines Arbeitnehmers die Dauer der Arbeitsunfähigkeit zunächst nicht sicher feststellbar. Bis zu dem Zeitpunkt, in dem Gewißheit über die Dauer der Erkrankung besteht, wird der Arbeitgeber sich zunächst einmal in der gleichen Weise behelfen, wie wenn von vornherein nur ein kurzer Ausfall vorliegt, auch wenn sich später ergeben sollte, daß die Erkrankung länger andauert.

Es macht schließlich auch keinen Unterschied, ob der Anspruch auf Vergütung für die verhältnismäßig nicht erhebliche Zeit der Verhinderung im Falle eines selbst länger dauernden Ausfalles sich gegen den in einem freien Beruf tätigen Arbeitgeber und den Arbeitgeber eines Kleinbetriebes oder aber gegen den eine große Anzahl Arbeitnehmer beschäftigenden Arbeitgeber richtet. Die Stellung des Arbeitgebers in der Wirtschaft einschließlich seiner wirtschaftlichen Lage spielt keine Rolle. Wer als Arbeitgeber auftritt, hat in gleicher Weise die Fürsorgepflichten gegenüber den ihm mit ihrer Person Dienste leistenden Arbeitnehmern zu erfüllen.

Für den vorliegenden Fall ergibt sich danach, daß der Klägerin, die als Büroangestellte eines Rechtsanwalts nach § 1 Abs. 1 Ziff. 3 des Angestelltenversicherungsgesetzes in der Fassung der Bekanntmachung vom 28. Mai 1924 (RGBl. I S. 563) angestelltenversicherungspflichtig ist, nach § 616 Abs. 2 BGB. die geltend gemachte Gehaltsforderung für die Dauer von sechs Wochen zusteht. Eine andere tarifvertragliche Regelung zur Dauer der verhältnismäßig nicht erheblichen Zeit besteht nicht.

74

1. Auch in der Beschwerdeinstanz ist die mündliche Anhörung der Beteiligten vor der Kammer der Grundsatz, von dem nur abgesehen werden kann, wenn die Kammer auf Anregung der Beteiligten es gestattet.

2. Ein Verstoß hiergegen führt zur Aufhebung des Beschwerdebeschlusses und des Verfahrens vor dem Beschwerdegericht.

3. Dadurch wird die Beschwerdeinstanz unmittelbar wieder eröffnet. Das Verbot der Zurückverweisung steht insoweit nicht entgegen.

ArbGG. §§ 92, 95, 96 und 83.

I. Senat. Beschluß vom 2. März 1955 i. S. Betriebsrat d. B. F. AG (Antragst.) w. die B. F. AG (Antragsgegnerin) 1 ABR 9/54.

I. Arbeitsgericht Bad Hersfeld. — II. Landesarbeitsgericht Frankfurt/Main.

Gründe:

Der Rechtsbeschwerdeführer (Betriebsrat) hat vor dem Arbeitsgericht beantragt festzustellen, daß die Rechtsbeschwerdegegnerin (Arbeitgeberin) verpflichtet sei, dem Betriebsrat Einsicht in die Lohn- und Gehaltslisten zu gewähren. Die Rechtsbeschwerdegegnerin ist der Auffassung, daß sie zur Vorlage der Lohn- und Gehaltslisten nur im konkreten Falle der Beschwerde eines Arbeitnehmers verpflichtet sei und hat um Zurückweisung des Antrages gebeten. Das Arbeitsgericht hat durch Beschluß vom 17. Juni 1953 dem Antrag stattgegeben.

Hiergegen hat die Rechtsbeschwerdegegnerin Beschwerde eingelegt. In dem Verfahren vor dem Landesarbeitsgericht hatte der Rechtsbeschwerdeführer in dem Schreiben vom 29. September 1953 zum Ausdruck gebracht, daß er einen Termin zur mündlichen Verhandlung erwarte, an der er teilnehmen wolle. Vom Vorsitzenden der Kammer wurde ihm darauf mitgeteilt, daß die Sache ohne mündliche Verhandlung entschieden werden solle. Ohne eine mündliche Anhörung der Beteiligten hat das Landesarbeitsgericht den Beschluß des Arbeitsgerichts aufgehoben und den Antrag zurückgewiesen. Es hat die Rechtsbeschwerde zugelassen.

Die Rechtsbeschwerde rügt — außer Verletzung des Betriebsverfassungsgesetzes —, daß der Beschwerdebeschluß auf einem Mangel im Verfahren beruhe, weil das Landesarbeitsgericht ohne mündliche Anhörung der Beteiligten vor der Kammer schriftlich entschieden hat.

Diese Rüge ist begründet.

Der Vorderrichter geht ersichtlich davon aus, daß im Gegensatz zum Verfahren vor dem Arbeitsgericht das Beschwerdeverfahren grundsätzlich schriftlich und darüber hinaus eine mündliche Verhandlung — wie in der Regel bei Beschlüssen überhaupt — freigestellt ist. Mit dieser Auffassung findet er sich in Übereinstimmung mit Dietz-Nikisch (Arbeitsgerichtsgesetz, 1954, § 90 Anm. 1), die aus § 90 Abs. 1 ArbGG. folgern, daß das Verfahren in der Beschwerdeinstanz deshalb grundsätzlich schriftlich sei, weil hier im Gegensatz zu dem Verfahren vor dem Arbeitsgericht angeordnet ist, daß die Beschwerdeschrift den Beteiligten zur Äußerung zuzustellen ist.

Diese Auffassung führt jedoch dazu, daß die im § 90 Abs. 2 vorgeschriebene entsprechende Anwendung des § 83 Abs. 1 und 2 ArbGG. praktisch ausgeschlossen wird. Würde nämlich das Beschwerdegericht ohne mündliche Verhandlung entscheiden, so bleibt § 83 Abs. 1 und 2 ohnehin außer Betracht. Würde das Gericht aber eine mündliche Verhandlung anordnen, so ist es selbstverständlich, daß dann diese Verhandlung vor der Kammer stattfindet. Daß einem Beteiligten die schriftliche Äußerung gestattet werden kann, wäre dann ohne Sinn. Eine entsprechende Anwendung des § 83 Abs. 1 und 2 nur für den Fall, daß eine mündliche Verhandlung angeordnet wird, liegt nicht im Sinne der gesetzlichen Regelung, denn es hätte dann genügt, auf § 83 Abs. 3 und 4 zu verweisen. In § 90 Abs. 2 ArbGG. ist aber die entsprechende Anwendung des g a n z e n § 83 einschließlich seiner Absätze 1 und 2 vorgeschrieben und damit auch die Bestimmung, daß die Beteiligten zu hören sind, und zwar nach § 83 Abs. 1 Satz 2 vor der Kammer. Die im § 90 Abs. 1 vorgesehene Einreichung eines Schriftsatzes oder Erklärung zur Niederschrift der Geschäftsstelle ersetzt daher die Anhörung nicht.

Der sich hieraus bereits für das Beschwerdeverfahren ergebende Grundsatz der Anhörung der Beteiligten vor der Kammer findet in einer Reihe von Bestimmungen des Arbeitsgerichtsgesetzes seinen weiteren Ausdruck. So schreibt § 87 Abs. 2 ArbGG. vor, daß für das Beschwerdeverfahren die für das Berufungsverfahren maßgebenden Vorschriften, u. a. ü b e r V o r b e r e i t u n g d e r s t r e i t i g e n V e r h a n d l u n g u n d V e r h a n d l u n g v o r d e r K a m m e r gelten. Das grundsätzliche Prinzip der mündlichen Anhörung im Beschwerdeverfahren ergibt sich noch deutlicher aus § 89 Abs. 3, wonach die Kammer des Landesarbeitsgerichts die Beschwerde als unzulässig verwirft, wenn sie nicht in der gesetzlichen Form oder Frist eingelegt ist. Hier heißt es, daß der Beschluß ohne vorherige mündliche Verhandlung ergehen kann. Diese Bestimmung wäre wenig sinnvoll, wenn die mündliche Verhandlung ohnehin nur fakultativ wäre. Endlich ist im § 91 Abs. 1 Satz 2 ArbGG. die Bestimmung des § 84 Satz 2 ArbGG. für entsprechend anwendbar erklärt. Nach § 84 Satz 2 ist aber der entscheidende Teil des Beschlusses schriftlich abzufassen und vom Vorsitzenden zu verkünden. Auch hier wäre es nicht sinnvoll, eine Verkündung vorzuschreiben, wenn grundsätzlich keine mündliche Anhörung vorausgeht. Das Gewicht dieser Gründe wird noch stärker, wenn beachtet wird, daß die entsprechenden Vorschriften für die Rechtsbeschwerdeinstanz, also für diejenige Instanz, die nicht mehr Tatsacheninstanz ist, fehlen.

Der hieraus sich ergebende Grundsatz der mündlichen Anhörung der Beteiligten vor der Kammer des Beschwerdegerichts hat auch seine sachliche Rechtfertigung. In Abweichung von dem früheren Rechtszustand nach dem Arbeitsgerichtsgesetz 1926 und dem alten Betriebsräterecht ist vor der Rechtsbeschwerde in dem heute geltenden Recht noch eine Beschwerde vorgesehen, also eine zweite Tatsacheninstanz. Derselbe Gesichtspunkt, der daher für die erste Tatsacheninstanz zum Grundsatz der Anhörung der Beteiligten vor der Kammer führt, gilt auch für die zweite Tatsacheninstanz, nämlich, daß in mündlicher Verhandlung eine möglichst umfassende Aufklärung des Sachverhalts gewährleistet wird. Diese Sachaufklärung ist im Beschlußverfahren um so notwendiger, als eine Zurückverweisung grundsätzlich ausgeschlossen sein soll. Der Gesetzeswortlaut sowohl als auch sachliche Erwägungen sprechen mithin für den Grundsatz mündlicher Anhörung der Beteiligten auch vor der Kammer des Landesarbeitsgerichts (ebenso Fitting-Kraegeloh, Arbeitsgerichtsgesetz, Textausgabe 1953, § 90 Anm. 3; Dersch-Volkmar, Arbeitsgerichtsgesetz, 6. Aufl. 1955, § 90 Anm. 7).

Von der mündlichen Anhörung der Beteiligten kann nur abgesehen werden, wenn die Kammer einem Beteiligten die schriftliche Äußerung gestattet (§ 90 Abs. 2 i. V. m. § 83 Abs. 1 Satz 2 Halbsatz 2). Aus dieser der Kammer eingeräumten Befugnis kann aber nicht der Schluß gezogen werden, daß die Tatsacheninstanz von der Anhörung der Beteiligten von sich aus schlechthin absehen dürfe. Sie kann es nur „gestatten" und diese Gestattung setzt einen Antrag oder eine Anregung von Beteiligten voraus. Auch der das Beschlußverfahren beherrschende Grundsatz der Offizialmaxime bietet keine Handhabe, daß die Kammer auf Grund der ihr gestatteten zweckentsprechenden Gestaltung des Verfahrens von sich aus die schriftliche Äußerung vorsehen und veranlassen könnte (so mit Einschränkung Dersch-Volkmar, a.a.O., § 83 Anm. 3 c). Denn die vom Gesetz ausdrücklich vorgeschriebenen Verfahrensregeln sind in jedem Falle zu beachten. Der Grundsatz der Mündlichkeit im Beschlußverfahren der ersten und zweiten Instanz ist aber im Gesetz als Verfahrensregel niedergelegt. Er ist ein mehrfach betonter Grundsatz des arbeitsgerichtlichen Verfahrens überhaupt. Die schriftliche Äußerung eines Beteiligten ist die Ausnahme, die allein durch einen Kammerbeschluß gestattet werden kann (Dersch-Volkmar, a.a.O., § 83 Anm. 3 c). Die schriftliche Anhörung kann einem Beteiligten nicht aufgezwungen werden. Das Gericht darf dem Beteiligten die mündliche Anhörung nicht verwehren. Dies selbst dann nicht, wenn der Beteligte mündliche Anhörung begehrt, obgleich ihm auf seinen Antrag hin eine schriftliche Äußerung bereits durch Kammerbeschluß gestattet worden war (so mit Recht Dersch-Volkmar, a.a.O., § 83 Anm. 3 c). Von einer mündlichen Anhörung aller Beteiligten überhaupt kann nur dann abgesehen werden, wenn sämtliche Beteiligten dies wünschen und die Kammer dies gestattet (vgl. auch § 128 ZPO.). Ob auch in einem solchen Falle der schriftlichen Entscheidung die Bestimmung des § 84 Satz 2 ArbGG. gilt (so Dietz-Nikisch, a.a.O., § 84 Anm. 21), oder ob das Gesetz in diesem Falle dahin auszulegen ist, daß keine Verkündung zu erfolgen braucht und eine Zustellung des Beschlusses genügt, kann hier unentschieden bleiben.

Im konkreten Fall waren die Voraussetzungen für eine Ausnahme von der notwendigen mündlichen Anhörung der Beteiligten vor der Beschwerdekammer nicht gegeben. Der Rechtsbeschwerdeführer hatte in seinem Schreiben vom 29. September 1953 um alsbaldige Anberaumung eines Termins vor der Kammer des Landesarbeitsgerichts zur mündlichen Verhandlung gebeten. Wenn ihm daraufhin vom Vorsitzenden ohne Kammerbeschluß mitgeteilt worden ist, daß ohne mündliche Anhörung entschieden werde, so war der Vorsitzende zu einer solchen Maßnahme nicht befugt. Der ohne mündliche Verhandlung erlassene Beschluß des Landesarbeitsgerichts vom 22. Dezember 1953 hätte danach nicht ergehen dürfen.

Infolgedessen besteht die Möglichkeit, daß eine vollständige Sachaufklärung in tatsächlicher Hinsicht unterblieben und den Beteiligten das Vorbringen anderer Rechtsauffassungen nicht ermöglicht worden ist. Es ist nicht auszuschließen, daß das Landesarbeitsgericht bei richtiger Anwendung der Verfahrensnorm zu einer anderen Entscheidung gekommen wäre. Bei Verfahrensverletzungen genügt die Möglichkeit einer anderen Entscheidung für die Annahme, daß die angefochtene Entscheidung auf einer unrichtigen Anwendung einer Rechtsnorm im Sinne des § 83 Abs. 1 ArbGG. beruht (Dietz-Nikisch, a.a.O., § 93 Anm. 15; Dersch-Volkmar, a.a.O., § 93 Anm. 4, § 83 Anm. 39; Rohlfing-Rewolle, Arbeitsgerichtsgesetz 1954, § 83 Anm. 2). Hiernach mußte der angegriffene Beschluß in entsprechender Anwendung des § 564 Abs. 1 ZPO. wegen eines Mangels im Verfahren aufgehoben werden. Zugleich unterlag das Verfahren vor dem Landesarbeitsgericht nach § 564 Abs. 2 ZPO. in seiner Gesamtheit der Aufhebung, weil es —

davon ausgehend, daß ein schriftliches Verfahren genüge — in vollem Umfange von dem Mangel einer mündlichen Anhörung der Beteiligten betroffen wird.

In der Sache selbst konnte vom Rechtsbeschwerdegericht eine Entscheidung nicht getroffen werden. Der Mangel im Verfahren der Vorinstanz schließt eine Sachentscheidung schlechthin aus. Denn eine Sachentscheidung käme nach § 565 Abs. 3 ZPO. allein in Betracht, wenn die Aufhebung nur wegen Gesetzesverletzung bei Anwendung des Gesetzes auf das festgestellte Sachverhältnis (a.a.O. Ziffer 1), oder wenn die Aufhebung des angefochtenen Beschlusses wegen Unzuständigkeit des Gerichts oder Unzulässigkeit des Rechtsweges (Ziffer 2) erfolgt. Hier aber geschieht die Aufhebung wegen eines Mangels im Verfahren. Ist der angefochtene Beschluß aber aufzuheben und kann in der Sache selbst nicht entschieden werden, so bleibt zu entscheiden, ob dadurch die Beschwerdeinstanz wieder eröffnet ist. Das ist zu bejahen.

Nach § 96 Abs. 1 ist allerdings eine Zurückverweisung nicht zulässig. Diese Vorschrift entspricht im wesentlichen dem § 89 Abs. 1 des Arbeitsgerichtsgesetzes in der Fassung vom 23. Dezember 1926, in dem es hieß, daß über die Rechtsbeschwerde die Kammer (der Senat) des Beschwerdegerichts durch Beschluß entscheidet und eine Zurückverweisung an das Arbeitsgericht nicht zulässig, der Beschluß vielmehr endgültig ist. Da das Rechtsbeschwerdeverfahren nur der Rechtsnachprüfung dient (§ 93 Abs. 1 ArbGG.) und Sachaufklärungen darin nicht vorgenommen werden können, so war es schon für das frühere Recht einhellige Auffassung, daß das Rechtsbeschwerdegericht, wenn es die Rechtsbeschwerde für begründet erachtete, über den Antrag selbst sachlich nur entscheiden konnte, wenn es die vom Arbeitsgericht vorgenommene Sachaufklärung für vollständig erachtete und nur eine andere rechtliche Beurteilung der Ergebnisse des erstinstanzlichen Verfahrens Platz greifen lassen wollte. Ermöglichten dagegen die tatsächlichen Ergebnisse des ersten Rechtszuges bei Aufhebung des arbeitsgerichtlichen Beschlusses keine Entscheidung des Falles durch das Rechtsbeschwerdegericht oder war eine Sachentscheidung durch vorausgehenden Verfahrensmangel ausgeschlossen, so war nach der einen Ansicht eine Entscheidung des Rechtsbeschwerdegerichts über die Aufhebung des angefochtenen Beschlusses hinaus nicht möglich (Flatow-Joachim ArbGG. 1926, Bem. 4 zu § 89). Nach dieser Ansicht hatte in dem vorausgesetzten Falle die Entscheidung über die Rechtsbeschwerde nur auf Aufhebung des angefochtenen Beschlusses zu lauten. Um eine sachliche Entscheidung über seinen Antrag zu erreichen, sollte der Antragsteller nochmals einen entsprechenden Antrag beim Arbeitsgericht stellen müssen. Nach der anderen Ansicht, der das Reichsarbeitsgericht folgte (u. a. ArbR. Samml. 14, 546 ff.), mußte zu der Aufhebung des angefochtenen Beschlusses noch eine Abweisung des Antrages kommen, um dadurch das Beschlußverfahren durch eine ausdrückliche Entscheidung über den Antrag zu beenden. Dieser Beschluß sollte aber nur eine Abweisung angebrachtermaßen bedeuten, nicht in Rechtskraft erwachsen und daher einem erneuten Antrag nicht entgegenstehen. Diese Auffassung — mag sie für das alte Recht zutreffend gewesen sein oder nicht — ist für das Beschlußverfahren im neuen Arbeitsgerichtsgesetz nicht durchführbar. Zwar befürworten einige (u. a. Dietz-Nikisch a.a.O., § 96 Anm. 15), daß für den Fall der Unmöglichkeit einer ersetzenden Entscheidung durch das Rechtsbeschwerdegericht nicht nur der Beschwerdebeschluß aufgehoben, sondern auch der Antrag angebrachtermaßen abgewiesen werden müsse. Hier wird jedoch nicht genügend berücksichtigt, daß nach der Ausgestaltung des Beschlußverfahrens im neuen Arbeitsgerichtsgesetz zwischen der Entscheidung über den Antrag, also dem arbeitsgerichtlichen Beschluß, und der Rechtsbeschwerde noch eine Beschwerde und ein Beschluß des Beschwerdegerichts steht. Muß daher, wie im vorliegenden Fall, der Beschluß des Beschwerdegerichts aufgehoben werden, weil ein das Verfahren betreffender Verstoß vorliegt, so kann über den Antrag nicht, auch nicht angebrachtermaßen entschieden werden, denn es steht der verfahrensmäßig nicht zu beanstandende Beschluß des Arbeitsgerichts dazwischen. Solange das Rechtsbeschwerdegericht wegen eines Verfahrensverstoßes vor dem Beschwerdegericht gehindert ist, überhaupt in die Sachprüfung einzutreten, kann es nicht den verfahrensmäßig nicht zu beanstandenden, sachlich womöglich zutreffenden Beschluß des Arbeitsgerichts aufheben, ohne in die von einem Beteiligten erstrittene Rechtsposition in einer nicht gerechtfertigten und nicht verständlichen Weise einzugreifen. Es ist daher in solchem Falle dem Rechtsbeschwerdegericht auch nicht möglich, über den Antrag selbst und sei es auch nur angebrachtermaßen zu entscheiden. Es muß sich vielmehr mit der Aufhebung des Beschwerdebeschlusses und des zu beanstandenden Verfahrensteiles vor dem Beschwerdegericht begnügen. Das kann aber nicht eine Erledigung des ganzen Verfahrens einschließlich des arbeitsgerichtlichen Beschlusses bedeuten, denn dieser ist durch die — dem Rechtsbeschwerdegericht nur mögliche — Aufhebung des Beschwerdebeschlusses noch nicht beseitigt. Daher bleibt nur die Möglichkeit, daß die Aufhebung des Beschwerdebeschlusses und des Verfahrens vor dem Beschwerdegericht die Beschwerdeinstanz unmittelbar wieder eröffnet. Das bedeutet allerdings, wenn auch nicht in der Form, so doch im Ergebnis eine Zurückverweisung. Der § 96 Abs. 1 Satz 2 ArbGG. muß daher insoweit als mit der neueren Ausgestaltung des Beschlußverfahrens unvereinbar angesehen werden und den positiven Bestimmungen des Beschlußverfahrens, die eine Beschwerde vor der Rechtsbeschwerde geschaffen haben, weichen. Es handelt sich um einen Fall der zulässigen Restriktion des Gesetzes. Die abändernde Rechtsfindung ist hier notwendig, da die genannte Vorschrift Fälle umfaßt und Folgen herbeiführt, die vom Gesetzgeber nicht erkannt oder bedacht sind und, wenn er sie erkannt oder bedacht hätte, vernünftigerweise nicht in dieser Weise geordnet sein würden. Das Gesetz muß daher nach seinen eigenen Grundgedanken fortentwickelt werden (Enneccerus-Nipperdey § 58 I 4, § 59). Ob der Ausschluß der Zurückverweisung im § 96 Abs. 1 Satz 2 die Bindung des Beschwerdegerichts an die Rechtsauffassung des Rechtsbeschwerdegerichts insbesondere über eine Verfahrensfrage beseitigt oder nicht, war hier noch nicht zu entscheiden. Wird durch die Aufhebung des Beschlusses die Beschwerdeinstanz wieder eröffnet, so erscheint es allerdings wenig sinnvoll, eine solche Bindung zu verneinen.

Der Beschluß des Rechtsbeschwerdegerichts konnte dagegen entgegen vorsorglicher Ausführungen der Rechtsbeschwerde, wie der Senat bereits in seiner Entscheidung vom 7. Juli 1954 (BAG. 1, 29) ausgesprochen hat, ohne mündliche Verhandlung ergehen, denn die Gesichtspunkte, die für eine mündliche Verhandlung im Beschwerdeverfahren sprechen, bestehen für das Rechtsbeschwerdeverfahren nicht.

75

1. Der Senat hält an den Grundsätzen der Urteile vom 15. Januar 1955 — 1 AZR. 305/54 — und vom 2. März 1955 — 1 AZR. 246/54 — fest, nach denen der Grundsatz der Lohngleichheit von Mann und Frau bei gleicher Arbeit auch die Tarifverträge bindet.

2. Die Prüfung der Verfassungsmäßigkeit von Tarifverträgen ist Sache der Arbeitsgerichte. Eine Aussetzung des Verfahrens und Vorlage an das Bundesverfassungsgericht nach Art. 100 Abs. 1 GG. ist unzulässig.

3. Eine Tarifklausel, die generell und schematisch weiblichen Arbeitskräften bei gleicher Arbeit nur einen bestimmten Hundertsatz der

tariflichen Löhne als Mindestlohn zubilligt, verstößt gegen den Lohngleichheitsgrundsatz und ist nichtig.

4. Der Grundsatz der Lohngleichheit schließt es aus, daß die Arbeit der Frau mit Rücksicht auf die zu ihren Gunsten erlassenen Schutznormen geringer entlohnt wird.

5. Es verstößt gegen den Lohngleichheitsgrundsatz, den gleichen Lohn nur unter der Voraussetzung der wirtschaftlichen Gleichwertigkeit der Frauenarbeit für die Arbeitgeber zu gewähren.

6. Dagegen ist es sinnvoll, die Begriffe „gleiche Arbeit" und „gleichwertige Arbeit" im Sinne der objektiven Maßstäbe arbeitswissenschaftlicher Bewertung der Arbeitsplätze gleichbedeutend zu verwenden. Dabei kommt es auf die objektive Bewertung der Beschäftigung auf Grund der dabei seitens des Arbeitenden erforderlichen Arbeitsleistung an.

7. Ist die Arbeit nach dem Tarif und der Arbeitspraxis gleichartig, so ist sie in dem gekennzeichneten Sinne auch gleichwertig.

8. Ist die tarifliche Abschlagsklausel über die Frauenlöhne nichtig, so ist bei Tarifverträgen mit der öffentlichen Hand der Tarifvertrag aufrechtzuerhalten, da anzunehmen ist, daß die Arbeitgeber-Tarifpartei im Hinblick auf die besondere Pflicht zur Verfassungstreue den abgeschlossenen Tarif nicht an der Nichtigkeit der generellen Abschlagsklausel hätte scheitern lassen.

GG. Art. 1 Abs. 3; Art. 3 Abs. 2 und Abs. 3; TVG. § 1; BGB. §§ 134, 139.

I. Senat. Urteil vom 6. April 1955 i. S. F. B. (Bekl.) w. B. (Kl.)
1 AZR 365/54.

I. Arbeitsgericht Würzburg. — II. Landesarbeitsgericht Bayern.

Die Klägerin, die nicht organisiert ist, ist seit 1949 als Reinemachefrau bei dem Arbeitsgericht W. beschäftigt. Nach dem schriftlichen Arbeitsvertrag unterwarf sie sich den künftigen tariflichen Arbeitsbedingungen. Nach der tariflichen Vereinbarung vom 30. März 1951, abgeschlossen zwischen der Tarifgemeinschaft deutscher Länder und der ÖTV., steht dem weiblichen Arbeitnehmer nur 90 % des Stundenlohnes eines Mannes zu. Die Klägerin erhielt seit Mai 1953 nur 90 % des Stundenlohnes eines Mannes.

Ihre Feststellungsklage, daß sie Anspruch auf Zahlung des vollen Lohnes der Lohngruppe C TO.B habe, wies das Arbeitsgericht ab.

Landesarbeitsgericht und Bundesarbeitsgericht gaben ihr statt.

Aus den Gründen:

Der Klägerin steht ein Anspruch auf den vollen Lohn der Lohngruppe C zu, wie er sich aus der Anlage zum Tarifvertrag vom 27. März 1953 ergibt, der zwischen der Tarifgemeinschaft deutscher Länder und der Gewerkschaft ÖTV. abgeschlossen wurde.

Dieser Tarifvertrag ist auf das Arbeitsverhältnis der Parteien anzuwenden. Zwar gehört die Klägerin nicht der vertragschließenden Gewerkschaft ÖTV. an. Aber auf Grund des Dienstvertrages ist der Tarifvertrag für das Arbeitsverhältnis der Parteien arbeitsvertraglich maßgebend. Denn die Übernahme der Klägerin in den Dienst der Anstellungsbehörde ist nach Maßgabe der einschlägigen tariflichen Bestimmungen erfolgt. Das gilt auch für die auf Tarifvertrag beruhenden Bestimmungen, die nach Tarifrecht nur für die tarifgebundenen, im öffentlichen Dienst beschäftigten Arbeiter, gelten. Kraft des Dienstvertrages (Arbeitsvertrages) sind also beide Parteien an alle tariflichen Bestimmungen, die bei Abschluß des Dienstvertrages bestanden, aber auch an künftige in Kraft tretende tarifliche Änderungen oder Neuregelungen gebunden. Daher ist auch die Frage, welchen Lohn die Klägerin zu bekommen hat, nach den jeweils gültigen Bestimmungen der Tarife zu beantworten. Der Klägerin steht also nicht ein fester, ohne Rücksicht auf die jeweils in Kraft befindlichen tariflichen Bestimmungen nur arbeitsvertraglich ausbedungener, von den Tarifen losgelöster Lohn zu. Nur in diesem Fall würde das Problem auftauchen, ob auch arbeitsvertragliche Abmachungen an die Beachtung des Gleichberechtigungsgrundsatzes des Art. 3 Abs. 2 und Abs. 3 GG. gebunden sind. Da dies aber nach dem eindeutigen Wortlaut des auf die jeweiligen tariflichen Bestimmungen verweisenden Dienstvertrages nicht der Fall ist, war hier die Frage der Bindung der Einzelarbeitsverträge an den Gleichberechtigungsgrundsatz ebensowenig zu entscheiden, wie in dem Grundsatzurteil des Senats vom 15. 1. 1955 — BAG 1, 258 —.

Kommt es für die Frage, welchen Lohn die Klägerin kraft des Dienstvertrages zu beanspruchen hat, allein auf die jeweils gültigen Tarife an, so ist zunächst die Ansicht des angefochtenen Urteils abzulehnen, die vom Beklagten ausgesprochene Änderungskündigung und die Herabsetzung des Lohnes der Klägerin sei mit den Grundsätzen von Treu und Glauben (§ 242 BGB.) unvereinbar. Der Beklagte sei verpflichtet, der Klägerin den jahrelang gezahlten vollen Lohn der Lohngruppe C auch weiterzuzahlen. Bei wirklich irriger, bei objektiv falscher Entlohnung ist der Arbeitgeber jederzeit berechtigt, den zu hohen Lohn auf den richtigen, vertraglich bedungenen herabzusetzen. Wenn also der Beklagte tatsächlich monate- oder gar jahrelang irrig an die Klägerin einen zu hohen Lohn bezahlt hätte, so würde er ohne weiteres berechtigt gewesen sein, diesen Lohn auf den vertraglich vereinbarten zu kürzen. Das hätte ohne Verstoß gegen Treu und Glauben durch schlichte Berichtigung des Irrtums, aber auch im Wege der Änderungskündigung geschehen können. Denn wenn der Beklagte den bisher irrigerweise unrichtig zu hoch bemessenen Lohn in Berichtigung des Irrtums ohne weiteres auf den wirklich vertraglich vereinbarten herabsetzen kann, so muß es ihm erst recht freistehen, dies im Wege der sogenannten Änderungskündigung in Verbindung mit einer neuerlichen Festsetzung des ausbedungenen Lohnes herbeizuführen, um damit der Arbeitnehmerin aus sozialen Gründen eine allzu jähe Herabsetzung des zu Unrecht bezogenen Lohnes zu ersparen.

Es kommt also in Wahrheit nur auf die Rechtswirksamkeit der Tarifbestimmungen an, die die Parteien zum Inhalt ihres Arbeitsvertrages gemacht haben.

Zu Unrecht beruft sich der Beklagte auf § 8 des Tarifvertrages zwischen der Tarifgemeinschaft deutscher Länder und der Gewerkschaft ÖTV. vom 27. März 1953 bzw. auf die entsprechenden Bestimmungen der vorhergehenden einschlägigen Tarife.

Unter den Parteien ist unstreitig, daß die Klägerin durch ihre Tätigkeit als Reinemachefrau die in der Lohngruppe C festgesetzten Tätigkeitsmerkmale erfüllt. In diese Lohngruppe fallen alle Arbeiter mit einfachen Tätigkeiten, die eine handwerkliche oder besondere Anlernung nicht erfordern, insbesondere auch Hausarbeiter, Boten, Reiniger von Treppen und dergleichen, ohne daß Männerarbeit oder Frauenarbeit besonders unterschieden würde. Es steht fest, daß die Klägerin als Reinemachefrau sämtliche anfallenden Putzarbeiten einschließlich des Fensterputzens erledigt. Wenn ein Mann für diese Arbeit eingestellt worden wäre, so würde er, was auch der Beklagte nicht in Abrede stellt, den vollen, für die Lohngruppe C ausgeworfenen Lohn erhalten. Obwohl die Klägerin die Tätigkeitsmerkmale der Lohngruppe C erfüllt, bekommt sie mit Rücksicht auf § 8 TV. einen um 10 % geringeren als den normalen Lohn. Nach dieser Tarifbestimmung erhalten Arbeiterinnen nur dann den Lohn der Arbeiter, also den vollen Tariflohn, wenn sie die gleiche Arbeit wie diese ausüben und ihre Leistungen denen der Arbeiter gleichwertig sind, andernfalls bekommen sie nur 90 % der vollen tariflichen Stundenlöhne.

Selbst wenn diese Tarifbestimmung gültig wäre, ist nicht einzusehen, warum der Klägerin nicht der volle Tariflohn zustehen sollte. Denn nach den Feststellungen des Landesarbeitsgerichts verrichtet die Klägerin die gleiche Arbeit, wie sie sonst Männer, die unter die Lohngruppe C fallen, leisten. Dabei darf man allerdings nicht in den Fehler verfallen, die bei der Lohngruppe C angeführten Verrichtungen etwa als ungleichartig anzusehen; denn der maßgebende Tarif behandelt sie als gleichartig. Ob jemand als Bote, als Reiniger oder Hausarbeiter tätig ist, macht keinen Unterschied aus. Sie verrichten alle gleichartige Arbeiten im Sinne der Lohngruppe C. Dementsprechend sind sie tariflich gleich zu entlohnen. Es fehlt auch an jeder schlüssigen Darlegung und jedem Beweiserbieten des Beklagten dafür, daß die Leistungen der Klägerin im konkreten Fall der eines Arbeiters nicht gleichwertig seien.

Darüber hinaus ist aber die Bestimmung des § 8 TV. wegen Verstoßes gegen Art. 3 Abs. 2 und Abs. 3 GG. nichtig. Der Senat hat in seinem Grundsatzurteil vom 15. Januar 1955 — BAG 1, 258 — und weiter in seinem Urteil vom 2. März 1955 — AP. Nr. 6 zu Art. 3 GG. — entschieden, daß der Gleichberechtigungsgrundsatz von Mann und Frau und das Benachteiligungsverbot wegen des Geschlechts unmittelbar geltendes Recht sind; daß diese Verfassungssätze den Grundsatz der Lohngleichheit von Mann und Frau bei gleicher Arbeit umfassen, und daß auch Tarifverträge, weil sie Rechtsnormen setzen und deshalb Gesetzgebung im Sinne des Art. 1 Abs. 3 GG. sind, an den Lohngleichheitssatz gebunden sind.

Der Senat hat im Urteil vom 15. Januar 1955 im Anschluß an die Rechtsprechung des Bundesverfassungsgerichts des näheren dargelegt, daß die Prüfung der Verfassungsmäßigkeit von Tarifverträgen Sache des erkennenden Gerichts ist, und daß das Verwerfungsmonopol des Bundesverfassungsgerichts hier nicht Platz greift. Eine Aussetzung des Verfahrens und Vorlage an das Bundesverfassungsgericht nach Art. 100 Abs. 1 GG. ist vielmehr unzulässig. Es kann, wie das Bundesverfassungsgericht in ständiger Rechtsprechung festgestellt hat, keine Rede davon sein, daß dieses Gericht für die Feststellung einer Verfassungswidrigkeit allein zuständig sei. Es ist auch unrichtig, daß das Bundesverfassungsgericht die Nichtanwendung des Art. 100 Abs. 1 GG. nur für Rechtsverordnungen ausgesprochen habe, die zur Durchführung oder Ergänzung bereits sachlich klar umrissenen staatlichen Rechts (Durchführungsrecht bzw. Ergänzungsrecht) dienen. Allerdings stellen die Tarifverträge eine Rechtsetzung dar, die nicht im Verhältnis des Durchführungs- oder Ergänzungsrechts zu bereits sachlich vorgegebenem staatlichem Recht steht, zu der staatliches Recht (das Tarifvertragsgesetz) vielmehr allgemein und unter Bestimmung der Rechtssatzwirkungen ermächtigt. Es wird aber übersehen, daß das Bundesverfassungsgericht gerade auch für solches Recht, nämlich für die auf dem Arbeitsordnungsgesetz oder dem AOGOe. beruhenden Tarifordnungen, die nichts mit „Durchführung und Ergänzung" zu tun haben, die Anwendung des Art. 100 GG. abgelehnt hat (BVerfGE. 1, 261). Es liegt nicht der geringste Grund vor, Tarifverträge in dieser Hinsicht anders zu behandeln, als Tarifordnungen. Entscheidend ist aber, daß das Bundesverfassungsgericht keineswegs nur Rechtsverordnungen von seinem Verwerfungsmonopol ausgeschlossen, vielmehr in überaus überzeugender Begründung, die hier nicht wiederholt zu werden braucht, aus dem Wesen der Sache und dem Zweck des Art. 100 Abs. 1 GG. geschlossen hat, daß nur Gesetze im formellen Sinne von Art. 100 Absatz 1 GG betroffen werden (BVerfGE. 1, 184; 2, 124 u. a.). In keinem Sinne können Tarifverträge ihrem Range nach einem formellen Gesetz gleichgestellt werden: Weder beruht ihr Erlaß auf verfassungsmäßiger Kompetenz; sie beruhen vielmehr auf der Ermächtigung des Tarifvertragsgesetzes; noch haben sie ihrem Wirkungsgrad nach gegenüber Gesetzen derogatorische Kraft; vgl. BVerfGE. 1, 262. Es wäre eine mit den Grundaufgaben des Bundesverfassungsgerichts unvereinbare und die Arbeitsgerichte, namentlich das Bundesarbeitsgericht einer besonders wichtigen Funktion zu Unrecht beraubende Auslegung, den Art. 100 Abs. 1 GG. auf Tarifverträge zu erstrecken (vgl. dazu mit Recht BVerfGE. 1, 200/201 unter 3).

Daß der vom Senat ausgesprochene Grundsatz der Bindung der Tarifverträge an den Lohngleichheitsgrundsatz keinerlei Grundrecht der Tarifparteien oder der einzelnen Arbeitgeber verletzt, ist bereits in dem Urteil des Senats vom 15. Januar 1955 für Art. 2 und Art. 9 GG. dargetan.

Wie der Senat in seinem Grundsatzurteil vom 15. Januar 1955 ausgeführt hat, geht die normative Wirkung der Regeln eines Tarifvertrages, also ihre Rechtssatzqualität auf hoheitliche Gewalt zurück, weil die Befugnis der Tarifvertragsparteien zur Setzung von Rechtsnormen nur auf ausdrücklicher staatlicher Übertragung beruht. Ist die hoheitliche Gewalt an die Verfassung gebunden, so muß das Gleiche für diejenigen gelten, die auf Grund staatlicher Delegation Rechtsetzungsbefugnisse haben. Die Tarifverträge vor der Tarifordnung von 1918 enthielten kein objektives Recht, sie wirkten weder automatisch noch unabdingbar. Grundlage für die Befugnisse, durch

Tarifverträge Rechtsnormen zu setzen, ist für das Gebiet der Bundesrepublik jetzt das Tarifvertragsgesetz. Es darf aber nicht übersehen werden, daß auch vor dem Inkrafttreten dieses Gesetzes und seiner Vorläufer (vgl. Nipperdey, Sammlung Arbeitsrecht, 1. Aufl. 1949, Nr. 500—506) die Rechtsetzungsbefugnis der Tarifparteien auf hoheitlicher Delegation beruhte, und zwar in der Übergangszeit auf dem Recht der Alliierten Besatzungsmächte; vgl. dazu Nipperdey, Sammlung Arbeitsrecht, 1. Aufl. 1948, Nr. 180 ff.

Der Senat hält somit an seinem Standpunkt fest, daß Tarifverträge an den Lohngleichheitsgrundsatz gebunden, und daß generelle und schematische Abschlagsklauseln für Frauenlöhne in Tarifverträgen, weil sie im Widerspruch zum Lohngleichheitsgrundsatz stehen, nichtig sind. § 8 des TV. vom 27. März 1953 enthält eine solche Abschlagsklausel. Sie verliert ihren Charakter nicht dadurch, daß die Frau bei gleichwertiger Leistung so wie der Mann zu entlohnen ist. Denn der Lohngleichheitsgrundsatz besagt, daß die Frau bei gleicher Arbeit den gleichen Lohn wie der Mann zu beanspruchen hat. Der Gesichtspunkt der sog. gleichen Leistung darf nicht als ein zusätzliches Erfordernis des Lohngleichheitsgrundsatzes angesehen werden.

Die Ansicht, der Lohngleichheitsgrundsatz setze voraus, daß die Frau auch Gleiches leiste wie der Mann, ist irreführend, weil dieser Begriff der Leistung in keiner Weise eindeutig und klar ist.

Wenn man unter „Leistung" die Arbeitsleistung als solche versteht, also das, was der Arbeiter von sich aus zu erbringen hat, um den Lohn zu erhalten, dann deckt sich der Begriff der zu erbringenden Leistung in Wahrheit mit dem der zu leistenden Arbeit. Spricht man also von gleichem Lohn für gleiche Arbeit und Leistung, so handelt es sich um eine Tautologie. Wenn wie hier Arbeit im Zeitlohn zu verrichten ist, der Lohn also nicht nach dem Ergebnis der Arbeit, sondern nach Zeiteinheiten bemessen wird, dann hat der Arbeiter seinen Lohn verdient, wenn er bestimmte Zeiteinheiten hindurch die Arbeit verrichtet oder „geleistet" hat, die zu verrichten oder zu „leisten" er verpflichtet war, ohne daß es für den Lohn entscheidend auf das Arbeitsergebnis ankommt.

Versteht man aber unter Leistung den wirtschaftlichen Wert des Arbeitsergebnisses für den Arbeitgeber und fragt man unter diesem Gesichtspunkt danach, ob die Frau das Gleiche leiste, so würde die Einführung dieses Leistungsbegriffes den Lohngleichheitsgrundsatz aushöhlen und praktisch hinfällig machen. Es fehlt nämlich an jedem überzeugenden Maßstab, der eindeutig und klar erkennen läßt, wie eine solche wirtschaftliche Wertigkeit der Arbeit der Frau für den Arbeitgeber im Vergleich zu der des Mannes ermittelt werden könnte. Es ist denn auch bezeichnend, daß die Tarifverträge beim Zeitlohn gar keinen Versuch machen, eine solche Wertigkeit der Arbeit ein für allemal und im einzelnen nach objektiven Gesichtspunkten zu bestimmen. So ist es auch hier bei dem § 8 des Tarifvertrages vom 27. März 1953, in dem der Anspruch der Frau auf den vollen Lohn von der Gleichwertigkeit ihrer Leistungen mit denen der Arbeiter abhängig gemacht wird. Es ist in keiner Weise zu ersehen, wie bestimmt werden soll, wann eine solche Gleichwertigkeit gegeben ist. Nach den Ausführungen des Beklagten müßte man annehmen, die Arbeitsleistung der Klägerin könne eben wegen ihrer Zugehörigkeit zum sog. „schwachen" Geschlecht fast nie der eines Arbeiters gleichwertig sein; dann aber ist die entsprechende Bestimmung des Tarifs so gut wie gegenstandslos. Es ist auch unmöglich, die Bestimmung der Wertigkeit der geleisteten Arbeit dem subjektiven Ermessen des Arbeitgebers zu überlassen. Daran würde auch eine gerichtliche Nachprüfung in Anwendung der Bestimmung des § 315 BGB. nichts ändern. Denn auch dem Gericht würde es an entsprechenden Maßstäben fehlen, für jeden konkreten Fall festzustellen, was die Leistung der einzelnen Frau in Wahrheit für den Arbeitgeber wirtschaftlich wert ist. Es sind daher Gleichwertigkeitsklauseln in Tarifverträgen, wie hier im konkreten Fall, inhaltsleer und substanzlos, wenn sie den Anspruch der Frau auf den vollen Lohn von einer — praktisch dann regelmäßig verneinten — Gleichwertigkeit ihrer Leistung mit der des Mannes abhängig machen. In Wahrheit dienen solche Klauseln nur dem Zweck, die hergebrachten generellen, dem Gleichberechtigungsgrundsatz widersprechenden und deshalb unzulässigen Lohnabschläge für Frauen zu verdecken und auf diese Weise aufrechtzuerhalten. Die Verfassungswidrigkeit solcher auf den angeblichen Wert der Arbeit für den Arbeitgeber abstellender Klauseln ergibt sich insbesondere auch daraus, daß sie für Männerlöhne fehlen, obwohl sie doch für diese mit dem gleichen scheinbaren Recht eingeführt werden müßten. Denn die „Wertigkeit" der im Zeitlohn geleisteten Arbeit der Männer wird natürlich nach den Schätzungen der Arbeitgeber gleichfalls zu verschiedenen Ergebnissen führen. Würde man aber solche tariflichen völlig unbestimmten Wertungsklauseln generell einführen, dann wäre jedes geordnete, auf einheitlichen Zeitlöhnen aufgebaute Tarifgebäude unmöglich. Der Wert des Ergebnisses der Arbeit für den Arbeitgeber kann im Lohn annähernd nur durch Lohnformen wie Akkord, Gedinge, Prämien, Umsatzprovision u. ä. zum Ausdruck gebracht werden, ferner auch durch entsprechende nach Tätigkeitsmerkmalen und Grundsätzen moderner Arbeitsbewertung aufgegliederte Lohnkategorien, durch die natürlich der Lohngleichheitsgrundsatz nicht umgangen werden darf, oder schließlich durch für Männer und Frauen in gleicher Weise geltende, eindeutig und klar anwendbare Minderentlohnungsklauseln bei einwandfrei feststellbarer unterdurchschnittlicher Arbeitsleistung.

Abwegig ist es, die generellen Abschlagsklauseln für Frauenlöhne unter Hinweis auf Schutznormen, die nur Frauen zugute kommen, zu rechtfertigen. Es mag sein, daß für den Arbeitgeber unter Umständen die Arbeit einer Frau dann mit der eines Mannes nicht gleichwertig erscheint, wenn die Frau z. B. Anspruch auf einen Hausarbeitstag hat. Der Hinweis auf den besonderen sozialen Schutz der arbeitenden Frau und die damit angeblich von vornherein gegebene Ungleichwertigkeit von Männer- und Frauenarbeit ist aber nicht geeignet, die Ausführungen des Senats in dem Urteil vom 15. Januar 1955 über das Verhältnis der sozialen Schutznormen zum Lohngleichheitsgrundsatz zu widerlegen. Einmal wird auch sonst — auf den wirtschaftlichen Effekt gesehen — solche ungleichwertige Arbeit von Männern im Zeitlohn gleich entlohnt; man denke z. B. an eine Lohnzahlungspflicht bei Erkrankungen, an Sonderschutzbestimmungen für Schwerbeschädigte. Anderseits würde die Berücksichtigung sozialer Schutznormen des Frauenarbeitsrechts bei der Lohnbemessung zum Nachteil der arbeitenden Frau im Wege genereller Abschlagsklauseln bedeuten, daß auch die Frauen grundsätzlich und allgemein weniger Lohn bekommen würden, auf die die Schutznormen aus rechtlichen und (oder) tatsächlichen Gründen gar nicht zutreffen. Nicht jede Frau hat Anspruch auf den Hausarbeitstag, nicht jede Frau nimmt Rechte aus dem Mutterschutzgesetz in Anspruch. Keinesfalls kann die theoretische Möglichkeit einer Belastung des Arbeitgebers auf Grund sozialer Schutznormen eine generelle Lohnminderung für alle arbeitenden Frauen rechtfertigen. Würde man aber den Lohnabschlag nur für konkrete Fälle, in denen Frauen den Schutz besonderer sozialer Bestimmungen praktisch in Anspruch nehmen, zulassen, dann würde dadurch der soziale Schutzcharakter dieser Normen aufgehoben oder doch stark abgeschwächt werden. Die Norm wäre in Wahrheit ihres sozialen Schutzcharakters entkleidet. Der Schutz würde, da er ja bei der Lohnbemessung unter dem Gesichtspunkt der wirtschaftlichen Gleichwertigkeit der Arbeit für den Arbeitgeber berücksichtigt werden müßte, geradezu die Ursache der Minderentlohnung der Frau sein. Der Gedanke, in dieser Frage auf die Gesamtheit der geldwerten Leistungen des Arbeitgebers an die Arbeitnehmerin abzustellen, kann daher nicht als berechtigt anerkannt werden.

Es ist im übrigen ein Mißverständnis, wenn die Ansicht geäußert worden ist (vgl. Molitor, ArbR. Blattei, D Gleichbehandlung im Arbeitsverhältnis, Entscheidungen 6), der Senat habe in seinem Urteil vom 15. Januar 1955 den Grundsatz ausgesprochen, daß der Lohn sich ausschließlich nach der Leistung zu richten habe. Aus dem Text und dem Zusammenhang des Grundsatzurteils vom 15. Januar 1955 geht eindeutig und klar hervor, daß selbstverständlich nicht nur die Tätigkeitsmerkmale der zu leistenden Arbeit Lohnbemessungsgrundlage sein können, sondern daß die auch sonst üblichen anderen Faktoren bei der Lohnbemessung entsprechend den Vereinbarungen eine Rolle spielen.

Verstößt es somit gegen den Lohngleichheitsgrundsatz des Art. 3 GG., den gleichen Lohn nur unter der Voraussetzung der wirtschaftlichen Gleichwertigkeit der Frauenarbeit für die Arbeitgeber zu gewähren, ist also neben der gleichen Arbeit kein weiteres Erfordernis für die gleiche Entlohnung aufzustellen, so ist es anderseits sinnvoll, die Begriffe „gleiche Arbeit“ und „gleichwertige Arbeit“ im Sinne der objektiven Maßstäbe arbeitswissenschaftlicher Bewertung der Arbeitsplätze zu identifizieren. In diesem Sinne wird der Begriff der gleichwertigen Arbeit auch in dem von der Bundesrepublik noch nicht ratifizierten Übereinkommen Nr. 100 der Internationalen Arbeitsorganisation vom 29. Juni 1951 über die Gleichheit des Entgelts männlicher und weiblicher Arbeitskräfte für gleichwertige Arbeit verwendet, vgl. Internationale Arbeitskonferenz. Übereinkommen und Empfehlungen 1919 bis 1952, Genf 1954, S. 847 ff. Es wird mit Recht auf die objektive Bewertung der Beschäftigung auf Grund der dabei seitens des Arbeitenden erforderlichen Arbeitsleistung abgestellt. Ist die Arbeit, wie in dem hier zu entscheidenden Rechtsstreit und in den von den genannten Urteilen des Senats entschiedenen Fällen nach dem Tarif und der Arbeitspraxis gleichartig, so ist sie in dem genannten Sinn auch immer gleichwertig. Erst wenn keine Gleichartigkeit der Arbeit vorliegt, taucht die Frage objektiver Bewertung der erforderlichen Arbeitsleistung auf, z. B. ob eine andersartige Arbeit der Frau an sie Anforderungen stellt, die die gleichen oder gar höhere sind, als die Anforderungen, die bei einer anderen Arbeit an einen Mann gestellt werden, diese Arbeit aber gleichwohl höher entlohnt wird. In aller Regel wird es Aufgabe der Sozialpartner sein und bleiben müssen, im Tarifvertrag die für diese Bewertung anzuwendenden Methoden zu bestimmen und dabei dem Lohngleichheitssatz für Mann und Frau verfassungstreu Rechnung zu tragen (vgl. auch Art. 3 des Übereinkommens Nr. 100).

Im vorliegenden Rechtsstreit bestehen in dieser Richtung keinerlei Schwierigkeiten. Es war lediglich die Frage zu entscheiden, welcher Lohn an die Klägerin zu zahlen ist, die tariflich die Tätigkeitsmerkmale einer bestimmten Lohngruppe erfüllt, gleichwohl aber wegen ihrer Geschlechtszugehörigkeit nicht den hierfür ausgeworfenen vollen Lohn erhalten hat.

Nach allem ist § 8 des Tarifvertrages vom 27. März 1953, da mit dem Lohngleichheitsgrundsatz nicht vereinbar, nichtig.

Bei Nichtigkeit genereller tariflicher Abschlagsklauseln für Frauenlöhne fragt es sich aber, ob der Tarifvertrag im übrigen weiter gilt, oder ob er wegen der Nichtigkeit der Abschlagsklauseln ganz oder aber, soweit das Lohngefüge betroffen ist, nichtig ist (§ 139 BGB.). Es kommt wesentlich darauf an, welche Regelung die Tarifparteien vernünftigerweise nach Treu und Glauben unter Berücksichtigung der Verkehrssitte (§ 157 BGB.) getroffen hätten, wenn ihnen die Nichtigkeit der Abschlagsklausel bei Abschluß des Tarifvertrages, hier also des § 8 des Tarifvertrages vom 27. März 1953, bekannt gewesen wäre. Im gegebenen Fall kann aber nicht angenommen werden, daß die Tarifgemeinschaft der deutschen Länder bei Kenntnis der Nichtigkeit des § 8 des Tarifvertrages den Abschluß des Tarifvertrages im übrigen mit allen sich daraus ergebenden Konsequenzen hätte scheitern lassen. Denn von den Ländern der Bundesrepublik muß ebenso wie von allen anderen Hoheitsträgern angenommen werden, daß sie in jedem Fall verfassungstreu sein und auch dem Gleichberechtigungsgrundsatz von Mann und Frau im allgemeinen und dem Lohngleichheitsgrundsatz im besonderen so Rechnung tragen wollen, wie es Sinn und Zweck dieser Verfassungsbestimmung erheischt. Wenn die in der Tarifgemeinschaft zusammengeschlossenen Länder gewußt hätten, welche Bedeutung und Tragweite dem Lohngleichheitsgrundsatz zukommt, dann hätten sie gleichwohl den Tarifvertrag so abgeschlossen, wie sie ihn im übrigen abgeschlossen haben; sie wollten ja, wie § 8 des Tarifvertrages zeigt, dem Lohngleichheitgrundsatz an sich gerecht werden. Es fehlt auch an jedem Anhaltspunkt, daß die Tarife bei Kenntnis der Nichtigkeit des § 8 TV. mit niedrigeren Lohnsätzen abgeschlossen worden wären. Bei den Gehältern und Löhnen im öffentlichen Dienst, in dem die Tarifsätze praktisch auch Höchstsätze sind, hätte sich der Partner der Tarifgemeinschaft nach Lage der Dinge mit geringeren Löhnen auch bei Wegfall des § 8 TV. nicht einverstanden erklärt. Im übrigen ist die

Bedeutung der Frauenarbeit innerhalb der im gesamten öffentlichen Dienst tätigen Arbeiterschaft verhältnismäßig gering, so daß auch aus diesem Grunde nicht angenommen werden kann, ein öffentlicher Dienstherr hätte einen Tarifvertrag, auch was das Lohngefüge anbetrifft, nur wegen der Nichtigkeit genereller Abschlagsklauseln für Frauenlöhne nicht abgeschlossen, sondern an dieser Frage scheitern lassen.

Ist trotz der Nichtigkeit des § 8 TV. der übrige Tarifvertrag nicht hinfällig, dann ist er nach dem Willen der Parteien des Dienstvertrages auch ohne diese Bestimmung Inhalt des Dienstvertrages geworden. Die Klägerin hat Anspruch, ohne Rücksicht auf § 8 TV. gemäß ihren Tätigkeitsmerkmalen nach der Lohngruppe C entlohnt zu werden. Sie hat den vollen, für diese Tätigkeit vorgesehenen Lohn zu erhalten.

76

1. Fragen der allgemeinen Politik, nicht etwa nur parteipolitische Fragen, dürfen auf einer Betriebsversammlung grundsätzlich nicht behandelt werden. Die Betriebsversammlung ist hierzu nicht zuständig. Es ist Pflicht der an der Betriebsversammlung teilnehmenden Betriebsratsmitglieder, insbesondere wenn sie die Versammlung leiten, für die Beachtung dieses Grundsatzes Sorge zu tragen.

2. Betriebsratsmitglieder, die vorsätzlich oder fahrlässig die Erörterung von Angelegenheiten auf einer Betriebsversammlung zulassen, die geeignet ist, den Betriebsfrieden ernstlich zu gefährden, können damit eine grobe Verletzung ihrer gesetzlichen Pflichten begehen. Sie können deswegen durch Beschluß des Arbeitsgerichts aus dem Betriebsrat ausgeschlossen werden.

Betr. VG. § 23 Abs. 1, § 44, § 49 Abs. 2, § 51 Satz 2

I. Senat. Beschluß des BAG. vom 4. Mai 1955, i. S. P., L., W. (Antragsg.) w. AG W. (Antragsst.) 1 ABR 4/53.

I. Arbeitsgericht Bremen. — II. Landesarbeitsgericht Bremen.

Gründe:

Die Antragsgegner P., L. und W., sämtlich aus B., sind Mitglieder des Betriebsrats der Antragsstellerin; P. und L. außerdem 1. und 2. Vorsitzender des Betriebsrats.

Am 9. Juli 1953 fand eine Betriebsversammlung der Arbeitnehmerschaft der Antragsstellerin statt, an der ungefähr 3400 Belegschaftsmitglieder teilnahmen. Im Verlaufe der Versammlung stellte der Antragsgegner W. den Antrag, die Betriebsversammlung möge eine Resolution fassen, durch die gegen einen für den 12. Juli 1953 in Gießen geplanten Stahlhelmaufmarsch durch ein Telegramm an die hessische Landesregierung protestiert werden solle. Das Betriebsratsmitglied J. wandte sich gegen diesen Antrag und wies darauf hin, daß er nicht von der Betriebsversammlung erörtert werden dürfe, weil diese Behandlung der Angelegenheit gegen das Betriebsverfassungsgesetz verstoße. Trotzdem ließ der Leiter der Betriebsversammlung, der Antragsgegner L., die Erörterung über den Antrag zu und stellte ihn zur Abstimmung, nachdem ein Teil der versammelten Betriebsangehörigen die Betriebsversammlung verlassen hatte. Unter dem Widerspruch eines Teiles der noch anwesenden Versammlungsteilnehmer wurde der Antrag mit Mehrheit angenommen. Der Antragsgegner P., der als Vorsitzender des Betriebsrats an der Betriebsversammlung ebenfalls teilgenommen hatte, sandte am folgenden Tage ein Telegramm an die hessische Landesregierung ab, das folgenden Wortlaut hatte: „Die Belegschaft der A.G. ‚W.' protestiert gegen den Stahlhelm-Aufmarsch in G." Am selben Tage legten 216 Angestellte der Antragsstellerin gegen die am Vortage gefaßte Resolution durch eine von ihnen unterzeichnete schriftliche Erklärung Protest ein.

Die Antragsstellerin beantragt den Ausschluß der Antragsgegner aus dem Betriebsrat wegen grober Verletzung ihrer gesetzlichen Pflichten. Das Arbeitsgericht Bremen hat dem Antrag entsprochen. Die Beschwerde der Antragsgegner ist vom Landesarbeitsgericht Bremen unter Zulassung der Rechtsbeschwerde zurückgewiesen.

Mit der Rechtsbeschwerde erstreben die Antragsgegner Aufhebung des angefochtenen Beschlusses und Abweisung des Antrags.

Die Antragstellerin bittet, die Rechtsbeschwerde zurückzuweisen.

Die Rechtsbeschwerde ist unbegründet. Denn die Antragsgegner haben als Betriebsratsmitglieder ihre gesetzlichen Pflichten grob und schuldhaft verletzt.

Gemäß § 44 BetrVG. dürfen auf der Betriebsversammlung nur solche Angelegenheiten behandelt, erörtert und beraten werden, die den Betrieb oder seine Arbeitnehmer berühren. Es muß sich also um Angelegenheiten handeln, die mit dem Betriebe entweder in einer unmittelbaren oder doch zum mindesten in einer so konkreten und engen Beziehung stehen, daß Auswirkungen auf den Betrieb jederzeit unmittelbar eintreten können. Fragen der allgemeinen Politik gehören daher grundsätzlich nicht auf eine Betriebsversammlung. Ihre Erörterung ist dort unstatthaft. Der Aufgabenkreis einer Betriebsversammlung deckt sich am allgemeinen mit dem Aufgabengebiet des Betriebsrats, ohne daß sie dem letzteren übergeordnet wäre (Dietz, BetrVG., 1953, § 44 Anm. 1, 11; Galperin, BetrVG., 1953, § 44 Anm. 1). Wie es nicht zum Aufgabenbereich des Betriebsrats gehört, so kann es auch nicht Sache der Betriebsversammlung sein, politische Resolutionen zu fassen (vgl. Meissinger, BetrVG., 1952, § 44 Anm. 2; Galperin a.a.O. Anm. 1; Dietz a.a.O., Anm. 11). Der freien Meinungsäußerung auf einer Betriebsversammlung sind durch die Bestimmung des § 44 2. Halbs. BetrVG. Grenzen gesetzt (vgl. BAG. 1, 185 Galperin a.a.O.).

Nach den Feststellungen des Landesarbeitsgerichts haben die Antragsgegner W. und L. als Betriebsratsmitglieder auf der Betriebsversammlung Angelegenheiten zur Erörterung gestellt und zur Abstimmung gebracht, die mit den aus § 44 BetrVG. sich ergebenden Befugnissen und Zuständigkeiten der Betriebsversammlung nichts zu tun haben. Denn der Stahlhelmaufmarsch in G. stand mit Angelegenheiten des Betriebs der Antragsstellerin oder ihrer Arbeitnehmer in keiner konkreten Beziehung. Es wäre Pflicht gerade des Antragsgegners L. als 2. Betriebsratsvorsitzenden und Leiter der Betriebsversammlung gewesen, dafür Sorge zu tragen, daß eine rein politische Frage wie die des Stahlhelmaufmarsches in G. auf der Betriebsversammlung nicht erörtert, geschweige denn daß hierzu eine Resolution gefaßt wurde (vgl. Dietz a.a.O. Anm. 12).

Irrig ist die Ansicht der Antragsgegner, der Stahlhelmaufmarsch in G. sei deswegen eine den Betrieb der Antragsstellerin und ihre Arbeitnehmer berührende Angelegenheit gewesen, weil durch das Wiederaufkommen des Stahlhelmbundes für die Zukunft politische Ereignisse denkbar seien, durch die auch der Betrieb der Angtragsstellerin und ihre Arbeitnehmer möglicherweise betroffen werden könnten. Würde man nämlich diese Auffassung teilen, dann würde es kaum etwas geben, was auf einer Betriebsversammlung nicht diskutiert werden könnte. Schließlich tragen alle und insbesondere politische Geschehnisse die Tendenz in sich, sich, wenn auch erst in einer ferneren Zukunft, irgendwie auf das Leben der Allgemeinheit auszuwirken, und können damit vielleicht auch für den Betrieb der Antragsstellerin und ihrer Arbeitnehmer von Bedeutung werden. Eine solche weite Auffassung von „den Betrieb und seine Arbeitnehmer berührenden Angelegenheiten" widerspricht aber schon dem Wortlaut, noch mehr aber dem Sinn und Zweck des § 44 2. Halbs. BetrVG. Diese Vorschrift wäre überhaupt überflüssig, wenn die Auffassung der Antragsgegner richtig wäre. Denn dann stünde das Forum der Betriebsversammlung offen für alle möglichen Erörterungen und Resolutionen, ohne daß eine Grenzziehung und Erhaltung der konkreten Beziehung zum Betrieb noch möglich erscheint. Als ein Belegschaftsorgan, das dem Betriebsrat keinesfalls übergeordnet ist, kann sich die Betriebsversammlung über den Rahmen des § 44 1. Halbs. (Unterbreitung von Anträgen an den Betriebsrat, Stellungnahme zu Beschlüssen des Betriebsrats) hinaus äußerstenfalls mit Angelegenheiten befassen, die zum Aufgabenbereich des Betriebsrats gehören (vgl. dazu § 54 BetrVG.). Zu dessen Aufgaben gehört aber nicht die Erörterung und Beschlußfassung zu allgemeinen politischen Angelegenheiten, die zu dem Betrieb in keiner konkreten Beziehung stehen. Die Betriebsversammlung war also in keiner Weise zur Behandlung des Antrags auf Stellungnahme zum Stahlhelmaufmarsch in G. und zu einer Protestresolution hiergegen befugt. Die Antragsgegner, die hierzu die Betriebsversammlung gleichwohl benutzten, mißbrauchten sie und verletzten damit ihre Amtspflichten.

Die Antragsgegner glauben zu Unrecht, ihr Verhalten durch einen Hinweis auf Art. 26 GG. rechtfertigen zu können. Diese Verfassungsbestimmung erklärt Handlungen, die geeignet sind oder in der Absicht vorgenommen werden, das friedliche Zusammenleben der Völker zu stören, insbesondere die Führung eines Angriffskrieges vorzubereiten, für verfassungswidrig. Die Antragsgegner meinen dazu, daß auf eine solche Handlung immer und bei jeder Gelegenheit müsse aufmerksam gemacht und ihr entgegengetreten werden können. Indessen fehlt es zunächst schon an jeglichen schlüssigen Darlegungen der Beteiligten und dementsprechend auch an Feststellungen des Landesarbeitsgerichts, aus denen zu schließen wäre, der Stahlhelmaufmarsch in G. sei eine solche im Sinne des Art. 26 GG. verfassungswidrige Handlung gewesen. Davon aber abgesehen, fehlt es grundsätzlich auch an der Zuständigkeit der Betriebsversammlung, sich gegen nur möglicherweise verfassungswidrige Handlungen auszusprechen und im Hinblick auf sie Entschließungen zu fassen. Dabei mag es dahingestellt bleiben, ob in besonderen Ausnahmefällen anderes gelten könnte, z. B. wenn die durch das Grundgesetz geschaffene Ordnung als Ganzes oder in ihren wesentlichen Grundrechten ernstlich gefährdet erscheint, ohne daß die zur Wahrung und zum Schutz der Verfassung bestellten Organe fähig oder willens sind, ihren Aufgaben nachzukommen. Ein solcher Fall steht hier nicht zur Entscheidung.

Die Antragsgegner haben aber auch ihre Pflicht verletzt, alles zu unterlassen, was geeignet ist, den Frieden des Betriebs zu gefährden

(§ 49 Abs. 2 Satz 1 BetrVG.). Nicht nur dem Betriebsrat der Antragsstellerin als solchem, sondern auch den Antragsgegnern als Mitgliedern dieses Betriebsrats war es untersagt, in der Betriebsversammlung politische Fragen zur Erörterung und Abstimmung zu stellen, die Betriebsversammlung zu einer politischen Resolution zu verleiten und diese dann an die hessische Regierung abzusenden, weil hierdurch der Betriebsfrieden nicht allein ernstlich gefährdet, sondern im gegebenen Fall sogar gestört wurde. Denn schon auf der Betriebsversammlung kam es wegen des Verhaltens der Antragsgegner zu Protesten. Ein Teil der Versammlungsteilnehmer verließ die Versammlung. Mehrere hundert Angestellte der Antragsstellerin protestierten gegen die trotz Einspruchs gefaßte und abgesandte Resolution rein politischen Charakters.

Die Vorschrift des § 49 Abs. 2 Satz 1 BetrVG. ist auch nicht (etwa mit Rücksicht auf § 51 Satz 2 BetrVG.) dahin auszulegen, daß sie nur ein Verbot parteipolitischer Betätigung des Betriebsrats umfassen könne. Mit Recht hat das Landesarbeitsgericht in diesem Zusammenhang ausgeführt, daß das ausdrückliche Verbot parteipolitischer Betätigung im Betrieb für Arbeitgeber und Betriebsrat (§ 51 Satz 2 BetrVG.) nur ein besonderer Anwendungsfall, ein Ausschnitt des § 49 Abs. 2 Satz 1 BetrVG. ist. Die Verletzung der Unterlassungspflicht aus § 51 Satz 2 BetrVG bedeutet grundsätzlich auch eine Verletzung der aus § 49 Abs. 2 Satz 1 BetrVG. sich ergebenden Pflicht. Das Verbot, eine parteipolitische Betätigung im Betrieb zu unterlassen, ist nur deshalb noch einmal besonders hervorgehoben, weil eine solche Betätigung erfahrungsgemäß *in besonderem Maße* geeignet ist, den Betriebsfrieden zu gefährden. Wenn also schon feststeht, daß das Verhalten der Antragsgegner den Betriebsfrieden ernstlich gefährdet hat, so bedarf es an sich keiner näheren Erörterung darüber, ob dieses Verhalten auch als parteipolitische Betätigung anzusehen ist. Gleichwohl wird man der Auffassung des angefochtenen Beschlusses jedenfalls im Ergebnis beipflichten müssen, der die Behandlung des Stahlhelmaufmarsches auf der Betriebsversammlung durch die Antragsgegner als parteipolitische Betätigung im Betrieb kennzeichnet. Eine parteipolitische Betätigung im Sinne des § 51 Satz 2 BetrVG. darf nämlich nicht in dem engen Sinne verstanden werden, als ob nur die Stellungnahme für oder gegen eine bestimmte vorhandene politische Partei oder ihre Ansichten darunter fallen würde. Vielmehr ist von dem Sinn und Zweck des Verbots auszugehen, nämlich eine Tätigkeit im Betrieb zu unterlassen, die schon ihrer Natur nach geeignet ist, den Betriebsfrieden zu gefährden. Dann aber muß jedes Verhalten im Betrieb für den Betriebsrat, seine Mitglieder und auch den Arbeitgeber untersagt sein, durch das politische Anschauungen, Thesen, Proklamationen, Methoden und Ziele, die auf außer- oder überbetrieblicher Ebene Parteien, Richtungen und Gegnerschaften hervorrufen können, im Betrieb widergespiegelt und in ihn hineingetragen werden (ähnlich Molitor in BB. 1955, S. 167). Die Behandlung eines Antrags auf eine Entschließung gegen den Stahlhelmaufmarsch in einer Betriebsversammlung durch Betriebsratsmitglieder gehört hierzu. Denn das Wiederaufleben von Bünden wie der „Stahlhelm" gehört zu den politischen Dingen, die im deutschen Volk sehr verschieden und gegensätzlich beurteilt werden. Ihre Behandlung in der Betriebsversammlung trägt daher eine Parteinahme in den Betrieb. Soweit die Arbeitnehmerschaft oder Teile glauben, gegen ein Wiederaufkommen des Stahlhelmbundes Stellung nehmen zu müssen, bleibt ihnen dies auf außer- und überbetrieblicher Ebene unbenommen. Im Betrieb ist hierfür jedoch nach dem klaren und eindeutigen Willen des Gesetzgebers grundsätzlich kein Raum.

Nach allem ist festzustellen, daß die Antragsgegner aus mehrfachem Grunde ihnen obliegende gesetzliche Pflichten als Betriebsratsmitglieder verletzt haben. Sie haben sie auch grob verletzt. Eine grobe Verletzung von Amtspflichten ist dann anzunehmen, wenn sie handgreiflich und offensichtlich schwerwiegend ist. Zwar wird im allgemeinen eine einmalige Verfehlung nicht ausreichen, um eine grobe Verletzung von Amtspflichten festzustellen. Doch kann auch eine einmalige Amtspflichtverletzung dann als grob angesehen werden, wenn sie den Betriebsfrieden ernstlich gefährdet oder gar schon nachhaltig gestört hat (vgl. hierzu BAG. 1, 185; Dietz a.a.O., § 23 Anm. 9). Das ist hier der Fall. Das Landesarbeitsgericht hat festgestellt, daß die Antragsgegner den Widerspruch anders denkender Betriebsangehöriger hervorgerufen und dadurch große — über Tage sich erstreckende — Unruhe in den Betrieb getragen hatten, obwohl das Betriebsratsmitglied J. und andere Versammlungsteilnehmer die Erörterung über den Stahlhelmaufmarsch für unzulässig hielten und den Betriebsfrieden dadurch nicht gestört sehen wollten. Das Landesarbeitsgericht würdigt diese Feststellungen dahin, daß es sich bei der — wenn auch einmaligen — Handlungsweise der Antragsgegner um eine grobe Verletzung ihrer Amtspflichten handelte. Bei der Würdigung der festgestellten Tatsachen als einer groben Amtspflichtverletzung ist dem Ermessen des Landesarbeitsgerichts Spielraum gelassen. Er wird nur dadurch begrenzt, daß eine widerspruchsvolle, mit den Denkgesetzen in Widerspruch stehende oder nicht den gesamten Inhalt der Verhandlung und des Beweisergebnisses berücksichtigende Würdigung für das Rechtsbeschwerdegericht unbeachtlich wäre (RAG. ArbRSlg. Bd. 15 S. 406; Galperin a.a.O. § 23 Anm. 19). Davon kann hier jedoch keine Rede sein.

Es genügt jedoch für einen Ausschluß aus dem Betriebsrat nicht, daß die Antragsgegner ihre gesetzlichen Pflichten grob verletzt haben. Sie müssen sie auch schuldhaft — vorsätzlich oder fahrlässig — grob verletzt haben. Daß auch diese Voraussetzung bei den Antragsgegnern gegeben ist, hat das Landesarbeitsgericht an Hand der getroffenen Feststellungen ebenfalls ohne Rechtsirrtum angenommen. Danach haben die Antragsgegner in Kenntnis des Verbotenen ihrer Handlungsweise gleichwohl die Betriebsversammlung zur Diskussion und Resolution in einer politischen Angelegenheit mißbraucht. Es war ihnen als Betriebsratsmitgliedern bekannt, daß ihr Verhalten unrechtmäßig war, weil es gegen ein Grundprinzip des Betr.VG. verstieß, nämlich gegen den Grundsatz, alle politischen Meinungsverschiedenheiten, die in keiner unmittelbaren Beziehung zum Betrieb stehen, zur Erhaltung des Betriebsfriedens aus dem Betrieb fernzuhalten. Nach den getroffenen Feststellungen ist es schon unglaubhaft, daß die Antragsgegner bei Beginn der Betriebsversammlung noch in Unkenntnis darüber gewesen seien, ob die Behandlung der Frage eines Stahlhelmaufmarsches in G. als einer politischen Angelegenheit, die mit dem Betrieb der Antragsstellerin nichts zu tun hat, dort verboten war. Selbst wenn aber die Antragsgegner wirklich in Unkenntnis ihrer Amtspflicht gewesen sein sollten, dann mußten sie sich über das Rechtmäßige oder Unrechtmäßige ihres Vorhabens und Verhaltens spätestens dann vergewissern, als sie von dritter Seite auf der Betriebsverammlung, noch dazu von einem Betriebsratsmitglied, auf das Verbotswidrige ihres Verhaltens hingewiesen wurden. Mit Recht hat das Landesarbeitsgericht, ohne gegen Denkgesetze zu verstoßen, ausgeführt, die Schuld der Antragsgegner sei auf jeden Fall zu bejahen. Denn entweder haben sie ihre Amtspflichten in Kenntnis der Bestimmungen des BetrVG. vorsätzlich verletzt, oder sie haben sie in grober Weise fahrlässig verletzt, weil sie trotz ausdrücklichen Hinweises von dritter und kompetenter Seite, nämlich ebenfalls einem Betriebsratsmitglied, sich über ihre Amtspflichten nicht orientiert und damit ihre Verletzung bewußt in Kauf genommen hatten.

Die Rechtsbeschwerde mußte hiernach als unbegründet zurückgewiesen werden.

Sachregister

K

L

N

P

R

S

T

U

V

W

Z

Gesetzesregister

Zusammenstellung der Entscheidungen nach der Zeitfolge